D0662097

Günter Grass – Dokumente zur politischen Wirkung

Herausgegeben von HEINZ LUDWIG ARNOLD
und FRANZ JOSEF GÖRTZ

EDITION TEXT + KRITIK

RICHARD BOORBERG VERLAG · STUTTGART · MÜNCHEN · HANNOVER

Gesamtherstellung:
Obb. Volksblatt GmbH, Rosenheim

Umschlag-Entwurf:
Dieter Vollendorf, München

Photo:
Robert Lebeck, Hamburg

© EDITION TEXT + KRITIK
Richard Boorberg Verlag, München 1971
ISBN 3 415 001 881

Inhalt

Vorbemerkung

Was ein Schriftsteller riskiert, wenn er sich für Politisches engagiert, und was er bewirkt, indem und nachdem er sich engagiert hat, und wie er selbst von der sich auferlegten Verpflichtung verändert wird – das alles ist von so verschiedenartigen Mechanismen bestimmt, daß man kaum in der Lage ist, mehr als eine Oberflächenbeschreibung der sichtbaren und der vermuteten Vorgänge zu geben. Viele Positionen streiten miteinander im Gespräch über das politische Engagement der Schriftsteller: engagierte und nicht engagierte vorab, dann die individuellen und die kollektiven, die entschieden moralischen und die liberalen, unter diesen wieder die rein verbalen und die opportunistischen, dann die kompromißlosen theoretischen und die kompromißbereiten pragmatischen: Böll, Enzensberger und Walser, Erich Fried und Peter Weiß und natürlich Günter Grass fallen einem auf Anhieb zum Thema ein – und wie verschieden sind ihre Positionen mit der Zeit geraten; was ist aus einem Mann wie Alfred Andersch geworden, der in den 50er Jahren in der ›linken‹ Literatur den Ton angegeben hat, was aus Heinrich Böll? Fried und Weiß schreiben politisch involvierte Literatur wie im Grunde seit eh und je, Enzensberger schwankt zwischen Komödie und Revolutionspathos; was ist aus dem Vietnam-Büro geworden, das Walser so leidenschaftlich gefordert hat? Was hofft er bei der DKP zu finden? Man kann sich, wenn man die verschiedensten Aktivitäten genau anschaut, des Eindrucks kaum erwehren, als geschähe vieles zur Kompensation von Frustrationskomplexen – obwohl eben so einfach vieles nicht zu erklären und abzutun ist. Die Krise, die so viele Erscheinungen der Engagiertheit zwischen verbalem Anspruch und wütendem Pragmatismus produziert hat, steckt tiefer, ist weder nur politisch noch rein formal. Dokumentaristik, theoretischer Radikalismus, aber auch die unwissende Stupidität der Literaturvermittlung sind Anzeichen dafür, daß die Literatur ihre Wirkungsunmöglichkeit als Literatur in ihren sensibelsten Vertretern erkannt hat; die Zeiten, da ein Grass noch Sexualtabus und ein Hochhuth Klerikaltabus tangieren konnten, sind vorbei – Literatur, die etwas bewirken will, braucht Widerstände; daß eines Kanzlers Erhard mißvergnügliche Pinschereien einen Sturm im Wasserglas provozieren konnten, ist bezeichnend für die geringen Widerstände, die bundesrepublikanischen Schriftstellern bewußt sind – ein Mann wie Gerhard Zwerenz, von dem einst viel zu hoffen war, war auch zeitweise in die reine Pornoproduktion abgesunken. Wo einst Breschen geschlagen wurden, siedelten die reinen Verwerter.

Der Eindruck ist allgemein. Das Selbstverständnis vieler Schriftsteller, die in den 50er Jahren und der ersten Hälfte der 60er Jahre ungebrochen politisches Räsonnement übten, ist dahin: das Räsonieren hat scheint's nicht viel zur Veränderung beigetragen. Aber man darf dabei nicht übersehen, daß auch dieses Räsonnement seine Funktion für die Befreiung der Literatur aus dem Elfenbeinturm hatte — nur eben haben sich so manche aus dem Elfenbeinturm geraden Wegs in den Juliusturm der finanziellen Sicherung begeben. Nicht nur die Presse- und Verlagskonzentrationen korrumpieren das Bewußtsein einer freien, um nicht zu sagen liberalen Literatur.

Hinzu kommt die Ernüchterung: der antikommunistische Wohlstandsschlaf ist vorüber, und nur pragmatische Politik konnte die bewegungslose Traumtänzerei von viereinhalb Legislaturperioden ablösen. Aber gegen den Pragmatismus wird immer auch gleich der politische Romantizismus argwöhnisch. Und wo so lange politische Starrheit regierte und der Immobilismus in einer Großen Koalition seinen adäquatesten Ausdruck gefunden zu haben schien, kochten die Töpfe über, als gälte es, Dampf in allen Gassen zu machen. Doch diese Demokratie erwies sich als ziemlich stabil, sie ließ sich nicht aufweichen; Enzensbergers Revolutionspathos aber erwies sich als literarische Floskel. Als der Dampf abgelassen war, blieben die Töpfe vertrocknet, bislang jedenfalls noch, leider. Die früher räsoniert hatten, ließen sich in die Sektierer-Ecken abdrängen: aber wer hat schon die Wahrheit gepachtet? Das Dilemma, zu sehen, wie der Sozialismus im Osten bürokratisch und unfrei praktiziert wird, während man im Spätkapitalismus sich ziemlich frei bewegen kann (wo eigentlich freier als hier?), und die Einsicht, daß der Kapitalismus mit Sicherheit überwunden wird, weil nur ein Sozialismus Zukunftschancen hat, läßt die einen ebenso falsch »Keine Experimente!« wie die anderen »Revolution!« rufen. Dazwischen aber liegt die Möglichkeit, vernunftbezogen Politik zu machen.

Günter Grass, das zeigt dieser Band, plädiert für diese Möglichkeit, und er sieht eine Chance, sie zu realisieren, in der Sozialdemokratie, die ihrem allerdings nicht einheitlich ausgedrückten Selbstverständnis nach dieser Möglichkeit zwischen den Extremen am entschiedensten entspricht. Grass, der seine erste Begegnung mit der Sozialdemokratie im Frühjahr 1947 anläßlich einer Rede Kurt Schumachers in Hannover hatte, ist seit zehn Jahren in zunehmendem Maße politisch aktiv. Damals waren die Motivationen seines Handelns ursprünglich moralischer Art: die Diffamierungen Willy Brandts durch die CDU/CSU, der Bau der Berliner Mauer zu einer Zeit, da Brandt, erstmals Kanzlerkandidat der SPD, sich gegen diese Diffamierungen in der Bundesrepublik zu wehren hatte — das waren bestimmende Motive. In einem Gespräch (in TEXT + KRITIK Nr. 1/1a, 4. Auflage 1971) hat Grass zu dieser grundsätzlichen Entscheidung für die politische neben seiner literarischen Arbeit gesagt: »Ab 1961 (also nach der Bundestagswahl) geht das kontinuierlich zunehmend weiter. Erst war es das persönliche Verhältnis zu Brandt, zu dem diffamierten Brandt, und dann mehr und mehr involviert mit den politischen Alternativfragen bis in die Zeit der Studentenproteste hinein. Das hat mich, wenn man rechnen, wenn man bilanzieren will, viel Zeit gekostet, hat mir aber auch viel neue Erfahrung gebracht und mich in Frage gestellt und mich in Risiken gestürzt; vielleicht sogar in Risiken, die auf Kosten eines unmittelbaren Stils, eines urbanen Erzählvermögens gehen; aber das nehme ich in Kauf, das gehört dazu. Ich halte nicht viel von Schriftstellern, die mit ihren Talenten umgehen wie mit Zimmerlinden, die man hegen und pflegen muß, damit bloß nicht der ursprüngliche Erzählstil verlorengeht. Wenn dieses unmittelbare Erzählvermögen darunter leiden sollte, daß ich vielleicht dazu habe beitragen können, daß wir hier einen Regierungswechsel hatten und daß sich endlich einmal verspätet Aufklärung auch hier in Deutschland auswirken kann, dann nehme ich das gerne in Kauf.«

Dieser Band, der im Zusammenhang mit Grass' politischen, hier verständlicherweise nicht noch einmal nachgedruckten Aufsätzen in »Über das Selbstverständliche« gesehen und gelesen werden muß, demonstriert, symptomatisch und einigermaßen repräsentativ, wie Grass hat wirken wollen und wie er jedenfalls auf das, was öffentliche Meinung wiederzuspiegeln pflegt, auf die Presse, gewirkt hat; in der Vielfalt der Stimmen wird deutlich, daß, vor dem eben gezeichneten Hintergrund bundesrepublikanischer Erfahrung und Entwicklung, Grass sich treu geblieben ist: er hat die Assoziation zur ehemaligen Opposition nicht gelöst, nachdem diese Regierungspartei wurde, hat nicht jenen Bestätigung geliefert, die einst gegen die »heimatlosen Linken« polemisierten (und Grass ist nicht Mitglied der SPD – aber Sozialdemokrat, wie er immer wieder betont).

Radikal konnte Grass eigentlich nur zu Zeiten erscheinen, da die Ruhe noch als erste Bürgerpflicht galt; heute, und das schon seit einiger Zeit, gilt er den einen als angepaßter Revisionist (auch eines jener Schimpfwörter, die Grass als Auszeichnung betrachtet), den anderen immer noch als »Dreckschleuder« und »Pornograph«. Er selbst sieht sich sachlicher: »meine politische Überzeugung ist die, daß nach dem Versagen des modifizierten Kapitalismus und nach dem Versagen des Staatssozialismus kommunistischer Prägung einzig und allein die moderne Sozialdemokratie übriggeblieben ist.« Bliebe zu fragen, inwieweit die SPD heute – und schwedische Erfahrungen stützen dies – ebenfalls einen modifizierten Kapitalismus betreibt; und bleibt zu fragen, wie weit Grass seinen politischen Pragmatismus theoretisch fundiert und reflektiert. Jedenfalls denkt Grass, wie er immer wieder sagt, in längeren Fristen; politische Aktivität schlägt bei ihm nicht in allzu leicht frustrierende Hektik um.

Da haben sich zehn Jahre politischer Arbeit und Wirkung schon umgeschlagen, wenn man bedenkt, was zwischen der Weigerung des sozialdemokratischen Bremer Senats, Grass den Bremer Literaturpreis zu geben (1959), und Wehners Einladung, der SPD-Bundestagsfraktion »aus der Sicht des Wählers« eine Standpauke zu halten (23. März 1971), alles geschehen ist.

In diesem Buch ist von Literatur so gut wie nie die Rede, weil auch Grass unterscheidet zwischen dem, was er seinen literarischen Beruf, und dem, was er seine politische Arbeit nennt. Es wäre eine eigene Untersuchung wert, der Herkunft und Beschaffenheit jener Argumente nachzuspüren, mit denen arg verunsicherte Literatur-Kritiker dem parteipolitischen Engagement dieses Schriftstellers beizukommen versucht haben. Das Material dazu würde einen kaum minder umfangreichen Band füllen. Und auch da wäre die Bilanz die gleiche: daß Grass sich — mit seinem Stück »Davor« und seinem Roman »Örtlich betäubt«: mit Literatur also, die auf tagespolitische Aktualitäten gemünzt war — zwischen alle Stühle gesetzt hat.

Die progressiven Kritiker rücken von ihm ab, spielen den Wahlkämpfer gegen den Dichter und den Dichter gegen den Wahlkämpfer aus und kultivieren ihre Enttäuschung darüber, daß der »kaschubische Rübezahl« dem mühsam hergerichteten Blechtrommel-Image nicht mehr entsprechen will.

Erstaunlich indes, daß man bereits 1963 konstatiert hat, »daß der Schriftsteller Grass die entscheidenden gesellschaftlich-politischen Kräfte dieses Jahrhunderts, die von der wirtschaftlichen Basis her operierenden, nicht kennt, sie auf jeden Fall in seinen Werken weitgehend ignoriert oder doch nur sehr vage, oberflächlich, so kabarettistisch skizziert«. Daß man — lange vor dem dubiosen Appell für ein besseres Hotelfrühstück (1965) und den in der »Süddeutschen Zeitung« und im Berliner »Abend« publizierten Polit-Protokollen über Lenin, die Wohnungsnot oder den Vertrag mit Polen (1970) — zu dem Eindruck gelangt ist, »daß er im Grunde recht fassungslos vor dieser unserer Welt mit ihren komplizierten Machtverhältnissen, ihren Interessengruppen, ihren verwirrenden politischen Schachzügen steht«. Erstaunlich, daß schon im Hinblick auf den Roman »Hundejahre« die Gretchenfrage nach der »gesellschaftlichen Position« seines Autors gestellt und (von einem wohlwollenden Rezensenten) unzweideutig beantwortet wurde: Grass schreibe sicher nicht von einer »proletarischen«, sicher auch nicht von einer »großbürgerlichen«, sondern eher von der Position eines »aufgeklärten Kleinbürgers« aus, »der seine Schicht durchschaut hat und der ihr doch in den grundsätzlichen Betrachtungsweisen verhaftet bleibt«.

Es paßt — im Januar 1966, nach der zwiespältig aufgenommenen Premiere des sogenannten deutschen Trauerspiels »Die Plebejer proben den Aufstand« — völlig ins Bild, wenn die Feuilletonisten der Springer-Blätter den »weinerlichen Räsonneur und schlechten Wahlverlierer von 1965« jetzt flugs für ihre eigene politische Sache reklamieren wollen. Eilig wird der »Skandalmacher Grass« verabschiedet, um ihn unter der fetten Schlagzeile »Grass gelang der große Wurf!« (»Bild«) und in fünf Spalten als »das größte deutsche Schriftstellergenie dieser Zeit« feiern zu können. Solche Resonanz aus diesem Lager ist ungewöhnlich; eine Motivation für den lauten Jubel liefert die »Welt« mit der Kritik von Herbert Hausen und der vergleichsweise infamen Überschrift »Der neue Grass ist unbequem«. Denn die schadenfrohe Schlußsentenz des Artikels prophezeit: »Politisch wird er Ärger machen. Aber vor allem doch wohl dort, wo man sich seiner bisher allzu sicher war.« Das SED-Zentralorgan »Neues Deutschland« hält dem erneut gescheiterten Dramatiker unterdessen vor, er habe »sich mit der scheußlichen Konterrevolution identifiziert und in literarischer Weise die Geschäfte jener gemacht, die zugunsten der westdeutschen Reaktionäre die DDR umbringen möchten«.

Gewiß ist damals der (im übrigen kurzlebige) Enthusiasmus der Springer-Zeitungen ein Beifall aus der falschen Ecke. Dennoch wirft er — insofern in dieser Form überhaupt möglich — charakteristische Schlaglichter auf die vagen Konturen der »literarischen« Figur Günter Grass, die sich zunehmend als »politische« Person begreift — und dabei Handlungen, die primär »moralisch« fundiert sind, schon als »politische« Aktionen mißdeutet. Da besteht zwischen den Wahlhilfen des engagierten Dichters in den Jahren 1961 und 1965 und den privaten Wahlreisen des engagierten Sozialdemokraten im Jahr 1969 kein prinzipieller Unterschied.

In die Zeit beinahe dreijähriger literarischer Abstinenz fallen seine Briefe an Kiesinger und Brandt (1966), seine Briefe an Antonin Novotny und Pavel Kohout (1967), fallen aber auch seine Äußerungen über den »Radikalismus in Deutschland« (1968) oder über »Die angelesene Revolution« 1969), in denen Grass sich entschieden und unmißverständlich von der radikalen studentischen Protestbewegung absetzt und nach denen ihm in der Öffentlichkeit zusehends der Habit des rückhaltlos »angepaßten« bürgerlichen Erfolgsschriftstellers zugeschrieben wird.

Am Fall des erfolgreichen Schriftstellers Günter Grass freilich läßt sich ein komplexer Vorgang exemplifizieren, der für das strittige Verhältnis zwischen *Literatur* und *Politik* (alle möglichen Implikationen inbegriffen) im fraglichen Zeitraum und darüber hinaus kennzeichnend sein mag. Karl Heinz Bohrer hat ihn — wenn auch mit der umgekehrten Fragerichtung — im »Merkur« 1968 folgendermaßen kommentiert: »Westdeutschlands Linksintellektuelle« fühlen sich links überholt. Die gemütvollen Zeiten, in denen man den Vorwurf »Pinscher« als Ehrenbezeichnung trug, sind vergangen. Denjenigen, die den ehemals so Gezeichneten und also Ausgezeichneten den Tort antaten, den radikalen Studenten, verweigert man nunmehr den Namen »links« und bezeichnet sie inzwischen als »Anarchisten«, wenn nicht gar als »Faschisten«. Zum Vorkämpfer dieser Politik wurde inzwischen

die Galionsfigur unserer literarischen »Linksintellektuellen«: Westdeutschlands Dichter-As und Springer-Feind Nr. 1 Günter Grass. Er
hat sich öffentlich von den Zielen und Taktiken der radikalen Studenten distanziert. Damit wurde nur manifest, was man seit dem 2. Juni
1967 spätestens schon wußte: »Es gab außer moralischen Zusprüchen
keine politische Resonanz bei Westdeutschlands Literaten. Selbst diejenigen, die kürzlich die Berliner Vietnam-Resolution unterschrieben
haben, halten sich von den Studentenführern fern – und nur einmalige moralische Solidarität über die sich zuspitzende Brutalisierung
des totalen Kriegs in Vietnam ließ Schriftsteller und Studenten einmal
auf demselben Platz stehen.«

Sei es aus politischer Interesselosigkeit, sei es aus politischer Ideen-
losigkeit, sei es auch aus einer (berufsfremden) Hilflosigkeit utopischen Konzepten gegenüber: bei weitem die Mehrzahl der Literaten in
der Bundesrepublik perpetuiert einen Zustand von »splendid isolation«
nach der Seite hin, von der eine Veränderung der bestehenden Verhältnisse zu erwarten wäre.

Günter Grass jedoch, der beharrlich rät, Es-Pe-De zu wählen, der als
Wahlkämpfer »mit beiden Beinen fest im Bundestag« steht, der »Reformen« predigt und für den die »Revolution« einem »Staatsstreich«
gleichkommt – Günter Grass scheint die unter den Auspizien einer
intendierten politischen Veränderung zu begreifende Protestbewegung
der späten sechziger Jahre nicht nur in seinen Wahlreden, sondern
auch in seiner Literatur – dem Stück »Davor« und dem Roman »Örtlich betäubt« – unter Verzicht auf den schönen Schein der fiktional
zu bewerkstelligenden politischen Utopie als einen vermeintlichen
Vater-Sohn-Konflikt bewältigen zu wollen. Dazu schütteln besonnene
Reszensenten, hier bisweilen mehr Leitartikler als Literaturkritiker,
mißbilligend den Kopf: »Die Geschichte, die hier aufgerollt wird, das
gefühlige und empfindsame Hin und Her zwischen dem idealistischen
Schüler und seinem gebrochenen Lehrer, diese Seelenkämpfe zwischen
den Generationen – mir ist diese Geschichte als Beispiel, als Modell
für das, was sich damals in Berlin und was sich heute in Deutschland
im Zeichen der Protestbewegung vollzieht, von einer ärgerlichen
Kleingeratenheit. Hier wird doch ein großer und bis in die Wurzeln
hinein politischer Stoff idyllisch individualisiert, verharmlost und auf
einen bloßen Generationskonflikt reduziert.« (Horst Krüger.)

Während ihn die studentische Linke längst fallengelassen hat und
die Uraufführung von »Davor« erst gar nicht mehr zur Kenntnis
nimmt, gilt Grass den halblinken Feuilletonisten als ein »staatserhal-
tender Dichter«, für den die Schöngeister immer noch derlei Sätze
parat halten: »Aus dem grimmigen Idylliker ist ein elegischer Räsonneur geworden, aus dem bösen Provokateur ein lamentierender Pro-
tokollant«. So urteilt exemplarisch lapidar, mit dem Ausdruck höfli-
chen Bedauerns über das mißratene »Alterswerk« eines zeitgenös-

sischen Klassikers der Kritiker Marcel Reich-Ranicki. Solche Floskeln haben die Runde gemacht.

Dabei zeigt sich folgendes Phänomen: was aus der Perspektive von Peter Hamm als das »Integrationsstück eines total integrierten und korrumpierten Autors« erscheinen mag, deklariert nun ebenfalls der »Bayern-Kurier« als das »pseudochronistische, im Grunde engagementunfähige Bekenntnis eines Greises«. Fatal, wenn im Wahljahr 1969 die (vorher jedenfalls noch) politisch im Prinzip wohlwollenden den politisch mißgünstigen Kritikern die Stichworte liefern, wenn sich jene, die bis dahin ausschließlich mit der Vokabel »Pornographie« hantiert haben, nun aus dem von der anderen Seite bereitgestellten Arsenal politisch involvierter Argumente bedienen können. Das zunächst bloß als Einwand gegen mangelnde Überzeugungskraft des *Dramas* »Davor« formulierte Verdikt, es wirke, als sei es »in Team-Arbeit mit Willy Brandt, Helmut Schmidt und Karl Schiller in der Bonner SPD-Zentrale ausgeheckt« worden und als habe die SPD mit seiner Premiere ihren Bundestags-Wahlkampf eröffnen wollen — dieser Spruch etwa läßt sich dann nämlich flott in einen als Feuilleton kaschierten Beitrag zur Disqualifikation des politischen Gegners umrüsten.

Die Prognose, jetzt könne Grass des Beifalls aller »Spießer und Reaktionäre« sicher sein, hat sich nicht bewahrheitet. Die im deutschen Literatur-Betrieb beschäftigten Spießer und Reaktionäre packten im Herbst 1969 die günstig plazierte Gelegenheit beim Schopf, den »Pornographen« Grass (laut Gerichtsurteil des OLG München vom 8. Januar 1969) zu schlagen, um den Sozialdemokraten Grass zu treffen.

Thematisch wird — überblickt man den in diesem Band dokumentierten Zeitraum — ein vorderhand gesellschaftlicher, gesellschaftlich-politischer Prozeß, den Hellmuth Karasek auf die Formel: »Der Anarchist als Erfolgsautor, der Provokateur als Wahlhelfer« gebracht hat.

Mit jenem unbequemen Sitz zwischen allen Stühlen (und Grass hat gesagt, daß er Übung darin hat, zwischen den Stühlen zu sitzen: »als Liberaler, als nützlicher Idiot der einen oder der anderen Seite, als ein Naivling, der immer noch glaubt, man könne an der sozialen Demokratie auf evolutionäre Weise weiterbauen«) scheint dieser Prozeß, was den Schriftsteller Günter Grass, seinen literarischen Beruf und seine politische Arbeit betrifft, vorläufig abgeschlossen.

Zur Textauswahl

Versucht wurde, die wesentlichen Materialien zur politischen Wirkung des Schriftstellers Günter Grass verfügbar zu machen. Das ist (von wenigen Ausnahmen abgesehen) zumindest im Hinblick auf das Konzept der Herausgeber gelungen. Sieht man die Abfolge der einzelnen Beiträge dieser Dokumentation aus der Distanz mehrerer Jahre, dann erscheint das, was als Wirkung sichtbar gemacht werden sollte, inzwischen unter zweifachem Aspekt: vorderhand thematisieren sie jeweils die aktuelle tagespolitische Situation, die Stellungnahme eines Literaten und die Reaktion darauf in der Öffentlichkeit; darüber hinaus freilich liefern sie Belege für die möglichen Hintergründe, die Anlässe, Ursachen und Folgen, die Entwicklungen eines vielfach strukturierten Prozesses, der — vom gesellschaftlich-politischen Engagement eines Schriftstellers beharrlich und immer erneut provoziert — insgesamt erst als »Wirkung« begriffen werden kann.

Nur scheinbar stiftet demnach der letzte Anhang »In Sachen Kipphardt« übergewichtig ein Mißverhältnis. Hier trifft vieles zusammen, was sich jetzt als Ressentiment oder Beifall von der falschen Seite artikuliert hat: im »Fall Kipphardt« wird die politische Arbeit des Günter Grass insgesamt, aber ausgehend von einem für Grass nicht typischen Einzelfall, auf Wirkung befragt. Das Plädoyer, das der Schweizer Schriftsteller Adolf Muschg für Grass hält, schließt so zwar nur den letzten Anhangsteil ab, bezieht sich aber mit gutem Recht auch auf das ganze Buch, durchaus im Sinne der Herausgeber.

Mit Absicht wurde verzichtet auf Günter Herburgers Artikel »Überlebensgroß Herr Grass« (DIE ZEIT, 4. 6. 1971) — er gehörte nicht in den »Kipphardt-Anhang« hinein und bot als Schlußartikel des Hauptteils nur wenig schlagende Argumente — allenfalls jenes, daß die Literatur ein eines, Politik aber ein anderes sei, und gerade dieses Argument zielt exakt an dem vorbei, was mit diesem Buch zum Ausdruck gebracht werden sollte (vgl. die Vorbemerkung der Herausgeber); nicht die herbe Kritik an Grass war also das Motiv, diesen Beitrag herauszulassen, sondern die Tatsache seiner primär persönlich getönten Argumentation.

Über drei Artikel, die die Herausgeber gern in diesen Band übernommen hätten und für die ihnen die Abdrucksrechte verweigert wurden, muß Rechenschaft abgelegt werden:

»Zeitungsleser Hans Habe« (unter diesem Titel läuft Habes Kolumne in der »Welt am Sonntag« [Ausgabe Berlin]) versagt den Abdruck seiner Polemik gegen Grass, die am 10. 1. 1971 in der »Welt am Sonntag« erschien: »Marx, Christus und Günter Grass«. Darin fühlt Habe sich einerseits davon abgestoßen, daß Grass, der Lenin kritisiert hatte, sich »von seinen Alliierten absetzt«, meint aber dann: »Da aber Grass längst zum Gelegenheitsdichter geworden ist, läßt sich die Vermutung nicht unterdrücken, daß die deutsche Sozialdemokratie, mit Hilfe bürgerlicher Wähler in den Sattel gehoben, nun zum Marxismus zurückkehren will.« Wir hätten Habes Widersprüche gern im ganzen präsentiert, so sind wir auf entscheidende Zitate angewiesen, die natürlich aus dem Zusammenhang gerissen sind. Aber Habe lehnte den Gesamtdruck ab, denn: »Ein gewisses Talent ist Grass nicht abzusprechen, es steht aber, meine ich, in keinem Verhältnis zu seiner Begabung für ›public relations‹. Es ist gut, daß Grass Bücher veröffentlicht; ich halte es aber für grotesk, Bücher über ihn zu publizieren. Zugleich ist Grass eine Persönlichkeit des öffentlichen Lebens — ich muß mich gelegentlich publizistisch mit ihm auseinandersetzen; es wäre aber nicht konsequent, wenn ich zu einem Buch über ihn beitrüge.« (Brief vom 24. 5. 1971 an Arnold).

W. Hertz-Eichenrode versagte den Abdruck eines Artikels »Infam« aus der »Welt« vom 27. 9. 1967, der sich auf Grass' Verteidigung Arnold Zweigs in der »Panorama-Sendung« des NDR vom 25. 9. 1967 bezog, weil, wie er unerfindlicherweise am Telefon sagte, das »ein Eingriff in ein schwebendes Verfahren« sei. Einige Zitate aus diesem Artikel könnten verständlich machen, warum Hertz-Eichenrode seinen Artikel nicht gern mehr gedruckt sieht: »Und es gibt den Amateurpolitiker Grass, der Ulbrichts Propagandachinesisch in einer Manier redet, die fatal an die Hetze einer vergangenen Epoche erinnert. Wer sich in der Pose des blinden Eiferers gefällt, muß früher oder später politisch Amok laufen.« Und: »Denn Grass verleumdete, beleidigte, hetzte und verstieg sich zu einer Boykottaufforderung.« Und: »Er belog ein Millionenpublikum, indem er behauptete, die ›Zeitungen des Springer-Konzerns‹ schädigten zunehmend die parlamentarische Demokratie.« Und Grass' und des »Panoramas« Absicht? »Zeitungen sollen eingeschüchtert werden, die verfassungstreu den Staat des Grundgesetzes verteidigen. Rufer sollen verstummen, die nicht aufhören, das gemeinsame Vaterland aller Deutschen zu fordern.«

Schließlich bat Rainer Würgau, seinen Artikel »Die Studenten sind Vertreter der Massen« nicht abzudrucken, der am 10. 5. 1969 als Antwort auf Günter Grass' in dieser Dokumentation abgedruckten Beitrag »Der SDS verkennt die deutsche Lage« in den »Stuttgarter Nachrichten« erschienen ist: »Grund: er enthält Theoreme wie die ›Frustration durch Konsum‹, die der wirklichen Lage der Arbeiter Hohn sprechen. Gewiß konnte man von der bürgerlichen Studentenbewegung nichts anderes erwarten und auch die Strategievorstellungen ›Bündnisse unterdrückter Gruppen‹ und ›revolutionäre Berufspraxis‹ sind vom Stempel bürgerlicher Klassenpolitik geprägt. — Aber die Studentenbewegung hatte trotz dieser Fehler gegen Grass und andere sozialdemokratische Kritiker im wesentlichen recht. Und das muß auch heute zum Ausdruck kommen. Das können aber keine eiligen soziologischen Hilfskonstruktionen, sondern nur historisch-materialistische Begriffe leisten.« Die Verweigerung bezog sich vor allem auf den zweiten Teil des Artikels; das Angebot, diesen Teil für die Dokumentation zu überarbeiten, lehnten die Herausgeber ab; eine umfängliche Fußnote, die Würgau zugestanden wurde, lehnte dieser ab.

Im Juli 1971   Heinz Ludwig Arnold/Franz Josef Görtz

XV

Politische Anfänge: 1961

Günter Grass

Wer wird dieses Bändchen kaufen?

Wird es jener Kassierer der Berliner Bank sein, der die Menschen vom Dienst hinterm Kassenschalter kennt, sich privat und aus Berufsgründen den Blick bewahrt hat, der montags im »Spiegel« liest, nicht alles glaubt, was geschrieben steht, der den Ulbricht nicht mag und den »Rias« abstellt; wird er das Bändchen kaufen, er, der ohnehin seit Jahren das kleinere Übel, die SPD, wählt, wie ich sie wähle, die rührende, ungeschickte, die laue brave muffige SPD, die Tante SPD, mein schlechtes Gewissen, mein Ärgernis, meine schwach begründete Hoffnung SPD? Soll ich für ihn, der ohnehin seufzt und sie wählt, seufzen und schreiben: Mein lieber Kassierer der Berliner Bank, der Sie mein Konto wachsen und schwinden sehen, wählen auch Sie diesmal die alte Tante, sie meint es gut mit uns und ist jünger, als sie sich kleidet? Nein, lieber Bankangestellter, Ihnen muß ich die Tante nicht schmackhaft machen. Ich habe gesehen, wie selbstsicher und melancholisch Sie Hundertmarkscheine und Fünfzigmarkscheine auszuzahlen verstehen. Sie kennen alle Wasserzeichen, stellen den »Rias« ab, seufzen und werden dieses Bändchen kaufen. Wer aber wird dieses Bändchen nicht kaufen? Wie viele Neuwähler gibt es? Denen will ich ins Ohr kriechen und in jeder Milchbar flüstern: Wählt SPD und möbelt die alte Tante auf, sonst kommt jener Vormund aus Bayern.

Ich meine den jungen Mann, der Jura studiert, die Studentenzeitung »konkret« liest, ihn, der immerzu und zu allen seinen Freundinnen sagt: »Na, drüben haben sie wenigstens keinen Globke!«

Ich sage zu jener frischausgebildeten Kindergärtnerin, die so stolz ist auf ihr frischgewonnenes Wahlrecht, eigentlich SPD wählen möchte, aber nun, da sie merkt, daß auch ihr Verlobter nach links neigt, störrisch dem alten Rosengärtner das Wort redet, zu ihr, die auf keinen Fall ihrem Verlobten hörig sein will, sage ich: Wählen Sie dennoch SPD. Wie schön ist es, in jungen Jahren dem Verlobten voll und ganz hörig sein zu dürfen.

Und ich versuche jenem katholischen Automechaniker zu beweisen, daß der heilige Franziskus heute nicht mehr die KPD, sondern resignierend die SPD wählen würde.

Und die ganz jungen Snobs meine ich, die der allerchristlichsten Partei ihr atheistisches Stimmchen nur deshalb geben wollen, weil ihre Väter kreislaufgestörte Gewerkschaftsfunktionäre sind. Ein Generationenproblem? Ach, wie veraltet ist euer Snobismus; der wahre Snob wählt nur noch SPD! Weiterhin — und die Höhe meiner Auflagezahlen verpflichtet mich dazu — spreche ich zu allen, die die »Blechtrommel« gelesen oder zumindest gekauft haben. Nicht, daß ich sagen will, Oskar Matzerath wählt SPD, aber sein Sohn und Halbbruder Kurt — Sie erinnern sich? — ein blasses, inzwischen wahlberechtigtes Bengelchen, hat

3

mir versprochen, wieder fleißig zur Kirche zu gehen und SPD zu wählen; ein Beweis mehr, wie einflußreich Schriftsteller sein können.
Doch nun zu euch, ihr arbeitsamen Klarissinnen, ihr klugen Ursu-
linen, ihr barmherzigen Vinzentinerinnen. Wie oft habe ich euch mit
schwarzer Tusche, mit grauer Kohle gezeichnet und mit kühnen Worten bedichtet. Noch jüngst verkaufte ich ein Blatt, betitelt: »Dreizehn
Nonnen mit Regenschirmen« an einen Säufer, Arzt und Gotteslästerer:
der Mann besserte sich, will konvertieren und SPD wählen. Wie ist es
mit euch, meine frommen Musen? Dürft ihr wählen? Ich glaube schon.
Ihr habt doch Humor, Nonnenhumor: schlagt der Äbtissin ein Schnippchen, wählt SPD!

Doch nicht zuletzt: Hochverehrter Herr Bundeskanzler, wäre es nicht
an der Zeit, Ihr Lebenswerk zu krönen und jene infame Behauptung
vom »Starrsinn des Herrn Adenauer« aus der Welt zu schaffen, indem
Sie laut, deutlich und auf dem Fernsehschirm SPD wählen! Haben sich
nicht Ihre verläßlichsten Freunde für diese Partei ausgesprochen? Predigt doch Sonntag für Sonntag unser aller Kardinal Frings von der Kanzel des Kölner Domes auf entblößte Häupter herab: »Wahrlich, ich sage euch, wer diesmal nicht SPD wählt, dem soll ...« Und die »Frankfurter Allgemeine«? Betreibt dieses Weltblatt nicht seit geraumer Zeit
und bis in den Wirtschaftsteil und Wetterbericht hinein offene Werbung für die SPD? Besonders im Literaturteil jener meinungsbildenden Zeitung wird eine zwar erklärliche, dennoch übertriebene Sympa-
thienahme brillant formuliert: der renommierte Kritiker und Dichter
Friedrich Sieburg bespricht nur noch die Bücher jener Autoren, die der
SPD nahestehen.

Und nun kann ich nicht anders und muß zu euch sprechen, liebe
Landsleute, die ihr in Danzig geboren und mit Mottlauwasser getauft
worden seid. Jüngst war ich in Polen und suchte die alte Heimat auf.
Gewiß, alles ist fremd geworden, nicht mehr hört man den vertrauten
Dialekt; aber die gute alte Ostsee rauschte wie einst und immer schon;
und die Radaune raunte; und die Tauben um Sankt Marien flüsterten.
Und was rauschte die Ostsee, raunte die Radaune, flüsterten die Tau-
ben: »Birrjer dä Fraien Stadt Danzich!« hörte ich und schrieb mit: »Äs
werrd sswar nuscht nitzen, ond nie nech wä ä zurrick kennen inne alte
Heimat, wählt abä dänooch os rainem Värjniegen dem Brandt, dem
Sozi; wennä och dwatsch is ain besschen ond häd nuscht wie Glumse
im Deetz.«

Soweit der Wortlaut der Ostsee, Radaune und Tauben um Sankt
Marien. Wie aber soll nun ich begründen, warum ich die Neuwähler,
die katholischen Automechaniker, die Söhne der Gewerkschaftsfunk-
tionäre, die Leser meiner Werke, die sanften Nonnen, unseren Herrn
Bundeskanzler und meine lieben Landsleute auffordere, die gute alte
Tante zu wählen?

Ich könnte mich auf die vorliegenden Parteiprogramme einlassen
und die fast gleichlautenden Versprechungen beider zu schnell gewach-

4

sener Parteien untersuchen und die Verfasser der Weinpantscherei bezichtigen. Das werden wohl meine Vor- und Nachredner kenntnisreich tun; mir möge vorbehalten bleiben, private Einsichten zu formulieren, etwa: Wählt SPD. Unter diesem Zeichen werdet ihr zwar nicht siegen, aber auch nicht vor die Hunde gehn. Oder: Wählt schon auf Erden SPD, damit uns im Himmel einst eine SPD-Regierung gewiß sein wird. Oder: Macht keine Experimente: Franz-Josef Strauß ist eines. Oder: Laßt uns SPD wählen, damit uns die SPD nicht verkauft. Oder schließlich: Im Wahlmonat September wird die Sonne im Zeichen der Jungfrau stehen. Vorsicht bei kleinen Geschäften, Redlichkeit und Skepsis legt uns die Jungfrau nahe. Auch Goethe war eine Jungfrau und würde Carlo Schmid wählen. Glaubt seinem Horoskop. Die Sterne lügen nicht. Wählt SPD!

»Die Alternative oder Brauchen wir eine neue Regierung«, herausgegeben von Martin Walser, Reinbek 1961

Günter Grass an Anna Seghers

Und was können die Schriftsteller tun?

An die Vorsitzende des Deutschen
Schriftstellerverbandes in der DDR

Berlin, am 14. August 1961

Verehrte Frau Anna Seghers,

als mich gestern eine der uns Deutschen so vertrauten und geläufigen
plötzlichen Aktionen mit Panzernebengeräuschen, Rundfunkkommen-
taren und obligater Beethoven-Symphonie wach werden ließ, als ich
nicht glauben wollte, was ein Radiogerät mir zum Frühstück servierte,
fuhr ich zum Bahnhof Friedrichstraße, ging zum Brandenburger Tor
und sah mich den unverkennbaren Attributen der nackten und dennoch nach Schweinsleder stinkenden Gewalt gegenüber. Ich habe, sobald ich mich in Gefahr befinde – oftmals überängstlich, wie alle gebrannten Kinder –, die Neigung, um Hilfe zu schreien. Ich kramte im
Kopf und im Herzen nach Namen, nach hilfeverheißenden Namen;
und Ihr Name, verehrte Frau Anna Seghers, wurde mir zum Stroh-
halm, den zu fassen ich nicht ablassen will.

Sie waren es, die meine Generation oder jeden, der ein Ohr hatte,
nach jenem nicht zu vergessenden Krieg unterrichtete, Recht und Unrecht zu unterscheiden; Ihr Buch, »Das siebte Kreuz«, hat mich geformt,
hat meinen Blick geschärft und läßt mich heute die Globke und Schröder in jeder Verkleidung erkennen, sie mögen Humanisten, Christen
oder Aktivisten heißen. Die Angst Ihres Georg Heisler hat sich mir
unverkäuflich mitgeteilt; nur heißt der Kommandant des Konzentra-
tionslagers heute nicht mehr Fahrenberg, er heißt Walter Ulbricht und
steht Ihrem Staat vor. Ich bin nicht Klaus Mann, und Ihr Geist ist dem
Geist des Faschisten Gottfried Benn gegengesetzt, trotzdem berufe ich
mich mit der Anmaßung meiner Generation auf jenen Brief, den Klaus
Mann am 9. Mai 1933 an Gottfried Benn richtete. Für Sie und für mich
mache ich aus dem 9. Mai der beiden toten Männer einen lebendigen
14. August 1961: Es darf nicht sein, daß Sie, die Sie bis heute vielen
Menschen der Begriff aller Auflehnung gegen die Gewalt sind, dem
Irrationalismus eines Gottfried Benn verfallen und die Gewalttätigkeit
einer Diktatur verkennen, die sich mit Ihrem Traum vom Sozialismus
und Kommunismus, den ich nicht träume, aber wie jeden Traum re-
spektiere, notdürftig und dennoch geschickt verkleidet hat.

Vertrösten Sie mich nicht auf die Zukunft, die, wie Sie als Schrift-
stellerin wissen, in der Vergangenheit stündlich Auferstehung feiert;
bleiben wir beim Heute, beim 14. August 1961. Heute stehen Alpträu-

me als Panzer an der Leipziger Straße, bedrücken jeden Schlaf und bedrohen Bürger, indem sie Bürger schützen wollen. Heute ist es gefährlich, in Ihrem Staat zu leben, ist es unmöglich, Ihren Staat zu verlassen. Heute — und Sie deuten mit Recht auf ihn — bastelt ein Innenminister Schröder an seinem Lieblingsspielzeug: am Notstandsgesetz. Heute — »Der Spiegel« unterrichtete uns — trifft man in Deggendorf, Niederbayern, Vorbereitungen zu katholisch-antisemitischen Feiertagen. Dieses Heute will ich zu unserem Tag machen: Sie mögen als schwache und starke Frau Ihre Stimme beladen und gegen die Panzer, gegen den gleichen, immer wieder in Deutschland hergestellten Stacheldraht anreden, der einst den Konzentrationslagern Stacheldrahtsicherheit gab; ich aber will nicht müde werden, in Richtung Westen zu sprechen: nach Deggendorf in Niederbayern will ich ziehen und in eine Kirche spucken, die den gemalten Antisemitismus zum Altar erhoben hat.

Dieser Brief, verehrte Frau Anna Seghers, muß ein »offener Brief« sein. Das Brieforiginal schicke ich Ihnen über den Schriftstellerverband in Ost-Berlin. Mit der Bitte um Veröffentlichung schicke ich einen Durchschlag an die Tageszeitung »Neues Deutschland«, einen zweiten Durchschlag an die Wochenzeitung. »Die Zeit«.

Hilfesuchend grüßt Sie

Günter Grass

»DIE ZEIT« (Hamburg), 18. 8. 1961

Ludwig Marcuse an Günter Grass

Es bleibt nur Schweigen

Santa Monica, California

Lieber Herr Grass,

bisweilen wacht man auf, öffnet die Zeitung — und ein Herzenswunsch ist erfüllt. Ich sehnte mich seit langem nach einem Brief, wie Sie ihn jetzt an Anna Seghers geschrieben haben. Ich habe ihn nicht mehr für möglich gehalten — nach allem, was ich in den letzten Jahren las. Ich möchte aber in dieser Stunde nicht das Gute, was Sie vollbracht haben, in den Schatten stellen durch eine detaillierte Erörterung des Versäumten. Die deutschen Schriftsteller waren zu besorgt, daß die Wahrheit gen Osten als eine Sanktionierung des Westens ausgelegt werden könnte.

Ich las Ihr Schreiben nach der ersten leidenschaftlichen Parteinahme ein zweites Mal — und fühlte, zu meiner Enttäuschung, daß ich es nicht unterschreiben könnte. Es ist 24 Stunden zu spät abgesandt worden. Bis dahin wäre es dringend notwendig gewesen, die Ulbricht-Schriftsteller, von Anna Seghers bis herab zu Arnold Zweig, aufzufordern, jenes Land nicht mehr mit ihren Namen zu dekorieren; ihm nicht mehr Gestalten und Argumente zu schenken — hinter denen eben die Tanks, die jetzt am Brandenburger Tor drohen, eingespielt wurden. Die Ideologen des Vierten Reichs hätten zur Zeit auswandern sollen (das dreieinhalbte soll damit nicht glorifiziert werden). Hunderttausende verließen die Ulbricht-Kaserne, die nicht, wie die prominenten Intellektuellen, zur herrschenden Klasse gehörten.

Aber in dieser Stunde Anna Seghers zur Tat aufzurufen, das heißt zum Wort, bedeutet: ihr ein Martyrium auferlegen. Sie soll nicht sterben! Sie soll nicht leiden! Ihr Opfer würde nicht den geringsten Nutzen haben, wäre nichts als Selbstmord. Sie soll, eingeschlossen in ihr waffenstarrendes Gefängnis Berlin, erkennen, was sie in all den Jahren getan, nicht getan hat — und eines Tages uns aufklären: Wie es möglich ist, daß jemand, der gute Augen hat und gute Ohren, nicht sah und nicht hörte; oder, obwohl er sah und hörte, keine Konsequenzen zog. Es ist schon eine Anna Seghers nötig, um dies wichtigste aller Ostthemen darzustellen.

Ihr Brief, lieber Herr Grass, ist eine Erlösung. Ich wage zu hoffen, daß er viel Eis im Westen gebrochen hat. Aber vielleicht waren Sie nicht vorsichtig genug, als sie Ihren und Anna Seghers' Weg in Parallele setzten. Sie können nach Deggendorf gehen und in die Kirche der Barbarei spucken; es wird nicht den Kopf kosten — und könnte eine kräftige Lektion sein. Anna Seghers, eingesperrt, unter der Knute von hochtrainierten Wärtern, wird in den kommenden Tagen vielleicht schon ein Blutzeugnis geben müssen, wenn sie standhaft schweigen will.

Das ist wohl das Äußerste, was man jetzt noch von Ulbrichts Intellektuellen erhoffen darf.

Ihr

Ludwig Marcuse

»DIE ZEIT« (Hamburg), 1. 9. 1961

Antworten aus der DDR

Wolfdietrich Schnurre und Günter Grass haben, wie an etliche Schriftsteller der DDR, auch an den SONNTAG ihren Brief über das »Unrecht des 13. August« gerichtet. In diesem Brief wird versucht, wie durch Grass schon auf dem V. Deutschen Schriftstellerkongreß, einen Gegensatz zwischen den Schriftstellern der DDR und ihrem Staat zu provozieren. Ja, Grass schreibt sogar von einer »Pflicht« der sozialistischen Autoren, die Friedenspolitik ihrer Regierung nicht widerspruchslos hinzunehmen. Damit sagt er nichts anderes als RIAS und BILD, als Brandt und Lemmer. Sein Ansinnen, den Brief im SONNTAG ungekürzt zu veröffentlichen, ist uns gleichbedeutend mit der Aufforderung, die RIAS-Hetzsendung »Berlin spricht zur Zone« über den Deutschen Demokratischen Rundfunk auszustrahlen. Günter Grass hat jedenfalls unsere Öffentlichkeit wissen lassen, daß ihm die Rolle einer Sprachröhre der heute in ganz Deutschland am meisten kompromittierten politischen Figur wohl ansteht. Trommelt der Autor der »Blechtrommel« deshalb so sehr die Trommel des kalten Krieges, um etwa die Niederlage seiner politischen Richtung auf dem V. Deutschen Schriftstellerkongreß wettzumachen? Bislang waren wir geneigt, in Grass einen ehrlich Suchenden zu sehen. Beantwortet er uns jetzt nicht von selbst die Frage, ob er in Wahrheit nicht doch ein nach bestimmten Möglichkeiten suchender Unehrlicher ist? Denn wer die unpopuläre Politik des unpopulären Brandt stützt, mithin also die Position eines Trommlers nicht nur des kalten, sondern sogar eines heißen Krieges einnimmt, kann für sich schwerlich das Recht beanspruchen, als aufrichtiger Gesprächspartner akzeptiert zu werden. Wenn ihm dennoch zugute gehalten wird, einer Antwort auf seinen Aufwiegelungsversuch wert zu sein, so mag er es als Zeugnis unserer Toleranz werten, die weit, sehr weit geht und lange währt, im Falle West-Berlins immerhin rund 13 Jahre.

Die Redaktion [des SONNTAG]

Stephan Hermlin an Grass und Schnurre

Sie haben gestern, am 16. August 1961, einen offenen Brief an eine Reihe von Schriftstellern in der Deutschen Demokratischen Republik gerichtet. Da ich zu den von Ihnen genannten Empfängern gehöre, erlaube ich mir, das folgende zu bemerken:

Sie wünschen, ich möge »die Tragweite der plötzlichen militärischen Aktion vom 13. August bedenken«. Ich könnte mit den Worten eines offiziellen Sprechers in Washington darauf erwidern, daß die Rechte der westlichen Besatzungsmächte in West-Berlin durch die Maßnahmen der Deutschen Demokratischen Republik nicht angetastet wurden. Dies ist die Antwort, die bereits aus dem Westen gekommen ist, soweit die Frage der Tragweite aufgeworfen wird. Ich will es mir aber nicht ganz so einfach machen, zumal ich kein Sprecher der amerikanischen Regierung bin.

Sie schreiben: »Wenn westdeutsche Schriftsteller sich die Aufgabe stellen, gegen das Verbleiben eines Hans Globke zu schreiben; wenn westdeutsche Schriftsteller das geplante Notstandsgesetz des Innenministers Gerhard Schröder ein undemokratisches Gesetz nennen; wenn westdeutsche Schriftsteller vor einem autoritären Klerikalismus in der Bundesrepublik warnen, dann haben Sie genauso die Pflicht, das Unrecht vom 13. August beim Namen zu nennen.«

Ihr Argument, das bei früherer Gelegenheit bereits in ähnlicher Form auftauchte, resultiert aus einem Trugschluß. Wenn Sie, Schnurre

und Grass, gegen Globke und Schröder auftreten, die Sie regieren, so
bin ich keineswegs verpflichtet, gegen meine Regierung aufzutreten,
die Globke und Schröder etwas nachdrücklicher bekämpft, als Sie beide
es tun — und das sei bei allem Respekt vor Ihrer Zivilcourage gesagt.
Vielmehr ist meine Regierung bei dieser ihrer Tätigkeit meiner Zustimmung sicher. Tatsächlich ist das, was Sie das Unrecht vom 13. August nennen, eine staatliche Aktion gegen die Globke-Schröder-Politik.
Das Unrecht vom 13. August? Von welchem Unrecht sprechen Sie?
Wenn ich Ihre Zeitungen lese und Ihre Sender höre, könnte man glauben, es sei vor vier Tagen eine große Stadt durch eine Gewalttat in
zwei Teile auseinandergefallen. Da ich aber ein ziemlich gutes Gedächtnis habe und seit vierzehn Jahren wieder in dieser Stadt lebe, erinnere ich mich, seit Mitte 1948 in einer gespaltenen Stadt gelebt zu
haben, einer Stadt mit zwei Währungen, zwei Bürgermeistern, zwei
Stadtverwaltungen, zweierlei Art von Polizei, zwei Gesellschaftssyste-
men, in einer Stadt, beherrscht von zwei einander diametral entgegengesetzten Konzeptionen des Lebens. Die Spaltung Berlins begann Mitte
1948 mit der bekannten Währungsreform. Was am 13. August erfolgte,
war ein logischer Schritt in einer Entwicklung, die nicht von dieser
Seite der Stadt eingeleitet wurde.

Ich habe meiner Regierung am 13. August kein Danktelegramm geschickt, und ich würde meine innere Verfassung auch nicht als eine
solche »freudiger Zustimmung«, wie manche sich auszudrücken belieben, definieren. Wer mich kennt, weiß, daß ich ein Anhänger des Miteinanderlebens bin, des freien Reisens, des ungehinderten Austauschs
auf allen Gebieten des menschlichen Lebens, besonders auf dem Gebiet der Kultur. Aber ich gebe den Maßnahmen der Regierung der
Deutschen Demokratischen Republik meine uneingeschränkte ernste
Zustimmung. Sie hat mit diesen Maßnahmen, wie sich bereits zeigt,
den Antiglobkestaat gefestigt, sie hat einen großen Schritt vorwärts getan zur Erreichung eines Friedensvertrages, der das dringendste Anliegen ist, weil er allein angetan ist, den gefährlichsten Staat der Welt,
die Bundesrepublik, auf seinem aggressiven Weg zu bremsen.

Ich erinnere mich noch sehr genau an das ekelerregende Schauspiel
einer sogenannten nationalen Erhebung, das ich am 30. Januar 1933 als
ganz junger Mensch am Brandenburger Tor erlebte. Zehntausende von
Hysterikern teilten einander damals tränenüberströmt mit, Deutschland sei endlich von der Knechtschaft erlöst. Hätten damals am Brandenburger Tor rote Panzer gestanden, wäre der Marsch nach dem Osten
nie angetreten worden, brauchten keine Eichmann-Prozesse stattzufinden und säßen wir heute zu dritt in einer unzerstörten, ungeteilten
Stadt am Alex oder am Kurfürstendamm im Café.

In Ihrem Brief wird sehr deutlich an die Adressaten appelliert, sie
mögen sich nicht vor einer Antwort drücken, es gäbe angesichts der
heutigen Situation kein Schweigen, so wenig — wie Sie schreiben —
wie etwa zwischen 1933 und 1945. Offenbar haben Sie doch nicht sehr

genau überlegt, an wen Sie das geschrieben haben, denn Ihre Adressaten, zumindest die Mehrzahl von ihnen, schwiegen gerade zwischen 1933 und 1945 nicht, im Gegensatz zu so vielen patentierten Verteidigern der westlichen Freiheit des Jahres 1961.

Ich bin überzeugt, daß es meiner Antwort an Deutlichkeit nicht gebricht, und hoffe, daß wir uns bald in freundlicheren Stunden wiedersehen werden.

gez. Stephan Hermlin

Paul Wiens an Grass und Schnurre

Der Schriftstellerverband übermittelte mir am 17. August einen von Ihnen beiden, Wolfdietrich Schnurre und Günter Grass, am Vortage überbrachten und unterzeichneten offenen Brief.

»Ohne Auftrag und ohne Aussicht auf Erfolg«, wie Sie beginnen, bitten Sie die Schriftsteller unserer Republik, die Tragweite der Maßnahmen unserer Volksmacht vom 13. August zu bedenken und offen Stellung zu nehmen. Da Sie unter anderen meinen Namen nennen und offensichtlich das »Neue Deutschland« nur selten lesen, halte ich es für nützlich, Ihnen hier noch einmal direkt zu antworten. Auch darum übrigens, weil ich Ihre Arbeiten schätze und weil ich voraussetze, daß Sie wirklich aus eigener ehrlicher Überzeugung handeln und schreiben, wie wenig bedacht und wie wenig eigen Ihr Bild mir auch erscheint.

Ich versuche, möglichst nüchtern zu sein:

In Anbetracht der Lage in Deutschland und in der Welt, in Anbetracht der Lehren der Geschichte und meiner eigenen Erfahrung, in Ihrem, in meinem und wahrscheinlich in aller Menschen elementarstem Interesse halte ich es für vernünftig, für notwendig und daher für gut und menschlich, mit all der demokratischen Macht, die uns zur Verfügung steht, einer Politik (und ihren Exponenten) Halt zu bieten, die unausweichlich zu einem dritten Weltkrieg führt. Das haben wir am 13. August 1961 in Berlin getan.

Recht gebe ich Ihnen, wenn Sie schreiben, daß »wer den Beruf des Schriftstellers wählt, zu Wort kommen muß«. Ich hoffe also, auch Sie werden mir zugeben, und ich meine es unpolemisch: Wer den Beruf des Schriftstellers wählt, muß denken. Ich lese nun und glaube Ihnen, daß Sie überzeugte Gegner der atomaren Aufrüstung sind. Sie warnen vor Globke, Schröder, Strauß. Aber Sie verwenden im Gespräch mit uns – in Ihrem Brief absatzweise wortwörtlich! – die primitiven, demagogischen Schlagworte, die auf Dummenfang und Verhetzung berechnete, durch und durch verlogene »Sprachregelung« Brandts und eben dieser Leute ... Haben Sie sich wirklich von der zwerchfellerschütternden »Argumentation« der Antikommunisten einfangen lassen, die etwa behaupten: Hitler trug einen Schnurrbart, Günter Grass trägt auch einen Schnurrbart, also ist »Die Blechtrommel« »Mein Kampf« von heute?!

Schließlich: Wenn Sie in der Bundesrepublik oder in West-Berlin politisch zu Wort kommen, nutzen Sie zwar immer das ganze Spielfeld der intellektuellen Narrenfreiheit, das Ihnen Ihre und unsere an der Macht befindlichen Feinde zuweisen. Aber dann und dort, wo das Wort wirklich zu wirksamem Protest, zur befreienden Tat, wo der Geist zur Macht und den Sie Regierenden gefährlich werden könnte — wie etwa in der gegenwärtigen Situation —, haben Sie beide immer noch sorgfältig die Ihnen von Ihren Machthabern auferlegten Tabus und Spielregeln beachtet, sogar die Stoßrichtung: gegen uns ... Sind Sie sich dessen bewußt? Sind Sie am Ende doch Konformisten? Wessen?

Ihrer Bitte um Parteinahme bin ich nachgekommen. Nun fordere ich Sie auf, auch meine Fragen ernsthaft zu bedenken und offen zu beantworten.

Je ein Durchschlag dieses Briefes geht folgenden Zeitungen mit der Bitte um ungekürzte Veröffentlichung zu: Tagesspiegel, Telegraf, Spiegel, Welt, Die Zeit, Süddeutsche Zeitung, konkret, Neues Deutschland, Sonntag. gez. Paul Wiens

»Sonntag« (Ost-Berlin), 27. 8. 1961

Der Stich ins Wespennest

Deutsche Schriftsteller 1961: Aktionen und Reaktionen —
Versuch einer Dokumentation
[nach »DIE ZEIT« (Hamburg), 22. 9. 1961]
MOTTO

Vielseitig bereits sind die Beweise dafür, daß die Berliner Maßnahmen der DDR jeden einzelnen Deutschen, auf welcher Seite unseres Vaterlandes er auch lebt, zu einer ganz persönlichen Stellungnahme vor sich selbst, zu einer Klärung und Festigung seines eigenen Standpunktes veranlaßt haben.

»DIE UNION«, Dresden, 29. 8. 1961

DER BRIEF

Berlin, den 16. August 1961

An die Mitglieder
des Deutschen Schriftstellerverbandes
Berlin W 8

Ohne Auftrag und Aussicht auf Erfolg dieses offenen Briefes bitten die Unterzeichneten hiermit alle Schriftsteller der DDR, die Tragweite der plötzlichen militärischen Aktionen vom 13. August zu bedenken. Es komme später keiner und sage, er sei immer gegen die gewaltsame Schließung der Grenzen gewesen, aber man habe ihn nicht zu Wort kommen lassen. Wer den Beruf des Schriftstellers wählt, muß zu Wort kommen, und sei es nur durch ein lautes Verkünden, er werde am Sprechen gehindert.

Viele Bürger Ihres Staates halten die DDR nicht mehr für bewohnbar, haben Ihren Staat verlassen und wollen Ihren Staat verlassen. Diese Massenflucht, die von Ihrer Regierung ohne jeden Beweis »Menschenhandel« genannt wird, kann und darf die Aktion vom 13. August weder erklären noch entschuldigen. Stacheldraht, Maschinenpistole und Panzer sind nicht die Mittel, den Bürgern Ihres Staates die Zustände in der DDR erträglich zu machen. Nur ein Staat, der der Zustimmung seiner Bürger nicht mehr sicher ist, versucht sich auf diese Weise zu retten.

Wenn westdeutsche Schriftsteller sich die Aufgabe stellen, gegen das Verbleiben eines Hans Globke in Amt und Würden zu schreiben; wenn westdeutsche Schriftsteller das geplante Notstandsgesetz des Innenministers Gerhard Schröder ein undemokratisches Gesetz nennen; wenn westdeutsche Schriftsteller vor einem autoritären Klerikalismus in der Bundesrepublik warnen, dann haben Sie genauso die Pflicht, das Unrecht vom 13. August beim Namen zu nennen.

Wir fordern Sie auf, unseren offenen Brief zu beantworten, indem Sie entweder die Maßnahmen Ihrer Regierung gutheißen oder den Rechtsbruch verurteilen. Es gibt keine »Innere Emigration«, auch zwischen 1933 und 1945 hat es keine gegeben. Wer schweigt, wird schuldig.

Dieser offene Brief wird dem Deutschen Schriftstellerverband und der Deutschen Akademie der Künste überreicht werden. Je ein Durchschlag wird den folgenden Zeitungen mit der Bitte um ungekürzte Veröffentlichung geschickt werden: Neues Deutschland, Sonntag; Tagesspiegel, Welt, Süddeutsche Zeitung.

Als Ehrenmitglieder und Mitglieder des Vorstandes im Deutschen Schriftstellerverband nennen wir Anna Seghers, Arnold Zweig, Erwin Strittmatter, Ludwig Renn, Ehm Welk, Bruno Apitz, Willi Bredel, Franz Fühmann, Peter Hacks, Stephan Hermlin, Wolfgang Kohlhaase, Peter Huchel, Paul Wiens.

Wir erwarten Ihre Antwort.   gez. Wolfdietrich Schnurre
                                             gez. Günter Grass
                                    »DIE WELT«, Hamburg, 18. 8. 1961

Da all das so überflüssig, so sinnlos, so irreal ist, hatten wir uns vorige Woche geweigert, den Brief der Grass und Schnurre im Wortlaut zu veröffentlichen. Mit dem Antwortbrief der Schriftsteller-Funktionäre halten wir es ebenso. Nur eine Arabeske dieses Briefes ist mitteilenswert.

                                             Wolf Jobst Siedler
                          »DER TAGESSPIEGEL«, Berlin; 25. 8. 1961

DIE ARABESKE

Sie haben Ihren Brief trotz der Panzer und Maschinenpistolen, über die Sie klagen, persönlich über die Sektorengrenze gebracht. Sie haben ihn im Verbandsbüro des Deutschen Schriftstellerverbandes abgeben dürfen. Sie sind unbehindert in Ihre Dichterstube nach West-Berlin zurückgekehrt. Das muß festgehalten werden, sonst könnten unbefangene Leser glauben, Sie hätten den Brief mit einer Rakete über die »gewaltsam geschlossenen Grenzen« schießen müssen.

Nationalpreisträger Erwin Strittmatter,
Sekretär des Deutschen Schriftstellerverbandes,
»WOCHENPOST«, Ost-Berlin; 28. 9. 1961

Strittmatter wies Verleumder zurecht.

»DER NEUE WEG«, Zeitz, DDR; 5. 9. 1961

EIN ZWISCHENSPIEL

Jeder freiheitliche Mensch teilt die Empörung der beiden Briefschreiber über die Gewaltaktion vom 13. August; das ist selbstverständlich. Keine deutsche Zeitung, die in Freiheit schreibt, hat unterlassen, dieser Empörung Ausdruck zu geben; das ist ebenso selbstverständlich und übrigens keine Kunst. Ein besonderer Appell von Mensch zu Mensch, und nun gar von Schriftsteller zu Schriftsteller, ist nicht ebenso selbstverständlich. Er ist »ohne Aussicht auf Erfolg« (wie die Absender selbst, etwas plakatierend, schreiben) und sollte, wenn dies schon eingesehen wird, besser überhaupt unterbleiben, damit sich das Hoffnungslose nicht auch noch ins Hoffnungszerstörende und Kränkende steigert. In einem Augenblick, da es um die elementarsten politischen Dinge geht, können solche offenen Briefe billigerweise nur von Volk zu Volk gewechselt werden.

»SÜDDEUTSCHE ZEITUNG«,
München; 19. 8. 1961

Erlauben Sie die Frage, von welchen beiden Völkern reden Sie?

Wolfdietrich Schnurre,
»SÜDDEUTSCHE ZEITUNG«,
München; 27. 8. 1961

Die Wendung »von Volk zu Volk« — das hat wohl jeder verständige Leser begriffen — unterstellt mitnichten das Vorhandensein zweier deutscher Völker. Sie bezieht sich darauf, daß in einer Krise wie der gegenwärtigen, durch wessen Mund auch immer, nur zur Gesamtheit der angeredeten Menschen gesprochen werden kann.

»SÜDDEUTSCHE ZEITUNG«,
München; 27. 8. 1961

»In einem solchen Augenblick hat das öffentliche Ansprechen von Schriftstellern durch Schriftsteller leicht etwas Vorlautes«, schreiben Sie und fahren fort: »Es müßte denn mit der äußersten Weisheit geschehen.« Wie wäre es, man forderte diese »äußerste Weisheit« erst einmal von den Politikern und räumte den Schriftstellern wenigstens das gleiche Recht ein, das ein x-beliebiger westdeutscher Bürger, der jemand in Ostdeutschland schreibt, doch auf die selbstverständlichste Weise genießt? Viele deutsche Schriftsteller haben es ja auch als weise erachtet, unterm Hitler-Regime über Gärten und Wälder und Salatschnecken und bunte Steine zu schreiben. Ich weiß nicht — mir gefällt diese Art Abgeklärtheit nicht recht; dann schon lieber, wie Sie es nennen, »vorlaut« sein.

Wolfdietrich Schnurre
»SÜDDEUTSCHE ZEITUNG«,
München; 27. 8. 1961

ZUCHTHAUSKANDIDATEN

So viel Betonung der eigenen Ehrbarkeit wirkt ein wenig deplaciert angesichts der schauerlichen Lage, in welcher sich die Adressaten befänden, wollten sie wirklich den Streich des 13. August öffentlich für einen Gewaltakt erklären. Denn in diesem Fall wären sie automatisch Zuchthauskandidaten — während die Absender im sicheren Hafen keine einzige Repressalie trifft.

Dr. Barbara Klie
»CHRIST UND WELT«, Stuttgart; 1. 9. 1961

Seit wann hat sich die ethische Verpflichtung eines Berufes nach der Bequemlichkeit oder der Unbequemlichkeit des jeweiligen Wohnsitzes zu richten? Schriftsteller ist Schriftsteller. Wem es zu gefährlich wird, den ungeschriebenen Gesetzen dieses Berufes zu folgen, der soll ihn an den Nagel hängen und einen anderen ergreifen. Es gibt sauberere Arten, sich in einer Diktatur am Leben zu erhalten, als den Geist zu verraten, die Freiheit zu strangulieren und dem Terror auf die Schulter zu klopfen.

Wolfdietrich Schnurre
»DIE WELT«, Hamburg; 16. 9. 1961

ZUM THEMA

Ich habe meiner Regierung am 13. August kein Danktelegramm geschickt, und ich würde meine innere Verfassung auch nicht als eine solche »freudiger Zustimmung«, wie manche sich auszudrücken belieben, definieren. Wer mich kennt, weiß, daß ich ein Anhänger des Miteinanderlebens bin, des freien Reisens, des ungehinderten Austausches auf allen Gebieten des menschlichen Lebens, besonders auf dem Gebiet der Kultur. Aber ich gebe den Maßnahmen der Deutschen Demokratischen Republik meine uneingeschränkte ernste Zustimmung.

Nationalpreisträger Stephan Hermlin
»SONNTAG«, Ost-Berlin; 27. 8. 1961

Zwei bekannte Schriftsteller aus West-Berlin, Günter Grass und Wolf-dietrich Schnurre, haben, wie Ihnen wohl bekannt ist, einen offenen Brief an eine Reihe von Schriftstellern in der DDR gerichtet mit der Aufforderung, sie sollen gegen die Schutzmaßnahmen der Regierung der DDR öffentlich protestieren. Stephan Hermlin hat sich mit seiner ausgezeichneten Antwort bemüht, in die verworrene Vorstellungswelt dieser Intellektuellen einen Schimmer von Aufhellung hineinzutragen. Seine rasche und eindeutige Reaktion war notwendig, und man darf gespannt sein, ob und was die Herren Schnurre und Grass darauf zu erwidern haben.

Der Westberliner Regisseur Erich Engel
auf der außerordentlichen Plenartagung
der Akademie der Künste
»BERLINER ZEITUNG«, Ost-Berlin; 31. 8. 1961

Worum geht es: Darum, daß der engagierte Schriftsteller verfälschte Ideologien verficht oder sich um seine Mitmenschen kümmert? Darum, daß der engagierte Schriftsteller dem Staat dient, also auch dem Terror des Staates, oder darum, daß er der daniederliegenden Humanität aufhilft? Darum, daß der engagierte Schriftsteller sich politischer Tagesphrasen bedient oder die unzweideutige Sprache der Wahrhaftigkeit spricht? Darum, daß der engagierte Schriftsteller den Forderungen von Funktionären folgt oder seinem Gewissen?

Ich glaube, er hat sich nach nichts als seinem Gewissen zu richten. Ich glaube, in Zeiten politischer Sprachverwirrung liegt die Pflicht zur Wahrhaftigkeit stärker auf ihm denn je. Ich glaube, einzig er hat die Kraft, der zusammengeschlagenen Humanität, und sei sie noch so verletzt, unter die zitternden Arme zu greifen. Ich glaube, daß der engagierte Schriftsteller zuerst und zuletzt nur eine einzige Aufgabe kennt: Dem Menschen zu dienen.

Wolfdietrich Schnurre
»DIE WELT«, Hamburg; 16. 9. 1961

Ich verstehe, daß Ihr Brief in einer gewissen Aufwallung durch die Ereignisse des 13. August geschrieben wurde. Sicher sind Sie der Meinung, alles richtig gesehen und ausgesprochen zu haben. Wie ich schon erwähnte, polemisiere ich nicht gern mit jungen Menschen. Sie müssen es darum schon in Kauf nehmen, wenn ich Ihnen sage, daß ich die Richtigkeit Ihres Weltbildes in Zweifel setze.

Bruno Apitz
»BERLINER ZEITUNG«, Ost-Berlin; 30. 8. 1961

EIN NEUES ELEMENT

Und die Ebene ist falsch. Die NS-Diktatur war, der Verfasser und tausend andere können's aus eigenem Miterleben bezeugen, zwar hart und unerbittlich; immerhin hat es Dutzende von Journalisten, Künstlern und Schriftstellern gegeben, die ihr zu unserem Vergnügen manches Schnippchen zu schlagen wußten. Die Grass, Schnurre oder das kompilatorische Vereinfachungsgenie Schonauer rennen offenbar mit Scheuklappen durch die deutschen Publikationen der Jahre 1933 bis 1945. Der Kommunismus hingegen ist wirklich totalitär; er entwürdigt die Menschen zu willenlosen Werkzeugen oder zu Bejahern jedes Verbrechens, das im Namen der heiligen Ideologie (richtiger: der Machtpolitik) begangen wird.

Walther Karsch
»DER TAGESSPIEGEL«, Berlin; 10. 9. 1961

Ich setze Terror und Diktatur nicht unbedingt gleich mit Kommunismus. Aber ich setze Terror und Diktatur gleich mit der Schreckensherrschaft Ulbrichts. Viele der angesprochenen ostdeutschen Autoren sind bewährte Antifaschisten. Ich verstehe nicht, wie sie heute dieselben militaristisch faschistischen Gewaltmethoden billigen können, die sie damals bekämpften. Es wäre unsachlich, sie deshalb gleich zu Komplicen Ulbrichts stempeln zu wollen. Man muß ihnen auch ihre eigene politische Überzeugung zubilligen. Viele von ihnen sind echte Sozialisten — zumindest gewesen. Ehe sie in den kapitalistischen Westen gingen, nehmen sie lieber das für sie kleinere Übel Ulbricht in Kauf. Ulbricht ist aber ein großes Übel. Es ist unwahr, daß er noch einem sozialistischen Staat vorstünde. Er hat den Sozialismus dieses Staates längst korrumpiert. Und am 13. August hat er ausgeholt, um ihm den Todesstoß zu versetzen.

Wolfdietrich Schnurre
»DIE WELT«, Hamburg; 16. 9. 1961

WENN SCHON

Die Schriftsteller der Deutschen Demokratischen Republik verstehen, billigen und unterstützen alle Maßnahmen ihrer Staatsorgane, die — wie am 13. August 1961 in Berlin — in erster und letzter Konsequenz der Verteidigung des Friedens dienen.

Sekretariat des Ost-Deutschen Schriftstellerverbandes
i. A. gez.: Alfred Schulz
BRIEF vom 21. 8. 1961

Östliche Ohrfeigen für westliche Naivitäten.

Walter Karsch
»DER TAGESSPIEGEL«, Berlin; 10. 9. 1961

WER IST ALFRED SCHULZ

Ich war früher Kulturreferent im »Zentralen Haus der DSF« in Berlin und kam infolge dieser Tätigkeit mit dem Ostberliner Schriftstellerverband in Berührung. Nach der Bitterfelder »Kulturkonferenz« sollte ich mich um die hoffnungslose Bewegung »Schreibender Arbeiter« bemühen, wobei ich auch mit Herrn Schulz bekannt wurde.

Herr Schulz war damals Parteisekretär des Ostberliner Schriftstellerverbandes in der Friedrichstraße.

Nach meinem Eindruck und dem Eindruck meiner damaligen Kollegen war nicht anzunehmen, daß sich Herr Schulz je ernsthaft mit Literatur befaßt hatte — außer wahrscheinlich mit der Lektüre des »Neuen Deutschland«. Auch einige namhafte Mitglieder des Verbandes sollen der Ansicht gewesen sein, daß Herr Schulz ebensogut Parteisekretär einer landwirtschaftlichen Produktionsgenossenschaft hätte sein können. nen.

Joachim Ramlow
BRIEF an die Stuttgarter Zeitung; 1. 9. 1961

DIE ANDERE SPIELART

In Anbetracht der Lage in Deutschland und in der Welt, in Anbetracht der Lehren der Geschichte und meiner eigenen Erfahrung, in Ihrem, in meinem und wahrscheinlich in aller Menschen elementarstem Interesse halte ich es für vernünftig und daher für gut und menschlich, mit all der demokratischen Macht, die uns zur Verfügung steht, einer Politik (und ihren Exponenten) Halt zu bieten, die unausweichlich zu einem dritten Weltkrieg führt. Das haben wir am 13. August 1961 in Berlin getan.

Paul Wiens
»SONNTAG«, Ost-Berlin; 27. 8. 1961

ODER SO

Die Politik wird immer mit Forderungen aufwarten, die sie möglichst auch in der Sphäre des Geistes behandelt und aktiv vertreten sehen möchte: die Dichtung hinwieder oder vielmehr der durch die produktive Erfahrung gegangene Dichter wird demgegenüber niemals darauf verzichten, das behutsame, gleichsam unterirdisch entwickelte, ans Licht drängende Wachstum höher einzuschätzen als die automatische Bereitwilligkeit zur Dokumentation von Gesinnungen und Überzeugungen.

Dr. Martin Kessel
im Beirat des DEUTSCHEN PEN-ZENTRUMS
»DER TAGESSPIEGEL«, Berlin« 17. 9. 1961

Nun, da eine längst vorhandene Grenze sichtbar gemacht worden ist, wurde sie auch von Herrn Grass und Herrn Schnurre entdeckt.

Lothar Kusche
»WELTBÜHNE«, Ost-Berlin; 30. 8. 1961

UND JETZT DIE FRAGEN

Man wüßte gern die Reaktion von Grass und Schnurre auf diese Antworten. Glauben sie einen Sieg errungen zu haben, weil sie die Ostdeutschen gezwungen haben, Farbe zu bekennen? Meinen sie, daß es ihr Verdienst sei, wenn jetzt alle Welt sieht, was von der sowjetzonalen Schriftsteller-Parole »Deutsche an einen Tisch« zu halten ist?

Wolf Jobst Siedler
»SENDER FREIES BERLIN«; 1961

Wer hat gesagt, die Schriftsteller Ost-Berlins und der Zone sollten unsere westlichen Ansichten teilen? Sie sollen fest im sozialistischen Lager bleiben. Nichts kläglicher als die Rasanz, mit der politische Konvertiten ihre neu angenommenen Glaubensbekenntnisse herbeten. Aber die ostdeutschen Schriftsteller sollten endlich erkennen, daß sie auf einen blutigen Dilettanten gesetzt haben. Der 13. August wäre der Stichtag gewesen, um hierfür eine Formel zu finden. Es hätte keiner Barrikaden, nicht einmal illegaler Aufrufe bedurft. Nur Einsichtigkeit wäre notwendig gewesen. Nur Verantwortungsbewußtsein. Nur etwas Mut. Was hätte Ulbricht dem Schriftstellerverband anhaben können, wenn dessen Mitglieder sich, nach einem klaren Bekenntnis zu den Grundsätzen des Sozialismus, gegen die Gewaltaktionen ausgesprochen hätten? Nichts.

Wolfdietrich Schnurre
»DIE WELT«, Hamburg; 16. 9. 1961

Aber in dieser Stunde Anna Seghers zur Tat aufzurufen, das heißt zum Wort, bedeutet: ihr ein Martyrium auferlegen.

Ludwig Marcuse
»DIE ZEIT«, Hamburg; 1. 9. 1961.

Wie? Anna Seghers sei zu verbittert, um so etwas noch von ihr erwarten zu können? Peter Huchel sei für solche Entschlüsse zu zart? Arnold Zweig sei zu alt? Ludwig Renn müsse man schonen? Und der Mann, der, sein Kind auf den Rücken gebunden, im Kugelhagel der Volkspolizei in die Freiheit schwamm? Hätte man ihn nicht auch schonen müssen? Und der Greis, der, ohne Verwandte im Westen zu haben, unter Lebensgefahr die Zone verließ, wäre er eigentlich nicht auch zu alt, um sich derart unmenschliche Strapazen noch aufbürden zu dürfen? Und das zweijährige Kind, das der verzweifelte Vater vor der türrüttelnden Volkspolizei aus dem ersten Stock in die straff gespannte Decke hinabwarf? Ist es nicht noch zarter als Huchel? Und die Familien der beiden wehrlosen Flüchtlinge, die Ulbrichts Staatsorgane am Teltowkanal und im Humboldthafen erschossen? Ob diese Familien nicht ungleich verbitterter sind als Frau Seghers?

Wolfdietrich Schnurre
»DIE WELT«, Hamburg; 16. 9. 1961

Fordern diese Tatsachen nicht mehr denn je dazu heraus, daß sich der deutsche Schriftsteller seiner ihm, gerade ihm besonders, von der Gegenwart übertragenen verantwortlichen Aufgabe aktiv bewußt wird?

U. M.
»DIE UNION«, Dresden, DDR; 29. 8. 1961

DAS RESÜMEE

Die westdeutschen Schriftstellerbriefe mochten spontane Zeugnisse achtbarer Überzeugung gewesen sein; diplomatisch weise waren sie nicht, weder nach innen noch nach außen.

Karl Bachler
»WESER-KURIER«, Bremen; 28. 8. 1961

Und dennoch soll man sich natürlich auseinandersetzen. Uwe Johnson zum Beispiel, dem wir in den »Mutmaßungen über Jakob« den ersten literarisch bedeutsamen, das Politische ins Künstlerische umschmelzenden Versuch der Durchleuchtung unserer Landsleute in der Ostzone verdanken, legt eben einen zweiten Roman, »Das dritte Buch über Achim«, vor.

Walther Karsch
»DER TAGESSPIEGEL«, Berlin; 10. 9. 1961

Karsch sah nach, ob zu Hause gelebt wurde: es wurde gelebt, aber die westdeutschen Zeitungen sprachen unüberhörbar von der kriegerischen Aufrüstung des ostdeutschen Staates, von ungerechten Gerichtsurteilen gegen Volksredner und wachsender Verrohung der hiesigen Sitten. Karsch kannte viele, die das schrieben, er wußte die Räume, in denen sie arbeiteten, und manche Wenden und Kehren und Löcher in den Worten begrüßten ihn, als säße er in einer anderen Stadt beim Essen und alle kämen auf ihn zu mit Händedruck und Begrüßung und Frage nach dem Ergehen.

Uwe Johnson
DAS DRITTE BUCH ÜBER ACHIM; 1961

VORLÄUFIGES SCHLUSSWORT

All diese Dokumente — und manche andere, die hier noch zu nennen wären — hätten wir gern gesammelt und kommentiert. Wir mußten den Versuch aufgeben: Es würde keine Zeitung, es würde ein Buch daraus — ein Buch, von dem wir nur hoffen können, daß es seinen Verleger findet: »Deutscher Geist 1961«.

Leo
»DIE ZEIT«, Hamburg; 1. 9. 1961

Bundestagswahlkampf 1965

Günter Grass

Gesamtdeutscher März

Die Krisen sprießen, Knospen knallen,
in Passau will ein Biedermann
den Föhn verhaften, Strauß beteuert,
daß er nicht schuld ist, wenn es taut;
in Bayern wird viel Bier gebraut.

Der Schnee verzehrt sich, Ulbricht dauert.
Gesamtdeutsch blüht der Stacheldraht.
Hier oder drüben, liquidieren
wird man den Winter laut Beschluß:
die Gärtner stehn Gewehr bei Fuß.

In Schilda wird ein Hochhaus, fensterlos
das Licht verhüten; milde Lüfte
sind nicht gefragt, der alte Mief
soll konservieren Würdenträger
und Prinz Eugen, den Großwildjäger.

Im Friedenslager feiert Preußen
das Osterfest, denn auferstanden
sind Stechschritt und Parademarsch;
die Tage der Kommune sind vorbei
und Marx verging im Leipz'ger Allerlei.

Bald wärmt die Sonne und der greise
schon legendäre Fuchs verläßt
zum Kirchgang-Wahlkampf seinen Bau;
der Rhein riecht fromm nach Abendland
und Globke lächelt aus dem Zeugenstand.

Heut gab es an der Grenze keinen Toten.
Nun langweilt sich das Bild-Archiv.
Seht die Idylle: Vogelscheuchen
sind beiderseits der Elbe aufmarschiert:
jetzt werden Spatzen ideologisiert.

Oh Deutschland, Hamlet kehrte heim:
»Er ist zu fett und kurz von Atem . . .«
und will, will nicht, auf kleiner Flamme
verkocht sein Image Pichelsteiner Topf;
die Bundesliga spielt um Yoricks Kopf.

Bald wird das Frühjahr, dann der Sommer
mit all den Krisen Pleite sein. —
Glaubt dem Kalender, im September
beginnt der Herbst, das Stimmenzählen;
ich rat euch, Es-Pe-De zu wählen!

»Plädoyer für eine neue Regierung oder keine Alternative.«
Hrsg. von H. W. Richter, Reinbek 1965

Jürgen Engert

Lästige Wahlhelfer

Die SPD weiß mit der Unterstützung der Intellektuellen nichts anzufangen

Berlin, im Mai

Günter Grass wird in diesem Sommer die Trommel zu Nutz und Frommen der Sozialdemokraten im allgemeinen und Willy Brandts im besonderen rühren. Schon bei einer Lesereise für seinen Freund, den Berliner Jungverleger Klaus Wagenbach, überraschte er das Publikum in westdeutschen Gauen mit neuer Aktivität zugunsten der Partei. Als Schlußpunkt unter seinen literarischen Vortrag setzte er jeweils das Wahlgedicht »Gesamtdeutscher März«, das in der Aufforderung gipfelt:

»Ich rat' euch, Es-Pe-De zu wählen.«

Das Erstaunen, daß ein Literat von seinem Parnaß heruntersteigt und sich in die Niederungen der Politik begibt, war allgemein, focht aber Grass nicht an. Bei den von ihm provozierten Diskussionen genoß er das Gefühl, von Widerspruch und Zustimmung getragen zu werden. Diese gelungene Generalprobe ließ ihn mit verstärktem Eifer an die Konzipierung seiner Wahlreden gehen, mit denen er Studenten und Katholiken für die SPD zu gewinnen hofft. Grass, dem Katholizismus aus Herkunft und Neigung verbunden, möchte die schon Erfolge zeitigenden Bemühungen der Sozialdemokratie unterstützen, sich bei seinen Glaubensbrüdern als Alternative zu empfehlen. Die Wahlreisen im Sommer werden von ihm selbst finanziert. Aber wer seinem Trommelwirbel lauschen will, muß dafür bezahlen. Der Gewinn soll einer Bundeswehrkaserne zu einer Bibliothek verhelfen. Auf den Plakaten wird man über den Verwendungszweck seines Obolus aufgeklärt.

Das Engagement des Nichtgenossen Grass wird von der Parteibürokratie entweder mit scheelen Augen betrachtet — »Hoffentlich schadet uns das nicht« — oder als Verrücktheit belächelt — »Auf was diese Künstler so alles kommen«. Zwei authentische Zitate. Sie deuten auf eine Einstellung im Apparat der Sozialdemokraten hin, die dort viel stärker ausgeprägt ist als innerhalb der CDU und die dem Intellektuellen mit Mißtrauen, zumindest aber mit Unbehagen begegnet. Das bekommen nicht nur Fellow-Traveller, sondern auch prominente Parteibuchträger wie Adolf Arndt und Karl Schiller zu spüren. Die Ursachen dafür sind wohl in Traditionalismus und Opportunismus gleichzeitig zu suchen. In einer Klassenpartei, als die sich die SPD einst verstand, war das Ressentiment der Bewohner des Hinterhauses gegen die des Vorderhauses, zu denen der Intellektuelle mit seiner meist bürgerlichen Herkunft gezählt wurde, selbstverständlich. Er konnte sich noch so bedingungslos für die Partei einsetzen, er blieb ein Außenseiter. Von dieser traditionellen Verhaltensweise ist bei vielen Funktionären noch manches spürbar.

∗

Für die Generalstäbler der Partei sind in erster Linie opportunistische, milder gesagt, taktische Erwägungen für die zwiespältige Haltung gegenüber den Intellektuellen maßgebend, die sich im Vorfeld der SPD tummeln. Man schmückt sich zwar gern und auch nicht ohne Koketterie mit ihnen. Aber man weiß auch, daß sie sich nicht in eine Parteidisziplin zwängen lassen, und fürchtet deshalb, daß sie mit ihren oft sehr eigenwilligen Ansichten die Stromlinienform der SPD verzerren und Widerstandsflächen für Gegenwinde schaffen. Außerdem verkörpert der Intellektuelle ein Element der Unruhe, und das ist zur Zeit innerhalb der Sozialdemokratie nicht gefragt.

Dieser Zwiespalt wird erneut erkennbar in dem jetzt erschienenen und von Hans Werner Richter zusammengestellten und herausgegebenen ro-ro-ro-Taschenbuch: »Plädoyer für eine neue Regierung, oder: Keine Alternative«. 24 Schriftsteller, Literaten und Publizisten haben sich geäußert. Sie taten das direkter und in der Mehrzahl vorbehaltloser für die SPD als das in dem unter Federführung Martin Walsers vor der Bundestagswahl 1961 vom gleichen Verlag auf den Markt gebrachten Taschenbuch »Die Alternative« geschah.

Aus dem Inhaltsverzeichnis »Der Graue«, Fritz Erler, von Paul Schallück, »Der Rücktritt als Auftakt«, Gustav Heinemann, von Peter Rühmkorf, »Rebellen, Beredsamkeit und repräsentative Rhetorik«, Carlo Schmid, von Walter Jens, »Genugtuungen sind selten«, Helmut Schmidt, von Siegfried Lenz, »Der geschundene Siegfried«, Herbert Wehner, von Rudolf Augstein. Weitere Porträtmaler: Hans Werner Richter über Karl Schiller, Rolf Hochhuth über Otto Brenner, Richard Hey über Adolf Arndt, Hubert Fichte über Weizsäcker. Grundsätzlich referieren unter anderen: Robert Jungk, Peter Härtling, Peter Weiß, Ulrich Sonnemann, Günter Grass und als Außenseiter von jenseits der Mauer Robert Havemann.

∗

Das Buch ist mehr als nur eine SPD-Propagandabroschüre. Zur Wahlhilfe eignet sich beispielsweise Augsteins Porträt von Wehner, das im übrigen der vielschichtigen Persönlichkeit dieses Mannes nicht gerecht wird, ganz und gar nicht. Aber das »Plädoyer« fordert zur Debatte heraus, und das ist nützlich. Daneben wirft es noch die Frage nach der Rolle der intellektuellen Opposition in der Bundesrepublik auf. Und da scheiden sich in dem Buch, auf dessen qualitativ sehr unterschiedliche Beiträge im einzelnen nicht eingegangen werden soll, auf interessante Art und Weise die Geister. Zutreffend für alles: Es wird moralisch-grundsätzlich beurteilt und verurteilt.

Es ist das gute Recht und auch die Aufgabe der Intellektuellen, dem Ethos in der Politik das Wort zu reden. Fixpunkt ist dabei 1945. Die meisten sehen in ihm ein Jahr Null, die Chance für den totalen Neubeginn, die ungenutzt blieb. Sie vergessen, in welcher Verfassung sich die Deutschen nach der Kapitulation befanden. Diejenigen, die zu Recht verlangen, daß sich das politische Handeln von heute an den Erfahrungen aus der Zeit von 1933 bis 1945 zu orientieren habe, lassen auf der anderen Seite einen erstaunlichen Mangel an Rückbesinnung erkennen. Diese Opponenten lassen aber den Grundsatz von der Politik als der Kunst des Möglichen nicht gelten. Sie haben ihre Enttäuschung inzwischen zur Resignation kultiviert. Aus einem gewissen intellektuellen Hochmut heraus gefallen sie sich darin, abseits zu stehen und damit bewußt auf ihre gesellschaftspolitische Aufgabe zu verzichten. Viele von ihnen sind anfällig geworden für Ideologien.

Ihnen gegenüber steht im intellektuellen Oppositionslager eine andere Gruppe. Diese sehnt sich nicht in das Jahr 1945 zurück, sondern geht, wie Grass meint, »von dem aus, was ist«. Auch sie hat ihre Modellvorstellungen, ihre Utopie, aber sie will ihnen mit der Politik und nicht gegen sie nahekommen. »Wir haben eine großartige Verfassung, und wir wollen, daß sie Wirklichkeit wird. Wir möchten nicht, daß dieser Staat wie die Weimarer Republik zwischen links und rechts zerrieben wird. Deshalb unser Engagement.« Diese Äußerung eines der Autoren ist repräsentativ. Und Peter Härtling schreibt in einem der besten Aufsätze des »Plädoyers«: »Nun aber, da die Konservativen kaum mehr Heimweh haben und sich die Sozialisten vor dem utopischen Heimweh fürchten, lerne ich solches Aufbegehren begreifen. Und ich sehe, daß die intellektuelle Opposition, ob aus Konservation, aus sozialdemokratischem Lager sich in Argumenten begegnet — auch sie hat ihr Godesberg hinter sich, hat den ideologischen Kleinkram für hemmend, parteiliche Dogmatik für reaktionär erachtet. Auch sie sucht nach Freizügigkeit, wenngleich unter anderen Voraussetzungen . . .«

»Christ und Welt« (Stuttgart), 28. 5. 1965

Der Dichter und die Politik

S. Hamburg, 7. Juli

Wenn Schriftsteller bei uns in die politische Arena steigen, können sie allemal mit großem Interesse, zumindest mit wohlwollender Neugier rechnen. Wenn gar ein Günter Grass, vielgepriesener Vorreiter der jungen deutschen Schriftstellergeneration, sich wie gestern in der Hamburger Universität parteipolitisch engagiert und um die Gunst der akademischen Jungwähler wirbt, ist man vorweg mit Recht höchst neugierig, ob hier nun das Niveau sprachlich und von der sachlichen Aussage her erreicht wird, das man im Alltagswahlkampf oft vermißt.

»Was ist des Deutschen Vaterland?« — eine wichtige Frage. Aber was macht Günter Grass als Alleingänger am Rande der SPD-Wahlschlachtordnung daraus? Einen sprachlich genußreichen Appell für einen Regierungswechsel im kommenden September, gewürzt mit einigen recht skurrilen Einfällen. Etwa zum Punkt »Deutsche Ostgebiete«: Laßt uns doch in der Bundesrepublik ein Neu-Danzig, ein Neu-Königsberg, ein Neu-Breslau gründen, dann ergibt sich die Lösung der Frage »Oder-Neiße-Grenze« ganz von selbst.

Weniger originell sind Grass' Begründungen für den Regierungswechsel selbst, dafür aber um so nebuloser. Gleich nach dem Wahlsieg der SPD, so sagt Grass, weicht automatisch Pankows harter Kurs auf, werden Fortschritte in der Deutschland-Frage wie von selbst möglich.

Wenig Konkretes, ein ausgezeichnetes Gedicht »Transatlantische Elegie«, einige effektvolle Spitzen gegen Kanzler Erhard ließen die zahlreichen Zuhörer mit recht gemischten Gefühlen zurück. Eine eindrucksvolle Wahlrede wurde hier sicher nicht gehalten. Immerhin aber eine glitzernde Vorlesung mit dem Resultat, daß man sich in Zukunft in Bonn über die politischen Ambitionen enragierter Schriftsteller weiterhin wenig Sorgen machen wird.

»Hamburger Abendblatt« (Hamburg), 7. 7. 1965

Kai Hermann

Wahlhelfer Grass

Der Bürgerschreck als Staatsbürger

Hamburg, im Juli

Es wurde kein politisches Happening. Günter Grass sparte mit Gags, und einige seiner Zuhörer fühlten sich um ein Gaudium betrogen. Dafür lieferte der schnauzbärtige Vater des weltberühmten Gnomen Oskar brillante Formulierungen am Fließband und ein etwas verschwommenes Plädoyer für die SPD.

In Hamburg startete Grass eine Wahltournee. Niemand hat ihn darum gebeten, keiner finanziert ihn, organisiert wird die Propagandareise vom Liberalen Studentenbund und vom Sozialdemokratischen Hochschulbund. Grass befürchtet: »Herbert Wehner bündelt jetzt schon Blitze hinter seiner Pfeife, weil etwas passiert, das er nicht geplant hat.« Aber das ist ihm schnurz. Der Bürgerschreck Grass fühlt sich vor der Bundestagswahl als Staatsbürger. Und der Staatsbürger Grass möchte Studenten, Arbeiter, Krankenschwestern, Bundeswehrsoldaten und »konservative alte Damen, die etwas Fortschrittliches tun wollen«, davon überzeugen, daß es gut für Deutschland sei, wenn sie im September SPD wählen.

Er reist mit diesem Ziel nach Kiel, Bonn (»jawohl, auch Bonn«), Würzburg (»jawohl, auch Würzburg«) und München, später auch in Dörfer und Kleinstädte, drei Redemanuskripte und einen Schutzhelm in der Ledertasche. Für die Einmann-Show wirbt ein Es-Pe-De-krähender Hahn: »Er wittert Morgenluft und steht, was nur erahnt werden kann, nicht auf einer Kirchturmspitze, sondern auf einem Komposthaufen.« So der Graphiker Grass.

In Hamburg stürmten die vom Grass-Vogel herbeigelockten Studenten den überfüllten Hörsaal, um den Thesen des selbsternannten SPD-Wahlhelfers zu lauschen. Grass sagte, er habe Lampenfieber, und man glaubte es ihm. Blaß und ernst, beinahe bierernst, suchte er eine zeitgemäße Antwort auf die Frage des Ernst Moritz Arndt: »Was ist des Deutschen Vaterland?« Er meinte, daß das Stück Vaterland jenseits von Oder und Neiße vertan und verspielt sei, plädierte aber für die Pflege ostdeutscher Mundart in der Bundesrepublik und die Gründung von Neu-Breslau, Neu-Allenstein, Neu-Königsberg — und eines Neu-Danzig in der Eifel. Er formulierte Unmut und Abscheu über die »Beine schmeißende Unnatur«, die »preußisch-stalinistische Abart des Stechschritts« der Volksarmisten, und über das böse Erhard-Wort von der »entarteten Kunst«.

Die Dreiviertelstunde politischer Aphorismen sollte sich komprimieren zu einer politischen Parole: Wählt Es-Pe-De. Daß sie es nicht tat, mag für die intellektuelle Ehrlichkeit des Staatsbürgers Grass sprechen.

In einer Pressekonferenz erläuterte der Schriftsteller dann allerdings das Programm »seiner« Partei. Weniger brillant, die Worte vorsichtig wägend — des politischen Ziels, für das er auszog, voll bewußt. Vergeblich versuchten Journalisten, dem Propagandisten Kritik an den Sozialdemokraten zu entlocken. Grass stellte sich ganz hinter seinen Mann: Willy Brandt. Der sei ein Pragmatiker, ein Mann mit außenpolitischer Konzeption, der seine Grenzen kenne und auf gute Ratgeber höre — die einzige Alternative. Für jene Arbeiter, die am 17. Juni gegen den deutschen Stalinismus rebellierten, müsse man ihn wählen. Schon die Tatsache eines SPD-Sieges würde in der DDR zu einer Umwälzung der Machtverhältnisse, zu einer Stärkung des revisionistischen Flügels führen.

»Ich engagiere mich für das, was da ist, nicht für die Utopie«, meinte er und distanzierte sich damit von seinen heimatlosen Kollegen auf der Linken. Es war Günter Grass bitter ernst mit seinem parteipolitischen Engagement.

»DIE ZEIT« (Hamburg), 8. 7. 1965

29

Dieter Vogel

Grass empfiehlt die SPD als Hotelfrühstücksreformer

Über die Wahlreise des Blechtrommel-Autors durch die Hörsäle der Universitäten

Zwei freundliche Herren drängeln sich durch den überfüllten Hörsaal 10 der Bonner Universität, steigen mühsam um die Studenten herum, die das Rednerpodium belagern: Günter Grass und der Taufpate der jüngsten Tochter von Grass, der Berliner Wirtschaftssenator Professor Schiller, sind auf ihrer Wahlreise in der Bundeshauptstadt angelangt. Wohlwollend nehmen sie den stürmischen Begrüßungsbeifall und das vorsorgliche Zischen einer kräftigen Minderheit entgegen; korrekt im blauen Anzug der Senator, legerer gewandet Günter Grass, dessen ungebärdige blaue Kragenspitzen zu einer gelbgestreiften Krawatte kontrastieren. Studenten sitzen auf dem Mittelgang des Hörsaals, auf den Fensterbänken, auf der überfüllten Empore. Eine Horde zu kurz Gekommener lärmt noch lange vor der Eingangstür; die Plätze reichen längst nicht aus. Manche der Zuhörer mögen an diesem Abend eine Art von Wahlkabarett erwarten, aber das, so stellt sich später heraus, bekommen sie nicht zu hören. Immerhin wird es ein durchaus ungewöhnlicher Abend, nicht autorisiert von der Partei, für die hier geworben wird, und die Befürchtung von Grass, daß Herbert Wehner jetzt schon Blitze hinter seiner Pfeife bündeln mag, »weil hier etwas passiert, was er nicht selber organisiert hat«, kann durchaus berechtigt sein.

Zuerst aber spricht Schiller, gibt ein aufgelockertes volkswirtschaftliches Kolleg, nennt während seiner ganzen Rede nicht einmal den Namen der Sozialdemokratischen Partei und sammelt gleich zu Anfang Punkte, als er, von Grass sprechend, die beiden obersten Staatsdiener apostrophiert, die mit der modernen Kunst ihre ganz besonderen Schwierigkeiten hätten. Er distanziert sich von den Puritanern auf der linken und der rechten Seite unserer Gesellschaft, zeigt deutliche Reserve gegenüber den sozialpolitischen Thesen von Hochhuth und verlangt, daß der wirtschaftliche Fortschritt der Bundesrepublik in Politik umzusetzen sei. Manches ist einigen Zuhörern offensichtlich zu bieder, so, als der Senator Fleiß und Tüchtigkeit der deutschen Bevölkerung lobt. Da gibt es einige Unruhe im Saal.

Ein wenig von dem, wie später auch die SPD ihren Wahlkampf führen wolle, wird in den Ausführungen des Senators sichtbar: Es gehe bei der Wahl nicht um leidenschaftliche Emotionen für die eine oder andere große Partei, sondern um die Frage, ob man nicht die Regierung auswechseln müsse, wie man in seinem Auto einen verbrauchten Motor in einen neuen umtausche. Einiges Gelächter gibt es, als Schiller davon spricht, daß wirklich Wohlstand für alle geschaffen werden müsse.

Ein langes Eröffnungsklopfen empfängt dann Günter Grass, aber auch an Zischen mangelt es später nicht. Grass mag das Zischen nicht so sehr, und als es einmal zu laut wird, kündigt er schnell eine Einlage an, holt ein Manuskript aus der Rocktasche und liest sein eigenes zu diesem Zweck gefertigtes »Gedicht über den Dampfkesseleffekt«, über die Eigenheiten des Zischens; es endet mit so schönen Wortbildungen wie zischoman, zischoplex, zischophil. Grass fordert zum Pfeifen auf; zischen könne jeder. Ein Teil des Publikums zeigt, daß es auch pfeifen kann. Doch das Beifallsklopfen überwiegt bei den akustischen Kraftproben.

3003 Mark und 20 Pfennig sind nach drei Abenden der beiden Berliner Reisenden bisher als Überschuß eingekommen, berichtet Grass seinen Zuhörern, und das Geld wolle man in Büchereien für die Bundeswehr investieren. Nachrichten- und Artilleriebataillone werden genannt, die sich für eine solche Bücherspende bereits interessiert hätten. »Bücher für die Bundeswehr«, das sei kein schlechter Slogan, meint Grass, besser jedenfalls als die Mahnung, über Gräber vorwärtszuschreiten. Dann kommt er zur Sache. »Es steht zur Wahl« heißt sein Thema dieses Abends, und lautes Klatschen belohnt die Eröffnung, daß in diesem Zusammenhang kein Wort über Franz Josef Strauß gesprochen werden solle.

Grass erzählt Geschichten, er meint nebenbei, daß Ludwig Erhard seine politische Zukunft bereits hinter sich habe, verlangt die Aufhebung der Fünf-Prozent-Klausel für die Bundestagswahlen (womit das Publikum gar nicht einverstanden ist) und fordert das aktive Wahlrecht schon für Achtzehnjährige. »Es war einmal eine Hebamme«, fängt eine der Erzählungen an; si hat immer Adenauer gewählt, aber jetzt überlegt sie es sich anders, betroffen von den Zuständen in den Krankenhäusern und der hohen Säuglingssterblichkeit. Es war auch einmal ein Student in Clausthal-Zellerfeld, der alle Parteien durchprobiert hat, aus seiner Verbindung ausgetreten ist und jetzt nicht weiß, was er wählen soll, aber vielleicht wird es doch die SPD.

Dem früheren Kirchenpräsidenten Niemöller sind ein paar bissige Bemerkungen zugedacht, dem Theologen gerinne jedes Problem gleich zur Gewissensentscheidung. Dazwischen plaudert Grass von seinem Aufenthalt an der amerikanischen Atlantikküste, wo er seine Wahlreden konzipiert hat, preist das Grundgesetz, zieht es aus der Tasche und skandiert: »Immer trag' ich es handlich bei mir.«

Lebhafte Unruhe, Beifall, Zischen und Pfeifen endlich, als der Redner massiver wird, den Bundeskanzler als Banausen bezeichnet; es sei eine Zumutung, wenn Erhard von Entartungserscheinungen der modernen Kunst spreche. Freundliche Worte gelten dagegen der »soliden, etwas farblosen Sozialdemokratie«, die sich noch als Retter im Kampf um die Grünanlagen entpuppen könne und mit der eine Revolution zu entfesseln wäre gegen das in Deutschland heruntergekommene Hotelfrühstück. Zwischendurch wird es wieder ernster, als Grass vom

17. Juni 1953 in der Zone spricht, die These vom Volksaufstand zu-
rückweist und die fehlende Beteiligung des Bürgertums, der Studenten, der Schriftsteller an dieser Arbeitererhebung beklagt. Auch für diejenigen, die nicht wählen dürfen, müßten die Bundesdeutschen zur
Wahl gehen. Wahlen seien spannender als Kesselschlachten. Grass
preist Walt Whitman und singt das Loblied der Demokratie, bricht
plötzlich ab, und beide Matadore des Abends werden wieder lange be-
klatscht. Die Reise, scheint es, wird sich lohnen; die Bundeswehr wird
ihre Bücher bekommen.

»FAZ« (Frankfurt), 10. 7. 1965

Hans Bertram Bock

Günter Grass auf »Es-Pe-De-Wahltournee«
in Würzburg und Nürnberg trommelte für Willy

Nürnberg. — Bei seinem achten Loblied auf Willy traf der schnauzbärtige Es-Pe-De-Wahlhelfer Günter Grass zum erstenmal auf organisierte
CSU-eigene Jungmannen. In Würzburgs Hutten-Saal hatte ein hurtig
gegründetes »Aktionskomitee für saubere Literatur« die um ihr Seelen-
heil und Erhards Bundestagsmandat fürchtenden Kommilitonen für
eine »Catcherdemonstration« präpariert. Die kompakte Strauß-Majori-
tät empfing mit orkanstarken Urlauten und Hörnerschall den parteipolitischen Blechtrommler.

Auf der Straße hatte Würzburgs stramme Kapfinger-Kolonie Grass
mit gelben Flugzetteln vor seinem Auftritt gewarnt: »Singen Sie anderswo, Herr Dr. h. c. Grass! Dir pfeifen wir, Pornographie! Er, Dr. h. c.
Günter Grass, ist hinreichend bekannt als Verfasser anrüchiger, schlüpf-
riger Geschichten. Er will seinen Atheismus in der Stadt des Hl. Kilian vortragen.« Und zum Schlüpfrigkeitsbeweis lieferten die sorgfältigen Sauberkeitsfanatiker bei ihrer Zettelaktion gleich zwei eindeutige Passagen aus der »Katz-und-Maus«-Novelle mit.

Gelassen registriert Bundesdeutschlands Star-Poet die Protestaktion,
nimmt noch einen demonstrativen Musenkuß von Luigi Malipiero hin
und betritt federnden Schrittes das Rednerpult: »Es steht zur Wahl«,
heißt das Thema, »deshalb über Franz Josef Strauß kein Wort. Er steht
nicht zur Wahl.«

Und nachdem der Wahltrommler die Diffamierung Rolf Hochhuths
durch Ludwig Erhard als »kleinen Pinscher« kurz erwähnt hat, bekennt er: »Ich werde eine Pinscherrede halten!«

Grass zieht seine rot-golden gestreifte Krawatte zurecht und das
Grundgesetz aus der Jackentasche: »Ich trage es immer bei mir.« Und
zwischen Beifall und Buh zwitschert Grass sein Walt Whitman nach-

empfundenes Lied für den »angenehmsten aller Grautöne«. »Herbert Wehner mag jetzt Blitze hinter seiner Pfeife bündeln, wenn er merkt, daß hier etwas geschieht, das nicht er organisiert hat.«

Der taufrische Ehrendoktor, der auf eigene Rechnung in 14 Städten in die politische Arena steigt, meint: »Eine außergewöhnliche Wahlreise, denn ich bin weder Kandidat, noch spreche ich für eine der großen Interessengruppen.« Vom Reise-Reingewinn will er »Bücher für die Bundeswehr« kaufen. Er hält diesen Slogan für besser als »General Schörners ›Über Gräber vorwärts‹ oder Adenauers alten Hut der fünfziger Jahre ›Keine Experimente‹!« Fünf Kasernen in Westfalen — so verkündet Grass lächelnd — hätten bereits ihr Interesse an einer Bibliothek bekundet. Im privaten Gespräch ergänzt er: »Uwe Johnson stellt die Büchereien zusammen!«

Auf dem Podium macht Grass auch bei den provozierendsten Fragen einen selbstsicheren, beherrschten und ruhigen Eindruck. Selbst im Würzburger Wirbel bleibt seine Stimme gedämpft: »Ein Banause als Bundeskanzler — das ist eine Zumutung!« Grass hat so gar keine Ähnlichkeit mit dem von ihm entworfenen Es-Pe-De-krähenden Plakat-Hahn, der — nach seinen eigenen Worten — »morgenluftwitternd auf einem Komposthaufen steht«.

Sehr sachlich erklärt er: »Ich engagiere mich für das, was da ist, nicht für die Utopie!«

Und so beklagt der »Gruppe-47«-Autor auch die politische Abstinenz seiner Poeten-Freunde Böll, Enzensberger und Walser. Er meint bitter lächelnd unter vier Augen: »Enzensberger erregt sich über Vietnam und den Neckermann-Katalog — aber damit ist es doch allein nicht getan. Ich nenne diese Einstellung Teakholz-Marxismus!«

Stimmenfänger

Einen Tag nach Würzburg stimmt Willy Brandts brillanter Stimmenfänger in Nürnbergs Meistersingerhalle sein Es-Pe-De-Lied an. In der ersten Reihe sitzt der greise Kaffeehaus-Literat Hermann Kesten, dem Grass ehrfürchtig zulächelt. Willys weibliches Mannschaftsmitglied Käte Strobel sekundiert dem ungerufenen Berliner Literaten auf dem Podium. Es geht gesittet im Saal zu. Grass meint erleichtert: »Nachdem ich Würzburg hinter mir habe, kenne ich kaum noch Lampenfieber.« Er skizziert in 45 Minuten nüchtern Brandts Lebenslauf und endet mit der Empfehlung: »Pack den Willy in den Tank!«

In seinem ironisch als Loblied apostrophierten Wahlsong bemerkt Grass, daß er seinem Berliner Bürgermeister »skeptisch vertraue«: »Er ist kein schnaubendes Kraftwerk wie Herbert Wehner.« Und er ergänzt: »Aber er reist nicht mit Illusionen im Koffer«; und er sei auch nicht wie Erhard eine »Milchkuh außerparlamentarischer Interessengruppen!«

Im privaten Zirkel nach dem Nürnberger Meistergesang kann Grass seinen Federkiel-Kollegen aus dem Ruhrgebiet, Max von der Grün, für seine Es-Pe-De-Aktion gewinnen. Der Ex-Kumpel aus Unna, der in Nürnberg eigene Prosa rezitiert, will im Münsterland ebenfalls für die Sozialdemokraten in die Grass-Harfe greifen.

Dieselbe Tinte

Für Grass ist diese Deutschland-Tournee keine Besonderheit: »Wahlreden sind für mich schriftstellerische Arbeit. Das wird alles mit derselben Tinte geschrieben.«

Und so hofft er auch, daß die drei sorgfältig vorbereiteten Gesänge als gedrucktes Erzeugnis ein Bestseller werden: »Am 20. Juli kommen ›Loblied auf Willy‹, ›Was ist des Deutschen Vaterland?‹ und ›Es steht zur Wahl‹ bei Luchterhand heraus. Das Geld fließt alles in unsere Spendenkasse.«

Am 20. Juli endet auch im Münchner Zirkus Krone die erste Es-Pe-De-Tournee. Mitte August will er dann noch einmal für drei Wochen werbetrommeln: »Dann gehen wir auf die Dörfer, in die kleinen Städte!«

Auf die Frage, warum er als ungerufener Redner seine politischen Lieder zwitschere, antwortete Grass bitterernst: »Mein Freund Enzensberger begnügt sich zum Beispiel mit ›Man müßte, man müßte...‹ Ich möchte aber aktiv arbeiten. Ich habe mich immer an das gehalten, was ich erkennen kann, was da ist, was dagewesen ist, was sich geäußert hat, gehandelt hat. Das, was ich Realität nenne.«

Für Grass ist die DDR eine Realität, sind die Gebiete jenseits der Oder-Neiße verloren, ist der 17. Juni ein »unverbindlicher Anlaß für Verkehrsunfälle, ein nationales Wischiwaschi«.

Günter Grass will die oppositionellen Hundejahre der SPD beenden: »Was ich der SPD wünsche, ist eine starke Opposition!« Die CDU habe nach der Wahl endlich Gelegenheit, »sich an Haupt und Gliedern zu reorganisieren«. Die angebräunten Herren müßten endlich von der Bonner Bildfläche verschwinden: »Ergraute Ostlandreiter sehe ich den eingefetteten SA-Dolch ziehen.«

Bier und Bratwürste

Von der ungewohnten lautstarken Wahlkampagne ist der mutige Musenjünger heiser geworden und bemerkt bei Bier und Bratwürsten: »Und so etwas macht der Strauß ohne Mühe zweieinhalb Stunden.« Daß auch er ein blendender Wahlredner ist, kann man in Kürze am heimischen Lautsprecher erfahren. Sein »Loblied auf Willy« kommt als Langspielplatte heraus.

Der auf jede hintertückische Diskussionsfrage schlagfertig reagierende Wahlhelfer resümiert: »Willy Brandt ist ein Mann, der bis jetzt jede Hürde beim zweiten Anlauf genommen hat, kein Genie, ich will auch kein Genie, keine Vaterfigur. Einer, der — glaube ich — eine außenpolitische Begabung hat, das ist das Hervorstechende, der zuhören kann, der Schicksaltöne nicht anschlägt, der in seinen Tugenden und seinen Fehlern erkennbar ist und kritisierbar bleibt, also, solange er leistungsfähig ist, sich zum Bundeskanzler eignet, und wenn er sich nicht mehr eignet, soll man ihn abwählen!«

Und um seinen Ruf als »Dr. h. c. der Ironie und Parodie« gerecht zu werden, ergänzt er: »Nicht nur die Krawatte wechseln, kein CDU-Muffel sein!«

»Abendzeitung« (München), 15. 7. 1965

Im Widerspruch zur Politik der SPD

Zu den Äußerungen des Schriftstellers Günter Grass erklärte der Vorsitzende des Landesvertriebenenbeirats der SPD in Bayern, Almar Reitzner: »Der Schriftsteller Günter Grass besuchte im Rahmen seiner ›politischen Wahlreise‹ auch Bayern. Dabei nahm er zur Frage der deutschen Ostgebiete Stellung. Seine Äußerungen wirken niederdrückend und peinlich, allzumal sie aus dem Munde eines namhaften deutschen Schriftstellers kommen. Unter dem Deckmantel einer vermeintlichen Realpolitik wird hier allen jenen demokratischen Politikern in den Rücken gefallen, die unter schwierigsten Bedingungen um den Bestand der Nation ringen.

Die Äußerungen von Günter Grass stehen im eklatanten Widerspruch zur Haltung und Politik der SPD. Die SPD hält am Heimat- und Selbstbestimmungsrecht für alle Deutschen fest und wird auch weiterhin mit den Mitteln friedlicher Politik für die Verwirklichung dieses Rechts in den deutschen Ostgebieten eintreten. Diese Politik wurde soeben wieder von Willy Brandt auf dem Nürnberger Landesparteitag der SPD unterstrichen. Brandt fügte hinzu, die SPD werde keine Politik hinter dem Rücken der Vertriebenen betreiben.«

In Bonn hat am 19. Juli 1965 auch der Sprecher des SPD-Vorstandes, Franz Barsig, zum öffentlichen Auftreten von Günter Grass Stellung genommen. Die SPD habe nichts mit der Wahlkampfreise des Schriftstellers zu tun. Nicht dessen Äußerungen zu den deutschen Ostgrenzen, sondern allein die Beschlüsse des Karlsruher Parteitages und die Erklärungen des Parteivorstandes seien für die Politik der SPD bindend. (SuE.)

»SOZIALDEMOKRATISCHER PRESSEDIENST« (Bonn), 21. 7. 1965

Berliner SPD distanziert sich von Grass

D. C. Berlin, 25. Juli.

Die Berliner SPD hat sich vorsichtig von der »Wahlreise« des Schriftstellers Günter Grass zugunsten des Berliner Regierenden Bürgermeisters und SPD-Kanzlerkandidaten Brandt distanziert. In der »Berliner

Stimme«, der Wochenzeitung des SPD-Landesvorstandes, heißt es am Wochenende, man dürfe nicht vergessen, daß Grass mit Brandt oder der SPD nicht identisch sei. Grass unterstütze auf seine Art denjenigen, den er für den Besten halte, doch habe der »Beschenkte« nicht nur Vorteile davon. Denn mancher Wähler, schreibt die »Berliner Stimme«, halte den reisenden Blechtrommler für ein »Schwein« und übertrage dieses Urteil auf die Partei. »Wir denken anders«, heißt es weiter, »dürfen aber die Argumente der Grass-Gegner nicht aus dem Auge verlieren — vor allem nicht deren mögliche Auswirkungen.« Grass werde sich darauf beschränken müssen, in erster Linie Schriftsteller zu bleiben, der für Brandt zwar werbe, aber dabei doch wisse, daß er kein Mandat habe, offiziell für die SPD zu sprechen.

»FAZ« (Frankfurt), 26. 7. 1965

Hans Suttner

Blechtrommler auf Tournee

Der leider mißlungene Versuch, Günter Grass politisch zu verstehen

Eine Vorbemerkung ist nötig: Sie lesen hier keine Reportage, keinen Bericht, keinen Kommentar. Die Niederschrift ist die Frucht einer persönlichen Auseinandersetzung mit Günter Grass. Berichterstatten und kommentieren ist nur Beiwerk. In der Mitte steht eine Diskussion, die in einem öffentlichen Saal vor mehr als tausend Menschen begann und die dreieinhalb Stunden später in einem Studentenkeller abgebrochen wurde. Das Stichwort »Pornographie« fiel in dieser persönlichen Diskussion nicht; es wurde am selben Abend von anderen Menschen, die gleich mir die Ansichten Günter Grass' nicht teilen, zum Mittelpunkt der Auseinandersetzung gemacht. Am Ende dieses Beitrags wird dazu einiges zu sagen sein, mein Ziel war der Versuch einer politischen Auseinandersetzung. Der Versuch ist — das sei vorweggenommen — gescheitert. Falls Sie an lokalen Einzelheiten interessiert sind: Würzburg. Ich bin aber sicher, auch in München oder Bonn oder Hamburg hätte sich, soweit hier interessant, nichts anderes ereignet.

Grass begann mit einer Vorlesung: Eine Dame des Liberalen Studentenbundes (LSD) hatte uns zuvor darauf aufmerksam gemacht, daß für die zwei Mark Eintrittsgeld keine Dichterlesung geboten würde, wenngleich, so vernahmen wir's, bei genauem Hören die Blechtrommel durchaus zu vernehmen sein werde. Ich bemühte mich, genau hinzuhören, obwohl die Vorlesung bekannt war. Die Tageszeitungen hatten den Inhalt längst verbreitet. Ein Student in der Sitzreihe vor mir las mit. Sein Kopfnicken war ein bestätigendes Abhaken.

Es schien übrigens alles ziemlich festgefahren, organisiert, nicht nur die Vorlesung, auch der Beifall des einen — größeren? — Teils und das Pfeifen, Zischen und Trompeten des anderen. Auch das Grundgesetz kam wieder in Gestalt eines kleinen Buches aus der Rocktasche, genau wie das kluge Zeitungsblatt es vorauszukünden wußte. Grass trägt also in der Tat den Verfassungstext stets unter dem Arm (wie sich zeigen wird, mit nicht immer durchschlagendem Erfolg).

Vorgesehen — oder je nach Hörvermögen und Empfindungsgabe auch vorgetrommelt — wird ohne Bestellung des oder der Verehrten: »Nein, es gibt hier keine Absprache ... ich lasse mir nicht dareinreden, wenn ich für die SPD sprechen will.« Dazu ein interessanter Kommentar: Der »Manager« der Tournee weiß in einem privaten Nach-Gespräch einerseits zu versichern, er habe zuverlässige und intime Kenntnis über Wandel und Konstanz der Ansichten Willy Brandts in Sachen Notstand. Andererseits sei aber gerade die Grass-Tournee ohne Wissen und Willen des Propagierten auf die Rundreise geschickt worden. Noch merkwürdiger: Senator Professor Schiller habe sich rein zufällig hinzugefunden (NB: In Würzburg war Schiller nicht mehr mit von der Partie!). Ob das Wahlkampfabkommen Anlaß ist, die Eigenständigkeit des Unternehmens Grass so sehr zu betonen?

Nach der ersten Viertelstunde Vorlesung frage ich mich, wie viele Menschen wären in diesen Saal gekommen, wie viele wären begeistert, wenn dieselben Worte von einem besseren Sprecher verlesen würden. Grass zieht. Nicht das, was er zu sagen hat, und nicht die Art, wie er es vorträgt. (Zwischenrufe zum Beispiel greift er kaum auf, auch bei einfältigen fällt ihm nicht rasch genug eine passende Antwort ein, politisch-ernsthaften ist er sachlich nicht gewachsen.) Also: Grass zieht. Ein Thema, über das zu reden sich lohnt, und deswegen habe ich darüber mit Grass gesprochen.

»Blendend, wie er das gemacht hat«, den Satz habe ich nicht erfunden. Eine Studentin sprach ihn zu einer anderen Studentin zwischen Saal und Garderobe im Gedränge. Grass zieht und blendet. Denn von Inhalt und Form der Lesung abgesehen bleibt die Formulierung. Und wer wollte bestreiten, daß diese blendend war?

»Dich singe ich, Demokratie«, spürt Grass eigentlich nicht, wie weit er weglockt vom politischen Thema der »nüchternen Demokratie«, der Staatsform, die er zu bereden wünscht? Grass nennt seine Tournee mehrmals eine »Wahlreise«. Deswegen muß er sich's gefallen lassen, einsortiert zu werden in die Kategorien modernen Werbens. Anspruch auf die »ganz neue Art«, auf die eigene Kategorie, hat er erst, wenn anderes nicht mehr paßt.

Rufen Sie also bitte nicht gleich »Blasphemie«, wenn ich frage, warum ein Filmstar erfolgreich für Kochtöpfe, warum ein Tour-de-France-Sieger mit Gewinn für eine Benzinmarke wirbt. Eine Massengesellschaft braucht — der Beweis wäre vielleicht etwas langwierig, sagen wir deshalb, sie hat — Idole. Idole haben Autorität und die Autorität der

Idols ist transponierbar: von den Beinmuskeln auf den Benzintank, vom Busen an den Kochherd. Warum also nicht auch von der Blechtrommel auf Willy Brandt?

Um Mißverständnisse zu vermeiden und Leserbriefe zu sparen: Diese Fragen sind auf das Gewissen und nicht einmal auf die Absicht des Rhetors Günter Grass gezielt. Die Wirkung eines Unternehmens, wie es diese Wahlreise ist, hat mit der Absicht des Initiators (oder für den, der insoweit Zweifel hat: des Veranstalters) nicht selten wenig zu tun. Grass ist, man mag sich darüber freuen oder es bedauern, hierzulande eine Autorität. Und deswegen zieht Grass. Deswegen herrscht auch eine Stimmung, in der nicht mehr bewiesen werden muß, warum der Kochtopf gut ist, warum das Benzin etwas taugt, warum Willy Brandt ein Politiker ist, warum die SPD eine Alternative genannt sein will. Statt der Beweise eben: Busen, Muskeln, Blechtrommel und ein Katz-und-Maus-Spiel.

»Aber lassen Sie's doch, es ist doch immerhin einmal etwas ganz anderes«, selbst im kleinen Kreis diskutierender Studenten scheint dies »Argument« nicht zu billig.

Als Grass im großen Kreis hart angefaßt wird — er hatte von einer zerstrittenen Bundesregierung gesprochen und soll nun die Prognose SPD-Regierung/Notstandsgesetze stellen — wird deutlich, wie wenig er zu aktuellen Sachfragen der Politik zu sagen weiß. Wiewohl gar nicht danach gefragt, begibt er sich aufs Glatteis einer sachlichen Notstandsdebatte und plädiert für eine Lösung ohne Grundgesetzänderung (sic!). Auf weiteres Fragen hin: zum Beispiel für eine freiwillige Selbstkontrolle und Selbstbeschränkung der Presseorgane in Notstandszeiten.

Natürlich will ich das Recht auf eine solche Ansicht einem Dichter oder Schriftsteller nicht streitig machen, aber ich kann beim besten Willen eine politische (wohlgemerkt, nicht unbedingt politisch konstruierte, aber politisch wirkende) Autorität solcher Qualität nicht gelten lassen. Grass rechtfertigte sich hinterher mit »Ermüdung«. Gestattet man Erhard, Strauß, Adenauer je, sich auf »Ermüdung« zu berufen? Aber es ging mir um anderes als um einen Augenblickserfolg oder um eine Augenblicksniederlage vor einem Massenpublikum. Im kleinen Kreis klärt sich denn manches: Grass will sich jetzt nicht als Politiker verstanden wissen, als politisierender Laie eher. Die Unterstützung einiger Studenten: »Es ist auch nicht recht fair, ihn — gemeint Grass — mit Themen zu überfallen, von denen er nichts verstehen kann.« An Grass zurückgefragt: »Sie raten uns, Es-Pe-De zu wählen, ist es also unfair, Sie danach zu fragen, was uns diese Partei sachlich bescheren wird?« Während der Vorlesung war das Grundgesetz demonstrativ aus seiner Ruhestätte unter dem Arm geholt worden, sogar ein Kommentar wurde rühmend erwähnt, ist es also unfair, Fragen aus der konkreten Verfassungswirklichkeit zu stellen? (Im Dienste des Niveaus gefragt: Ist der »Witz« Grundgesetz unter dem Arm nicht allmählich von sämtlichen Kabaretts der Bundesrepublik im Verein totgeschlagen?)

Die Demokratie ist, wie die Diskussion beweist, für viele Leute (hier: Studenten!) die Staatsform, in der jeder vorwiegend über die Dinge redet, von denen er am wenigsten versteht. Immerhin rückt wenigstens Grass jetzt im kleinen Kreis von Hochhuths Wirtschafts- und Sozialtheorien ab; in der Massenversammlung hatte es den Anschein, als erkläre er sich mit dem von Erhard als »Pinscher« der Wirtschaftskritik titulierten »Stellvertreter«-Autor solidarisch. Der Mangel an Information ist bei Grass sicher nicht so kraß wie bei Hochhuth, immerhin zur Demokratie der Sachlichkeit und der Experten, die die Sozialdemokraten so gern besingen, scheint noch ein weiter Weg.

Günter Grass bleibt, was er ist: Schriftsteller. »Für mich gibt es da keinen Schnitt, für mich ist die Arbeit an den Wahlreden schriftstellerische Arbeit.« Man merkt es. Etwa an der allen Ernstes propagierten Idee, der einen Partei beizutreten und die andere zu wählen (»Das sage ich den Leuten von der Jungen Union«); auch daran, daß eine Wahlreise für eine Partei unternommen wird, gleichzeitig aber die Staatspolitik von der Parteipolitik getrennt, ihr als feindliche Schwester gegenübergestellt wird. An der Idee einer »Fraktion der Künstler im Bundestag« (Grass: »Andere Schriftsteller, Museumsdirektoren, Intendanten«... ein Zuhörer: »Antiquitätenhändler!«) wird dieselbe blühende Phantasie offenbar. Dieser Fraktion würde Günter Grass beitreten; die jetzige SPD ist ihm insoweit zu wenig Heimat.

Grass will im Falle eines Es-Pe-De-Sieges auch durchaus Großes leisten. Er will die SPD davor bewahren, »wie die jetzige Regierung unter die Herrschaft außerparlamentarischer Interessen-Gruppen zu geraten«. Ein Student: »Gewerkschaften!« Grass: »Ja, natürlich.« Ich müßte lügen, wollte ich sagen, Grass habe während der Diskussion nicht ehrlich gewirkt. Er war bemüht, ein Gespräch zu führen, es offenzuhalten. Er war sogar ständig genötigt, sich seiner mehr oder minder blinden Anhänger zu erwehren, und er nahm diese Not auf sich. Als aber das Versprechen aufgetischt wurde, Gewissen oder Trommel der SPD gegen die Gewerkschaften zu sein, da blieb nichts übrig, als zu fragen: Ist er der einzige reine Tor in unserem Staat, der noch nicht danach gefragt hat, warum sein Schützling Willy Brandt diese und keine andere »Lösung« der Notstandsfrage gesucht hat?

Immerhin ist es an einer Stelle möglich, auf dem von Günter Grass entrollten Teppich den Weg zur SPD zu gehen: Grass preist die SPD »ohne den alten Schuh Weltanschauung«. Grass will die Wahl leichter machen. Die Entscheidung ist »von dieser Welt«, ergo keine Gewissensentscheidung. Also ohne weiteres die Verlängerung des Godesberger Programmteppichs.

Günter Grass lehnte in der Diskussion die Kategorien »links« und »rechts« als unbrauchbar ab, hatte sie aber wenige Zeit vorher (vgl. die Ausgabe von »frontal«, Juli 1965) selbst eifrig gebraucht. Ich suche dieses Gebiet der Zwielichtigkeiten nicht mit der Wollust am Streiten auf: Aber wo eine sachliche Diskussion gedeihen soll, muß zuerst einmal aufgeräumt werden. Aufgeräumt muß auch damit werden, daß zum Beispiel das Wort »Entartung«, das ein politischer Gegner gebraucht hat, sofort einen Beweis dafür liefert, daß dieser Politiker bestimmt Anschauungen liefert, während es andererseits ohne weiteres zulässig ist, Adenauer und Ulbricht als die »aufeinander Angewiesenen« zu bezeichnen.

So gewiß es nämlich jedermanns gutes Recht ist, Schutz zu suchen vor Gespenstern, die vordem Realitäten waren, so gewiß ist es jedermanns Pflicht, nicht das Abziehbild eines Verbrechers einem Mann aufzukleben, der zwar keine Wunder gewirkt hat, der auch nicht frei von Fehlern war, der aber — was Grass von Willy Brandt erwartet — ein Politiker guten Willens war. Die Methode, Adenauer und Ulbricht in einem Atemzug zu nennen, wird nicht dadurch seriöser, daß Ulbricht später »ungeheuer begabt, ein fleißiger Sachse« genannt wird. Wie gesagt, das müßte aufhören. Auch die Fortsetzung dieser Geschichte dürfte nicht weiter verbreitet werden: Daß drüben die Gruppe der Stalinisten den Sieg der CDU/CSU wünsche. Nicht seriös, auch von Menschen, die an der Grass-Lesung mehr Gefallen fanden als ich, als »peinlich« bezeichnet, ist schließlich die Theorie von den Toten des 17. Juni, die Sozialdemokraten gewesen seien und deren politisches Testament es am 18. September zu erfüllen gelte.

Zurück zu Grass: Erstaunlich, daß er, wiewohl im persönlichen Gespräch unbestreitbar sympathisch, begabt zuzuhören, »im großen Rahmen« so wenig gelten läßt. Er ist für Willy Brandt, ergo kompromißlos gegen Adenauer, gegen Erhard, gegen Barzel, gegen alles, was diese Männer tun und getan haben. Ob es daran liegt, daß eine Wahlrede zwangsläufig eine Parteirede sein muß? Wenn ja, dann lieber auch in Zukunft Parteireden und Dichterlesungen wenigstens im Groben geschieden.

Zum Schluß ein Wort über die, die sagten — und es auch auf Flugblätter schreiben: »Wir pfeifen dir, Pornographie.« Das Grass'sche Argument für Brandt lautete schließlich: »Ich kenne Willy, und deshalb sollt ihr ihn zum Kanzler wählen.« Sachlich? Nein, aber nach verbreiteter Ansicht echt demokratisch. »Wir kennen Deine Bücher, Günter Grass, und wir halten sie für Pornographie« — nach Meinung des Würzburger LSD sind lediglich Auszüge aus den Büchern Pornographie — »weil uns also Deine Bücher nicht gefallen, Günter Grass, deswegen mögen wir auch Deinen Freund Willy Brandt nicht.« Sachlich argumentiert? Beileibe nicht. Aber was tut's, das Demokratische ist eben so (primitiv).

»Echo der Zeit« (Recklinghausen), 25. 7. 1965

Jesco von Puttkamer

Ein Schriftsteller engagiert sich
Die Wahltournee des Poeten Günter Grass

Günter Grass, Deutschlands bekanntester Repräsentant der modernen Literatur, weithin verehrt und bewundert, aber auch heftig und voll Entrüstung abgelehnt, hat soeben eine Tournee durch Deutschlands Universitätsstädte beendet. Unter dem Motto »Dich singe ich, Demokratie« hielt Grass drei Vorträge, die er »Loblied auf Willy«, »Es steht zur Wahl« und »Was ist des Deutschen Vaterland« nannte. Die Tournee war ein einmaliger Erfolg. Die Zuhörerzahl stieg ständig an, je größer das Echo wurde, das den politischen Trommler von Nord nach Süd begleitete. Studentische Demonstrationen, Klamauk- und Radauszenen verstummten binnen kurzem genauso wie die organisierten Zwischenrufe der Abgesandten der »Jungen Union«. Grass schlug die Zuhörer in seinen Bann. Sie waren durchaus nicht mit allem einverstanden, was er sagte, aber sein Vortrag war einfach überzeugend, beeindruckend und Respekt abnötigend.

Günter Grass hat sein Auditorium jedesmal aufgefordert, »Es-Pe-De« zu wählen. Dies geschah am Schluß seiner Rede. Zu Anfang hatte er gesagt: »Wahlen sind Appelle an die Vernunft. Es kann mir also nicht daran liegen, Sie in Begeisterung zu versetzen. Kein Anlaß bestand und besteht, von Politikern und Parteien begeistert zu sein. Unsere Geschichte lehrt es uns schmerzhaft. Wenn es uns nur gelänge, jeden von Ihnen nachdenklich zu stimmen, wäre meine Aufgabe erfüllt.« Die Folge solcher und anderer Worte war natürlich auch, das soll hier offen vermerkt werden, daß der eine oder andere SPD-Funktionär ein wenig erschrocken war, und leider hat es gelegentlich so etwas wie eine öffentliche Distanzierung gegeben. Das war vielleicht unausweichlich, aber es beweist nur ein totales Mißverständnis. Wenn sich ein unabhängiger Geist wie Günter Grass aufmacht, vor einer Wahl, die er für eine entscheidende hält, das Seine für den Sieg einer Partei zu tun, so ist das allein schon ein Umstand, der in Deutschland Beachtung verdient. Hier hat sich ein Schriftsteller engagiert und damit gewissermaßen mit einer deutschen Tradition gebrochen. Fairerweise sollten wir eingestehen, daß dieser Tatbestand, beispielsweise in der Fernsehsendung »report«, sogar von intellektuellen Parteigängern der CDU uneingeschränkt gewürdigt worden ist. Umgekehrt stehen wir nicht an zu sagen, daß auch wir uns darüber freuen würden, fände sich ein literarischer Barde, der zu einem Engagement für die CDU bereit wäre.

Der Auftritt von Günter Grass ist mit anderen Worten zwar Wahlkampf, aber doch natürlich nicht nur das. Er dokumentiert einen neuen Abschnitt in der deutschen Literatur. Am Rande sei hier noch erwähnt, daß sich in Berlin in einem »Wahlkontor Willy Brandt« mehr als ein Dutzend prominenter und auch jüngerer Schriftsteller zusammengefunden hat, die, ohne der SPD anzugehören, ihren Beitrag zur Schlußphase des deutschen Wahlkampfes leisten werden. Das hochtrabende Wort vom Elfenbeinturm der deutschen Literatur ist oft genug strapaziert worden. Es sollte nicht nur einen literarischen, sondern auch einen politischen Zustand umreißen. Mit letzterem war vor allem die Staats-Verdrossenheit gemeint. Das Engagement von Günter Grass und seinen Freunden beweist, welch ein Wandel sich hier anbahnt. Ehe der Bundeskanzler auf die deutschen Literaten losgeht, sollte er hiervon Kenntnis nehmen.

»Vorwärts« (Bonn), 28. 7. 1965

Peter Brügge auf Wahlreise mit Günter Grass

»Zischoman, Zischoplex, Zischophil«

Der Dichter strahlt milde Vertrauenswürdigkeit aus, wie der doppeltbreite Ehering an seiner Linken, und macht mich am Ende glauben, nicht einmal von Freund Willy habe er sich sagen lassen, welche Werbung der Partei jetzt vor der Wahl wohl oder übel bekomme.

Nicht einmal Freund Schiller, der Professor und sprungbereite Wirtschaftsminister des Schattenkabinetts, mit dem der Dichter zu Anfang seines seltsam privaten Wahlfeldzuges gemeinsam auftrat, soll vorher geahnt haben, wovon am Abend die Rede sein würde. So getrennt marschieren Es-Pe-De und SPD.

Schiller nach Grass aufs Podium zu entsenden, war zunächst vereinbart worden, aber schon am 6. Juli in Hamburg, der ersten von 14 Reisestationen, an denen Deutschlands erster parteipolitisch engagierter Bestseller-Autor für die SPD eintrat, erwies sich, daß dem Publikum wenig daran lag, vor Grass, aber noch weniger nach Grass einen anderen zu hören.

Der Verfasser der »Hundejahre« hat als Wahrzeichen für seinen Wahlkampf im Dienste seiner Lieblingspartei einen Hahn entworfen, der »Morgenluft wittert« und »auf einem Komposthaufen steht«. Aus dem Schnabel kommt des Künstlers bekannte dreisilbige Wahlempfehlung. Was das Publikum betraf — so hätte für die geforderten zwei Mark Eintrittsgeld auch etwas anderes als Es-Pe-De gekräht werden dürfen.

Im ersten Wahljahr nach Adenauer erfreut sich des imposantesten Zulaufes nicht mehr ein Politiker, sondern ein Dichter, der nicht zur Wahl steht, als Berliner nicht wählen darf, der der Partei, für die er ungebeten spricht, nicht angehört und sich befriedigt zu denen rechnet, die Adenauers glückloser Nachfolger in falscher Einschätzung der Volksmeinung als »Pinscher« apostrophierte.

»Ich hätte ihn doch für souveräner gehalten«, seufzt »Willys Hof-schreiberling« (so ein feindliches Flugblatt) in dankbarer Trauer, »aber es ist schon recht so«. An Ludwig Erhards populärem Bild einen Zug ins Lächerliche herauszuarbeiten, hatte sich der Schöpfer des deutschen Trommelzwerges Oskar bereits bei einem fünfwöchigen Amerika-Aufenthalt in aller Stille angelegen sein lassen. »Soll telegener Zigar-renrauch Argumente ersetzen?« räsonierte er noch maßvoll in einem der drei dort drüben entstandenen Rede-Entwürfe gegen den Telekra-ten. »Seine Lieblingsworte heißen: redlich, ehrlich, volklich, gnädig. Rasch ist er beleidigt... Wenn ihm die Argumente ausgehen, bittet er um Vertrauen...«

Erst der Nachtrag, vom Auditorium erwartet und bejubelt, verzich-tete auf jede Versöhnlichkeit: »Wen Schamgefühl nicht hindert, heute die Sprache eines Joseph Goebbels zu benutzen, wer sich... nicht scheut, von Entartungserscheinungen der modernen Kunst zu spre-chen... der sollte nicht zur Wahl stehen. Ein Banause als Bundes-kanzler ist eine Zumutung.«

Und schließlich, noch immer unter Beifall: »Wie wäre es mit einem Staatsmann als Bundeskanzler, der Walter Ulbricht als Staatsmann ge-wachsen und überlegen ist?«

Die Spesen für 14 Kampftage beliefen sich auf 2500 Mark. Ohne viel Aufwand füllte des Mit-Pinschers magische Anziehungskraft Säle, Au-len und Hallen, wie sie in diesem Wahljahr selbst politische Asse nur mit großer Lautsprecherreklame und allenfalls bei freiem Eintritt voll Zuhörer bekommen. Als vorläufige Endstation erreichte der Poet An-fang vergangener Woche den als politische Massenarena berüchtigten Zirkus Krone — 3500 Plätze —, vor dem an die 1000 Jungwähler bei-derlei Geschlechts sich an der Kasse um die letzten 20 Karten quetsch-ten.

Anspielend auf das vom amerikanischen Nationaldichter Walt Whit-man entlehnte Reisemotto von Günter Grass (»Dich singe ich, Demo-kratie«), beförderten ohnmächtige Stoßtrupps des rechtsaußen dienen-den »Freiheitlichen Deutschen Studentenbundes« eine wirkungslose Flugblattwoge unter die Füße der in die Arena Drängenden: »Singen Sie anderswo — wir haben Sie nicht gerufen, Genosse Dr. h. c. Grass!«

Eine einsame Protesttrompete verstummte alsbald. In respektvoller Aufmerksamkeit lauschte nach wenigen Dichterworten vom Blatt eine Arena, in der soeben noch der junge Münchner Bundestagskandidat Dr. Günther Müller (SPD) niedergejohlt worden war. Am Ende leer-ten Studentinnen gierig noch das Glas Überkinger am Rednerpult, das den angebeteten Schnauzbart genetzt hatte.

In geheimer und freier Zwiesprache mit sich selbst hatte sich der Reisende an diesem letzten von 14 Wahlkampftagen für die Rede »Es steht zur Wahl« entschieden, welche mit »Loblied auf Willy« und »Was ist des Deutschen Vaterland?«, den beiden anderen literarischen Ver-suchen für den deutschen Wähler, die Einleitung gemeinsam hat. Stets fiel diese Entscheidung beim Frühstück, ohne nennenswerte Beteiligung der Mitveranstalter, des Sozialdemokratischen Hochschulbundes und des mit der FDP überworfenen Liberalen Studentenbundes.

In Würzburg waren durch die Gedanken über des Deutschen Vaterland und dessen Ostgrenzen CSU und SPD synchron verstimmt worden. Darüber, daß die Deutschen Schlesien, Hinterpommern, Ostpreußen, wie Grass sagt, »vertan, verspielt, eine Welt herausfordernd, verloren« haben, wollen die Parteien diesmal noch gemeinsam schweigen wie Papageno und der Prinz in der Zauberflöte.

Der CSU-Prinz Konstantin von Bayern zog infolgedessen auf einen Wink der Partei seine freudig gegebene Zusage zurück, nach dem Zirkus noch zu diskutieren.

Daß Grass auch empfohlen hatte, über Stettin und den Lausitzzipfel zu verhandeln, weil über diese Gebiete in Jalta und Potsdam keine Einigung erreicht worden sei, ging unter im Berufsreflex der streitbaren Heimat-Großsprecher. »Die Formulierungen sind so«, hatte Kgl. Hoheit nun zu sagen, »daß man schließen muß, er stehe nicht auf dem Boden des Selbstbestimmungsrechtes und Heimatrechtes.« Der ist nicht so glatt wie der Boden der Tatsachen.

So empfand auch der Vertriebenensprecher der bayerischen SPD, Almar Reitzner, die Überlegungen des unanständig offenen Parteigängers Grass »peinlich und entmutigend«, und von Bonn her distanzierte sich mit aufgeblasenen Backen Parteisprecher Barsig, SPD, vom Abseits des Poeten.

Mittlerweile aber hatte in Bayerns Sozialdemokraten die Erkenntnis obsiegt, es sei vorteilhafter, einem einmal losgelassenen Grass nicht aufgeregt in die Trommel zu schlagen.

Unerkannt erschien der elegante, vertriebene Reitzner auf der Abschlußkonferenz für Grass im Münchener Regina-Hotel und schwieg mit zusammengebissenen Zähnen, argwöhnisch beobachtet von Emil Werner, Pressesprecher seines Landesvorsitzenden. Werner belehrte die Runde sanft, es habe bisher niemand im Auftrag der Partei gesprochen.

Für eine Partei kommt eine Sympathie wie die von Günter Grass wie ein Schicksal, dem ausweichen zu wollen ohnehin keinen Sinn hätte. Nicht unbedingt ein einfaches Schicksal, denn er spottet, wo er zuneigt: »Solide, etwas farblose Sozialdemokratie«.

Und rühmt ohne Rücksicht auf die Bedürfnisse des Gerühmten: »Dieser 17. Juni 1953 ... war ein Arbeiteraufstand, der in seinen ... stärksten Momenten ... sozialdemokratische Züge trug.« (Als wäre es der SPD heute lieb, als Arbeiterpartei identifiziert zu werden.) Seine Nüchternheit muß den an vollmundige Schlagworte gewöhnten Normalverbraucher abschrecken. Ulbricht nennt er einen »fleißigen Sachsen«.

Dafür bietet er auch gelegentlich Worte zum Mitnehmen, die im schlichtesten Ohr verfangen: »Nicht immer nur die Krawatte wechseln — kein CSU-Muffel sein!« »Ich bin schon zufrieden«, brummt er aber im kleinen Kreis, »wenn meine Hörer überhaupt wählen.«

Auf diese erste Wahlkampfperiode seines Lebens hat er sich vorbereitet wie auf einen neuen Roman. Wie einen Roman mit feierlich gezügeltem Bariton, ein wenig zu schnell, schürft er aus dem Manuskript seine kunstvoll angelegte Rhetorik. »Ich schreibe das ja nicht mit anderer Tinte.«

Von durchdachter Bescheidenheit, wie für eine Bühnenrolle, scheint sogar das Habit: zu Pressekonferenzen immer die gepflegte Samthose und eine blaue Leinenjacke — reinliche Poetenkluft. Für den Abend entschied sich Grass für Grau, wozu sich, wie politisch beabsichtigt, die im Mai in Amerika von seiner Frau (für 2,50 Dollar) erstandene Karawatte fügt, deren Streifenmuster nicht Schwarz, aber reichlich Rot und Gold enthält. Kein Zweifel: Hier hat ein bedeutender Mann auch vor dem Spiegel über sich nachgedacht.

In der Tasche trägt er das Grundgesetz als Requisit und Memorandum sowie zum Hohn gegen Höcherl, dazu den »Dampfkesseleffekt«, ein ad hoc verfaßtes Gedicht, das sich als glückliches Mittel gegen Zischer bewährt: »... seht dieses Volk, im Zischen geeint! Zischoman, zischoplex, zischophil, denn das Zischen macht gleich, kostet wenig und wärmt. Aber es kostete Arbeitergeld, diese Elite geistreich und zischend heranzubilden.«

Wenn das alles nicht Stimmen bringt, so macht es doch Stimmung auch bei ihm selbst und bringt auch noch Geld, das er selbst nicht benötigt. In den ersten 14 Tagen sammelten sich als Reinerlös 14 189,43 Mark, die eilends in ein halbes Dutzend Büchereien für bereits vorgemerkte Einheiten der Bundeswehr umgewandelt werden sollen. Noch im August wird der Poet wieder seine drei Reden und das Grundgesetz packen, reisen und reden. Diesmal mehr in die kleinen Städte, zu Hausfrauen und Kleinbürgern, mit denen er sich lieber abzugeben scheint als mit den auf Zirkus erpichten Studenten.

Im Oktober dann wählen Ulbrichts Untertanen — auch ein Termin für Grass, denn auch ihnen hat er jetzt etwas zu sagen, falls man ihn läßt. Sein Antrag ist eingereicht. »Es muß doch was geschehen«, sagte er und wechselt schnell die Zigarette. »Wir müssen endlich anfangen, anders miteinander zu verkehren.«

»DER SPIEGEL« (Hamburg), 28. 7. 1965

SPIEGEL-Interview mit Wahlkämpfer Günter Grass

»Ich will auch der SPD einiges zumuten«

SPIEGEL: Herr Grass, glauben Sie, daß Ihre Wahlreise, in der Sie für die Sozialdemokraten werben, der SPD genützt hat?

GRASS: Meine Wahlreise war ein Experiment. Ich wollte ein breiteres Publikum ansprechen — Neuwähler, Unentschlossene, Bildungsbürger, die selten in Wahlversammlungen gehen — ein Publikum, das unsicher ist, ob es wählen soll oder nicht. Ich glaube, das ist mir gelungen.

SPIEGEL: Sie haben nicht nur beim breiteren Publikum, sondern auch bei Sozialdemokraten einiges Unbehagen erweckt — es gab SPD-Leute, die sich von Ihnen distanziert haben.

GRASS: Zuerst bemerkte ich bei einigen Kandidaten der SPD durchaus eine gewisse Sorge: Wie geht das aus, wird er Schaden anrichten? Aber jetzt erlebe ich es immer wieder, daß meine Wahlreise als Hilfe empfunden wird. Wir gehen ja auch oft in Bezirke, wo die SPD in der Diaspora lebt und viele Menschen Hemmungen haben, überhaupt in eine SPD-Veranstaltung zu gehen. Für diese Menschen war ich ein Anstoß, und das war meine kleine Chance.

SPIEGEL: Trotzdem — es waren nicht alle Sozialdemokraten glücklich über Ihre Reden, zumal Sie, zum Beispiel in der Frage der Oder-Neiße-Grenze, nicht immer die Parteilinie eingehalten haben.

GRASS: Bei einer so großen und unübersichtlichen Partei muß man mit verschiedenen Reaktionen rechnen. Ich würde auch niemals eine Partei unterstützen, die von mir erwartet, daß ich mich mit allem identisch erkläre. Den Dialog zwischen der Partei, auch zwischen den Wählern der SPD, die nicht zur Partei gehören, und mir, den halte ich für normal. Erstaunt sind nur die Christdemokraten, die eine solche Privatinitiative nicht gewohnt sind und dann Willy Brandt auffordern, mich aus dem »Verkehr zu ziehen«. Was die Oder-Neiße-Grenze angeht, so ist meine Meinung, daß ich in meine Heimatstadt Danzig nicht mehr werde zurückkehren können. Aber ich habe auch darauf hingewiesen, daß diese Grenze fälschlich als feststehender Begriff behandelt wird. Die Leute wissen nicht, daß man darüber verhandeln kann.

SPIEGEL: Dennoch: Muten Sie der Partei, für die Sie werben, nicht zu viel zu?

GRASS: Ich will den Sozialdemokraten auch einiges zumuten. Ich will dahinwirken, daß man über alles sprechen kann, will verhindern, daß die Tabuisierung von Themen immer weiter zunimmt. Bald wird man nicht einmal mehr über die Veba-Aktien diskutieren können.

SPIEGEL: Haben Sie deshalb das Thema der Schwangerschaftsunterbrechung angesprochen?

GRASS: Die Berichterstattung über dieses Thema war ein Spiegel schlechten Journalismus. Ich bin dauernd falsch zitiert worden. Ich wollte nur darauf hinweisen, daß wir genausoviel Abtreibungen wie Geburten haben, daß die Dunkelziffer der Todesfälle bei Abtreibungen etwa ein Prozent beträgt, was bei einer Million Abtreibungen eine Zahl von 10 000 ergibt.

SPIEGEL: Warum kommen die Leute zu Ihren Vorträgen? Kommen viele deshalb, weil sie den Schriftsteller einmal sehen wollen, von dem selbst der Bundespräsident gesagt hat, man könne ihn nicht lesen, weil er so unanständige Sachen schreibt?

GRASS: Es kommen sehr viele Menschen, die meine Bücher gelesen haben und die ein anderes Bild davon haben als der Herr Bundespräsident. Aber sicher ist auch viel Neugierde dabei.

SPIEGEL: In Ihren Büchern haben Sie ein ziemlich düsteres Bild vom deutschen Milieu und vom deutschen Menschen gezeichnet. Deckt sich dieses Bild nun mit Ihren Wahlreise-Impressionen, oder werden Sie durch diese intensive Begegnung mit der deutschen Wirklichkeit Korrekturen anbringen müssen?

GRASS: Schriftsteller blicken immer zurück in die Vergangenheit. In meinen Romanen habe ich mich mit der deutschen Vergangenheit auf literarischer Ebene auseinandersetzen müssen. Ich habe in literarischer Form darauf reagiert. Sie ist eine Mischung aus Satire und Phantasie, durch Realität kontrolliert. In meinen drei Prosabänden steht im Mittelpunkt eine Bevölkerungsschicht, die wir »Kleinbürger« nennen . . .

SPIEGEL: . . . und die sowohl der Statistik als auch der Verhaltensweise nach die überwiegende Mehrheit unseres Volkes darstellt.

GRASS: . . . und diese Schicht ist nun in Fluß geraten und hat sich verändert. Ob das Bild, das ich entworfen habe, düster ist, weiß ich nicht. Es ist sicher, daß der Kleinbürger in Deutschland recht unpolitisch ist. Sie haben sicher den Satz gehört, den der Bundeswirtschaftsminister Schmücker ausgesprochen hat: »Mich können Sie auch mit richtigen Argumenten nicht überzeugen.« Herr Schmücker hat mit Volkes Stimme gesprochen, aber wenn man Geduld und Zeit hat, ist es auch oftmals möglich, mit richtigen Argumenten zu überzeugen.

SPIEGEL: Sehen Sie sich als eine Art Kleinbürger-Schreck?

GRASS: Nein. Dieses Wort wurde in den zwanziger Jahren groß und setzt immer ein antibürgerliches Verhältnis voraus, auch einen gewissen Hochmut, eine Art antibürgerliche Elite. Diese Kategorien sind mir sehr fremd. Ich bin selbst in kleinbürgerlichen Verhältnissen aufgewachsen. Ich schildere, was ich weiß und was ich gesehen habe, mit literarischen Mitteln; das heißt. Die Dinge stellen sich selbst dar. Daß es dabei zur Groteske kommt, liegt auf der Hand. Aber mit einer antibürgerlichen Einstellung ließe sich das Kleinbürgertum gar nicht darstellen. Sie würde nur zu einer literarisch lebensunfähigen Kritik führen.

SPIEGEL: Sie argumentieren in erster Linie moralisch. Sie ziehen als ein Savonarola durch die Lande . . .

GRASS: . . . hoffentlich ohne Verbrennung am Ende . . .

SPIEGEL: Haben Sie nun den Eindruck, daß Sie mit diesen moralischen Appellen noch ankommen?

GRASS: Noch? Ich komme wieder damit an. Nehmen Sie das Thema Wiedervereinigung. Im Wahlkampf wurde es ja leider von den Parteien ausgeklammert, aber besonders für die jungen Menschen ist es ein wichtiges Thema. Deswegen habe ich es in den Vordergrund gestellt — es wäre ja sinnlos, wenn ich von Bildungsnotstand oder der Verunreinigung der Luft sprechen würde. Das tut die SPD mit sachkundigeren Argumenten. Ich halte mich bewußt an Dinge, die sonst im Wahlkampf kaum vorkommen. Diese Wahl ist unter anderem — bewußt oder unbewußt — ein Votum, ob wir die Wiedervereinigung wollen oder nicht wollen.

SPIEGEL: Das ist wohl eine etwas gewagte Behauptung, weil selbst ein Sieg der SPD an der internationalen Lage nichts ändern würde und weil man, wenn es keinen Sieg der SPD gibt, folgern müßte, die Wiedervereinigung rücke dann in noch weitere Ferne.

GRASS: Durch die Zauberworte Wirtschaftswunder und Wohlstand wurde das Thema Wiedervereinigung bislang verdeckt und aus dem Wahlkampf ausgeklammert. Die Wiedervereinigung als Fernziel setzt aber Opfer voraus, und in diesem Sinne, als Bereitschaft zu einem solchen Opfer, möchte ich das Votum des 19. September verstehen. Ein Sieg der SPD würde Voraussetzungen für eine Wiedervereinigung zu späterer Zeit schaffen. Das ist der Rest, der uns nach diesen 16 Jahren Politik der angeblichen Stärke geblieben ist.

SPIEGEL: Und Sie glauben, daß Brandt diese Dinge vorantreiben könnte?

GRASS: Brandt hat die Chance der Politik der kleinen Schritte in steter Kleinarbeit genutzt. Und hier liegen die einzigen außenpolitischen Ergebnisse der letzten Jahre. Das Beste, was wir tun können, ist eben, die Mauer und die Zonengrenze durchlässig zu machen.

SPIEGEL: Es ist sehr sympathisch, wie Sie über Willy Brandt sprechen. Aber entspricht Ihr Bild von Brandt der Wirklichkeit?

GRASS: In Brandt haben wir einen Staatsmann, der zwar kein Genie, aber eine außergewöhnliche Begabung auf außenpolitischem Gebiet ist und den wir in unserem Land bisher unter Preis gehandelt haben. Ich habe in Amerika und anderen Ländern bemerkt, wie sich die Leute wundern, daß Brandt noch nicht Bundeskanzler ist. Es ist schrecklich zu sehen, wie er bei uns immer wieder diffamiert wird. Denken Sie an den 14. August 1961, als Brandt in Berlin alle Hände voll zu tun hatte, um eine Katastrophe abzuwenden, und unser damaliger Bundeskanzler eine Anspielung auf Brandts uneheliche Herkunft machte. In welchem demokratischen Lande wäre so etwas möglich?

SPIEGEL: In den Hinweisen auf Brandts Herkunft und seine Emigrationszeit spiegelt sich gewiß kleinbürgerlicher Geist. Sehen Sie bei Ludwig Erhard auch den »Kleinbürger« durchschimmern, wenn er die Schriftsteller abkanzelt?

GRASS: Schlimmer. Wenn er in seinem ich-besessenen Ton sich das Wirtschaftswunder zuschreibt, dann sind die Grenzen des demokratischen Spielraums verlassen, und dann wird es grotesk und unheimlich bei aller Gemütlichkeit. Als er Kanzler wurde, hatte ich mir vorgestellt, daß der Ton sich wandeln und auch das Verhältnis zwischen Geist und Macht sich ändern würde. Adenauer hat sich wenigstens nicht um die Intellektuellen gekümmert, aber bei Herrn Erhard werden oftmals Ressentiments gegen Intellektuelle oder gegen das, was man sich darunter vorstellt, angesprochen; wenn der Spießer auf diese Weise geweckt wird und merkt, welche Macht er hat, dann haben wir Anlaß zur Furcht.

SPIEGEL: Sie haben den Erlös Ihrer ersten Wahlreise in Form von Bibliotheken der Bundeswehr zur Verfügung gestellt. In Ihren Büchern dagegen haben Sie sich mit der Wehrmacht und dem Krieg sehr negativ auseinandergesetzt. Wie paßt das zusammen?

GRASS: Der Schriftsteller Grass wurde mit 16 Jahren Soldat und hatte Angst. Ich habe versucht zu erklären, wie langweilig und fürchterlich der Krieg im Alltag ist und wie wenig Platz für Heldentum dabei ist. Meine Novelle »Katz und Maus«, in der ich den Versuch unternahm, die Fabrikation eines militärischen Helden aus der Gesellschaft heraus zu schildern, wurde von Bundeswehrsoldaten, wie ich weiß, sehr aufmerksam gelesen. Die Bundeswehr ist da. Und da sie da ist, liegt mir daran, daß sie nicht zu einem mit falschen Traditionen belasteten Fremdkörper wird. Und die Bibliotheken: Das Echo in den Kasernen ist erstaunlich gut.

SPIEGEL: Überlegen Sie, in die Politik zu gehen?

GRASS: Mir fehlt zum Politiker die berufliche Qualifikation, auch habe ich kein Sitzfleisch und keine Ambitionen auf diesem Gebiet. Ich habe genug an meinen drei Berufen.

SPIEGEL: Es ist nur die Frage, ob der Bundestag Außenseiter wie Sie nicht doch brauchen kann.

GRASS: Dann müßte quer durch die Parteien viel Wasser den Berg hinunterlaufen, und es müßte eine Reihe von Schriftstellern, Künstlern und Wissenschaftlern geben, die eine Art Fraktion im Parlament bilden könnten. Ein einzelner Schriftsteller würde ja doch nur den Hausnarren stellen.

»DER SPIEGEL« (Hamburg), 28. 7. 1965

Frank Thiess

Der Krach mit den »Pinschern«

In einer Zeit, in der Günter Grass als »engagierter Literat« und Hofpoet der SPD Wahlreden hält, hat Bundeskanzler Erhard mit harten Worten die linken Literatengruppen getadelt. Er hat dabei das Wort »entartet« verwendet und vergessen, daß Worte, die die

Nationalsozialisten benutzten, zum Teil heute noch tabu sind, aber er hat in der Sache recht. Frank Thiess versucht in unserem Leitartikel, den Ursachen der Erscheinungen auf den Grund zu gehen. [Red.]

Daß Bundeskanzler Erhards Ausfälle gegen die den Markt beherrschenden Literaten der Siebenundvierziger und verwandter Gruppen bei diesen soviel Empörung aufgewirbelt haben, ist verständlich.

Wer die seit gut einem Jahrzehnt immer häufiger auftretenden Angriffe »engagierter Literaten« gegen Bonn verfolgt hatte, Angriffe, die weder vor der Person des Bundespräsidenten haltmachten, noch Respekt vor der Nationalhymne zeigten, durfte erwarten, daß es nicht ewig so weitergehen werde. Weil aber von seiten der Regierung bisher nichts geschah, um dem Treiben Einhalt zu gebieten, wirkte der Ausfall des Bundeskanzlers so unerwartet wie ein plötzliches Gewitter bei vollem Sonnenschein. An sich ließe sich dazu sagen, daß auch Erhard als Deutscher unter Deutschen ein Recht hatte, seine Meinung zu äußern.

In einer solchen Zeit, in der Günter Grass, neuerdings Hofpoet der SPD, Wahlreden hält und viele nachdenkliche Wähler sich im stillen wünschen, lieber den Mond zu besuchen als zur Wahlurne zu gehen, in einer solchen Zeit müssen die gebrannten Kinder unserer Republik auch den Angriff des Bundeskanzlers für eine Rolle halten, die er im Radaustück des Wahltheaters spielte. Der Zeitpunkt war schlecht gewählt.

Aber etwas anderes schmeckt mir persönlich noch schlechter, Politik ist eine Sache, mit der man sich Jahre hin beschäftigen, von der man etwas verstehen muß. Darum hat es mich nicht eben begeistert, wenn Studenten, ohne eine Ahnung vom komplizierten Geflecht der Politik zu haben, sich mit Demonstrationen und Plakaten in sie einmischen. Oder wenn Literaten, die tagsüber in ihren Laboratorien an der Konstruktion von Worthomunculi arbeiten, plötzlich aus dem Fenster Forderungen schreien, die auf Fachleute schlechthin kindisch wirken müssen. Doch wenn ein Staatsmann, der sich dazu erzogen hat, mit äußerster Vorsicht zu sprechen, in wenigen Sätzen über die Bücherwelt herfällt, ohne vorher sorgfältig das Problem unserer Literatur studiert zu haben, so ist das auch nicht viel besser. Er handelt dann wie ein Arzt, der ein Symptom für die Krankheit hält und sich über die Ursachen des Symptoms keine Gedanken macht.

Damit komme ich zum wichtigsten Punkt unserer Erörterung: Bundeskanzler Erhard mag mit der Feststellung des Symptoms recht haben, und ungezählte Leser werden ihm zustimmen. Doch das Wichtigste ist ihm verborgen geblieben: daß nämlich die Bonner Politik selber schuld daran ist, wenn heute gewisse Literaten, deren Bücher auf viele Leser wie schlechter Atem wirken, vor dem man unwillkürlich zurückweicht, das deutsche Geistesleben repräsentieren. Man hat dem prasselnden Regen der Literaturpreise, die alljährlich Millionen betragen, zugeschaut und darin einen gültigen Beweis kultureller Mitwirkung sehen wollen.

Es ist zur Entschuldigung der Gleichgültigkeit Bonns darauf hingewiesen worden, daß dort ein Kultusministerium fehle. Wir haben ein Dutzend Kultusministerien, aber was uns von Anfang an fehlte, waren Persönlichkeiten, die begriffen, daß der Geist auch den Körper des Staates baut. Theodor Heuss wußte das, doch von seinem hohen Amt aus konnte er so wenig tun wie Heinrich Lübke, dessen kulturellem Wirken ebenfalls engste Grenzen gesetzt sind. Die Persönlichkeiten, welche uns not taten, konnten nicht im Umkreis des Christbaums mit seinen Wirtschaftswunderkerzen entstehen. Die Kerzen sind inzwischen niedergebrannt, die Geschenke ans Volk verteilt.

Wie sollte aus diesem illusionären Kleinbürgerglück etwas anderes entstehen als eine von Haß und Abscheu, von Widerspruch und Pessimismus genährte Kunst, die im Negativ den geistlosen Positivismus des Verdienst- und Glücksjägers spiegelt? Was erwartete man von denen, die nicht dazugehörten, sich aber außerstande fühlen, die Welt, in der sie leben müssen, zu feiern? Ihnen blieb nur der Rückzug in die Zone des still-geduldigen Wirkens und die immer schwächer werdende Hoffnung, daß diesem blödsinnigen Dauergrinsen aus allen illustrierten Zeitschriften mitsamt der systematisch gepflegten Verschafung des optimistischen Wählers doch noch ein Erwachen folgen werde.

»Die Allgemeine Sonntagszeitung« (Würzburg), 22. 8. 1965

Das sagt die CDU zu Grass:

Günter Grass hat Dienstagabend in Cloppenburg für die SPD gesprochen. Wir danken der Südoldenburger Bevölkerung, daß sie sich nicht provozieren ließ. Wir danken zugleich jenen Versammlungsteilnehmern, die in demokratischer Weise ihr Mißfallen über Auftritt und Rede von Grass und seine Auftraggeber ausgedrückt haben.

Die CDU ist bereit, sich mit jedem politischen Gegner, der die demokratischen Spielregeln achtet und auf dem Boden des Grundgesetzes steht, sachlich auseinanderzusetzen. Wir scheuen die Debatte nicht, wir brauchen sie nicht zu scheuen. Wir würden uns auch mit der Argumentation des SPD-Sprechers Grass auseinandersetzen.

Doch ist auch nach sorgfältiger Prüfung seiner Cloppenburger Rede kein einziges ernst zu nehmendes politisches Argument zu entnehmen. Eine Anhäufung von Plattheiten und Beschimpfungen des Gegners hat keinen politischen Aussagewert. Der Vortrag von Günter Grass brachte unserer Demokratie keinen noch so geringen Gewinn.

Allerdings ist es notwendig, einiges festzustellen und anderes zu fragen. Wir stellen fest, daß der Mann, der anderen vorwirft, »sie schöpften ungehemmt aus dem Nachlaß eines Joseph Goebbels«, in Cloppenburg u. a. folgende Ausdrücke für seine politischen Gegner gebrauchte:

»Herrn Rehwinkels immer offene Hand ...«, »... in unserem Land wieder einmal das Unrecht zum Gewohnheitsrecht mausern will«, »verstaubte Moralvorstellungen des 19. Jahrhunderts«, »pharisäerhafte und demagogische Forderungen«, »alarmierender Grad von Hochmut und Arroganz«, »Wenn Erhard zögert, handelt der fleißige Sachse (Ulbricht)«, »Dieser Wohlstand riecht nach Bestechung«, »... (Erhard und die Bundesregierung) die Tradition des deutschen Separatismus um ein neues erbärmliches Schulbuchkapitel erweitert«, »Männer, deren Machtwille zwar groß und skrupellos ist«, »kleine Geister«.

Wir fragen Herrn Grass, ob er weiterhin dazu steht, daß die neue Bundesregierung auf die deutschen Ostgebiete feierlich verzichten soll, ob er den Vorwurf aufrechterhält, Frau Ministerin Schwarzhaupt tue Mörderarbeit, wenn sie am § 218 StGB (Schwangerschaftsunterbrechung) festhalte. Und wir fragen Herrn Grass, ob er es wirklich für angebracht hält, Bundeskanzler Professor Erhard und Walter Ulbricht miteinander zu vergleichen.

Und wir fragen Herrn Brandt, den Vorsitzenden der SPD, der selber und dessen Berliner Senatskollegen Schiller und Evers immer wieder mit Grass zusammen auftreten, ob die SPD sich mit diesen Thesen von Herrn Grass identifiziert. Eine Antwort der Herren Wehner, Erler oder Schmidt genügt uns nicht. Wir fragen die SPD, ob sie den § 218 StGB abschaffen will, wir fragen die SPD, ob sie vor der Friedensvertragsregelung für ganz Deutschland einseitigen Verzicht auf die deutschen Ostgebiete aussprechen will, und wir fragen die SPD, ob es in ihrem Sinne ist, Walter Ulbricht, den Statthalter der sowjetischen Besatzungsmacht in Mitteldeutschland, auf eine Stufe zu stellen mit einem Bundeskanzler, der von einer demokratisch gewählten Mehrheit unseres Bundestages zum Regierungschef bestimmt wurde. Wir fordern die SPD auf, dem deutschen Volk endlich zu sagen, wie sie dazu steht.

Das bisherige Verhalten der SPD läßt nur drei Schlüsse zu:

1. Sie identifiziert sich mit Grass. Dann soll sie es offen bekennen, oder

2. Grass spricht für Brandt, nicht für die SPD. Das zeigt erneut die Kluft zwischen dem Kanzlerkandidaten und seiner Partei, oder

3. die SPD wird selbst mit ihren Freunden nicht fertig. Wir fragen dann den deutschen Wähler, ob er einer solchen Partei zutraut, mit unserem Gegner fertig zu werden.

Wir respektieren den Mut von Herrn Grass, sich für eine verlorene Sache einzusetzen, so sehr wir sein Auftreten und seine Thesen ablehnen müssen.

Ihre CDU

Flugblatt der CDU (Cloppenburg), 17. 9. 1965

Fritz Lucke

Ein Nachwort zu Günter Grass

Dies ist nicht die Spalte, in der über Literaten und Poeten geschrieben wird. Hier ist für die grobe Politik der gebührende Platz. Der Schriftsteller Günter Grass zwingt uns zu einer Ausnahme von dieser Regel, nachdem der Erfolgsautor der »Blechtrommel« die Wahltrommel für die SPD ausgerechnet in Cloppenburg gerührt hat und von randalierenden Jugendlichen zur Zielscheibe ihrer Eier und Tomaten gemacht worden ist.

Die turbulenten Ereignisse selber sind an anderer Stelle bereits ausführlich tags zuvor geschildert worden, und wie immer, so ist auch in diesem Falle nach bestem Wissen und Abwägen aller Umstände versucht worden, eine objektive Darstellung zu geben. Das ist nach reiflicher Überlegung geschehen, und wir bleiben bei der Beurteilung, daß beide Seiten ihr gerütteltes Maß Schuld an den skandalösen Vorfällen tragen, daß der Redner Grass seiner Aufgabe in Cloppenburg nicht gerecht geworden ist und daß der eigentliche Gegner, die CDU, gleichfalls versagt hat. Gerade die CDU-Hochburg Cloppenburg durfte es nicht zulassen, daß mit ihrem (und sogar in ihrem Namen) solcherart Schindluder getrieben werden konnte.

Jetzt ist die Empörung groß. Mit Recht. Faule Eier sind keine gute Reklame für die Stadt des Eiermarktes. Nun fließen jedoch auch die Krokodilstränen so überreichlich, daß man ein Wort dazu sagen muß. Denn das ist nun ganz und gar nicht in Ordnung. Und notabene: Man kann über das Ausmaß der gegenseitigen Schuld durchaus verschiedener Meinung sein, zugegeben, wer wollte hier ad hoc Richter sein!, aber in einem solchen Fall unsere Unabhängigkeit anzweifeln zu wollen, verbitten wir uns ganz entschieden — als verantwortungsbewußte Journalisten einer überparteilichen Zeitung, die ihre Aufgabe sehr ernst zu nehmen pflegt. Mit Leuten, die Günter Grass für ein Unschuldslamm halten, der gewissermaßen wie ein Parzival der Demokratie völlig ahnungslos in dieses Abenteuer von Cloppenburg geraten ist, läßt sich ebensowenig rechten, wie man's Parteipolitikern nicht recht tun kann, die uns nachrechnen, ob der Gegner etwa zwei Zeilen mehr bekommen hat.

Die Demokratie geht noch lange nicht unter, wenn in einer Wahlversammlung sture Sprechchöre ihre Litanei brüllen, denn die Anhänger von Grass scheinen uns jetzt weismachen zu wollen, er sei an einer Dichtervorlesung gehindert worden. Wir sind gegen faule Eier, sie sind kein Argument, und der Dame gehört unser Mitgefühl, die statt Grass getroffen wurde. Doch die Grass-Versammlung in der Cloppenburger Münsterhalle war eine reine Wahlveranstaltung, davon beißt keine Maus einen Faden ab, und zwar eine der primitivsten, die wir mitgemacht haben. Natürlich waren die Sprüche eingeübt und die Transparente vorbereitet — ja, sollte Günter Grass denn allen Ernstes geglaubt haben, seine jugendlichen Gegner würden mit gefalteten Händchen den olympischen Weisheiten lauschen?!

Es waren leider alles andere als Weisheiten. Wenn zwei Männer wie der Berliner Schulsenator Evers und der unbestritten umstrittene SPD-Wahlagitator Grass nach Cloppenburg gehen, mußten sie sich darüber klar sein, daß sie als »Provokateure« im Wahlkreis Schmückers angesehen werden würden, und Günter Grass wußte es natürlich ganz genau. Aus just diesem Grunde zog es ihn so nach Cloppenburg. Sonst hätte er ja nach Oldenburg in die Weser-Ems-Halle gehen können. Mußte es Cloppenburg sein, wäre seine Chance die Brillanz eines Dichters gewesen, und tatsächlich war das Volk sofort ruhig, wenn er ein bißchen Literatur aufblitzen ließ. In Wirklichkeit sind Evers und Grass den Leuten mit ihrer Wahlparole jedoch vom Fleck weg wie mit dem Hintern ins Gesicht gesprungen, um es im Stile von Grass zu verdeutlichen, und ein Wahlkampfmatador wie der Hamburger Senator Helmut Schmidt hätte sich gewiß ob dieser Stümperei mit Grausen gewendet, wäre er wie wir Gast gewesen.

»Schmidt-Schnauze« — ja, der hätte es geschafft. Denn man bedenke: Zwei mittlere Schulklassen — »beängstigend verzerrt in Haß und Wut«, so schrieb eine SPD-Zeitung — haben eine Versammlung von immerhin 3000 Menschen, darunter doch wohl Hunderte von Grass-Anhängern, terrorisieren dürfen und Grass aus seinem Konzept bringen können! »Wenn man denen ein Gewehr in die Hand gegeben hätte ...«, so ereifert sich dieselbe Zeitung. Günter Grass hätte sie vielleicht bezwungen, wenn er im Sinne seiner Geistesahnen von Lessing bis Thomas Mann geistig geglänzt hätte, wenn er seinem Thema wirklich gerecht geworden wäre. Ja, wenn ...

»Ich klage an«, das sollte sein eigentliches Thema sein, und man durfte darauf gespannt sein. Denn das schien eine Anleihe bei Emile Zola werden zu sollen, dessen Schrift »J'accuse« 1898 im Dreyfus-Fall die ganze Welt zu bewegen vermochte. Günter Grass wurde weder Plagiator noch Kopist, er betrieb Wahlpropaganda, und er scheute sich nicht, mit dem Begriff der »kalten Krieger« in der Bundesrepublik ganz offen die Hetzpropaganda des Ulbricht-Regimes zu betreiben. Nein, auch der Autor der »Blechtrommel« kann keine politische Narrenfreiheit genießen, wenn er sich in die Niederungen des Wahlkampfes begibt. Auch geistig. Mit Erhard sind seine Gegner in Frankfurt gestern mindestens ebenso skandalös umgesprungen.

Wer unabhängig urteilen will, muß beide und mehr Seiten sehen: Daß in einem Transparent vom »Schweinemarkt« die Rede war, hat besonders Anstoß erregt. Wie kurz doch mancher Leute Gedächtnis ist oder wie unwissend sie urteilen! Ende Juli hat die vom Berliner SPD-Landesvorstand herausgegebene Wochenzeitschrift »Berliner Stimme« besorgt und ahnungsvoll gemeint, auf manche Wähler wirke der Verfasser der »Blechtrommel« eher abstoßend denn anziehend. Wörtlich: »Manch braver Bürger hält nämlich den reisenden Blechtrommler für ein ›Schwein‹ und meint, er könne keine Partei wählen, die sich dieser Kreatur bedient . . .«

Wir sind, wie gesagt, gegen faule Eier, und wir bleiben in aller Unabhängigkeit bei unserem Urteil, daß Günter Grass in Cloppenburg den falschen Pegasus gesattelt hatte. Er hat der SPD einen schlechten Dienst erwiesen, denn die Partei verfügt wirklich über bessere Propagandisten.

»Nordwest-Zeitung« (Oldenburg), 17. 9. 1965

Johann Georg Reißmüller

Freischwebend

Die jüngere deutsche Literatengeneration mag das Regime in Bonn nicht. Ihnen paßt die ganze Richtung nicht. Der Bonner Staat, wie er ihnen täglich begegnet, ist ihnen zu sehr neumodischer Ungeistigkeit verfallen und gleichzeitig zuwenig modern, zu sehr auf volle Bäuche bedacht und in einem zu unsozial. Sie finden ihn zu national, aber ebenso zu verschwommen europäisch, zu sehr an überlebten Territorial- und Grenzmythen hängend, aber im selben Augenblick zuwenig auf die staatliche Wiedervereinigung bedacht, zu autoritär und zu schwach. Kurzum, »Bonn« hat jeden Fehler und zugleich sein Gegenstück. Etwas vom Elend der Weimarer Republik schien sich zu wiederholen, die den Literaten und Künstlern keine Zuneigung und nicht einmal Respekt abzugewinnen vermochte. Über Jahre, Legislaturperioden, Koalitionen hinweg blieb die Antipathie kräftig, sahen sich andererseits Schriftsteller, die einmal ein vorsichtiges Wort für Bonn riskierten, von der Generalmeinung des Metiers als Käuze ins Kuriositätenkabinett verwiesen. Denn so sehr unsere Literaten natürlicherweise auf Individualitäten halten — in der Politik brachten sie es zeitweise zum Kollektiv.

Aber auch hier bleibt nichts stehen. Dieses Jahr zeigte uns zum erstenmal eine Schriftstellerfronde, die sich nicht mehr damit begnügt, zu sagen, daß ihr der ganze Staat zuwider ist. Die Literaten fügten ihrem Nein ein Ja an, und sie hängten es der Sozialdemokratie um;

Günter Grass zog für die SPD durchs Land, mit ihm warb der Komponist Hans Werner Henze für Brandt; das literarische »Wahlkontor« leistete der SPD bei ihrer Propaganda stilistische Hilfe, Schriftstellergruppen verschickten mit der Post Aufrufe »für eine neue Regierung«.

Man bedenke, was das bedeuten kann: Die Literaten kommen aus ihren Wolken herab ins häßliche Grau unseres politischen Tageslaufs. Sie gesellen sich zu einer Partei und erfahren so am eigenen Leib und nicht mehr allenfalls in der Abstraktion, daß jedes politische Ziel ins Säurebad der Abwägung muß und dort meist ohne seine Leuchtfarbe wieder herauskommt. Sie entdecken das Maß, das ihnen als Handwerkszeug in der Literatur so vertraut und in der Politik so fremd war. Sie sehen, wie rasch sich moralische Postulate zu kleiner Münze abwerten können, wenn man sie freigebig verwendet. Ihnen wird vielleicht bewußt, daß im Umgang mit anderen Staaten eine Politik des Ausverkaufs zu Schleuderpreisen nichts anderes bewirkt, als daß man am Schluß leere Regale, eine leere Kasse und das Hohngelächter der Käufer hat. Sie vermögen zu erkennen, daß der Grundsatz von Leistung und Gegenleistung auch in der internationalen Politik vernünftig ist.

Prächtige Perspektiven, aber leider sind sie für die Katz. Denn die Literaten haben es nicht über sich gebracht, in die Niederungen des Bedingten, von der Wirklichkeit häßlich Zurechtgestutzten hinabzusteigen. Sie bleiben oben in ihren Höhen, erhaben, frei schwebend. Günter Grass trommelt für die ES-PE-DE, aber er ist für sie der falsche Trommler, und die auf sein (und anderer Literaten) Trommeln herbeikommen, sind für die Sozialdemokratie der falsche Zulauf. Eine Kluft ist zwischen dem, was der Unterstützte will, und dem, was er nach dem Willen seiner Helfer wollen soll. Wir kennen mittlerweile bis aufs Tüpfelchen, auf welchem Kurs Hans Werner Richter, Rolf Hochhuth, Hans Magnus Enzensberger, Günter Grass oder der Professor Wilhelm Weischedel — um einige zu nennen — die deutsche Politik sehen möchten. Aber auch wenn man alle Phantastereien, die in den Gedanken der führenden sozialdemokratischen Politiker überlebt haben, sorgsam zusammensucht — für die Ansprüche von Grass und Hochhuth ist es ein kümmerlicher Rest, muß schon das Angebot eine Zumutung sein.

Kann und will die SPD etwa im Traum daran denken, die »DDR« von den Anführungsstrichen zu befreien, die den Literaten so widerwärtig sind, also die Zone anzuerkennen, wie viele es fordern, damit den letzten Zement in die deutsche Spaltung zu gießen und West-Berlin noch mehr dem Griff Ulbrichts auszuliefern? Kann sie daran denken, der Oder-Neiße-Linie zuzustimmen, ohne dafür etwas anderes zu bekommen als verstärkte Feindseligkeit der Warschauer Regierung? Könnte sie sich im Ernst auf Rapacki- und Gomulka-Pläne oder sonstige Disengagement-Spielereien einlassen, die Deutschland seine

Sicherheit nähmen? Könnte sie den Klassenkampf wieder anheizen, die Wirtschaft mit Plänen und Kontrollen lähmen?

Die SPD und ihre literarischen Wahlhelfer reden aneinander vorbei. Diese wollen in Wahrheit auch heute noch einen anderen Staat, jene will die Macht in diesem Staat. In der Sozialdemokratie bekommen die letzten Partisanen gegen »Bonn« Verstärkung. Mehr Gemeinsamkeit findet nicht statt. Konsequenz und Offenheit würden Grass und Henze die Parole gebieten: Wählt Grass und Henze. Und Brandt müßte sagen: Wählt Brandt, der von Grass' und Henzes Politik nichts wissen will. Aber es ist Wahlkampf, und so bleiben die klärenden Worte aus. Die SPD rückt, wenn's gar nicht mehr anders geht, ein Stückchen von Grass ab, so, daß es keiner merken und doch jeder wissen soll. Andererseits will die Berliner Sozialdemokratie auch jene Wähler nicht kränken, die Grass »für ein Schwein halten«. »Wir denken anders« — darin erschöpfen sich die mannhaften Worte der Partei, die dem Geist in Deutschland eine Heimstatt zu geben verspricht, wenn es darum geht, einen der wenigen großen deutschen Schriftsteller gegen wohlmeinende Beschränktheit in Schutz zu nehmen.

Grass wiederum nimmt die gelegentlichen Distanzierungen gelassen hin: Er sei ein freier Mann und könne der SPD beistehen, wie er wolle, auch gegen ihren Willen. Daß sie nur den Beistand nehmen, aber das, wozu er nach der Absicht des Spenders dienen soll, auf jeden Fall verhindern will — das sagt er nicht. Damit die CDU es nicht zu leicht bekommt, verkneift er sich höchstens für eine Weile die radikalsten Eskapaden. Und so versammelt man sich dann mit Gattinnen und Gefolge zum Familienbild in Bayreuth. Ist es etwa nichts, mit der Avantgarde der deutschen Literatur intim zu sein?

Viel Sand ist den Wählern in die Augen gestreut worden. Das wird ein langes Wischen geben. Am Ende wird die Ehrlichkeit stehen, die Trennung in der Politik und eine große Enttäuschung.

»FAZ« (Frankfurt), 18. 9. 1965

Rudolf Krämer-Badoni

Brennendes Brett vor dem Kopf

Günter Grass hat seinen Schnurrbart vergeblich an Willy Brandt ausgeliehen. Wäre ich boshaft, würde ich jetzt sagen, die Deutschen hätten genug an ihren bisherigen Erfahrungen mit Schnurrbärten. Aber natürlich wäre es eine Gemeinheit, Grass' Schnurrbart mit Hitlers Schnurrbart zu vergleichen.

Warum sage ich, ich wolle es nicht tun, und lasse es doch unter der Hand anklingen? Um dem Leser eine andere Perfidie deutlich vor Augen zu führen, nämlich die von Grass in der Wahlnacht verübte. Der Mann brachte es fertig, vor aller Öffentlichkeit zu behaupten: »Der

Bundeskanzler hat Emotionen wachgerufen, die schon einmal 1933 unheilvoll mit dem Reichstagsbrand deutlich wurden. Ich will nicht die Brandstiftung meines Hauses mit dem Reichstagsbrand vergleichen, doch sehe ich die Ursachen dieser versuchten Brandstiftung in der klaren Absage Erhards an den deutschen Intellektuellen.«

Tableau! Ein paar Lausbuben versuchen dem Grass Feuer ans Haus zu legen, und Erhard ist schuld daran, so wie Hitler schuld am Reichstagsbrand war. Geschmackloser geht's nicht mehr. Wenn also irgendwelche Lausbuben jüdische Friedhöfe schänden, Mädchen vergewaltigen, Passanten verprügeln und Autos umwerfen, dann wissen wir jetzt, an wen wir uns zu halten haben. Immerhin wären das noch Sachen, von denen zu reden sich lohnte, denn sie kommen leider nicht selten vor. Aber die Regierung dafür verantwortlich machen?

Zwar auch das gab es schon. Ich erinnere an die Nazischmierereien vor Jahren, ich meine, es sei in Düsseldorf gewesen. Da sagte der damalige Bundeskanzler, man solle darin keine Tragödie sehen, es handle sich wahrscheinlich um Lausbuben, und wenn man sie erwische, solle man ihnen den Hosenboden versohlen. Darauf veröffentlichte die SPD einen Kommentar, worin sie sagte, das seien genau die Töne, die schon einmal zum Mord an Juden geführt hätten. Im Handumdrehen sollte Adenauer zu einem Judenhetzer gestempelt werden, weil er zu »Tätlichkeiten« aufgerufen habe. Nun, darüber haben die Leute mit den Achseln gezuckt. Einen berühmten Mann, der in meiner Wohnung denselben Unsinn wiederholte, habe ich kurzerhand hinausgeworfen. Ich bin nicht bereit, in meinen vier Wänden allzuviel Blödsinn anzuhören.

Und auch über Grass zuckt man, soweit man überhaupt Notiz von ihm nimmt, die Achseln. Erhard soll ein zweiter Hitler sein? Man muß schon ein besonders konstruiertes Gehirn haben, um derartigen Qualm von sich zu geben. Die Frage, wer ihm das Haus angezündet hat, ist nicht der Regierung, sondern der Berliner Polizei vorzulegen. Auch Schriftsteller haben ein Gesicht zu verlieren.

Ich wiederhole es noch einmal: Der gescheite Professor Erhard, der uns Deutschen nach 1945 sehr nützlich war, der dann als Interimskanzler in der Nahostkrise lange hin und her gezögert hat und dann doch, oder vielleicht gerade dadurch, das Problem recht gut gemeistert hat, der schließlich uns allen gelegentlich empfiehlt, auch noch etwas anderes als bloße Kaufwut zu betreiben —, dieser Mann war von Grass bis aufs Blut gereizt worden: »Ein Banause als Bundeskanzler ist unerträglich!« Das war einer seiner Reiseslogans. Zwar ich hätte, wäre ich an Erhards Stelle gewesen, von diesem Gerede keine Notiz genommen. Aber Erhard scheint solche persönlichen Beleidigungen ernst zu nehmen, und so gab eben ein Wort das andere. Es schallte aus dem Wald der Politiker so heraus, wie es aus dem Wald des Schriftsteller-Kontors hineingeschallt hatte.

Es gab in den Tagen nach der Wahl noch einen anderen Kommentar, der nicht gut zu den noch größeren Versprechen paßte, die Brandt gegeben hatte: Die Deutschen hätten »ein Schnitzel vor dem Kopf«. Alle Leute sind sich doch darüber einig, daß radikale Parteien besonders gut im trüben fischen können, wenn die Wirtschaft nicht funktioniert und es vielen schlecht geht. Jetzt auf einmal, nachdem die Blütenträume der SPD nicht gereift sind, jetzt auf einmal soll gelten: Man wählt eine Partei nicht deshalb, weil sie nachgewiesenermaßen die Wirtschaft auf gesunden Füßen zu halten versteht. Nein, das ist doch zu dumm. Wir wollen einmal in aller Klarheit die Binsenwahrheit aussprechen: Parteien und Wahlen sind zur Beschaffung von Regierungspersonal da, und eine Regierung hat sich nicht um das geistige, moralische, religiöse und künstlerische Niveau eines Volkes zu kümmern, sondern um wirtschaftliche und politische Sicherheit. Ja fast noch weniger: Sie ist dazu da, um diese doppelte Sicherheit vor mutwilliger Störung zu bewahren. Und besonders sie selbst darf keine solchen mutwilligen Störungen verursachen. Das ist alles.

Geist aber, Kunst, Moral, Religion, Anstand, das sind meine und Günter Grass' und Herrn Müllers und Herrn Meiers eigene Sachen. Ich will von keiner Regierung Ratschläge oder gar Vorschriften über meine persönliche Lebensführung und meine Ideale annehmen. Schlage ich über die Stränge, dann greift die Polizei ein, oder ein Geschädigter kann mich verklagen. Das ist etwas ganz anderes. Angezündete Häuser meldet man bei der Polizei.

Es ist nicht schlimm, wenn viele Deutsche ein Schnitzel vor dem Kopf haben. Es ist jedenfalls besser, als wenn sie Totschläger in der Tasche trügen. Schlimm ist aber, wenn ein Geistiger ein brennendes Brett vor dem Kopf hat. Das hat der Grass. Aber der Bart, den er ein paar Monate lang verliehen hatte, ist ab. Hoffentlich begreift er's bald.

»Wiesbadener Kurier«, 24. 9. 1965

Während der Großen Koalition: 1966-1969

Günter Grass

Diese neue Regierung

Aber es ist nicht die Zeit für Resignation und Sentimentalität

Die politischen Mächte in unserem Teilstaat haben sich umgebettet. Wenn wir im Bild bleiben wollen, ging das einerseits nicht ohne Knarren der Bettstatt, andererseits nicht ohne Schlafzimmergetuschel vonstatten. Was ich für eine »miese Ehe« halte, wurde anderenorts als »Vernunftehe« gelobt. Doch dem wird man hier wie dort zustimmen wollen: Eine Liebesheirat ist es nicht gewesen.

Wir, die wir den regierenden wie oppositionellen Parteien mit unserer Stimme zeitbeschränkte Vollmachten geben, sind in der Lage, zwischen den Wahlen mahnend bis empört zu reagieren. Es wurde telefoniert, es wurden Telegramme aufgesetzt, die Post bekam zu tun. Es wurde demonstriert; die Polizei verhielt sich loyal. Ich habe drei Briefe geschrieben und bis heute eine Antwort bekommen. (Der erste Brief an Willy Brandt und dessen Antwort standen in der letzten »ZEIT« auf Seite 2.)

Willy Brandt, bislang Regierender Bürgermeister von West-Berlin, nun Vizekanzler und Außenminister in der von ihm lustlos angestrebten Großen Koalition, antwortete postwendend. Der Brief ist maßvoll, besorgt und vermeidet es, auf meine Bedenken im Detail einzugehen. Ein Satz dieses Briefes — »Das Gewissen der Sozialdemokratischen Partei schlägt nicht außerhalb dieser Partei« — erregt meinen heftigen Widerspruch.

Unterlassen wir alle juristischen wie moraltheologischen Untersuchungen des Begriffes »Gewissen«, fragen wir uns also nicht: »Hat der einzelne ein Gewissen, und wo sitzt es?«, einigen wir uns also auf dieses oft mißbrauchte Klischee und nehmen wir den Alleinanspruch der Sozialdemokratischen Partei Deutschlands als Herausforderung an: Nein, Willy Brandt, so festgefügt die Sozialdemokratische Partei Deutschlands sein mag, so sehr diese Partei sich dem herrischen Zugriff eines Herbert Wehner gefügt hat, nicht Sie allein können bestimmen, was soziale Demokratie bedeutet, sein kann und sein sollte. Genausowenig, wie Herr Ulbricht den Anspruch stellen darf, Verwalter der marxistischen Lehre zu sein, genausowenig, wie es einem Franz Josef Strauß überlassen bleiben darf, die christliche Lehre vor seinen parteilichen Karren zu spannen, darf es Ihnen fortan möglich sein, die Partei eines August Bebel mit Alleinanspruch zu vertreten, zumal sich gezeigt hat, daß insbesondere Herbert Wehner keine Bedenken hat, die Fragen und Ansprüche seiner Genossen geschickt zu umgehen und den Fallgesetzen der Taktik zu gehorchen.

Nicht etwa, daß ich linken wie liberalen Absplitterungen der SPD das Wort rede. Im Gegenteil, ich würde raten, mit dem Parteibuch in der Hand bei jeder sich bietenden Gelegenheit Rechenschaft zu fordern. Linke Absplitterungen würden, so befürchte ich, Herbert Wehner nur allzu bequem sein. Linke Absplitterungen könnten sich, angesichts der Fünf-Prozent-Sperrklausel, politisch nicht auswirken. Linke Absplitterungen geben allenfalls der NPD Auftrieb. Ihr könnte die oben erwähnte Klausel demnächst eine lässig zu nehmende Hürde sein.

Wir stellen fest: Die CSU hat einen Bundeskanzlerkandidaten nominiert, der mit den Stimmen der CSU und CDU die Rivalen Schröder und Barzel aus dem Feld geschlagen hat. Kiesinger ist von 1933 bis 1945 Mitglied der NSDAP gewesen. Zwei sich christlich nennende Parteien haben damit einen Mann, den nur die übliche Unverschämtheit zum Widerstandskämpfer stilisiert, auf den Schild gehoben, der als Erwachsener voll verantwortlich gegen jede christliche Moral gehandelt hat. Das mag in Sachen CDU/CSU nicht allzu schwer wiegen; diese Parteien haben sich schließlich unter Konrad Adenauer einen Hans Globke geleistet.

Wir stellen fest: Die SPD hätte als größte und gefestigtste der drei koalierenden Parteien den Bundeskanzler stellen müssen. Das tat sie nicht; sie gab sich bescheiden und einigte sich allzu rasch auf Kiesinger. Zu Recht ist die Sozialdemokratische Partei stolz auf ihre Geschichte. Sie ehrt das Andenken ihrer gemordeten Widerstandskämpfer. Wie und mit welch verlogenen Beteuerungen will sie fortan eines Julius Leber, eines Carlo Mierendorff gedenken? Die Sozialdemokratische Partei Deutschlands hat es mit Mehrheit zugelassen, daß Franz Josef Strauß wieder Minister werden konnte. Wir kennen die Entschuldigungen. Angeblich, so heißt es, habe man ihn als Minister mehr unter Kontrolle, er könne, so heißt es, als Fraktionsvorsitzender der CDU/CSU mehr Macht und Schaden ausüben. Das sind taktische Mätzchen, die an 1933 erinnern. Angeblich sollte sich auch damals ein Adolf Hitler als Reichskanzler in kürzester Zeit ruinieren.

Wir stellen fest: Alle drei Parteien haben es der rasch anwachsenden NPD mehr als leicht gemacht, den Zulauf der Unzufriedenen, der Zukurzgekommenen, der Gefühlsbetonten zu fördern. Wenn ein NSDAP-Mitglied von 1933 bis zur Kapitulation heute und mit Applaus Bundeskanzler werden kann, wird der Nationalsozialismus wieder hoffähig gemacht. Der NPD-Parole »Man kann wieder wählen« bietet sich ein Zwillings-Slogan an: »Man kann ruhig Nazi gewesen sein«. Im Geschichtsunterricht unserer Schulen wird sich der Lehrsatz einbürgern: »Man kann als Minister das Parlament belügen und trotzdem wieder Minister werden.«

Und was nun? Die übliche Ohnmacht? Ein resigniertes Abwinken: Die da oben machen ja doch, was sie wollen? Die bekannte Pose: Politik ist und bleibt ein schmutziges Geschäft? Also Auswandernwollen und ähnliche Sentimentalitäten? Nein. Es wird hiergeblieben. Der

Staat sind wir. Es wird auch nicht abgesplittert. Die Schmollwinkel bleiben leer.

Wir werden prüfen, wie Kurt Georg Kiesinger und Herbert Wehner verantworten, was sie uns und dem Staat zumuten. Die nazistische Vergangenheit des einen und die totalitären Praktiken des anderen sind die Mitgift dieser seit dem 1. Dezember sich auswirkenden Großen Koalition. Wir werden prüfen, ob es Willy Brandt gelingt, seine Deutschlandpolitik — und sei es mit Hilfe wechselnder Mehrheiten, also mit den Stimmen der FDP — durchzusetzen; wir werden prüfen, ob es Karl Schiller gelingt, trotz des bayerischen Finanzgenies im zweiten Semester, den Konkurs der letzten Regierung offenbar zu machen; wir werden prüfen, ob es Gustav Heinemann gelingt, die Schützenpanzer-Affäre bis ins Detail aufzudecken. Wenn diese Große Koalition nur tätig wird, sobald es gilt, Notstandsgesetze zu verabschieden, dann möge sie zerbrechen, bevor die Bundesrepublik an ihr zerbricht.

Unter den fragwürdigsten Umständen: Die SPD regiert. Schon die Regierungserklärung wird erweisen, ob das Gewissen der SPD auch auf der Regierungsbank schlägt.

»DIE ZEIT« (Hamburg), 9. 12. 1966

Offener Brief an Kurt Georg Kiesinger

Sehr geehrter Herr Kiesinger,

bevor Sie morgen zum Bundeskanzler gewählt werden, will ich in aller Öffentlichkeit den letzten Versuch unternehmen, Sie zur Einsicht zu bewegen.

Ich gehöre einer Generation an, deren Väter in der Mehrzahl die ab 1933 verübten Verbrechen wissend oder unwissend unterstützt haben. Ich weiß, daß in vielen deutschen Familien dieser Bruch geheilt werden konnte: Das Eingeständnis der Väter begegnete dem Verstehenwollen der Söhne. Sie, Herr Kiesinger, sind 1933 als erwachsener Mann in die NSDAP eingetreten, erst die Kapitulation vermochte Sie von Ihrer Mitgliedschaft zu entbinden.

Erlauben Sie mir die folgende Fiktion: Wenn Sie mein Vater wären, würde ich Sie bitten, mir Ihren folgenreichen Entschluß aus dem Jahre 1933 zu erklären. Ich wäre in der Lage, ihn zu verstehen, denn die Mehrzahl aller Väter meiner Generation verlor ihre besten Jahre im Zeichen solcher Fehlentscheidungen. Wenn aber Sie, der fiktive Vater, mich, den fiktiven Sohn, fragten: »Ich soll Bundeskanzler werden. Politik interessiert mich leidenschaftlich. Ich habe immer schon außenpolitische Ambitionen gehabt. In meinem Land Baden-Württemberg war ich erfolgreich. Die Leute mögen mich. Soll ich Ja sagen?«, dann hieße die Antwort des fiktiven Sohnes: »Gerade weil dich Politik leidenschaftlich interessiert, weil du außenpolitische Ambitionen hast, mußt du Nein sagen. Denn eigentlich müßtest du wissen, daß in diesem Land mit seiner immer noch nicht abgetragenen Hypothek, in diesem geteilten Land ohne Friedensvertrag das Amt des Bundeskanzlers niemals von einem Mann wahrgenommen werden darf, der schon einmal wider alle Vernunft handelte und dem Verbrechen diente, während andere daran zugrunde gingen, weil sie der Vernunft folgten und dem Verbrechen Widerstand boten. Dein Anstand sollte dir verbieten, dich nachträglich zum Widerstandskämpfer zu ernennen.«

Sie, Herr Kiesinger, sind nicht mein Vater. Mögen Sie einen Sohn haben, der Ihrem unheilvollen Entschluß Widerstand leistet.

Ich frage Sie:

Wie soll die Jugend in diesem Land jener Partei von vorgestern, die heute als NPD auferstehen kann, mit Argumenten begegnen können, wenn Sie das Amt des Bundeskanzlers mit Ihrer immer noch schwerwiegenden Vergangenheit belasten?

Wie sollen wir der gefolterten, ermordeten Widerstandskämpfer, wie sollen wir der Toten von Auschwitz und Treblinka gedenken, wenn Sie, der Mitläufer von damals, es wagen, heute hier die Richtlinien der Politik zu bestimmen?

Wie soll fortan der Geschichtsunterricht in unseren Schulen aussehen?

Hat ein Herr Globke nicht schon genug Schaden anrichten dürfen? Soll es dem Altstalinisten Ulbricht aus Gründen möglich sein, auf uns mit Fingern zu deuten?

Gibt es in der SPD/CSU/CDU keinen Mann, der unbelastet genug wäre, das Amt des Bundeskanzlers zu verwalten?

Fast möchte ich glauben, es habe die SPD den Mut eines Otto Wels unter Hausarrest gestellt, denn ihre Aufgabe wäre es gewesen, Ihnen diese Fragen zu stellen. So bleibt es mir, stellvertretend für viele, überlassen, noch einmal, in letzter Minute, empörten Einspruch zu erheben.

Die Verantwortung werden Sie tragen müssen, wir die Folgen und die Scham.

Noch in Hochachtung, Ihr Günter Grass

»FAZ« (Frankfurt), 1. 12. 1966

Offener Briefwechsel mit Willy Brandt

Lieber Willy Brandt,

bevor es zur Großen Koalition kommt, bevor Sie zwischen den Herren Kiesinger und Strauß den Kronzeugen einer falschen Harmonie werden abgeben müssen, bitte ich Sie, den Vorsitzenden der SPD, einer Partei also, in die ich meine Hoffnung setzte und setze, noch einmal die unabsehbaren Folgen einer solchen Entscheidung zu bedenken. Diese Entscheidung wird mich und viele meiner Freunde, gegen ihren und meinen Willen, in eine linke Ecke drängen und zum bloßen, obendrein politisch machtlosen Widerpart der NPD degradieren. Wie sollen wir weiterhin die SPD als Alternative verteidigen, wenn das Profil eines Willy Brandt im Proporz-Einerlei der Großen Koalition nicht mehr zu erkennen sein wird?

Zwanzig Jahre verfehlte Außenpolitik werden durch Ihr Eintreten in eine solche Regierung bemäntelt sein. Der unheilbare Streit der CDU/CSU wird auf die SPD übergreifen. Ihre Vorstellung vom »anderen Deutschland« wird einer lähmenden Resignation Platz machen. Die große und tragische Geschichte der SPD wird für Jahrzehnte ins Ungefähr münden. Die allgemeine Anpassung wird endgültig das Verhalten zu Staat und Gesellschaft bestimmen. Die Jugend unseres Landes jedoch wird sich vom Staat und seiner Verfassung abkehren: Sie wird sich nach links und rechts verrennen, sobald diese miese Ehe beschlossen sein wird.

Meine kritische Sympathie Ihnen und der Sozialdemokratischen Partei Deutschlands gegenüber verpflichtet mich, Ihnen diese Gedanken mitzuteilen. Ich weiß, daß Herbert Wehner allzu rasch geneigt ist, im Andersdenkenden einen Neurotiker zu vermuten. Dennoch bitte ich Sie, diesen Brief der Fraktion zu verlesen. Nichts soll unversucht bleiben.

Freundliche Grüße, Ihr Günter Grass

Lieber Günter Grass,

Sie haben die Sorgen und Befürchtungen formuliert, die viele Menschen — und nicht die schlechtesten — in unserem Land mit Ihnen teilen.

Die Große Koalition enthält Risiken. Gefühl und Wille zur Führung wiesen vielen von uns einen anderen Weg. Nach sehr ernster Prüfung auf dem Hintergrund der dürren Ziffern im Bundestag und angesichts der Aufgaben im Innern und nach außen habe ich zu dem Ergebnis kommen müssen, daß der andere Weg nicht gangbar war.

Wenn sich die SPD, schwer genug, zur Großen Koalition durchringt, gibt es alles andere als Selbstgefälligkeit, es »endlich geschafft zu haben«. Wir wissen, daß wir Zähigkeit und Kraft und Nüchternheit brauchen, damit der Schritt der SPD unserem Volk nützt und Ihre Sorgen nicht Wirklichkeit werden.

Es wird kein Zudecken von Versäumnissen und Fehlern und keinen faden politischen Eintopf geben. Die Große Koalition wird zu einem Fehlschlag führen, wenn sie sich nicht deutlich von dem abhebt, was in die Regierungskrise geführt hat. Dies ist die begrenzte, heute mögliche Alternative zum bisherigen Trott.

Die SPD wird sich messen lassen an ihren bisherigen Forderungen.

In einer Koalition gleichgewichtiger Partner wird Politik erst recht nicht gegen die SPD gemacht werden können. Sorge um das politische Profil Willy Brandts sollten Sie sich nicht machen.

Sie, Ihre Freunde und viele der kritischen jungen Menschen dürfen sich gerade jetzt nicht in das Abseits der Resignation oder des bloßen Protestes stellen. Die demokratische Linke in unserem Land würde nicht nur ärmer, sondern auch schwächer werden. Das Gewissen der Sozialdemokratischen Partei schlägt nicht außerhalb dieser Partei.

Niemand sollte den Stab brechen, solange wir nicht die Chance gehabt haben, zu beweisen, was jetzt möglich ist. Für uns ist dies ein neuer Beginn. Wir werden in das neue Kapitel der deutschen Nachkriegsgeschichte wesentliche neue Elemente einführen. Dafür werden wir Verantwortung tragen und gerade das geistige Deutschland nicht enttäuschen.

Ich danke Ihnen für die Offenheit und Verbundenheit, die wir uns erhalten sollten.

Freundliche Grüße, Ihr Willy Brandt

»DIE ZEIT« (Hamburg), 2. 12. 1966

Lieber Willy Brandt,

meine Warnung habe ich ausgesprochen; Sie haben diese Warnung bestätigt. Uns allen, die wir außerhalb stehen, fehlt es an Macht, die sich anbahnende und, wie ich meine, unglückliche Entwicklung zu verhindern. Wir können Telegramme aufsetzen, Briefe schreiben. Wir können Worte machen; Sie aber haben es immer noch in der Hand, diese Liaison, die sehr bald herabschätzend »die große Kumpanei« genannt werden wird, zu trennen, bevor sie sich paart.

Wenn es aber wahr ist, daß die Große Koalition nicht zu verhindern ist, sollten Sie wenigstens eine Große Koalition fordern, die den Mehrheitsverhältnissen im Bundestag entspricht. Drei Parteien sollen diese Koalition bilden. Die CSU ist die kleinste Partei. Sie hat den Kanzlerkandidaten nominiert und seine Wahl durchgesetzt. Die CDU ist in sich zerstritten und also in ihrer politischen Arbeitsfähigkeit mehrmals gebrochen. Die SPD ist die größte Partei. Sie ist in sich gefestigt und in der Lage, ihr alternatives Programm zu verwirklichen. Also hat sie die Aufgabe, den Bundeskanzler zu stellen. Wenn es den beiden anderen Parteien wirklich ernst ist, wenn sie mitarbeiten wollen, sobald es gilt, die durch die CDU und die CSU verursachte Misere zu beenden, dann müssen sie die parlamentarischen und politischen Gegebenheiten anerkennen und begreifen lernen, daß nur ein SPD-Kanzler die Richtlinien der Politik neu bestimmen kann.

Dieses sollte klar ausgesprochen werden: Der ehemalige Verteidigungsminister Franz Josef Strauß kann nie wieder Minister werden. Wer das Parlament belügt, wer, wie Strauß, während der Kuba-Krise im Zustand der Volltrunkenheit seine Aufgabe als Verteidigungsminister wahrzunehmen versucht, der darf in unserem Land als Minister keine politische Verantwortung mehr tragen.

Es mag sein, daß die Hektik der Verhandlungen den Überblick trübt. Die allgemeine Übermüdung fördert hastige Entschlüsse. Ich schreibe Ihnen ausgeruht und bei aller Anspannung gelassen: Überspannen Sie nicht den Bogen des Zumutbaren. Es könnte die SPD daran zerbrechen. Es könnte unserem Land unheilbarer Schaden zugefügt werden.

Ich danke Ihnen für Ihre Antwort und für die Möglichkeit, Vertrauen gegen Vertrauen setzen zu können. Wir hier wünschen Ihnen Kraft, Mut und Gelassenheit, damit die Vernunft unserem Land erhalten bleibe.

Freundliche Grüße, Ihr Günter Grass

»DIE ZEIT« (Hamburg), 9. 12. 1966

Erich Kern

Meuterei enttäuschter Jugend

Die linksliberalen Jugendlichen sind vom Gang der Dinge tief enttäuscht. Am enttäuschtesten einer: Günter Grass, der sich in seiner grenzenlosen Naivität anscheinend einbildete, er hätte etwas zu sagen, er könne den Gang der politischen Ereignisse beeinflussen. Der Blechtrommler lebt eben in einer negativen Scheinwelt. Tiefgekränkt wandte er sich an sein Idol Willy Brandt und beschwor ihn vergebens, von dieser »miesen Ehe« abzulassen und sich von der »großen Kumpanei zu trennen, bevor sie sich paart«. Und wie selbst eine blinde Henne ihr Körnchen findet, fand auch Grass diesmal ein Stückchen Wahrheit, als er warnend schrieb: »Die Jugend wird sich abkehren.«

Die roten Falken, die liberalen und sozialistischen Studenten marschieren wieder, diesmal nicht gegen »Rechtsradikalismus« und NPD, sondern gegen Herbert Wehner und Willy Brandt. Einige erwachsene Halbstarke marschieren eifrig mit. In einer großen Demonstration auf dem Westberliner Wittenbergplatz ließ der immer höchst aktive prokommunistische Flügel der Westberliner SPD die lästige bürgerliche Maske endgültig fallen. Peter Brandt, der älteste Sohn des SPD-Chefs und bisherigen »Regierenden«, der Politologe und Volksbildungsstadtrat Ristock, Genosse Pinkall von der IG Metall und Genosse Wirth vom Sozialistischen Hochschulbund erklärten in völliger Übereinstimmung mit der SED-Presse Pankows: »Die SPD wird daran zugrunde gehen, daß sie nun mit der verrotteten Bunker-CDU zusammenregieren muß.« Ristock fügte hinzu, zwei Drittel der Westberliner Genossen stünden hinter ihm. Die Teilnehmer der Kundgebung forderten die Gründung einer prokommunistischen USPD, für die auch der »rot-chinesische Flügel« der Westberliner Studentenschaft jetzt zunehmend propagiert.

Als beim anschließenden Protestmarsch auf dem Kurfürstendamm die Polizei für Ordnung zu sorgen versuchte, wurde sie von Peter Brandts Anhängerschaft als »Notstandsschergen« beschimpft.

Alle, die rosa- und dunkelroten Protestanten, haben sichtlich keine Ahnung, daß nichts, aber auch gar nichts einen Funktionärskader und seine Manager, die 17 Jahre lang nach der Macht lechzten, davon abhalten kann, diese wenigstens als Juniorpartner zu ergreifen; abgesehen davon, daß mit der Macht auch eine recht stattliche Futterkrippe verbunden ist. Diese Gier nach der Macht ist selbst größer als die Furcht, Wähler zu verlieren. Die finden sich letztlich im Schafstrott doch wieder ein, um der neuen Obrigkeit gefällig zu sein.

Daß es trotzdem Verluste geben wird, damit wird sich die SPD allerdings abfinden müssen. Denn nun stellt sie nicht einmal mehr eine Scheinalternative dar. Diese kann aber auch von der FDP nicht geboten werden, die nur deshalb in Opposition ging, weil ihr einfach nichts anderes übrigblieb, als CDU und SPD sich ihren verzweifelten Anträgen verschlossen.

Wer also in Zukunft eine Alternative gegen die schwarz-rote Koalitionsdiktatur sucht, muß zwangsläufig auf die NPD stoßen. Vor allem die Jugend wird sich, wie Grass in weiser Voraussicht sagt, abkehren von dem allzu durchsichtigen Spiel, das ihr nun geboten wird. In diesem Spiel fallen eben nicht nur die Hin-und-Her-Freidemokraten um, sondern auch die Genossen. Macht und Futtertrog sind die stärksten Argumente eines entideologisierten Opportunismus.

Und jener Teil der umerzogenen Jugend, der an rosarote Ideale glaubte, wird umlernen müssen, wenn die Jungen nicht dauernd als dumm verkauft in den Bonner Mond blicken wollen.

Die Anschauungsbeispiele für dieses Umlernen werden ihr jetzt überreich geboten.

»Deutsche Wochenzeitung« (Hannover), 9. 12. 1966

Karl Theodor Freiherr von und zu Guttenberg

Vom Trommler zum Tambourmajor

Anläßlich der letzten Bundestagswahl attestierte Franz Josef Strauß dem Kinsey-Epiker Günter Grass in Fragen der Deutschlandpolitik etwa die gleiche Kompetenz wie der Miß Germany auf dem Gebiet der atomaren Bewaffnung.

Heute ist Herrn Grass die Große Koalition ein Dorn im Auge. Und mit ihm nicht wenigen anderen — solchen von ganz rechts und solchen von ganz links. Was beweist, daß sich der Kreis wieder einmal schließt, so daß man sich in nachbarlicher Verbundenheit von einem äußersten Flügel zum anderen die Hand reichen kann.

In Pankow ist die Enttäuschung wie erwartet groß. Und der Ton entsprechend rüde. Kein Wunder, da die Ostberliner Herren einmal mehr erleben müssen, daß keine der beiden großen demokratischen Parteien in der Bundesrepublik den Dissonanzen von jenseits des Stacheldrahtes zugänglich ist.

Aber auch bei uns im Lande hat sich ein mißtönendes Orchester gegen das Zusammengehen in Bonn aufgemacht. So verließ Günter Grass die Trommel und setzte sich sozusagen als Tambourmajor an die Spitze des heterogenen Spielmannszuges gegen die Große Koalition. Er versteht die »Es-Pe-De« nicht mehr — seit ihrem Bonner »Fehltritt« ist sie nicht länger die seine.

Aber man fragt sich, ob sie das je gewesen ist. Doch wohl eher eine selbstgeschaffene Operationsbasis für seine und seinesgleichen Anti-Haltung nach dem Motto: Die ganze Richtung paßt mir nicht. So zog er bis vor kurzem durch die Lande. Und nun waren alle Circus-Krone-Reden umsonst. Die »Es-Pe-De« ist ihre eigenen Wege gegangen und Herr Grass blieb zurück, enttäuscht und verbittert.

Schuld ist natürlich Herbert Wehner, der auch das noch ertragen wird. Unglaublich, aber wahr. Wehners und des Bundeskanzlers »politische Vergangenheit« werden von Grass bemüht, um die neue Bonner Gegenwart zu diskreditieren. Es sind nicht nur die Romane von Günter Grass, die einen penetranten Geruch von sich geben.

Demgegenüber wurde in Bonn ein mutiger und wahrhaftiger Anfang gewagt. Keiner der beiden Partner macht sich etwas vor. Sie werden sich nichts schenken, und sie werden sich weiter auseinanderzusetzen haben. Aber sie werden es so tun, daß an die Stelle vergangener Feindseligkeit gesunder Wettbewerb treten wird.

Beide Partner werden — legitimes Anliegen! — ihre Ausgangspositionen für die kommenden Wahlen verbessern wollen. Aber in dieser Regierung liegt ein heilsames Regulativ: Kein Partner kommt ungeschoren heraus, es sei denn durch saubere Arbeit, Leistung und Erfolg. Die Elle, an der CDU/CSU und SPD nach dieser Koalition gemessen werden, heißt: Wurden die Probleme gemeistert, und — vor allem! — ist es gelungen, das demokratische Bewußtsein in unserem Volk nachhaltig zu wecken, zu stärken und notfalls zu korrigieren? Wir sind an einer Zäsur angelangt. Zu keiner Zeit nach 1945 hat die Welt so auf uns geschaut und derart den Atem angehalten wie in diesen Wochen. Haß und Mißgunst, aber auch Erinnerung und Sorge trüben die Linse, durch die wir beobachtet und gemessen werden.

Wenn die beiden Regierungsparteien die nun ergriffene Chance nützen, wird die Bundesrepublik gestärkt und gefestigt werden. Unseren wirklichen Freunden in der Welt kann an einer solchen Stärkung nur liegen.

Auf die Begleitmusik der Trommler und Sackpfeifer von ganz links und ganz rechts sollten wir bei diesem Werk zwar achten — vor allem auf die falschen Töne; aber wir werden uns nicht von ihnen beirren lassen, weder von den Gegnern unseres freiheitlichen Staatswesens im Innern und Äußern noch von den einheimischen trojanischen Eseln.

Die Unionsparteien wollen ihr Teil zu dieser Aufgabe beitragen; dem demokratischen Sozialismus in Deutschland aber ist am besten damit gedient, wenn Günter Grassens unappetitlicher Knabe in den Schrank zurückkehrt und die SPD im Kabinett bleibt.

»Abendzeitung« (München), 22. 12. 1966

Heinrich Vormweg

Keine Antwort für Günter Grass

Bundeskanzler Kurt Georg Kiesinger hat Günter Grass auf einen kurz vor der endgültigen Etablierung der Großen Koalition an ihn gerichteten Brief nicht geantwortet. Der Brief ist — wie die beiden vorher verfaßten Briefe von Günter Grass an den jetzigen Bundesaußenminister Willy Brandt — bekannt. Mehrere Zeitungen, darunter die »Frankfurter Allgemeine Zeitung« und »Die Zeit«, haben ihn abgedruckt. Es ist ein sachlicher Brief, keineswegs ein Produkt utopischer oder extremistischer Vorstellungen. Grass erinnert Kiesinger an seine Mitgliedschaft in der NSDAP. Er fordert, der Kanzlerkandidat solle ihretwegen freiwillig von seiner Kandidatur zurücktreten.

Das noch zu erwägen, war von Kiesinger kaum zu erwarten. Schon deshalb nicht, weil sogar Willy Brandt und seine Parteifreunde, die unvergleichlich viel mehr Anlaß gehabt hätten, die an sie gerichteten Briefe von Grass zu beherzigen, in denen er vor der »miesen Ehe« mit der CDU/CSU warnte, an besagter Mitgliedschaft keinen Anstoß mehr nahmen. Die Meinung der SPD wog für Kiesinger zweifellos sehr viel. Die Meinung eines Schriftstellers, dessen Name zwar inzwischen für jedermann in Zusammenhang mit der SPD steht, dessen Hilfeleistungen für die Partei den meisten ihrer Mitglieder aber offenbar von vornherein unheimlich gewesen waren, erschien ihm daneben offenbar als eine Privatmeinung ohne Gewicht.

Brief und Forderung hätten jedoch eine Antwort verlangt. Aus sachlichen Gründen. Kiesingers NSDAP-Mitgliedschaft ist ohne Zweifel ein heikler Punkt für die jetzige Regierung der Bundesrepublik, nicht nur außenpolitisch, sondern grundsätzlich. Daß er während der

Koalitionsverhandlungen hinter verschlossenen Türen geklärt wurde, mag vielen genügen, denn die SPD dürfte in dieser Hinsicht als ein Beichtvater gelten, dessen Absolution blindes Vertrauen verdient. Sie genügt nicht allen. Sie genügt jedenfalls etlichen Intellektuellen keineswegs.

Doch nicht nur aus sachlichen, auch aus — für die Politiker doch sonst so außerordentlich wichtigen — taktischen Gründen hätte es sich empfohlen, den Brief zu beantworten. Die Abdrucke in verschiedenen Zeitungen beweisen das. Die »Frankfurter Allgemeine Zeitung« zum Beispiel kann niemand verdächtigen, die Ansichten und Interessen von Günter Grass zu vertreten, zumal nicht im politischen Teil. Warum also hat sie den Brief an den Kanzlerkandidaten abgedruckt? Offenbar sah die Redaktion in dem Brief nicht eine zufällige Privatmeinung, sondern eben das, was er darstellt: einen Beleg für Überzeugungen und Empfindungen, die in der Öffentlichkeit wirksam sind.

Und in der Tat, es denken viele so. Gewiß nicht die Mehrheit, doch eine Minderheit, die weiterhin zu mißachten, wie es in der Bundesrepublik bisher üblich war, nicht mehr länger nur fragwürdig ist, sondern auch gefährlich. Weil die Bundesrepublik die Einwirkung dieser Minderheit in die öffentlichen Verhältnisse nämlich braucht. Weil sie die Kritik braucht, die von dieser Minderheit geübt wird — nicht, um sie zu domestizieren und damit auszuschalten, sondern um ihr System zu korrigieren. Es ist offensichtlich die einzige Kritik, die von Gruppeninteressen noch unabhängig ist, die noch von grundsätzlichen Erwägungen über die Menschen und ihr Zusammenleben in der Gesellschaft ausgeht. Diese Kritik ist das wichtigste Gegenmittel für jene Blindheit durch Gewöhnung, für jene Betriebsblindheit, der wir die NPD-Siege, aber auch die Finanzkrise verdanken.

Die Initiativen, die man in der jetzigen Situation ringsum im Land für notwendig hält, zielen im Grunde alle — wenn das auch nicht immer bewußt ist — auf eine langfristige gesellschaftliche Neuorientierung. Selbst ob die wirtschaftliche Rekonsolidierung gelingt, hängt davon ab, ob etliches an Frischluft die ideologischen Dämpfe zumindest verdünnt, die über der Bundesrepublik lagern. Es läßt sich ihnen nur durch Sachlichkeit und Offenheit begegnen. Indem man die politische Schlagkraft platter Vorurteile mindert, die realen Zustände, statt sie zu kaschieren, als das, was sie sind, nach und nach ins Bewußtsein holt und den ideologischen Schwellungen durch sachliches Handeln entgegentritt.

Das sind Forderungen an die öffentliche Moral. Es sind keine radikalen Forderungen. Für optimistische Erwartungen ist wohl auch kaum Anlaß. Das Wenige schon läßt sich mit Mühe wohl nur realisieren, wenn man endlich beginnt, über den Partei-Egoismus hinaus jene wenigstens anzuhören und mit jenen wenigstens zu sprechen, die sich mit Beobachten, Denken und dem Formulieren gesellschaftli-

cher Sachverhalte beschäftigen. Sonst wird man weiter neben ihnen
her regieren.

Hier gibt es nur eine Art von möglichem Brain Trust: die so gern
gescholtenen Intellektuellen, die Schriftsteller und Literaten. Sie wissen mehr von dem, was die Leute sind und was sie sein könnten,
als die politischen Akteure erstens annehmen und zweitens je wissen können. Man sollte zum Beispiel Enzensbergers Kursbuch lesen
und sich von ihm zum Denken provozieren lassen statt von der
Bild-Zeitung, die als Brevier politischen Handelns denkbar ungeeignet, doch im Gebrauch ist. Man sollte sich Debatten ohne Empfindlich-
keit stellen. Und man sollte Briefe von Günter Grass beantworten.
Auch wenn sie scheinbar Unmögliches fordern, gerade wenn sie
heikel sind. Der neue Bundeskanzler hat in seiner Regierungserklärung spüren lassen, daß er gewillt und fähig ist, die bundesdeutsche
Politik wieder auf die realen Verhältnisse zu beziehen. Wie keiner seiner Vorgänger hat er die Voraussetzungen, mit Leuten zu sprechen
und Leute zu begreifen, die in Deutschland bisher immer dreißig
oder fünfzig Jahre zu spät begriffen worden sind. Warum hat er Grass
nicht geantwortet?

Es gibt denkbare gute Gründe, weshalb Kiesinger sich über sein
Handikap hinweggesetzt hat und weshalb die großen Parteien ihn
dabei unterstützt haben. Nicht erlaubt scheint zunächst einzig, die
Sache unter den Tisch zu spielen, und zwar speziell dieser Kandidatur und dieser Kanzlerschaft wegen. Kiesinger hätte Grass auf die
Entscheidung seines Freundes Willy Brandt verweisen können, und
er hätte ihn darauf verweisen können, daß sein Verhalten sich von
den Nazijahren selbst her ganz anders darstelle als von heute aus.
Er hätte doch vermutlich auch eine Reihe Momente zu nennen, Tradition, Herkunft, Ausbildung, die 1933 seinen Gesichtskreis eingeengt
haben mögen und es jedenfalls verständlich erscheinen lassen, daß
er nicht erkannte, worauf er sich als junger Mann einließ. Und es
gibt noch ein weiteres Argument, das freilich das offene Eingeständnis
voraussetzt, jene Parteimitgliedschaft zwischen 1933 und 1945 sei in
jedem Fall ein Makel. Es wäre das beste Argument. Könnte denn
nicht gerade das Bewußtsein solchen Makels in dieser Zeit helfen,
das Richtige zu tun? Könnte dadurch nicht der Schaden, der dem Ansehen des Amtes zugefügt wird, mehrfach aufgewogen werden? Weil
darin gleichsam der Makel aufgehoben werden könnte, der noch immer einer großen Zahl der Bürger dieser Republik anhaftet?

Ein Bundeskanzler, der konstitutionell dagegen gesichert wäre, sich
für einen großen Gerechten und Lauteren zu halten, doch willens,
lauter und ohne Rücksicht auf seine Person zu handeln, könnte ein
Glücksfall sein. Doch er muß sprechen. Kiesingers Antwort an Grass
hätte die ganze Welt gehört. Jetzt kennt die Welt nur die Anfrage,
die Forderung. Und das ist ein Schaden. Kiesinger hätte nur gewinnen

können, hätte er offen geantwortet; bei den Wählern im Land und zugleich auch bei jenen, die ja nicht etwa Starrsinn und Kurzsichtigkeit, sondern Gedanke und Argument in einer Opposition halten, die über kurz oder lang den Dialog nicht mehr zulassen wird.

»CIVIS« (Bonn), 1. 1. 1967

Hildegard Purwin

In Leipzig und Frankfurt am Main

Günter Grass entwarf seine Vorstellung einer deutschen Konföderation

Auf ihm ungewohnten und wohl nicht sonderlich sympathischen Boden, im Bonner Presseklub am linken Ufer des Rheins, trug Günter Grass am Montagabend seinen neuen Deutschlandplan vor: Man schaffe eine Konföderation aus zwei Länderbünden, ein föderalistisches Gebilde der 16 deutschen Länder, 11 West, 5 Ost, und lege ein für allemal die Wiedervereinigung zu den Akten, ebenso den Begriff Nation, denn wir sind keine, und wir können und sollen keine Nation werden.

Sehr ernsthaft und keineswegs überheblich brachte Günter Grass, zweifellos einer der besten deutschen Nachkriegsschriftsteller und im Ausland vielleicht der angesehenste von allen, seine Thesen vor. Daß er auf wenig Gegenliebe stieß, wird ihn kaum gewundert und schon gar nicht enttäuscht haben. Er war nicht rechthaberisch, schien vielmehr bereit, sein Konzept aufzugeben, wenn ihm einer ein besseres böte. Nur gibt es keines — darin hat der Blechtrommler recht.

»Jedem seine eigene Illusion« könnte der Titel des Bildes heißen, das Grass von seinem doppelten Länderbund entwirft: »Konkret gesprochen müßte, bei gleichzeitiger Anerkennung des zweiten Staates und bei Aufgabe des Alleinvertretungsanspruches, der DDR nahegelegt werden, die Länderhoheit innerhalb ihres Staatsbereichs verfassungsgemäß zu verwirklichen, damit die Voraussetzungen für die föderative Zusammenarbeit der zehn Länder innerhalb der Bundesrepublik mit dem Land Berlin und den fünf Ländern innerhalb der DDR im Sinne einer Konföderation beider Staaten gegeben sind. Es werden christdemokratisch regierte, sozialdemokratisch regierte und kommunistisch regierte Bundesländer in dieser Konföderation zusammenarbeiten müssen ... Es wird dem Gremium dieser Konföderation, das seinen Sitz alternierend in Leipzig und Frankfurt am Main haben möge, nicht an Aufgaben fehlen.«

Die Aufgaben: Abrüstung der beiden Armeen, gemeinsam finanzierte Forschung und Entwicklungshilfe, Aufhebung der politischen Strafjustiz, gemeinsame Einleitung von Verhandlungen mit dem Ziel des Friedensvertrages.

In bitteren Worten ließ sich Grass über die Bonner Deutschlandpolitik von gestern und heute aus, als wollte er nachträglich noch die »Bankrotterklärung« erzwingen, von der vor der Bildung der Großen Koalition die Rede war. Seine Klage, auch jetzt werde nur an den Symptomen einer von Anbeginn falschen Politik herumgedoktert, rief Bundeswirtschaftsminister Schiller, einen privaten Grass-Freund, auf den Plan.

»Sie müssen doch zugeben, daß alles anders geworden ist«, rief Schiller und zählte auf, wie viele Weichen neu eingestellt wurden, von der Behandlung der Leipziger Messe bis zum Briefwechsel Stoph-Kiesinger. Staatssekretär Ehmke, Danziger wie Grass, gab dagegen zu, daß eine klare neue Deutschlandkonzeption noch nicht sichtbar geworden ist. Schweigend verfolgte Israel-Botschafter Ben Nathan Grass-Vortrag und Diskussion — der Blechtrommler hat sich auf seiner Israel-Reise viele Sympathien erworben.

Ob Grass von diesem Abend befriedigt war oder nicht, war ihm nicht anzusehen. Sein Gesicht mit dem dunklen Schnauzbart, von dem eine bunte Blümchenkrawatte wirkungsvoll abstach, blieb unverändert melancholisch. Schade, daß dies sein erster Auftritt dieser Art in Bonn war, denn sonst hätte er registrieren können, wie sehr sich die Atmosphäre in der Tat gewandelt hat.

Es ist noch nicht lange her, da wäre eine solche Diskussion überhaupt nicht möglich gewesen, da galten noch die Tabus, da wäre ihm Empörung entgegengeschleudert worden. Heute kann — und das ist immerhin etwas — über jedes Denkmodell in aller Ruhe gesprochen werden.

»Telegraf« (Berlin), 31. 5. 1967

Marcel Hepp

Neue Hundejahre

Am Montag versuchte sich Günter Grass vor dem Bonner Presseclub in gesamtdeutscher Lyrik. Flugs tat er die Politik der Wiedervereinigung in das Arsenal deutschnationaler Großmannssucht, empfahl eine Föderation »zweier deutscher Staaten«, weil sie dem deutschen Nationalcharakter zuträglicher und zudem »menschlicher« sei, und verkündete den »friedlichen Wettstreit« zweier deutscher Länderbünde. Die von ihm nicht »so« genannte DDR bekam die beste Rolle im Grass'schen Deutschlandtheater: Die Bundesrepublik erkennt an und wirft den Alleinvertretungsanspruch zum alten Eisen. Dafür darf sie der »DDR« nahelegen, einen Länderföderalismus verfassungsmäßig zu verankern. Günter Grass wörtlich: »Meine These heißt: Da wir, gemessen an unserer Veranlagung, keine Nation bilden können, da wir, belehrt durch geschichtliche Erkenntnis — und unserer kulturellen Vielgestalt bewußt —, keine Nation bilden sollten, müssen wir endlich den Föderalismus als einzige Chance begreifen. Nicht als geballte Nation, nur als friedlich wettstreitende Länderbünde können wir unseren Nachbarn in Ost und West Sicherheit bieten.« Das ist nicht nur Naivität, das ist Schelmerei. Erstens bedeutet der Buchstabe der Verfassung in totalitären Systemen nichts. Zweitens ist der Föderalismus eine Farce, wenn in allen Schaltstellen die Einheitspartei operiert. Ebenso leicht hätte Grass empfehlen können, die Bundesrepublik solle sich wie ein Hund auf den Rücken legen und von Ulbricht, dem netten Onkel, kraulen lassen. Der Literatur-Schnauze-Bart beglückte uns auch mit der Weisheit, daß Deutschland sich am besten als zweite Schweiz etablieren sollte. Einigkeit der Stämme und Rütli-Schwur-Atmosphäre würden dann sicher die Sowjets — sentimental wie die Russen nach Dostojewski nun einmal sind — dermaßen rühren, daß sie die zarte gesamtdeutsche Pflanze gerne ihrer blühenden Kultur überlassen und sich aus Mitteleuropa zurückziehen würden. Der Dichter Grass möchte aus der Rolle des Hofnarren heraus. Die fast schrankenlose Freiheit der Kunst hat die Literaten in eine idyllische Situation getrieben: Auch ihre politischen Meinungen nimmt der Leser für bare Literatur.

»Bayern-Kurier« (München), 3. 6. 1967

Herbert Hausen

Der Ladenhüter des Herrn Grass

Wieder verliebt er sich in wirklichkeitsferne Denkspielereien

Berlin, 3. Juni
Günter Grass hat sich wieder einmal zu Wort gemeldet. Vor dem Presseklub in Bonn zeigte sich der »Blechtrommler« sorglos im Umgang mit unserer jüngeren Geschichte und zugleich rührend verliebt in wirklichkeitsferne Denkspielereien. Denn daß Grass die eine »Nation der Deutschen« für eine entbehrliche Größe und das Bismarcksche Reich für verloren und auch verlierbar hält, kann nur sehr schlichten Gemütern als einer jener Beiträge berufsmäßiger Tabubrecher imponieren, die heute arg in Mode stehen.

Grass beklagt: Niemand in unserem Lande wolle den »Ursachen Rechnung tragen, die zur Zerschlagung des Reiches, zur Minderung des Reichsgebietes und zur Teilung des restlichen Landes führten«. Statt dessen — so der Dichter — habe man »als Surrogat einen vulgären Antikommunismus angeboten«. Da hätten wir ihn also wieder, den Ladenhüter aus der Kramkiste der literarischen Opposition: den bösen Antikommunismus.

Begreift Grass wirklich nicht, daß der Antikommunismus uns weder angeboten noch verordnet wurde? Sondern daß er vielmehr aus guten — oder besser schlimmen — Gründen wuchs? Aus Enteignung und Kollektivierung, aus Terror und Wahlverweigerung, aus Willkür einer parteiischen Justiz und Kunstzensur einer amusischen Partei, also aus dem ganzen bedrückenden Kalendarium der mitteldeutschen Nachkriegsgeschichte, die einem Drittel unserer Bevölkerung den

Kommunismus ungefragt aufnötigte? Sieht Herr Grass nicht, daß Antikommunismus mindestens in dem Augenblick gesunde Reaktion, vielleicht sogar demokratische Pflicht war, da die SED ihre unerbetene und von Moskau gestützte Alleinherrschaft antrat?

In der systematischen Verweigerung der Demokratie für Mitteldeutschland liegen doch auch die tieferen Ursachen für die gegenwärtig unaufhebbar erscheinende Teilung. Und Grass tut so, als hätten wir die Zonengrenze — von der Mauer spricht er taktvollerweise nicht — und die Verfestigung Pankows zu einem »Staat« teils dem begonnenen und verlorenen Krieg, teils einer von Anfang an verfehlten Politik der Stärke zu verdanken.

Abgesehen davon, daß eigentlich nur eins von beiden richtig sein kann — in Wahrheit stimmt nichts davon. Denn der verlorene Krieg brachte den Einmarsch der Sieger, das Besatzungsregime, die Aufteilung Deutschlands in Zonen. Und die Nachkriegszeit servierte dann eine Herrschaft der Unfreiheit drüben. Was also weiter, Herr Grass?

Der Dichter sieht die Vergangenheit bestürzend einseitig. Tatsachen beachtet er nur dann, wenn sie sich in sein im voraus gewonnenes Bild einordnen lassen. Dabei gerät er natürlich schnell ins Schwimmen. Man stutzt schon, wenn er die deutsche Spaltung als »vom verlorenen Krieg gegeben betrachtet« und dementsprechend sie anerkannt sehen will. Gut, man kann alle Landesgrenzen anerkennen, wenn es denn sein muß. Aber die Demarkationslinie der Besatzungsmächte, die uns 1945 die wirtschaftliche Einheit zugestanden haben?

Es ist doch wohl absurd, wenn die mittlerweile erwachsenen Kinder der dreißiger Jahre 1967 hohe Preise für einen Krieg anbieten, den ihre Väter 1945 nicht nur verloren, sondern mit Vertreibung und Demontage auch bezahlt haben — also genauso teuer, wie es die Sieger damals verlangten.

Vollends ins Wunderliche entgleitet der »Blechtrommler«, wenn er dem Vorschlag einer deutschen Konföderation auf der Basis der alten Länder schon von sich aus die notwendigen Voraussetzungen abspricht, gleichwohl aber hartnäckig an ihm festhält. Die alten Länder — Thüringen, Sachsen, Mecklenburg — gibt es drüben doch gar nicht mehr. Nicht zufällig hat die SED sie abgeschafft und in Bezirke umgewandelt. Kein Mensch in der SED denkt auch nur im Schlaf daran, all dies plötzlich wieder auferstehen zu lassen.

Aber selbst wenn es dazu käme — was wäre dann gewonnen? Grass: Wir hätten dann »das disharmonische Konzert gegensätzlicher Parteien zu ertragen, wie etwa in Frankreich und Italien schon lange«. Was ist das für ein abwegiger Vergleich! Wenn Ulbricht das »disharmonische Konzert« seiner SED und seiner demokratischen Parteien zum Beispiel in Thüringen erklingen ließe, dann bedürfte es bestimmt keiner Konföderationspläne mehr.

Nein, Herr Grass. Das ganze Übel der Dinge liegt allein in dem Anspruch der SED, ihren undemokratischen Teilstaat so bewahren zu wollen, wie er heute ist. Dieser Anspruch ist unvergleichbar und ungleichwertig unserem eigenen — nämlich Demokratie zu erhalten und zu verbreiten. Aus diesem Dilemma kann auch ein Günter Grass keinen Ausweg weisen, obwohl er die Grüfte unserer Historie bis hin zum Fürsten Metternich abgeschritten hat.

Vielleicht versucht er's mal mit einem genaueren Studium der Nachkriegszeit?

»Welt am Sonntag« (Berlin), 4. 6. 1967

Die Länder-Idylle des Günter Grass

Grass zur deutschen Frage: Reale Erkenntnisse — irreale Folgerungen

»Hindenburg-Lichter werden uns aufgesteckt, die als Wiedervereinigungskerzen Argumente ersetzen und die Stimmung beleben sollen.«

Schön und zutreffend gesagt von Günter Grass bei seiner Rede vor dem Bonner Presse-Club Ende Mai. Damit fortan weder Hindenburg-Lichter noch alles andere, was in der Bundesrepublik offiziell unter »Wiedervereinigungs«-Politik firmiert, als reale Politik mißverstanden werden, hat der Schriftsteller Günter Grass zweierlei getan — was er allerdings als Einheit verstanden wissen will. Er hat erstens die offizielle Bonner Deutschland-Politik an den Realitäten gemessen, kommt dabei zu vernichtendem Urteil und zur Bilanz Null. Er hat zweitens Folgerungen daraus gezogen, deutsche Geschichte im Visier, und so etwas wie einen neuen Deutschland-Plan entwickelt. Dieser Plan, von einer Reihe richtiger Erkenntnisse und richtiger, durchaus nicht neuer Forderungen ausgehend, mündet dann freilich in einem Grass'schen Überraschungseffekt, der nach so viel politisch fundierten Feststellungen überraschend naiv erscheint; schlicht irreal. Auf der Basis richtiger Feststellungen ein Luftschloß, eine politische Idylle. Ein Jammer.

Ein Jammer, weil deutschlandpolitisch nichts dringender ist als die kühle Abrechnung mit dem amtlich Gültigen und die ehrliche Frage danach, was »Wiedervereinigung« denn eigentlich sei. Und ein Jammer, weil Grass es den Gegnern der Vernunft so schrecklich leicht macht, seine Überlegungen hohnlächelnd in den Papierkorb zu werfen — und so zusammen mit dem in der Tat irrealen Plan auch die realen Erkenntnisse vom Tisch zu fegen.

Reale Erkenntnisse: »Heißt Wiedervereinigung Wiederherstellung des Deutschen Reiches in den Grenzen von 1937? Es gibt noch immer Roßtäuscher, die als Politiker solcher Hybris das Wort reden. Wir haben es erleben müssen, wie über ein Jahrzehnt lang und eigentlich bis heutzutage jedem Deutschen, dessen Wählerstimme begehrenswert erschien, die Wiedervereinigung in Frieden und Freiheit versprochen wurde. Wohlgemerkt! In den Grenzen von 37 und das in Frieden und Freiheit.«

Grass spricht von Falschmünzerei und einer Partei, die nicht in der Lage ist zu sagen, was Wiedervereinigung bedeutet, wer mit wem und unter welchen politischen Bedingungen vereinigt werden soll. Und zur Politik Adenauers (zur bis heute grundsätzlich praktizierten, wie Grass zu erwähnen vergaß):

»Es mußte grotesk anmuten, wenn Konrad Adenauer, ein dezidierter West-Elbier, endlich am Ziel seiner Wünsche, also als Schmied der separaten Bundesrepublik, dennoch von Wiedervereinigung in Frieden und Freiheit sprach. Sein Tod macht den Bankrott offenbar: Die Wiedervereinigung ist ein sinnentleerter Begriff, den wir, wollen wir glaubwürdig werden, streichen müssen.«

Was also tun? Grass betont die Fragwürdigkeit der traditionellen Begriffe Deutschland und nationale Einheit und stellt fest: »Wer heute von Deutschland spricht, muß wissen, daß zwei verschiedene Deutschland, zuerst das kaiserliche, dann das nationalsozialistische, in diesem Jahrhundert je einen Weltkrieg angefangen und verloren haben.«

Er erinnert an die frühen Warnungen Heinemanns und die letzte Warnung der SPD (1954) vor den Pariser Verträgen, mit denen zugunsten der »Stärke«-Politik die Spaltung besiegelt wurde, und resümiert: »Wir dürfen im Jahre 1967 feststellen: Die Politik der Stärke hat die Festigung der Sowjetzone zum Staat DDR bewirkt.« Ihm ist ganz klar, daß es zunächst um deren Anerkennung geht; Grass beruft sich auf Arnulf Baring: »Jede Wiederannäherung in Deutschland setzt die Anerkennung der Spaltung voraus.« Grass fügt hinzu, daß nur von den Konsequenzen des verlorenen Krieges her ein konföderiertes Deutschland denkbar sei, »wobei der selbstverständlichste Teil dieser Einsicht die endliche Anerkennung der Oder-Neiße-Grenze bedeuten muß«.

Damit sind zweifellos einige entscheidende Grundtatsachen einer realen Deutschland-Politik genannt. Neu keineswegs, aber unverändert richtig. Neu ist auch nicht der von Grass befürwortete Weg der Konföderation (von Ost-Berlin seit zehn Jahren vergeblich angeboten).

Neu aber ist nun — und hier beginnt der Sprung ins Irreale — Grass' Spezifizierung der Konföderation. Ausgehend von der These, daß wir, belehrt u. a. durch geschichtliche Erkenntnis, »keine Nation bilden sollten«, kommt Grass zu dem Schluß: »Wir müssen endlich den Föderalismus als einzige Chance begreifen.« Zwischen Nationalismus und Separatismus liege unsere einzige Möglichkeit, die Konföderation der einzelnen Länder: die »föderative Zusammenarbeit der zehn Länder innerhalb der Bundesrepublik mit dem Land Berlin und den fünf Ländern innerhalb der DDR«.

Und damit hängt Grass plötzlich im luftleeren Raum. Einfach, weil es die fünf Länder in der DDR längst nicht mehr gibt, sondern eben den Staat DDR, gegliedert in Bezirke. Und wenn Grass Artikel 1 der DDR-Verfassung zitiert: »Deutschland ist eine unteilbare demokratische Republik; sie baut sich auf den Ländern auf...«; und wenn Grass der DDR nahelegt, zum Zweck seines Länder-Föderationsplanes die Länderhoheit verfassungsgemäß zu verwirklichen, dann bedeutet das den Griff ins Irreale und den hoffnungslosen Versuch, die Geschichte um zwanzig Jahre zurückzuschrauben. Die DDR-Verfassung, entstanden und gedacht einst (anders als das Grundgesetz der Bundesrepublik) als Verfassung eines einheitlichen Deutschland und damals keineswegs zugeschnitten auf den späteren »Aufbau des Sozialismus«, wird demnächst durch eine neue Verfassung abgelöst — so beschlossen beim VII. SED-Parteitag. Und wenn eines sicher ist, dann, daß damit die traditionellen Länder nicht wieder eingeführt werden. Insofern gibt es keine Basis für den Grass-Plan. Hinzu kommt die fatale Erinnerung an die Konferenz der Ministerpräsidenten der damaligen deutschen Länder vor genau zwanzig Jahren am 21. Juni 1947. Die Vertreter der fünf Sowjetzonen-Länder verließen damals diese Konferenz, als die westlichen Ministerpräsidenten — schon im Zeichen der westlichen Separierung (Bizone, Trizone) — es ablehnten, die Bildung einer zentralen deutschen Verwaltung zum Zweck der Wiederherstellung der deutschen Einheit auf die Tagesordnung zu setzen.

Anerkennung des Bestehenden, Abkehr vom »sinnentleerten Begriff Wiedervereinigung«, dafür »schrittweise Annäherung« mit dem Ziel Konföderation — das alles ist vernünftig. Aber Konföderation gedacht als »Konföderation zweier deutscher Länderbünde«, als das »Mit-, Neben- und Füreinander der Bayern und Sachsen, der Schwaben und Thüringer, der Westfalen und Mecklenburger« — das heißt, gemessen an den Tatsachen, eine irreale Idylle anzubieten. P.A.

»Die Andere Zeitung« (Hamburg), 8. 6. 1967

Dr. Karl Heinz Drenhaus

Sind die Deutschen keine Nation?

Ein Dialog mit Günter Grass

Günter Grass nahm vor dem Bonner Presse-Club höchst eigenwillig zu politischen, zeitgeschichtlichen und solchen Fragen Stellung, die man früher einmal geschichts-philosophisch genannt haben würde. Hier der Kerngedanke seines Beitrages:

»Da wir, gemessen an unserer Veranlagung, keine Nation bilden können, da wir, belehrt durch geschichtliche Erkenntnis und — unserer kulturellen Vielgestalt bewußt —, keine Nation bilden sollten, müssen wir endlich den Föderalismus als einzige Chance begreifen.

Nicht als geballte Nation, nicht als zwei widereinander gesetzte Nationen, nur als friedlich wettstreitende Länderbünde können wir unseren Nachbarn in Ost und West Sicherheit bieten.«

Nichts allerdings entbindet den der Politik wie der Wissenschaft ebenso verpflichteten Hörer und Leser davon, die von Grass entwickkelte These auf ihre politische, intellektuelle und wissenschaftliche Kohärenz und Stichhaltigkeit hin abzuklopfen.

Und dabei stößt er zwangsläufig auf eine Reihe gravierender Unzulänglichkeiten; denn Grass arbeitet mit der Feststellung quasiaxiomatischer Tatsachen, das heißt mit Behauptungen, die der Diskussion entzogen und erst gar nicht in Frage gestellt werden, und seine gedanklichen Kategorien sind sehr undifferenziert.

Gestörtes Verhältnis zur Nation

Besonders gestört scheint sein Verhältnis zum Phänomen der Nation und des Nationalstaates zu sein. Wie irrational und emotionell aufgeladen es ist, verraten Formulierungen wie »geballte Nation« oder »national-einheitlicher Block«.

Günter Grass übersieht, daß die geschichtliche Entwicklung weg von der Vorstellung einer universalen Ordnung der gesamten Menschheit, die sowohl das Mittelalter als auch die Aufklärung und noch die Anfänge der Französischen Revolution beherrscht hatte, und hin zu nationalem Sonderbewußtsein und nationalstaatlicher Autonomie eine gesamteuropäische und keineswegs nur deutsche Angelegenheit war.

Für sich genommen unterschied sich der deutsche Nationalismus mit einer teils chauvinistischen, teils imperialistischen Politik kaum von dem anderer europäischer Nationalstaaten des ausgehenden 19. und beginnenden 20. Jahrhunderts.

Geschichtliche Verspätung

Das eigentlich Befremdliche an ihm war vielmehr seine noch sehr ausgeprägte Feudalstruktur, die Folge der gescheiterten bürgerlichen Revolution. (Karl Marx hat das übrigens sehr viel deutlicher gesehen als Günter Grass.) Verhindert haben also die Entstehung eines deutschen Nationalstaates keine äußeren Mächte, sondern die gegenüber der übrigen europäischen Entwicklung sehr viel stärker gebliebenen dynastischen Interessen.

Und letztere waren es, die über ein breites, während der Befreiungskriege voll ausgeprägtes Nationalbewußtsein triumphierten, das zunächst alles andere war als eine »Zwangsvorstellung, eine Nation bilden zu müssen«. (Grass)

Nicht ein geheimnisvoller Hang zur Hybris oder zum Separatismus war der bestimmende Faktor in der nachmittelalterlichen deutschen Geschichte, sondern die Virulenz des dynastischen Gedankens. Diese erklärt auch ohne Schwierigkeiten die Duodez-Fürstentümelei vor und nach Napoleon, auf die Grass ausdrücklich verweist. Und von ihr aus würde auch ein so widerspruchsvoll-unverständlicher Satz wie folgender verstehbar:

»Deutschland ist selten und immer nur zwangsweise ein national-einheitlicher Block gewesen, dem die Kontrolle der Länder, der Föderalismus gefehlt hat. Andererseits lehrt die deutsche Geschichte, daß die föderalistische Struktur unseres Landes uns immer wieder und bis heutzutage in den Separatismus getrieben hat.«

Aber Günter Grass nutzt den offen daliegenden Schlüssel nicht und flüchtet in eine arabeskale Geistreichelei: daß die Einheit eine Idee sei, »die wider den Menschen gesetzt ist«, weil sie die Freiheit schmälere.

Nun, das tun Gleichheit, Gerechtigkeit und Brüderlichkeit gleichermaßen. Aber sie alle wollen ja keineswegs als sich gegenseitig ausschließende Zielvorstellungen verstanden werden, sondern als Zielkombination, bei der eine optimale Lösung jedes einzelnen Punktes ohne Antasten der Wesensgehalte der anderen Forderungen angestrebt wird.

Die beiden Weltkriege

Die zweite Grundtatsache, von der her Günter Grass die deutsche Frage zu entschlüsseln versucht, ist die, »daß zwei verschiedene Deutschland, zuerst das kaiserliche, dann das nationalsozialistische, in diesem Jahrhundert je einen Weltkrieg angefangen und verloren haben«, und daß »mangelnde Begabung, aus einem verlorenen Krieg zu lernen«, das eigentliche Unvermögen der deutschen Nachkriegspolitik sowohl 1918 als auch 1945 ausmache.

Was die genannte »mangelnde Begabung« angeht, so ist dies Unvermögen zumindest im Hinblick auf den Ersten Weltkrieg keine spezifisch deutsche, sondern eine allgemeine Eigenschaft des Systems, der sich in schroffer Frontstellung gegenüberstehenden Nationalstaaten.

Das auf Gambetta zurückgehende »Niemals davon sprechen, immer daran denken«, Leitmotiv der französischen Revanchepolitik nach 1871, beleuchtet diesen Zusammenhang schlaglichtartig.

Da bis ins 19. und 20. Jahrhundert — nach Clausewitz — der Krieg, auch ein Präventivkrieg, noch immer »Fortsetzung der Politik mit anderen Mitteln« war und permanentes Streben nach Hegemonie, Plafond- und Vorteilssicherung ein Element absolutistischer und nationalstaatlicher Politik, ist die Kriegsschuldfrage für den Ersten Weltkrieg heute von relativ geringer Bedeutung.

Zu grobes Instrumentarium

Bei Übersehen dieser Zusammenhänge muß Grass dreierlei entgehen:

Hitlers Politik, seine außenpolitischen Erfolge und deren Gegenstück, die britische Appeasement-Politik, vollzogen sich auf dem

Rücken eines quasi-legalen Vorgangs. Die Setzung einer neuen universalen Ordnung durch den Sozialismus und den Völkerbundgedanken, dem Amerikas Rückzug in die selbstgewollte Isolierung von vornherein die Stoßkraft nahm, vermochte bis 1939 das Denken in nationalstaatlichen Kategorien kaum zu korrigieren, geschweige denn zu überwinden.

Der wesenhafte Unterschied zwischen dem Ersten und dem Zweiten Weltkrieg, den Hitler zumindest gegenüber Polen und der Sowjetunion als reinen flächenerschließenden Raumeroberungs-, Vernichtungs- und Versklavungskrieg konzipierte, den er für die wiedergefundene urtümliche Form des Krieges überhaupt hielt und dem er damit einen Charakter gab, der zu Kategorien zurückführte, wie sie vor der Geschichte der zivilisierten Gesellschaft einmal bestanden haben mögen. (Diese Tatsache sollte zwar auch jedem nicht persönlich schuldig Gewordenen die Schamröte ins Gesicht treiben, erlaubt ihm aber nicht, für sein Volk und vor allem für die damals noch gar nicht geborenen Generationen auf die international anerkannten sittlichen Normen zu verzichten; denn dies würde nichts anderes bedeuten als die nachträgliche Rehabilitierung von Hitlers Rebarbarisierungsversuch.)

Der Nationalsozialismus und sein Zentralelement, der Rassengedanke, waren etwas grundsätzlich anderes als Nationalismus und nationalstaatliches Denken, selbst wenn man beide in ihrer abstoßenden Form heranzieht.

Der Rassismus zerriß die Nation, indem er nur auf die in dem Volkskörper eingesprenkelten sogenannten rassisch-wertvollen, nordischen, das heißt zur Führung berufenen Kerne, abstellte und aus diesen eine neue Führungsschicht im Rahmen der NSDAP bilden wollte.

So gesehen waren die beiden Weltkriege kaum vergleichbare Größen und das Jahr 1945 etwas total anderes als das Jahr 1918.

Das von Günter Grass entwickelte gedankliche Instrumentarium ist allerdings viel zu grob, um diese Differenzen einzufangen; denn 1918 blieb das Reich wesentlich unangetastet, die staatliche Autorität unberührt; 1945 verschwanden auch die bescheidensten Relikte deutscher Eigenstaatlichkeit und das deutsche Staatsgebiet wurde in vier Besatzungszonen zerrissen.

Ein gutes Jahrzehnt dauerte es, bis es den Deutschen wieder erlaubt war, Politik, und vor allem Außenpolitik, zu betreiben. Daß »die Ausgangsposition für das geteilte Deutschland nach der Kapitulation nicht ungünstig gewesen sei«, ist im Grunde genommen doch nicht mehr als ein Wunschtraum. Und was die von Günter Grass in Verbindung zueinander gebrachte Zurückziehung der Unterschrift unter den Morgenthau-Plan 1944 mit dem Abflauen des Stalinismus angeht (Stalin starb 1953), so scheint ihn der zwischen beiden Geschehnissen liegende Zeitraum von einem guten Jahrzehnt nicht im geringsten zu irritieren.

Zehn entscheidende Jahre

In genau dieser Zeitspanne ereignete sich aber ganz Entscheidendes:
Die Wiederzulassung deutscher Eigenstaatlichkeit durch die Westmächte auf demokratisch-parlamentarischer Grundlage und schrittweise Entlassung der Bundesrepublik in die volle Selbstverantwortung, die Etablierung eines Herrschaftsgefüges in der sowjetischen Besatzungszone nach den Vorstellungen der dortigen Besatzungsmacht, die bis heute noch nicht ihrer Schöpfung die volle Handlungsfreiheit zugestand.

In diesem Zusammenhang, im Grunde genommen recht abwertend, von Ansätzen zu reden, die bestenfalls »die einseitig westlich orientierte Außenpolitik der Bundesrepublik zu revidieren« versuchen, zeugt von wenig historisch-politischem Augenmaß. Das gleiche gilt für die qualitative Gleichsetzung von BRD und DDR, die Grass über den gleichen Kamm einer um ein Wortspiel mit Karlsbad herum behaupteten Restauration schert. Daß in der DDR die unbeeinflußte Meinungsbildung durch die Bevölkerung oder freigebildete Parteien blockiert ist, scheint ihm weniger gravierend als die Tatsache, daß die seiner Meinung nach »von der Anlage her« föderalistische Struktur dort nicht verwirklicht wurde. Mehr als Artikel 1 der DDR-Verfassung kann er zu dieser Behauptung allerdings nicht anführen. Als ob das in einem zentralistischen, autoritären und totalitären System einen Unterschied mache, selbst wenn dies, aus welchen Gründen auch immer, der Form genügen würde.

Grass interessiert nur, daß die DDR versucht, »über die gegebenen Unterschiede zwischen Mecklenburg und Sachsen z. B. hinwegzutäuschen«.

Und genau in diesem Punkt ist die Schwäche der von Grass entwickelten Konstruktion geradezu mit Händen zu greifen!

Er, der zuvor behauptet, der Begriff Konföderation »produziert, gleichgültig, ob Walter Ulbricht oder Herbert Wehner ihn verwenden, nichts als Mißverständnisse«, will den Föderalismus zum Schlüssel der gesamten deutschen Frage machen.

Was ist Föderalismus?

Zunächst einmal ist Föderalismus die Gestaltung des sozialen und staatlichen Lebens, die in der Einheit des Ganzen eine Vielheit selbständiger Einzelverbände oder Einzelstaaten bestehen läßt. Grundlagen können stammesmäßige, dynastische, soziale oder irgendwelche gemeinsamen Interessen überhaupt sein. So gesehen ist allerdings auch die Duodez-Fürstentümelei eine Spielart des Föderalismus.

In jedem Falle aber braucht der Föderalismus, um bestehen zu können, ein gewisses Maß an Unitarismus, Bundesgesinnung und Bundestreue. Er dient wesentlich der Integration und nicht der Desintegration.

Zum anderen wird Föderalismus seit Montesquieu funktional verstanden, als Sicherung gegen Machtmißbrauch durch ein ausgewogenes System von Mächten und Gegenmächten. So verstehen ihn vor allem alle die Bundesrepublik tragenden demokratischen Kräfte.

Günter Grass versteht Föderalismus offensichtlich nur als landsmannschaftlich geprägt. Der Zweck des Föderierens bleibt bei ihm unklar; denn eine Nation »sollten und können« die Deutschen seiner Auffassung nach nicht bilden. Er verweist also nicht nur zurück hinter den National- oder den Bundesstaat, sondern sogar hinter den Deutschen Bund: Zu zwei Länderbünden!

Warum dann nicht gleich zu stammesmäßig gebundenen Einzelstaaten? Warum schweigt Günter Grass zu dieser sich förmlich aufdrängenden Frage? Weil er sie nicht sieht oder weil er dann offen aussprechen müßte, worauf das Ganze — auch wenn es utopisch ist — hinausläuft: Auf die Renaissance romantischer Vorstellung? Das ist zwar nicht Biedermeier, aber um kein Jota weniger politisch real!

Der nationale Gedanke in der deutschen Geschichte wurde bereits skizziert. Wie steht es nun um die Vorbedingungen zum Nationsein für die Deutschen nach 1945? Zwei Fragen sind zu stellen:

Die nach den objektiven Bedingungen, der gemeinsamen Sprache, Kultur- und Schicksalsverbundenheit. Sie ist zu bejahen.

Die nach den subjektiven Bedingungen, dem Willen der Menschen zur Nation. Sie muß Gegenstand allen politischen Bemühens in der deutschen Frage sein, bei den Menschen im westlichen wie im anderen Teil Deutschlands.

Nur dadurch werden auch die Weichen zu einer neuen universalen und übernationalen Menschheits- und Friedensordnung gestellt und nicht durch ein Zurückgehen vor die leidvolle Geschichte des 19. Jahrhunderts oder gar durch die freiwillige Selbstzerstörung unserer bundesstaatlichen Ordnung.

Man sieht also, es gibt keinen bequemen Weg vorbei an den von der neuen Bundesregierung der Großen Koalition fixierten Leitlinien einer gewiß dornenvollen gesamtdeutschen Politik. Auch nicht durch Abkürzungen, die im Grunde genommen nur romantische und archaische Vorstellungen wieder ins Spiel bringen.

»Vorwärts« (Bonn), 6. 7. 1967

Grass und das Nationalgefühl

Ein kleiner Ausflug in die deutsche, in die bundesdeutsche allerjüngste Gegenwart: Günter Grass entwickelte vor dem Bonner Presseklub Gedanken zur Einheit der Deutschen. Ist Günter Grass ein politischer Mensch? Nun, zumindest so weit, wie jeder andere wahlberechtigte Bundesbürger. Jene politische Partei, für die er ganz früher einmal Wahlreden schreiben durfte, hat sich anscheinend inzwischen etwas von ihm distanziert – aber selbstverständlich behält er sein Recht auf freie Meinungsäußerung.

Daß er Begriffe wie »Nation« und »Staat« identifiziert, zeugt von seinem politischen Nichtwissen. Nur die Alldeutschen dachten einmal so. Daß er mit dieser Gleichsetzung unseren Nachbarn in ihrer immer noch vorhandenen Furcht vor einem »Pangermanismus« Waffen liefert, was stört es den Dichter und Schriftsteller. Er kommt schließlich zu folgender These:

»Da wir, gemessen an unserer Veranlagung, keine Nation bilden können, da wir, belehrt durch geschichtliche Erkenntnisse – und unserer kulturellen Vielgestalt bewußt –, keine Nation bilden sollten, müssen wir endlich den Föderalismus als einzige Chance begreifen. Nicht als geballte Nation, nicht als zwei widereinander gesetzte Nationen, nur als friedlich wettstreitende Länderbünde können wir unseren Nachbarn in Ost und West Sicherheit bieten.«

Und er schließt: »Deutschland ist eine Rechnung, die nie aufgehen möge; denn genau gerechnet ist Deutschland eine kommunizierende Mehrzahl.«

Erwähnenswert ist, daß der Westdeutsche Rundfunk, für den ein von Bismarck die Verantwortung trägt, mit äußerstem politischem Fingerspitzengefühl sich bemüßigt fühlte, diese Rede am »Tage der deutschen Einheit« unmittelbar vor dem Bekenntnis der Bundesregierung zu dieser deutschen Einheit auszustrahlen.

Es gibt wohl keinen europäischen Staat, der nicht in sich eine »kommunizierende Mehrzahl« bildet; das gilt ganz besonders auch für das streng zentralistisch verwaltungsmäßig aufgebaute und regierte Frankreich. Es gilt ebenso auch für einen Staat, der knapp zwanzig Jahre alt ist, für Israel.

Israel stand vor dem Problem, aus Menschen verschiedenster Herkunft erst einmal eine Nation schmieden zu müssen, ein Staatsvolk heranzubilden, die »kommunizierenden Röhren« zum Zusammenfluß zu bringen.

Als Israel vor wenigen Wochen in eine außenpolitische Krisensituation geriet, da wurde Günter Grass der Barde israelischer Interessen. Kein israelischer Nationalist hätte sich stärker denn Günter Grass für sein Land einsetzen können.

Auch das ist Sache des Günter Grass. Nur, was uns mißfällt, das ist jener grassierende Nationalismus zugunsten eines anderen Volkes und das bewußte Leugnen, das Verleugnen der Gemeinschaft der Deutschen.

Und das verbitten wir uns. Wir verbitten es uns mit dem Recht jener, die ihr Vaterland lieben und die Liebe anderer zu dem zu ihnen gehörigen Vaterland achten.

»Deutsche Wochenzeitung« (Hannover), 8. 12. 1967

Hans Schuster

Die deutsche Unruhe

Ein deutsches Trauerspiel ist seit einiger Zeit auf unseren Bühnen zu sehen; es stammt von Günter Grass und heißt: Die Plebejer proben den Aufstand. Das Volk kommt nicht sehr gut weg in diesem Stück; aber der Titel ist schon zum geflügelten Wort geworden. Wer probt heute nicht irgendeinen Aufstand — zumindest in Zeitungsüberschriften!

Der Aufstand, der damals am 17. Juni 1953 die Welt in Erregung versetzte, war freilich nicht geprobt. Die Arbeiter — sie hatten den Krieg noch miterlebt — ließen sich von ihren Forderungen durch keinen Regisseur abbringen; Panzer der Besatzungsmacht sind Schranken von anderer Art. Daß wir heute über die Vorgänge von 1953 im Zuschauerraum des Theaters reflektieren können, zeigt, wie weit jener 17. Juni zurückliegt; fast so weit wie jener 20. Juli, der ebensowenig wie der mitteldeutsche Aufstand in den Annalen der Bundesrepublik verzeichnet ist. 14 Jahre sind eine lange Zeit. »Vierzehn Jahre haben wir gekämpft«, so hörten es die Älteren aus Hitlers Mund. Gemeint war die Spanne von der Weimarer Nationalversammlung 1919 bis zur »Machtübernahme« 1933. In den 14 Jahren zwischen 1953 und 1967 ist das SED-Regime nicht schwächer geworden; nicht nur die Bundesrepublik, auch der »unbequeme Nachbar« im Osten, die DDR, hat nun — mit welchen Mitteln auch immer — die Weimarer Republik an Lebensdauer schon um vier Jahre übertroffen. Welch erstaunliche Stabilität — nicht nur hüben, sondern auch drüben!

In diesen Tagen wurde auch in West-Berlin und in anderen Universitätsstädten der Bundesrepublik »Aufstand« geprobt. Man erlebte Demonstrationen, denen zuweilen schon ein Merkmal der Demonstration, nämlich die Gewaltlosigkeit, fehlte. Man kann gewiß diese Vorgänge, von welcher Seite man sie auch betrachtet, nicht mit den dramatischen Ereignissen jenes 17. Juni vergleichen. Aber vielleicht hängt die Unruhe, die einen Teil der Studentenschaft heute befallen hat und die in einem so scharfen Kontrast zur Frontstimmung der fünfziger Jahre in Berlin steht, mit der immer absurder werdenden innerdeutschen Konfrontation zusammen; vielleicht sogar mit den untauglichen Versuchen, sie zu überwinden. Unsere Deutschlandpolitik krankt seit langem an einem Widerspruch.

Die zementierte Zweistaatlichkeit

Die Älteren, die 1949 die unter mancherlei Skrupeln vollzogene Gründung der Bundesrepublik miterlebt haben, können noch eher begreifen, warum alles so auslaufen mußte. Auf der einen Seite die

Souveränität des neuen Staates, mit einem Grundgesetz, das alle Merkmale einer regelrechten Staatsverfassung zeigt; auf der anderen der Hinweis auf das Provisorische, auf die Verantwortung für den übrigen Teil der Nation, für diejenigen Deutschen, »denen mitzuwirken versagt war«, wie es in der Präambel des Grundgesetzes heißt. Hier das sich selbst genügende westdeutsche Staatswesen — dort die Rechtsnachfolgerin des Reiches, mit Alleinvertretungsanspruch und daraus folgender Hallsteindoktrin. Für die Jüngeren ist das Begreifen schwieriger; sie interessieren sich weniger für die rechtliche Begründung der Konstruktion, als für die politischen Folgen der Teilung.

Je perfekter das staatliche »Provisorium« wurde, desto mehr förderte es nach dem Gesetz der Wechselwirkung auch die Zementierung des »Arbeiter- und Bauernstaates« auf der anderen Seite. Gerade das konsequente, ständig wiederholte Bekenntnis zur Alleinvertretung erwies sich immer stärker als Hindernis, eine Politik zu treiben, welche die Verhältnisse »drüben« hätte ändern können. Heute haben sich die Positionen verkehrt: Während die Regierung Kiesinger den Alleinvertretungsanspruch aufzulockern und sich aus selbst angelegten juristischen Fesseln zu befreien versucht, zieht sich Ost-Berlin aus Furcht vor Kontakten auf einen Alleinvertretungsanspruch für die westdeutschen »Arbeiter« zurück und behauptet nun seinerseits den Alles-oder-Nichts-Standpunkt, von dem Kiesinger sich mit vieler Mühe abgesetzt hat.

Die Wirklichkeit hat sich eben seit 1949, wie Golo Mann schrieb, dem Alleinvertretungsstandpunkt nicht angenähert, sondern sich immer weiter von ihm entfernt. Daß sich die Unruhe der Studentenschaft über diese fast zur Lebenslüge gewordene Kluft zwischen Theorie und Wirklichkeit heute gerade in der einstigen »Frontstadt« Berlin Luft macht, ist kein Zufall. Wer Verantwortung trägt, wird sich gründlich mit dieser keineswegs nur negativ zu beurteilenden Bewegung in der Studentenschaft auseinandersetzen müssen. Mit der Parole »Ruhe ist die erste Bürgerpflicht« ist nichts getan.

Gefährliche Bewußtseinsspaltung

Hier zeigt sich die innenpolitische Bedeutung der Ost- und Deutschlandpolitik. Versäumt die Große Koalition jetzt, ihr Versprechen einzulösen und ernstlich neue Wege zu beschreiten, könnte aus der Widersprüchlichkeit in der deutschen Frage ein Zwiespalt der Generationen werden. Die Gefahr, daß sich die Unruhe außerparlamentarische Ventile sucht, ist um so größer, als es heute keine Auffangstellung durch die Opposition gibt, wie sie in den fünfziger Jahren, im Streit über die Wiederbewaffnung, vorhanden war. Um so wichtiger ist es, daß die Regierung Kiesinger den Sinn der Großen Koalition tatsächlich darin sieht, mit einigen Tabus einer steril gewordenen juristischen Konstruktion zu brechen.

Die ersten Schritte hat Kiesinger getan. Europäische Annäherung ist zur Grundlage der Ostpolitik geworden, auch ohne daß sie mit der Forderung nach Schritten zur Wiedervereinigung gekoppelt wird. Das Ziel, die DDR zu isolieren, ist durch eine offensivere, auf praktische Ergebnisse gerichtete Ostpolitik ersetzt worden. Wenn auch Kiesinger selbst auf den zweischneidigen Begriff Alleinvertretungsanspruch noch nicht verzichten zu können glaubt — was soll die ängstliche Auslassung der Buchstaben DDR bei der Briefanrede Stophs? —, haben Brandt und Wehner dem Wort eine Deutung gegeben, die nicht mehr, wie bisher, die eigene Bewegungsfreiheit hemmt und direkte Gespräche mit der DDR-Regierung prinzipiell ausschließt. Alleinvertretung bedeutet keine Bevormundung der Landsleute im anderen Teil Deutschlands, heißt es; es handle sich vielmehr um eine »politisch-moralische Pflicht, uns um die deutsche Frage zu kümmern, so gut wir können«. In Bergneustadt ging Wehner noch einen Schritt weiter: Es sei nur folgerichtig, daß die Bundesrepublik nicht auf der Alleingültigkeit ihrer wirtschaftlichen und sozialen Ordnung besteht, daß sie auch nicht Anspruch auf Gebiete erhebt, und daß sie bisher auch noch keinen Vertrag oder kein Abkommen geschlossen hat, das sie zugleich für den anderen Teil Deutschlands gelten lassen will.

Der Rahmen für eine neue Deutschlandpolitik ist abgesteckt. Es gilt jetzt, ihn auszufüllen. Niemand braucht sich Sorge zu machen, daß darunter das ohnehin schwach entwickelte Staatsgefühl in der Bundesrepublik noch mehr leiden werde. Im Gegenteil: Erst die konsequente Fortführung dieser Politik wird zu einem klareren Verständnis der eigenen Lage führen und damit — in den Augen der jüngeren Generation — die Bonner Politik von einer gefährlichen Spaltung des Bewußtseins befreien.

»Süddeutsche Zeitung« (München), 16. 6. 1967

Heinz J. Furian

Aufstand gegen die Meinungsdiktatur

Wachsende Bewegung für die Enteignung des Springer-Konzerns

»Es hat etwas Beklemmendes an sich, 22 Jahre nach dem Ende Hitlers die unerhört starke, kaum noch einzuschränkende Macht eines rechten Pressekonzerns in Deutschland zu sehen.« So steht es in einem scharfen Artikel des Darmstädter Professors für Zeitgeschichte, Dr. Karl Otmar Freiherr von Aretin, der jüngst in der katholischen Zeitung »Die Furche« (Wien) veröffentlicht wurde. Aretin vergleicht den heutigen Springer-Konzern mit dem Hugenberg-Konzern vor 1933, der das Klima vorbereitet habe, in dem Hitler gedeihen konnte. Dabei verweist Aretin auf die vor allem in der BILD-Zeitung hervortretende Intellektuellen-Feindschaft, die mit jener des Nazismus verwandt sei. Die Meinungsdiktatur der Springer-Presse habe sich nicht zuletzt in West-Berlin ausgewirkt: »Da Springer den Berliner Studenten verständnislos gegenüberstand, entwickelte sich in der von ihm zu 66,5 Prozent beherrschten Berliner Presse eine ausgesprochene Hetze, die nicht unerheblich zu Studentenkrawallen beigetragen und die Atmosphäre gefährlich vergiftet hat.«

Wenn Aretin die Demonstrationen der Westberliner Studenten als »Krawalle« bezeichnet, müssen wir widersprechen. Innerhalb der studentischen Bewegung in West-Berlin wie in der Bundesrepublik sind Krawall und sinnloser Radau bisher stets Randerscheinungen geblieben, die nicht verallgemeinert werden dürfen. Im übrigen hat Aretin aber die Situation genau erfaßt, und er weist mit Recht darauf hin, daß die wachsende Unruhe in der Studentenschaft ein Ergebnis des herrschenden politischen Klimas ist, das eben durch die Meinungsdiktatur des Springer-Konzerns gekennzeichnet wird.

Im Rückblick auf die verhängnisvolle Rolle des einstigen Hugenberg-Konzerns wird deutlich, daß die Forderung nach Enteignung des heutigen Hugenberg, des Monopolherrn Axel Caesar Springer, ganz einfach die Erhaltung beziehungsweise Wiederherstellung demokratischer Verhältnisse bezweckt. Es geht um die Meinungs- und Informationsfreiheit, die zwar durch das Grundgesetz auf dem Papier »garantiert« wird, in Wirklichkeit aber nur noch in Rudimenten vorhanden ist. Die Anti-Springer-Kampagne muß daher zur Sache aller wirklich demokratischen Kräfte in unserem Land werden. An dieser Frage scheiden sich die Geister.

Erfreulicherweise hat sich die Bewegung für eine Enteignung oder Entflechtung des Springer-Konzerns in den letzten Wochen beträchtlich verbreitet. Dabei liegt das Aktionszentrum bisher noch in der Studentenschaft, aber die ganze außerparlamentarische Opposition — von der DFU über die Verbände der Kriegsgegner bis zu den kritischen westdeutschen Schriftstellern und Publizisten — schließt sich mehr und mehr den Forderungen der Studenten an. Nur diese Breite der Bewegung, wobei die Gewerkschaften als stärkste gesellschaftliche Kraft nicht fehlen dürfen, kann schließlich zum Erfolg führen.

Unter der Losung »Haut dem Springer auf die Finger« hat Ende September auch der Sozialdemokratische Hochschulbund (SHB) eine Kampagne gegen die Springer-Presse beschlossen. Auf einer Pressekonferenz in Bonn erklärte der SHB-Vorsitzende Linde, sein Verband werde in Seminaren und sonstigen Veranstaltungen untersuchen, »ob zwischen dem Blei in Springers Setzmaschinen und dem Blei in Benno Ohnesorgs Kopf nicht ein ursächlicher Zusammenhang besteht«. Der SHB werde sich sehr eingehend mit der Diffamierung oppositioneller Kräfte durch die Springer-Zeitungen beschäftigen.

Anfang Oktober wurde ein wesentlicher Fortschritt im Sinne der Zusammenarbeit der oppositionellen Kräfte erzielt: In Offenbach trafen sich Vertreter der politischen Studentenverbände SDS, SHB, LSD und HSU sowie der Allgemeinen Studentenausschüsse (AStA) der Universitäten West-Berlin, Tübingen, Heidelberg, Mainz, Freiburg, Bochum, Frankfurt und der Technischen Hochschule Hannover, ferner Vertreter der Kampagne für Abrüstung, der Studentengewerkschaft Bonn und des Westberliner Republikanischen Clubs. Sie berieten über die Koordinierung der Kampagne gegen den Springer-Konzern und kamen zu sinnvollen Vereinbarungen: Die Auseinandersetzung mit dem Springer-Konzern soll zu einem zentralen Thema der öffentlichen Meinungsbildung gemacht werden. Zu diesem Zweck sollen öffentliche Diskussionen unter dem Motto »Soll Springer enteignet werden?« veranstaltet werden. Auch Aufklärungsmaterial soll herausgebracht und durch das Koordinationsbüro (Klaus Vack, 605 Offenbach, Merianstraße 13) verbreitet werden.

Wie ein Paukenschlag wirkte schließlich die Erklärung, mit der sich die Schriftsteller der Gruppe 47 auf ihrer Herbsttagung unmittelbar vor der Frankfurter Buchmesse gegen den Springer-Konzern stellten. Es ist eine Boykott-Erklärung, nicht mehr und nicht weniger. Man mag bedauern, daß die Forderung nach der Enteignung Springers darin fehlt, aber zweifellos ist gerade diese Erklärung der literarischen Prominenz geeignet, weitesten Kreisen erst einmal die Gefahr des Springerschen Meinungsmonopols bewußt zu machen. Die Entschließung hat folgenden Wortlaut:

»Der Springer-Konzern kontrolliert 32,7 Prozent aller deutschen Zeitungen und Zeitschriften. Dadurch ist die zuverlässige Information der Öffentlichkeit gefährdet. Die Schriftsteller der ›Gruppe 47‹ halten diese Konzentration für eine Einschränkung und Verletzung der Meinungsfreiheit und damit für eine Gefährdung der Grundlagen der parlamentarischen Demokratie in Deutschland.

1. Wir haben daher beschlossen: Wir werden an keiner Zeitung oder Zeitschrift des Springer-Konzerns mitarbeiten.

2. Wir erwarten von unseren Verlegern, daß sie für unsere Bücher in keiner Zeitung oder Zeitschrift des Springer-Konzerns inserieren.

3. Wir bitten alle Schriftsteller, Publizisten, Kritiker und Wissenschaftler, die Kollegen im PEN und in den deutschen Akademien, zu überprüfen, ob sie eine weitere Zusammenarbeit mit dem Springer-Konzern noch verantworten können.«

Diese Boykott-Erklärung, die manchem Schriftsteller erhebliche finanzielle Einbußen bringen wird, wurde zunächst von 76 Mitgliedern der Gruppe 47 unterzeichnet, darunter Hans Werner Richter, Reinhard Lettau, Günter Eich, Wolfdietrich Schnurre, Peter Rühmkorf, Reinhard Lenz, Wolfgang Hildesheimer, Martin Walser, Günter Grass und Erich Fried. Über 20 weitere Autoren haben sich in den folgenden Wochen angeschlossen, darunter Ernst Bloch, Heinrich Böll,

Walter Jens, Hans Mayer, Hans Magnus Enzensberger, Alexander Mitscherlich, Ingeborg Bachmann, Marie-Luise Kaschnitz und der Komponist Hans Werner Henze.

Die Gruppe 47 scheint mit dieser Erklärung ihre jahrelange Müdigkeit und Stagnation überwunden zu haben. Wie notwendig das politische Engagement des Schriftstellers in dieser Zeit ist, zeigten die Vorgänge auf der Frankfurter Buchmesse. Solange in der Bundesrepublik ein »Braunbuch« aus der DDR beschlagnahmt werden kann, weil es Dokumente über einen ehemaligen KZ-Baumeister enthält, während die Springer-Presse ein nach Millionen zählendes Publikum Tag für Tag belügen und systematisch verhetzen kann, solange ist die Demokratie in höchster Gefahr. Der Aufstand wider diese Gefahr wird zur demokratischen Pflicht, Boykott und Demonstration sind seine Mittel. Und die Parole muß heißen: Enteignet Springer!

»Das Andere Deutschland« (Hannover), 1. 10. 1967

William S. Schlamm kommentiert:

Der SDS und die SA

Den Sozialistischen Deutschen Studentenbund (SDS) mit SA und SS zu vergleichen, gilt in Deutschland als unschicklich. Mehr und schlimmer noch, es gilt geradezu als »unwissenschaftlich«. Aber ehe man vor solchen Warnungen erschrickt, sollte man die Tatsachen und die Argumente prüfen.

Der wesentliche Unterschied, wird man von den Hohepriestern der »Politologie« belehrt, sei der »Bewußtseinsunterschied«. Damit ist gemeint, daß die nazistischen Sturmtruppen nichts als Schläger waren, während die SDS-Leute immerhin einige intellektuelle Vorstellungen von echten gesellschaftlichen Konflikten pflegen. Gewiß, nicht einmal Herr Günter Grass wagt es, die faschistischen Methoden des SDS gutzuheißen; aber vehement wendet er sich gegen die »naive« Gleichstellung der unleugbar identischen Methoden: der gewaltige Unterschied läge in der sehr unterschiedlichen Motivation. Die studentischen Brigaden des Ché Guevara seien vom Grübeln über gesellschaftliche Mißstände erregt, während die jungen Nazis von 1932 eben bloß Rabauken waren.

Aber gerade das ist vollkommen unwahr. Was ihren »Bewußtseinszustand« betrifft, so waren die jungen Nazis von 1932 echte Rebellen. Natürlich hatten sie an den Straßenschlachten auch ihren jungenhaften Spaß. Aber selbst Herr Grass wird nicht bestreiten wollen, daß die unterschiedlichen »Happenings« und Provokationen dem dreisten Teufel unter anderem Spaß machen. Wer jedoch die dreißiger Jahre miterlebt hat, ist heute noch bedrückt vom unverkennbaren

»Idealismus«, der damals aus jungen Nazi-Augen strahlte. Diese kek-
ken Burschen waren getrieben vom heiligen Haß gegen die »Bürgerwelt«, die sie umgab. Während sie die kleinen Juden auf der Straße
belästigten, fühlten sie sich als ergebene Ritter der nationalen Revolution.

Nein, gerade in der Motivation hat der SDS den jungen Nazis von
1932 nichts voraus. Die nazistischen Studenten, die vor 35 Jahren
Bücher ins nächtliche Feuer warfen, waren über die »jüdische Literatur« nicht weniger aufrichtig erbittert als die SDS-Gardisten über die
»Springer-Presse«. Die »Politologen«, die dem SDS-Rabauken eine
ideologische Zündung zugestehen, die sie im Falle des Nazi-Rabau-
ken bestreiten, lügen ebenso schlicht wie einfach: Die fürchterliche
Wahrheit über den Nazismus ist, daß in ihm ein durchaus ideologi-
scher Fanatismus explodierte.

Was die »Politologen« offenbar sagen wollen, aber deutlich zu sagen doch nicht wagen, ist etwas ganz anderes. Offenbar meinen sie,
die Ideologie der Nazis sei eben »falsch« gewesen, aber die des SDS
sei »richtig«. Und für eine »richtige« Ideologie dürfe man gewalttätig
werden, aber nicht für eine »falsche«. Womit wir beim Kern des politischen und sittlichen Problems angelangt wären — bei der zu Tode
gerittenen Streitfrage, ob »der Zweck die Mittel heiligt«. Für erwachsene Menschen, sofern sie nicht »Politologie« dozieren, ist diese Frage
seit ein paar Jahrtausenden gelöst. Aber es nützt ihnen nichts — alle
zwanzig Jahre oder so erzwingen junge Professoren eine Neuinszenie-
rung der alten Debatte.

Man muß also wieder einmal geduldig wiederholen, daß, o nein,
die Zwecke nicht die Mittel heiligen; daß die Tötung eines Nachbarn
aus den »heiligsten« Motiven ein gemeiner Mord ist; daß die Zerstörung fremden Eigentums, aus welchen Gründen immer, ein strafba-
res Verbrechen bleibt; daß weiße Mäuse und Stinkgase in Ver-
sammlungen auch von ideologisch motivierten Rabauken nicht los-
gelassen werden dürfen; daß vielmehr ein Verbrechen um so straf-
würdiger ist, je absichtsvoller, bewußter, berechneter es begangen
wird.

Der SDS ist nur deswegen nicht noch verbrecherischer und straf-
würdiger als die SA, weil er eben keineswegs »intellektueller« ist
als sie. Abgesehen von seinem flinken Gebrauch eines »wissenschaftlichen« Jargons, hat Herr Dutschke keineswegs ein klareres und
durchdachteres Gesellschaftsbild, als es die fanatischen Nazi-Stu-
denten der dreißiger Jahre hatten. Es ist jedenfalls nicht »richtiger«
als ihres — schon deswegen, weil Utopien gleichermaßen »richtig«
und gleichermaßen »falsch« sind: Das »Gewollte« entzieht sich den
landläufigen Maßstäben. Was für den einen Wollenden »richtig« ist,
wird für den Anders-Wollenden »falsch« sein. Übrigens wäre ich auch
dann ein Anti-Nazi, wenn das Gedankengut des Nazismus »richtig«

gewesen wäre; und ich bliebe auch dann ein Feind des Maoismus, wenn die Teufels weniger närrisch wären.

Denn worum handelt es sich? Es handelt sich genau darum, worin die SA und die SDS absolut identisch sind: um die kecke Selbstsicherheit, um die boshafte Freude an der Pein ihrer Umgebung. In diesen zwei entscheidenden »Ungezogenheiten« der rabaukischen Rebellen sind SA und SDS auswechselbar. Natürlich haben sich beide, SDS und SA, irgend etwas Großartiges bei ihren »Demonstrationen gegen die Bürgerwelt« gedacht. Aber was immer sie sich denken, ist irrelevant (und übrigens weder beweisbar noch widerlegbar). Wichtig ist, daß diese jungen Leute mit einer kecken Selbstsicherheit handeln, die in jeglicher Gesellschaftsordnung als unerträglich gespürt und abgeschüttelt werden wird. Und wichtig ist überdies, daß aus diesen fanatisch-hübschen jungen Gesichtern eine gemeine Freude am Unbehagen ihrer Umgebung strahlt. Daß die SA sich an der Pein der Juden freute, und der SDS sich an der Pein des »Bürgers« freut, ist unwichtig; wichtig ist die boshafte Gemeinheit dieser Freude.

Freilich, die Generäle rüsten gewöhnlich für den vergangenen Krieg; und Bonn weiß ganz genau, was es gegen Hitler unternähme. Aber den gab es eben nur einmal. Der nächste Vorstoß von politischem Verbrechertum kommt aus einer ganz anderen Richtung. Jawohl, auch ich rieche Neo-Nazismus in Deutschland — wann immer ich der kecken Selbstsicherheit und der gemeinen Freude des SDS begegne.

»Salzburger Nachrichten«, 17. 2. 1968

Günter Grass

Der Biedersinn gibt wieder den Ton an

Vor zwei Wochen, am 21. Februar, wurden in Berlin Studenten oder junge Bürger, von denen man annahm, sie seien Studenten, durch die Straßen gejagt und niedergeschlagen. Diese Menschenjagd kam nicht von ungefähr, sie kann sich jeden Tag wiederholen, der Appell an aggressive Instinkte ist, nachdem ihn die vier Berliner Springer-Zeitungen als Stil lange praktiziert haben, zum Regierungsstil erhoben worden. Ich sagte anfangs, vor 14 Tagen kam es zur Menschenjagd. Seitdem gibt sich Berlin wieder harmlos. Die Semesterferien erlauben es den Studenten, ihr Elternhaus mit dem Staatsgebilde zu vergleichen, das Kinoprogramm wechselt, im Zoo werden regelmäßig die Tiere gefüttert. Kurzum, nach 14 Tagen ist ein Ereignis von brutalstem Zuschnitt von Alltäglichkeiten überdeckt worden. Der Biedersinn gibt wieder den Ton an. Und was wirklich stattgefunden hat, kann

morgen schon, bevor es sich wiederholt, als lästiger Alptraum weg-
stilisiert werden. Ich warne vor diesem altbewährten Umgang mit
dem Vergangenen und ziehe es vor, die Wunde offenzuhalten.

Wenn wir die Ursachen der immer noch latenten Pogromstimmung
freilegen wollen, müssen wir weit ausholen. West-Berlin ist während
mehr als zwanzig Jahren durch Krisen, die von außen herangetragen
wurden, wieder und wieder geprüft worden. Auch wenn im Inneren
dabei die demokratische Substanz erhalten blieb, übte sich dem Senat und einem Teil der Bevölkerung eine Frontstellung ein, die mehr
und mehr versteinerte. Deshalb konnte die erste, innerhalb West-Berlins gewachsene Krise die Stadt und ihre Öffentlichkeit mehr in Frage
stellen, als es Blockade und Mauerbau vermocht hatten. Heute liegen
die unbeglichenen Rechnungen der Adenauer-Ära auf dem Tisch.

Das Urteil der Jugend ist hart

Das langanhaltende Doppelspiel des kalten Krieges, drüben dogmatischer Stalinismus, hier dogmatischer Antikommunismus, ist, auch
wenn es vorbei zu sein scheint, durch Verträge fixiert. Wir müssen
zahlen, auch wenn die Schuldenmacher schon längst von der politischen Bühne abgetreten sind. Die Jugend will von dieser Verschuldung nichts wissen. Oft weiß sie zuwenig davon. In jedem Fall will
sie neu anfangen und das Schuldkonto ihrer Väter und Großväter entweder überhaupt nicht übernehmen oder nur unter Bedingungen
übernehmen. Das Urteil der Jugend ist hart. Es nennt den Krieg der
Vereinigten Staaten in Vietnam verbrecherisch.

Stereotype Hinweise auf den polizeistaatlichen Schießbefehl der
DDR-Obrigkeit können dieses Urteil nicht aufheben. Es folgert nüchtern, unsere amerikanischen Verbündeten setzen in Vietnam Kriegsverbrechen fort, die als deutsche Kriegsverbrechen vom Nürnberger
Tribunal, also auch von amerikanischen Richtern zu Recht verurteilt
worden sind.

Doppelzüngigkeit der Politiker

Da niemand dieses schroffe Urteil zu widerlegen vermag, rettet sich
die Bundesregierung in devote Bekenntnisse zur Vasallentreue. Dabei beweist die Versicherung des Bundeskanzlers »Wir stehen fest an
der Seite unserer Alliierten« nichts als die Doppelzüngigkeit der CDU/
CSU, denn die gleichen Herren praktizieren, sobald es um den Atom-
sperrvertrag geht, den üblichen Antiamerikanismus. Kurt Georg Kiesinger hatte den traurigen Mut, die betont maßvolle Vietnam-Initiative
der SPD als schulmeisterliche Einmischung zu diffamieren. Und der
Bundestag schweigt. Doch solange die verantwortlichen Politiker
nicht die Zivilcourage aufbringen, dem Verbündeten den Weg in die
Katastrophe zu versperren, haben sie kein Recht, das Votum der Jugend abzuurteilen.

Dem Protest ein Ziel geben

Wenn einige Demonstranten den Protest gegen den Vietnam-Krieg für die Proklamation revolutionärer Thesen benutzen, ist diese Agitation noch lange kein Grund, den Vietnam-Protest mit seinem Mißbrauch zu verwechseln. Andererseits ist es an der Zeit, den revolutionären Anspruch an der Wirklichkeit zu messen und dem Vietnam-Protest ein in diesem Land erreichbares politisches Ziel zu geben. Ich meine den oft angekündigten Beginn der Vietnam-Debatte im Bundestag.

Uns fehlen Basis und Kenntnis, den Sieg des Vietkong zu fordern. Solch heroische Rhetorik bleibt gratis und hilft niemandem.

Es gilt, aus unserer besonderen Situation heraus zur Sache zu sprechen. Denn im Bundestag und mit den NATO-Partnern muß endlich die Frage diskutiert werden, wie verhält sich die Bundesrepublik, wie verhält sich die NATO, wenn die Vereinigten Staaten den Einsatz nuklearer Kampfmittel in Vietnam androhen oder freigeben. Welche Vorkehrungen hat die Bundesrepublik, hat die NATO getroffen? Die sagenhafte Nibelungentreue der Deutschen muß hier ihre Grenzen haben.

Deshalb sollte der zu fordernde Beschluß des Bundestages heißen: Wenn die Vereinigten Staaten in Vietnam den Einsatz nuklearer Kampfmittel androhen oder ohne Androhung nukleare Kampfmittel einsetzen, ist der NATO-Vertrag hinfällig.

Das würde Berlin nicht überleben

Warum erst dann? Weil bindende Verträge bindend sind. Und erst, wenn sie von einer Seite in Frage gestellt werden, kann man sie auflösen. Die gleichen Forderungen sollte der Vietnam-Protest dem Berliner Abgeordnetenhaus stellen. Denn die gewählten Vertreter dieser Stadt wie ihre Wahlbürger sollten sich bewußt sein, daß die bloße Androhung des Einsatzes nuklearer Kampfmittel die UdSSR zwingen könnte, den Druck auf Berlin zu verstärken. Der Einsatz nuklearer Kampfmittel in Vietnam kann nur zu einer Lösung der Berlin-Frage führen, die Berlin nicht überleben wird.

Schon inmitten dieser Eskalation stellt sich nicht mehr die Frage, ob Demonstrationen gegen den Krieg in Vietnam zulässig sind oder nicht. Dagegen fragen wir uns, ob der Senat noch in der Lage ist, die wirklichen Gefahren für diese Stadt zu begreifen. Denn der Stil der Kundgebung vor dem Rathaus Schöneberg läßt vermuten, daß die Schlagzeilen der »Bild-Zeitung« die Reste politischer Vernunft verdrängt haben. »Bild« schrieb vor, und der Senat führte aus.

Ich kenne die handelsüblichen Ausreden. Niemand sage, die Studenten haben angefangen. Die Studenten haben protestiert, immer mit Grund und manchmal mit verstiegenen Argumenten. Aber kein

Student hat in dieser Stadt einen Andersdenkenden tätlich angegriffen, niedergeschlagen, verletzt.

Kein Polizist, ein Student wurde erschossen

Niedergeknüppelte Studenten füllten die Krankenhäuser. In allen Berliner Springer-Zeitungen, dagegen in keiner Studenten-Zeitung wurde zum Härterwerden, zum Durchgreifen aufgerufen. Ich rede hier nicht von den schwachsinnigen Plakataufschriften beider Seiten.

Ich rede von dem organisierten Schlägerterror der einen Seite.

Meine Kritik am SDS, die ich gerne und mit Argumenten fortführen möchte, muß verstummen, solange diese Minderheit unter den Augen der Polizei wie Freiwild gejagt wird. Hier gibt es kein Deuteln. Am Sonntag, dem 18. Februar, fand eine Demonstration durch die Innenstadt und eine Kundgebung vor der Oper statt, an der sich Studenten, Gewerkschaftler und Sozialdemokraten mit den verschiedensten und widersprüchlichsten Argumenten gegen den Krieg in Vietnam beteiligten. Niemand, der seine Kritik an der Demonstration laut äußerte, wurde angegriffen und niedergeschlagen. Wenn unsere Mitbürger im Ostteil dieser Stadt seit Jahren mit oder gegen ihren Willen unter roten Fahnen leben, dann werden wir wohl einige Stunden lang diese Farbe aushalten können.

Wie schlecht muß es um eine Demokratie bestellt sein, die sich wie ein Stier durch rote Tücher reizen und zur blinden Wut verlocken läßt. Wie schwach und unsicher ist eine Demokratie, die mit einer Gegen- und Großveranstaltung die Minderheit einzuschüchtern versucht. Wie feige wird eine Demokratie vertreten, wenn ihre gewählten Abgeordneten einen marktschreierischen Appell an Pogrominstinkte zulassen. Gewiß wurden wieder einmal zwischen den demagogischen Aussprüchen des Herrn Amrehn Ruhe und Ordnung gepredigt. Aber wer die ausgehungerte Bestie freiläßt, kann sich keinen Freispruch einhandeln, indem er der Bestie nachflüstert, sie möge sich sanftmütig verhalten.

Einen Tag vor dieser Großveranstaltung erhielt der Regierende Bürgermeister von mir einen Brief, aus dem ich nun, da es zu spät ist, zitieren muß, »Ihr angedeutetes Vorhaben, noch in dieser Woche auf einer Großveranstaltung die Meinung der Berliner Bevölkerung laut werden zu lassen, zeigt an, daß Sie nicht bereit sind, die Erfahrungen der letzten Tage zu nutzen. Ich möchte jetzt und noch rechtzeitig darauf hinweisen, daß die von ihnen geplante Gegen- und Großveranstaltung die Kluft zwischen den Studenten und der Bevölkerung dieser Stadt noch vergrößern wird. Deshalb wären Sie gut beraten, wenn Sie eine Veranstaltung mit solch provozierender Zielsetzung unterließen.«

Klaus Schütz meint Sozialdemokrat zu sein . . ., aber wer die soziale Demokratie dem CDU-Niveau der Herren Amrehn und Wohlrabe anpaßt, schädigt die Partei.

Mitte März findet in Nürnberg der Parteitag der SPD statt. Willy Brandt, der 1. Vorsitzende der Sozialdemokratischen Partei Deutschlands und ehemalige Regierende Bürgermeister dieser Stadt, ist aufgerufen, die Herren Schütz, Neubauer und Mattick daran zu erinnern, welchen Begriff von Sozialdemokratie er in Berlin geprägt hat.

Unsere Veranstaltung steht unter dem Motto: »Appell zur Vernunft.« Es möge dieser Appell in Berlin und in Nürnberg aufgenommen werden. Dieses sage ich als Sozialdemokrat.

»Blickpunkt« (Berlin), März 1968

Gerd Bucerius

Wogegen sie kämpfen, das wissen sie

Impulse und Irrtümer bei den jungen Revolutionären in Berlin

Berlin, im März

Der Besucher kam in Tempelhof an und fragte den Taxichauffeur, was denn in Berlin los sei. Der sagte behaglich: »Den Langhans haben wir ja wohl zusammengeschlagen.« Er fand es ganz in Ordnung, daß der Kommunarde Langhans (der zusammen mit Teufel gerade ein tolpatschiges Gericht zum Zirkus macht) Prügel bekommen hatte. Warum? »Die holen uns doch nur den Osten auf den Hals. Wir können uns in Berlin keinen Krach leisten.« — Ruhe ist die erste Bürgerpflicht.

Und dann bekam der Besucher eine druckfrische Ausgabe des »Extradienst«. Das ist das Mitteilungsblatt der Berliner »außerparlamentarischen Opposition«, erscheint zweimal die Woche mit 2500 Auflage, aber jeden Monat sind es ein paar hundert Exemplare mehr. Da stand als erste Nachricht: Vor dem Verbot von Dutschkes Vietnam-Demonstration (Sonntag, 18. Februar) habe der Berliner Polizeipräsident Moch den Innensenator Neubauer (SPD) gewarnt: Die Dutschke-Leute würden trotz des Verbotes demonstrieren; dann müsse die Polizei aufmarschieren, und es werde Tote geben.

Der Besucher war fast ein Jahr nicht in Berlin gewesen; nun wußte er: Hier war etwas los. Wenn sich die einen über Prügel freuen und die anderen mit Toten rechnen ... Wie gut also, daß Günter Grass zu der Kundgebung »Appell an die Vernunft« aufgerufen hatte. Am vorigen Mittwoch wollten er und mehrere Gleichgesinnte (darunter der Besucher als einziger aus dem Westen) die Extreme zu versöhnen suchen.

Die Extreme sind: Senat, alle politischen Funktionäre, die meisten Arbeiter und Bürger auf der einen, der Sozialistische Deutsche Studentenbund mit Dutschke, Lefèvre und fast alle Studenten auf der anderen Seite. Im Audimax der Technischen Universität preßten sich zweitausend Leute und tausend in einem weiteren Saal, der Lautsprecherübertragung hatte. Das Durchschnittsalter war zwanzig Jahre, viele jünger, ganz wenige älter. Die »Bürger« fehlten.

Als der Versammlungsleiter die fünf Redner aufrief, bekamen alle freundlichen Beifall. Alle, bis auf Günter Grass. Als der Schnauzbart sich vor dem Publikum erhob, gab es minutenlang Buh- und Ho-Tschi-Minh-Klatschen. Sein Gesicht wurde eine Nuance grauer und härter.

Erster Redner war Heinz Brandt. Er hatte den Rock ausgezogen, und man sah auf dem linken Unterarm in Blau die sechsstellige KZ-Nummer. Als er Hitler entkommen war, hatte ihn Ulbricht fast drei Jahre eingesperrt; das machte ihn dem Publikum sympathisch. Er schalt den Senat und den Bürgermeister, seinen Bürgermeister, denn Brandt ist Sozialdemokrat wie Bürgermeister Schütz. Am Unfrieden in der Stadt sei Schütz schuld; er bekämpfe die freiheitliche Linke in der Berliner SPD (Kämpfe im »Wohnküchenstil«, sagte später Professor Kade), beuge sich der hetzerischen Springer-Presse (ganz großer Beifall).

Dem Besucher aus dem Westen (zweiter Redner) widerfuhr Merkwürdiges. Er war schon nach der Blockade in Berlin gewesen, hatte als Mitglied des Bundestages ein Amt angenommen, das beim Wiederaufbau Berlins helfen sollte — jede zweite Wohnung, fast alle Fabriken waren ja zerstört. Er hatte gesehen, wie die Berliner stolz waren auf ihren Sieg über Ulbrichts Blockade und darauf, wie sie mit geringer Hilfe (und viel gutem Zuspruch) aus dem Westen ihre Stadt wieder aufbauten. Er hört immer noch Bürgermeister Reuters Stoßseufzer: »Wir haben 300 000 Arbeitslose; wenn es erst einmal 200 000 sind . . .« Deshalb dachte er sein Publikum mit einem Kompliment zu gewinnen und sprach von »der Stadt, deren Kraft und Leistung einmal das moralische Vorbild für die Bundesrepublik« gewesen sei.

Das Publikum hielt das für einen großartigen Witz; es lachte laut und herzlich. Die protestierende Jugend will nichts mehr wissen von den Leistungen und Erfolgen der zwanzig Jahre seit der Blockade. Das ist alles Großsprecherei alter Leute, »Opium fürs Volk«, Gerede, mit dem die Herrschenden (das sind die Kapitalisten und die von ihnen ausgehaltenen SPD- und Gewerkschaftsbonzen) die Geburt der neuen, nun wirklich freiheitlichen Ordnung hindern wollen. Jede pathetische, auch nur liebenswürdige Wendung begegnete nachsichtigem Mitleid.

Nicht so Kritik am SDS und den Studenten. Der Redner meinte, es gebe im Berliner SDS Extremisten: die sprächen von Aufstand und Maschinenpistolen. Er sagte, die liberale Ordnung sei gefährdet, aber reparabel, und es gebe keinen Ersatz für sie. Und der Kapitalismus bringe immer noch die höchsten volkswirtschaftlichen Erträge. Er nannte Dutschke einen hochbegabten Intellektuellen, aber »gefährdet; er kann Massen bewegen, aber die Massen bewegen auch ihn«, und die Gefahr des gewaltsamen Zusammenstoßes komme nicht nur von »rechts«.

Das Publikum hörte es gespannt, aber gelassen. Es jubelte, wenn der Redner Schütz und seinen Senat attackierte, und es schwieg, wenn er Dutschke, dessen Meinung und dessen Freunde attackierte. Aber es schwieg nicht feindselig. Denn immerhin: Er ist ein Kapitalist, das ist seine Meinung; mit der muß man streiten. Er ist ja kein Verräter.

Ein »Verräter« aber war Günter Grass. Auf Günter Grass hatte die radikale Linke gehofft; ein Mißverständnis, denn Grass ist in der SPD, hat für sie im Wahlkampf 1964 geredet, er beschimpft zwar Schütz (mit Recht), lobt aber (nicht ganz so überzeugt) Willy Brandt. Die Jungen hatten geglaubt, sie könnten ihn mitreißen. Aber Grass ist renitent. Als er zum Pult ging, gab es Buh- und Ho-Tschi-Minh-Klatschen, minutenlang. Der Schnauzbart, knapp über Pulthöhe, sank noch tiefer. Grass, als es ruhig wurde: »Da Klatschen kein Argument ist, brauche ich darauf nicht zu antworten.« Und siehe da: Dieselben Klatscher und Buher fanden das großartig, lachten lang und herzlich. Die erste Runde war an Günter Grass gegangen.

Grass schonte sein Publikum nicht. Natürlich schalt er den Senat, aber dann so: »Solange der Terror des Senats dauert, kann ich die Dummheiten des SDS nicht bekämpfen.« Und dann beschuldigte er auch den SDS: Gewalt nütze nicht, fordere nur Reaktion heraus. Es sei so einfach, gegen die NATO zu sein. Aber: »Wir haben den NATO-Vertrag unterschrieben und müssen ihn halten. Wenn aber die Amerikaner in Vietnam mit Atombomben kämpfen, dann brechen sie den Vertrag, und wir können ihn lösen.« Schließlich: »Ich weiß nicht genug vom Vietcong, um ihm den Sieg zu wünschen.« Tumult!

Ich weiß nicht, wer in Berlin außer Grass das in einem so tobenden Saal gewagt hätte. Grass ist — durch sein politisches Engagement — in Berlin eine moralische Kraft geworden, gehaßt zwar von der schwächlichen politischen Führung und der Springer-Presse, aber respektiert von den moralisch intakten, aber fanatisch-doktrinären Gegnern der liberalen Ordnung. Zum Schluß war der Beifall freundlich, aber Grass verzagt: »Ob das überhaupt noch einen Sinn hat?«

Ich meine: Ja.

Nachmittags war der Besucher aus dem Westen im »Republikanischen Club« verabredet, Wielandstraße Nr. 27. Der »Club«, im zweiten Stock eines alten Prachthauses, ist so gemütlich wie eine Berliner Eckkneipe.

Lefèvre und einige seiner Freunde waren schon da, Dutschke kam vierzig Minuten zu spät, das gehört zum Ritus. Aber er entschuldigte sich freundlich; das Flugzeug hatte Verspätung gehabt. Dreiviertel Stunden später wurde er schon ans Telefon und nach Helsinki gerufen, sofort, Flugverbindungen via Hamburg heraussuchen: »Wenn ich um neun Uhr (abends) nicht in Malmö bin, hat's keinen Zweck mehr. Man muß ja viel zu Vorträgen reisen, die bringen Geld (Kapitalisten zahlen höhere Preise), und der Vietnam-Kongreß ist noch nicht bezahlt.«

In der kurzen Zeit aber war er entspannt, aufmerksam, freundlich, bedacht, nicht zu kränken. Er wirkt dünnhäutig, empfindlich, spricht leise, melodisch, fast singend seine gewiß hundertfach vorformulierten Sätze: Man denkt an den Priester bei der Messe. Jeder Satz; klingt bedeutsam, aber schwer zu verstehen; man muß wohl länger mit ihm sprechen. Er ist immer grundsätzlich, wenig präzise im Detail. Er will, scheint mir, die neue Welt von oben aufbauen.

Seine Freunde: kräftig, pausbäckig und nachlässig gekleidet die einen; sie reden nicht viel. Sprechen tun die Schmallippigen; durch wenig Schlaf und Essen Anämischen. Sie sind »korrekt« angezogen und haben, 25jährig, Gelehrtengesichter. Sie sind klüger als der Durchschnitt der Studenten. Sie wissen viel und wissen es immer ganz genau; wenn man mit ihnen über Fakten streitet, versichern sie erstaunt: »Ihr Unterrichtungsstand ist aber sehr niedrig.« Immer diese Formeln.

Wohin sie wollen, das wissen sie gut. »Die Herrschaft des Menschen über den Menschen muß auf das geringstmögliche beschränkt werden.« Gewiß. Und sie kämpfen »gegen die autoritär-faschistische Tendenz unserer Gesellschaft.« Im Kapitalismus sei der Krieg automatisch eingebaut. Nur die kapitalistischen USA führten noch Krieg. Da helfen die Hinweise auf Jemen, die russische Hilfe an Nasser, die 100 000 Toten in Nigeria wenig. Der Krieg Ho-Tschi-Minhs gegen den kapitalistischen Giganten hat sie fixiert. Daß Giaps Feldzüge soeben Hué zerstörten, Zehntausende von Toten hinterließen, gilt ihnen nicht. »Das Volk kann untergehen, wenn nur die gerechte Sache siegt«, sagten die Extremsten. Sie bestreiten gar nicht, daß der Kapitalismus mehr Güter produziert. Aber er verteilt sie falsch. Er weckt, um des »Profits« willen, unechte Bedürfnisse und hält dadurch die Masse in künstlicher Abhängigkeit. »Liberal und rechtsstaatlich sind die Herrschenden nur, solange sie die ›Abhängigen‹ damit betäuben können. Leisten die Abhängigen Widerstand, dann kommt der Polizeiknüppel.«

Wogegen sie kämpfen, das wissen die Studenten; auch wohin sie einst wollen. Aber wie sie dahin kommen, das wissen sie nicht. Es soll gewiß nicht werden wie in der DDR oder Sowjetunion; auch da ist die Herrschaft (»Repression«) unerträglich. »Unsere organisatorischen Formen bilden sich erst keimhaft heraus.« Keinesfalls Verstaatlichung. Aber vielleicht Übergang des Eigentums an Genossenschaften der in den einzelnen Betrieben Schaffenden. Also mehr »Mitbestimmung«? Um Gottes willen, nein, keine Macht den Gewerkschaften. Sie wissen nicht, wem sie mehr mißtrauen, Brenner oder Leber. »Alle Macht den Räten, die ja nach dem gesellschaftlichen Bewußtsein gewählt und wieder abgewählt werden können.« Aber wie man eine Stadt von zwei Millionen wie Berlin oder gar eine von zehn Millionen wie New York mit ständig wechselnden Räten verwalten will, das wissen sie nicht. »Das Bewußtsein der Menschen muß verändert werden, dann werden alle friedlich miteinander leben.«

Sie irren sich oft; sie unterschätzen die Konstanz der menschlichen Eigenschaften durch die Jahrtausende. Sie rasen dagegen, daß auch in einer Demokratie der Wille des Volkes nicht ungebrochen »nach oben« transmittiert werden kann; daß sich immer wieder Oligarchien bilden, die nur die eigenen und nicht die Interessen aller verfolgen. Sie wollen sich nicht damit begnügen, dieses häßliche Unkraut im demokratischen Garten immer wieder zu jäten; sie wollen ein System der ein für alle Male lupenreinen egalitären Gesellschaft.

Sie irren — aber ich beneide sie um ihren Glauben und ihre Redlichkeit. Die Gesellschaft wird sich vor ihnen bewähren müssen.

»DIE ZEIT« (Hamburg), 15. 3. 1968

Joachim Sobotta

Zwei Danziger

Die beiden Danziger Freunde Günter Grass und Horst Ehmke, der Dichter und der Staatssekretär, die mehr als nur das SPD-Parteibuch verbindet, probten gestern in Nürnberg zwar nicht den Aufstand, aber den begrenzten Konflikt mit der CDU/CSU. Aus der Fülle der meist sehr sachlichen Beiträge ragten ihre Parteitagsreden hervor.

Günter Grass, so scheint es, möchte den lang erwarteten Angriff der Linken gegen Kiesinger eröffnen. Gewiß, der Blechtrommler ist nicht mehr als ein brillanter Außenseiter, es will aber schon einiges bedeuten, wenn er unter dem Beifall eines Teils des Parteitages und in Anwesenheit der Bundesminister Schiller und Heinemann die Position des Kanzlers in Frage stellt, weil Kiesinger angeblich keine eindeutige Auskunft über seine politische Vergangenheit geben kann. Es ist verständlich, daß die CDU-Beobachter in Nürnberg aufgeschreckt reagierten und den Kanzler in Bonn alarmierten.

Dieser Vorgang und Ehmkes profilierte Stellungnahme gegen das bisherige Schweigen unserer Regierung in Sachen Vietnam werden die Große Koalition gewiß nicht in Frage stellen. Aber man bekommt plötzlich einen Vorgeschmack dessen, was das Wahljahr 1969 noch bringen wird. Angriffe der SPD auf die CDU/CSU drohen zum Alltäglichen zu werden. Die Union wird gewiß zurückschlagen. Ob in dieser Atmosphäre noch jene Ernte an politischen Entscheidungen in die gemeinsame Scheuer eingefahren werden kann, die man sich erhofft, ist mehr als fraglich. Es wäre bedenklich, wenn auf dem SPD-Parteitag in Nürnberg der Wahlkampf 1969 bereits eröffnet worden wäre.

»Rheinische Post« (Düsseldorf), 20. 3. 1968

Günter Grass

Eine Stimme von außen her

Diskussionsbeitrag in der Arbeitsgemeinschaft C auf dem Nürnberger
Parteitag der SPD

Liebe Freunde! Die Referenten Horst Ehmke und Heinz Ruhnau und
ich, wir sind Landsleute. Sie haben es also quasi mit einer Danziger
Fraktion zu tun und können beobachten, wie sich drei Danziger westlich der Oder-Neiße-Grenze im Westen etabliert haben und durch ihre
Art von Arbeit auf verschiedenster Grundlage auch dieses Problem
zu lösen versuchen. Wir sind also hier; das Flüchtlingsproblem in
diesem Sinne besteht nicht mehr.

Diese beiden Referate schienen mir — erlauben Sie mir, daß ich
noch einen Augenblick beim Landsmännischen bleibe — von einer
Devise überschrieben zu sein, die aus guter hanseatischer Tradition
aus Danzig kommt, die Parole der Stadt »Nec temere, nec timide« —
»Weder waghaft, noch zaghaft«. Ich halte das für eine ganz gute Basis.
Von daher möchte ich versuchen, besonders Horst Ehmkes Referat
einige Fußnoten zu geben.

Meiner Meinung nach hat Horst Ehmke etwas sehr Notwendiges
versucht. Er hat mit der Analyse der Proteste, der Unruhe, der Infragestellung begonnen. Ich sage: begonnen; dieses Thema ist so groß,
daß man es in einem bemessenen Referat allenfalls anreißen kann.
Daher die Fußnoten.

Wir dürfen nicht vergessen, daß die Studenten während der fünfzi-
ger Jahre auf mustergültige Art und Weise Musterschüler in Sachen
Anpassung gewesen sind. Es passierte so gut wie nichts auf den Uni-
versitäten. Die Wahlbeteiligung bei AStA-Wahlen war gering. Die
Struktur der deutschen Universitäten spiegelt ja noch bis heute die-
ses Produkt der Adenauer-Ära mit ihrer merkwürdigen besitzelitären
Auslese mit — wie wir alle wissen — nur 7 Prozent Studierenden aus
Arbeiter- und Bauernfamilien wider.

Diese unpolitischen Studenten sind — beinahe über Nacht — nun
auf einmal politisch geworden. Das kann nicht heißen, daß ihnen über
Nacht die Argumente nachgewachsen sind. In der Tat sind ihre Argumente manchmal verworren. Die Gründe dafür können wir in den
fünfziger Jahren suchen.

Diese beschränkte Möglichkeit, sich zum Beispiel Arbeitern gegenüber zu artikulieren, hat zu folgereichen Mißverständnissen in der
Bundesrepublik geführt. Wir haben in Berlin während der Gegen-
demonstration vor dem Rathaus erlebt, daß man bewußt versucht hat,
Arbeiter gegen Studenten zu mobilisieren. Die Parallelerscheinung in
Warschau — auch wie man eine Zeitlang in Warschau versucht hat —
läßt zumindest den Verdacht aufkommen, daß die Gewerkschaften,

wenn sie diesen demagogischen Parolen weiterhin folgen wollen, in eine gefährliche dogmatisch kommunistische Nachbarschaft geraten. Dieser Gegensatz zwischen Studenten und Arbeitern läßt sich bewußt vertiefen. Wir haben eine Menge Ansätze dafür. Wir sehen es tagtäglich in Berlin in den Springer-Zeitungen. Wir erleben es, wie Politiker, die sich auf dieses Machtinstrument verlassen, diese Parolen beinahe unbesehen nachplappern.

Es liegt natürlich auch zum Teil daran, daß der plötzliche Protest der Studenten sie dazu verführt, den Arbeitern gegenüber arrogant aufzutreten. Sie übernehmen ungeprüft ein Vokabular, einen Jargon und sprechen von der Bewußtseinsbildung unter einer irregeleiteten Arbeiterschaft; sie sprechen mit diesem merkwürdigen Dutschke-Jargon auf die Arbeiter ein.

Ich habe es in Berlin erlebt. Die Arbeiter hören zwei-, dreimal geduldig zu. Dann geht ihnen diese Arroganz, die sich nicht artikulieren kann, auf die Nerven. Sie reagieren nervös, und wenn jetzt ein Demagoge kommt und dieses Mißbehagen der Arbeiter den Studenten gegenüber auszunutzen versteht, dann kann so etwas passieren wie vor dem Rathaus in Schöneberg. Dann kann es passieren, daß latente post-faschistische Tendenzen aufgedeckt werden. Meiner Meinung nach versucht der SDS so etwas bewußt. Er sagt: Diese Tendenzen sind da; es ist unsere Aufgabe, zu zeigen, wie weit das noch in der Bundesrepublik vertreten ist.

Ich sehe nicht ein, warum nun die ausgemachten Gegner des SDS eine ähnliche Methode verfolgen. Ich weiß es seit Jahren, daß diese Tendenzen in unserem Land vorhanden sind. Kein Wunder, sie müssen ja da sein. Wir sind mit dieser Freiheit noch nicht fertig geworden. Aber es besteht kein Anlaß, mit den Methoden des SDS oder mit den Methoden des Berliner Senats diese Strukturen, diese aggressiven Tendenzen aufzudecken.

Das führt dazu, daß sich die Gegner gegenseitig dämonisieren. Der SDS wird als ein geschlossener Block angesehen. Es wird ihm Macht zugesprochen, die er in der Tat nicht hat. Wir wissen ganz genau, daß der SDS noch vor gar nicht langer Zeit eine Gruppe von linken jungen Wissenschaftlern gewesen ist, die im Verborgenen gearbeitet haben. Immerhin hat der SDS als einzige Hochschulgruppe das einzige brauchbare Papier in langer Zeit zur Hochschulreform vorgelegt. Man kann es heute noch nachlesen. Erst als es Rudi Dutschke gelang — seine Argumente überzeugten doch in Frankfurt —, die Methoden des SDS populärer zu machen, änderte sich der Stil dieser Hochschulgruppe.

Das Problem für den SDS besteht jetzt darin, daß seine Zu- und Mitläufer eigentlich sehr wenig mit dem SDS und den Vorhaben des SDS zu tun haben. Diesen Konflikt muß der SDS in sich und in seiner Gruppe austragen. Schon jetzt zeichnet sich in Berlin deutlich der Gegensatz zwischen Lefèvre und Dutschke ab.

Es liegt also gar kein Grund vor, jetzt weiterhin davon zu sprechen, daß uns nun bald die Anarchie ins Haus stehen müsse und daß hier eine gefährliche kleine Minderheit unseren Staat gefährde. Das sind unangemessene Proportionen, die uns nur zu unangenehmen Reaktionen verführen können.

Es bedarf zuallererst einer eindeutigen Alternative zum SDS. Diese Möglichkeit ist gegeben im Sozialdemokratischen Hochschulbund. Allerdings ist die Stellung des SDS leichter. Der SDS hat im Rücken eine Utopie. Wir alle wissen, daß Utopien schwer angreifbar sind, da sie sich nicht mit der Realität konfrontieren müssen. Der SDS arbeitet mit dieser **Utopie.**

Demgegenüber der Sozialdemokratische Hochschulbund: Er hat nicht einmal diese große, starke Partei im Rücken. Im Gegenteil, er ist dauernd von Ausschlüssen bedroht. Der Finger liegt nicht nur auf dem Geld. Dieser Studentenverband wurde lange Zeit hindurch dauernd gemaßregelt. Die Sozialdemokratische Partei muß sich dahin verstehen, daß mit Hilfe des Sozialdemokratischen Hochschulbunds, dem man freie Hand lassen sollte, die Möglichkeit besteht, nicht etwa den SDS zu besiegen — das wünsche ich mir gar nicht —, nein, den SDS zur Diskussion zu fordern, damit sie gezwungen sind, ihre hohen Ansprüche genau zu artikulieren, damit Herr Dutschke endlich gezwungen ist, zu sagen, was er nun eigentlich unter Räterepublik versteht, damit er nicht weiter mit diesem Ladenhüter, der nicht genau erläutert wird, Kunden fangen kann. Das kann man aber nur machen, indem man sich auf die Diskussion einläßt, und nicht mit den Methoden, die uns in Berlin praktiziert worden sind.

Im Verlauf dieses nutzlosen Kampfes gegen den Dämon SDS fallen immer wieder Vokabeln wie »parteischädigend«, »staatsgefährdend«: Man versucht, diese Gruppe zu potenzieren, um die Maßnahmen gegen sie im nachhinein zu rechtfertigen. Dazu kommt noch, daß man dann insgesamt verallgemeinert und die Gruppe im SDS als SDS sieht und den SDS insgesamt mit der Studentenschaft verwechselt und dann diese Vokabeln »staatsgefährdend, parteischädigend« gleichfalls potenziert. Das sind doch falsche Proportionen.

Fragen wir uns doch einmal genau: Warum protestiert die Jugend? Wer gefährdet hier den Staat, und wer ist in der Tat von Fall zu Fall parteischädigend? Wir müssen doch überlegen: Wer repräsentiert diesen Staat der Zeit? Wie stellt er sich einer Jugend dar, die mit den Hypotheken, den verschleppten Hypotheken ihrer Väter und Großväter auf diese Art und Weise nichts mehr zu tun haben will? Die beiden höchsten Staatsämter, das Amt des Bundespräsidenten und das Amt des Bundeskanzlers, sind besetzt von zwei Männern, die nicht eindeutig über ihre Vergangenheit während der Nazi-Zeit Auskunft geben können.

Ich gebe zu, daß sich die SPD vielleicht nicht in der Lage sieht, weil sie durch die Große Koalition mit der CDU verbunden ist, hier über diese Tabuisierung zu sprechen. Horst Ehmke hat dieses Thema Tabuisierung angesprochen. Wenn wir mit der Jugend diskutieren wollen und wenn das auf dem Jugendkongreß passieren soll, den Willy Brandt angeregt hat, dann müssen diese Dinge ausgesprochen werden.

Es darf nicht sein, daß das passiert, was sich jetzt schon abzeichnet, daß wie im Fall Krüger, Oberländer und Vialon von der DDR das Material gegen Kiesinger geliefert wird und die »National- und Soldatenzeitung«, wie sie es jetzt schon mit Schlagzeilen tut, gleichzieht. Wir müssen das hier bei uns austragen, bevor die Argumente von der falschen Seite kommen.

Nur so läßt sich mit dieser Jugend sprechen. Ihre Fragen sind berechtigt. Ich warne vor jeder Arroganz der Macht. Ich rege an, das Buch von Fulbright zu lesen. Das gilt auch für uns. So kommen wir an diese Probleme nicht heran.

»Vorwärts« (Bonn), 28. 3. 1968

Verantwortung für die Sicherung der Zukunft

Offener Brief von Propst Grüber an den Schriftsteller Günter Grass

D. Dr. Heinrich Grüber, Probst zu Berlin, übermittelte der Bundesregierung die Abschrift eines offenen Briefes an den Schriftsteller Günter Grass. Das Schreiben hat folgenden Wortlaut:

Sehr geehrter Herr Grass!

Die Berichte über den Parteitag der SPD habe ich im Krankenhaus am Rundfunk verfolgt. In dem Bericht über Ihren Beitrag hörte ich, daß Sie zwei führende Männer der Regierung angegriffen hätten und von ihnen eine klare Stellungnahme zu ihrem Verhalten in der Vergangenheit gefordert hätten.

Ich erinnerte mich an ähnliche Angriffe, die Sie vor einem Jahr bei Ihrem Besuch in Israel gemacht haben. Ich war damals auch in Israel, und viele, denen mit mir an einer Verständigung mit allen Kreisen dieses Volkes liegt, waren von Ihren Ausführungen mehr als peinlich berührt. Ob es richtig war, die Kreise in Israel, denen es schwerfällt, den Weg der Versöhnung und Verständigung — um nicht zu sagen der Vergebung — zu beschreiten, in ihrer ablehnenden Haltung zu bestärken, ist mehr als fraglich. Mir und vielen liegt daran, gerade diesen Menschen dazu zu verhelfen, daß sie uns als den Schuldbeladenen doch eine vergebende Hand entgegenstrecken. Daß Sie von diesen wenigen in Antistimmung verharrenden Menschen damals Beifall empfangen haben, haben manche mit mir in Israel bedauert. Schon damals wollte ich Ihnen schreiben und mich gegen solche meist generalisierenden Angriffe wenden, besonders wenn sie von solchen Personen kommen, denen eine Legitimation abgesprochen werden muß, zu solchen Fragen Stellung zu nehmen und globale und generalisierende Urteile zu sprechen über Menschen, die vielleicht aus Gewissensentscheidungen Wege gegangen sind, die sich nachträglich nicht nur als falsch, sondern auch als verwerflich erwiesen haben. Schriftstellerische und publizistische Erfolge sind für mich keine ausreichende Legitimation.

Als einer der wenigen noch Lebenden, die die Zeit vor mehr als 35 Jahren verantwortungsbewußt nicht nur miterlebt, sondern auch miterlitten haben, darf ich es sagen, daß ich keinem ein Recht zuerkenne, ein anmaßendes und verurteilendes Wort zu sprechen über Männer und ihr Verhalten, wenn man die Zerreißprobe, in die viele damals gestellt waren, nicht mit durchgestanden hat.

Es war ja nicht so, daß die Fragestellung, wie wir sie heute nach Auschwitz und Maidanek sehen, damals schon so klar gewesen wäre. Die Männer, die jetzt vielleicht noch von sich behaupten, daß sie damals schon ganz klar und eindeutig Stellung bezogen hätten, sind manchmal solche, denen die Entscheidung schon vorher abgenommen wurde, weil Hitler den Trennungsstrich zu ihnen vollzogen hatte, entweder wegen ihrer Abstammung oder wegen ihrer politischen oder weltanschaulichen Einstellung. Die Ablehnung des Systems war für diese zum Teil darin begründet, daß sie selbst abgelehnt und behindert worden waren.

Ich selbst hatte schon immer Hitler, sein Programm und seine Haltung schärfstens abgelehnt. Als 1933 zweimal an mich die Frage herantrat, in verantwortlicher Stellung mitzuarbeiten, habe ich mich nicht um diese Frage herumgedrückt, sondern überlegt, ob ich nicht von einer solchen Position aus Dämme gegen die braune Flut hätte aufrichten können. Wenn ich die Frage nicht zu beantworten brauchte, weil PGs die Stellung bezogen, so ist das kein Verdienst, auf das ich vielleicht stolz sein kann. Rückschauend kann ich nur von Glück sagen, daß dieser Kelch damals an mir vorübergegangen ist, denn dann wäre ich gewiß auch ein Opfer der Säuberungen am 30. Juni 1934 geworden, der viele zum Opfer fielen, die 1933 mitgemacht haben.

Wenn ich dann als einer der ersten aus meinem Amt entlassen wurde und später den Weg durch Gefängnis und KZ machte, dann bilde ich mir auch darauf nichts ein und verbuche es nicht als Pluspunkt.

Auf der anderen Seite weiß ich von vielen Menschen, die nach ernster Gewissensprüfung und, ich kann wohl sagen, oft mit blutendem Herzen und in scharfer Auseinandersetzung mit Familie und Freunden den Anschluß an eine NS-Formation vollzogen haben. Mein Freund Milton Maier, der infolge seiner Abstammung und seiner Führung alles andere als ein Freund faschistischer oder diktatorischer Regimes ist und der heute ein Mitarbeiter der kritischen amerikanischen Zeitschrift »Progressive« ist, schrieb einmal ein Buch, das 1937 in Chicago erschien und 1955 neu aufgelegt wurde: »They thought they were free«. Er schildert darin den Weg einiger ihm bekannter Nationalsozialisten und schreibt im Vorwort die Bitte des Pharisäers: »Gott, ich danke Dir, daß ich nicht bin wie diese da.«

Ich könnte ein viel umfassenderes Buch schreiben: »Sie glaubten ihre Pflicht getan zu haben«, und darin den Weg und die Geschicke vieler zu schildern, die glaubten, sich aus Pflichtbewußtsein für einen solchen Schritt entschließen zu müssen.

Ich kann nur wiederholen, wer in dieser Frage generalisierende Urteile und Vorurteile verbreitet, ohne die Motive zu kennen, die die Männer zu ihren Entscheidungen führten, begeht ein Unrecht und ist nicht nur lieblos, sondern auch unehrlich.

Für mich sind wir alle in einer gemeinsamen Schuld verbunden: Mitläufer und Verfolgte, Männer der politischen Rechten und Linksorientierte, sogenannte Arier und sogenannte Nichtarier, weil wir alle die Dämonien, die damals aufbrachen, nicht ausreichend erkannten und die ihnen innewohnende Kraft unterschätzten. Wir haben keine Gegenkräfte entwickelt gegen diese Dämonien und haben die uns anvertrauten Menschen nicht immun gemacht gegen den grassierenden Virus. Wenn die Bibel vom Bösen wie vom Guten das Bild braucht vom Sauerteig, der seine Umgebung gleichartig und gleichwirkend macht, so ist mit diesem Bild die ganze Größe der Gefahr damals und heute nicht gekennzeichnet.

Ich ersehe nun aus dem Protokoll, das mir inzwischen zuging, daß diese Ihre Äußerungen, denen ich widersprechen möchte, gemacht wurden in einem Beitrag zu der Frage der Studentenunruhen, die ja alle verantwortlichen Menschen stark bewegen.

Mein Weg war immer an der Seite einer gesunden, oppositionellen, um nicht zu sagen revoltierenden Jugend — schon vor dem Hohen Meißner. Ich bin aber einer anderen Meinung über die derzeitige Entwicklung in der Studentenschaft und über die sich daraus ergebenden Verpflichtungen. Ich habe bis 1964/1965 allen Aufforderungen zu Vorträgen und Diskussionen in allen Jugendgruppen Folge geleistet, auch bei SDS, Falken, der Gewerkschaftsjugend, dem Liberalen Studentenbund, weil ich fühlte, daß es diesen Kreisen um ein ernstes Gespräch ging und um eine Verlebendigung und Vertiefung der Diskussion über alle akuten Fragen. Damals habe ich die Maßnahme der SPD nicht verstanden, als sie dem SDS ihre Unterstützung versagte, und habe das führenden Männern mitgeteilt.

Heute muß ich sagen, daß diese Männer früher und besser als ich die beginnende Neuentwicklung klar erkannt haben und die Gefahr des immer stärker werdenden Sogs der anarcho-utopistischen Kräfte. Heute hat es keinen Zweck, Sündenböcke zu suchen, die man vielleicht in die Wüste jagen kann, auch nicht unter den Menschen, die einmal eine Fehlentscheidung getroffen haben. Eine Bewältigung der

Vergangenheit, von der man soviel redet, ist für mich nur eine Bewältigung der Gegenwart und eine Sicherung der Zukunft, das gilt auch in bezug auf die Studenten. Postfaschistische Methoden und Tendenzen, von denen Sie in Ihrem Vortrag sprechen, lehne ich genauso ab wie Sie, aber ich glaube, daß eine klare Scheidung vollzogen werden muß von allen denen, die man als Fermente der Dekomposition bezeichnen muß. Nur so können wir dem größeren und besseren Teile der Studentenschaft helfen. Bei meinen vielen Vorträgen vor jungen Menschen habe ich früher immer den Wunsch ausgesprochen, daß sie, wenn sie einst Großväter geworden wären, einmal ganz anders vor der jungen Generation dastehen möchten als wir mit diesem unserem Schuldgefühl. — Schuld ist ja nicht zunächst und zumeist das Böse, das man getan hat, sondern das Gute, das man unterlassen hat. Ich habe die große Sorge, daß viele Männer, die in der Führung und Verantwortung stehen, jetzt nicht die besondere Verpflichtung erkennen, die sie gegenüber der jungen Generation haben. Es gilt, ihnen nicht nur die Hypothek aufzuzeigen, die Väter und Großväter ihnen hinterlassen haben, sondern ihnen vor allen Dingen zu helfen, diese Hypothek abzutragen.

Wenn Sie, Herr Grass, und viele mit Ihnen an der kommenden Generation nicht mitschuldig werden wollen, wie wir und viele es vor einer Generation geworden sind, so nützen Sie die mancherlei Gaben und Kräfte, die Ihnen geschenkt sind, dazu, die Menschen innerlich gesund und immun zu machen und Gegenkräfte der Heilung zu schaffen. In Ihren bisherigen Reden und Schreiben sehe ich noch keinen Ansatz dazu.

Ich sehe die große Not heute darin, daß man nichts aus der Geschichte gelernt hat. Heute kann man nicht sagen wie viele vor 35 Jahren: »Ja, wir Deutschen sind ein vernünftiges Volk, das Volk der Dichter und Denker.« Wir wissen jetzt, wozu unser Volk fähig ist, auch ein Volk der Mörder und Henker zu werden. Aber das zu verhindern und den Ansätzen zu wehren, sollten sich alle Gutwilligen zusammenfinden.

Die andere große Not sehe ich darin, daß so viele, die sich als Politiker und Publizisten meinen hochspielen zu müssen, ein Trauma tragen, von dem sie nicht loskommen und das sie nicht zu der inneren Freiheit kommen läßt, die sie für ihre verantwortlichen Entscheidungen benötigen. Alle diese tragen dieses Trauma, weil sie nichts wissen oder wissen wollen von der Macht der Vergebung, die das Wesentliche des Glaubenslebens ist. Wir müssen es erkennen, daß wir von der Vergebung, mit der Vergebung und für die Vergebung leben.

Vor 60 Jahren lernten wir: ex mere negativis nil consequitur (aus nur Negativem kann nichts Positives kommen). Damals verstanden wir es nicht, daß dies nicht nur ein Satz der alten Logik, sondern das Bestimmende im Leben der einzelnen Menschen und ganzer Völker ist und bleibt.

Eine Abschrift dieses Briefes werde ich denen zugänglich machen, die meine Sorgen teilen, und ich hoffe, daß auch Sie Verständnis dafür aufbringen.

Mit freundlichem Gruß
gez. D. Dr. Heinrich Grüber

»Bulletin der Bundesregierung« (Bonn), 11. 4. 1968

Günter Grass

Ich bin dabeigewesen

Der politisch engagierte Berliner Schriftsteller Günter Grass antwortet in einem offenen Brief einem seiner Kritiker. Der evangelische Propst Heinrich Grüber hatte ihm wegen seiner scharfen Angriffe auf die NS-Vergangenheit des Bundeskanzlers Kiesinger Vorhaltungen gemacht. Wir bringen im folgenden den Wortlaut.

Red.

Sehr geehrter Herr Propst Heinrich Grüber,

in Ihrem offenen Brief an mich behaupten Sie, daß alle, die die Nazizeit nicht bewußt miterlebt und — wie Sie sagen — die »Zerreißprobe« nicht durchgestanden haben, heute nicht befugt sind, darüber zu urteilen. Ihr kategorischer Erlaß soll mich hindern, weiterhin und offen darauf hinzuweisen, wie unverantwortlich es war, den von 1933 bis 1945 aktiven Nationalsozialisten Kurt Georg Kiesinger zum Bundeskanzler zu machen.

Ich werde mich an Ihr Stillschweigegebot nicht halten, denn zum Fall Kiesinger zu schweigen, hieße gleichfalls, zur Neuauflage der NSDAP, zur NPD, schweigen zu müssen.

Wenn einerseits die nazistische Vergangenheit des baden-württembergischen NPD-Vorsitzenden, Gutmann, als Belastung gilt, darf es andererseits keinen Grund geben, für Kurt Georg Kiesinger mildernde Umstände zu beanspruchen. Zu diesem Schluß kann auch ein heute Zwanzigjähriger kommen. Ich kann nicht begreifen, wie Sie als Christ den Nachgeborenen das Recht auf Mitsprache und in diesem Fall auch das Recht auf ein wertendes Urteil bestreiten wollen. Wenn nur sprechen darf, wer dabeigewesen ist, dürfte es Ihnen schwerfallen, sich in Zukunft auf den Apostel Paulus zu berufen, der als ein Nachgeborener und ohne dabeigewesen zu sein, dennoch über das Erdenleben Jesu kräftig und wirksam bis heutzutage geurteilt hat.

Doch um Ihren Ansprüchen zu genügen: Ich bin dabeigewesen. 1927 geboren, hatte ich, dank der Fürsorge der Generation des Herrn Kiesinger, die Möglichkeit, mit fünfzehn Jahren Luftwaffenhelfer, mit sechzehn Jahren Soldat zu werden und als Siebzehnjähriger in Gefangenschaft zu geraten. Weil Herr Kiesinger und seine Generation uns nichts, aber auch gar nichts ersparen wollten, durfte ich sogar die Angst kennenlernen und zusehen, wie gleich beim ersten Fronteinsatz die Hälfte einer Kompanie Sechzehnjähriger zerschlagen wurde. Das konnte Herr Kiesinger natürlich nicht ahnen. Er war bis zum Schluß als stellvertretender Abteilungsleiter damit beschäftigt, die Auslandspropaganda des Außenministeriums unter Ribbentrop mit der Propaganda des Propagandaministeriums unter Goebbels zu koordinieren. Das muß mühsam gewesen sein. Immerzu gab es Kompetenzschwierigkeiten zwischen den beiden Ministerien, die sich in Sachen NS-Propaganda Konkurrenz machten. Herr Kiesinger mußte oft vermitteln. Doch bin ich überzeugt, daß es genug Flickschuster geben wird, die versuchen werden, seine Vermittlertätigkeit als Widerstand gegen das Naziregime unter die Leute zu bringen.

Um es deutlich zu sagen: Herr Kiesinger ist kein kleiner unbedeutender Nazi gewesen, der mitlief, weil alle mitliefen. Herr Kiesinger war auch im Jahre 1933 kein jugendlicher Heißsporn, sondern ein erwachsener Mann. Er hätte wissen müssen, wem er mit seinen intellektuellen Fähigkeiten diente.

Mir liegen die zwölf Leitsätze für eine aktive deutsche Auslandspropaganda aus dem Jahre 1941 vor. Wie das Dokument sagt, hat Herr Kiesinger Kenntnis von diesen Leitsätzen genommen; er war gehalten, diesen Leitsätzen zu folgen; und wie seine Reise in das besetzte Frankreich beweist, hat er sie auch in politische Wirklichkeit umgesetzt.

Das beginnt mit dem Leitsatz 1): »Deutschland gewinnt den Krieg«, und führt zum Leitsatz 5): »Der Jude Roosevelt erstrebt die jüdische Weltherrschaft.« Der Leitsatz 8) vermittelte Herrn Kiesinger die Erkenntnis: »Der Bolschewismus ist die größte Gefahr für die Menschheit. Hitler hat die Welt von dieser Gefahr befreit.« Gleich darauf durfte der Katholik Kiesinger lesen: »Der Erzbischof von Canterbury betet für die Anti-Christen.« Unter 10) las Herr Kiesinger damals: »Deutschland kämpft für soziale Gerechtigkeit gegen jüdisch-plutokratische Ausbeutung.«

Ich kann mir vorstellen, daß Herr Kiesinger bei der Lektüre des 12. Leitsatzes »Hitlers Sieg bedeutet tausend Jahre Wohlstand, Glück und Frieden!« vielleicht doch schwäbisch-nachdenklich reagiert hat. Doch selbst wenn ich gelegentliche Zweifel voraussetze, der gebrochene Glaube an den Endsieg hat ihn nicht hindern können, am 28. Oktober 1941 persönlich die folgende Weisung zu erteilen:

»Wie bereits telefonisch durchgegeben, ging von der Botschaft in Buenos Aires nachstehendes Telegramm ein:

›Über hiesigen Sender Prieto und Splendid wiedergegebene Nachrichtendienste der BBC aus London bringen laufend Meldungen über schlechte Behandlung der in Deutschland beschäftigten ausländischen Arbeiter. Zwecks Richtigstellung der Falschmeldungen anrege Durchführung der Reportage mit ausländischen Arbeitern am Mikrophon über deutschen Kurzwellensender. Erbitte gegebenenfalls wiederholte Vorankündigung während Durchgabe der Nachrichtendienste des deutschen Kurzwellensenders für Prieto und Splendid.‹

Es wird gebeten, der Anregung stattzugeben.   gez. Kiesinger.«

Ich will Sie, sehr geehrter Propst Grüber, nicht mit den Aktennotizen aus einer Zeit plagen, die Sie als Mann des Widerstandes miterlebt haben. Ich finde es schrecklich, daß wir heute immer noch — und möglichst bevor in der DDR die Akten gelüftet werden — diesen üblen Bodensatz aufrühren müssen. Aber die Entscheidung wird uns nicht abgenommen. Entweder achten wir die Männer des Widerstandes, die Millionen Ermordeten, die deutschen Soldaten, die von einem verbrecherischen System in den Tod geschickt worden sind, oder wir verhöhnen sie nachträglich, indem wir den politischen Opportunismus des Herrn Kiesinger zur respektablen Lebensweisheit erklären.

Wenn Sie als Mann der Kirche, die sonst rasch bei der Hand ist mit moralischem Urteil, jetzt der Staatsautorität gegenüber die Moral dem Gesangbuch überlassen, dann wird sich Ihre Kirche fragen müssen, ob sie das neue Gebot »Verhalte dich opportunistisch« nicht als Fußnote den Zehn Geboten nachstellen sollte. Doch selbst wenn wir moralische Bedenken als eben »nur moralische« Bedenken beiseite lassen wollten, müßte zumindest die politische Fehlentscheidung vom Dezember 1966 Gewicht haben.

Dieses Land hat es schwer, das Vertrauen seiner Nachbarn in Ost und West zurückzugewinnen. Kriegsverbrechen, von Deutschen verübt und von deutscher Propaganda, an der Herr Kiesinger seinen Anteil hatte, von Anfang an verharmlost und verfälscht, Kriegsverbrechen, die ohne Vergleich sind, blieben in den betroffenen Ländern — in der Sowjetunion wie in Frankreich und Holland — schmerzlicher in Erinnerung als in Deutschland, dem Heimatland der immer noch Verantwortlichen und Mitverantwortlichen.

Die politische Vergangenheit des Bundeskanzlers Kurt Georg Kiesinger ist eine Belastung für die deutsche Außenpolitik. Wie wollen wir das Mißtrauen unserer Nachbarn verringern, wenn wir es zulassen und weiterhin dulden, daß ein ehemaliger Nationalsozialist Bundeskanzler ist; seine Aufwertung wertet die NPD mit auf und entwertet gleichzeitig den winzigen Kredit, den sich die Bundesrepublik in Ost und West mühsam erarbeitet hat.

Ich grüße Sie
Ihr Günter Grass

»Frankurter Rundschau«, 10. 5. 1968

Günter Grass

»Wir haben nicht die demokratische Reife«
Bedenken gegen die Notstandsgesetze

Seit 1955 beschäftigen sich der Bundestag und die Öffentlichkeit mit wechselnden Entwürfen für ein Notstandsgesetz. Bis jetzt haben sich die Innenminister Schröder, Höcherl, Lücke und Benda an diesem Gesetz versucht. Auch die strengsten Gegner jeder Notstandsgesetzgebung werden nicht sagen können, es hätten sich die Bundestagsabgeordneten die Sache leicht gemacht.

Die Argumente für und gegen die Notstandsgesetze lassen sich abwägen. Formal gesehen, wäre gegen ein Gesetz, das die alliierten Vorbehaltsrechte ablösen könnte, wenig zu sagen. Mein Nein selbst zu dem demokratischsten Notstandsgesetz läßt sich nicht juristisch begründen. Die Erfahrung zeigt: Uns allen, den Befürwortern wie den Gegnern der Notstandsgesetze, fehlt die demokratische Reife, um mit einem solchen Gesetz umgehen zu können.

Nach den Ereignissen der letzten Monate wissen wir, wie hilflos und widersprüchlich Behörden und Demonstranten z. B. das Demonstrationsrecht auslegen, wie hektisch die Polizei in den Einsatz geschickt und, auf Grund ungenauer Weisungen, um ihr Ansehen gebracht wird.

Äußerungen des Bundeskanzlers und des Bundesinnenministers lassen nicht hoffen, daß die zur Zeit verantwortlich regierenden Politiker größere Demonstrationen oder eine eventuell um sich greifende Streikbewegung von einem wirklichen Notstand unterscheiden können. Wir sind gebrannte Kinder. Die Erinnerung an das Scheitern der Weimarer Republik ist lebendig geblieben und wird in diesen Tagen besonders deutlich.

Das Trauma der Gewerkschaften und ihre Sorge, sie könnten wie im Jahre 1933 abermals versagen, erklärt ihr striktes Nein. Da die Bevölkerung über die dauernd wechselnden Vorlagen nur unzulänglich aufgeklärt wurde, schwankt sie zwischen Passivität und Protest. Isoliert, mißgelaunt und das eigene Unbehagen mit Forschheit überdeckend, arbeitet der Bundestag nur noch unter der Devise: Das muß endlich vom Tisch, sonst sitzen wir noch zehn Jahre lang über abgeänderten Vorlagen.

Da der Bundestag zur Zeit wie unter einem schalldichten Glassturz ein wirklichkeitsfernes Eigenleben führt, besteht wenig Aussicht, Gehör zu finden. Auch wenn viele Bundestagsabgeordnete die neue Gesetzesvorlage mit schlechten Vorahnungen lesen und mit Fragezeichen versehen werden, am Ende könnte der unheilvolle Fraktionszwang wieder einmal beweisen, wie demokratisch unreif unsere Gesellschaft bis in den Bundestag hinein immer noch ist.

Jeder Bundestagsabgeordnete sollte wissen:

Die Notstandsgesetze werden, sobald sie verabschiedet sind, ein Eigengewicht haben, dem der bloß gute Wille der Gesetzgeber nicht gewachsen sein kann;

die Notstandsgesetze werden, sobald sie da sind, einen Anlaß suchen und finden (Nur mal probieren, ob es auch klappt);

die Notstandsgesetze beheben nicht, sie verschärfen die Krise der Demokratie in der Bundesrepublik.

Einsicht und demokratische Vernunft sollten den Bundestag bewegen, die zweite Lesung der Notstandsgesetze abzusetzen.

»Frankfurter Rundschau«, 14. 5. 1968

Golo Mann

Hiergeblieben. Der Staat sind wir

Günter Grass: Reden, Artikel und Manifeste zur Politik

Die Sammlung seiner politischen Reden, Artikel und Manifeste, die Günter Grass veranstaltet hat, beginnt mit den Worten: »Sehr geehrter Herr Bundeskanzler, treten Sie bitte zurück.« Das gilt Ludwig Erhard. In der späten Mitte des Buches finden wir einen zweiten offenen Brief, gerichtet an jemanden, der am nächsten Tag zum Bundeskanzler gewählt, von seiner Kandidatur aber noch in letzter Sekunde abgebracht werden soll. »Wie sollen wir der gefolterten, ermordeten Widerstandskämpfer, wie sollen wir der Toten von Auschwitz und Treblinka gedenken, wenn Sie, der Mitläufer von damals, es wagen, heute hier die Richtlinien der Politik zu bestimmen?« Das gilt Kurt Georg Kiesinger. Zwei sehr entschiedene, zornige Stellungnahmen. Zwischen ihnen liegen, als Kernstücke des Buches, die Wahlreden, die Grass im Sommer 1965 hielt. Der zweite Teil, eine Rede in Israel, eine Münchner Rede an die Jugend, über und gegen die NPD, ein Briefwechsel mit Willy Brandt, ein paar Artikel, eine Ansprache gelegentlich der Verleihung des Georg-Büchner-Preises, betitelt »Rede über das Selbstverständliche«, und anderes mehr.

Mit »selbstverständlich« ist des Autors Herniedersteigen in die staubige Arena der Wahlschlachten gemeint. Das sei selbstverständlich gewesen. Nun, ich glaube nicht, daß es das war, und die Reden von Grass machen auch nicht den Eindruck, als ob es ihm selber selbstverständlich gewesen wäre. Häufig denkt er in aller Öffentlichkeit darüber nach, wie er, der »Geschichtenerzähler«, der Vertreter eines so zweifelhaften Berufes, zu solcher Rolle käme. Rückblickend zeigt er sich ziemlich erfüllt davon. In Darmstadt macht er seinen Kollegen — Andersch, Böll — zum Vorwurf, daß sie seinem Beispiel nicht folgten; was er, meiner Meinung nach, nicht hätte tun sollen. Sein Entschluß war sein eigener, und ein höchst preisenswerter. Wozu die Kollegen sich entschlössen, mußte er ihnen überlassen.

Günter Grass hat, als Politiker, einfach sprechen wollen; nicht zum »Volke«, gerade nicht, aber als Bürger zu Bürgern. »... der Ort des Schriftstellers ist inmitten der Gesellschaft und nicht über oder abseits der Gesellschaft. Darum fort mit allem geistigen Hochmut und dünkelhaften Elitegeist!« Indessen ist er nie künstlich unter sein Niveau gegangen. Weil er nun ein hochbegabter Literat ist, so sind seine Wahlreden unvermeidlich anders als der anderen ihre. Er wendet sich an selber denkende, an vernünftige Hörer, an die er glaubt. Er nuanciert, wo andere vereinfachen, wirbt für seine Partei, aber hütet sich vor billiger Reklame. Politiker seien nun einmal nie begeisternd, zur Wahl stehe nicht Weiß gegen Schwarz, sondern nur helleres gegen dunkleres Grau; die SPD empfiehlt er »nicht als letzte

Offenbarung, sondern als eine große demokratische Partei mit ihren Stärken und Fehlern, mit ihrem Reichtum an unverbrauchten Kräften und ihrem Unvermögen, sich selbst darzustellen ...« Natürlich kommt so etwas in gewöhnlichen Wahlreden nicht vor. Mitunter sind seine Sätze überrhythmisiert, seine Argumente überpointiert. Von der »heilig-nüchternen Demokratie« zu sprechen und reichlich Walt Whitman zu zitieren, davon hätte ich ihm abgeraten. In seiner Rede »Von Deutscher Republik« hat mein Vater es schon 1921 mit Walt Whitman versucht; später habe ich ihn sagen hören, das sei »Literatur« gewesen. Was es wohl auch war. Nicht einmal bin ich sicher, ob vor hundert Jahren in Amerika mit Whitman politisch viel anzufangen war, ob er dort je wirklich populär war. In das Deutschland unserer sechziger Jahre passen Whitmans exaltierte Hymnen gar nicht.

Günter Grass' Grundhaltung — er sagt es selber — ist die des Aufklärers. »Wahlen sind Appelle an die Vernunft.« Wahlreden sollen nicht vernebeln, sondern erhellen.

Die Partei möge man wählen, von der »Fortschritt« am stärksten zu erhoffen ist: bessere Schulen, mehr Krankenhausbetten, Mutterschutz-Bestimmungen, Vorsorge-Untersuchungen und so fort; eine auf den Tatsachen, nicht auf Illusionen und Rechthabereien fußende Außenpolitik. Die Partei, die vor keinen Tabus zurückschreckt. Ein paar Tabus greift der Redner selber mutig an: den Abtreibungsparagraphen; das Tabu der Ostgrenzen. Selber ein Heimatvertriebener, im gehobensten Sinn des Wortes sogar ein Heimatschriftsteller, findet Grass warme Worte für die Herzensanliegen der Vertriebenen, für die Pflege ihrer Erinnerungen, ihrer Eigenarten, ihrer Dialekte. Aber an den Grenzen ist nichts mehr zu ändern. Weit entfernt davon, aus seinem Charakter als Vertriebener politisches Kapital zu schlagen, setzt er sich für eine ganz andersgeartete Schicksalsgemeinschaft ein: die der Emigranten.

Er tut es im Zusammenhang mit der giftigen Hetze gegen seinen Parteifreund und Freund Willy Brandt. Da gerät er in Zorn: »... wer erleben mußte, wie milchgesichtige Schulbuben bereit sind, den Stab über einen deutschen Staatsmann zu brechen, der als Neunzehnjähriger mit aller Konsequenz gewußt hatte, wie sich die Feinde Deutschlands zu kleiden und zu verkleiden pflegen, wer also die Exposition einer sich anbahnenden und nur vom Datum her neuen nationalen Tragödie mit all ihrer Schmieren-Theatralik begriffen hat, der vermag nicht zu schweigen, der darf nicht schweigen.«

Bekanntlich hat Grass sich in den ersten Dezembertagen des Jahres 66 mit Leidenschaft gegen die Bildung der Großen Koalition, diese »miese Ehe«, gewandt. Damals schrieb er die Worte, die sich leider als prophetisch erweisen sollten: »Die Jugend unseres Landes jedoch wird sich vom Staat und von seiner Verfassung abkehren: sie wird sich nach links und rechts verrennen ...« Es ist bezeichnend für seinen realpolitischen Sinn, daß er trotzdem fortfuhr, sich zur SPD zu bekennen. »Es wird hiergeblieben. Der Staat sind wir. Es wird auch nicht abgesplittert. Die Schmollwinkel bleiben leer.« Immer wieder warnt er vor Sektenbildung, die Jugend zumal. »Laßt euch nicht isolieren und in Sekten und Grüppchen abdrängen, also politisch entmündigen ... tragt eure Opposition mit weniger Fanatismus und mehr Gelassenheit vor.« Hier, meine ich, wirken die Lehren der Weimarer Republik, die Grass bewußt gar nicht erlebte, deren Geschichte er aber mit Nutzen studiert hat. Er ist der »linke Intellektuelle«, der das tut, was die linken Intellektuellen der Weimarer Zeit nicht taten: Er bejaht den Staat, so unvollkommen der Staat ist. Er will ihn besser machen, als er ist, aber, so meint er, das kann man heutzutage nur von innen, nicht als Gesamtverneiner von außerhalb.

Sein Verhältnis zu Nation und Nationalstaat schwankt; wie überhaupt während dieser hektischen zwei Jahre eine gewisse Entwicklung seines Denkens zu bemerken ist. In den Reden von 1965 gibt er sich beileibe nicht als Nationalisten, aber doch als entschiedenen Vorkämpfer nationaler Einheit; so sehr, daß er der Regierung Erhard vorwirft, »an den Ministersesseln dieses Teilstaates« zu kleben und »die Tradition des deutschen Separatismus um ein neues, erbärmliches Schulbuchkapitel« zu erweitern. Ganz anders 1967. Da, in einer Rede vor dem Bonner Presseklub, unterstreicht er die Bedeutung der historisch gewordenen deutschen Regionen, die uralten Gegensätze zwischen Bayern und Schleswig-Holstein seien tiefer als der junge ideologische Gegensatz zwischen Mecklenburg und Niedersachsen; da betrachtet er Deutschland als ein für den Föderalismus geschaffenes Land, Föderalismus in der Bundesrepublik, Föderalismus in der DDR, Föderation zwischen beiden Bundesstaaten, Föderalismus in Europa; da zweifelt er geradezu, ob die Deutschen überhaupt eine Nation seien. Jedenfalls sollten sie keine »geballte Nation« sein. »... nur als friedlich wettstreitende Länderverbände können wir unseren Nachbarn in Ost und West Sicherheit bieten.« Nach den Kundgebungen von 1965 kommt das etwas überraschend, ich habe aber nichts dagegen. Übrigens wird es schon ein paar Monate früher in der Israel-Rede angespielt, in welcher der eigentlichen Heimat des Dichters, der Sprache, ein schönes Lob erklingt.

Am besten ist Grass wohl, wenn er zu jungen Leuten spricht; so in seiner Münchner Auseinandersetzung mit der NPD. Er will nicht beleidigen, er will verstehen, ehe er warnt, sehr mit Maßen. »Aus Kenntnis meiner eigenen Vergangenheit und der Anfälligkeit der Jugend in diesem Lande für selbstzerstörerische Forderungen bin ich dagegen, pauschal in jedem Jungwähler, der seine ziellose Wut in die NPD hineinretten will, einen Neonazi zu wittern.« Und dann erzählt er schlicht von seiner eigenen Frühzeit, Pimpf, Hitlerjugend, Luftwaffenhelfer, Panzerschütze; von seinen dreißig Kameraden, alle 17 Jahre alt wie er selber, die »am ersten Tag unseres sogenannten Kampfeinsatzes nichts als Angst hatten, bevor sie, ohne auch nur einen Gegner gesehen zu haben, zerrissen, vernichtet wurden«. »Von diesem organisierten Wahnsinn gilt es zu sprechen, wenn heute wieder mit Lautstärke und Ausschließlichkeit von ›soldatischer Bewährung‹, von ›Opfer und Einsatz‹ getönt wird.« Das, scheint mir, ist die richtige Art, und Grass der richtige Mann für sie. Es wäre zu bedauern, wenn unsere linken Studenten ihn heute zum alten Eisen, zum »Establishment« rechneten. Er ist ihr Freund, obgleich ein kritischer und einer, der ihnen nicht schmeichelt.

Günter Grass sollte schleunigst Regierender Bürgermeister von Berlin werden. Sicher, das wäre für ihn ein gewaltiges Opfer, ungleich größer als jenes, was er mit seinen 52 Wahlreden brachte; so mancher liebe Plan müßte aufgeschoben werden. Aber er wäre ja jung genug, um nach ein paar der res publica geopferten Jahren wieder zu seiner Kunst zurückzukehren, und die wäre dann um eine Erfahrung reicher. Nach ein paar friedenstiftenden Jahren. Denn wenn einer in Berlin Frieden machen kann, so ist es Grass. Er kennt und liebt die Stadt. Er steht mit einem Fuß im Lager der Studenten, mit dem anderen dort, wo man Ordnung und Legalität schätzt. Er hat Kontakt mit den Leuten, Herzenswärme und Einfälle; Vitalität und die geforderte Nervenkraft. Da er von hellem, keineswegs unpraktischem Verstand ist, so würde er vom administrativen Kram das Notwendigste schnell lernen; das Übrige könnten andere tun. Die Aufgabe des Bürgermeisters von Berlin ist heute eine überwiegend moralische, politische; in West-Berlin sowohl, um Hochschulen und »Volk« zu beruhigen, wie in der geteilten, ganzen Stadt. Günter Grass Bürgermeister — und der dumme ewige Kampf um die »Passierscheine« würde bald zu einer glatten Routine-Angelegenheit werden; und dann vielleicht noch manches andere. Außerordentliche Situationen verlangen außerordentliche Menschen. Warum versucht man es nicht mit diesem unorthodoxen Helfer in der Not? *Wenn* man es mit ihm versuchen wollte, dann sollte er nicht nein sagen.

»FAZ« (Frankfurt), 18. 5. 1968

Dieter Hildebrandt

Günter Grass — der ernüchterte Orpheus

Soll er Regierender Bürgermeister werden?

»Günter Grass sollte schleunigst Regierender Bürgermeister von Berlin werden.« Der Gedanke liegt seit langem in der (Berliner) Luft. Jetzt hat ihn Golo Mann ausgesprochen: in einer Buchkritik im Literaturblatt der »Frankfurter Allgemeinen Zeitung«. Es ist der mutigste Satz, den ich seit langem auf einer Feuilletonseite gelesen habe, und er geht dabei nicht über den Titel des Grass'schen Buches, das Golo

Mann besprochen hat, »Über das Selbstverständliche«, hinaus. »Er wäre ja jung genug, um nach ein paar der res publica geopferten Jahren wieder zu seiner Kunst zurückzukehren, und er wäre dann um eine Erfahrung reicher. Nach ein paar friedenspendenden Jahren. Denn wenn einer in Berlin Frieden machen kann, so ist es Grass.«

Eine konkrete Analyse hat es in der Rezension kaum gegeben, und es wäre ihr nichts hinzuzufügen, wenn das, was sie für wahr befindet, auch schon eine Chance hätte, wahrgemacht zu werden. Wenn Buchkritiken in unserem Lande nicht bloß literarischen, sondern auch politisch-avantgardistischen Rang hätten. Wenn eine Äußerung im Feuilleton nicht so sehr den Charakter des Beiseitesprechens hätte. Wenn der erlösende Gedanke nicht Gefahr liefe, von den Handhabern der Macht in der paraten Schublade für Wunschdenken abgelegt zu werden.

Hinzuzufügen ist also der Anregung Golo Manns nur eins: Der Transport aus dem noch unsicheren Realitätsasyl in die politische Arena. Sie muß aus der Beiläufigkeit ins Zentrum der Macht gerückt werden. Den Sätzen ist jener Satz nachzutragen, mit dem sie aus der Buchseite herauskommen und der Öffentlichkeit ins Auge springen. Sie müßten den Übergang finden vom Literaturteil in die allgemeine Debatte. Sie müssen Berufspolitikern und Parteifunktionären dringend zur Kenntnis gebracht werden, und dies ist ein erster Versuch, der aus der Erfahrung geschieht, daß die Herren Tagesordner Bücher selten, Buchbesprechungen nie lesen und daß, selbst wenn sie's täten, noch der erlösendste Appell für sie »auf einem anderen Blatt« stünde.

Wie bei einer Zwiebel

Hinzuzufügen ist also dies: Die Empfehlung Golo Manns muß eine Adresse bekommen. Genauer: Die Adressaten dürfen nicht den Vorwand haben zu sagen, sie hätten ja gar nichts davon gewußt. Es trifft sich gut, daß die Leute, die es angeht, am kommenden Wochenende in Berlin versammelt sein werden zur Beratung und Debatte und Grundlagenentscheidung. Der Landesparteitag der Berliner SPD tritt in der Kongreßhalle zwei Tage lang zusammen, und eine Berliner Zeitung hat das Thema zurückgeführt auf die »Kernfrage«: »Wie soll's weitergehen in der Berliner SPD?« Solche Kernfragen lassen sich in Berlin schälen wie eine Zwiebel; weiter drinnen steckt immer die Frage: »Wie soll's weitergehen mit Berlin?«, und ganz innen stellt sich die Stadt selbst in Frage: »Soll es überhaupt weitergehen mit Berlin?«

Das ist nicht Panikmache, sondern Konkretisierung. Es ist auch kein Notruf, sondern die Pointierung einer Chance, die allein Berlin hat im doppelten Deutschland. West-Berlin ist ein Bundesland besonderer Art, und man sollte das nicht länger als Verlegenheitsformel für den politischen Drahtseilakt zwischen Bundeszugehörigkeit und alliiertem Vorbehalt, zwischen DDR-Protest und Viermächteverantwortung benutzen, sondern als ein reales Programm, das besondere Lösungen ermöglicht, nein erfordert. Es gilt, die denkwürdige Neutralität des Westens der Stadt zu nutzen, eine Neutralität, die es im unklaren läßt, was gemeint ist, wenn einer von »drüben« spricht, ob Ost-Drüben oder West-Drüben.

Seismographisches

Berlin, gerade wegen des Schwebezustandes, der hier Status quo wurde, ist auf dem laufenden wie keine andere deutsche Stadt. Es hat aus Kalifornien zuerst den studentischen Protest empfangen; es fällt lästig mit der stärksten Erinnerung an den verlorenen Krieg und bietet damit den kräftigsten Appell zur Friedlichkeit. Michel Butor, der französische Schriftsteller hat Berlin einmal als äußerst empfindliches Wahrnehmungsinstrument bezeichnet, das die entferntesten Vibrationen verstärke, als ein Instrument, »kraft dessen ich die verschiedenen Erschütterungen der Welt empfange und verarbeite«.

Die Stadt braucht einen Mann an der Spitze, der ein so beschaffenes Instrument zu beachten, zu benutzen und sich danach zu richten versteht. Diese Stadt beherrschen heißt, sich auf ihre seismographischen Qualitäten verstehen. Ein Regierender Bürgermeister namens Günter Grass wäre der rechte Mann. Längst ist dieser Schriftsteller nicht mehr nur ein Bürger, sondern ein Bürge Berlins, längst hat er sich gewandelt vom schieren Temperament zum reinen Gewissen, längst ist aus dem Erzähler auch ein Streiter geworden, aus einem Schreiber der rare Fall eines für die Politik begabten Intellektuellen. Inmitten seiner Schriftstellerei ist Günter Grass ein Praktiker der Vernunft. Ein Parteigänger der Zivilcourage. Er ist nicht mehr der Orpheus der SPD, der 1965 mit seinem »Dich singe ich, SPD« in den Bundestagswahlkampf einstimmte, er ist auch nicht jener Orpheus, der die Partei verloren zu haben glaubte, sondern er ist der ernüchterte, gekräftigte, illusionsfreie Mann, der sein Buch mit politischen Reden und offenen Briefen beendet: »Auf die Frage, wo stehen Sie heute, antworte ich: ›Ich bleibe Sozialdemokrat‹.«

Schütz hat nichts verloren

Den Namen Grass nennen für das Amt des Regierenden Bürgermeisters von Berlin, heißt Klaus Schütz abschreiben. Das wäre kein Mutwille, keine Eigenmächtigkeit; Schütz hat das meiste selbst dazu getan. Er ist nach Berlin gekommen in einer schwierigen, explosiven Situation; aber er wußte, was ihn erwartete. Er hat zuerst so getan, als sei die Situation eben nicht schwierig und nicht explosiv (»Das Studenten-Problem zurückführen auf die richtigen Relationen«; »Wer bitte ist Rudi Dutschke?«). Er hat dann dazu beigetragen, die Situation noch schwieriger und auch explosiver zu machen: ». . . diesen Typen ins Gesicht schauen«. Nicht, daß ihm die Nerven durchgegangen sind, disqualifiziert ihn schon; wohl aber, daß er immer auf dem

Eindruck bestanden hat, sie wären nur den anderen durchgegangen. Nicht ein Jota hat er von seinem Vorgänger Albertz gelernt, der am 15. September 1967 vor dem Berliner Abgeordnetenhaus bekannt hatte, er sei noch nie so schwach gewesen wie in der Stunde, da er besonders stark gewesen sei. Schütz ist keinen Augenblick seiner Sache so sicher gewesen, daß er sich Schwäche, Bedenken geleistet hätte. »Die Führung dieser Stadt ist nicht fertig zu machen«, sagte er, und das besagt, daß sie schon fertig war. Dennoch: Der Abschied von Klaus Schütz aus Berlin bleibt für ihn immer noch ehrenvoll. Er hat, wenn auch im doppelten Sinn, in Berlin nichts verloren.

»Ob ich das kann?«

»Günter Grass sollte schleunigst Regierender Bürgermeister von Berlin werden.« Der Gedanke liegt durchaus nicht mehr nur in der Luft. Ein paar Tage, ehe Golo Mann ihn publizierte, war er schon Gesprächsthema gewesen, Mitbringsel eines Besuches (des hier Berichterstattenden) im Grass-Haus in der Friedenauer Nied-Straße. »Wenn man es mit ihm versuchen wollte, dann sollte er nicht nein sagen.« So Golo Mann. Vier Tage vorher hatte Grass, verblüfft, aber nicht überrascht, seinem Gesprächspartner diesen Bescheid gegeben: »Ob ich das kann oder nicht kann? Wenn ich die Möglichkeit habe, auch personelle Veränderungen vorzunehmen, dann würde ich mir das schon zutrauen. Verwaltungsmann bin ich natürlich nicht. Da bin ich auf die Hilfe guter Leute angewiesen. Aber worauf es vielleicht jetzt ankommt, ist, der Berliner Bevölkerung — und da schließe ich die Studenten ein — zum Verständnis ihrer Lage zu verhelfen. Und, weißte, man müßte in Berlin den Ton finden, für die siebziger Jahre, für die Zeit der beginnenden Koexistenz.«

Schon kommt in diesem Moment die Nachricht, daß sich Leute zu einer Bürgeraktion zusammentun, die den Schriftsteller als Regierenden Bürgermeister empfehlen wollen. Berlin fängt an, den Grass wachsen zu hören.

»Süddeutsche Zeitung« (München), 25. 5. 1968

Reinhard Baumgart

Unser Mann in Berlin?

Nein, selbstverständlich war das nicht. Literaten hatten bis dahin nur schiedsrichterlich die Fouls der Politik gepfiffen. In einem Wahlkampf für eine Partei zu reden und das ausdauernd, strapaziös, auf 52 Wahlversammlungen für die später geschlagene SPD, auf diesen Einfall kam als erster Günter Grass. Mit teils Widerwillen, teils doch sonorem Wohlwollen wurde die Ausnahme zur Regel damals bestaunt. Ein

Dichter sprach leibhaftig und nicht bloß schriftlich zum leibhaftigen und unliterarischen Volk. Der Engagierte war vom Schreibtisch aufgestanden und war sich nicht zu gut, bis ins schwärzeste, den CSU-Stimmenrekord haltende Cloppenburg vorzudringen. Das konnte imponieren, das schien Konsequenz zu beweisen, das war sympathisch.

Nur, selbstverständlich war es nicht. Und als Günter Grass es dann, nach verlorener Wahl, vor der Darmstädter Akademie eben das Selbstverständliche nannte, das seine intellektuellen Standesgenossen nicht wie er getan hätten, da schien das jene Art Bescheidenheit, die der Arroganz schon zum Verwechseln ähnlich sieht. Selbstverständlich war diese Sympathie-Tournee für Brandts und Wehners eher mausgraue als rote Partei wohl zu allerletzt für Grass, den Autor der »Blechtrommel«. Daß ausgerechnet er mit Schlips und Anstand, mit mäßigender Stimme und durchaus nicht unbescheidenen Erwartungen für einen politischen Verband warb, den er selbst als »solide, etwas farblos« beschrieb, wer hätte das von diesem hochtrainierten und -dekorierten Anarchisten und Provokateur erwartet? Sprach nicht sein Ruf, der gute wie der schlechte, der ihm allein die vollen Häuser brachte, leise und penetrant nur gegen ihn? Konnte er überzeugen, oder verblüffte er nur?

Denn zwei Jahre später begann er mindestens die Studenten zu verblüffen: der gleiche Grass, immer noch berühmt und berüchtigt für eine Prosa, deren Grenzüberschreitungen und Tabubrüche, deren antibürgerliche Radikalität ihr Maßstab war, riet nun zu Mäßigung und gediegener Vernunft, und das einer Rebellion in die Ohren, die politisch so radikal sein, das heißt nach den Wurzeln greifen wollte, wie er literarisch, die nun ebenfalls alle gepflegten, kodifizierten Spielregeln übersprang, mit denen Minderheiten nur integriert werden. Verstand man ihn nun? Oder schlug man ihn kurzerhand, seinem Ruhm und seiner Einkommensstufe gemäß, zum Establishment?

Lauter Widersprüche offenbar, und die nun gebündelten politischen Ansprachen, Aufsätze, Briefe von 1965 bis 1967 helfen sie auf den ersten Blick kaum lösen. Es war, fürchte ich, auch nicht sehr selbstverständlich, das für den Tag und seine begrenzten Zwecke Formulierte in einem Buch zusammenzuraffen. Das meiste wäre für eine Ausgabe letzter Hand gerade noch zurechtgekommen. Die Zeit nämlich, die sogenannte Große Koalition, die sogenannten Unruhen haben diese Texte frühzeitig altern lassen. Schon hausbacken scheint jetzt die Aufregung des Wahlsommers 65. Grassens Wahlreden jedenfalls lesen sich so gemütlich und schal wie die Zeitung von vorgestern. Ihr Neuigkeitswert ist dahin. Historische Dokumente aber, fremd und würdig vergilbt, sind sie noch nicht, dazu fehlt es an Distanz.

Oder fehlt doch mehr? Sicher, Lesen macht ungerecht gegenüber Texten, die zum Vortrag vor gemischtem Publikum entworfen sind. Was beim Lesen jetzt auffällt: wie konfus in diesen Reden die Einzelteile nebeneinanderliegen. Man stolpert kreuz und quer über Solospäße, -argumente, -geschichten. Sie bringen es zu keinem Zusammenhang, und sei es nur dem einer durchlaufenden rhetorischen Spannung. Dauernd bricht dieser Redner auf offener Strecke zusammen, um gleich im nächsten Augenblick sehr scheinfrisch wieder loszustarten. Fehlte es ihm an systematischem Denken, bündiger Argumentation oder nur an ungetrübtem Enthusiasmus für den Werbeartikel, die Es-Pe-De?

Aber nicht diese Buchstabentrinität steht auf dem Hauptaltar des Patrioten Grass. »Welche Hausmacht stützt ihn?« fragt er sich selbst. »Hier ist meine Antwort: Ich glaube an die Vernunft.« Von Schleswig-Holstein bis Israel: dieses Glaubensbekenntnis zieht sich als Leitmotiv durch alle Verlautbarungen. Vernunft ruft er als Nothelfer an wie seine verblasenen Gegner abwechselnd die Freiheit und die Ordnung. Das heißt, auch ihm bleibt das große Wort nur ein Wort, eine schöne Fahne, die Deutlichkeit eines Begriffs will es nicht annehmen. Vernunft anwenden bedeutet für ihn schlichtweg, das Vernünftige tun, und vernünftig wäre es, Globke nicht als Kanzlerhelfer zu dulden, die Oder-Neiße-Grenze anzuerkennen, mehr Krankenhausbetten zu planen, sich der DDR zu nähern und so fort —, Grass wird mit Recht nicht müde, den Katalog dieser unerfüllten Selbstverständlichkeiten herunterzubeten.

Nur: wer tut das Vernünftige? Oder: wer oder was verhindert es? Hier könnte doch wohl gerade ein Außenseiter die schlichten Tabus des Wahlkampfs brechen und ein Wort verlieren über materielle Interessenlagen oder katholischen Milieuzwang, über Bildung, Presse, Wirtschaft und deren demokratische oder wie sonst Struktur. Doch mit so überpersönlichen Mechanismen mag der Erzähler, dem alles nur in Geschichten und an Personen konkret wird, ganz offenbar nicht rechnen. Das Vernünftige, so lese ich folglich den lockeren Beweisgang, tun die Redlichen, und die Redlichen sitzen in der SPD. Ein paar frisch erfundene Kürzestgeschichten, einige, fast immer nur moralische Belege aus dem Leben der SPD und ihrer Repräsentanten, wenige, mürrisch eilige Hinweise auf die von der Partei zur Bewältigung empfohlenen »Gemeinschaftsaufgaben« (auch »einen modernen, die Gesundheit der Kinder fördernden Schulsport« erwähnt Grass) —, das allein soll das Glaubensbekenntnis luftig untermauern.

Wo so allein auf die Redlichkeit, aufs Vertrauen zu Personen gepocht wird, da kann der politische Katzenjammer nicht ausbleiben. Er kommt, erst nach verlorener Wahl, dann düsterer nach der Großen Koalition, der »miesen Ehe«. Gleich im Oktober 65, in der Darmstädter Büchner-Rede, tritt Grass wieder als unverwechselbar er selbst auf, prustend vor Metaphern, mit graziös boxender Sprachwut. Er muß da, denke ich, trotz aller Enttäuschung doch ein tiefes »Uff« empfunden haben nach Monaten einer selbstverhängten Sprachregelung. Denn anders als etwa Böll, Enzensberger, Augstein oder Walser, wenn die zu Politik reden, verschwindet der wahlredende Grass immer wieder in einer rhetorischen Unperson. Er wollte wohl dem Volk, wenn nicht aufs Maul schauen, so doch nach dem Herzen reden, geriet aber nur in die dröhnenden Klischees eben des Wahlredens und seines Honoratiorenpathos. »Unser Volk, einst anerkannt oder gar führend in vielen Wissenschaften«, »der Schriftsteller ist aufgerufen, seine Stimme zu erheben« —, solche sprachlichen Gummibäume sind nicht eben selten. Hat da eine rauhere Stimme schlau nur Kreide geschluckt, um zu beteuern: Mein Name sei Biedermann? Oder wären das nur Schnitzer, und tun die nichts zur Sache? Ich denke, so groß geredet wird mit Vorliebe dann, wenn nicht klein und genau genug gedacht wird, so etwa, wenn die Moral der Redlichkeit, ganz ohne Basis, strikt verinnerlicht, als Testmerkmal für politische Entscheidungen gefeiert werden soll.

Der Katzenjammer mußte kommen, kam. Die Negativität von Wut und Trauer macht zwar Grass wieder als Günter Grass beredt, und zwischen den Stühlen hervor schimpft er so giftig amüsant auf Enzensberger wie auf Kiesinger. Doch sein Positives, seine Botschaft will die Lehre der Enttäuschung nicht annehmen. War's denn wirklich nur die Redlichkeit, die im Dezember 66, vorübergehend, geistesabwesend versagte, so daß der gut ein Jahr zurückliegende Wahlkampf nun wie Schemenboxen aussah? War's nur ein *moralischer* Kurzschluß, der auch das SPD-Bündnis mit NSDAP-Mitglied Kiesinger bescherte — für Grass, der eben gern moralisch personalisiert, offenbar die schlimmste Klausel des »miesen« Ehekontraktes? Oder wäre es nun an der Zeit, Sozialdemokraten nicht mehr ganz bedenkenlos als »staatsbewußte Pragmatiker« anzupreisen, die »ihr Programm den wechselnden Zeiten anpassen«, neu nachzudenken auch über ihr »gewachsenes Nationalbewußtsein«, das schließlich doch am 4. August 1914, bei der Bewilligung der Kriegsanleihen zur Welt kam? Gegen so naheliegende Skrupel steht weiterhin nur bebend abstrakt: »Für die Vernunft will ich werben.«

Nur durch den letzten Beitrag, die »Zwischenbilanz« vom September 1967, zieht sich unterirdisch ein leichtes Erdbeben. Von nur »kapitalistischer Freiheit« ist da die Rede, von »interessenhörigen« Parlamenten, von nur »formalfreiheitlichen Wahlen«, doch sehr kurz und ohne alle Konsequenz. »Dieses Thema«, so wird über die Krise der Demokratie doziert, »so allgemein es sich anhört..., stellt sich von Land zu Land, von Demokratie zu Demokratie neu und wird erst dadurch allgemein.« Hier dürfte die offiziöse Vagheit des Ausdrucks wohl doch das legitime Kind von vage offiziösen Gedankengängen sein. Tatsächlich ergibt sich am Ende als finsterer Trost, daß eben nicht die parlamentarische Demokratie versagt hat, nur deren gewählte Repräsentanten. Wäre also auf deren sich irgendwoher und irgendwozu bessernde Redlichkeit und folglich Vernunft weiterhin zu hoffen? Hier wird offenbar in aller Resignation unerschüttert an das *morali-*

sche Gehör, an die *innerliche* Regenerationsfähigkeit des Bonner Systems geglaubt. Sympathisch mag das sein, nach wie vor, gerechtfertigt ist das durch nichts, heute weniger als je.

Doch September 67, das liegt, gemessen am neuen Tempo politischer Entwicklungen, schon reichlich weit zurück. Nur vorläufig ist deshalb hier ein Resümee zu ziehen. Einer von uns notorisch Unbeständigen, ein Literat also, hat versucht, sich verbindlicher auf praktische Politik einzulassen als bis dahin landesüblich war, ein Realist mit dem Markenzeichen der Genauigkeit, der ausdrücklich und bissig alle Utopisten, jedwede Ideologie verachtet. Doch was sich schließlich als Quintessenz aus seinem eigenen Programm herauslesen läßt, ist blauäugigster Idealismus, pure Ideologie, sind die Abstraktionen der Innerlichkeit aus bester deutscher Tradition: Appelle an eine irgendwie wunderwirkende Vernunft, zur Einkehr und Besinnung, gegen »geistlosen Wohlstand«, an die Kraft der inneren Moral. Wenn ein Weimarer Kernspruch (das Xenion: »Zur Nation euch zu bilden, ihr hofft es, Deutsche, vergebens/Bildet, ihr könnt es, dafür freier zu Menschen euch aus«) eine der Reden abschließend wahrhaft krönt, so ist das nicht etwa Fehlleistung. Utopie wird also auch hier gebaut, nur daß sich diese von anderen und aktuelleren nicht vorteilhaft eben dadurch unterscheidet, daß sie hoch im Himmel hängt, statt weit hinter dem Horizont zu liegen.

Die Liebhaber von Günter Grass' sagen wir erster literarischer Periode werden nun bangen. Schon auf der letzten Tagung der Gruppe 47 wurden seine neuesten Gedichte unisono mit für den Autor der »Blechtrommel« unerhörten Argumenten empfangen: er trete da in Moseshaltung auf, er sei zu vage feierlich geworden, zu predigerhaft. Wird er uns also auf seine Art die Gerhart Hauptmannsche Lebenskurve nachzeichnen, sich vom Bürgerschreck zum späten Weimarianer läutern, zum sprechenden Denkmal eines guten, fruchtlosen Glaubens? Noch sind das vorlaute Sorgen und nicht einmal die dringendsten.

Denn aus der Lektüre dieser politischen Schriften sind schon ganz andere, politische Schlüsse gezogen worden. Angeregt von Margaret Boveri und Golo Mann, beginnt in Berlin ein Komitee von Bürgern für Grass als Regierenden Bürgermeister zu werben. Damit allerdings wird die Ideologie seines Bändchens sehr gläubig und entschlossen beim Wort genommen: eine abgewirtschaftete Politik soll renoviert werden durch nichts mehr und nicht weniger als den Einsatz einer neuen Person, deren Redlichkeit und Einsichten den Gaben von Klaus Schütz tatsächlich überlegen scheinen. Noch klingt das eher wie Märchen als wie Utopie. Nur die von Grass selbst so dringend angerufene Vernunft hoch über allen realen Machtverhältnissen spricht für seine Einlösung. Wird sie sich herunter vom Sockel auf die Erde provozieren lassen? Ich bin so wundergläubig nicht. Doch ich sehe ein, daß dieser hochherzige Berliner Versuch das politische Credo von Günter Grass nachdrücklicher und auch schlimmer testet als jede Rezension.

»Süddeutsche Zeitung« (München), 8./9. 6. 1968; [Dort unter dem Titel »Die Tragödie der Vernunft des Günter Grass«; der hier verwendete Titel ist der ursprüngliche, den Baumgart vorgesehen hatte].

Günter Grass

Die angelesene Revolution

Im Herbst 1967 begann sich zwischen dem tschechoslowakischen Schriftsteller Pavel Kohout und mir ein Gespräch in Form offener Briefe zu entwickeln, das bis heute noch nicht abgeschlossen ist. Anlaß war ein gefälschtes Manifest gewesen, dem ich Glauben geschenkt hatte. Trotz meines Irrtums blieb die Basis für ein Streitgespräch erhalten, das sich zur Zeit etwa mit einem Schriftstellerkollegen in der DDR kaum beginnen ließe. Kohouts und meine Thesen wurden nicht nur in der Wochenzeitung »Die Zeit«, sondern auch in vollem Wortlaut in der Prager Studentenzeitung »student« abgedruckt. Der stellvertretende Chefredakteur der Prager Studentenzeitung, Peter Feldstein, schrieb mir:

»Die beiderseits zum Ausdruck gebrachten Aussichten schienen der Schriftleitung so lehrreich zu sein, daß sie sich entschlossen hat, mit denselben auch unsere junge Intelligenz, vor allem die Hochschüler, vertraut zu machen.«

Ich gehe auf Pavel Kohouts und meinen Versuch, zwischen Revolution und Evolution zu vermitteln, ein, weil meiner Meinung nach der Studentenprotest in der Bundesrepublik von den Veränderungen in der Tschechoslowakei kaum oder zu wenig Kenntnis genommen hat. Der tschecho-slowakische, an der Wirklichkeit orientierte und oft genug »nur« pragmatische Weg zum demokratischen Sozialismus ist wohl zu nüchtern, grau und widersprüchlich, um vor dem Neo-Idealismus des deutschen Studentenprotestes bestehen zu können. Nicht Prag und Bratislava wurden zum lehrreichen Modellfall, austauschbar mußten Maos schlecht übersetzte Sinnsprüche, das kubanische Revolutionsmodell und Auszüge aus den Schriften des Soziologen Herbert Marcuse herhalten: im Mai 1968 hat mein Kollege Hans Magnus Enzensberger sich französische Zustände in der Bundesrepublik gewünscht, auch rief er auf, kurzerhand französische Zustände zu schaffen. Solche Rhetorik verrät entweder naives Wunschdenken — aber ich halte Hans Magnus Enzensberger nicht für naiv —, oder sie enthält jene Portion Scharlatanerie, mit der man in Deutschland die Politik schon immer gewürzt hat, um sie genießbar zu machen.

Es mag verwundern, wenn ich in der Öffentlichkeit einen Kollegen angreife, mit dem ich in Sachen Literatur recht freundlich übereinstimme, doch da es hier nicht um die Revolutionierung der Lyrik oder gar der Interpunktion geht, sondern um die Gratisproklamation der Revolution in einem Land ohne revolutionäre Basis, ohne revolutionäre Vergangenheit und Tradition und inmitten einer Gesellschaft, die mehrheitlich konservativ denkt und wählt, wäre es fahrlässig, eine Solidarität zwischen Schriftstellern vermuten zu lassen, die es in der Tat nicht mehr gibt.

Für meinen Teil werde ich weiterhin diesen ersten aussichtsreichen Versuch, Demokratie in Deutschland zu etablieren, verteidigen. Und wer die ohnehin schwache und immer gefährdete Basis für die Demokratisierung der Bundesrepublik — sei es im Sinne der NPD, sei es im Sinne linksreaktionärer Thesen — schmälert, wer den deutschen Bundestag, ein gewiß mittelmäßiges Parlament, eine »Quasselbude« nennt, wer meint, die parlamentarische Demokratie zerschlagen zu müssen, damit etwas anstelle treten kann, das er verschämt in der Hinterhand hält, wer also meint, Weimar dürfe, könne und solle wiederholt werden, der hat in mir einen politischen Gegner von ziemlicher Ausdauer.

Dieses Votum mag als »bloß gute Absicht« auf revolutionären Börsen niedrig notiert werden. Auch muß ich mich fragen, wie leise ich argumentieren muß, um zwischen einer Unmenge voll aufgedrehter Lautsprecher verstanden zu werden.

Mit anderen Worten: in welche Gesellschaft, in welche Öffentlichkeit, in welche, auch studentische Sprachwirrnis hinein votiere ich für die parlamentarische Demokratie und stelle ich mich gegen eine Revolution, die ich »die angelesene« nennen möchte. Nur angelesen, weil von der Theorie her dürftig belegt, angelesen, weil die blindlings geschleuderten Lenin- und Luxemburg-Zitate allenfalls beweisen, daß die so freigebig Zitierenden bis heute nicht den fundamentalen Gegensatz zwischen Lenin und Rosa Luxemburg begriffen haben, angelesen, weil geklittert und rasch in Jargon umgemünzt.

Während sich in Ost und West festgefügte Machtgebilde selber in Frage stellen, nimmt die Bundesrepublik Veränderungen in unmittelbarer Nachbarschaft nur als Beunruhigung wahr und gefällt sich in zunehmender Schwerhörigkeit. Nach altbekanntem Modell wird der Ruf nach Reformen entweder mit der Berufung auf Ordnungsprinzipien beantwortet, die uns ab Herbst 1969 der zweiten Nachkriegsrestauration ausliefern wollen; oder es werden die Möglichkeiten langsam wirkender Reformen an absoluten Ansprüchen gemessen und billig lächerlich gemacht.

Die Sucht, eindeutige Positionen zu beziehen und Widersprüche nicht auszutragen, hat bisher jedes politische Problem — ob es sich um die Anerkennung der Oder-Neiße-Grenze, die Existenz zweier deutscher Staaten, die notwendige Machtbegrenzung übermächtiger Pressekonzerne oder um die Notstandsgesetze handelte — in Fetische verwandelt, an denen sich der linke wie der rechte Irrationalismus orien-

tieren konnten. Wir jonglieren schon wieder einmal, als kenne die
Welt diese deutsche Zirkusnummer nicht, bis zum Überdruck mit
den Extremen.

Bei allen möglichen Gelegenheiten und Ungelegenheiten wird die
Frage gestellt: Ist die Bundesrepublik schon faschistisch? — Doch falsch
gestellte Fragen können kaum richtige Antworten provozieren. Dafür
breitet sich mit elegischem Wohlstandsüberdruß Untergangsstimmung
aus.

Wer gestern noch seine schönpolierte Musiktruhe mit der Internationalen bediente, wird morgen Götterdämmerung auflegen und
dem Urraunen lauschen wollen.

Mit anderen Worten gefragt: Werden die Notstandsgegner von
gestern und heute die wachsamen Demokraten von morgen sein? Ich
zweifle daran und befürchte, daß zunehmende Resignation und weitere Abkehr vom Staat und seiner Verfassung die Antwort der Gegner auf die überstürzte Entschlußfreudigkeit der Befürworter sein
wird. Und werden die Sozialdemokraten, die die Notstandsgesetze
nach den Worten Heinemanns als Garantie der demokratischen Freiheit im Notstandsfall werten, in der Lage sein, das Volk vor dem Mißbrauch dieser Gesetze zu schützen? Ich zweifle daran.

Denn ziemlich allein gelassen, zermürbt sich die SPD an den Folgen ihrer Entscheidung vom Dezember 1966 und an den Folgeerscheinungen der Adenauer-Ära, die auf dem ohnehin prügelgewohnten
Rücken der SPD ausgetragen werden.

Doch wer meint, links von der SPD zu stehen, und wer glaubt, nun
Anlaß zur Schadenfreude zu finden, der möge sich bewußt sein, daß
mit dem Abgesang dieser großen demokratischen Partei auch und
wieder einmal der Abgesang der Demokratie in Deutschland angestimmt werden könnte.

Vor diesem von mir nur skizzierten Hintergrund sollten, so meine
ich, besonders die Studenten, nach bald zwei Jahren Studentenprotest,
Bilanz ziehen, damit ihre Initiative nicht versandet, damit sie im
Herbst dieses Jahres nicht fassungslos einem Wahlergebnis gegenüberstehen, das sie in jene apolitische Resignation hineintreiben könnte,
die vor gar nicht langer Zeit für die Studenten auf den deutschen Universitäten und Hochschulen bezeichnend gewesen ist.

Wie groß waren die Hoffnungen, als von Berlin aus und dann in
der Bundesrepublik zum erstenmal in der deutschen Geschichte Studenten von links her politisch zu argumentieren begannen. Der Protest der Studenten fand nicht nur bei den Schülern ein Echo. Wer bereit ist, gerecht zu urteilen, wird kaum überhört haben können, wie
früh, wie oft und auch wie verständnisvoll aus eigener Kenntnis der
Erste Vorsitzende der SPD, Willy Brandt, den Protest der Jugend beim
Wort genommen hat; er hat diese Zerreißprobe im eigenen Haus ausgehalten. Auf dem Nürnberger Parteitag, während des Wahlkampfes

in Baden-Württemberg und auch nach der Verurteilung seines Sohnes Peter, habe ich von Willy Brandt kein autoritäres Wort gehört.

Wäre es nicht politisch folgerichtig gewesen, wenn gerade der Studentenprotest Willy Brandts neue Formel von der Anerkennung beziehungsweise Respektierung der Oder-Neiße-Grenze bis zu einem Friedensvertrag aufgegriffen hätte? Wie sehr ist ein solcher Versuch, eine neue Deutschland- und Ostpolitik zu beginnen, gerade auf die Mithilfe der jungen Generation angewiesen. Doch davon war nichts zu hören.

Anstelle politischer Parteinahme verlor sich der Studentenprotest zum gleichen Zeitpunkt zunehmend in revolutionärer Rhetorik. Während verschiedener Veranstaltungen, besonders in Berlin, lernte ich eine linksradikale Intoleranz kennen, die ich während der Bundestagwahl 1965 in erster Lektion schon von seiten der Jungen Union hatte kennenlernen dürfen.

Nun will ich nicht den Fehler machen und den SDS mit den Studenten insgesamt verwechseln, aber wenn der durch nichts gerechtfertigte Führungsanspruch des SDS wie bisher durch unkritische Solidarität gedeckt wird, dürfen sich die Studenten nicht wundern, wenn die revolutionären Zielsetzungen des SDS als studentische Zielsetzung gewertet werden. Die Spontaneität als Motor, der zwar zu telegenen, aber ansonsten austauschbaren Aktionen fühlt, hat ein Bild des Studentenprotestes in der Öffentlichkeit gefördert, das sich jedem Demagogen von rechts zur Bebilderung der beliebten Bürgerschreck-Psychose anbieten mußte.

Dabei verdeckt der Vitalität vortäuschende Aktionismus nur notdürftig ein Arsenal rührend altmodischer Revolutionsvorstellungen, die Lenins Spott provoziert hätten. Zwar müssen Marx, Mao und Marcuse die Zitate hergeben, doch mir will es seit langem so vorkommen, als versuche sich wieder einmal der deutsche Idealismus mit Hilfe des Studentenprotestes zu regenerieren. Denn woher kommt diese Sucht, Bilder als Vorbilder und die rote Fahne als Wert an sich durch die Straßen zu führen? Der tote Revolutionär »Che« Guevara kann sich nicht dagegen wehren, wenn er heute in Deutschland romantische Bedürfnisse als pin up befriedigen muß. Woher kommen diese Alles-oder-nichts-Forderungen, wenn sie nicht aus der gutgedüngten Kleingartenerde des deutschen Idealismus nicht immer schon ein jugendlicher Kraftakt gewesen, dem das erschöpfte Zurücksinken aufs konservative Plüschsofa folgte? Wie viele Jungrevolutionäre werden, sobald sich ihre hochgeschraubten Erwartungen nicht erfüllt haben und sobald sie die Universität verlassen und der Berufskarriere ein wenig und dann ein wenig mehr geopfert haben werden, treu und brav CDU wählen, was nicht ausschließt, daß sie sich im engeren Freundeskreis, als wohlsituierte Mittdreißiger, bei einem Gläschen Mosel gern ihrer revolutionären Vergangenheit erinnern werden mögen.

Täuschen wir uns nicht: die Begeisterung ist nur das schöngeblümte Seidenfutter der solide graugestreiften Resignation. Diesen Mantel kann man zwar wenden, aber nur schwer verschleißen; sein konservativer Zuschnitt verbürgt Haltbarkeit. Mehrere Generationen solide gekleideter Opportunisten sind bis ins hohe Alter begeisterungsfähig geblieben.

Und neuerdings gibt es sogar den linken Opportunisten. Oft gehört er meiner Generation an; er kann es schlecht ertragen, schon vierzig Jahre alt zu sein und noch nichts für die Revolution getan zu haben. Also schreit er sich ins Stimmbruchalter zurück. Also läßt er sich einen Mao-look-Anzug maßschneidern. Also macht er sich lächerlich. Er, der dieses Land und seine Kriegs- und Nachkriegsgeschichte kennen müßte, er, dem bewußt sein sollte, wie die Gesellschaft in der Bundesrepublik, von Flensburg bis Passau, während der langen Adenauer-Ära geformt und verformt worden ist, er läßt sich wider besseres Wissen von der Begeisterung mitreißen; ihm macht nach soviel Niederlagen die Spontaneität unheimlichen Spaß, er benutzt den Studentenprotest als Jungbrunnen und erspart den Studenten jene Kritik, die sie im doppelten Sinn des Wortes verdient haben. Er wird mehr noch als die Studenten verantwortlich sein, wenn dieser erste Versuch studentischer politischer Mitsprache in Deutschland scheitern oder ins Irrationale münden sollte.

Denn wenig spricht bisher dafür, daß die studentische Protestbewegung ihre ersten Niederlagen überlebt und auf die Dauer zu einem politischen Faktor in der Bundesrepublik wird. Die deutschen Universitäten und Hochschulen sind ihrer Struktur nach ein Produkt der Adenauer-Ära. Nur sieben Prozent der Studenten kommen aus Arbeiter- und Bauernfamilien. Nach wie vor eröffnet eine besitzelitäre Auslese den Weg auf die Universitäten und Hochschulen. Es kann nicht wundernehmen, wenn besonders die Söhne aus allzu gutem Hause die Universitätszeit benutzen, um sich ein wenig linksradikal auszutoben. Auch das hat in Deutschland Tradition. Während der Studienzeit durften sich, sagen wir mal zu Kaiser Wilhelms Zeiten, die Söhne des Geld- und Blutadels frei nach Laune am Spießertum reiben. Ihnen stand es finanziell und bei nachsichtigem Zwinkern ihrer alten Herrn offen, mal richtig Rabatz zu machen. So hat sich auch der elitäre Anspruch und die Arroganz den Arbeitern gegenüber, deren Bewußtsein permanent verändert werden soll, bis auf den heutigen Tag konservieren können. Dabei wäre es nach den Erfahrungen der letzten Monate an der Zeit, mit dem notwendigen Aufklärungsprozeß zuerst bei den Studenten zu beginnen.

Ein vierundzwanzigjähriger Elektroschweißer ist einem gleichaltrigen Studenten der Soziologie an Lebenserfahrung und politischer Einsicht haushoch überlegen. Natürlich gibt es Ausnahmen, und eine Ausnahme will ich nennen: zumeist sind es Studenten gewesen, die der zweite Bildungsweg zum Studium geführt hat, mit denen ich wäh-

rend der letzten Jahre auf erwachsene Weise politisch zusammengearbeitet habe.

Niemand, auch die Studenten nicht, können, wenn sie politische
Mitsprache üben wollen, bei Null anfangen. Dieses Land hat einen
Krieg begonnen und verloren. Wir haben Verbrechen in die Welt gesetzt, die nicht vergessen gemacht werden können. Dieses Land hat
bezahlen müssen und wird weiterhin bezahlen müssen. Es ist geteilt
und muß Rücksicht nehmen auf wenige Verbündete, wenige Freunde
und auf langfristige Verträge.

Ich sagte anfangs, wie gut wäre es gewesen, wenn sich der Studentenprotest Willy Brandts neue Oder-Neiße-Formel zu eigen gemacht
hätte. Ich erweitere diesen Katalog politisch begrenzter Möglichkeiten: Es wäre wünschenswert, wenn der Studentenprotest zum Beispiel
die Initiative Heinemanns zur rechtlichen Gleichstellung des unehelichen Kindes unterstützte. Auch die unehelichen Kinder (und ich finde das gar nicht lächerlich) sind in der Bundesrepublik eine Minderheit. Es bedarf einer Portion Mut und Ausdauer, um in dieser nach
wie vor konservativen Gesellschaft ein Gesetz zugunsten einer Minderheit einzubringen.

Wer zu Recht die Politik der großen Koalition kritisch mißt und
den Immobilismus der Ausklammerungspolitik unter Kiesinger beim
Namen nennt, sollte aber auch die einzelnen und durchaus ablesbaren Leistungen, wie zum Beispiel die des Justizministers Heinemann,
als Leistungen wahrnehmen. Wer einäugig nur den kritischen Ansatz
sucht und ihn in dieser Gesellschaft im Übermaß findet, mag Spaß
finden an scharfer Verurteilung in Permanenz; aber das einäugige Urteil fällt auf den Richter am Ende zurück, wie ja auch einäugige Politik
keine Politik ist.

Ich möchte ein Beispiel nennen, das die angelesenen Revolutions-
Modelle des 19. Jahrhunderts nicht bemühen muß, denn es handelt
von der widersprüchlichen, einäugig nicht zu erkennenden politischen
Wirklichkeit unserer Tage: Im Juni 1968 setzten die neuen Paß- und
Visaverordnungen der DDR in Berlin neue Akzente, obgleich das
Neue nicht überraschend kam. Das Entsetzen und die Empörung einzelner Politiker, die mit gewohntem Mattscheiben-Tremolo und durch
das bloße und wohlbekannte Zitieren der Ulbrichtschen Aggression
das Versagen der eigenen Deutschland-Politik verdecken wollten, verriet, in welch verheerendem Ausmaß die jahrelange Alles-oder-nichts-
Politik der Bundesregierung das Nichts in der hohlen Hand offenbar
gemacht hat. Plan- und hilflos, wie schon nach dem 13. August 1961,
begegnet unsere Gesellschaft insgesamt den Maßnahmen der DDR-
Regierung. Voraussehbare Entscheidungen, vor denen nicht wenige
gewarnt hatten, werden zu unabwendbaren Schicksalsschlägen hoch-
stilisiert oder, damit ja keine Panik aufkommt, heruntergespielt und
verniedlicht.

Wer die Politik der DDR seit Jahren aufmerksam beobachtet hat, sollte gelernt haben, daß von deren Seite mit gutem Willen und wohlwollendem Verständnis nicht zu rechnen ist. Die CDU-Politik unter Adenauer und die SED-Politik unter Ulbricht waren von allem Anfang an auf West- und Ost-Integration festgelegt.

Während bald zwanzig Jahren hatte das Wort »Wiedervereinigung« keine andere Funktion als die der Wahlkampf-Vernebelung. Wie in Sachen Wirtschaftspolitik, so haben wir auch in der Deutschland-Politik die Rechnungen zu begleichen, die Konrad Adenauer und Ludwig Erhard offengelassen haben.

Mit anderen Worten: Wenn wir nicht auch noch West-Berlin verlieren wollen, wird die Bundesrepublik spät genug die Realität, die Existenz eines zweiten deutschen Staates, anerkennen müssen. Man möge doch nicht glauben, daß die bloße Anzapfung der westdeutschen Wirtschaftskraft, die selbstverständlich nach wie vor in der Lage ist, neu erwachsene finanzielle Belastungen zu decken, eine politische Lösung des Berlin-Problems ersetzen könnte. Im Gegenteil: die zunehmende wirtschaftliche und finanzielle Abhängigkeit kann und wird Berlin, auf die Dauer gesehen, politisch entmündigen.

Fest steht einzig, daß die Westberliner Bevölkerung nicht in die DDR eingemeindet werden möchte, und gewiß ist, daß die Westberliner Bevölkerung alle Freistaat-Konzeptionen zu Recht skeptisch wertet. Müde und gealtert mit den immer gleichbleibenden Problemen dieser Stadt, will sie die Risiken einer falschen, weil unrealistischen Deutschland-Politik nicht mehr alleine tragen. Zu Recht wünscht sie sich eine Lösung der Berlin-Frage, die ihrer Existenz in dieser Stadt wirtschaftliche und soziale Sicherheit garantiert. Ihr Votum für die parlamentarische Demokratie muß zuallererst respektiert werden. Soweit die Westberliner Forderungen.

Ihnen gegenüber erlebt die DDR seit Jahr und Tag, und oft genug traumatisch übersteigert, die Forderung nach der Anerkennung als Staat. Was von seiten der Bundesregierung versucht worden ist — die Gewaltverzichtserklärung, die Abschwächung des Alleinvertretungsanspruches, der Briefwechsel Kiesinger/Stoph, die Bereitschaft, von Postminister zu Postminister zu verhandeln — all das waren Ansätze, die Ansätze blieben.

Der entscheidende Schritt, den in der Tat nur eine Regierung der Großen Koalition hätte machen können und machen müssen, nämlich die grundsätzliche Korrektur der siebzehn Jahre lang währenden erfolglosen Adenauer-Politik, ist unterblieben. Willy Brandt, Initiator einer neuen Deutschland-Politik schon als Regierender Bürgermeister, blieb als Außenminister mit seiner Konzeption allein; Kurt Georg Kiesinger wollte ihm aus parteipolitischen Gründen nicht folgen. Frohlockend erhofften sich die Nutznießer des kalten Krieges in beiden deutschen Staaten die Wiederkehr der übersichtlichen Schwarz-Weiß-

Verhältnisse der fünfziger Jahre; das große gegenseitige Verteufeln soll wieder beginnen.

Diese gefährliche Situation, die uns den Rückfall in die immer noch intakten Grabenstellungen des kalten Krieges bescheren könnte, stellt, so meine ich, besonders den Studenten eine neue Aufgabe. Hier helfen uns keine kubanischen Revolutionsmodelle. Weder Mao noch Marcuse bieten Rezepte, mit deren Hilfe die deutsche Misere kuriert werden könnte; diese jahrzehntelange Verschuldung geht zuallererst auf das deutsche Konto. Proteste vor dem Alliierten-Kontrollratsgebäude oder das übliche Lamento »Der Russe ist schuld. Der Russe ist schuld« sind nur Ausdruck der allgemein bekannten Geste: im Zweifelsfall sind immer die anderen schuld.

Nein. Wir sind es, die Bilanz ziehen müssen. Und besonders die Jugend stellt sich die Aufgabe, Klarheit zu fordern, Beschwichtigungen zurückzuweisen und zuallererst das eigene Haus zu bestellen.

Ich möchte die Erklärung des Ersten Vorsitzenden des Sozialdemokratischen Hochschulbundes zu dieser Frage für einen neuen und realistischen Ansatz werten. In dieser Erklärung heißt es:

»Der SHB, der seit langem eine progressive Deutschland- und Ostpolitik vertritt und schon früh für eine Anerkennung der DDR eingetreten ist, betrachtet gerade auch unter diesem Aspekt die DDR-Maßnahme als einen Rückschlag für alle fortschrittlichen Kräfte in der Bundesrepublik Deutschland. Besonders bestürzt ist der SHB über die in der Maßnahme zum Ausdruck kommende unsoziale Haltung, die in erster Linie die minderbemittelte Bevölkerung trifft. Er sieht sich gezwungen, für eine möglicherweise eintretende Verhärtung der Fronten in Deutschland und Mitteleuropa die DDR-Regierung verantwortlich zu machen. Er appelliert daher dringend an die Verantwortlichen in der DDR, ihre Entscheidung im Interesse des Friedens in Europa zu korrigieren. Er ruft gleichermaßen den Außenminister der BRD und Vorsitzenden der SPD, Willy Brandt, auf, ungeachtet der neuen Entwicklung seine Entspannungsbemühungen weiterhin und verstärkt fortzusetzen, um reaktionären Kräften hüben wie drüben entgegenzuwirken.«

Ich möchte die Studenten bitten, im Sinne dieser Erklärung und entsprechend ihren Möglichkeiten dem Studentenprotest eine Richtung zu geben, die sich zuallererst an der politischen Wirklichkeit in der Bundesrepublik und an der Existenz zweier deutscher Staaten orientiert. Hier ist in der Tat Aufklärungsarbeit zu leisten; denn wenn es schon schwierig ist, Willy Brandts Nürnberger Oder-Neiße-Formel als einen konstruktiven Friedensbeitrag einer entscheidend breiten Öffentlichkeit mitzuteilen, die überalterten und aus der Gegenideologie des Antikommunismus erwachsenen Wiedervereinigungs-Vorstellungen durch eine nüchterne, vom Verzicht und von der Tatsachenanerkennung gezeichnete Politik zu ersetzen.

Ich bin gewiß, daß ein mitverantwortliches Engagement der Studenten zu diesem Zeitpunkt und zu diesen Fragen die tiefaufgerissene Kluft zwischen Studenten und Arbeitern überbrücken könnte. Wenn schon die bundesdeutsche Wirtschaft in Berlin seit Jahr und Tag versagt, dann sollten wohl zuallererst die Studenten dem Wort Solidarität einen neuen Sinn geben.

»frontal« (Bonn), Nr. 46, Herbst 1968

Ulf Kadritzke

Über die nicht angelesene Kritik

Über Günter Grass eine notwendige Kritik zu schreiben, fällt schwer. Nicht, daß er nicht genügend Anlaß dazu böte; die Schwierigkeiten liegen tiefer. Da politisiert ein Mann, der es sich nicht leicht macht und der sein Engagement um seine Früchte gebracht sieht: rechts, wohin von links aus seine Stimme zur Umkehr auffordert, gähnt ihm die Ignoranz der Sozialdemokratie und eine »Freundschaft« mit Willy Brandt entgegen, die allenfalls in Spuren geistiger Verwandtschaft und gemeinsamer Rechtschaffenheit bestehen kann, nicht jedoch in gegenseitiger politischer Beeinflussung. Und von links schallt ihm eine Kritik entgegen, die der Berliner Schriftsteller, meistens zu Unrecht, als Stimme der Arroganz empfindet, anstatt nach den politischen und strategischen Differenzen in der Sache zu suchen.

Tatsächlich teilt sich Günter Grass den Luxus einer Studenten- und Akademikerfeindlichkeit mit Herbert Wehner, mit dem ihn ohnehin reichlich Haßliebe verbindet. Beide begehen dabei den Fehler, das gerechtfertigte Mißtrauen gegenüber der deutschen Altakademikerschaft, die sich in ihrer historischen Rolle jenseits aller politischen Skrupel von jeher wohl gefühlt hat, mit einer koketten »proletarischen« Verachtung gegenüber Studenten zu verbinden: eine Haltung, die beide lediglich davon zu entbinden scheint, sich eingehender und damit sachlicher mit studentischen Gedanken und studentischer Praxis zu befassen. Diese Behauptung wird nicht ohne Belege bleiben.

Und dennoch fällt es schwer, Günter Grass mit derselben selbstbewußten Haltung zu begegnen, mit der er sich vor allem mit dem SDS auseinanderzusetzen pflegt. Denn im Grunde verspürt man in der politischen Agitation des ungeliebten Sozialdemokraten nach wie vor eine Ernsthaftigkeit, die in der Tat manchem seiner »linker« schreibenden Kollegen zugunsten konformistischen linken Nichtstuns abhanden gekommen ist. Im Bestehen auf politischer Praxis zu einer Zeit, da sich die deutsche literarische Intelligenz auf ro-ro-Büchlein und auf die von Walser so treffend beschriebenen, hochdotierten Vorträge vor bürgerlichen Witwen und spätbürgerlichen Studenten beschränkte, hat Grass seinen politischen Anspruch angemeldet. An dieser Bereitschaft zur Praxis kann es nun keineswegs liegen, daß Grass heute an der Studentenschaft nicht froh wird und sie nicht an ihm: Schließlich wirft der SPD-Herold den Berliner Studenten kaum mehr Mangel an Praxis vor, sondern eben eine falsche.

Genau hier setzt auch die sachliche Möglichkeit ein, Günter Grass gegenüber gehässige Worte zu vermeiden. Viel fruchtbarer erscheint der Versuch, seinen emphatischen Begriff von Praxis, der den »kleinen Mann« auf der Straße angeblich betrifft und den er freudig mit »Drecksarbeit« identifiziert, auf Erfolgsmöglichkeiten hin zu untersuchen. Es soll gezeigt werden, daß Grass nicht Praxis im gesellschaftlich emanzipierenden Sinne meint und betreibt, sondern pragmatische Werkelei, die sich weit unpolitischer ausnimmt als die von ihm kritisierte studentische Demonstrationstätigkeit.

Dieser Beweis hat an zwei Tätigkeits- und Agitationsbereichen anzusetzen, die den politischen Habitus von Günter Grass am treffendsten charakterisieren: zum einen an der Tätigkeit gegen und für die SPD, zum anderen an der geradezu missionarischen negativen Fixierung des Schriftstellers an einige Grundzüge der Studentenrevolte, die er schnell durchschaut zu haben glaubt. Denn fixiert ist das Verhalten von Grass auch dann zu nennen, wenn er selbst für souveräne und wahrhaft mutige Gegnerschaft hält, was ihn mit dem SDS verbindet. Diese Art der Agitation gewinnt auch dadurch nicht an Klarheit, daß sich Grass mit ihr mutig an die deutschen Hochschulen wagt: Auch Klaus Schütz hat in Berlin vor Studenten gesprochen und hatte doch nichts zu sagen.

Ihren bisherigen Höhepunkt fand die Studentenschelte in einer Rede vor Bochumer Studenten, die man in der Nr. 46 von »frontal« nachlesen kann. Da ist ihm der billige und schlechte Satz unterlaufen, der vermutlich die linken Studenten treffen soll: »Wer gestern noch seine schön polierte Musiktruhe mit der Internationalen bediente, wird morgen Götterdämmerung auflegen und dem Urraunen lauschen wollen.« Das bezieht sich so offensichtlich auf die derzeitige und zukünftige Politik der studentischen Linken und ist doch so offensichtlich danebengezielt, daß es schon nicht mehr die beabsichtigte diskriminierende Wirkung erzielt. Denn seit Friedeburg, spätestens seit Wildenmanns Untersuchungen über das demokratische Potential von Studenten weiß jedermann, was Beobachter der studentischen Revolte schon längst wußten: daß irrationale Mythen, rechtsextremistische Vorstellungen in dieser studentischen Generation keine Chance haben, weil die Studenten in ihrer Mehrzahl zumindest genuine Radikaldemokraten sind und nicht — wie Grass wohl meint — opportunistische Mitläufer eines modischen Linkstrends.

Beginnen wir bei der harten Praxis des Günter Grass, die er stets kokett und selbstbewußt gegen angebliche studentische Utopismen abzuheben weiß. Es bleibt dabei: Noch immer hat er's mit der SPD.

Eine Partei, die sich vor seiner gewiß nicht radikalen Wahlhilfe der letzten Jahre in der Furcht zierte, es würde ihre Vergangenheit, von der sie sich unendlich mühsam distanziert hatte, wieder ans Licht gezerrt — was Grass gar nicht beabsichtigte —, eine solche Partei auch nach der Großen Koalition noch pauschal zu unterstützen, bedarf, sollte man meinen, einer ausführlichen Begründung, einer Analyse der Ursachen zumal, die die SPD ins große Koalitionsbett drängten, und eine Analyse der Folgen für die noch niemals stattgehabte deutsche Demokratie, sofern man ihr Anwalt für die Zukunft zu sein vorgibt.

Beides hat Günter Grass bislang nicht geleistet. Weder in seinen nun gesammelt vorliegenden Aufsätzen noch in seiner Bochumer Rede findet sich Auskunft über die politischen oder sonstigen Kategorien, mit denen Grass die Praxis der Sozialdemokratischen Partei beurteilt. Wobei nicht eigens erwähnt zu werden braucht, daß ein dunkles Raunen von Zeiten, die noch schlimmer sein könnten, und von der besten deutschen Demokratie, die es bislang gab, noch keine Analyse begründen kann. Offensichtlich hält Grass schon für eine solche, was erst der Ausgangspunkt für politische Diskussionen sein könnte. Wie anders würde er sonst der studentischen Linken gegenüber eine Binsenwahrheit als zentrales, handlungsorientierendes Theorem ausgeben: » ... wer meint, links von der SPD zu stehen, und wer glaubt, nun Anlaß zur Schadenfreude zu finden, der möge sich bewußt sein, daß mit dem Abgesang dieser großen demokratischen Partei auch und wieder einmal der Abgesang der Demokratie in Deutschland angestimmt werden könnte.«

Gut gesprochen, allein: wer, wenn nicht diese »linken Studenten«, weist seit Jahren auf diesen Prozeß hin? Hält Grass die deutschen Sozialisten wirklich für so borniert, daß er ihnen »Schadenfreude« angesichts dieser Entwicklung unterstellen zu können glaubt? Hat diese Linke überhaupt Zeit, sich bei der Schadenfreude aufzuhalten angesichts dessen, was an permanenter Reflexionsnotwendigkeit und an konkreter Arbeit vor ihr liegt? Aber hier, wo es die Konsequenzen des Bewußtseinszerfalls der Sozialdemokratie zu bedenken gilt, wo die außerparlamentarische Opposition in mühsamer »Kleinarbeit« — auch die gibt es außerhalb des Hauses Grass — unter oft depremierenden Startbedingungen zur Praxis kommt, da steht der Dichter mit dem Zeigestock und weiß nichts Besseres, als die Ausgangsbedingungen der Analyse — den Zustand der SPD — mit den Konsequenzen zu verwechseln: Bleibt bitte in und mit der SPD, da ist noch viel zu machen. Und wenn der langmütige Zuhörer zur Frage ansetzt, mit wem denn bitte in der SPD gearbeitet werden könne, dann deutet Grass auf ihn, den großen Vorsitzenden.

Willy Brandts menschlich zu ehrende, im Grunde jedoch selbstverständliche Toleranz in Erziehungsfragen muß ernstlich dazu herhalten, seine politische »Größe« zu demonstrieren. Wäre ich Willy

Brandt, ich verbäte mir dies Ineinssetzen von praktischer Liberalität und politischer Funktion. Was ist denn, wenn Willy Brandt im Kreise der Familie die »Zerreißprobe im eigenen Hause ausgehalten« hat? — Meine Mutti, eine Frau Kadritzke, ist wegen ihrer Toleranz in politischen Dingen noch nicht publizistisch geehrt worden. — Was, außer seiner Familienpolitik, begründet die Behauptung, Willy Brandt habe »den Protest der Jugend beim Wort genommen«? Und warum soll die studentische Linke nun, als Dank für Peters familiären Spielraum, ausgerechnet Willy Brandts »neue Formel von der Anerkennung beziehungsweise Respektierung der Oder-Neiße-Grenze bis zu einem Friedensvertrag« unterstützen? Was die meisten Studentenverbände schon seit über fünf Jahren fordern, und was mittlerweile jeglichen praktisch-politischen Wert eingebüßt hat, ausgerechnet diese längst ausgestandene Anerkennungsdebatte soll die studentische Linke heute wieder aufnehmen, nur weil Vater Willy dem Sohne Peter noch gesonnen ist.

Und welche Art Logik ist hier im Spiel: Grass verlangt, die Linke solle die Anerkennung eines von ihr längst anerkannten Faktums fordern, andererseits gesteht er selbst ein, zwei bis drei Prozent Stimmverlust seien »nachweislich auf Willy Brandts Oder-Neiße-Formel zurückzuführen«? Wenn dem so ist, so hätte studentische Unterstützung in dieser Frage noch mehr Prozente gekostet. Nicht wahr: So hart ist nun einmal hierzulande das Wahlgeschäft, wenn man sich die Methoden manipulativer Meinungsmache einmal hat aufdrängen lassen. Die politische Logik von Günter Grass leuchtet mir nicht ein.

Zu gipfeln scheint sie mir in der politisch-praktisch gemeinten Vorstellung, die Grass im Zusammenhang mit dem jählings abgeschnittenen Demokratisierungsprozeß in der CSSR entwickelt hat: »... wir, die wir die demokratischen Grundrechte als etwas Selbstverständliches werten, (sollten) unseren Nachbarn auf halbem Weg entgegenkommen und die sozialistische Substanz der parlamentarischen Demokratie anreichern.« So einfach ist das! Kein Wort fällt hier von den Systembedingungen, denen der historisch anspruchsvolle demokratische Parlamentarismus unter der Ägide der Monopole und der von ihnen determinierten »Sachzwänge« verfallen ist. Kein Wort davon, daß erst mit der Demokratisierung der gesellschaftlichen Basis im Lebensprozeß der Produktion insgesamt die sozialistische »Substanz« zum Vorschein käme, damit aber repräsentative Organe, deren Macht sich ständig verselbständigt und bürokratisiert, tendenziell überflüssig würden.

Während Günter Grass meines Erachtens zu Recht für die Entwicklung der CSSR realistische und pragmatische Perspektiven geltend macht, ist sein »Realismus«, seine Duldsamkeit gegenüber der faktischen Gewalt im politischen Westen geist- und praxistötend. Wer die Studenten zu systemkonformer Umkehr aufruft, noch ehe sie ihre Wirkungschancen in radikaler Opposition langfristig und geduldig genug erprobt haben, der macht sich verdächtig, sachlich nicht dasselbe zu wollen. Der macht sich vor allem verdächtig, mit der fiktiven Verteidigung der »Arbeiter« gegen studentische »Arroganz« nicht deren Emanzipation zu wollen, sondern ihr mieses, unverschuldetes aktuelles Milieu, über das sich Romane trefflich schreiben lassen. Proben auf diese Vermutung liefert Grass gleich mit: sein Toleranzbegriff richtet sich selbst, wenn es heißt: »Nun will ich nicht den Fehler machen und den SDS mit den Studenten insgesamt verwechseln . . .« Das riecht doch, ob beabsichtigt oder nicht, nach einer Diskriminierung, die der CSU die subtilerenMittelvoraushat. Das und die Dauerquerelen mit Enzensberger, deren politische Dimension sich seit langem hinter persönlichen Gehässigkeiten beiderseits verbirgt, zeigen deutlich, wie sinnlos Polemik wird, wenn ihr der zu diskutierende Inhalt abhanden gekommen ist. Wer über Inhalt, Strategie und Methoden der studentischen Protestbewegung nicht ausführlich reden will, dem kann es auch mit der Revolutionierung der anderen Bevölkerungsschichten nicht so ernst sein.

Und in der Tat: Günter Grass hält diese Welt, über die sich mit einer Mischung aus Realismus und Berliner Phantasie so gut schreiben läßt, für im Grunde unverzichtbar. So spielt er denn auch den 24jährigen Elektroschweißer und dessen »realistisches« Bewußtsein von Politik als »Lebenserfahrung« gegen den »gleichaltrigen Studenten der Soziologie« aus. Zu bezweifeln ist allerdings, ob Grass weiß, daß er sich mit seiner beiläufigen und hämischen Interpretation der Studentenunruhen mit den reaktionärsten amerikanischen Professoren und deren Status-Inkonsistenz-These trifft. Das hätte auch Parsons in einem populärwissenschaftlichen Vortrag vor der Women's League im mittleren Westen sagen können: »Es kann nicht wundernehmen, wenn besonders die Söhne aus allzugutem Hause die Universitätszeit benutzen, um sich ein wenig linksradikal auszutoben!« Da zeigen sich, gar nicht beiläufig, die Alternativen: Während Studenten im Prozeß ihrer politischen Aufklärung die sozial und psychisch determinierten Anfangsbedingungen ihrer Rebellion in bewußter politischer Aktion hinter sich zu lassen beginnen, regt der Dichter sich noch über ihr Elternhaus auf, als ob Studenten darin ihren politischen Kreislauf beendeten. Die Prognose über studentische Anpassungsbeflissenheit ist aberwitzig wie die empirisch falsche Behauptung vom politischen Bewußtsein des Elektroschweißers. Zu fragen bleibt dennoch, ob nicht hinter beiden Grass'schen Thesen Wunschdenken steckt: der Elektroschweißer möge es in seiner »realistischen« Art dem Studenten heimzahlen; der Student möge, Spenglersche Geschichtszyklen vollendend, in die Bürgerlichkeit zurücksinken, um Grass das politische Feld zu überlassen, das zwischen Profis à la Helmut Schmidt und der Masse der Elektroschweißer sich auftut.

»Niemand, auch die Studenten nicht, können, wenn sie politische Mitsprache wollen, bei Null anfangen.« Niemand hätte den Studenten dies zu sagen brauchen, die selbst die gesellschaftliche Realität durch Polizeiknüppel zu spüren bekamen. Niemand braucht der heutigen Studentenbewegung historisches Bewußtsein einzubleuen. Aber der Verdacht liegt nahe, daß mit der »Stunde Null« in den Reden von Günter Grass etwas grundsätzlich anderes gemeint ist als der Appell, die Vergangenheit folgenreich aufzuarbeiten. Die »Null« bei Grass, das zeigt sein Plädoyer für kleine Schritte, meint nicht den Punkt, von dem auszugehen ist — da tut sich eher eine erschreckende Unkenntnis elementarer sozialer Daten und struktureller Zusammenhänge auf. Die Null ist bei Grass die Warnung vor allzuviel Radikalität. Wer jedoch nicht bei Null anfangen kann, so unser Ratgeber, der solle gesellschaftliche Emanzipation auch nicht nur nicht schnell erwarten, sondern vor allem in dieser Radikalität nicht wollen.

Die Option für das sozialdemokratische Mittelmaß, das Grass heute gegen die rechten SPD-Führer propagiert, zeigt, deutlicher noch als die unsicheren Proteste gegen unverstandene studentische Positionen, die Furcht vor radikaler, im Sinne von genauer, Analyse. Da lenkt die detaillierte Fürsorge fürs uneheliche Kind in der Gesellschaft von der politischen Angst ab, die sich einstellt, wenn man einmal wirklich »ablesbare Leistungen, wie zum Beispiel die des Justizministers Heinemann«, auf ihre gesellschaftlich dünnen Folgen und damit auf ihren begrenzten politischen Stellenwert untersucht. Die Denunziation der »rührend altmodischen Revolutionsvorstellungen«, die peinliche Flucht eines anspruchsvollen Schriftstellers zum dreifachen M der »Marx, Mao und Marcuse«, sonst ein Lieblingsslogan der BILD-Zeitung und Rainer Barzels — das alles zeigt im Grunde Ignoranz gegenüber der verhandelten politischen Sache und damit die Weigerung vor einer Praxis, die nicht mehr die gewohnte der Appelle und Reden ist. Aber die pragmatischen Reden Günter Grass' ändern nichts an der Tatsache, daß seine Fortsetzung der unpolitischen Politik unserer Intellektuellen der 50er Jahre mit anderen Mitteln ihrer historischen und progressiven Legitimation beraubt ist.

Diese Polemik sollte nicht mißverstanden werden. Hier wird nicht moniert, daß ein berühmter Intellektueller sich von seiner Position aus kritisch mit der studentischen Linken auseinandersetzt. Uns stört auch nicht, daß es Intellektuelle gibt, die ihren politischen Standort bewußt rechts der studentischen Mehrheit definieren. Das ist jedermanns gutes Recht. Was allerdings bestritten werden muß, ist der in Grass' politischer Praxis stets implizierte Anspruch, die seine sei die allein mögliche linke Politik, und alles, was Studenten demgegenüber tun, sei geeignet, wahrhaft linke Politik kaputtzumachen.

Was Grass vorzuwerfen bleibt, solange er seine Trommel für die SPD der Großen Koalition zu rühren fortfährt, ist demnach allein dies: daß er mit den studentischen Konkurrenten um den Anspruch auf linke, aufklärerische politische Praxis vorab eine analytische Diskussion über Voraussetzungen sozialistischer Politik in kapitalistisch verfaßten Industriegesellschaften zu führen hätte, bevor er ihre Praxis verwirft, die der seinen bislang noch immer die gründlichere, wenn auch pessimistischere Gesellschaftsanalyse voraus hat.

Was Grass damit ans Herz gelegt ist, bleibt im Hinblick auf seinen 69er Wahlkampf so wichtig wie für studentische Kampagnen in der näheren und ferneren Zukunft: sich Rechenschaft zu geben, zum einen über die Schwierigkeiten, innerhalb des politischen Systems der Bundesrepublik Deutschland sozialistische Politik auch nur ansatzweise zu realisieren, und zum anderen über die Chancen, dieses politische System, dessen Rückgrat heute die Politik des Ministerflügels der SPD (und damit des Grass-Gevatters Karl Schiller) ist, außerparlamentarisch unter Druck zu setzen, bis es sich entscheidend verändert. Allein ein Abwägen dieser prinzipiellen Handlungsalternativen vor dem Hintergrund sozialistischer Erfolgsvorstellungen könnte den heute emotionalen Streit zwischen Grass und den antiautoritären Studenten auf einen rationalen Kern zurückführen. Solange allerdings unser Präzeptor der Studentenschaft diese seine Erfolgsvorstellungen noch nicht expliziert hat, bleibt der Verdacht, daß sie sich als nicht gar so sozialistisch herausstellen könnten, wie er selbst den Studenten glauben machen will, die er so gern zu politischen Bundesgenossen gewönne.

Oder sollte Grass mit seinen sozialistischen Ideen hinter dem Berg halten müssen, um der SPD im Wahlkampf keinen weiteren Schaden zuzufügen? Damit wäre denn allerdings die Hinfälligkeit seines politischen Konzepts schon demonstriert — und nur der Autor selbst hätte es noch nicht begriffen.

»frontal« (Bonn), November 1968

Heinz Ludwig Arnold

Großes Ja und Kleines Nein

Fragen zur politischen Wirkung des Günter Grass

Dieser Aufsatz entstand im vergangenen Jahr. Es gab interkollegial unterschiedliche Meinungen darüber, ob man Günter Grass so attakkieren solle, da er doch zu den wenigen Schriftstellern gehöre, die es mit der parlamentarischen Demokratie ernst nehmen und im direkten politischen Kampf für sie eintreten. Ich teile diese Meinungen und glaube doch, daß es zum Phänomen Grass einiges zu sagen gibt. Und zwar nicht, was die politische Position des Schriftstellers betrifft, sondern eher die Methode, mit der Grass diese Position vermittelt. Ich glaube nicht an eine Revolution von links, sehe aber Gefahren von rechts oder nach rechts, die vom revolutionären Treiben provoziert werden könnten, so lange dieser Staat unter christdemokratischer Herrschaft steht — trotz autoritäter Eelemente selbst sozialdemokratischer Politik (Vorbeugehaft), der allerdings aus eigenen Kreisen öffentliche Kritik (Heinemann vor dem Bundestag) zukommt. Dieser öffentliche Widerspruch innerhalb einer Partei — in der CDU/CSU undenkbar — erinnert an das, was »demokratisch« sein kann. Und weil ich in solchem Verhalten demokratisches Bewußtsein vorfinde, widerspreche ich Polarisierungen; sie bilden Fronten und verzerren differenzierte Probleme zu Kampffragen, die man nur noch mit »Ja« oder »Nein« beantworten soll. Grass der Kritik zu entziehen, hinzu noch der Kritik aus den eigenen Reihen, wäre dem demokratischen Verhalten zuwider.

HLA

> Mein großes Ja
> bildet Sätze mit kleinem Nein:
> Dieses Haus hat zwei Ausgänge;
> ich benutze den dritten.
>
> Aus: »Ja« (»Ausgefragt«, 1967)

Viele nehmen ihm dieses »große Ja« übel, in dem sein »Nein« begraben liegt. Viele nehmen ihm sein Kredo nicht mehr ab: »Neben dem Müllschlucker wohnen und zwischen Gestank und Geruch ermitteln.« Linken und Rechten gilt er gleichermaßen als Greuel. Die einen empfehlen immer noch, seine Bücher, wenn überhaupt, dann allenfalls »mit der Zange anzufassen«; die anderen halten ihn, wenn nicht für's »Establishment« in Person, so doch für dessen ersten Knecht.

Sehen die einen in ihm einen politisierenden »Linksintellektuellen«, so wittert die Gegenseite in ihm einen moralisierenden Kleinbürger. Er ist Kiesingers Gegner und Brandts Freund. Aber er hat, nach bösem und gleichwohl unwirksamem Widerstand, die Große Koalition inhaliert, verdaut, neutralisiert. Vorher war er für Willy Brandt auf die Wahlkampfstatt gezogen; hinterher versuchte er mit vergeblichen Vokabeln, das ehemalige NSDAP-Mitglied Kiesinger zu Einsicht und Rücktritt vom Kanzleramt zu bewegen. Beate Klarsfeld nahm ihre Hand. Die politische Landschaft in der Bundesrepublik hat sich merklich gewandelt. Die Schriftsteller, einige zumindest, haben auf diese Veränderung deutlich reagiert. Er auch?

Günter Grass hat viele Gesichter; der zur Stereotype gewordene Schnauz kann darüber nicht hinwegtäuschen. Im gleichen Jahr erscheinen von ihm: die politischen Schriften »Über das Selbstverständliche« und, etwas später, die Voltaire-Flugschrift »Der Fall Axel C. Springer am Beispiel Arnold Zweig«; daneben steht eine bibliophile Ausgabe der »Blechtrommel« mit 165 Illustrationen von Heinrich Richter, die zum Teil auf der Buchmesse zu sehen waren, und wie dazugehörig der Briefwechsel mit Pavel Kohout und die paar verschiedentlich schon veröffentlichten »literarischen Aufsätze« in den LCB-Editionen.

143

Manchem mag schleierhaft sein, wie das alles unter einen Hut zu bringen sei. Er mag abwarten, denn auch über Grass hat sich in diesem Jahre einiges getan. Theodor Wieser hat in der neuen Luchterhand-Reihe »Porträt & Poesie« einen »Günter Grass« vorgelegt, Gert Loschütz hat versucht, ein Grass-Bild via Literaturkritik herzustellen, und Kurt Lothar Tanks kleine Studie über Grass im Colloquium-Verlag geht in die dritte Runde. Wahrlich, ein Grass-Jahr. Inflationär? Muß der Kritiker auf-, muß er abwerten? Leicht ist seine Aufgabe nicht, wenn er angesichts dieser »geballten Ladung« Grass aus dem Graben muß.

Querschläger und Schrapnells

Da fliegen ihm schon die ersten Vokabeln um die Ohren: »Doch aus dieser antäischen Wendung wachsen dem Dichter (Grass) Kräfte zu, dunkle und trübe Säfte, die dieses Werk bis in alle Verästelungen durchtränken. Die Erde ist das Hauptelement in der dichterischen Welt von Grass. Auch ein Strom wie die Weichsel mit all ihrem Schwemmgut und Schlamm ist trüb, nicht reines Wasser. Im Vergleich zur Erde tritt, trotz der Hafenstadt Danzig, das Aquatische zurück.« (Wieser Seite 19) Dazu ein Querschläger: »Sichtbare und greifbare Dinge beherrschen die dichterische Welt von Grass« (Wieser 23); und etwas aus der Etappe: »Die Gaumenfreude als ursprüngliche Art der Gegenständlichkeit wird in Koch- und Eßgedichten gefeiert.« (Wieser 24) Aber, pfeift ein Schrapnell dagegen: »Dichter sind Strandgänger geworden, auch in den Straßen der Großstädte. Allein die Dinge, die sie finden, sind noch verläßlich, haben die Melancholie des Überbleibsels, die Trauer um eine vergangene Welt.« (Wieser 26) Unter schwerem Beschuß zieht sich der Kritiker zurück: »Trotzdem kommt auch in der gebundenen Form sein Kunstverstand voll zum Zuge.« (Wieser 47) — Und: »Begeisterte Erzählung und Feuer sind eins. Dichtung entspricht Feuerwerk und Brandstiftung.« (Wieser 51)

Man möge mir verzeihen, daß ich den Leser einem Bombardement solcher bis zur Grenze der Sinnlosigkeit zu Sätzen verknüpfter Vokabeln ausgesetzt habe; allein, sie scheinen mir typisch zu sein, weil sie völlig unkritisch an einem Piedestal für den übergroß scheinenden Autor Grass basteln, das ihm entweder selbst ungelegen kommt oder von dem man ihn, zu seinem Nutzen, herunterholen muß. Was Grass einst Günter Gaus in einem Interview sagte. »Ich gehöre zum Mief«, läßt sich mit solchen Biographien ebensowenig belegen wie mit bibliophilen Ausgaben. Und eben darin trifft ihn der Vorwurf vieler Schriftstellerkollegen und Intellektueller, daß ihm sein Ruhm zu Kopf gestiegen sei, daß er sich angepaßt habe.

Es ist interessant genug, wie Theodor Wieser die politische oder moralische — darüber wäre noch zu sprechen — Haltung Grass' beurteilt: »Grass hat zugleich aus dem prekären Verhältnis der Schriftsteller und Intellektuellen der Weimarer Republik zur politischen Wirklichkeit seine Schlüsse gezogen. Er unterscheidet sich damit von Altersgenossen, die in Pamphleten — in Versform oder in Prosa — einer einseitigen Kritik an der Bundesrepublik huldigen, deren naiver oder ideologisch fundierter Kulturpessimismus sie aber daran hindert, ein natürliches Verhältnis zu demokratischen Institutionen zu gewinnen.

Grass hat es in seinen Romanen unternommen, die Leser an die deutsche Wirklichkeit der letzten Jahrzehnte heranzuführen; über einzelnen, überdimensionierten Satiren an bundesrepublikanischen Zuständen vergaß mancher Kritiker, daß in diesen Büchern, ganz abgesehen von der künstlerischen Leistung, deutsche Schicksale in den Brechungen der jüngsten deutschen Geschichte und Politik wiedergegeben werden. Klischees werden weggeräumt, jene Übergänge sichtbar, wo Gut und Böse, Gleichgültigkeit und Fanatismus sich mischen. Darin vor allem löst Grass jede Ideologie auf.«

Solcher Schützenhilfe wird Grass sich wohl erwehren müssen, obgleich auch ihm tatsächlich jene präzeptorale Geste, von der Wieser so sehr beeindruckt berichtet, keineswegs fremd ist. Man spürt sie, wenn Grass mit politischer Absicht auftritt, wenn er sich selbst in diesem Auftreten als politische Person begreift; nach der letzten Bundestagswahl, in seiner Büchnerpreisrede und auch in der Position, die er nach dem 2. Juni 1967 gegenüber dem SDS eingenommen hat. Schaut man genauer hin, so findet sie sich auch schon früher: in seinen Wahlreden und selbst in seinen literarischen Ausführungen, so in diesem Passus aus »Das Gelegenheitsgedicht« von 1961 (abgedruckt in »Über meinen Lehrer Döblin und andere Vorträge«, LCB-Editionen, S. 64): »Bei allem Neid bin ich dem Labordichter — es sei zugegeben — dankbar. Nimmt er mir doch Arbeit ab, indem er recht hübsche Versuche auf Gebiete anstellt, die auch ich, in den Pausen zwischen Gelegenheit und Gelegenheit, beackern müßte, doch, da es ihn, den Labordichter, gibt, nicht beackern muß; frech und epigonal packe ich ihn bei seinen Ergebnissen und verwende, immer hübsch bei Gelegenheit, die Frucht seiner Experimente, indem ich sie mißverstehe.«

Diese jovial egomanische Attitüde, die so bewußt Verständnislosigkeit vorspiegelt, daß hinter ihr sich Verständnis verbergen kann, aber nicht muß, geht — selbstverständlich — auf Kosten des dort ohnehin nicht sehr ernst genommenen sogenannten Labordichters, bringt also einen billigen Lacher ein, hat vor allem die Verständnislosen auf seiner Seite und die Unbelehrbaren. Mich wundert angesichts dieses von Grass beispielhaft vorgeführten Modells nur, warum er sich so zu empören wußte, als der damalige Bundeskanzler Erhard während des Wahlkampfes auf Kosten der ohnehin nicht sehr ernst genommenen deutschen Schriftsteller, die er »Pinscher« nannte, Stimmen kassierte und sich billige Lacher eintrug und vor allem die Unbelehrbaren, die BILD-Leser doch wohl, und die ewig Unbelehrbaren auf seine Seite brachte. Gibt's einen Unterschied zwischen der Ohrfeige für Kiesinger und den Prügeln, die Rudi Dutschke bezog?

Dieses kleine Modell Grass'scher Beredsamkeit sollte nicht überzogen werden, stünde es allein da. Auch in der Büchnerpreisrede dringt es durch Verbitterung und Ärger über die Wahlniederlage der SPD. Allein die eigene Position, die in diesem Falle mit der sozialdemokratischen, für die er auszog, identisch ist, bleibt ungeschoren: »Eine Wahl ging über unser Land hin. Im Chor der Redner vermißte ich Stimmen. Wo sind sie geblieben, denen vor Jahren noch das politische Dauer-Engagement einiges Nachtprogramm-Flair verliehen hatte? Wo, Alfred Andersch, hat Ihre beredte Entrüstung die Milch der Reaktionäre gesäuert? Wo, Heinrich Böll, hat Ihr hoher moralischer Anspruch die bigotten Christen erbleichen lassen? — O schöne Fiktion des freien beziehungsweise vogelfreien, des unabhängigen beziehungsweise von der Unabhängigkeit abhängigen Schriftstellers beziehungsweise Dichters!... O ihr schmalbrüstigen Radikalen, denen Reformen zu langsam und widersprüchlich verlaufen. Ihr redet Revolutionen das Wort, die längst stattgefunden und sich selbst umgebracht haben, während die vielverlachten Reformisten, soweit sie die Revolutionen von links und rechts überlebten, unverdrossen hier ein bißchen verbesserten, dort, bebend, aber immerhin das Recht verteidigend, ihr Programm den wechselnden Zeiten anpassen, also, von Kompromissen gehemmt, unendlich langsam vom Fleck kommen und sich Sozialdemokraten nennen.«

Also sprach Günter Grass 1965. Dieselben Sozialdemokraten gingen schließlich in die Große Koalition, sie stimmten den Notstandsgesetzen zu, machten eine Politik, die, so Wieser, zu »überdimensionierten Satiren« führten, von denen sich, so auch Kurt Lothar Tank (»Günter Grass«, Colloquium-Verlag, 3. Auflage 1968), das Grass'sche Engagement so wohltuend abhebe: »Er lehnt die Gewalt, die außerparlamentarische Opposition, wie sie sich vor allem im SDS (Sozialistischer Deutscher Studentenbund) verkörpert, ab. In seinen Reden und Wahlreden, in Aufsätzen offenen Briefen und Kommentaren... setzt sich Grass, oft pedantisch genau, mit dem Gegner auseinander. Hier prüft er jede Position...« (Tank 87) — Und: »Der Realist Günter Grass sieht nüchtern und klar die weltpolitische Situation.« (91)

Das schien auch Golo Mann zu meinen, als er in der FAZ im Mai 1968 schrieb: »Günter Grass sollte schleunigst Regierender Bürgermeister von Berlin werden. Sicher, das wäre für ihn ein gewaltiges Opfer, ungleich größer als jenes, das er mit seinen 52 Wahlreden brachte; so mancher liebe Plan müßte aufgeschoben werden. Aber er wäre ja jung genug, um nach ein paar der res publica geopferten Jahren wieder zu seiner Kunst zurückzukehren, und die wäre dann um eine Erfahrung reicher.« Tatsächlich aber scheint Grass an die

Schwelle seines Engagements gelangt zu sein. Hier wird er vermutlich dieselbe Enttäuschung erleben, die Heinrich Böll nach mehr als zehn Jahren in die Resignation trieb; er wird die Erfahrung machen, daß auch seine Worte nicht viel nützten, weder die Worte zur Wahl noch die Briefe an Kiesinger, noch der Briefwechsel mit Pavel Kohout, noch, noch, noch ... Er wird spüren, daß alles, was er mit politischer Absicht sagt, als moralische Wertung genommen wird — und die ist ja so unverbindlich in Deutschland, in der Politik. Ist so wenig verpflichtend, weil kaum ein Politiker außer Willy Brandt sichtbar den Versuch unternimmt, politisches, moralisches und vernunftbestimmtes Denken und Handeln zur Übereinstimmung zu bringen.

Aber ist Grass nicht selbst zu einem gut Teil schuld an einer solchen Wirkung, die ihm dazu noch die Attacken der Linken wie der Rechten einbringt — die er vermutlich noch als Bestätigung wertet —? Ich glaube nicht so recht an Kurt Lothar Tanks Urteil: »Bei aller Schärfe im oft sehr persönlichen Angriff ist Grass stets genau im Detail. Er hütet sich vor Pauschalurteil und Phrase, vor leeren Wahlversprechungen.« Tut er das wirklich immer? Seine Attacke auf Böll etwa wurde mit keinem detaillierten Grund verbunden, und was er, in Abwandlung seiner Aussage, er gehöre zum »Mief«, zur Wahl formulierte: »Nicht Schwarz und Weiß stehen zur Wahl, sondern mehrere Grautöne« — das ging auch nicht weit über eine Phrase hinaus. Denn was verbal auf Differenzierung aus ist, meint — und hier mag der Vorwurf die Intellektualität Grass' treffen — immer nur sich selbst: die eigene parteipolitische Entscheidung. Sie allerdings hat er mit Verve und einer Sprache vertreten, die aus den Nähten zu platzen drohte, aber darin auch liegt die Gefahr; denn mit Milchpfennigrechnungen oder Sympathieerklärungen allein macht man noch keine Politik, und schon gar nicht eine neuen Stils — auch nicht Günter Grass.

Der Ärger über die Niederlage brachte die Büchnerrede hervor; eine Rede »Über das Selbstverständliche«, die eher eine über das Selbstverständnis von Günter Grass wurde. Doch sie zeitigte Wirkungen. Grass, so höre ich hin und wieder, muß als Vorbild für staatsbürgerliches Denken und Handeln gewertet werden. Ich bin ein wenig im Zweifel, ob eine so pauschal vorgetragene Aussage richtig ist und auf politisches Bewußtsein schließen läßt; oder ob sie nicht vielmehr die eigene politische Verantwortlichkeit allzu leichtfertig einer Symbolfigur delegiert, als die Grass in solchen Gesprächen und vermutlich gegen seinen Willen und seine Absicht immer wieder auftaucht. Denn es ist leicht, mit der politischen Position Grass' konform zu gehen, die das Unbehagen artikuliert, das man gerade aus demokratischer Loyalität gegen das leitende Personal dieser Gesellschaft empfindet. Aber es ist ja eben nicht damit getan, Empfindungen zu artikulieren, die vorhanden sind. Nicht gegen die Überzeugung, sondern gegen die Art und Weise, wie diese Überzeugung vermittelt wird, richtet sich der Vorwurf gegen Günter Grass; und dafür lassen sich durchaus Argumente gewinnen aus der Wirkung, die Grass hat, und aus den von seinen Zuhörern reproduzierten eigenen Ansichten. Grass, dieser Erzähler »von Geblüt«, dieser erfrischende Rhetor, ist, scheint's, nicht von solch kritischer Intellektualität und Distanz zur eigenen Methode der Vermittlung, die andere zum Denken erziehen soll. Seine Überzeugungen politischer Natur decken sich gewiß mit denen von mehr als 30 Prozent der deutschen Wähler. Aber in der Tatsache einer solchen von vielen geteilten Erkenntnis und Beurteilung liegt eben nicht allein das Wesentliche, das dieser politischen Landschaft gut täte: nicht an sprachlich perfekt, plastisch und bildhaft plakatierten Überzeugungen fehlt es uns, sondern an politischem Denken.

Sprachplakate und schöne Bilder

Nicht die Erziehung zu Überzeugungen führt uns weiter, sondern die Erziehung zu differenzierendem Denken, das Ressentiments auflöst. Deshalb mißtraue ich den Grass'schen Sprachplakaten; deshalb mißtraue ich seinen schönen Bildern, die farbig sind, seinen Formulierungen, die, wie gesagt, aus den Nähten platzen, weil mich der im nachhinein praktizierte Hochmut verstört, der Mief sein will und doch beim Mief der Spießer die Nase rümpft, der moralisch auftritt und anderen die mangelnde politische Wirksamkeit ihrer Moralität ankreidet, der schließlich, großzügig die Lage zu beurteilen vermeint und sich doch keine lauten Gedanken darüber macht, wie sehr er selbst in sie verstrickt ist.

Grass, das kann man sagen, ist, gewollt oder ungewollt, zu einer Art Praeceptor democratiae germaniae geworden. Merkwürdigerweise steht ihm diese Rolle sogar. Und er hat durchaus das Format, sie auszufüllen. Nur hat diese Rolle eine moralische und leider keine politische Funktion, gleichwohl ist sie der Fehleinschätzung ausgesetzt, die an die politische Wirkung moralischer Postulierungen im Hinblick auf Aufklärung und politische Bewußtseinsbildung glaubt. Das öffentliche Auftreten von Günter Grass in den letzten Jahren läßt den Schluß zu, daß er sich als politische Person begreift. Er versteht seine Handlungen, die er durchaus moralisch fundiert (ein Beispiel ist nachzulesen in der Voltaire-Flugschrift über seine Auseinandersetzung mit Springer-Zeitungen in Sachen Arnold Zweig [Heinrich Heine Verlag]), als politische Aktionen, die sein Interpret Wieser eilfertig als »ideologiefrei« und »objektiv« qualifiziert, wohl fürchtend, daß eine moralische Position sehr wohl und mit Recht subjektiv und sehr wohl auch ideologisch intendiert sein könne.

Diese zeitweilige Diskrepanz zwischen moralischem Auftreten und politischer Selbsteinschätzung vor allem dürfte Grass die Kritik vieler Schriftstellerkollegen und Intellektuellen eingetragen haben. In seiner Einschätzung der These Hans Magnus Enzensbergers allerdings, der das politische System der Bundesrepublik für irreparabel hält und es lieber heute als morgen einer Revolution ausgesetzt sähe, trifft Grass sich mit vielen Kollegen, wenn er auch etwas rüder als sie sein politisches Kredo formuliert: »Es hat wenig Sinn, sich mit der einen oder anderen Behauptung auseinanderzusetzen, solange sich Enzensberger, seinen Fähigkeiten entsprechend, nicht bemüht, den Beweis anzutreten und die Alternative deutlich zu machen. So gelesen, werte ich diesen Absatz als einen Beleg der Leichtfertigkeit im Umgang mit der Demokratie in der Bundesrepublik. Auch fehlt es nicht an modischer Attitüde: Man trägt wieder revolutionär und benutzt das vorrevolutionäre Geplätscher als Jungbrunnen. Dabei kommt es nach wie vor darauf an, die Ursachen der Krise unserer Demokratie zu erkennen, zu benennen und zu beheben, es kommt darauf an, die parlamentarische Demokratie endlich zu etablieren; das macht Mühe, verlangt einen langen Atem.«

Wo ist der dritte Ausgang?

Diesen langen Atem, der ihm nach der Bundestagswahl 1965 etwas kürzer zu gehen schien, scheint er inzwischen zurückgewonnen zu haben. Vielleicht bringt das auch eine Ausgeglichenheit mit sich, die seiner literarischen Produktion zugute käme. Denn seit fünf Jahren hat Grass nichts nennenswertes Literarisches, das sich mit seinen Romanen messen lassen könnte, vorgezeigt: ein mißlungenes Stück, das sehr deutlich die Unentschiedenheit des Autors selbst, hangend zwischen moralischer Beurteilung und politischem Effekt, demonstriert; und, kürzlich uraufgeführt, ein zweites, nicht minder mißlungenes Theaterstück. Und einen Gedichtband, dem das vorstehende Motto entnommen ist. Es zeigt die Richtung, die Grass eingeschlagen hat; was aber, wenn es keinen dritten Ausgang gibt? Was aber, wenn die »Nein« größer werden und das »große Ja« durchlöchern?

Grass hier heute literarisch zu werten, mag müßig sein. Eine leider unvollständige »Dokumentation« von Gert Loschütz (Luchterhand-Verlag) erlaubt einen Rückblick auf das Jahr 1959, als Grass mächtig in die deutsche Literatur einbrach. Die Gegenstimmen waren moralingesäuert und fürchteten um die guten Sitten in sexualibus weit mehr als in politicis — auch darin haben sich die Zeiten einigermaßen geändert. Und die Zustimmungen votierten für einen Schriftsteller, der »unserem literarischen Schrebergarten [zeige] . . ., was eine Harke ist« — »Der Autor greift nichts an, beweist nichts, demonstriert nichts, er hat keine andere Absicht, als seine Geschichte mit der größten Genauigkeit zu erzählen« (Enzensberger).

Auch das hat sich geändert. Enzensberger hat die Literatur sein lassen und ist in die Außerparlamentarische Opposition abgewandert. »Hiergeblieben!« hat Grass nach der Bildung der Großen Koalition geschrieben, als sein langer Atem wieder einsetzte. Wege haben sich getrennt, haben aufgehört zu existieren. Grass ist zahm gegen sich selbst geworden; insofern hat auch er sich geändert. Grundsätzlich aber ist er der alte geblieben: Stolz und Zorn, Bibliophilie und politische Kampfschrift, Brandt, Kiesinger und die Große Koalition.

Unter den kaschubischen Röcken ist viel Platz. Daß die Handlungen des Günter Grass zuweilen schizoid erscheinen, muß wohl der politischen Landschaft angelastet werden. In ihr bekommt so vieles eine andere Perspektive, wenn man sich nicht unentwegt befragt und unter Kontrolle hält. »Vertrauen ist gut, Kontrolle ist besser« — ein guter Satz, dem man sich selbst konfrontieren sollte, stets. Vor allem, wenn man wie Grass ohnehin dauernd unter öffentlicher Kontrolle steht. Denn auch die glaubwürdigsten Positionen werden erschüttert, wenn man sie nicht stets dem Zweifel der sich wandelnden Bedingungen unterwirft.

»Frankfurter Rundschau«, 8. 3. 1969

[Dieser Aufsatz entstand, im Auftrage der »Frankfurter Rundschau« geschrieben, Anfang November 1968; er wurde gesetzt und eine Woche vor Erscheinen auf Einreden Karl Hermann Flachs — aus politischen Gründen — abgesetzt; andere Zeitungen bzw. Zeitschriften lehnten aus ähnlichen Gründen ab. Nach einer Korrespondenz des Verfassers mit Grass, der seinen Antwortbrief im Durchschlag der »Frankfurter Rundschau« zusandte, druckte die Zeitung den Beitrag unverändert, versehen mit einer erklärenden Vorbemerkung des Verfassers ab. Auch dies ein Detailbeitrag zur Situation in der — auch liberalen — Publizistik der BRD.]

Günter Grass

Was unterm Strich steht

Hüten wir uns davor, fiktive Werte einzusetzen, bevor wir bilanzieren. Der Protest der Jugend hat, wollte man die Jugend insgesamt in Betracht ziehen, nur in einigen Gruppierungen Ansatz finden können, und selbst innerhalb dieser Gruppierungen (Studenten, Oberschüler) trug nur ein geringer Prozentsatz den Protest; es war nichts davon zu hören, daß sich Lehrlinge und Berufsschüler oder Arbeiter und Angestellte im Studentenalter nennenswert an der Protestbewegung beteiligt hätten. Wenn wir weiterhin in Betracht ziehen, daß sich Schüler und Studenten, im Vergleich zu gleichaltrigen Lehrlingen, Arbeitern und Angestellten, relativ unabhängig begreifen, daß ferner das Bildungssystem in der Bundesrepublik, vom Gymnasium bis zur Hochschule und Universität, eine besitzelitäre Auslese betreibt (nur etwa sieben Prozent aller Studierenden kommen aus Arbeiter- und Bauernfamilien), kann man sagen: es hat sich eine größere Minderheit der Jugend, zumeist bürgerlicher Herkunft, an Protestveranstaltungen und Demonstrationen zeitweilig beteiligt.

Zeitungs- und Fernsehberichte sowie das schreckhafte Reagieren der einzelnen Institutionen haben dem Protest der Jugend numerisch und politisch mehr Gewicht beigemessen, als sich nachweisen ließe.

Der Protest der jugendlichen Minderheiten hat nicht in der Bundesrepublik begonnen; Mitte der sechziger Jahre begann von Holland aus die Protestbewegung der Provos Schule zu machen. Wenig später stellte die amerikanische Universität Berkeley das Modell für den bald darauf anschwellenden Studentenprotest. Es ist kein Zufall, daß an der Freien Universität Berlin, einer amerikanischen Gründung, die ersten nennenswerten deutschen Studentenproteste stattgefunden haben. (Einzig die Protestwelle zu Beginn der »Spiegel«-Affäre und der Protest gegen den Bau der Mauer in Berlin lassen sich als Vorläufer des Studentenprotestes nennen.) Im allgemeinen verhielten sich Studenten und Schüler in der Bundesrepublik bis zur Mitte der sechziger Jahre politisch desinteressiert, nahezu apolitisch. Selbst auf großen Universitäten zählten politische Gruppen wie der SDS, der SHB oder der LSD allenfalls 30 bis 40 Mitglieder.

Skepsis sei also angeraten, wenn es darum geht, nach zwei Jahren Schüler- und Studentenprotest Bilanz zu ziehen. Positiv ließe sich sagen, daß die Schüler und Studenten in eigener Sache am meisten Erfolg gehabt haben. Diskussionen zur Schülermitbestimmung zeigen erste, in Ansätzen realisierbare Ergebnisse. Es sieht so aus, als bequemten sich die politischen Parteien endlich zur Hochschulreform. Das Protestbeispiel der Studenten machte Schule: der Katholikentag war vom Protest bestimmt; sogar Ärzte und Beamte versuchten, die neuentwickelten Protestformen für ihre Belange zu nutzen. Der Protest etablierte sich als etwas Selbstverständliches. Sinnentleerte Autoritätsprinzipien wurden nicht nur in Frage gestellt; sie sind aufgehoben worden. Selbst einige Springer-Zeitungen (etwa »Die Welt«) haben den Studentenprotest klärend auf sich wirken lassen. Insgesamt ist die Jugend, und zwar vom zehnten Lebensjahr an, durch den Protest der Minderheit geprägt worden. Die Jahre 1967 und 1968 werden für eine ganze Generation Schlüsseljahre sein. Schon jetzt hat die Legendenbildung begonnen. (Man kann erwarten, daß der deutsche Hang zur Tradition Vereine stiften wird, die sich in dreißig Jahren noch darin gefallen werden, fünfzigjährige Veteranen des Studentenprotestes an Stammtischen zu sammeln.)

Wie hat das vielgelästerte Establishment auf den Protest und die Provokationen der studentischen Minderheiten reagiert? Zuerst erschrocken, hilflos, und weil hilflos mit aller Härte; die Polizeimaßnahmen standen zum Beispiel in Berlin in keinem Verhältnis zu den Protestveranstaltungen. Oft war der Befehl »Knüppel frei!« deutlichster Beleg für beamtetes Unvermögen. Doch auch dieses Unvermögen läßt sich nicht pauschal dem gesamten Establishment anlasten. Den unkontrollierten Äußerungen des Bundeskanzlers stehen die bis heute nachwirkenden Ermahnungen des Justizministers Gustav Heinemann gegenüber. Wo sich der Regierende Bürgermeister von Berlin überfordert sah, fand der Bischof Scharf vermittelnde Worte.

Auf der anderen Seite betrug sich die Spitze des Studentenprotestes bald ähnlich unbelehrbar wie ein Teil des von ihnen angegriffenen Establishments. Als es während der Osterunruhen in München zwei Tote gab, die der Münchner SDS mitzuverantworten hat, zog man keine Konsequenzen. Albertz, Büsch und Duensing traten in Berlin nach dem Tod des Studenten Benno Ohnesorg, weil mitverantwortlich, zurück; die Feigheit des Münchner SDS wurde vom gesamten SDS gedeckt. So konnte es nicht verwundern, daß nach dem Attentat auf Rudi Dutschke der Studentenprotest mehr und mehr verschlissen wurde. Aggressivität, Intoleranz und Meinungsmanipulation machten Schule: Die gestern noch befeindeten Springer-Zeitungen haben im Lager ihrer Gegner ihre besten Schüler gefunden. Das Fazit: Die nach 1945 in mühsamer Kleinarbeit eingeschläferte Aggression wurde geweckt; wer wird sie wieder einschläfern?

Der durch nichts belegte Führungsanspruch des SDS, die von der politischen Zielsetzung unbegründete und am Ende kritiklose Solidarisierung der einzelnen Studentengruppen mit dem SDS und die von der Gegenseite geübte Gleichsetzung von SDS und Studentenprotest haben bei breiten Bevölkerungsschichten den Eindruck entstehen lassen, überall in der Bundesrepublik stünden kampfbereite, zu allem entschlossene Revolutionäre bereit, die Parlamentarische Demokratie zu zerschmettern und auf revolutionärem Weg die Räte-Republik auszurufen. Die Mai-Unruhen in Frankreich taten ein übriges. Auf den Bildschirmen sah es so aus, als beginne demnächst das Barrikaden-Zeitalter, als stünde die Revolution vor der Tür.

Die dramatisierenden Informationen, die pseudo-revolutionäre Rhetorik (»Zerschlagt die NATO!« — »Zerbrecht dem Schütz die Gräten, alle Macht den Räten!«) sowie der heißhungrige Zugriff besonders der Boulevard-Presse (»Bild«, »BZ«, aber auch »Der Spiegel« und »konkret« nach diesen aggressiven wie nichtssagenden Sprechblasen haben in der Bundesrepublik das konservative Lager gestärkt, lokale Wahlergebnisse (Baden-Württemberg), gleichfalls die Wahlen in Frankreich sprachen nüchtern aus, wie rasch und folgenreich basislose Revolutionsaufrufe und Revolutionsversuche die Reaktion zu stärken vermögen. Inwieweit dieses negative Fazit zu revidieren ist, hängt davon ab, ob die Mehrheit der protestierenden und mit dem Protest sympathisierenden Jugend nach dem Scheitern des SDS und dem damit verbundenen Verschleiß des Studentenprotestes Kraft und Ausdauer haben wird, während der kommenden Jahre politisch illusionslos zu arbeiten, und das heißt immer noch, gegen gleichgebliebene und stärker gewordene Widerstände die Reform, die Reformen voranzutreiben.

Meine Skepsis rät mir, nicht von vornherein mit dem notwendigen Ernüchterungsprozeß zu rechnen; eher läßt der latent-idealistische Grundzug des Studentenprotestes vermuten, daß, wie so oft in der deutschen Geschichte, steil ansetzende Begeisterung rasch in Resignation und apolitische Lethargie umschlagen kann. Es wird die Aufgabe der heute 35 bis 40 Jahre alten Politiker sein, dieser sich abzeichnenden Entwicklung vorzubeugen. Denn niemand hat Grund, froh zu sein, wenn der Protest der Jugend einschläft, bevor er politisch geworden und im Sinne einer Reformpolitik nutzbar gemacht worden ist. Das angegriffene und viel geschmähte Establishment sollte alles tun, um den Protest der Jugend zu retten. Die Parlamentarische Demokratie bedurfte und bedarf nach wie vor dieser Herausforderung. Zwar hat sie den Ansturm der Bilderbuch-Revolution recht und schlecht bestehen können, doch die Resignation einer Generation, deren Protest antwortlos bleibt, kann schon im nächsten Jahrzehnt der Parlamentarischen Demokratie ein zwar unrevolutionäres, aber im Sinne der rechten Reaktion gewünschtes Ende bereiten.

Es fehlt nicht an Untersuchungen, die die Symptome des Studentenprotestes säuberlich reihen. Die Verlage waren fleißig. Taschenbücher liegen zuhauf. Dutschke und Cohn-Bendit fanden mehr oder weniger flüchtige Leser. Mittlerweile ist die Sprache der Öffentlichkeit vom Jargon des Protestes gefärbt.

Es ließe sich aufzeigen, inwieweit der Protest Mode und modisch geworden ist, auch inwieweit die Industrie, von den Verlagen und Schallplattenfirmen bis zur Damen- und Herrenoberbekleidung, diese Mode zu nutzen versteht. Gewiß und zu Recht sehen Psychologen und Verhaltensforscher andere und tiefer schürfende Ursachen für den Studentenprotest. (Langhans und Teufel sind nur die bekanntesten Akteure im Charakterfach narzistischer Selbstdarstellung.) Nicht zu vergessen der Versuch zahlreicher, heute Vierzigjähriger, mit Hilfe des Studentenprotestes, die eigenen, schon zu Beginn der fünfziger Jahre verpaßten Möglichkeiten durch halbgeniertes Mitlaufen zu realisieren. Zum Teil grotesk das Bemühen siebzigjähriger Herren, den November 1918 mit Hilfe des Jugendprotestes, wenn nicht zu retten, dann doch als selige Jugenderinnerung zu feiern. Und interessant auch, daß sich das Pathos der Enkel-Generation eher mit dem Pathos der Großvater-Generation als mit dem trockenen und vordergründig pragmatischen Relativieren der Väter verträgt. Unsere Gesellschaft, insofern wir sie in einer Flasche sehen wollen, ist gerüttelt worden. Schon senkt sich wieder der Bodensatz.

Wollte ich jetzt persönlich Bilanz ziehen, also mich darauf abklopfen, inwieweit der Studentenprotest und die Reaktion der Öffentlichkeit auf ihn mich verändert hat, ließe sich sagen, daß die vereinfachende Fragestellung — Wer gehört zum Establishment, wer nicht? — mich dem Establishment zugerechnet hat, eine Einstufung, mit der ich mich abgefunden habe. Oder genauer gesagt: Diese und ähnlich grobschlächtige Pauschalurteile haben mir deutlich gemacht, wie sehr ich dem Wohl und Wehe der Bundesrepublik und damit dem immer noch nicht abgeschlossenen Versuch, hierzulande die Demokratie zu etablieren, verbunden bin.

Wenn mich vor zwei Jahren der Abschluß der Großen Koalition ernsthaft und grundsätzlich an der SPD zweifeln ließ, der Generalangriff der links- und rechtsextremen Flügel auf diese Partei hat mich darin bestärkt, weiterhin als Sozialdemokrat den langsamen und permanent von Rückschlägen gezeichneten Weg der Reform zu wählen. Nicht zuletzt hat mich die Toleranz und geduldige Beharrlichkeit eines Willy Brandt im Umgang mit seinem Sohn Peter gelehrt, daß die Aufkündigung der Toleranz von seiten der radikalen Linken nicht durch Intoleranz beantwortet werden sollte. Meiner Meinung nach hat Willy Brandt in aller Öffentlichkeit die Zerreißprobe zwischen Vater und Sohn stellvertretend und beispielhaft für viele, ja, wie man vermuten kann, für Millionen Familien bestanden. Seine pädagogische Lektion steht auf der Gewinnseite meiner Bilanz.

»Stuttgarter Zeitung«, 31. 12. 1968

Bundestagswahlkampf 1969

Joachim Sobotta

Gerangel mit Günter Grass

Der Literat will in Bonn Wahlkampf machen

Bonn, im März

Günter Grass hat nach dem Muster seines 1965er Berliner Wahlkontors zugunsten der SPD für 1969 in der Bonner Altstadt ein Büro aufgemacht und ist dabei, die Stellung für die Agitation vorzubereiten. Vor vier Jahren erlebte die Partei mit dem eigenwilligen Wahlhelfer nicht nur reine Freude. Der Parteisprecher Franz Barsig distanzierte sich sogar mit der Charakteristik »Privatinitiative«: »Ich halte Günter Grass für eine bedeutende Erscheinung der Nachkriegsliteratur, als Politiker würde ich ihn nie einstufen.«

Man erinnert sich noch, wie er in der Wahlnacht im Palais Schaumburg aufkreuzte, um den Bundeskanzler Erhard zu fragen, was er dazu meine, daß ihm in Berlin das Haus angesteckt wurde. Als die SPD dann später in die Große Koalition einschwenkte, warf er ihr vor, sie dränge ihn und viele seiner Freunde in die linke Ecke ab. Sie überschreite die Grenze des Zumutbaren, sie könne daran zerbrechen und dem Land unheilbaren Schaden zufügen. Mit der Zone wünschte er eine Konföderation und plädierte für die Anerkennung der Oder-Neiße-Linie.

Das war der Grass von damals. Als ihn kürzlich Vertreter aus allen Parteien mit Thilo Koch als Gesprächsleiter in der Theodor-Heuss-Akademie in Gummersbach in die Zange nahmen und nach dem Grund seiner parteipolitischen Abstinenz in der letzten Zeit bohrten, wich er aus. Aber die Runde ließ nicht locker. Als er gefragt wurde, ob da nicht der Snobismus des Literaten im Spiel sei, rettete er sich durch einen lustigen rhetorischen Kniff mit der Gegenfrage: »Gelt, Sie würden sich freuen, wenn ich jetzt ja sagte?«

1969 ist das Handeln des Mannes mit dem Slogan »Ich rat' euch, Es-Pe-De zu wählen« keine »Privatinitiative« mehr. Nach einer Notiz im parteioffiziellen »Vorwärts« vom 27. Februar wird Grass »auch in diesem Jahr im Bundestagswahlkampf für die SPD werben und dabei vor allem zur Außen-, Wirtschafts-, Justiz- und Verkehrspolitik Stellung beziehen«. Davor dürfte es allerdings manchen Parteiexperten angst sein. Was sagt beispielsweise Karl Schiller, wenn Grass die Entstaubung der Zementindustrie postuliert oder die öffentlich-rechtlichen Anstalten als begehrenswertes künftiges Wirtschaftsmodell anpreist? Auch kann man sich nicht vorstellen, daß es die SPD freut, wenn Grass speziell Bundeskanzler Kiesinger aufs Korn nehmen will. Das wäre störend für die Arbeit der Koalition. Grass würde auch erkennen lassen, daß er die Warnung von Propst Grüber in seinem offenen Brief an ihn vor einem Jahr in den Wind schlug: »Ich erkenne keinem ein Recht zu, ein anmaßendes und verurteilendes Wort zu sprechen über Männer und ihr Verhalten, wenn man die Zerreißprobe, in die viele damals gestellt waren, nicht mit durchgestanden hat.«

Bei dem Gummersbacher Gespräch, bei dem sich mit Günter Grass noch Horst Krüger, Hilde Domin, August Horst, Dieter Lattmann, Anfried Astel als Vertreter des PEN-Clubs »im Vorfeld der Politik« mit Abgesandten der Parteien trafen, wurde mancher Strauß ausgefochten. In einem Brief hatte Gerhard Zwerenz das PEN-Zentrum wegen dieser Tagung angegriffen. Er bleibe fern, weil nur die »etablierten Parteien der Herrschenden und Besitzenden« und nicht die protestierende Jugend eingeladen worden sei. Sich in Gummersbach mit der CSU an einen Tisch zu setzen, sei »unstatthaft«, »ehrenrührig«, ein »schlechter Karnevalsscherz«; denn diese CSU sei eine »Partei des permanenten Rückschritts, der christlich verbrämten Reformsabotage«.

Beim Abendgespräch reagierte Günter Grass ebenfalls antibayerische Wut ab. Die Bayern seien nicht dumm, sondern unaufgeklärt. Der Vergleich mit Ober-Volta liege nahe (Nieder-Volta sei mit Schleswig-Holstein zu vergleichen, meinte er zu dem SPD-Landeschef Steffen von Kiel). Die bayerische Frömmigkeit verstehe nichts mit Gottvater, Sohn und dem Heiligen Geist anzufangen, eher mit Maria, von der es »Bildchen« gebe... Nun, die CSU hatte in dem Generalsekretär ihres Kulturbeirats, Dr. Pflaumer aus München, einen Mann zur Stelle, der sich nicht ins Bockshorn jagen ließ, sondern Grass über Bayern, Franz Josef Strauß, die CSU und den »Bayern-Kurier« recht munter aufklärte. Er verabredete sogar eine gemeinsame Wahlversammlung mit dem Kritiker aus Berlin-Bonn.

Der verfuhr mit seinesgleichen allerdings auch nicht glimpflich. Das bekam der nicht anwesende Hans Magnus Enzensberger zu spüren, dessen politische Ziele und ideologische Maßstäbe von Grass bereits früher als »unangemessen und abwegig« bezeichnet wurden. In Gummersbach ließ er nun seinen ganzen Spott an ihm aus. Möglicherweise, so meinte Grass, sei Enzensberger jetzt wieder in Kuba. Dort seien seine Freunde vom letzten Aufenthalt inzwischen ins Gefängnis gekommen. Enzensberger habe es jetzt mit solchen zu tun, die damals im Gefängnis saßen. Vielleicht arbeite er in der Tabakernte oder drehe Zigarren. »Rheinische Post« (Düsseldorf), 21. 3. 1969

Jochen Arp

Günter Grass reitet für die SPD

Der Sozialdemokratie bleibt nichts erspart

Die SPD will sich im Bundestagswahlkampf erneut einer Lokomotive bedienen, deren Kessel bereits vor vier Jahren Löcher aufwies: Günter Grass bekommt von der SPD nicht nur eine Wohnung in Bonn, sondern sie bezahlt ihm auch ein Büro samt Sekretärin. Von diesem Stützpunkt aus soll der nicht mehr junge Dichter durch die Lande reisen, um die Wähler für die SPD zu gewinnen.

1965 hatten die Sozialdemokraten bald bemerkt, daß die Aktivität von Willy Brandts Intimus Grass Wirkungen zeitigte, die von dem Amateurpolitiker ebensowenig erwartet worden waren wie von seinen Finanziers. Die »Berliner Stimme«, Parteiorgan der SPD, schrieb damals sorgenvoll: »Manch braver Bürger hält nämlich den reisenden Blechtrommler für ein Schwein und meint, er könne keine Partei wählen, die sich dieser niedersten Kreatur bedient.« Nun mag es sein, daß heute in der Landschaft der in Deutschland erscheinenden Porno-Bücher Grass' Unappetitlichkeiten nicht mehr das Aufsehen erregen wie damals beim Erscheinen von »Katz und Maus«. Grass bleibt aber das Verdienst, daß er wohl der erste namhafte Literat deutscher Zunge war, der mit Vergnügen die Onanie über viele Seiten sich hinziehend zum Gegenstand seines Schaffens gemacht hat, sie kunstvoll mit dem Ritterkreuz verknüpfend.

Dieses Ritterkreuz ist offenbar bei Günter Grass zu einer fixen Idee geworden. Seine Erzählung »Katz und Maus« rankt sich durchweg um diese Tapferkeitsauszeichnung, die er in jeder nur denkbaren Form lächerlich machte. Und er konnte sich davon noch lange nicht trennen. Vor der Landtagswahl in Schleswig-Holstein vor zwei Jahren pflegte er immer noch seinen Ritterkreuz-Tick in seiner vielfach wiedergekäuten Rede »Vom Ritterkreuz und von der Wut über den zu verlierenden Milchpfennig«. Diese Rede nachzulesen ist lehrreich, wenn man den politisch tätigen Literaten beurteilen will. Dem mündigen Wähler, der auf Wahlversammlungen geht, um sich über Ziele und Wege der zur Wahl stehenden Parteien zu informieren, wird in dieser Rede nichts geboten. Grass gibt zu, daß er von politischen Fragen nichts weiß, und ergeht sich dann des langen und breiten gegen den Traditionsverband der Ritterkreuzträger, die er »Tapferkeitsspezialisten« nennt. Er ist dagegen, daß man den Tod deutscher Soldaten als Opfertod für das Vaterland bezeichnet. »Meine These heißt: Angst vor dem Soldatentod zu haben und dieses Recht auf Angst konsequent zu verteidigen, verlangt Tapferkeit; diese Tapferkeit ist selten und bedarf keiner Orden und Ehrenzeichen.«

Wer von den lyrischen, dramatischen oder epischen Qualitäten des Günter Grass etwas weiß, muß angesichts dieser politischen Rede verlegen werden. Sie weist einen Mann aus, dessen politisches Wissen ganz offensichtlich unter dem Niveau eines Klippschülers liegt.

Dafür gibt es noch andere Dokumente. 1961 veröffentlichte die Zeitschrift »konkret« ein Grass-Gedicht, in dem er die ihn jetzt finanzierende SPD veräppelt. Die erste Strophe lautet:

>»Der Herr Jesus Christ
war einst Kommunist,
doch Sozi ist er heut',
hat von Herzen bereut,
hat SPD gewählt,
mit dem Himmel sich vermählt.«

In der letzten Strophe lesen wir dann:

>»Als Schildbürger seht,
die Jünger in »konkret«.
Ich, Du, Müllers Kuh
wählen die DFU,
wählen nicht SPD,
solang Schilda in der Näh'.«

Wenn dieser politische Unfug auch schon acht Jahre zurückliegt, so ist er dennoch ein Beweis dafür, daß Grass sich besser noch seinem »lyrischen Schaffen« zuwenden sollte als der Politik.

Wenn die SPD diesen politisch dummen Literaten in ihre Wahlpropaganda einspannt, dann verspricht sie sich offensichtlich keine Aufklärung ihrer Wähler über die Ziele der Partei. Denn die kann Grass nicht bieten. Man will den Eindruck erwecken, daß ein Mitglied des literarischen Establishments, dem unentwegt Literaturpreise zugeschustert werden und dessen Bücher Höchstauflagen verzeichnen können, mit den Sozialdemokraten paktiert, und erhofft sich davon Prestigegewinne bei »Intellektuellen«. Den politischen Verstand läßt man bewußt beiseite. Damit reitet man auf einer Welle, die gar nicht scharf genug bekämpft werden kann: auf dem Ausschalten des kritischen Verstandes, auf dem Verzicht von politischen Argumenten; sie werden ersetzt durch Qualm, unpräzises Gerede und Emotion.

Günter Grass hat eine erlesene Equipe um sich versammelt, die seine Wahlauftritte wirkungsvoll umrahmen soll. Zu ihr gehören Golo Mann, einer der Väter jener Art von Geschichtsschreibung, die nach dem Gesichtspunkt erfolgt, ob sie »volkspädagogisch wertvoll« sei, seit Jahren unentwegter Kämpfer für die unrechtliche Aufgabe der Ostgebiete; der Erfinder der Inneren Führung, General a. D. Wolf Graf Baudissin, Genosse in der Gewerkschaft Öffentliche Dienste, Transport und Verkehr; der Berliner Bischof Kurt Scharf, der jüngst wieder einmal von sich reden machte, als er forderte, daß die Bundespräsidentenwahl nicht in Berlin stattfinden möge, um die »Deutsche Demokratische Republik« nicht zu erzürnen; und Hans-Werner Richter, der Chef der früheren Literatengruppe 47.

Vorgänger dieser SPD-Wahlhilfsorganisation ist das »Wahlkontor deutscher Dichter«, das sich auf Initiative von Willy Brandt und Karl Schiller 1965 etablierte und zu dem ulkigerweise damals auch Gudrun Ensslin gehörte, die drei Jahre später in Frankfurt wegen Brandstiftung an einem Kaufhaus mit der Justiz in Konflikt kam. Peter Härtling, damals auch ein »deutscher Dichter« in jenem Wahlkontor, ist heute bei Günter Grass' Propaganda-Kompagnie wieder dabei.

Obwohl die Grass-Aktion vermutlich in einem Zweikampf zwischen der APO und der der SPD angepaßten Gruppe enden wird und darum den Wähler nur am Rande interessieren kann, begrüßen wir dennoch das Grass-Engagement der SPD. Die Personen von Grass, Scharf und Baudissin werden manchem Wähler das wahre Gesicht der SPD besser aufhellen, als wortreiche Erklärungen der Parteitaktiker es vermögen.

»Deutsche National- und Soldaten-Zeitung« (München), 11. 4. 1969

Günter Grass

Der SDS verkennt die deutsche Lage

Im Mai 1968 hat mein Kollege Hans Magnus Enzensberger sich französische Zustände in der Bundesrepublik gewünscht, auch rief er auf, kurzerhand französische Zustände zu schaffen. Solche Rhetorik verrät entweder naives Wunschdenken — aber ich halte Hans Magnus Enzensberger nicht für naiv — oder sie enthält jene Portion Scharlatanerie, mit der man in Deutschland die Politik schon immer gewürzt hat, um sie genießbarer zu machen.

Es mag verwundern, wenn ich in der Öffentlichkeit einen Kollegen angreife, mit dem ich in Sachen Literatur recht freundlich übereinstimme, doch da es hier nicht um die Revolutionierung der Lyrik oder gar der Interpunktion geht, sondern um die Gratisproklamation der Revolution in einem Land ohne revolutionäre Basis, ohne revolutionäre Vergangenheit und Tradition und inmitten einer Gesellschaft, die mehrheitlich konservativ denkt und wählt, wäre es fahrlässig, eine Solidarität zwischen Schriftstellern vermuten zu lassen, die es in der Tat nicht gibt.

Für meinen Teil werde ich weiterhin diesen ersten aussichtsreichen Versuch, Demokratie in Deutschland zu etablieren, verteidigen. Und wer die ohnehin schwache und immer gefährdete Basis für die Demokratisierung der Bundesrepublik — sei es im Sinne der NPD, sei es im Sinne linksreaktionärer Thesen — schmälern, wer den deutschen Bundestag, ein gewiß mittelmäßiges Parlament, eine »Quasselbude« nennt, wer meint, die parlamentarische Demokratie zerschlagen zu müssen, damit etwas anstelle treten kann, das er verschämt in der Hinterhand hält, wer also meint, Weimar dürfe, könne und solle wiederholt werden, der hat in mir einen politischen Gegner von ziemlicher Ausdauer.

Die angelesene Revolution

Dieses Votum mag als »bloß gute Absicht« auf revolutionären Börsen niedrig notiert werden. Auch muß ich mich fragen, wie leise ich argumentieren muß, um zwischen einer Unmenge voll aufgedrehter Lautsprecher verstanden zu werden.

Mit anderen Worten: In welche Gesellschaft, in welche Öffentlichkeit, in welche, auch studentische Sprachwirrnis hinein votiere ich für die parlamentarische Demokratie und stelle ich mich gegen eine Revolution, die ich »die angelesene« nennen möchte. Nur angelesen, weil von der Theorie her dürftig belegt, angelesen, weil die blindlings geschleuderten Lenin- und Luxemburg-Zitate allenfalls beweisen, daß die so freigebig Zitierenden bis heute nicht den fundamentalen Gegensatz zwischen Lenin und Rosa Luxemburg begriffen haben, angelesen, weil geklittert und rasch in Jargon umgemünzt.

Deutsche Schwerhörigkeit

Während sich in Ost und West festgefügte Machtgebilde selber in Frage stellen, nimmt die Bundesrepublik Veränderungen in unmittelbarer Nachbarschaft nur als Beunruhigung wahr und gefällt sich in zunehmender Schwerhörigkeit. Nach altbekanntem Modell wird der Ruf nach Reformen entweder mit der Berufung auf Ordnungsprinzipien beantwortet, die uns ab Herbst 1969 der zweiten Nachkriegsrestauration ausliefern wollen; oder es werden die Möglichkeiten langsam wirkender Reformen an absoluten Ansprüchen gemessen und billig lächerlich gemacht.

Die Sucht, eindeutige Positionen zu beziehen und Widersprüche nicht auszutragen, hat bisher jedes politische Problem — ob es sich um die Anerkennung der Oder-Neiße-Grenze, die Existenz zweier deutscher Staaten, die notwendige Machtbegrenzung übermächtiger Pressekonzerne oder um die Notstandsgesetze handelte — in Fetische verwandelt, an denen sich der linke wie der rechte Irrationalismus orientieren konnten. Wir jonglieren schon wieder einmal, als kenne die Welt diese deutsche Zirkusnummer nicht, bis zum Überdruß mit den Extremen.

Bei allen möglichen Gelegenheiten und Ungelegenheiten wird die Frage gestellt: Ist die Bundesrepublik schon faschistisch? — Doch falsch gestellte Fragen können kaum richtige Antworten provozieren. Dafür breitet sich mit elegischem Wohlstandsüberdruß Untergangsstimmung aus.

Prügelgewohnte SPD

Wer gestern noch seine schönpolierte Musiktruhe mit der Internationale bediente, wird morgen Götterdämmerung auflegen und dem Urraunen lauschen wollen. Mit anderen Worten gefragt:

Werden die Notstandsgegner von gestern und heute die wachsamen Demokraten von morgen sein? Ich zweifle daran und befürchte, daß zunehmende Resignation und weitere Abkehr vom Staat und seiner Verfassung die Antwort der Gegner auf die überstürzte Entschlußfreudigkeit der Befürworter sein wird. Und werden die Sozialdemokraten, die die Notstandsgesetze nach den Worten des Justizministers Heinemann als Garantie der demokratischen Freiheit im Notstandsfall werten, in der Lage sein, das Volk vor dem Mißbrauch dieser Gesetze zu schützen? Ich zweifle daran.

Denn ziemlich allein gelassen, zermürbt sich die SPD an den Folgen ihrer Entscheidung vom Dezember 1966 und an den Folgeerscheinungen der Adenauer-Ära, die auf dem ohnehin prügelgewohnten Rükken der SPD ausgetragen werden.

Doch wer meint, links von der SPD zu stehen, und wer glaubt, nun Anlaß zur Schadenfreude zu finden, der möge sich bewußt sein, daß mit dem Abgesang dieser großen demokratischen Partei auch und wieder einmal der Abgesang der Demokratie in Deutschland angestimmt werden könnte.

Vor diesem von mir nur skizzierten Hintergrund sollten, so meine ich, besonders die Studenten, nach über zwei Jahren Studentenprotest, Bilanz ziehen, damit ihre Initiative nicht versandet, damit sie im Herbst dieses Jahres nicht fassungslos einem Wahlergebnis gegenüberstehen, das sie in jene apolitische Resignation hineintreiben könnte, die vor gar nicht langer Zeit für die Studenten auf den deutschen Universitäten und Hochschulen bezeichnend gewesen ist.

Wie groß waren die Hoffnungen, als von Berlin aus und dann in der Bundesrepublik zum erstenmal in der deutschen Geschichte Studenten von links her politisch zu argumentieren begannen. Der Protest der Studenten fand nicht nur bei den Schülern ein Echo. Wer bereit ist, gerecht zu urteilen, wird kaum überhört haben können, wie früh, wie oft und auch wie verständnisvoll aus eigener Kenntnis der 1. Vorsitzende der SPD, Willy Brandt, den Protest der Jugend beim Wort genommen hat; er hat diese Zerreißprobe im eigenen Haus ausgehalten. Auf dem Nürnberger Parteitag, während des Wahlkampfes in Baden-Württemberg und auch nach der Verurteilung seines Sohnes Peter habe ich von Willy Brandt kein autoritäres Wort gehört.

Willy Brandt ohne Echo

Wäre es nicht politisch folgerichtig gewesen, wenn gerade der Studentenprotest Willy Brandts neue Formel von der Anerkennung bzw. Respektierung der Oder-Neiße-Grenze bis zu einem Friedensvertrag aufgegriffen hätte? Wie sehr ist ein solcher Versuch, eine neue Deutschland- und Ostpolitik zu beginnen, gerade auf die Mithilfe der jungen Generation angewiesen. Doch davon war nichts zu hören.

Lenins Spott wäre provoziert

Anstelle politischer Parteinahme verlor sich der Studentenprotest zum gleichen Zeitpunkt zunehmend in revolutionärer Rhetorik. Während verschiedener Veranstaltungen, besonders in Berlin, lernte ich eine linksradikale Intoleranz kennen, die ich während der Bundestagswahlen 1965 in erster Lektion schon von seiten der Jungen Union hatte kennenlernen dürfen.

Nun will ich nicht den Fehler machen und den SDS mit den Studenten insgesamt verwechseln, aber wenn der durch nichts gerechtfertigte Führungsanspruch des SDS wie bisher durch unkritische Solidarität gedeckt wird, dürfen sich die Studenten nicht wundern, wenn die revolutionären Zielsetzungen des SDS als studentische Zielsetzungen gewertet werden. Die Spontaneität als Motor, der zwar zu telegenen, aber ansonsten austauschbaren Aktionen führt, hat ein Bild des Studentenprotestes in der Öffentlichkeit gefördert, das sich jedem Demagogen von rechts zur Bebilderung der beliebten Bürgerschreck-Psychose anbieten mußte.

Dabei verdeckt der Vitalität vortäuschende Aktionismus nur notdürftig ein Arsenal rührend altmodischer Revolutionsvorstellungen, die Lenins Spott provoziert hätten. Zwar müssen Marx, Mao und Marcuse die Zitate hergeben, doch mir will es seit langem so vorkommen, als versuche sich wieder einmal der deutsche Idealismus mit Hilfe des Studentenprotestes zu regenerieren. Denn woher kommt diese Sucht, Bilder als Vorbilder und die rote Fahne als Wert an sich durch die Straßen zu führen? Der tote Revolutionär »Che« Guevara kann sich nicht dagegen wehren, wenn er heute in Deutschland romantische Bedürfnisse als Pin-up befriedigen muß.

Woher kommen diese Alles-oder-nichts-Forderungen, wenn sie nicht aus der gutgedüngten Kleingartenerde des deutschen Idealismus gezüchtet worden sind? Und ist der deutsche Idealismus nicht immer schon ein jugendlicher Kraftakt gewesen, dem das erschöpfte Zurücksinken aufs konservative Plüschsofa folgte? Wie viele Jungrevolutionäre werden, sobald sich ihre hochgeschraubten Erwartungen nicht erfüllt haben und sobald sie die Universität verlassen und der Berufskarriere ein wenig und dann ein wenig mehr geopfert haben werden, treu und brav CDU wählen, was nicht ausschließt, daß sie sich im engeren Freundeskreis, als wohlsituierte Mittdreißiger, bei einem Gläschen Mosel gern ihrer revolutionären Vergangenheit erinnern werden mögen.

Niemand, auch die Studenten nicht, können, wenn sie politische Mitsprache üben wollen, bei Null anfangen. Dieses Land hat einen Krieg begonnen und verloren. Wir haben Verbrechen in die Welt gesetzt, die nicht vergessen gemacht werden können. Dieses Land hat bezahlen müssen und wird weiterhin bezahlen müssen. Es ist geteilt und muß Rücksicht nehmen auf wenige Verbündete, wenige Freunde und auf langfristige Verträge.

Kein einäugiges Urteil

Ich sagte anfangs, wie gut wäre es gewesen, wenn sich der Studentenprotest Willy Brandts neue Oder-Neiße-Formel zu eigen gemacht hätte. Ich erweitere diesen Katalog politisch begrenzter Möglichkeiten:

Es wäre wünschenswert, wenn der Studentenprotest zum Beispiel die Initiative des Justizministers Heinemann zur rechtlichen Gleichstellung des unehelichen Kindes unterstützte. Auch die unehelichen Kinder (und ich finde das gar nicht lächerlich) sind in der Bundesrepublik eine Minderheit. Es bedarf einer Portion Mut und Ausdauer, um in dieser nach wie vor konservativen Gesellschaft ein Gesetz zugunsten einer Minderheit einzubringen.

Wer zu Recht die Politik der Großen Koalition kritisch mißt und den Immobilismus der Ausklammerungspolitik unter Kiesinger beim Namen nennt, sollte aber auch die einzelnen und durchaus ablesbaren Leistungen, wie zum Beispiel die des Justizministers Heinemann, als Leistungen wahrnehmen. Wer einäugig nur den kritischen Ansatz sucht und ihn in dieser Gesellschaft im Übermaß findet, mag Spaß finden an scharfer Verurteilung in Permanenz; aber das einäugige Urteil fällt auf den Richter am Ende zurück, wie ja auch einäugige Politik keine Politik ist.

Wir sind es, die Bilanz ziehen müssen. Und besonders die Jugend stellt sich die Aufgabe, Klarheit zu fordern, Beschwichtigungen zurückzuweisen und zuallererst das eigene Haus zu bestellen.

»Stuttgarter Nachrichten«, 10. 5. 1969

Diesem Artikel von Grass, ein in einigen Passagen veränderter Auszug seines Aufsatzes »Die angelesene Revolution« (in diesem Band S. 161), folgte in derselben Ausgabe der »Stuttgarter Nachrichten« eine Entgegnung des SDS-Mitglieds Rainer Wärgau, die wir leider (s. »Zur Textauswahl«) nicht abdrucken durften.

Manfred Röllinghoff

Interview mit Günter Grass:

„Die NPD ist nur die Spitze eines Eisberges"

Der Schriftsteller gründete in Lohr die »Sozialdemokratische Wählerinitiative«

Lohr/Marktheidenfeld.

Günter Grass reist durch das Land und trommelt für die Es-Pe-De. Zwei Monate bereits ist er im grünen VW-Bus unterwegs, hat den SPD-Bundestagskandidaten in rund 40 Wahlkreisen Mut zugesprochen und will noch weiteren 55 SPD-Bundestagsaspiranten mit tatkräftiger Hand unter die Arme greifen. Der schnauzbärtige Literat aus Berlin, der seinen Sitz vorübergehend in Bonn aufgeschlagen hat, führt überall dort, wo er verweilt, den Bundestagskandidaten der SPD mit parteilosen Wählern aller Berufe zusammen, die der SPD wohlgesinnt sind.

Dieser Kreis von Freunden will den Bundestagskandidaten im Wahlkampf unterstützen. In der neuen Legislaturperiode wollen dieselben Leute — so Grass — ihrem Kandidaten, falls er den Sprung in den

Bundestag geschafft hat, auch kritische Fragen stellen. Grass: »Es sind somit hilfreiche wie unbequeme Wähler.«

»Sozialdemokratische Wählerinitiative« nennt sich dieses Unternehmen, das vor eineinhalb Jahren in der Grass'schen Wohnung in Berlin geplant wurde. Prominente Männer saßen im Kreis der Auserwählten: die Professoren Sontheimer und Jäckel, der ehemalige Vorsitzende des SHB, Erdmann Linde, der ehemalige Hamburger ASTA-Vorsitzende und SHB-Ideologe, Jens Litten, der Programmdirektor des Südwestfunks und heutige Chefredakteur des »Spiegel«, Günter Gaus.

Dieser Kreis der Grass-Freunde finanziert auch den größten Teil der Grass-Reise durch die bundesdeutschen Wahlkreise. Die SPD selbst übernimmt nur einige Reisespesen und ermöglicht durch finanzielle Zuwendungen den Druck von »dafür«, einer Werbeschrift für die Sozialdemokraten. Als Herausgeber firmiert die »Sozialdemokratische Wählerinitiative«. Grass: »Wir geben diese Zeitschrift unter eigener Verantwortung heraus. Die SPD versucht in keiner Weise, unsere Arbeit zu kontrollieren.«

Die »dafür«-Mitarbeiter haben Rang und Namen: Kurt Sontheimer, Professor für politische Wissenschaften in Berlin und Mitglied im Präsidium des Deutschen Evangelischen Kirchentages; Klaus Harpprecht, Fernseh-Korrespondent in den USA und Leiter des S.-Fischer-Verlages; Dr. Richard Löwenthal, Professor für Politische Wissenschaften in Berlin; Siegfried Lenz, Schriftsteller aus Hamburg (»So zärtlich war Suleyken«, »Deutschstunde«); Golo Mann, Professor für Politische Wissenschaften in Stuttgart; Bischof Kurt Scharf, Schauspielerin Tilla Durieux und andere.

In der nächsten Ausgabe wird Heinrich Böll mit einer »Ansprache an katholische Wählerinnen« vertreten sein. Grass: »Heinrich Böll will klarmachen, daß es heute auch für katholische Wählerinnen ohne weiteres möglich ist, sich für die SPD zu entscheiden.«

Die Ausgaben von »dafür« werden auf den Grass-Veranstaltungen in jedem Wahlkreis verteilt, so auch am Dienstagabend in Marktheidenfeld. Grass war gekommen, damit er SPD-Freunde zur »Sozialdemokratischen Wählerinitiative« um den Wahlkreiskandidaten für den Bundestag, Gilbert Lausmann aus Kahl am Main, vereinige. Seinen politischen Vorstellungen gab er auf einer Kundgebung in Marktheidenfeld Ausdruck.

Grass: »Immer mehr Bürger haben begriffen, daß der Wahlkampf nicht den Parteien überlassen werden darf, sondern daß sie selbst aus eigener Initiative und Verantwortung ihr Votum aussprechen müssen.«

Und so betont er immer wieder, daß er selbst keineswegs SPD-Mitglied, sondern nur Wähler sei. Und er freut sich, daß weitere Wähler seinem Tun Beachtung schenken und ihm mit Worten und Wer-

bung zur Seite stehen wollen. Prominente Mitstreiter für einen Wahlsieg der SPD: Hans Joachim Kulenkampff und Heinz Rühmann.

Wir haben Günter Grass am Dienstag über seine SPD-Wahlarbeit
interviewt. Das Gespräch steht am Anfang von weiteren geplanten
Interviews, die wir mit prominenten Politikern aller Richtungen führen
wollen, soweit sie das Verbreitungsgebiet unserer Zeitung aufsuchen.

Sie gehen auf Ihrer Wahlkampfreise in die Betriebe, sprechen mit
dem Betriebsrat und den Arbeitern. Erhoffen Sie sich von diesen
Unterhaltungen einen ganz konkreten Erfolg für den Ausgang der
Wahl?

Wissen Sie, es ist ein wechselseitiger Erfolg. Auf der einen Seite lerne
ich eine Menge dabei, denn vor allem Leute aus intellektuellen Berufen haben selten die Gelegenheit, in die Betriebe hineinzukommen
und mit den Leuten am Arbeitsplatz direkt zu sprechen. Auf der anderen Seite kommt es auch darauf an, daß man einmal die Barriere
zwischen Arbeitnehmern am Arbeitsplatz und Intellektuellen abbaut.

Fürchten Sie nicht, von seiten der CDU/CSU wieder als »politische
Dreckschleuder vom Dienst«, wie Sie der Hamburger CDU-Abgeord-
nete Erik Blumenfeld einmal nannte, bezeichnet zu werden?

Ich vertraue darauf, daß der Wähler sich sein eigenes Urteil bildet.
Vor wenigen Wochen hatte ich in München auf der Katholischen Akademie einen Disput mit dem Jesuitenpater Paul Konrad Kurz, den ich
sehr schätze als Literaturkritiker. Es war eine Veranstaltung mit über
600 Leuten, mit jungen und älteren Katholiken, und wurde von seiten
der Katholischen Akademie als Beginn eines Dialogs bezeichnet. Ich
habe das sehr begrüßt. Daraufhin gab es natürlich Reaktionen aus
dem konservativen Lager des Katholizismus. Das mußte man erwarten.

Ich glaube jedoch, daß sich die katholische Kirche mit Hilfe der
beiden letzten Päpste zu modernisieren beginnt und wir als Sozialdemokraten heute nicht mehr mit den Vorurteilen zu rechnen haben
wie noch vor acht oder zwölf Jahren — in Zeiten, als ein Hirtenbrief
die Wahlentscheidung beeinflussen konnte. Diese Zeiten sind vorbei.

Gerade in katholischen Wählerschichten — das konnte ich immer
wieder beobachten — wird der Anspruch der CDU/CSU auf das hohe
C heute doch sehr kritisch gesehen und nicht pauschal geglaubt.

Der Wahlkampf, könnte man meinen, hat schon begonnen. Erst
kürzlich verloren Sie einen Prozeß gegen den Publizisten Kurt Ziesel, der Sie sinngemäß den »größten Pornographen, den es gibt«
genannt hat. Glauben Sie nicht, daß Streitigkeiten dieser Art sowohl der SPD als auch Ihnen im Wahlkampf mehr schaden als
nützen?

Ich habe Freunde bei der SPD gefragt, und die waren der Meinung,
daß eine Reformpartei, die nach vorne schauen muß, darauf keine

Rücksicht nehmen kann. Und ich habe keinen Grund, weniger mutig zu sein als meine Freunde von der SPD, die der Meinung sind, daß meine Aktivität ihnen hilft und nicht schadet.

Wie hoch schätzen Sie selbst Ihren Nutzen für die SPD ein? Glauben Sie nicht, daß Sie manchem Wähler angesichts der Beschimpfungen von der anderen Seite suspekt erscheinen?

Bürger, die solch unhaltbare Diffamierungen glauben, können ohnehin nicht für die SPD gewonnen werden. Außerdem werden sich die Beschimpfungen und Diffamierungen abnutzen — auch bei Leuten, die vielleicht anfangs einmal daran geglaubt haben. 1965 war ich in noch viel stärkerem Maß Beschimpfungen ausgesetzt. In Würzburg zum Beispiel gab es ein Transparent mit der Aufschrift »Was sucht der Atheist in der Stadt des heiligen Kilian?« Doch nüchterne Leute von der SPD haben mir damals versichert, daß dort, wo ich mit den Leuten direkt sprechen konnte, erhebliche Stimmengewinne für die SPD verzeichnet werden konnten.

Glauben Sie, daß auch CDU/CSU-Wähler ansprechbar sind?

Gerade gläubige katholische CDU/CSU-Wähler werden sich heute überlegen, ob sie es noch verantworten können, die CSU zu wählen, da die Nähe der CSU zur NPD auf eine so unchristliche Art und Weise manifest wird, daß ich glaube, manch ein katholischer Wähler wird diese latente Koalition CSU/NPD nicht mehr unterstützen.

Wie hoch schätzen Sie die Gefahr ein, die von der NPD ausgeht? Glauben Sie, diese Partei wird in den nächsten Bundestag einziehen?

Nicht die NPD allein ist gefährlich. Sechs bis sieben Prozent NPD-Stimmen im Bundestag würden die parlamentarische Demokratie in der Tat nicht gefährden. Aber ich gehe davon aus, daß die NPD nur die Spitze eines Eisberges ist und daß wir besonders hier in Bayern die Nähe zwischen CSU und NPD mit Sorge beobachten müssen. Zugleich gibt es Zeitungen — wie der Bayernkurier, das Blatt der CSU, auf der einen und die National- und Soldatenzeitung auf der anderen Seite sowie Welt am Sonntag von der Springer-Presse —, die alle den gleichen Ton anschlagen. Das ist das Gefährliche. Nicht die NPD allein. Ich denke zum Beispiel daran, was sich in Berlin bei der Wahl des Bundespräsidenten zeigte, als auf einmal CDU/CSU und NPD gegen Sozialdemokraten und Freidemokraten stimmten. Vor dieser latenten Gefahr einer neuen Harzburger Front kann nicht drastisch genug gewarnt werden.

Wird die NPD in den Bundestag einziehen?

Ich glaube nicht, daß sie in den Bundestag kommen wird. Die Gefahr der Annäherung von CSU und rechtem Flügel der CDU zur NPD ist größer als die NPD insgesamt. Wir als Land, das geteilt ist und keinen Friedensvertrag hat, können uns solch eine rechtsspektakuläre

Angelegenheit nicht leisten. Der Schaden, den die NPD jeden Tag im Ausland anrichtet, ist immens. Wir sind aber auf unsere westlichen und östlichen Nachbarn angewiesen.

Halten Sie es für nützlich, wenn junge Leute, wie kürzlich in Aschaffenburg, gegen eine NPD-Versammlung einen Abend lang demonstrieren, dabei gegen eine Hundertschaft von Bereitschaftspolizei anrennen und zum Schluß, nachdem der Ansturm auf die Halle erfolglos blieb, Steine in den Versammlungsraum werfen?

Das halte ich für ganz falsch. Man muß sich mit allen politischen Gruppen — ganz gleich, ob sie von rechts oder links kommen — mit politischen Argumenten auseinandersetzen. Es ist dabei unstatthaft, wenn die diskussionswilligen Zuhörer von NPD-Ordnern aus dem Saal befördert werden. Dann müßte die Polizei den normalen Verlauf einer politischen Versammlung gewährleisten.

Herr Grass, hoffen Sie auf publizistische Unterstützung für Ihr Wahlkampfunternehmen? Als zum erstenmal darüber in Ihrer Berliner Wohnung gesprochen wurde, war ja auch Günter Gaus dabei. Er ist heute einer der beiden Chefredakteure des »Spiegel«. Glauben Sie, daß sich das vorteilhaft für Sie auswirken wird?

Günter Gaus wird seinen Berufsgesetzen folgen. Das war immer seine Stärke. Er wird ein kühler, beobachtender, sezierender Journalist sein, der Tatbestände freilegt. Es ist gut, wenn er dies weiter fortsetzt. Das kann der SPD nur nützen.

Angenommen, die SPD hat nach der Wahl die Möglichkeit, die Regierung zu übernehmen — wären Sie dann bereit, ein Ministeramt zu übernehmen?

Um Gottes willen, wer schießt denn gleich so hoch! Ich habe einen phantastischen Beruf und will noch viele Bücher schreiben. Allenfalls wäre ich bereit, nach Kenntnis und Fähigkeiten ein Amt innerhalb der Entwicklungspolitik zu übernehmen — aber nicht gleich als Minister. Entwicklungspolitik ist ein sehr interessantes Gebiet. Ich gehe davon aus, daß die Entwicklungspolitik in den siebziger Jahren weit im Vordergrund stehen wird, mehr als man sich heute träumen läßt.

Im »Spiegel« stand einmal zu lesen, daß Sie auch bereit wären, das Amt des Vertriebenenministers zu übernehmen.

Das sind so »Spiegel«-Enten, wissen Sie. Der »Spiegel« verkauft so etwas immer als Fakten, und ich habe dann hinterher die Mühe, das auszuräumen. Ich selbst komme von drüben, aus Danzig, und ich weiß, daß diese Provinzen durch unsere Schuld verloren sind.

In diesem Wahlkampf werde ich mich strikt dagegen wenden, daß man vor allem den alten Flüchtlingen, die nach wie vor Heimweh haben, aus wahltaktischen Gründen weiterhin verspricht, sie könnten, wenn sie nur CDU/CSU wählen, damit rechnen, daß sie wieder in ihre

alte Heimat zurückkommen. In dieser Beziehung klaren Wein einzu-
schenken, ist für mich, gerade weil ich von drüben komme, mit eine
Hauptaufgabe. »Main-Echo« (Aschaffenburg), 29. 5. 1969

Wolf Scheller

Nicht so primitiv

Am Podium sitzen sich gegenüber: der Schriftsteller Grass, der auch in
diesem Wahljahr wieder sein »Ich rat' euch, Es-Pe-De zu wählen«
trommelt, sowie der Vorsitzende der Unionsfraktionen im Bundestag,
Rainer Barzel. Jener im beigen Anzug mit schwarz-roter Krawatte,
dieser in Dunkelbraun mit dezentem Binder und braungebrannt. Gesprächsleiter Ulrich Blank, der diese Forumsveranstaltung der Kölner
Volkshochschule leitet, meint immerhin noch hoffnungsvoll, daß diese Konstellation von Diskutanten wohl die heißeste sei, die man gegenwärtig im Wahlkampf anzubieten habe.

Dem will man anfänglich auch gerne glauben. Grass liegt in der
Vorderhand und beginnt, Pfeil auf Pfeil gegen die CDU zu verschie-
ßen. In den letzten 20 Jahren, so sagt er, hätten die Christdemokraten weitgehend den Kurs dieses Staates bestimmt und die wesent-
lichsten Reformen versäumt. Der Niedergang dieser Regie — Grass erinnert an den Zusammenbruch der Regierung Erhard — liege auf der
Hand. Jetzt sei es endlich an der Zeit, daß sich auch die CDU in der
Oppositionsrolle bewähre. Dann bittet er Barzel, den Disput über
Sachfragen zu führen und nicht persönlich zu werden.

Dem Kontrahenten kommt dies gelegen. Seelenruhig zählt er an
den Fingern ab, was das Volk der Bundesrepublik alles der CDU und
ihrer bayerischen Schwesterpartei zu verdanken habe. Als jüngstes
Beispiel nennt er das Gesetz über die Lohnfortzahlung für kranke Arbeiter und handelt sich prompt ein lautes Buh im Publikum ein. Zwi-
schenruf: »Sie Reaktionär!«

Grass will sich auf solche Themen nicht einlassen. Mit welcher Berechtigung die CDU eigentlich noch immer ihr »hohes C« im Namen
führe, begehrt er zu wissen. An solch christlichem Anspruch gemessen,
müsse schließlich jede Partei versagen. Da ist er wiederum bei dem
sich überlegen gebenden Barzel an der falschen Adresse. In solchen
Fragen kennt sich der langjährige Fraktionsmanager der Christdemokraten schließlich aus. »Das C«, so sagt er, »führen wir deswegen,
weil wir nicht einfach eine Oppositionspartei sind, sondern uns bestimmten Werten verpflichtet fühlen.« Und weiter: »Ich sehe keinen
Grund, warum wir das streichen sollten.« Die Reaktion im Publikum
ist gemischt. Vereinzelt wird gezischt, im großen und ganzen aber
überwiegt der Beifall.

Überhaupt hat es den Anschein, als schneide Barzel an diesem Abend erheblich besser ab. Barzel fragt Grass etwa, warum er nicht Mitglied der SPD sei, wo er sich doch so stark für diese Partei engagiere. Und mit einem kleinen Seitenhieb zu Grass: Es sei wohl eine Tatsache, daß er nicht alle Motive der Politik so richtig durchschaue.

Schnell artet das Gespräch zur persönlichen Zankerei aus. Barzel zitiert Grass-Aussprüche aus einem Interview mit dem amerikanischen Fernsehen, in dem der »Blechtrommel«-Autor Bundeskanzler Kiesinger wegen seiner politischen Vergangenheit während des Dritten Reichs angegriffen hat. Grass kontert mit der Drohung, jetzt auch über die Rolle Barzels in dem Komitee »Rettet die Freiheit« reden zu wollen. Doch bei Drohungen bleibt es schließlich, obwohl das Publikum in lang anhaltenden Zwischenrufen eine härtere Gangart der Diskussion fordert.

Man hat das Gefühl, als begreife Grass nicht ganz, was das ihm durchaus nicht abgeneigte Publikum von dieser Diskussion erwartet. Mit etwas verhaltener Stimme spricht Grass über Bildungsprobleme, Schulpolitik und Währungsfragen. Sein Gegner ist da etwas besser präpariert. Barzel holt Zahlen hervor, zitiert diesen und jenen. Und zwischendurch bleibt ihm noch Muße genug, um den Schriftsteller in sanftem Ton zu schulmeistern. Das hört sich dann etwa so an: »Bitte, Herr Grass, lassen wir uns das Gespräch doch nicht so primitiv führen!«

Zwischendurch funktioniert Barzel das Streitgespräch in ein gepflegtes Gespräch am Kamin um, bringt hier und da eine Ehrenrettung für den Koalitionspartner an und benimmt sich ganz so, als gebe es für ihn weit Schlimmeres als die SPD. Das wiederum hat zur Folge, daß das Publikum teilweise nicht weiß, ob es nun lachen oder weinen soll. Zu gleich sind sich die Kontrahenten in ihrer Argumentationsweise. Bringt der eine glücklich einen Vorwurf an, kriegt er denselben oder zwei andere sofort wieder zurück. Und Barzel kann da noch seinen Widerpart hochgemut auffordern, sich doch nun endlich zu dem Erfolg der Großen Koalition zu bekennen.

Den eigentlichen Zündstoff liefert dann erst die anschließende Diskussion mit dem Publikum. Hier wird deutlich, daß Grass der Linken genausowenig zu sagen hat wie Barzel. Wütend müssen sich beide den Vorwurf gefallen lassen, auch in diesem Gespräch die eigentlichen Gegensätze ausgeklammert und im wesentlichen nichts gesagt zu haben. So mag es dann auch nicht wundernehmen, daß ein Diskutant die These aufstellt, daß diejenigen, die sich christlich verhielten, sicher nicht CDU wählten, wer aber christlich wähle und christlich handele, sicher für die SPD stimme.

»Spandauer Volksblatt« (Berlin), 22. 6. 1969

Günter Grass

Die runde Zahl zwanzig

Bürger der Stadt Cloppenburg,

Wahlen sind Appelle an die Vernunft! — Vor vier Jahren habe ich zum ersten Mal versucht, als Schriftsteller und Bürger Politik nicht von wolkennahen Hochständen, vielmehr als etwas zu betreiben, das unseren Alltag bestimmt.

Politik sollte nicht als ideologisierter Religionsersatz Gläubige suchen. Politik sollte nicht blinde Begeisterung fördern wollen. Irdisch bestimmt und notwendigerweise dem Salz der Kritik ausgesetzt, bedarf die Politik der permanenten Aufklärung als Schrittmacher.

Mit anderen Worten: Ich will nicht Stimmungen fördern, viel eher möchte ich versuchen, ernüchternd zu wirken. Denn während der letzten Jahre ließen sich überall Einbrüche des Irrationalismus in die deutsche Politik verzeichnen. Wieder einmal sollten Emotionen Argumente ersetzen. Revolutionsgeschrei und Ruhe- und Ordnungsgeschrei lösten einander ab, riefen einander hervor. Das Gebäude unserer Demokratie wurde auf seine Echowirkung getestet.

Ich sehe keinen Anlaß, dieser Zeitmode der allgemeinen Wolkenmacherei zu folgen. Lassen Sie mich versuchen, nüchtern daherzukommen. Oder mit anderen Worten: Zwischen einer Unmenge voll aufgedrehter Lautsprecher lohnt es sich manchmal halblaut zu sprechen und notfalls auch leise, damit man verstanden wird.

Geschrei setzt die Denkmechanismen außer Kraft. Wer schreit, kann schlecht zuhören. Diese Veranstaltung wäre unergiebig, wenn sie mit einer allgemeinen Heiserkeit bezahlt werden müßte.

Meine Rede heißt: DIE RUNDE ZAHL ZWANZIG. Denn in diesem Jahr der unausgetragenen Widersprüche und des wachsenden Wohlstandes, in diesem Wahljahr feiert die Bundesrepublik ihr zwanzigjähriges Bestehen.

Wer die Geschichte deutscher Demokratie befragt, wird die an sich kurze Zeitspanne als einen Gewinn verbuchen. Wo und wann gab es das jemals in Deutschland! Nur vierzehn Jahre lang hielt die Weimarer Republik der Zerreißprobe stand, die rechts- und linksextreme Kräfte mit ihr veranstalteten, bis der Nationalsozialismus siegte und ein politisches Verbrechen einleitete, dessen Folgen sich bis heute auswirken: Die NPD und die Verharmlosung der NPD durch verantwortungslose Politiker der CDU und CSU sind ein Reflex unserer immer noch gegenwärtigen Vergangenheit.

Es hat nicht an Versuchen gefehlt, in Deutschland die Demokratie zu verwirklichen. Hier, wo sich die europäische Aufklärung erst spät und unzureichend verbreiten konnte, blieb es nur bei kurzfristigen Versuchen. Das Jahr 1848 mag als Beispiel des Versuches und des

Scheiterns gleichzeitig gelten. Wir müssen uns schon an die Zeitspanne von 1949 bis 1969 halten, wenn wir eine Periode kontinuierlicher, wenn auch zunehmend verwässerter parlamentarischer Demokratie kritisch betrachten wollen.

Wie sah es hier und woanders in Deutschland aus, als der Frieden noch keine vier Jahre alt war. Es mag die Nachkriegsgeneration gelegentlich langweilen, wenn sie von Trümmern hört und Wohnungsnot, zumal das Pochen auf die zerbombten und später wieder aufgebauten Wohnviertel nur zur Deklamation von Leistungen führt, die, so groß sie einmal waren, morgen schon nicht mehr zählen werden. Es wird schwierig sein, zwischen den dezimierten Jahrgängen der Kriegsgeneration und der in Friedenszeiten ungestört im Wohlstand nachgewachsenen Generation eine Brücke zu schlagen. Mißtrauen der Jugend und Skepsis der Älteren behindern den Dialog. Wer seine Erfahrungen der unmittelbaren Nachkriegszeit heute zu Markte tragen will, wird bemerken, daß sie als Ladenhüter keine Abnehmer finden. Und oftmals zu Recht wenden sich Zwanzigjährige angeödet ab, wenn ihnen auf ihre Frage nach den Ursachen und Nachwirkungen des Nationalsozialismus nur beschwichtigende und ausweichende Antworten gegeben werden.

Zu lange und zu beschwörend hat man die bedingungslose Kapitulation des Großdeutschen Reiches wie einen rätselhaften Schicksalsschlag gedeutet. Der Nationalsozialismus wurde zur Irrsinnstat einer Verbrecherclique dämonisiert, als hätten nicht Kreise der Großindustrie, als hätten nicht die Deutschnationalen insgesamt ihn unterstützt und an die Macht getragen. Nein, es war keine unabwendbare Katastrophe, es war ein selbstverschuldeter Prozeß der Zerstörung, der bis in unsere Tage nachwirkt. Tagtäglich werden wir daran erinnert, daß ein Großteil unserer Krisen und Konflikte ihre Ursachen haben in der Zeit des Nationalsozialismus. Nach wie vor ist unser Land geteilt und ohne Friedensvertrag, nach wie vor werden die harten Realitäten einer bedingungslosen Kapitulation nicht anerkannt.

Zwanzig Jahre lang haben wir eine Entscheidung vor uns hergeschoben, die nicht auszuklammern und wegzuwünschen ist, die Anerkennung der Oder-Neiße-Grenze. Zwanzig Jahre lang wurde der Traum vom Deutschen Reich in den Grenzen 1937 weitergeträumt. Und zwanzig Jahre lang haben verantwortliche Politiker unsere Landsleute aus Ostpreußen, Schlesien und Pommern aus billigen, wahltaktischen Gründen in der gefährlichen Illusion bestärkt, diese verlorenen Provinzen könnten wiedergewonnen werden.

Oft genug wurde mit dem Heimweh alter Menschen, die in Westdeutschland nicht recht Fuß fassen konnten, ein gewissenloses Spiel getrieben, und es sieht so aus, als wollten Politiker der CDU und CSU diesen altbewährten Zynismus im Wahlkampf wiederholen und in unheiliger Allianz mit der NPD wieder einmal auf Stimmenfang gehen.

Als vor einem Jahr der Bundesaußenminister Willy Brandt auf dem Parteitag der SPD in Nürnberg wohlüberlegt von der Anerkennung beziehungsweise Respektierung der Oder-Neiße-Grenze bis zu einem Friedensvertrag sprach, setzte die CDU das schlimme Wort »Verzichtspolitik« in Umlauf. Doch auch die Öffentlichkeit machte sich diese längst überfällige nüchterne Formel nicht zu eigen. Eine politische Erkenntnis, die schon im Jahre 1949 hätte ausgesprochen werden müssen, ist bis heutzutage ohne Echo geblieben. Dennoch, bei aller Skepsis, vermute ich, daß sich bei der Mehrzahl der Wähler die Notwendigkeit eines realistischen Ausgleichs mit unseren polnischen Nachbarn als wünschenswert erweist. Das Schimpfwort »Verzichtspolitiker« könnte jene als Bumerang treffen, die nach wie vor darauf verzichten, Realitäten anzuerkennen.

Ich bin in Danzig geboren und aufgewachsen. Sie dürfen annehmen, daß jemand, der den Verlust seiner Heimatstadt ausspricht, nicht leichtfertig verzichtet. Ich meine, daß man den Verlust der ehemaligen Flüchtlinge, die die Hauptlast des begonnenen und verlorenen Krieges zu tragen haben, nicht verdoppeln sollte, indem man nochmals und immer wieder falsche Hoffnungen erweckt und es ihnen, den Flüchtlingen, schwer macht, hier in der Bundesrepublik heimisch zu werden. Gewiß, die Vertreibung ist ein Unrecht gewesen. Aber seien wir bitte genau: Mit dem Überfall auf Polen haben wir Deutschen ein Unrecht in die Welt gesetzt, das rückläufig wurde und zuletzt uns, die Urheber des Unrechts, traf.

Sie werden bemerken, daß ich vorhabe, die runde Zahl zwanzig zu feiern, indem ich zuallererst Versäumnisse aufzähle. Denn es sind die versäumten Reformen der fünfziger Jahre, die uns heute zu schaffen machen. Hauptverantwortlich hat die CDU/CSU eine gerechte Vermögensbildungspolitik verhindert. Hauptverantwortlich hat die CDU/CSU bis heutzutage das Städtebauförderungsgesetz blockiert. Hauptverantwortlich haben die Verteidigungsminister der CDU/CSU Strauß, von Hassel und Schröder die Bundeswehr gehindert, zu ihrem demokratischen Selbstverständnis, zum Konzept der Inneren Führung zu finden.

Nicht ohne Grund fordern Studenten und Professoren die Hochschulreform. Zu Recht wird innerhalb wie außerhalb des Parlaments eine Parlamentsreform verlangt. Die Forderung nach Mitbestimmung in allen Bereichen unserer Gesellschaft wird mehr und mehr selbstverständlich.

Die Bürger der Bundesrepublik beginnen mündig zu werden und auf demokratische Art erwachsen. Allzulange war die Politik hierzulande auf den Slogan der CDU »Keine Experimente« gestellt. Seit drei Jahren haben die Sozialdemokraten begonnen, ihre Reformpolitik gegen den lähmenden und krisenfördernden Stillstand zu setzen.

Lassen Sie mich an einem Beispiel erklären, wie aus der Krise heraus die Reform eingeleitet werden kann. Ich spreche von der Krise

des Steinkohlenbergbaus und damit vom Glanz und Elend der Bergleute während zwanzig Jahren Bundesrepublik. Auch überall dort,
wo die Krise des Steinkohlenbergbaus nicht so spürbar gewesen ist
wie im Ruhrgebiet und im Saarland, sollte ihr Interesse entgegen-
gebracht werden. Sie ist ein typisches Ergebnis jener CDU-Wirtschafts-
politik gewesen, von der Herr Erhard und Herr Schmücker bis heute
nicht lassen wollen.

Erinnern wir uns: Nach Kriegsende war der Bergmann, der Kumpel
im Ruhrgebiet Schlüsselfigur, Nothelfer und vielgeliebtes Ehrenmit-
glied unserer Gesellschaft. Auf ihn kam es an. Ohne ihn rauchte der
Schlot nicht. Er arbeitete auch an Sonn- und Feiertagen. Ohne ihn und
seine Arbeitsleistung wäre der Wiederaufbau nicht möglich gewesen.
Kurzfristig stilisierte ihn die dankbare Nation zur Heldenfigur. Doch
bald darauf — kaum lebten wir wieder im Wohlstand — überließ
man den Bergmann seiner Krise.

Erinnern wir uns, wie während der Regierungszeit des Bundeskanzlers Erhard der Bergmann im Ruhrgebiet und im Saarland zum Prü-
gelknaben der um sich greifenden Wirtschaftskrise gemacht wurde.

Erinnern wir uns, mit welcher Arroganz und mit welch exquisiten
Schimpfworten der damalige Bundeskanzler Erhard dem Protest der
Bergleute in Gelsenkirchen begegnete. Selten ist ein Berufsstand, den
im Jahre 1949 jeder zu ehren bemüht war, so pauschal beleidigt, so
rücksichtslos behandelt worden.

Bald darauf übernahmen in Nordrhein-Westfalen die Sozialdemokraten die Regierungsverantwortung. Die Regierung Erhard machte
bankrott und hinterließ uns ein Wirtschafts- und finanzpolitisches
Chaos. Ein Jahr später, am 8. November 1967, hielt der sozialdemokratische Wirtschaftsminister Karl Schiller eine Rede vor dem Bundestag, deren erster Satz damals kühn und allzu prophetisch klingen
mochte.

Ich zitiere Karl Schiller: »Ich beginne meine Ausführungen mit der
Feststellung: Die deutsche Kohle hat Zukunft! Sie hat dann eine Zukunft, wenn wir heute nicht einfach zu einer neuen Subventionsrunde
ansetzen — damit würden wir die große Misere nur noch einmal verlängern, sondern wenn wir allesamt entschlossen und zielbewußt
einen Prozeß der Anpassung und Gesundung für die Kohle einleiten.«

Karl Schiller hat sein Wort »Die deutsche Kohle hat Zukunft!« in
einundeinemhalben Jahr wahr gemacht. Wenn damals noch unüber-
sehbare Kohlenhalden auf ewige Zeit zum Bild der Ruhrgebietsland-
schaft gehören wollten, kann heute gesagt werden: Über die Hälfte
der Kohlenhalden ist abgetragen.

Vor wenigen Monaten, nach einer elfstündigen Verhandlungs-
schlacht, hat Karl Schiller die Ruhrkohle AG unter Dach und Fach
gebracht. Das Kohlegesundungsgesetz schützt die Steinkohle vor einer
neuen Krise. Gebannt ist die latente Gefahr einer neuen Arbeits-
losigkeit. Heute sind im Kohlebergbau mehr als 5500 Stellen offen.

Es ist Karl Schiller gelungen, die Kohle wieder wettbewerbsfähig zu machen.

Erinnern wir uns: Als die Sozialdemokraten Regierungsverantwortung übernahmen, standen 700 000 Arbeitslose auf der Straße, für weitere 400 000 Arbeitnehmer blieb nur Kurzarbeit übrig. Nicht nur die Steinkohlen-, auch die Textilindustrie stand kurz vor dem Zusammenbruch. Das war das erbärmliche Ergebnis einer CDU-Politik, die sich mit der These vom Gesundschrumpfen der Wirtschaft lächerlich gemacht hatte.

Doch bis heutzutage sind weder Herr Erhard noch Herr Schmücker zur Einsicht gekommen. Kürzlich verstieg sich sogar Franz Josef Strauß auf dem Mittelstandstag der CDU zu der These, die Krise des Jahres 1966 sei eine von der CDU gewollte Krise gewesen. Hier schlägt der Zynismus eines christdemokratischen Politikers — auf Kosten der Arbeitnehmer — in Dummheit um.

Man kann wohl verstehen, wenn sich die Sozialausschüsse und der linke Flügel um den Minister Katzer innerhalb der CDU und CSU mehr und mehr isoliert sehen. Und gleichfalls nicht unverständlich ist es, wenn sich die CDU mit Wünschelruten und ähnlichen Suchgeräten auf den Weg macht: Es fehlt ihr ein Wirtschaftsfachmann, der sich neben Karl Schiller sehen lassen könnte. Die CDU ist verbraucht. Sie wagt es nicht, Ludwig Erhard oder gar den Krisenminister des Jahres 1966, Kurt Schmücker, dem Wähler anzubieten, also versucht sie, sich in Attacken gegen Karl Schiller zu retten, auch wenn die Währung dabei zuschanden geritten wird. Es entsteht der Eindruck: Die schleichende Aufwertung der NPD durch die CDU/CSU soll ein Ersatz sein für die fahrlässig verhinderte Aufwertung der DM.

Es sei hier gesagt: Die Verweigerung der Aufwertung der DM und die arrogante Brüskierung aller währungspolitischen Sachverständigen durch den Bundeskanzler Kurt Georg Kiesinger sind ein wahltaktisches Manöver, dessen Kosten am Ende den Arbeitnehmern aufgebürdet werden sollen. Karl Schiller hat rechtzeitig davor gewarnt, währungspolitische Fragen gegen den Sachverstand zu entscheiden. Und ich meine, zu Recht hat Karl Schiller sich nicht zum Rücktritt entschlossen, denn unverantwortlich wäre es gewesen, dem Vabanquespiel des Herrn Strauß freien Lauf zu lassen.

Jetzt, nach der Abwertung des französischen Franc, wird auch dem letzten Zweifler deutlich, daß die gesamte europäische Währung einer Neuorientierung bedarf, und daß die Trotzhaltung des Bundeskanzlers kindlich zu werden beginnt, als habe er sie seinem Enkelkind »Fröschle« abgeguckt.

Von Tag zu Tag erweist sich mehr, was schon im Dezember 1966 bewiesen, daß die CDU/CSU nach allzu langer Machtausübung nicht mehr koalitionsfähig ist.

Deshalb und aus personellen Gründen habe ich die Große Koalition abgelehnt. Ich warnte vor der Belastung der Bundesregierung durch die Personen Kiesinger und Strauß. Ich vermochte und vermag in einer Regierung der Großen Koalition für eine noch so junge parlamentarische Demokratie auf die Dauer nichts Gutes zu sehen. Trotzdem war ich nicht bereit, bei meinem Nein stehenzubleiben. Wer die Politik als eine Reformaufgabe ansieht, kann selbst dort, wo er recht gehabt hat, nicht selbstgefällig am Rechtgehabthaben Spaß finden. Ich meine: Nur wenn die Sozialdemokratische Partei aufgrund ihrer Leistungen stärkste Partei wird, besteht Aussicht für die Bildung einer neuen arbeitsfähigen Bundesregierung.

Bei aller möglichen Kritik an der SPD besteht trotzdem Anlaß genug, ihre Leistungen als Regierungspartei darzustellen: Gegen die Widerstände der CDU/CSU hat die SPD in den engen Grenzen der Großen Koalition mit ihrer Reformpolitik begonnen.

Der neuen Außenpolitik unter Willy Brandt ist es gelungen, das Mißtrauen unserer Nachbarn in Osteuropa zu verringern und das Vertrauen unserer westlichen Partner in die Bundesrepublik zu erneuern. Nach dem Scheitern der Politik der Stärke findet Willy Brandts Entspannungs- und Friedenspolitik nicht nur im Westen, nun auch in Osteuropa zunehmendes Interesse.

In Verantwortung gegenüber den Völkern der Dritten Welt wurde Entwicklungspolitik Teil dieser Friedenspolitik.

Mehr noch: Willy Brandts Friedenspolitik und Karl Schillers Wirtschaftspolitik bilden die Basis eines Konzeptes.

Ich meine: Nur eine von den Sozialdemokraten geführte Bundesrepublik kann die begonnene Reformpolitik fortsetzen und die noch vor uns liegenden Aufgaben lösen. Als erstes nenne ich die Einführung der Gesamtschule, wie sie der sozialdemokratische Berliner Schulsenator Karl-Heinz Evers entwickelt hat. Nur die Gesamtschule kann uns die Chancengleichheit aller Bürger garantieren.

Als zweites nenne ich eine moderne, nicht auf Almosen abgestellte Vermögensbildungspolitik, die sich als Teil der Mitbestimmung verstehen sollte. Mitbestimmung und Vermögensbildung sind keine Gegensätze.

Drittens nenne ich die Fortsetzung der Justizreform, wie sie von Gustav Heinemann entworfen und unter seinem Nachfolger Horst Ehmke zum Teil realisiert worden ist.

Die vierte Reformaufgabe betrifft ein politisches Stiefkind, die Entwicklungspolitik. Der sozialdemokratische Minister für dieses Ressort, Erhard Eppler, hat deutlich gemacht, daß in den siebziger Jahren alle Industrienationen in der Entwicklungspolitik für die Staaten der Dritten Welt ihre erste und trotz der ideologischen Gegensätze gemeinsame Aufgabe sehen müssen.

Fünftens nenne ich ein schon lange überfälliges Problem: Eine sozialdemokratisch geführte Bundesregierung sollte endlich der Bundeswehr zu ihrem demokratischen Selbstverständnis verhelfen. Der Fall Grashey darf nicht Schule machen und sich schon gar nicht im Sinne des Bundeskanzlers Kiesinger zu einer »Schule der Nation« auswuchern.

Die politischen Alternativen in unserem Land sind deutlich: Dem Stillstand verhaftet, hat die CDU/CSU allenfalls bewiesen, daß sie aus dem Bankrott der Regierung Erhard keine Lehre zu ziehen versteht. Dabei hätte sich Gelegenheit genug geboten. Zum Beispiel am 5. März in Berlin. Damals hatte die Bundesversammlung die Freiheit, politische Alternativen frei zu wählen. So nahm sich die CDU/CSU die Freiheit, mit der NPD gemeinsam dem deutschnationalen Verteidigungsminister Gerhard Schröder die Stimme zu geben. Einmütig zeichnete sich eine neuaufgelegte Harzburger Front ab, vor der nicht drastisch genug gewarnt werden kann.

Sozialdemokraten und Freidemokraten haben mit knapper Mehrheit verhindert, daß 22 NPD-Wahlmänner die Bundesrepublik in eine neue innen- und außenpolitische Krise stürzen durften. Man stelle sich vor, wieviel Unheil ein von der NPD mitgewählter Bundespräsident unserem Land hätte bringen können. Doch damals wie heute, Kurt Georg Kiesinger brachte nicht den Mut auf, sich von der NPD eindeutig zu distanzieren. Damals wie heute — Kurt Georg Kiesinger versucht, unterstützt von anderen Politikern der CDU/CSU, die NPD zu verharmlosen oder ihr gar Persilscheine auszustellen.

Ich meine: Besonders Kurt Georg Kiesinger hat allen Grund, sich eindeutig von der NPD und damit von seiner eigenen nationalsozialistischen Vergangenheit loszusagen.

Der 5. März in Berlin hat deutlich gemacht, daß die CDU/CSU, wenn es um Machtfragen geht, vor einem Bündnis mit der NPD nicht zurückschreckt. Eine knappe Mehrheit der Vernunft hat damals das unverantwortliche Konzept der CDU/CSU zunichte gemacht. Deshalb ist der 5. März 1969 ein helles Datum in der immer noch kurzen Geschichte deutscher parlamentarischer Demokratie.

Ich meine: Die Wahl Gustav Heinemanns zum Bundespräsidenten kann besonders der Jugend ein Hoffnungszeichen sein. Mit Gustav Heinemann ist, bei aller Strenge und unbeugsamen Genauigkeit seines Urteils, die Toleranz neu aufgewertet worden. Das nenne ich einen Gewinn! Denn die parlamentarische Demokratie ist mehr als jede andere Gesellschaftsform auf die Tolerierung des Andersdenkenden, auch des politischen Gegners, angewiesen.

Seit einiger Zeit wird die Toleranz in der Bundesrepublik tagtäglich Zerreißproben unterworfen. Die rechtsradikalen wie linksradikalen Gegner der Toleranz verhöhnen und beanspruchen sie gleichzeitig. Wer sich zur Toleranz entschließt, ist einem ständigen Konflikt mit sich selbst und mit den Gegnern der Toleranz ausgesetzt; oft genug mit Gegnern, die er tolerieren möchte, die ihn ausschalten wollen.

Ich sage Gegner und nicht Feind. Ich sage: Wenn sich in einer demokratischen Gesellschaft die politischen Gegner beim Austragen politischer Konflikte wie Feinde behandeln, beginnt die Demokratie ihr Ende vorzubereiten.

Und wie soll sich die Demokratie gegen Gegner wehren, von denen sie als Feind behandelt wird? Ist sie nicht zu schwach, die Demokratie, weil sie zu tolerant ist? — Toleranz ist Stärke, nicht Schwäche. Der wütende Angriff der Gegner der Toleranz beweist, wie stark die Toleranz allen absoluten Ansprüchen im Wege steht. Nach zwanzig Jahren Bundesrepublik, und nachdem oft genug die Toleranz, auch sie ein Kind europäischer Aufklärung, recht stiefmütterlich behandelt worden ist, gilt es wieder zu begreifen, daß Toleranz erste demokratische Tugend ist und bleibt.

Hierzu ein Beispiel: Seit etwa zwei Jahren macht das Wort vom Protest der Jugend die Runde. Auch wenn nur eine Minderheit der Nachkriegsgeneration, mit Vorzug Studenten und Oberschüler, zuerst die Unruhe und dann den Protest der Jugend in die Öffentlichkeit getragen haben, läßt sich sagen, daß in fast allen westdeutschen Familien — sei es beim Tischgespräch, sei es über ein Wochenende hinweg — der Generationskonflikt entweder stattfindet oder Gesprächsthema ist. Nicht immer wird er in politischen Streit münden, doch oft genug müssen die Wortfelder und Klischees der Politik herhalten, wenn sich der Vater gegenüber dem Sohn behaupten will, wenn der Sohn den Vater als nächstbesten Widerstand erprobt.

Dieser latente, jäh ausbrechende, vorübergehend einschlafende, so anstrengende wie unvermeidliche Konflikt, dessen autoritäre wie intolerante, hilflose wie aggressive Nebengeräusche von Flensburg bis Passau zu vernehmen sind, ist in aller Öffentlichkeit, und damit stellvertretend für viele, von dem bundesdeutschen Außenminister Willy Brandt und seinem Sohn Peter ausgetragen worden.

Willy Brandt hatte die Zivilcourage, Vaterpflichten vor Repräsentationsverpflichtungen zu stellen. Er wich den Argumenten des Sohnes nicht aus; er ließ zu, daß seine politischen Erfahrungen und Überzeugungen durch den Sohn öffentlich in Frage gestellt werden konnten. Nicht ein sinnentleerter Autoritätsbegriff, sondern die Argumente des Vaters zwangen den Sohn, genauer zu werden.

Die Geschichte unseres Landes ist reich an unverstandenen Lektionen. Zwanzig Jahre nach der Gründung der Bundesrepublik wird es an allen betroffenen Vätern und Söhnen, Müttern und Töchtern, an allen Lehrern und Schülern liegen, ob die streitbare Diskussion zwischen Willy Brandt und Peter Brandt tagespolitisches Nebenspiel und allenfalls Nährboden für übliche Diffamierungen bleibt, oder ob dieses Exempel als wohlverstandene Lektion zum Thema Toleranz Schule machen wird.

Ich möchte besonders die jüngeren Zuhörer bitten, jetzt, da ihr Interesse an Politik sich zu regen beginnt, sich nicht mit Maximalforderungen den Blick auf unsere widersprüchliche Gesellschaft zu verstellen. Niemand, auch die Nachkriegsgeneration nicht, kann in der Politik bei Null anfangen wollen. Nach der Kapitulation des Großdeutschen Reiches entstanden, beladen mit den Konsequenzen der bedingungslosen Kapitulation, zwei provisorische deutsche Staaten. Weder in der DDR noch in der Bundesrepublik gab es eine Möglichkeit, außerhalb des Willens der Siegermächte die gesellschaftlichen Gegebenheiten grundsätzlich zu ändern. Es gab keinen Tag Null. Abhängigkeiten für die beiden deutschen Staaten gab es von Anfang an und gibt es noch heute.

Erinnern wir uns: Nicht wir haben die Demokratie gewollt, vielmehr wurde sie uns von den Siegermächten ins Land gebracht. Den Bürgern der DDR wurde ein ähnliches Geschenk nicht zuteil. Dort wurde die Diktatur des Nationalsozialismus durch die Diktatur des Stalinismus abgelöst. Wir haben mit dem Geschenk Demokratie zu arbeiten versucht; um genauer zu sein: die westlichen Siegermächte nahmen uns mit mehr oder weniger pädagogischem Geschick in die Schule. Zwei Jahrzehnte lang waren wir Schuldemokraten, und noch immer nicht ist erwiesen, ob wir die demokratische Reife erlangt haben, ob wir zum Beispiel den gegenwärtigen Prozeß links- und rechtsradikaler Polarisierung zu überwinden imstande sind, zu überwinden durch moderne Reformpolitik und nicht durch die üblichen autoritären Verbotserlasse. Vieles ist erreicht worden: Lebensstandard, Sozialleistungen, Wohnungsbauzahlen haben aller Welt bewiesen, was die Welt ohnehin wußte: daß die Deutschen fleißig, strebsam und tüchtig sind.

Doch immer noch sind wir den Beweis schuldig geblieben, daß wir aus eigener Kraft und nun den Schuljahren entwachsen, den demokratischen Alltag und seine Widersprüche auf längere Zeit und auch während Krisenzeiten bestehen können. Das Mißtrauen unserer Nachbarn in Ost und West fürchtet nicht den deutschen Fleiß und die Strebsamkeit der Bürger dieses Landes, es fürchtet die Unrast der Deutschen. Denn schon zeichnet sich innerhalb unserer Gesellschaft zunehmender Überdruß an der parlamentarischen Demokratie ab. Wieder einmal werden absolute, werden hundertprozentige Lösungen verlangt. Wieder einmal soll das kaum entwickelte Modell der parlamentarischen Demokratie gegen etwas ausgetauscht werden, das die rechten und die linken Demagogen verschämt in der Hinterhand halten. Allenfalls wird von beiden Polen her laut, daß die Sozialdemokraten die Hauptgegner rechter wie linker Umsturzversuche sind. Und das stimmt.

Wie schon während der Zeit der Weimarer Republik sind sich Kommunisten und Rechtsradikale darin einig, daß die Sozialdemokratische Partei Deutschlands die tragende Säule der parlamentarischen Demokratie ist. Der CDU/CSU bleibt der traurige Triumph, mit den üblichen Diffamierungskunststücken die Abbruchunternehmer von rechts und links zu unterstützen.

Uns Sozialdemokraten, den Mitgliedern dieser Partei wie den Wählern und Freunden der Partei, sind diese Methoden bekannt. Wir bleiben dem sachlichen Argument verbunden, das auf den Fortschritt zielt und ihn am Ende erreichen wird.

Der SPD ist es zuallererst aufgetragen, nach zwanzig Jahren parlamentarischer Demokratie die während der Adenauer-Ära verpaßten Reformen nachzuholen und außen- wie innenpolitisch die Weichen für die siebziger Jahre zu stellen. Der Machtwechsel ist der Stoffwechsel der parlamentarischen Demokratie.

Ich spreche es offen aus: Die CDU/CSU hat lange, zu lange die Regierungsgewalt in diesem Land ausgeübt. Sie hat manches geleistet, und es fällt mir nicht schwer, auch die Leistungen des politischen Gegners anzuerkennen.

Der Niedergang und Zerfall der CDU/CSU begann, als Konrad Adenauer von der politischen Bühne abtrat und die beiden konservativen Parteien sich selbst überließ. Sofort begann der Streit der Kronprinzen gegeneinander. Denn niemand weiß, vor wem sich Kurt Georg Kiesinger mehr fürchten muß: vor Barzel, vor Schröder, vor Strauß oder vor seinen eigenen halbherzigen Entschlüssen. Wie schon Ludwig Erhard, so muß sich auch Kurt Georg Kiesinger ängstigen, sobald ihn seine Parteifreunde umarmen. Eine CDU-Affäre löst die andere ab. Der Fall Gerstenmaier. Der Fall Grashey, der zum Fall des Verteidigungsministers Schröder wurde. Führungslos zehrt die CDU/CSU von der eigenen Substanz. Zwar versucht sie, mit Zeitungsanzeigen den Geist Konrad Adenauers noch einmal zu beschwören, aber der alte Herr will nicht mehr. Schon Ludwig Erhard bekam seinen Spott zu spüren.

Zwanzig Jahre nach dem Aalener Programm ist die CDU/CSU nur noch ein zerstrittener Abglanz dessen, was sie einmal unter sozialem Vorzeichen gewesen ist und versprochen hat. Es ist Zeit zum Wechsel. Es ist an der Zeit, daß sich die CDU/CSU mit den wichtigen und anstrengenden Aufgaben der Opposition vertraut macht. Vor uns liegen Reformaufgaben, denen die konservativen Parteien nicht gewachsen sind.

Erlauben Sie mir bitte zum Schluß einige persönliche Bemerkungen:

Als Bürger, der in diesem Land politische Erfahrungen gemacht hat, habe ich vor, diese Erfahrungen besonders der jungen Generation zu vermitteln, auch wenn ich weiß, daß sich Erfahrungen kaum vermitteln lassen.

Zwanzig Jahre Bundesrepublik bedeuten für mich die Hälfte meines bisherigen Lebens. Einundzwanzig Jahre war ich alt, als die ersten Bundestagswahlen ins Land gingen. Konrad Adenauer wurde damals mit einer Stimme Mehrheit (mit seiner eigenen Stimme) zum Bundeskanzler gewählt.

Während Konrad Adenauers langjähriger Regierungszeit wurde meine Generation, die Kriegsgeneration, die sogenannte skeptische Generation, älter, pragmatischer und flexibler bis zur völligen Anpassung.

Die Adenauer-Ära bedeutete für mich vierzehn Jahre lang kalter Krieg, vierzehn Jahre lang Restauration, vierzehn Jahre lang Kanzler-Demokratie anstelle parlamentarischer Demokratie. Und seit der Wiederbewaffnung bedeutete Konrad Adenauers Politik der Stärke für mich die Zementierung der deutschen Teilung bei gleichzeitiger Wiedervereinigungs-Rhetorik. Zwanzig Jahre lang haben wir rührselig Kerzen ins Fenster gestellt und einmal im Jahr, jeweils am 17. Juni, der Brüder und Schwestern gedacht, oft mit kränkendem Mitleid, so wie landläufig arme Verwandte behandelt werden. Doch politisch haben wir für unsere Landsleute so gut wie nichts getan; sie blieben Ulbricht überlassen. Die Politik der Stärke scheiterte. Zurück blieben die Grabenstellungen des kalten Krieges, die auch heute noch — davor sei rechtzeitig gewarnt — jederzeit beziehbar sind.

Die Hoffnungen der Zwanzigjährigen aus dem Jahre 1949 schlugen allzu rasch um in Resignation. Fast sieht es so aus, als sei meiner Generation politisch das Rückgrat gebrochen worden. Und wenn die heute Zwanzigjährigen den jetzt Vierzigjährigen mit besonders starkem Mißtrauen begegnen, dann ist dieses Mißtrauen von der Furcht der Zwanzigjährigen gezeichnet, sie könnten, ähnlich den heute Vierzigjährigen, in kürzester Zeit angepaßt werden: flexible Konsumenten, die tüchtig und pragmatisch ihrer Karriere nachlaufen, biegsam, weil ohne politisches Rückgrat.

Deshalb meine ich, daß sich heutzutage meiner Generation die letzte Chance bietet, den verlorenen moralischen Kredit zurückzugewinnen. Ohne die Hilfe der heute Vierzigjährigen werden die heute Zwanzigjährigen keine politische Basis gewinnen können. Das gleiche läßt sich umgekehrt sagen: Sollten die Hoffnungen der heute Zwanzigjährigen abermals in Resignation umschlagen, dann bliebe die parlamentarische Demokratie substanzlos und am Ende ihren Feinden von rechts überlassen.

Habe ich die Dreißigjährigen ausgelassen? Ich glaube nicht. Jeder Dreißigjährige wird entscheiden müssen, ob er sich in Twen-Zeiten zurücksehnen will, oder ob er bereit ist, mündig, und das heißt erwachsen, seine Wahl zu treffen.

Es ist die politische Zukunft der Nachkriegsgeneration, deren Möglichkeiten und Grenzen am 28. September abgesteckt werden. Deshalb sind Wahlen Appelle an die Vernunft. Der Stimmzettel ist kein Lottoschein.

Jahr um Jahr wurde in Deutschland vom Engagement der Schriftsteller gesprochen. Akademie-Tagungen lebten vergnügt von dem unverwüstlichen Thema »Soll sich der Schriftsteller engagieren oder nicht?« Es sei offen zugegeben: Gratisbeschwörungen eines Engagements, das sich zumeist als Gewissen der Nation mißverstehen wollte, bestärkten mich bei meinem Vorhaben, direkt Partei zu ergreifen.

Es gilt, Politik nicht als schmutziges Geschäft zu werten, sondern als etwas, das nicht nur Politikern allein überlassen bleiben darf. Keine der zur Wahl stehenden Parteien verdient ein hundertprozentiges Votum, und wir sollten uns auch keine Partei wünschen, die ein hundertprozentiges Votum verdient oder beansprucht. Widersprüchlich, wie jeder von uns ist, so stellen sich auch die Parteien zur Wahl.

Mein Votum beruht auf nüchterner Bilanz. Aus diesem Grunde hat die Sozialdemokratische Wählerinitiative der SPD Hilfe angeboten. Sachliche Thesen sprechen für unser Votum:

1. Die Leistungen der Bundesregierung während der laufenden Legislaturperiode sind, von der Wirtschaftspolitik bis zum Leber-Plan, zuallererst sozialdemokratische Leistungen gewesen.

2. Erst durch sozialdemokratische Regierungsbeteiligung ist Gustav Heinemanns Justizreform möglich gewesen.

3. Zur Friedenspolitik, wie sie der Außenminister Willy Brandt entwickelt und begonnen hat, gibt es keine Alternative. Die Praxis der letzten Jahre hat bewiesen, daß kein Außenpolitiker ein annähernd hohes Ansehen im Ausland besitzt wie Willy Brandt. Willy Brandt ist der geeignete Bundeskanzler der nächsten Bundesregierung.

4. Der einzige CDU-Minister, der unseren Respekt verdient, ist der Bundesminister für Arbeit und Sozialordnung, Hans Katzer. Doch er und die Sozialausschüsse sind in der CDU isoliert. Nur durch starke Annäherung an die Sozialdemokraten konnte Hans Katzer einen Teil seiner Vorstellungen verwirklichen.

5. Keine der demokratischen Parteien ist zur Zeit in der Lage, einen Wirtschaftspolitiker vorzuweisen, der sich als Alternative zu Karl Schiller verstehen könnte. Schamhaft distanziert sich die CDU von Karl Schillers Vorgänger, dem Herrn Schmücker und seiner Gesundschrumpfungs-Theorie.

6. Die Leistungen, das sachliche Programm und das personelle Angebot der SPD führen zu dem Schluß, daß es Zeit ist für einen Regierungswechsel in der Bundesrepublik Deutschland.

7. Das neue Jahrzehnt wird ein Jahrzehnt der Reformen sein. Nur eine Reformpartei wie die SPD wird die vor uns liegenden Aufgaben regierungsverantwortlich lösen können.

Nach zwanzig Jahren Bundesrepublik, Grundgesetz und parlamentarischer Demokratie beginnt ein neues Kapitel deutscher demokratischer Geschichte. Zwanzig Jahre Bundesrepublik bedeuten gleichermaßen Erfolgsbilanz und Verschleißerscheinungen. Es wird an uns allen liegen, ob aus der runden Zahl zwanzig im Sinne einer sozialen Demokratie eine runde Zahl vierzig werden kann. Ich bitte Sie um Ihre Hilfe. Es ist Ihre Chance und Ihr Risiko. Wir haben die Wahl.

Dieter Tasch

Cloppenburg fand Grass verändert

Der Autor der »Blechtrommel« schockierte niemand mehr im Oldenburger Münsterland — Wahlreise für die SPD

Der Gedanke an den Wahl-Auftritt von Günter Grass im Oldenburger Münsterland hatte bei den örtlichen SPD-Funktionären Sorgen keimen lassen. Nachher, in später Stunde bei Bier und gelblichem Korn in dem Cloppenburger Lokal »Briefkasten«, als Grass sich zufrieden eine Zigarette drehte und gegenüber der Wirtin, einer Landsmännin aus Danzig, das von ihr mit feingewiegten Kräutern eigenhändig zubereitete Steak mit wohlabgewogenem Lob bedacht hatte, entrang sich ein Seufzer der Brust des SPD-Ortsvereinsvorsitzenden: »Ich habe einen richtigen Bammel gehabt.« Grass schaute schräg von unten und leckte bedachtsam am Zigarettenpapier. Dann meinte er: »In Cloppenburg ist eben alles ganz anders.« 67mal habe er in jedem der von ihm auf den Wahlkampfreisen dieses Jahres besuchten Orten von der lokalen Prominenz diesen Spruch, bei ihnen seien die Verhältnisse nicht so wie anderswo, gehört. Doch hier nun, in Cloppenburg, 68. Station, treffe es in der Tat zu.

Die Nase über dem kaschubischen Schnauzer witterte Eigenartiges, einen extremen Stimmungsumschlag ihm selbst gegenüber, einen Nachholbedarf in ganz linker Argumentation, andernorts längst im Vorwahlkampf verschlissen, und sogar in diesem scheinbar von der CDU luftdicht verpackten Wahlkreis einen der SPD günstigen Lufthauch, von dem Grass glaubt, es könnte am 28. September gar ein kräftiger Windstoß werden. Nicht ohne sein, des Schriftstellers, aktivpolitisches Engagement.

Vor vier Jahren mit Eiern beworfen

Einen schon vorhandenen Trend gerade in den Wahlkreisen mit starken katholischen Bevölkerungsteilen oder Mehrheiten voranzutreiben, ist Grass diesmal, nun auch versehen mit dem offiziellen Segen der Parteispitze, ausgezogen. Vor vier Jahren war er in der Cloppenburger Münsterlandhalle, in der sonst die Produkte der heimischen Geflügelwirtschaft angeboten werden, mit Eiern und Tomaten beworfen worden.

»Ich habe gelegentlich von dieser Markthalle geträumt«, beginnt Grass diesmal seine Wahlrede, und tosender Beifall von rund 2000 Zuhörern, darunter vielen jüngeren, zeigt ihm sofort, wie sehr sich auch in Cloppenburg das Klima gewandelt hat. Eine Verteufelung des Autors der »Blechtrommel« ist von Kanzel und Katheder nicht mehr möglich. Ein Jugendlicher bestätigt es ihm nach der Kundgebung im

»Briefkasten« ausdrücklich. Der junge Mann kommt an den Tisch, sagt schlicht: »Ich möchte mich bei Ihnen entschuldigen, Herr Grass, ich war der Oberrabauke vor vier Jahren.« Damals seien sie »verhetzt« worden.

Diesmal ist nicht das, was er geschrieben hat, sondern seine öffentlich dargetane politische Meinung für sie relevant. Grass hat sechs oder sieben Wahlreden für die Reisen als Manuskripte vorbereitet. Er wählt sie aus je nach Zuhörerkreis, ändert sie ständig ab. Sein Stil ist literarisch, so, wie es viele der Zuhörer von ihm erwarten, die dafür bezahlt haben, ihn zu hören (Erwachsene 2 DM, Schüler und Studenten die Hälfte).

Beifall für Schmücker-Kritik

Er verzichtet fast völlig auf Applaus haschende Gags. Der Beifall, findet er, kann zu leicht fehlgedeutet werden, aber auch die Mißfallensäußerung. Die Fehldeutung, die Überbewertung liegt nahe, als in Cloppenburg seine Kritik an dem ehemaligen Bundeswirtschaftsminister und jetzigen Bundesschatzminister Schmücker auf heftige Zustimmung stößt. Schmücker ist in diesem Wahlkreis 1965 mit dem höchsten Stimmanteil, den ein CDU-Kandidat im Bundesgebiet erringen konnte, gewählt worden. An seiner direkten Wiederwahl kann kein Zweifel bestehen. Und dieser Beifall? Grass ist realistisch genug, die stummen Blöcke im Publikum nicht übersehen zu haben, ganz zu schweigen von der Masse der überzeugten CDU-Anhänger, die er nicht erreichen kann.

Aber er versucht es wenigstens auch bei denen, die nur deshalb vor ihm sitzen, weil der Ruf der Berühmtheit zu stark lockte, in den Augen der Älteren ihm das Anrüchige wie ein Schatten noch immer folgt. Dem setzt er anspruchsvoll formulierte, im Ton sachliche Information, Meinung, Überzeugung entgegen. Kein Pathos, wenig Brillanz, nicht moralisierend oder belehrend. Grass hat sich geändert wie sein Publikum; und er bekommt es zu hören.

Bürger haben Schocks erwartet

Insgeheim haben die Cloppenburger Bürger von Grass Schocks erwartet. Doch mit Forderungen nach Gesamtschulen, moderner Vermögensbildung, Mitbestimmung, Fortsetzung der Justizreform schockiert er niemand. Ausgerechnet Grass, meint ein jugendlicher Diskussionsredner kraß, solle doch nicht die Floskeln bringen, die jeder SPD-Genosse von sich gebe.

An dem Ausdruck »Floskel« reibt sich der Schriftsteller, fühlt er sich, der die übliche Terminologie nur verwendet, um nicht durch neue Begriffe zu verwirren, mißverstanden. Aber er ist es, der den Einwand falsch versteht. Grass hat sich angepaßt. Er meidet wegen des erhofften Erfolges für die SPD die Schocks, die Schärfen. Er spielt das übliche Wahlspiel mit.

In Calveslage bei Vechta läßt er sich auf einer der großen Geflügelfarmen einen Hahn schenken, porträtiert ihn flink als Gegengeschenk. Als er fragt, ob es in dem Betrieb, immerhin mit über 300 Beschäftigten, einen Betriebsrat gibt, droht aus dem Spiel Ernst zu werden. Grass geht auf dieser Tournee in die Betriebe, diskutiert mit den Betriebsräten und Arbeitern über Mitbestimmung. Dies, so sagt er, sei der erste ohne Betriebsrat und — läßt es dabei bewenden, als ihm geantwortet wird, das Betriebsklima sei aber gut.

Für sie steht Grass weit rechts

Seine jungen Zuhörer werfen ihm die mangelnde Radikalität vor, auch jene Zuhörer, die wie in Cloppenburg nicht als APO-Angehörige charakterisiert werden können. Auch für sie steht der SPD-Trommler Grass weit rechts. »Heute sind selbst wir hier alle linker als die SPD«, formuliert es der »Oberrabauke« von einst. Als Grass ruft, er kenne keinen Besseren für das Kanzleramt als Willy Brandt, wird er das einzige Mal an diesem Abend ausgezischt.

Gleichwohl ist Grass überzeugt, in diesem Wahlkampf der SPD wirklich nützlich zu sein. Tief in der Nacht, nach ein Uhr, sitzt er in der Schankstube des Hotels »Walhalla« in Cloppenburg mitten unter den CDU-Honoratioren und entlockt ihnen das Eingeständnis, die CDU werde Stimmen einbüßen müssen. »Ich habe mich oft gefragt, was aus der Jungen Union hier geworden ist«, hatte er in der Münsterlandhalle provokatorisch und ironisch gefragt, ohne allerdings ein Echo auszulösen. Im »Walhalla« hört er es. Bei Pils und Klarem üben sie Selbstkritik und loben den alten Grass. Ihn, nicht den neuen, gewandelten, abgeklärten, möchten sie wieder mal in Cloppenburg erleben.

»Hannoversche Allgemeine«, 29. 8. 1969

Heinz Klunker

Örtlich begrenzt

Mit Günter Grass auf Wahlreise

Günter Grass ist wieder auf Tournee. Er liest nicht aus seinem neuen Roman »Örtlich betäubt«; er liest dem deutschen Wähler die Leviten. In einem VW-Bus mit der Nummer BN — AV 36, dessen rote Gardinen kaum mehr als Dekorationswert haben, brachte er zwischen Delmenhorst und Waldshut, Straubing und Verden nahezu 30 000 Kilometer hinter sich. Er rät dem Bürger, ES-PE-DE zu wählen — eine

Partei, die gewisse Ähnlichkeiten mit der SPD hat. Einen »schnauz-bärtigen Polit-Poeten«, der »nach Gauklermanier« für die Sozialdemo-kratie werbe, schimpfte ihn darob eine mehr zitierte als gelesene baye-rische Postille. Grass selbst, durch den die deutsche Literatur im Aus-land hohes Ansehen gewann, spricht von einem Versuch, »das elegante Wort ›Engagement‹, das so leicht von den Lippen geht, ins Deutsche zu übersetzen«.

Die Szene hatte Hintersinn: Bei der Besichtigung eines Geflügel-zuchtsbetriebes in Calveslage bei Vechta bekam Grass einen jungen Hahn mit entwicklungsfähigem rotem Kamm und eine Schale deut-scher Frischeier überreicht. Der Hahn, »das potente Tier«, ist des Gra-phikers Grass Markenzeichen für die Wahlkampagne; er kräht ES-PE-DE, »wittert Morgenluft und steht, was nur geahnt werden kann, auf einem Komposthaufen«. Mit den Eiern war er 1965, während sei-ner ersten Wahlreise, im benachbarten Cloppenburg auf weniger freundliche Weise in Berührung gekommen. Man hatte ihn damit be-worfen und auch mit Tomaten nicht gespart. Am Abend, in eben-derselben Münsterlandhalle, wird er befriedigt konstatieren: »Wo vor vier Jahren noch Obst und Gemüse, Rehwinkels Subventionen, ver-schleudert wurden, hat jetzt die Vernunft Raum gewonnen.«

Cloppenburg, eine landwirtschaftlich eingekreiste Kleinstadt auf der Linie Oldenburg–Osnabrück, ist für die Sozialdemokraten Diaspora. Selbst für Günter Grass, der vor allem katholische Regionen bereist und Wahlkreise, in denen CSU oder CDU fast unangefochten herr-schen, »Notstandsgebiete« nennt, entzieht sich dieser Landstrich den gewohnten Formeln: »Was man mir sonst in jedem Wahlkreis sagt: Bei uns ist alles ganz anders – in Cloppenburg trifft es zu!« Hier gewann der ehemalige Bundeswirtschaftsminister Schmücker bei der letzten Bundestagswahl 79,4 Prozent der Erststimmen und 77,5 Prozent der Zweitstimmen und verhalf damit der CDU/CSU zum besten Ergeb-nis überhaupt. Die SPD blieb mit 14,1 (bzw. 14,9) Prozent unter je-nem Limit, das in vielen Wahlkreisen von der kleinen FDP mühelos erreicht worden war.

Es ist in der Tat alles ganz anders. Buchhändler waren nur mit einem Trick dazu zu bewegen, Karten für den Schriftsteller-Auftritt zu verkaufen; Wirte suchten Ausflüchte, als Grassens Quartiermacher kam. Politische Debatten in rauchgeschwängerter Kneipenatmosphäre erinnern an DDR-Situationen: Flinke Augen versichern sich der akustisch erreichbaren Nachbarschaft. Das Milieu scheint übermäch-tig zu sein. Wenn der Münsterländer Korn fließt, tun sich Abgründe auf. Aber dann gibt es auch Augenblicke nüchterner, norddeutsch-karger Sympathie für den »Pornographen« von außerhalb. Zu später Stunde schleppt der Hotelwirt das Gästebuch an, mit einem vieldeu-tigen Schmunzeln: »Beginnt mit Erhard und endet mit Grass.« Da sind sie nun vereint, der gescheiterte Kanzler und der ungebrochene

Pinscher, Politik und Literatur im Gästebuch des Hotels Walhalla, auf engem CDU-Terrain.

Der Mann von der Geflügelzucht sagt: »Unser Herr Schiller« und meint den Wirtschaftsminister, der nach Schmücker kam. Im gleichen Atemzug lobt er das »gute, patriarchalische Verhältnis« in seinem Betrieb, das einen — laut Gesetz vorgeschriebenen — Betriebsrat überflüssig mache. Grass, der den ihm geschenkten Hahn porträtiert und die Zeichnung dem Hühnerkapitalisten zugeeignet hatte, eher belustigt als verwirrt: »Seit 1967 ist das für mich der erste Betrieb ohne Betriebsrat.« Hans Lemp, in der letzten Legislaturperiode über die niedersächsische Landesliste nachgerückter Bundestagskandidat der SPD, war in diesem Betrieb Verkaufsleiter.

Der Kandidat und der Literat zu Gast beim »Club junger Unternehmer« in einer auf Exklusivität getrimmten früheren Wassermühle. Anwälte, Unternehmer und Ärzte, Professoren von der Pädagogischen Hochschule und Lehrer — ein gutbürgerliches Publikum, von dem das Lokalblatt am nächsten Tag schreibt: »Es sah ganz wie eine CDU-Versammlung aus.« Der Grass-Besuch gehört offensichtlich zur Imagepflege des Klubs in Vechta. Für Lemp ist in dieser moderierten Mühle kaum etwas zu holen, während Grass mit seinen Gastgebern politische Bildung der Unterstufe treibt, geduldig und ohne jeden Anflug von Polemik. Der Kandidat kommt in die Bredouille, als sein Profil bezweifelt wird. Sind die Bewerber nicht auswechselbar, wird er gefragt, wenn auf seinem Flugblatt zu lesen sei: »Ihr CDU-Kandidat Kurt Schmücker sitzt schon wieder im nächsten Bundestag. Sie brauchen ihn gar nicht mehr zu wählen: Er kandidiert auf Platz 1 der CDU-Landesliste und kommt damit automatisch wieder nach Bonn!« Lemp bekennt sich zur Realpolitik, pocht auf den lokalen Stolz (»Warum sollen wir nicht mit zwei Abgeordneten in Bonn vertreten sein?«) und bringt seinen Spitznamen »Lumpi« ins Spiel. »Meine Bauern«, sagt er, und daß er nichts vom Mansholt-Plan halte — im Gegensatz zu den Fragestellern, im Gegensatz auch zu Grass. Der zeigte Verständnis für die Schwierigkeiten eines Mannes, der »in diesem Wahlkreis die Traumgrenze von 25 Prozent für die SPD zu erreichen versucht«.

Der Schriftsteller Grass gehört mit seinen Büchern zu diesen Schwierigkeiten. 1965 hatte sich Hans Lemp, »als katholischer Vater minderjähriger Kinder«, aus Gründen gefährdeter Heimatmoral von Grass distanziert. Sozialdemokrat (ohne Parteibuch) Grass sieht das dem Sozialdemokraten Lemp nach, dieser aber will mögliche Peinlichkeiten in der Diskussion die Spitze nehmen. In der mit 2000 Besuchern gefüllten Münsterlandhalle gibt er, ehe der prominente Gast ans Pult tritt, eine wohlformulierte Erklärung ab: Das politische Klima der Gegend sei vor vier Jahren anders gewesen, er habe sich zu einer Stellungnahme zu bekennen, »die von einer gewissen Skepsis gegen das Engagement des Schriftstellers in der Politik getragen war«, und er bekenne sich bewußt dazu. Er meine, daß auch ein Bundestagsabgeordneter »die geistigen Strömungen seiner Heimat repräsentieren sollte und darf«. Heute sähen diese Strömungen anders aus, nicht zuletzt Grass habe zum veränderten politischen Bewußtsein verholfen, indem er den Geist der Aufklärung »auch in dieses Gebiet« getragen habe. Kein Protest, eher freundliches Einverständnis. Nach der Rede von Grass anwortet er auf eine Frage, ob er sich mit dessen Worten identifiziere: »Warum nicht? Sonst wäre ich nicht hier!« Vielleicht liest Hans Lemp heute auch »Katz und Maus« mit anderen Augen — im Geiste der Aufklärung?

»Bürger der Stadt Cloppenburg«, beginnt Grass seine Rede, »mit Freude kehre ich in Ihre Stadt zurück.« Als Echo schlägt ihm beifälliges Lachen entgegen. Sie sei ihm in guter Erinnerung geblieben, gelegentlich habe er von dieser Markthalle geträumt, und oft habe er sich gefragt: »Was mag wohl aus der Jungen Union in Cloppenburg geworden sein?« Der starke Beifall signalisiert eine andere geistige Wetterlage, er steigert sich, als Grass sich sogleich Schmücker vornimmt und dessen Wähler bedauert. Wie peinlich müsse es für sie gewesen sein, »als ihr Kandidat gemeinsam mit Ludwig Erhard die Krisenpolitik zum Regierungsstil erhob, als das Wort Krise mit dem Namen Schmücker Arm in Arm zu wandeln begann«.

Bereits nach den ersten Sätzen verfliegen alle Befürchtungen. Das Polizeiaufgebot und die Sanitäter werden einen ruhigen Job haben, wer um des Krawalles willen seinen Eintritt bezahlt hat, wird zwei Mark als Fehlinvestition abbuchen müssen. Seine Rede heißt: »Die runde Zahl 20«, Grass trägt sie eindringlich vor, ohne jedes Pathos, ohne Demagogie, ganz und gar dem Argument vertrauend. Maximalforderungen sind ihm verdächtig. Ein SPD-Wahlsieg scheint ihm unwahrscheinlich — so tritt er für die SPD-FDP-Koalition ein, trotz freidemokratischer sozialer Blindheit. Der »Trommler« Grass ist ein journalistischer Kurzschluß in billiger Anspielung auf den ersten Roman. Es hat ihn nie gegeben. Pfiffe mischen sich in den Beifall, wenn er Politiker der CDU und CSU des Zynismus bezichtigt, weil sie mit dem Heimweh alter Menschen »ein gewissenloses Spiel« trieben und »in unheiliger Allianz mit der NPD wieder einmal auf Stimmenfang« gingen. Grass, der für die Anerkennung der Oder-Neiße-Grenze plädiert, kontert: »Wenn Sie einen Pfiff in eine Frage ummünzen könnten, könnte ich darauf antworten!«

Während der mit allen künstlerischen Wassern gewaschene Grass vor vier Jahren in der Wahlkampfarena das Politische immer wieder durch literarische Formulierungen beschwor und es damit oft genug in der schönen Metapher einschmolz und entschärfte, hält er heute ausgesprochen politische Reden, deren Wirkung durch Verzicht auf jede Phrase und durch pointierte Verkürzungen (»Machtwechsel ist der Stoffwechsel der parlamentarischen Demokratie«, »Der Stimmzettel ist kein Lottoschein«) Steigerungen erfährt. Er schwingt sich nicht zum Präzeptor der Deutschen auf, pfeift auf das von Kollegen so gern in Anspruch genommene »Gewissen der Nation« und hält sich an Tatsachen: die überwundene Rezession, die Mitbestimmung, die Gesamtschule, die Entwicklungshilfe, die Justizreform. Auch im katholischen Oldenburger Land besteht er auf den unpopulären SPD-Erfolgen, wie etwa der rechtlichen Gleichstellung des unehelichen Kindes. Einmal nur spaltet sich das Publikum in Zustimmung und Protest: Grass empfiehlt Brandt als Bundeskanzler. Aber schon schickt er die Frage in die unruhige Halle: »Wollen Sie etwa wieder Herrn Kiesinger haben mit Strauß als Bauchredner?«

Gegen Mitternacht, man ist aus der Halle in die Kneipe gewechselt, erhält Grass eine überraschende Antwort auf die Frage nach der Jungen Union. »Ich möchte mich bei Ihnen entschuldigen, Herr Grass.« Ein junger Mann reicht dem zigarettendrehenden, sich am Bier labenden Gast in der Lederjacke die Hand über den Tisch. Er sei vor vier Jahren einer der Rabauken gewesen, sie seien in der Schule aufgehetzt worden. »Wissen Sie, wenn man hier so lebt.« Und am Sonntag, in der Messe, sei ihm der Gedanke gekommen, »die SPD ist doch besser als die Taube auf dem Dach.« Grass' Miene ist verlegenfreundlich: »Was machen die andern von damals?« »Die stehen heute links von der SPD.« Seine These vom Umschlag der Extreme scheint bestätigt. Auf Leute von links, auch wenn sie nicht der APO zuzuschlagen sind, reagiert Grass vergleichsweise schroff — Enttäuschungen eines skeptischen Linken, Berliner Frustrationen?

Die geistigen Strömungen der südoldenburgischen Heimat — als Grass mit seinem Organisator und verwegenen Fahrer Friedhelm Drautzburg, SHB-Mitglied und links von ihm, auf der Fahrt nach Osnabrück unterwegs Station macht, da manifestieren sie sich noch einmal. Am Wirtshaustresen ein älterer Lehrer aus Dinklage: »Der ist gut. Der macht sich beliebt. Der setzt sich durch. Wo wat los ist, da ist der auch. Der kann was vertragen, der steckt wat unters Volk. Der hat sich hier gewaltig durchgesetzt. Der weiß, was er will, der kriegt die Leute auch 'rum!« So kamen die Sätze, im Stakkato, ohne etwa durch Schnäpse skandiert zu sein. Der, das ist Kandidat Hans Lemp, der Realpolitiker, der nun wieder seinen Wahlkampf machen wird, mit Lebkuchenherzen, auf denen »Lumpi« steht. Die Grass-Episode hat ihm gewiß nicht geschadet, wie beim letztenmal, aber er atmete auf, daß alles so gut über die Bühne ging. Realpolitik heißt hier: ein bißchen Schizophrenie und sehr viel Bauernschläue. »Lumpi« wird sich nicht lumpen lassen, seine Prozente wird er machen.

In Osnabrück ist dann wieder alles ganz anders. SPD-Kandidat Dr. Hans Ils, Arbeitsdirektor bei Klöckner, intelligenter Linker mit humanistischem Zug, muß etwa sechs Prozent hinzugewinnen, um seinem CDU-Kontrahenten Erpenbeck das Direktmandat abzunehmen. Seine Partei verbannte ihn auf einen aussichtslosen Listenplatz, weil er so frei war, gegen die Große Koalition zu opponieren und die

Notstandsgesetze abzulehnen. Unbotmäßigkeit zahlt sich nicht aus, wenn um Listenplätze gerangelt wird. Eine agile Sozialdemokratische Wählerinitiative — für die auch Grass, ihr Mentor und Star, reist — stärkt Ils den Rücken, Ärzte, Juristen, Intellektuelle, die von der Sache her für die SPD votieren.

Als der VW-Bus Osnabrück erreicht, spricht Willy Brandt auf dem Marktplatz. Es ist mehr als eine Geste, wenn Grass dem Spitzenkandidaten der SPD in strömendem Regen die Hand schüttelt, ehe der nach Bielefeld weiterreist. ES-PE-DE und SPD sind hier eins. Der Außenseiter und der Außenminister, persönlich befreundet, kämpfen an verschiedenen Fronten gegen den gleichen Gegner. Die anspruchsvollere Rede des Abends, auch hier 1200 Besucher, läßt Grassens politische Absichten wie im Brennspiegel erscheinen. Sie heißt: »Von den begrenzten Möglichkeiten«.

»Deutsches Allgemeines Sonntagsblatt« (Hamburg), 7. 9. 1969

Matthias Walden

Wie grauslich ist die Politik?

Dichter im Wahlkampf

Schlichte, unauffällige Staatsbürger, die plötzlich darauf kämen, sich um ihr demokratisches Image zu sorgen, müßten, wenn sie die Zeitungen der letzten Wochen aufmerksam gelesen haben, resignieren: weder durch die Bereitschaft, möglichst richtig zu wählen oder sich wählen zu lassen, noch durch ein Ehrenamt im Wahllokal oder das Angebot, künftig als Kassierer einer Parteiortsgruppe zu fungieren, kämen sie auch nur in die Nähe eines demokratischen Ideal- und Individualbildes, das in diesen Wochen endgültig auf den engagierten Schriftsteller festgelegt wurde. Wer sich engagiert, ohne Schriftsteller zu sein, wird den Ruhm eines freiwilligen Opferganges zugunsten der Demokratie niemals kosten dürfen — wenigstens nicht in Form von Druckerschwärze.

Um Mißverständnisse, die in diesen Wochen zwischen jeden zwei geschriebenen oder gesprochenen Buchstaben nisten, soweit wie möglich auszuschließen, will ich jetzt gleich versichern, daß die Bereitschaft von Schriftstellern, werbend für eine Partei auf Wanderschaft zu gehen, mir nicht weniger Respekt abnötigt als der Entschluß des Fabrikanten Rosenthal, für eine Partei zu Fuß unterwegs zu sein, die wenn auch wohl nicht mehr sozialistisch, so doch gewiß auch nicht kapitalistisch ist.

Was mich zur Ironie verführt, ist nicht das Engagement der politisierenden Dichter, sondern, um es volkstümlich zu sagen, der Rummel um sie: Günter Grass, im VW-Bus sitzend, auch liegend, erschöpft, mit geschlossenen Augen, am Waldesrand ein karges Mahl selbst, eigenhändig, erd- und herdverbunden, zubereitend, vor dem Wählerauditorium im verrauchten Versammlungslokal seine Zigaretten ohne fremde Hilfe drehend, stehend, redend, danach — umringt von staunend halbgeöffneten Mündern — seine Bücher (ebenfalls eigenhändig) signierend. Durch diese Bilderflut und des Dichters Bild-Pressefreundlichkeit wird der Verdacht gegen ihn geweckt, er könnte vielleicht doch nicht nur für seine Partei werben wollen.

Aber es hieße zuviel — und vor allem auch Dummes — verlangen, wenn man erwarten wollte, daß er und seine beiden berühmten Mitwerber Böll und Troll es deshalb ganz bleiben ließen, nur um sich dem ohnehin unbeweisbaren Argwohn zu entziehen, sie könnten es auf das Abfallprodukt ihrer Bemühungen, die eigene Publicity, abgesehen haben. Vielleicht ist es auch ein Zeichen für die Souveränität von Günter Grass, daß er diesen Verdacht nicht einmal durch den Verzicht auf ein wenig Pose zu zerstreuen versucht. Er erzeugt den Hauch von Show nicht nur, er atmet ihn auch selber ein. Für ihn bedeutet das Chance und Risiko zugleich — und damit stellt er die Gerechtigkeit, die ihm in dieser Frage gebührt, selber her.

Davor und danach

Wer wissen möchte, was den politisch tätigen Dichter vor dem engagierten Maurerpolier zum Wahlkampf-Soli prädestiniert, bekommt von Günter Grass die Antwort, es seien die besonderen Fähigkeiten, die den Schriftsteller verpflichten — und daher auch berechtigten —, sich solistisch an das Wählervolk zu wenden. Wenn damit das besondere Worttalent des Autors gemeint ist, hat er recht. Grass weiß vortrefflich zu sagen, was er meint, er sagt es originell und pointiert, mit einem Wort: glänzend, im Gegensatz zur oft stumpfen Formulierungsweise biederer Funktionäre. Nicht gemeint mit den besonderen Fähigkeiten kann der politische Sachverstand sein, denn hier erwies sich der Amateur als Dilettant: Er brach — oder vielleicht sollte ich sagen: er zerbrach — so lange Lanzen für die randalierende »Neue Linke« der akademischen Jugend, bis er selbst von einem der Lanzenstücke angespießt und von der Horde ausgebuht wurde. Seit dieser Zeit kämpft er — nach eigener Aussage — auf zwei Fronten, gegen rechts und gegen ganz links. Hätte er hier die größere Sensibilität des Dichters, den feineren Geruch, die schärferen Blicke gehabt — Eigenschaften, die ihm nicht etwa allgemein abgesprochen werden können und sollen —, dann wäre ihm diese Schwenkung erspart geblieben.

Begeisterungsfähigkeit ist in der Politik ganz sicher eine Tugend. Sie wird aber zur Not, wenn ihr die Kontrolle eines schlichten Sachverstandes fehlt. Es war sympathisch, wie Günter Grass sich von den reformerischen Gärungen in der Tschechoslowakei fasziniert zeigte und diese Faszination im Briefwechsel mit seinem Prager Kollegen Pavel Kohout äußerte, daß er aber vor lauter Begeisterung beteuerte, ein Deutscher der Bundesrepublik könnte nicht ohne Hemmungen mitreden, da die kommunistischen Zensurbehörden in der Freiwilligen Selbstkontrolle des deutschen Films, also in Westdeutschland, eine lähmende Entsprechung hätten, bewies, daß er von der Natur einer diktatorischen Zensurbehörde ebensowenig Ahnung hatte wie von der Freiwilligen Selbstkontrolle.

Da trotz aller emsigen Berichterstattung über die Wahlkampfreisen des Schriftstellers nicht überliefert ist, wie Günter Grass für eine Partei auf große Fahrt gehen kann, die — gegen seinen beschwörenden Rat — in die Große Koalition ging, bleibt es für mich eine offene Frage, warum er daran arbeiten kann, ihr zum Wahlsieg zu verhelfen, obwohl die Fortsetzung der Großen Koalition doch daraus möglich oder sogar wahrscheinlich ist. Grass kündigte damals in einem Brief an Willy Brandt an, er selbst und seine Freunde würden, falls es zum Verhängnis der Großen Koalition kommen sollte, »in eine linke Ecke gedrängt und zum politisch machtlosen Widerpart der NPD degradiert« werden. Diese Prognose war falsch, denn Grass steht heute nicht in einer linken Ecke, sondern am Rednerpult der SPD, und die Behauptung, er sei zum politisch machtlosen Widerpart der NPD degradiert, würde er wahrscheinlich energisch bestreiten.

Unrecht wäre, dem wahlkämpfenden Günter Grass zu bestreiten, daß er aus Überzeugung handelt, genauer, aus den wechselnden Überzeugungen, die er, ohne die verabschiedete, jeweils vorangegangene selbstkritisch zu zerlegen, vertritt. Es wäre ihm zugute zu halten, daß er eigene Meinungen auszuwechseln, sich zu wandeln und sich von manchem Irrtum zu trennen verstand, wenn er nicht den vermeintlichen Irrtum seiner Meinungsgegner rücksichtslos an den Pranger nagelte, ohne den eigenen offen genug einzugestehen. Die Große Koalition zuvor als miese Ehe und danach als Erfolg der SPD zu erklären, ist ein Widerspruch, bei dem (wie in so manchem, was er wahlredet) nicht die Schärfe, sondern die Unschärfe verstimmt.

Immerhin will Grass den Staat verbessern, also erhalten. Das unterscheidet ihn von Heinrich Böll, der den Staat der Bundesrepublik bekanntlich als »Misthaufen« bezeichnete. Diese Wortwahl war gewiß weder eine literarische noch eine politische Leistung des zweiten prominenten engagierten Schriftstellers, der öffentlich in den Bundestagswahlkampf eingriff. Böll entzieht sich den Reise- und Redestrapazen, die Grass absolviert, aber seine Begründung zeigt immerhin Konsequenz: Erst müßte er wissen, so gab er Auskunft, ob die SPD zur Wiederholung der Koalition mit der CDU/CSU bereit sei oder nicht, ehe er sie den Wählern zur Wahl empfehlen könnte.

Während Grass oft heiter (und manchmal auch erheiternd) seine politische Tätigkeit vollzieht, ist Heinrich Böll grüblerisch verdrossen. Ein Linker auch er, aber ein geistig Nomadisierender, dem keine

Partei zur Heimat werden kann, weil sie ja alle für ihn zum Mist in jenen Haufen gehören, auf dem er zwar leben, schreiben und reden, aber nicht »Ja« sagen kann.

Böll hat es wohl am schwersten von allen politisierenden Literaten. Der mehrfach gebrochene Katholik sieht durch das Prisma seiner Brüche überall klerikale Konspirationen, er, der es sonst so schwer hat zu glauben, glaubt fest wie der älteste kleine Moritz an das politische Marionetten-Spiel der »Schwarzen«, die er nur noch entweder dämonisieren oder ironisieren kann, wobei er sich in der Wahl der Mittel vergreift, etwa wenn er Franz Josef Strauß bescheinigt, daß er »gekonnt in seinem Gebetbuch zu blättern« verstände. Für Heinrich Böll ist der politische Weg so steinig, daß er nicht nur mit Füßen und Verstand, sondern auch mit seinem Geschmack zu straucheln pflegt. Ständig beleidigt, immer neu entrüstet, in seinen politischen Visionen von Unzumutbarem umstellt, blieb ihm für diesen Wahlkampf nur, vor den Parteien zu warnen, die er wohl für die schlimmsten hält, vor der CDU und CSU.

Er unternahm es, in einem Brief an eine deutsche Frau mit einer für den bewährten Literaten erstaunlich unbeholfenen Ironie von der Wahl der Unionsparteien abzuraten, so, wie man einem Kind abrät, fremden, bösen Männern in die Finsternis zu folgen. Es war vom »Gegeifer« der Unionsparteien nach der Wahl Heinemanns die Rede, von der »Radikalität« der CDU/CSU und davon, daß er selber »metaphysische Angst« vor Doktor Jäger empfindet. Auch wenn man selber weit davon entfernt ist, Doktor Jäger zu wählen, wird man darauf aufmerksam machen müssen, daß Heinrich Böll in seinem Brief an die Wählerin ja doch sinngemäß dauernd von metaphysischen Einwirkungen in der Politik abgeraten, an die Vernunft appelliert und — an anderer Stelle — Zuversicht in die Zukunft der Demokratie in Deutschland bekundet hat. Da paßt seine metaphysische Angst nicht hinein.

Heinrich Bölls politische Äußerungen sind eine seltsame Melange aus finsterem Keulenschlag und rheinischem Schabernack. Vor drei Jahren sagte er, »dort, wo der Staat gewesen sein könnte oder sein sollte, erblicke ich nur einige verfaulende Reste von Macht, und diese offenbar kostbaren Rudimente von Fäulnis werden mit rattenhafter Wut verteidigt. Schweigen wir also vom Staat, bis er sich wieder blicken läßt«. Jetzt schrieb er in kokett-naiver Niedlichkeit an die Wählerin: »Nun mag Ihnen das Wort Politik so grauslich vorkommen wie die Statistik, aber Sie, Sie machten ja Politik mit Ihrem Kreuzchen, das da im stillen Kämmerlein der Wahlkabine an die falsche Stelle gemacht wird. Wenn nur zehn von hundert Frauen aus der Kategorie ›katholische Frauen‹ sich entschlössen, im Herbst das Kreuzchen anderswohin zu machen, dann verursachten Sie, Verehrte, was alle Männer nicht fertigbringen: eine politische Sensation.«

Gespenst Smokingbiese

Heinrich Böll ist ein Einzelgänger, der sich nicht zu helfen weiß und daher unbedingt anderen helfen will. Das ehrt ihn, zumal ihn sein politisches Thema wirklich quält. Aber es macht ihn leider nicht zum sachkundigen Ratgeber, zum subtilen Beobachter, der den Wählern seriöse Tips geben kann, weil er mehr riecht, mehr ertastet, mehr heraushört, genauer sieht und feiner abschmeckt als andere. Seine Sensibilitäten sind zwar extrem empfindsam und empfindlich — aber sie haben nur dazu geführt, daß die Politik ihn schockiert, verletzt und verwirrt hat. Das Ressentiment wurzelt und wuchert zu tief in den Traumata dieses politisch versehrten Mannes, als daß es noch von seinem Verstande erreicht und gejätet werden könnte. Der Schriftsteller Heinrich Böll wehrt sich, indem er um sich schlägt, hin und wieder wie entschuldigend lächelt und dann wieder die Pantomime des Schmerzes vorführt. Fast rührende Versuche zur Objektivität gegenüber dem verschmähten, gefürchteten Staat gedeihen nicht über ein spärliches Lob zum Wohnungsbau und zur Lösung der Flüchtlingsfrage hinaus. Darüber und darunter sieht er wieder nur »rattenhafte Wut«. Seine Reizbarkeit entzündet sich vor allem am Belanglosen. Einladungen, die den Vermerk »Frack« oder »Smoking« tragen, folgt er nicht. Er sieht sich da bereits wieder bevormundet, in seiner Freiheit bedroht. Unheil witternd, fragt er: »Wer verfügt da über uns, wer verfährt da mit uns, wer gibt uns ungeschriebene Gesetze?« Für ihn nistet das Gespenst der Staatsgewaltanwendung eben auch in der Smokingbiese.

Auch Thaddäus Troll reist durch die Lande, der schreibende Darsteller des Schwäbischen, der eigenen Gemütlichkeit überdrüssig, sagt er. Das Gewissen habe ihn gezwickt, und seine Wahlreden hält er, nach eigener Aussage, um es zu entlasten. Das ist ehrlich, wenn auch wahrscheinlich nicht ganz vollständig, denn das Fernsehen multiplizierte auch ihn zum Dank für den Einsatz millionenfach auf den Mattscheiben. Und ihm war's recht. Troll ist ganz neu in diesem Geschäft, nicht so klotzig aggressiv wie Grass, nicht so wehleidig wie Böll, sondern eher täppisch, mit einer Naivität, die er nicht hinter der »Ich-weiß-besser«-Pose zu verstecken trachtet. Ihm ist der politische Auftritt noch nicht ganz geheuer, und er bezahlt noch mit sympathischer Verlegenheit für die Entlastung des eigenen Gewissens. So wie einer, der bei einer Wohltätigkeitsgala im Zirkus mal die Elefanten vorführt — sieh da, sie laufen im Kreise, aber dressiert hat sie ein anderer, der schützend im Hintergrund steht, er trägt die Verantwortung, und der berühmte Gast in der Manege trägt nur das indische Gewand. Immerhin, es gehört Mut dazu oder auch Arglosigkeit, denn eine Manege mit Elefanten ist für den Betriebsfremden etwas Bedrohliches. Auch mit der Politik ist das so, nur daß sie für den wahlredenden Literaten einen Notausgang bereithält, durch den er in die schützende Dichterklause zurückkehren kann.

Überdosis an Hochmut

Es ist ein ganz entscheidender Unterschied, ob man als politischer Profi alles, was man tut oder sagt, bis hin zur Existenzbedrohung gegenüber einem Vorgesetzten, einem Ausschuß, einem Parlament verantworten und jede Suppe, die man sich und anderen einbrockt, auslöffeln muß, sei sie noch so versalzen, oder ob man als Amateur mitredet, ob man tagaus, tagein über den Akten und an den Konferenztischen hocken und sich allen Wirklichkeiten, auch den banalsten, stellen muß oder ob man freiwillig und befristet mehr oder weniger unverbindliche Ausflüge in die Politik macht, seien sie auch noch so anstrengend. Das ist wie der Unterschied zwischen einem leidenschaftlichen Flirt bewegter Tage und einer Ehe der Alltage: Filzpantoffel können schwerer zu tragen sein als polierte Halbschuhe.

Es ist den Amateuren nicht vorzuwerfen, daß die Professionellen es mit der Politik viel schwerer haben als sie. Aber es müßte von ihnen zu verlangen sein, daß sie es wissen und sich dessen bewußt bleiben. Dieses Bewußtsein würde ihnen nämlich zum Respekt vor dem Berufspolitiker verhelfen, auch wenn er ihr Meinungsgegner ist. Es kann ein Böll einem Strauß nicht gerecht werden, wenn er vergißt, was es heißt, drei Jahre lang ein Finanzministerium zu leiten. Mit Wortspiel und Paukenschlag ist da nämlich nichts zu machen.

Es ist eine Überdosis Hochmut in der Zensurenproduktion der politisierenden Dichter, weil sie das Dilettantische des eigenen Bemühens übersehen und die besondere Last der Professionellen nicht achten.

Es bleibt dabei: zu rühmen ist, daß die Schriftsteller sich politisch betätigen. Nicht zu rühmen ist, wie sie es tun. Sollte man also wünschen, daß sie es lassen? Gibt es für die Dichter kein geeignetes politisches Feld, das sie roden, ackern und auf dem sie säen können? Ich meine doch.

In einer Welt, die Menschen zum Mond schießt, die das Denken an Computer delegiert, einer Welt, in der Sexualartistik mit Liebeskunst verwechselt und das Gefühl unter die Kuratel der Sachlichkeit gestellt wird, in dieser Welt, deren Jugend mehr will als materielle Geborgenheit, ohne daß sich einer fände, der ihr sagt, was mehr ist — in einer solchen Welt hätten die politisierenden Dichter Aufgaben genug. Aber Heinrich Böll vergräbt sich in Wählerstatistiken, und Günter Grass singt sein Loblied auf Willy. Die anderen, die sich selbst in die linke Ecke gestellt haben, wie Weiß und Enzensberger, bohren sich im geistigen Rückwärtsgang in die Werke von Marx und Engels, träumen von der Revolution und halten Grass für einen Renegaten. Was bleibt, ist Anstrengung und Konfusion.

»Die Welt« (Hamburg), 13. 9. 1969

Günter Grass

Günter Grass hat als ES-PE-DE-Volkstrommler drei Tage vor der entscheidenden Bundestagswahl bei seiner Schau in Laupheim die Katze aus dem Sack gelassen!
Christliche Wähler! Erteilt der SPD eine Abfuhr für die den ganzen Wahlkreis beleidigenden Äußerungen eines Blechtrommlers.

Gebt der SPD die Quittung für den »Schwarzen Sack« Wählt CDU

Anzeige in: »Schwäbische Zeitung« (Laupheim), 27. 9. 1969

Nach dem Regierungswechsel 1969–1971

Günter Grass

Literatur und Revolution oder des Idyllikers schnaubendes Steckenpferd

Meine Damen und Herren,

um es vornweg zu sagen: Ich bin ein Gegner der Revolution. Ich scheue Opfer, die jeweils in ihrem Namen gebracht werden müssen. Ich scheue ihre übermenschlichen Zielsetzungen, ihre absoluten Ansprüche, ihre inhumane Intoleranz. Ich fürchte den Mechanismus der Revolution, die sich als Elixier für ihre Anstrengungen, die permanente Konterrevolution erfinden mußte: von Kronstadt bis Prag scheiterte die Oktoberrevolution militärisch erfolgreich, indem sie die überlieferten Herrschaftsstrukturen restaurierte. Revolutionen ersetzten Abhängigkeit durch Abhängigkeit, lösten den Zwang durch den Zwang ab.

Mit anderen Worten: Unter erklärten Anhängern der Revolution bin ich allenfalls ein geduldeter Gast: ein Revisionist oder schlimmer noch — ein Sozialdemokrat.

Da die westeuropäischen Länder in jüngster Zeit die Revolution als Gesprächsthema und Anschauungsmaterial halb erschreckt und halb fasziniert konsumiert haben, und da von der großen revolutionären, überdies telegenen Geste nichts geblieben ist als die Stärkung der Reaktion — zum Beispiel in Frankreich — als eine Überfülle revolutionärer Sekundärliteratur, als einige Nachwirkungen auf die Damen- und Herrenoberbekleidung, stellt sich die Frage, ob sich die jüngsten so basis- wie hoffnungslosen revolutionären Spekulationen nicht letztlich auf das Ungenügen literarischer Idylliker zurückführen lassen, denen die Revolution einige spektakuläre Auftritte zu versprechen schien. In Deutschland jedenfalls war es zuallererst das literarische Mittelmaß, das dem Studentenprotest in Hucke-pack-Manier aufzusitzen versuchte: So könnte eine Seminararbeit lauten: Die Rolle literarischer Epigonen bei der Verkündigung angelesener Revolutionsmodelle.

Wenn es zu Beginn dieses Jahrhunderts hieß, in Deutschland finde die Revolution allenfalls in der Musik statt, so hatte sich jetzt — kurz vor Beginn der siebziger Jahre — revolutionäres Verhalten eine weit besser subventionierte Spielwiese ausgesucht: Selbst stockkonservative Zeitungen gaben sich im Feuilleton zähneknirschend und rigoros. Literatur und Revolution — oder des Idyllikers schnaubendes Steckenpferd.

Sie werden bemerken, daß unser so seriös klingendes Thema mir seitenlang Spott nahezulegen versucht. Denn beinahe könnte man meinen, daß die wortgewaltigsten Vertreter der revolutionären Mode entweder Trotzkis Ausführungen zu diesem Thema nicht gelesen haben oder, entgegen besserer Kenntnis, zumindest zeitweilig und vom Studentenprotest mitgerissen zum lächerlichen Beleg der These wurden, die Literatur habe die Magd der Revolution zu sein.

Ich möchte Ihnen und mir längere Ausführungen über die Quintessenz dieses Unsinns, also über den sozialistischen Realismus ersparen. Wir alle wissen, daß die Literatur zu dieser Zeit das willfährigste, weil naivste Opfer der Revolution gewesen ist. Am Beispiel der russischen und italienischen Futuristen läßt sich leicht belegen, wie rasch sich eine radikal-antibürgerliche literarische Strömung, revolutionärer Bewegung vertrauend, in totalitäres Fahrwasser begab. 1924 schreibt Trotzki: »Ist denn nicht schließlich der italienische Faschismus mit revolutionären Methoden zur Macht gekommen, indem er die Massen, die Menge, die Millionen in Bewegung setzte, sie stählte und bewaffnete? Es ist kein Zufall und kein Mißverständnis, sondern völlig gesetzmäßig, daß der italienische Futurismus im Strom des Faschismus aufgegangen ist.« (Ähnlich gefräßig erwies sich später der Stalinismus dem russischen Futurismus gegenüber.) Allzuoft haben sich die Ausrufer der Revolution zu unkritischen Nachbetern ihres Terrors gewandelt.

Seit August dieses Jahres schmückt sich Paris mit einer Ausstellung zu Ehren Napoleons, dessen 200. Geburtstag zu feiern Europa sich mit zwiespältigen Gefühlen anschickt.

Wenn wir davon ausgehen, daß, wie die Pariser Ausstellung zeigt, Napoleon niemals Mangel gelitten hat an literarischen Lobrednern, ja, daß Napoleon ein Produkt der Französischen Revolution gewesen ist, und wenn wir gleichfalls davon ausgehen, daß Josef Stalin als ein Produkt der Oktoberrevolution zu begreifen ist — denn weder Napoleon nach Stalin sind vom Himmel gefallen —, dann dürfen wir uns ausmalen, wie farbenprächtig und mit welch illustren literarischen Elogen eines Tages Josef Stalins 200. Geburtstag gefeiert werden wird. Auch sei darauf hingewiesen, daß die zwangsläufig kommenden 200. Geburtstage der Diktatoren Mussolini und Hitler Anlaß für überdimensionale Ausstellungen und exquisite literarische Zeugnisse von Marinetti bis Gottfried Benn sein können.

Es hat zu allen Zeiten und aus jedem System heraus Schriftsteller gegeben, deren antibürgerliche Überreiztheit sich bei revolutionärem Anlaß entladen durfte: Wir verdanken solch produktiven Mißverständnissen schöne und bleibende Gedichte von Klopstock und Schiller bis Jessenin und Majakowski. Schriftsteller lieben es, reinigende Gewitter metaphernreich auf weißem Papier zu entfesseln; doch sobald wir versuchen, eine Halbzeile Rimbauds oder ein frühexpressionistisches Sprachbild an der Wirklichkeit zu messen, beginnt uns der puritanische Fleiß der Guillotine zu ermüden, oder versanden wir in scholastischen Diskussionen über die These: Hat Stalins Agrarreform den millionenfachen Kulakenmord gerechtfertigt?

Unüberlesbar hat einer der revolutionärsten deutschen Schriftsteller, Georg Büchner, die tödlichen Mechanismen der Revolution dargestellt: »Dantons Tod« ließe sich bei einigen Änderungen im Lokalkolorit auf kubanische und chinesische Verhältnisse übertragen. Der Allgemeinplatz — Die Revolution frißt ihre Kinder — ist bis heute nicht widerlegt worden. Schon höre ich die Frage: Soll damit gesagt werden, daß die Französische Revolution und die Oktoberrevolution nicht notwendig gewesen seien? — Wir haben keine Gelegenheit zu untersuchen, wie und mit welchen Folgen, bei Aussparung der bekannten Opfer, sich die europäische Aufklärung in Frankreich ohne Revolution hätte weiterentwickeln können. Wir wissen nicht und können kaum vermuten, ob und in welchem Maße die Regierung Kerenski das zaristische Rußland hätte demokratisieren können. Wer an Revolution und ihre Folgerichtigkeit glaubt, wird sich weder vom englischen noch vom schwedischen Beispiel belehren lassen. Eines jedoch sollte gewiß sein: So sehr uns immer noch der Eisenstein-Film »Panzerkreuzer Potemkin« gefällt, der Preis, Stalin und die Folgen, müßte selbst dem unverbesserlichsten Revolutionsästheten zu hoch sein.

Ich komme aus einem Land, dessen revolutionäre Vergangenheit tragikomisch anmutet: Von 1848 über 1918 bis zu unseren jüngsten Buchmesse-Revolutionen, bei uns zu Haus haben sich linke Revolutionen über kurz oder lang zumeist der Lächerlichkeit preisgegeben; teuer zu stehen kommt uns bis heute die einzige, wenn man so sagen darf, geglückte deutsche Revolution, die des Jahres 1933: die Machtergreifung durch den Nationalsozialismus.

Man macht es sich allzu leicht, wenn man Mussolinis Marsch auf Rom und Hitlers 30. Januar als rechten Putsch abtut, als wollte man das Wort »Revolution«, gleich einem Ehrentitel, nur linken Machtergreifungen zugute halten.

Weit davon entfernt, die Zielsetzungen und Motive linker und rechter Revolutionen gleichzusetzen, bin ich dennoch der Meinung, daß die Mechanismen einer Revolution unabhängig davon funktionieren, ob sie von linken oder rechten Ideologien gefüttert worden sind, ob in ihrem Verlauf links- oder rechtsbewußte Aggressionsbedürfnisse freigesetzt werden. Selbst das Verhältnis rechter Literatur zur rechtsgerichteten Revolution ist dem Verhältnis linker Literatur zur linksgerichteten Revolution nicht unähnlich. Brechts Stalin-Hymnen rangieren nicht vor Heideggers Verbeugungen angesichts des Nationalsozialismus. Anna Seghers und Ilja Ehrenburg fänden ihren Platz neben Gottfried Benn und Ezra Pound, gäbe es endlich ein Wachsfiguren-Kabinett, in dem literarische Größen das Verhältnis der Literatur zur Revolution zu personifizieren hätten.

Hérphaults Forderung in Büchners »Danton«: »Die Revolution muß aufhören, und die Republik muß anfangen« gilt bis heute. Wie schwer es jedoch der Republik mit ihrem Beginnen gemacht wird, weil die Revolution nicht aufhören kann, das hat die Okkupation der Tschechoslowakei bewiesen. Um so mehr besteht Anlaß, das Thema »Die Literatur und die Revolution« zu vernachlässigen und dem weit weniger zündenden, weil kaum spektakulären Thema »die Literatur und die Republik« einige Überlegungen zu schenken.

In meinem Land hat vor wenigen Wochen eine Runde um das Wohl und Wehe der Republik ihren Abschluß gefunden. Ein knapper Sieg der Sozialdemokraten läßt immerhin erkennen, daß die wechselhafte, zwielichtige und insgesamt mehr unglückliche als kontinuierliche Geschichte deutscher parlamentarischer Demokratie einige Chancen hat, der Demokratie dank dem Sozialismus und dem Liberalismus mit Hilfe der Demokratie Entwicklung zu ermöglichen.

Die Zeit vor dem 28. September und mehr noch die Zeit unmittelbar vor dem Wahlkampf schmückte sich zwar mit dem Reizwort »Revolution«, doch als der Protest in Aktionismus endete, und als die überlieferten Machtgruppierungen — hier Konservative mit nationalistischem Überbau, dort Reformkräfte mit sozial-liberaler Tendenz — immer deutlicher gegeneinander zu stehen begannen, fand das Wort Revolution allenfalls noch Verwendung innerhalb der Konsumwerbung.

Der nüchterne Bürgersinn wollte sich weder an verbalem Radikalismus noch am vulgären Antikommunismus der fünfziger Jahre orientieren. Mittelfristige Reformziele, denen Finanzierungspläne beigelegt waren, gaben den Ausschlag: die Vernunft konnte ihre Basis um einige Fuß breit erweitern.

Amüsant und aufschlußreich war es zu beobachten, wie der soeben skizzierte Ernüchterungsprozeß im politischen wie im Wirtschaftsteil der Zeitungen um sich griff, während die Literatur — oder besser gesagt: der das Feuilleton bestimmende Teil der Literatur, in dem soeben genannten Freigehege lustig und gratis weiterhin revolutionäre Sandkastenspiele betrieb. Verlagslektoren und dem Trend folgend einige, aus verschiedenen Gründen vergrämte Autoren begannen, sich an der revolutionsunlustigen Gesellschaft zu rächen, indem sie systematisch versuchten, einige Verlage, denen man nachsagte, sie stünden links, zu zerstören. Das konnte nicht überraschen, denn die literarische Spielart der Revolution war und ist zuallererst gegen das eigene Lager gerichtet. Während der vergangenen drei Jahre sind die Wortführer revolutionärer Veränderungen nie auf die Idee gekommen, zum Beispiel die Industriemesse in Hannover zu sprengen, wohl aber die Frankfurter Buchmesse zur Bastille zu erklären.

Ich will mich nicht an Details aufhalten und etwa untersuchen, ob die Erstürmung eines kalten Büfetts geeignet ist, die Massen auf die Machtkonzentration des Spätkapitalismus aufmerksam zu machen. Auch die betrübliche Feststellung, daß die überlieferte, vormals rechtsgerichtete deutsche Studentenlust, ein paar flotte Jahre lang den Spießer ärgern zu wollen, nun in linke Kostüme geschlüpft ist, ist nur ein Symptom mehr für den pseudo-revolutionären Charakter einer modischen Bewegung, die am Ende nur eins offenbar gemacht hat: wie zerstritten die radikale Linke insgesamt ist, und wie blind sie sich der Alternative stellt: den mühsam langfristigen Versuch, die Republik endlich beginnen zu lassen.

Damit wir uns recht verstehen: Ich spreche nicht vom Studentenprotest, der in Mehrheit auf Reformen drängte und radikal-demokratisch die Diskussion, zum Beispiel über die längst überfällige Hochschulreform, erzwungen hat. Ich spreche vom literarisch fahrlässigen Umgang mit dem Reizwort »Revolution« und von einer Gruppe schnell schreibender, zündend formulierender, überdurchschnittlich ehrgeiziger Leute, die nach wie vor nicht müde werden, das Mai-Desaster der französischen Linken wie eine revolutionäre Großtat zu besingen und in Anthologien zu sammeln. Nach wie vor läßt man sich von der Illusion tragen, es habe in Frankreich eine Solidarisierung zwischen Arbeitern einerseits und Studenten wie Intellektuellen andererseits stattgefunden.

Als während der letzten Wahlkampfphase zu langfristig angesetzte Tarifverträge und die verhinderte Aufwertung der D-Mark zu spontanen Arbeitsniederlegungen in mehreren Betrieben führten, versuchten Gruppen der radikalen Linken, sich treuherzig und wohl meinend, die Arbeiter hätten vor, Revolutionäres zu beginnen, den Streikenden zu nähern. Gutmütig und nachdrücklich wurde ihnen die Schulter geklopft, wurden sie nach Hause geschickt.

Wird dieses »Basis-Erlebnis« belehrende Wirkung zeitigen? Sind die Widersprüche des republikanischen Alltags stark und ernüchternd genug, um der Freizeitbeschäftigung revolutionärer Bastelkurse auch auf literarischem Feld ein Ende zu setzen?

Ein Zyniker könnte antworten: Der literarische Markt wird die Nachfrage regeln. Zur Zeit ist der Bedarf an geschmackvoll aufgemachter Revolutionsliteratur mehr als gedeckt. Selbst die letzte höhere Tochter beginnt zu begreifen, daß die Zerstörung der konsumfördernden Produktionsmittel auf Widerstände erheblicher Art stoßen könnte, daß die Industrienationen insgesamt, also die des Ostens wie des Westens, ihre Produktionskraft steigern müssen, wenn den schon vorgezeichneten Katastrophen innerhalb der Dritten Welt wirksam begegnet werden soll, und daß die Beschlüsse, ob, wann und aus welchen Gründen in Südamerika Revolutionen stattzufinden haben, nicht in deutschen Germanistikseminaren gefaßt werden.

Um einen Ausblick zu wagen: Die Literatur wird sich, so weit sie ernstgenommen werden will, in Zukunft nicht mehr durch das Reizwort »Revolution« stimulieren können. Schon gibt es Anzeichen dafür, daß sich besonders in Skandinavien (allen anderen europäischen Staaten voraus) mehr und mehr Schriftsteller für die Möglichkeiten und Grenzen der Entwicklungspolitik als Teil der Friedenspolitik zu interessieren beginnen. Das Wort »Friedensforschung« — noch vor wenigen Jahren mit dem Vorurteil bedacht, es handele sich um schwärmerischen Pazifismus — beginnt, erstmals ernsthaft, das heißt bei Haushaltsdebatten Gewicht zu bekommen; der Frieden, bislang Ausnahmezustand, verlangt als Dauerzustand nach wissenschaftlich erforschten Möglichkeiten, Konflikte, die normalerweise den Kriegsfall produziert hätten, nun mit friedlichen Mitteln zu lösen.

Wird die Literatur das gern beschriebene Milieu der Barrikaden verlassen können? Oder wird sie esoterisch interessant und irrlichtend, bei verdrehten Wegweisern, die Flucht vermeintlich nach vorne in die Romantik einschlagen?

»Literatur und Revolution« — eine Prachtausgabe aus Leo Trotzkis beredtem Nachlaß. Marxistische Scholastiker im treuherzigen Gespräch mit jesuitischen Linksabweichlern. Das Exklusive wird bleiben und sich zu feiern verstehen, doch die Literatur verlangt nach Wirklichkeiten; denn es gibt mehrere. Ihre, die jugoslawische, möchte ich kennenlernen; von meiner, der deutschen, gebe ich gerne Bericht. Ich gehe davon aus, daß Ihre und meine Wirklichkeit einander nicht ausschließen müssen. Die Revolutionen haben schon stattgefunden.

Rede auf dem Schriftstellerkongreß
in Belgrad [17. bis 21. Oktober 1969].

Der Irrtum des Günter Grass

Aus einem Artikel von Imre Dobozy, Generalsekretär
des Ungarischen Schriftstellerverbandes

»›Ich bin ein Gegner der Revolution.‹ Mit dieser Behauptung begann Günter Grass seinen Diskussionsbeitrag auf dem internationalen Schriftstellertreffen in Belgrad, das kürzlich über das Thema ›Revolution und Literatur‹ beriet. Ich glaube, daß in unseren Tagen sogar der radikale Bürger fortschrittlicher ist als Grass. Dieser streitet nämlich die Berechtigung der Revolution nicht ab, sondern diskutiert vielmehr über ihre möglichen oder von ihm als möglich angenommenen Varianten, wenngleich er das nicht immer mit dem Willen zum Handeln verbindet.

Ich persönlich mag lieber den offenen Gegner als den hinterlistigen Partner. Ferner bin ich der Meinung, daß es die einzig mögliche Lösung ist, ein Revolutionär zu sein. Dennoch möchte ich mit Grass streiten. Ist doch der Erfolg der Sozialdemokratischen Partei (in Westdeutschland — ND) im Vergleich mit dem zwanzigjährigen Kurs der CDU/CSU unbedingt ein Positivum. Nicht nur vom deutschen, sondern auch vom europäischen Standpunkt. Natürlich wird man erst an den Taten sehen können, wie tiefschürfend der Wandel ist. Was Grass betrifft, verrät seine Meinung über die Revolution, genauer über die sozialistische Revolution, keinerlei Progressivität.

Ich widerspreche Günter Grass in zwei Punkten, die ineinandergreifen wie zwei Zahnräder. Grass ist der Meinung, daß die Revolution nicht imstande sei, sich selbst, das heißt ihre Prinzipien zu verwirklichen, weil sich der revolutionäre Mechanismus früher oder später verselbständige. Er verwandele sich aus einem Mittel in das Ziel und kommandiere, anstatt zu dienen. Nach Grass lenkt also nicht die Revolution den Mechanismus, sondern umgekehrt der Mechanismus die Revolution. So ist denn die Revolution gar keine Revolution mehr, jedenfalls ist sie nicht mehr das, als was sie gestartet war.

Was ganz und gar nicht gleichgültig ist

Dieser Gedanke ist freilich nicht neu. Er taucht in unzähligen Varianten immer wieder auf, besonders dann, wenn aus irgendeinem inneren oder äußeren Grunde der Mechanismus der Revolution vorübergehend oder dauerhaft eine entscheidende Rolle spielt.«

Aber, so fährt der Autor fort, dieser Mechanismus dient noch immer dem Sozialismus. »Keineswegs ist es umgekehrt! Anscheinend gibt es Dinge, die Grass unbeachtet läßt oder denen er keinerlei Bedeutung beimißt. Ihm scheint es gleichgültig zu sein, ob der Mechanismus das Mittel zur Vermehrung der volkseigenen Wirtschaft oder der Monopole ist. Ihm scheint es gleichgültig zu sein, ob im Parlament und im Staatsapparat nur die Vertreter der Arbeiter, der Bauern und der Intelligenz das Wort führen, oder ob dort zum Teil oder gar vorwiegend die Vertreter der Kapitalisten, Grundbesitzer und Geschäftsleute zu bestimmen haben. Er übersieht, daß wir die Kraft hatten, irrige und gesetzwidrige Entscheidungen zu korrigieren, während die Bundesrepublik bis heute nicht den Mut hatte, das Münchener Abkommen zu annullieren. Er vergißt, daß wir die Waffen nicht den Henkern des vietnamesischen Volkes, sondern den Freiheitskämpfern und Revolutionären liefern.«

Schließlich, so betont der Autor, wirkt der revolutionäre Mechanismus zum Nutzen des Volkes auf solchen Gebieten wie dem Gesundheitswesen, er brach das Bildungsprivileg und bewirkte einen ungeahnten Aufschwung der Kultur. »Jawohl! Der revolutionäre Mechanismus hilft dem Volk, nicht nur die Armut zu überwinden, sondern auch Bildung und Kultur zu erlangen.«

Die Waffen und der Humanismus

Zum zweiten Punkt übergehend, in dem er Grass widerspricht und der das Wesen der proletarischen Revolution und Grass' Verhältnis zur Revolution betrifft, bemerkt Imre Dobozy: »Wer wünschte sich nicht sehnlichst, wenn er mit der internationalen Arbeiterbewegung auch nur sympathisiert, die Revolution könnte nur mit ihrer Wahrheit, mit ihren Argumenten und mit ihrem ideenmäßigen Rüstzeug für den Sieg kämpfen? Die Vorbereitung des Oktober und der Oktober selbst verliefen entsprechend diesem Wunsch — das Proletariat übernahm die Macht in einer Revolution, die wohl zu den unblutigsten der Weltgeschichte gehört. Wenn ich mich recht entsinne, gab es beim Sturm auf den Winterpalast beiderseits insgesamt nur sechs Tote und einige Verletzte.« Dann aber, so führte der Autor weiter aus, war der revolutionäre Mechanismus einfach gezwungen, die Diskussion und die Argumentation mit anderen Mitteln zu ergänzen, weil er von einem Ring innerer und äußerer Feinde umzingelt war. »Ich verstehe nicht, wieso Grass die Reihenfolge verwechselt?! Wer hat denn den Anfang gemacht? Griff denn die Revolution an, oder hat sie erst zu den Waffen gegriffen, als sie angegriffen worden war? Und alles andere folgt aus dieser Tatsache. Natürlich waren gegen die vorzüglich ausgerüsteten Interventionsdivisionen die strahlenden und humanen Ideen des Marxismus allein wirkungslos. Der Feind schoß, und man mußte zurückschießen. Man war gezwungen, gleich am zweiten Tag der frisch errungenen großen Möglichkeiten zu fasten, zu frieren, Kanonen und Munition herzustellen. Man mußte sich verteidigen und töten: in der Nachbarschaft der kaum getrockneten Buchstaben des Friedensdekrets, im Namen einer angegriffenen Macht, die die Liquidierung des Krieges und ein Leben ohne Furcht und Elend an ihre Fahnen geheftet hatte.

Grass müßte doch wissen, daß sich die Welt leider nicht zärtlich über die Wiege der sozialistischen Revolution geneigt hatte. Die Mächte, die sich zu den der Revolution entgegengesetzten Meinungen bekannten, scherten sich wenig um die Regeln des zwischenstaatlichen Umgangs, um Europäertum und Menschlichkeit. Hätte die russische sozialistische Revolution den feindlichen Kreuzern, Bombenflugzeugen, Kanonen und Soldaten lediglich ihre vorzüglichen Ideen entgegenstellen können, so wäre sie blitzartig hinweggefegt worden.

Die neue Welt wird siegen

Und die Revolution steht auch heute in Waffen. Sie stellen eine schreckgebietende Kraft dar und kosten gewaltige Summen. Aber die auf der anderen Seite lassen es — seit nunmehr 52 Jahren — nicht zu, daß sie die Waffen niederlegt.«

Wenn die imperialistische Bedrohung nicht mehr existierte, so schließt der Autor, würde der revolutionäre Mechanismus in einer erstaunlich kurzen Zeit solche verlockenden Lebensbedingungen für den Menschen schaffen, wie sie die Gegner der Revolution zu schaffen niemals imstande sind. Was ihnen dazu fehlt, ist nicht einmal die Kraft und auch nicht der konsumierbare Überschuß. »Ihre Gesellschaft ist einfach schlecht konstruiert.« Der Mensch dagegen wolle »unter sich und unter seinesgleichen verteilen, was gemeinsam durch Schweiß und Talent und durch Träume erschaffen wurde. Diese Welt wird natürlich auch dann kommen, wenn unsere Schritte zu ihr auch weiterhin schwer erkämpft werden müssen.«

(Entnommen dem Zentralorgan der USAP,
»Népszabadság«, übertragen von A. Csongár)
»Neues Deutschland« (Ost-Berlin), 13. 11. 1969

Bei Grass abgeschaltet

Im politischen Selbstbewußtsein gestärkt, trat kürzlich Es-Pe-De-Trommler Grass eine Reise nach Südosteuropa an, um dort der Außenpolitik der Minikoalition in dichterisch-verklärter Form den Boden zu ebnen. Es begann in Rumäniens Hauptstadt Bukarest. Anstatt im »Paris des Ostens« liebliche Seine-Atmosphäre vorzufinden, rissen rauhe Hände aus dem Sortiment der geplanten deutschen Buchausstellung unverhofft jene Werke heraus, die nicht ins östliche Konzept paßten. Auf diese Weise mußten die Rumänen ihrer Rolle als Erfüllungsgehilfe Ulbrichts gerecht werden. Es störte Ost-Berlin, daß Bewohner der Hauptstadt eines mit ihm verbündeten Landes hätten Bücher ansichtig werden können, deren Verfasser die Todsünde der Zonen-Republikflucht begingen. Da halfen weder Proteste noch Drohungen; die Bukarester blieben hart wie Moskau, und die Bücher blieben verschwunden.

Nach diesem Verdruß zog der gescheiterte Amateurdiplomat ins nachbarliche Ungarland. Doch auch dort wollte ihm das Glück nicht hold sein. In Erwiderung einer vorjährigen Ausstellung des V. Budapester Bezirkes in West-Berlin stellte sich dort vom 10. bis 16. November der Bezirk Charlottenburg mit Veranstaltungen vor. Für Günter Grass eine günstige Gelegenheit, die Bukarester Scharte auszuwetzen und das Puſstavolk in Vorträgen und Diskussionen mit seinen politischen Illusionen zu beglücken. Doch bis es soweit kam, schrumpfte das vorher attestierte große Publikumsinteresse auf 25 sorgfältig ausgewählte Politleute zusammen.

Allerdings, dem magyarischen Volk ist damit nichts entgangen, was ihm von praktischem Nutzen hätte sein können. Im Gegenteil. Seitdem seine verzweifelten Hilferufe in den Novembertagen 1956 ohne Widerhall blieben, verhält es sich westlichen Ausländern gegenüber aus wohlüberlegten Gründen reserviert. Besonders wenn es sich dabei um Phantasten handelt, die in dem von 1956 zum Teil jetzt noch gekennzeichneten Budapest trotz Prag 1968 naiverweise immer noch glauben, durch wohlgeformte Worte etwas für Freiheit, Unabhängigkeit und Humanität im westlichen Sinn erreichen zu können. Somit gereichte das Pech von Günter Grass nicht nur den Rumänen, sondern auch den Ungarn nur zum Glück.

»Bayern-Kurier« (München), 6. 12. 1969

Adelbert Reif

Der erste Schritt
Grass in Osteuropa

Soeben hat der Generalsekretär des ungarischen Schriftstellerverbandes, Imre Dobozy, im Anschluß an ein Round-table-Gespräch in Belgrad zum Thema »Revolution und Literatur« im Budapester KP-Organ »Népszabadság« eine Anti-Grass-Polemik veröffentlicht, die sich höchstens im Ton, aber nicht ihrem Inhalt nach von ähnlichen Attacken aus Ost-Berlin unterscheidet.

Günter Grass hatte im Verlauf der Diskussion in Belgrad erklärt, daß die Revolution, genauer gesagt: die sozialistische Revolution, ihre erklärten Prinzipien nicht verwirklichen kann, weil das Organ der Verwirklichung, der revolutionäre Mechanismus, über kurz oder lang selbständig wird. Noch deutlicher: Die Revolution wird aus einem Mittel zum Ziel; statt zu dienen, erteilt sie Befehle. Das heißt: Nicht die Revolution lenkt den Mechanismus, sondern der Mechanismus lenkt die Revolution, die demzufolge auch keine Revolution mehr ist, zumindest nicht das, als was sie begann.

Gewiß, diese Gedankengänge sind nicht neu. Aber die historische Entwicklung seit der Französischen Revolution von 1789 lehrt uns heute, daß tatsächlich keine revolutionäre, auf Umsturz durch Gewalt basierende Bewegung ihr Ziel erreicht hat. Weder gelang es der Französischen Revolution, ihr Postulat von Freiheit, Gleichheit und Brüderlichkeit zu realisieren, noch hat die sozialistische Revolution in Rußland die Diktatur des Proletariats verwirklicht.

Demgegenüber verharrt Imre Dobozy in seiner Polemik auf einem längst überholten und retardierenden Standpunkt. In seinem »Népszabadság«-Artikel erklärt er unter anderem über den »Demokratismus der Revolution«:

»Seit Oktober 1917 haben wir in einigen Ländern gelernt, daß man im Ringen um die revolutionäre Macht der Kraft, des Verstandes, des Einstehens — und der Kritik! — eines jeden möglichen Anteilnehmenden bedarf: Wir lernen es jedoch eben erst, wie man im Besitz der Macht bei der Vorbereitung von national und international gültigen Entscheidungen ... die aktive Anteilnahme der Interessenten bis zum Optimalen steigern kann. Ich weiß, das ist nicht nur Sache des Willens. Aber auch das.«

Nach dieser pseudo-philosophischen Einleitung kommt Imre Dobozy dann zum Kern seines Anliegens:
»Jedenfalls, der widersprüchliche, in vielen Zügen noch unvollkommene Mechanismus leistet Dienst. Er dient dem Sozialismus, und nicht der Sozialismus dient dem Mechanismus. Es scheint Dinge zu geben, die Grass übersieht. Oder wenn er sie sieht, schreibt er ihnen keine Bedeutung zu. Sollte es in seinen Augen egal sein, ob der Mechanismus ein Mittel der Entfaltung einer Wirtschaft in Gemeineigentum oder der Monopole ist? Ob in der Legislative und im Staatsapparat nur die Repräsentanten der Arbeiter, der Bauern und Intellektuellen dabei sind oder aber zum Teil — vielleicht zum überwiegenden Teil — auch die Vertreter der Kapitalisten, der Gutsbesitzer, der Geschäftsleute? Daß wir die Kraft hatten, unsere falschen oder ungesetzlichen Entscheidungen zu korrigieren, daß aber die BRD bis heute nicht die Kraft hatte, die Münchener Entscheidungen zu korrigieren? Daß wir nicht den Henker des vietnamesischen Volkes, sondern den Freiheitskämpfern Waffen liefern? Bedarf es noch weiterer Fragestellungen?«
Hier werden von Imre Dobozy historische Zusammenhänge buchstäblich auf den Kopf gestellt. Der »widersprüchliche, in vielen Zügen noch unvollkommene Mechanismus«, den Dobozy beschwört, ist nämlich im Zeitalter der wissenschaftlich-technischen Revolution relativ und absolut ein jede progressive Entwicklung hemmender Faktor, ganz einfach schon deshalb, weil die Gesamtstruktur dieses »Mechanismus« auf einer zum Staatsdogma erhobenen philosophischen Richtung des 19. Jahrhunderts beruht.
Die Revolution, meint Günter Grass, bringt sich gerade durch die Anwendung der revolutionären Gewalt in die Lage, daß ihr Mechanismus den Händen der Massen gesetzmäßig entgleitet und in die Hände der sogenannten starken Männer oder eines einzigen starken Mannes übergeht. Der weitere Ablauf ist klar: starke Hand, Willkür, Unterdrückung des Volkes.
Natürlich polemisiert Imre Dobozy heftig gegen diese der konservativen kommunistischen Parteidoktrin widersprechende Ansicht:
»Grass kümmert sich nicht um die Umstände, um die historische Konstellation. Das aber ist das Wesentliche ... Griff die Revolution an, oder griff sie erst zu den Waffen, als sie bereits angegriffen war? Alles andere folgt daraus ... Nicht die russische Natur hat die Revolution geändert, im Gegenteil! — die Umstände, die der Revolution aufgezwungen wurden, führten zur Änderung der russischen Natur. Der organisierte Haß, der Boykott, die Reihe von Erniedrigungen und Enttäuschungen, die nazideutschen Divisionen, die an den Grenzen einfielen, die zwanzig Millionen Toten des Zweiten Weltkrieges.«
Das zeigt, wie weit das von ideologischen Dogmen reglementierte Funktionärsdenken hinter der modernen Entwicklung zurückgeblieben ist. Zu einem Zeitpunkt, wo die Menschheit im Begriff steht, auf

der Grundlage der wissenschaftlichen und technologischen Erkenntnisse unseres Jahrhunderts ganz neue Geistesräume zu erobern, wird das gesellschaftliche und das politische Denken der Führungsspitzen in den Ländern Osteuropas noch immer weitgehend vom Fetisch der klassischen Revolution und des sogenannten proletarischen Internationalismus beherrscht.

Doch die Schwäche dieser Position offenbart sich besonders in der Furcht vor kritischen Auseinandersetzungen mit neuen Ideen. Das bekam Günter Grass anläßlich seines Aufenthaltes zur »Charlottenburger Woche« in Budapest deutlich genug zu spüren. Alle Veranstaltungen, an denen Günter Grass teilnahm, fanden praktisch unter Ausschluß der ungarischen Öffentlichkeit statt.

Selbst zu einer Diskussion mit Studenten waren nur 25 sorgfältig ausgewählte Zuhörer erschienen. Weder deutsche noch ungarische Pressekorrespondenten erhielten Zutritt. Bezeichnenderweise schwieg sich auch der deutschsprachige Dienst der ungarischen Nachrichtenagentur MTI über die Budapester Äußerungen von Günter Grass völlig aus. Die ungarische Öffentlichkeit hatte jedenfalls keinerlei Gelegenheit, mit Günter Grass zu diskutieren, seine Ansichten über deutsche und europäische Probleme kennenzulernen und sich selbst ein Urteil zu bilden.

Das ist natürlich kein Zufall. Der Ausschluß von Alexander Solschenizyn aus dem sowjetischen Schriftstellerverband, die gescheiterte deutsche Bücherschau in Bukarest, die Einziehung des Reisepasses des tschechoslowakischen Schriftstellers Pavel Kohout, das kurz nach seiner Prager Premiere von den CSSR-Behörden verbotene Theaterstück »Tango« des Polen Slawomir Mrozek und schließlich die von den ungarischen Kommunisten verordneten Reglementierungen beim Budapester Aufenthalt von Günter Grass müssen im Zusammenhang der Restalinisierungstendenzen innerhalb des Ostblocks gesehen werden.

»Spandauer Volksblatt« (Berlin), 7. 12. 1969

Claus Menzel

Ein Billy Graham der Schreibmaschine

Zur Günter-Grass-Titelgeschichte des US-Magazins »Time«

Auf dem Cover lächelt ein freundlicher Mann mit Schnauzbart, um den Kopf eine Chirurgenlampe gebunden, in deren Spiegel ein treuherziger Spaniel erscheint: Amerikas Nachrichtenmagazin »Time« hat Günter Grass eine Titelgeschichte gewidmet. Als »Romancier zwischen den Generationen«, als »ein Mann, der zu den Jungen sprechen kann«, als Schriftsteller, der den »Zahnarztstuhl zum Sinnbild des Daseins« erhoben hat, tauchte der Friedenauer Sozialdemokrat aus Danzig in diesen Wochen in zirka 12 Millionen amerikanischen und europäischen Familien auf. Ein Ereignis, eine längst fällige Anerkennung der deutschen Gegenwartsliteratur also.

Wir sind wieder wer.

Freilich war der Anlaß für diese Titelgeschichte ausgerechnet das wohl mit Abstand schwächste, dafür aber auch jüngste Buch, das Grass geschrieben hat: »Örtlich betäubt«, die Romanfassung seines Stückes »Davor«, erscheint jetzt in einer amerikanischen Übersetzung. In der Geschichte des Pennälers Scherbaum, der zum Zeichen seines Protestes gegen Grausamkeiten des vietnamesischen Krieges vor den Tortentanten des Berliner Cafés Kranzler seinen Hund rösten will, sieht »Time« nicht nur eine Auseinandersetzung mit dem Graben zwischen den Generationen, sondern auch die Frage nach der Moral des revolutionären Protestes und nach den Gründen für den, so »Time«, offenbar »hilflosen und sicher tragischen Ruin des Liberalismus«. »Time« über Grass: »Mit 42 sieht Grass gewiß nicht aus wie der größte Romancier der Welt oder Deutschlands, obwohl er möglicherweise beides ist.«

Diese — gelinde gesagt — sehr schmeichelhafte Diagnose erklärt sich, wenn man die »Time«-Story daraufhin untersucht, von welchem Bild der deutschen Literatur und der Deutschen der Verfasser ausgegangen ist: »Die Deutschen«, so »Time«, »erwarten von ihren Intellektuellen seelenvolle Weltfremdheit. Die Kunst ist ewiglich, ein Ding für sich und darf nichts mit dem alltäglichen schmutzigen Geschäft zu tun haben, das sich Politik nennt«. Und weiter: »Das letzte, das man in Deutschland von einem Schriftsteller erwartet, ist, daß er einen Es-Pe-De-krächzenden Hahn auf einen alten VW-Bus malt und höchst vulgär für Willy Brandt in den Wahlkampf zieht.«

Damit auch jeder glaubt, daß sich daran bis heute hierzulande nichts geändert hat, ist der Grass-Geschichte ein Foto beigegeben, das — laut Bildtext — deutsche Studenten in einem Münchener Park zeigt: Da sieht man ein paar sehr nette junge Leute in korrekten Anzügen, weißen Kragen, mit säuberlich gebundener, aber etwas gelockerter Krawatte sowie glänzend geputzten Schuhen, die lachend im Kreis um eine brennende Fackel sitzen und Lieder zur Gitarre singen. Das Bild dürfte so alt sein wie Grass' bestes Buch: zirka 12 Jahre also.

Aber vor dem Hintergrund dieser jungen Union muß Grass natürlich wirken wie ein Aufklärer, der mit den unpolitischen Traditionen der deutschen Literatur rücksichtslos gebrochen hat. Vom politischen Engagement eines Heinrich Heine, Theodor Fontane oder Gerhart Hauptmann, um ein paar Klassiker, eines Martin Walser, Hans Magnus Enzensberger, Heinrich Böll, um ein paar zeitgenössische Autoren aufzuführen, sagt »Time« kein einziges Wort. Diese Namen tauchen in der Grass-Geschichte gar nicht erst auf.

Dafür ist um so ausführlicher von Grass selbst die Rede — und das tut Grass nicht gut. Da heißt es beispielsweise: »Grass ist ein Fanatiker der Mäßigung. Er ist gemäßigt in der Art, in der andere Fanatiker sind.« Das politische Programm von Grass besteht, »Time« zufolge, aus der Forderung nach höheren Renten für Kriegerwitwen, höheren Erbschaftssteuern und nach einer Aussöhnung mit der DDR. Eine Ideologie habe Grass nicht, schreibt »Time«, und das findet »Time« denn auch sympathisch. Wie soll Grass da das »apokalyptische Denken« der »revolutionären Extremisten« nicht für »ebenso gefährlich wie den Absolutismus der Nazis« halten? »Falls jemand«, hofft »Time«, »mit den Scherbaums sprechen kann, dann Grass. Aber wie lange noch?«

Diese Frage kann beantwortet werden.

Günter Grass erscheint bei »Time« als eine Art moralische Anstalt, als literarisch ambitionierter Cartwright-Sohn, als ein Billy Graham der Schreibmaschine, kurzum als wandelndes Beispiel für die These, der zufolge Mäßigung aller Laster Anfang ist. Der »Gipfel des Grass-Ruhmes«, den die »Süddeutsche Zeitung« in dieser Titelgeschichte des amerikanischen Nachrichtenmagazins erreicht sieht, ist, rund 12 Jahre nach Erscheinen der »Blechtrommel«, rund neun Jahre nach »Katz und Maus« und rund sieben Jahre nach den »Hundejahren«, in Deutschland schon wieder von Wolkenfeldern verborgen. Aber es ging den »Time«-Schreibern ja wohl auch weniger um den Schriftsteller und mehr um die Figur.

Die Restauration frißt ihre Kinder.

»Berliner Liberale Zeitung«, 1. 5. 1970

Friedhelm Baukloh

Grass-Ruhm

Der »Gipfel des Grass-Ruhms« scheint erreicht, so jedenfalls mutmaßte die »Süddeutsche Zeitung«. Nichts spricht dagegen. Denn in der Tat, das amerikanische Magazin »Time« hat dem Blechtrommler aus West-Berlin eine Titelgeschichte gewidmet. Damit ist Günter Grass, der Friedenauer Sozialdemokrat, zu einer Symbolfigur des American way of life (aus den überseeischen Einflußgebieten des Dollars) emporstilisiert worden. Das Establishment jeder Bananenrepublik in Südamerika würde vor Stolz erröten, wenn einem ihrer literarischen Kostgänger solche Auszeichnung widerführe. Auch die »Süddeutsche Zeitung« sprach in bewegter Beflissenheit von Ehre und Ehrung aus diesem erhabenen Anlaß.

Nun gut, das mag wirklich der Gipfel jenes spezifischen Ruhmes sein, den Günter Grass herbeizutrommeln vermochte. Freilich, ist das nun Weltruhm im Sinne der Unteilbarkeit des Begriffs Weltliteratur, wie ihn Herder ins Bewußtsein rückte? Oder ist das Halb-Welt-Ruhm, eben der Ruhm, den die Reichen ihren Hofpoeten verschaffen und den Herder mit Weltliteratur und literarischem Weltruhm gewiß nicht meinte.

Ein Schriftsteller — und anders würde er sich nicht nennen und nicht genannt werden wollen —, der heute, im Herderschen Sinne, zur Weltliteratur zählt, also in aller Welt gelesen wird in allen Schichten der Lesenden, heißt Heinrich Böll. Er freilich kann gerade deshalb niemals der Star einer Titelgeschichte von »Time« werden. So sehr Grass dafür geeignet ist, so ungeeignet dazu ist Heinrich Böll. Obwohl die kritischen Studenten in den USA sicherlich Böll mehr gelesen und diskutiert haben, und es weiterhin tun, als etwa den »Time«-etablierten Grass.

Allerdings ist der Ruhm, sowohl der Weltruhm wie der Halb-Welt-Ruhm, nicht unbedingt und immer — wie man an diesen beiden konträren Beispielen aus der deutschen Gegenwartsliteratur sieht — ein Mißverständnis. »Time« rühmt an Grass, daß er sich gegen den Kommunismus und für die »gemäßigte Sozialdemokratie« engagiere und der Jugend in Westdeutschland und West-Berlin einen »Rückweg aus der APO« freigeschlagen habe. »Time« wünscht sich für die kritischen Studenten in den USA und für andere kritische Bevölkerungsgruppen auch einen solchen Rückführer, Kritikdämpfer, literarisch daherkommenden Anpassungs-Strategen. Das kann man dem Establishment in den USA nachfühlen. Und so gesehen ist die richtige Symbolfigur von »Time« aufgebaut worden, gleichsam ein Billy Graham der Schreibmaschine.

Freilich, wenn »Time« an Grass seine Gesprächsbereitschaft und an dem Schauspiel »Davor« — sowie dem mit dem gleichen Stoff befrachteten Roman »Örtlich betäubt« — die »großartige Möglichkeit des Dialogs mit der jungen Generation« lobt, die Grass da gefunden und gewiesen habe, dann fällt mir die Aufführung »Davor« in Essen ein. Zum Beispiel, da wollte der Dramaturg der Essener Bühnen, Dr. Peter Männer, der zuvor gegen die Aufnahme dieses Stücks in den Essener Spielplan erfolglos votiert hatte, wenigstens die Diskussion —

zu der Grass angeblich anregen will — nun auch geführt wissen. Er lud also aus Essen und Umgebung junge kritische Köpfe ein, sich die Premiere anzusehen und ihren Standpunkt hinterher mit dem übrigen Premierenpublikum und dem Essener Ensemble zu diskutieren. Diese Diskussion scheiterte daran, daß die bürgerliche Mehrheit der Premierenbesucher das Stück bedingungslos akzeptierte als ihrer Aversion gegen die fortschrittlicher denkenden jungen Menschen und ihrem Antikommunismus genau entsprechend. Jede Diskussion wurde darum als »linksradikaler Radau« abgelehnt. Dr. Peter Männer wurde anschließend, auf Druck u. a. des Essener SPD-Kulturdezernenten, als Dramaturg »gefeuert«. Er verließ noch vor Ende der Saison die Essener Bühnen.

»Erzähler zwischen den Generationen — Ein Mann, der mit der Jugend sprechen kann.« So kündigte »Time« die Titelstory an. Übrigens: Man hat Grass von dem Fall Dr. Männer erzählt, man hat ihm geschrieben, man hat gespannt seiner Stellungnahme entgegengesehen. Sie blieb aus. Er ist fürwahr, »Time« sagte es, »ein Fanatiker der Mäßigung«.

»Deutsche Volkszeitung« (Düsseldorf), 15. 5. 1970

Günter Grass

Was Erfurt außerdem bedeutet

Bürger der Stadt Baden-Baden,

auch für den 1. Mai werden wir uns zu Beginn der siebziger Jahre um einen neuen Inhalt bemühen müssen, wenn er nicht zur feierlich hohlklingenden Leerformel werden soll. Dieser Feiertag darf nicht als Podest für landläufige Lobreden hergeliehen werden.

Der 1. Mai eignet sich nicht für die routinemäßige Beförderung tagespolitischer Gewerkschaftspolitik, so wichtig sie ist, und soviel sie bewegt. Heute, am 1. Mai, soll historischen Ursachen nachgegangen werden, deren Wirkungen uns immer noch einholen und oft genug überrascht sehen.

Nach zwanzig Jahren Bundesrepublik und Deutscher Demokratischer Republik, nach zwanzig Jahren DGB und FDGB, nach nunmehr fünfzehn Jahren Bundeswehr und Volksarmee beginnt, nach dem Regierungswechsel in Bonn, lange verdrängte deutsche Geschichte mit ihren Konsequenzen auf uns zuzukommen: Wir können nicht mehr ausweichen. Des Wunschdenkens überdrüssig, tun wir etwas, das lange unter Verbot stand: Wir beginnen, Wirklichkeit anzuerkennen.

Diese Wirklichkeit ist nicht erfreulich. Sie schmerzt, weil sie Teilung bewußt macht; und manch einer mag bedauern, daß die alten und so harmonischen Wunschbilder dank neuer Politik archiviert worden sind.

Das Wort »Wiedervereinigung« und der Wunsch nach Wiedervereinigung waren zwanzig Jahre lang stärker als die uns täglich belehrende Realität. Man muß nur fest daran glauben! so hieß es. Und wenn immer wir Anlaß sahen zur Feier — sei es am 17. Juni, sei es am 1. Mai —, begannen wir, uns diesen Ersatzglauben abzuverlangen und einzuschwören.

Doch der Glaube an die Wiedervereinigung hat keinen Berg, geschweige denn die Berliner Mauer versetzen können. Heute wagen wir auszusprechen, was viele wußten, aber nur hinter der hohlen Hand sagten, was viele ahnten, sich aber aus allzu verständlicher Gutgläubigkeit nicht eingestehen wollten.

Es wird keine Wiedervereinigung geben: keine unter den Vorzeichen unseres Gesellschaftssystems, keine unter kommunistischen Vorzeichen. Zwei deutsche Staaten deutscher Nation, die gegensätzlicher und einander feindlicher nicht gedacht werden konnten, müssen lernen, nebeneinander zu leben und miteinander die Hypotheken gemeinsamer Geschichte zu tragen.

Wie macht man das? Wir haben so wenig Praxis. Wie lebt man neben- und miteinander? Wir haben die Bilder aus Erfurt gesehen. Willy Brandt und Willi Stoph: zwei Männer, die sich kühl einzuschätzen wußten. Zwei Politiker auf schmalem Grat: den einen möchte Herr Strauß zum Stolpern bringen; der andere spürt seinen parteiinternen Gegenspieler Honecker im Rücken. Honecker und Strauß: ideologisch liegen Welten zwischen ihnen, aber das Dogma des kalten Krieges eint sie und läßt sie auf einen Mißerfolg des Erfurter Beginns hoffen. Oft hat es den Anschein, als gäbe es gesamtdeutsche Gemeinsamkeiten nur noch in der absoluten Verneinung.

Aber wir sahen auch den Platz zwischen Bahnhof und Hotel. Spontane Freude und vorsichtige Hoffnung ließ sich den Fotos ablesen, aber auch die bestellte und verbitterte Gegenagitation.

Was wir nicht sahen, aber mittlerweile wissen, daß einige Bürger der DDR, nur weil sie spontan reagierten, in Schwierigkeiten gerieten, weil der Kommunismus keine Spontaneität duldet und weil die inhumane Konsequenz des kommunistischen Dogmas selbst dort Härte unter Beweis stellen muß, wo das Eingeständnis der Schwäche den verantwortlichen Politikern der DDR Sympathie eintrüge.

Dabei hat sich in Erfurt nur Freundliches zugetragen: Wir erlebten, daß ein Politiker, den man vor kurzer Zeit noch in beiden deutschen Staaten, also zweistimmig diffamiert hat, das Vertrauen unserer benachbarten Landsleute besitzt: Willy Brandt trat ans Fenster, nicht um Ovationen entgegenzunehmen, sondern um zu danken und um Rücksicht für seine schwierige Aufgabe zu bitten.

Man verstand ihn. Aber haben wir jenes Bild verstanden, das den Bundeskanzler der Bundesrepublik im ehemaligen Konzentrationslager Buchenwald zeigte? Eine Kranzniederlegung. Nur die übliche Geste? Oder mehr? Im Konzentrationslager Buchenwald wurden deutsche Kommunisten und Sozialdemokraten von deutschen Nationalsozialisten ermordet. Wo wir auch hintreten, wir stoßen uns an den harten Rückständen der Vergangenheit. Kaum eine Grundlage, die nicht doppelbödig, kaum ein Wort, das nicht doppelsinnig wäre.

Auch Erfurt bedeutet mehr als das Treffen vom 19. März 1970. In der über hundertjährigen Geschichte deutscher Sozialdemokratie und deutscher Gewerkschaftsbewegung beweist die Geschichte der Stadt Erfurt bedrückenderes Gewicht, als sich viele Sozialdemokraten und Gewerkschaftler eingestehen wollen.

Es sollte Ihnen und mir ein nützliches Vergnügen sein, heute, am 1. Mai, zurückzublicken, damit wir uns daran erinnern, was Erfurt außerdem bedeutet.

1891, ein Jahr nach dem Fortfall der Bismarckschen Sozialistengesetze, fand in Erfurt ein Parteitag der Sozialdemokratischen Partei Deutschlands statt. Auf diesem folgenreichen Parteitag wurde das Erfurter Programm verabschiedet. An diesem Parteiprogramm entzündete sich ein parteiinterner Streit, der lange anhielt, bald die Arbeiterbewegung in ganz Europa erschütterte und unter kaum veränderten Vorzeichen sogar heute noch stattfindet: Ich spreche vom Revisionismusstreit und seinen Folgen, von einem Konflikt also, der die sozialistische Arbeiterschaft jahrelang geschwächt, später endgültig gespalten und am Ende in tödliche Feindschaft geführt hat. Erfurt 1891 — und Erfurt 1970: die Geschichte wiederholt sich nicht, aber sie hat ein Elefantengedächtnis. Blättern wir zurück:

Bis zum Erfurter Parteitag war die deutsche Sozialdemokratie mehr von den Theorien Lasalles als von Marx und Engels geprägt. Als die Eisenacher Sozialdemokraten unter Bebel und die Lasalleaner 1869 in Gotha die Sozialdemokratische Arbeiterpartei gründeten, blieben Marx und Engels skeptisch. Distanz und Mißtrauen, gegenseitige Bewunderung und zunehmende Mißverständnisse lagen zwischen der praktischen Arbeit der deutschen Sozialdemokraten und den beiden gestrengen Theoretikern im Londoner Exil. Selbst August Bebels Emanzipationsschrift »Die Frau und der Sozialismus« war eher von dem französischen Frühsozialisten Charles Fourier denn von Marx und Engels beeinflußt.

Das bis dahin vorliegende, auf dem Parteitag in Gotha verabschiedete Programm war seinerzeit von Karl Marx heftig kritisiert worden; sein Verfasser, Wilhelm Liebknecht, konnte sich seitdem nicht mehr als erster Programmatiker der Partei behaupten.

Während der zwölfjährigen Verfolgungszeit, der Zeit der Sozialistengesetze, waren alle sozialdemokratischen Zeitungen und Zeitschriften verboten gewesen. Nirgends hatte sich der Ort gefunden, die Theorien des Ferdinand Lassalle weiterzuentwickeln und sie von den Fesseln preußisch-staatssozialistischer Voreingenommenheit zu befreien. Zwar überlebte die SPD die Verfolgungszeit, stark an Mitgliedern und neuen Hoffnungen, aber sie befand sich in einem geistigen und theoretischen Vakuum.

Einzig die beiden sozialdemokratischen Theoretiker Karl Kautsky und Eduard Bernstein hielten während der achtziger Jahre engen Kontakt mit Friedrich Engels: gestützt auf ihn und auf die Autorität August Bebels verfaßten sie das Erfurter Programm. Wenige Jahre nach Karl Marx' Tod fanden zum erstenmal marxistische Wissenschaftlichkeit und marxistischer Dogmatismus in die programmatischen Grundlagen der deutschen Arbeiterbewegung. Das Erfurter Programm ist in zwei Teilen angelegt: auf Kautsky läßt sich der theoretische Teil, auf Bernstein der praktische Teil zurückführen. Von dieser Dualität zwischen revolutionärer Forderung und praktischem Reformwillen datiert der Beginn der Parteispaltung in Revolutionäre einerseits und Reformisten andererseits. Kautsky und Bernstein, die Väter des Erfurter Programms, sind auch die Väter des bis heute anhaltenden Konfliktes. Es war gewiß nicht ihre Absicht gewesen, die Partei zu spalten; es sind die schon bei Marx gesetzten Widersprüche im Marxismus gewesen, die eine dialektische Synthese von Theorie und Praxis nicht zulassen wollten.

Fast könnte man meinen, die sozialistische Arbeitswoche sei, laut Erfurter Programm, eingeteilt gewesen in einen revolutionären Sonntag und in sechs praxisüberladene, die Reform betreibende Wochentage. Dabei war der Revolutionsanspruch des Kautsky- und Bebel-Flügels rein rhetorischer Natur. Die Reformpolitiker Bernstein und Vollmar spotteten über die revolutionären Sonntagsreden einiger Sozialdemokraten, die wochentags nüchtern und praktisch ihrer mühsamen Reformarbeit nachgingen.

Hier nun die Gegensätze im Erfurter Programm:

Kautsky — und mit ihm Bebel — setzen ein Endziel: die Verwandlung des kapitalistischen Privateigentums an Produktionsmitteln in gesellschaftliches Eigentum. Beide bauen auf die marxistische Theorie vom bald zu erwartenden Zusammenbruch und Ableben des Kapitalismus und damit der bürgerlichen Gesellschaft. Ihr Programm, soweit es theoretisch bleibt, bedeutet eine radikale Kampfansage an das bestehende Gesellschaftssystem; es schließt eine Zusammenarbeit im Parlament, selbst in der Rolle der Opposition, von vornherein aus.

Demgegenüber das praktische Arbeitsprogramm: Bernstein und Georg von Vollmar, der in der Programmkommission mitarbeitet, bieten einen handfesten Katalog zur Verbesserung der sozialen Lage der Arbeiter und der Frauen. Durchaus wird an die staatliche Sozialgesetzgebung angeknüpft, wird das Parlament als demokratischer Arbeitsplatz für die geplanten Reformen anerkannt, werden sozialdemokratische Ziele genannt, die damals schon praktische Politik bedeuteten, obgleich sie erst Jahrzehnte später erreicht werden: zum Beispiel das Frauenwahlrecht und die Abschaffung der Todesstrafe.

Die Tendenz des praktischen Programmteils zielt auf den Ausbau einer teils plebiszitären, teils repräsentativen Demokratie, in der die »Selbstverwaltung des Volks in Reich, Staat, Provinz und Gemeinde« sowie die »Wahl der Behörden durch das Volk« Gewicht haben.

Wenn wir heute nach den Ursachen fragen, die die nahezu tragikomischen Gegensätze im Erfurter Programm so verwirrend wirksam sein ließen, dann gibt der Hinweis auf Marx und seine den Untergang des Kapitalismus suggerierende Katastrophentheorie nur eine Teilantwort. Es ist die lange Zeit der Unterdrückung gewesen, die selbst bei den gemäßigten Sozialdemokraten die Hoffnung auf Befreiung durch Revolution hat wachsen lassen. Der Briefwechsel zwischen August Bebel und Friedrich Engels belegt, wie jede Krise im kapitalistischen Wirtschaftssystem die Spekulationen dieser beiden sonst so nüchternen Männer zu fördern imstande gewesen ist. Man hoffte geradezu auf die Verelendung der arbeitenden Massen und war dennoch bereit, durch alltägliche Reformarbeit der Verelendung entgegenzuwirken. Die Revolution galt als heiliger Glaubensartikel, doch die soziale Not war vordringlicher. August Bebel hat zur Zeit der Sozialistengesetze, während zwölfjähriger Verfolgung, diesen Zwiespalt überbrücken können; er selbst, in seinem Glauben an die Revolution und in seiner Praxis als großer Parlamentarier, war Teil und Ausdruck dieses Zwiespalts.

Insgesamt läßt sich sagen, daß der theoretische Teil des Erfurter Programms eine Gesellschaftsform ablehnt, die der praktische Teil des gleichen Programms als gegeben ansieht, zur Demokratie ausbauen und durch soziale Reformen festigen will.

Ein gutes Jahrhundert später wird es wenig Sinn haben, besserwisserisch Schelte anzumelden und einerseits den Verrat der revolutionären Ideen, andererseits die unwissenschaftliche Praxisferne anzuklagen. Wir haben wenig Vorstellung von den Belastungen durch die Sozialistengesetze. Wir ahnen kaum, wie groß August Bebels Leistung gewesen ist, als es darum ging, die mittellose und desorganisierte Arbeiterbewegung über eine zwölfjährige Durststrecke zu erhalten. Damals fand das Erfurter Programm den Beifall der ganzen Partei; es wurde fast einstimmig angenommen. Man war nach der Zeit der Verfolgung froh, wieder Boden unter den Füßen zu haben.

Heute erkennen wir: Unvereinbar, ja, einander ausschließend standen sich Theorie und Praxis gegenüber, geeignet, die Arbeiterbewegung nicht nur in Deutschland, sondern, wie sich zeigen sollte, in ganz Europa zu spalten. Denn die Deutsche Sozialdemokratische Partei galt in Europa als Beispiel: in ihrer Stärke und Schwäche machte sie Schule.

Schon wenige Jahre später versuchten die Praktiker der Politik, den unheilvollen Gegensatz zwischen der Praxis und der utopischen, teilweise unwissenschaftlichen Theorie zu überbrücken, indem sie auf den folgenden Parteitagen eine Revision des Erfurter Programms betrieben: man nannte sie »Revisionisten«; ein politisches Schimpfwort, das sich bis in unsere Zeit gehalten hat: Alexander Dubcek und Ota Sik, die Theoretiker des tschechoslowakischen Reformkommunismus, wurden nach der Okkupation der CSSR als Revisionisten verketzert.

Wer die Geschichte nach Vergleichbarem befragt, wird in den Ketzerprozessen des Mittelalters ähnlich dogmatische Versteinerung finden: ob Giordano Bruno oder die Albigenser, ob Hussiten oder Lutheraner, sie alle galten dem katholischen Dogma als Revisionisten und zahlten dafür.

Eduard Bernstein, der bedeutendste Revisionist seiner Zeit, unterlag damals dem verbal-revolutionären Flügel seiner Partei. Erst heute begreifen wir, mit welchem Weitblick und wie wissenschaftlich kühl Bernstein seiner Zeit voraus gewesen ist.

Indem er frühzeitig dem Endziel »Diktatur des Proletariats« widersprach, wurde er später, als Lenin diesen Weg beschritt, zu einem der ersten Kritiker des kommunistischen Totalitarismus.

Bernstein hat es als erster gewagt, dem marxistischen Aberglauben vom baldigen Zusammenbruch der bürgerlich-kapitalistischen Gesellschaft zu widersprechen.

Er warnte davor, den Wunsch und das Wunschdenken zur Theorie zu erheben. Er hat nachgewiesen, daß die kapitalistische Wirtschaft »Anpassungsmöglichkeiten« besitzt, also keinen unumstößlichen, von Marx bis in alle Ewigkeit dauernden Gesetzen folgt. Dennoch: so oft sich Bernsteins Analyse bestätigt hat, innerhalb der sozialistischen Parteien konnten Wunschdenken und dogmatischer Aberglaube überleben.

Um ein Beispiel aus unserer Zeit zu nennen: Wo immer die Neue Linke den Kapitalismus als »Spätkapitalismus« bezeichnet, hängt sie dem überlieferten Wunschdenken an, indem sie beweislos suggeriert, der Kapitalismus befinde sich in einer Spät-, also Endphase.

Dabei könnte uns die Geschichte lehren, daß der Kapitalismus so alt oder so jung wie der Sozialismus ist, daß sie einander bedingen und beeinflussen, ja, daß die Enteignung des Privatkapitals unter dem Druck der Diktatur des Proletariats nicht etwa zum Untergang des Kapitalismus, sondern zu einer neuen, durch Lenin etablierten Unterdrückungsform, zum sozialistischen Staatskapitalismus geführt hat: Als Willy Brandt und Willi Stoph, der Sozialdemokrat und der Kommunist, einander in Erfurt begegneten, repräsentierten sie, außer der historischen Spaltung des Sozialismus und der Nation, jeweils die privatkapitalistische und die staatskapitalistische Gesellschaftsordnung: Zu Recht hat Eduard Bernstein vor mehr als siebzig Jahren von den »Anpassungsmöglichkeiten« der kapitalistischen Wirtschaft gesprochen; sie ist auf Privatbesitz nicht festgelegt.

Doch bevor ich abermals über Erfurt 1970 spreche, will ich noch einmal an Erfurt 1891 erinnern. Es lohnt sich, zurückzublättern und den Ursachen sozialistischer Selbstzerstörung wie den Anfängen moderner sozialdemokratischer Reformpolitik nachzugehen. Denn so folgenreich das Erfurter Programm die europäische Arbeiterbewegung schwächte und schließlich spaltete, so nachhaltig haben die ihm folgenden Auseinandersetzungen das Selbstbewußtsein jener Arbeiter gestärkt, die sich unmittelbar am Arbeitsplatz organisiert hatten: Der Beginn des Revisionismus datiert den Beginn des politischen Machtzuwachses der Gewerkschaftsbewegung. Die Genossenschaftler und Gewerkschaftler, die tagtäglich mit den praktischen Anforderungen der Politik konfrontiert wurden, verstanden als erste, wie notwendig es war, die weltfremden Theorien des Erfurter Programms einer Revision zu unterwerfen.

Bernsteins Konzept einer genossenschaftlichen Durchdringung und Kontrolle der Produktionsmittel kann als erster Entwurf heute diskutierter Modelle der Mitbestimmung gelten. So ist auch das Godesberger Programm als ein später Sieg revisionistischer Reformpolitik zu verstehen. Allein deshalb verlangt es jetzt schon nach Revision, weil alle Reformpolitik der permanenten Revision bedarf.

Die Mitbestimmung, insofern sie sich als wirksames Kontrollinstrument versteht, könnte die demokratische Alternative sein zum überlieferten Privatkapitalismus unserer Gesellschaftsordnung wie zum überlieferten Staatskapitalismus der kommunistischen Gesellschaftsordnung: nur als eine Gesamtform in allen Bereichen der Gesellschaft wird sie sich — in den Schulen und Universitäten, am Arbeitsplatz wie im Rechtswesen — verwirklichen lassen. Als einer Reformaufgabe ist ihr der evolutionäre Weg vorgeschrieben.

Es würde wenig Sinn haben, für die Mitbestimmung nach dem Beispiel des Erfurter Programms eine revolutionäre Theorie als Schrittmacher zu entwerfen. Denn soviel sollte uns der Rückblick in die Geschichte lehren: Ein Parteiprogramm, dessen theoretischer Teil revolutionäre Sprungtechnik übt, während sein praktischer Teil die langsamen Pflichtübungen der Reform vorschreibt, wird allenfalls die Bewußtseinspaltung fördern: es gibt keine springenden Schnecken.

Aber — so fragen wir uns — kann es nach der Spaltung der Arbeiterbewegung nicht endlich doch noch zu einer Aussöhnung zwischen Revisionisten und Reformisten, zwischen Kommunisten und Sozialdemokraten kommen?

Könnte es sein, daß die Begegnung zwischen Willy Brandt und Willi Stoph auch in diese Richtung einen Anfang setzen kann?

Wer genau hinsieht, der vermag zu erkennen, daß auf dem Verhandlungstisch in Erfurt 1970 auch jene Konflikte als Zündstoff lagen, die vor nunmehr bald achtzig Jahren im Erfurter Programm ihren ersten Ausdruck fanden. Zu lange ist der undogmatische Weg zum Sozialismus als Revisionismus diffamiert worden.

Zu hoch sind die Kosten und Opfer gewesen, die dem revolutionären Teil der europäischen Arbeiterbewegung zu Buche schlugen.

Zu groß ist der Verlust an demokratischen Grundrechten in den kommunistischen Staaten, als daß ihn die Verwandlung des Privatkapitalismus in Staatskapitalismus, also der Austausch einer älteren Unterdrückungsform gegen eine neuere, aufwiegen könnte.

Sozialdemokratie und Kommunismus können wohl nebeneinander existieren; vermischen lassen sie sich nicht.

Wer hier eine Wiedervereinigung träumt, wird sich an Realitäten sehr bald wachstoßen.

Wer hier auf Hoffnung baut, dem hat die Geschichte keine Lehre erteilen können.

Unversöhnlich sieht der Kommunismus in der Sozialdemokratie immer noch seinen ersten Gegner. Man schlage Ulbrichts Sprachgebrauch nach: Revisionismus, Reformismus, Sozialdemokratismus sind ihm gleichermaßen ketzerisch und der Verfolgung preisgegeben.

Doch auch im Westen ist der Revisionismusstreit bis heute nicht abgeschlossen. Wer die studentischen Diskussionen der letzten drei Jahre aufmerksam verfolgt hat, dem mußte bald auffallen, daß sich die revolutionären Forderungen einer Minderheit nicht mit den Reformzielen einer Mehrheit verbinden ließen.

Wie heftig und doch auch wie anachronistisch wurde der Streit um die Rechtmäßigkeit der Gewaltanwendung geführt. Wie rhetorisch war der Gebrauch des Wortes »Revolution«, und wie modisch wechselten die revolutionären Attitüden.

Wie verbittert bekämpften sich selbst innerhalb des revolutionären Flügels die einzelnen Gruppen, und wie unbelehrbar durch geschichtliche Erfahrungen bezichtigten sie einander.

Doch was der SDS an Gruppenkämpfen zu bieten hatte, war nur ein Reflex der zunehmend weltweiten Spannungen innerhalb des kommunistischen Sozialismus. Die gleiche Sowjetunion, die zuerst den jugoslawischen Titoismus und dann den tschechoslowakischen demokratischen Sozialismus als Revisionismus bekämpft hat, wird heute von der chinesischen Volksrepublik der gleichen Ketzerei angeklagt.

Es fragt sich wohl niemand mehr, was das Wort »Revisionismus« bedeutet, und wie notwendig die permanente Revision des Bestehenden ist. Ungeprüft wurde und wird das mittlerweile klassische Schimpfwort übernommen; dabei besteht Anlaß, angesichts so vieler dogmatischer Verhärtungen die Beschuldigung »Revisionist!« wie einen Ehrentitel zu tragen.

Also benutze ich den 1. Mai 1970 als Anlaß, den vielverketzerten Eduard Bernstein einen bedeutenden und weitblickenden Sozialdemokraten zu nennen.

Solche Gedächtnisstützen sind notwendig. Allzu fahrlässig und vergeßlich sind die SPD und der Deutsche Gewerkschaftsbund mit ihrer eigenen Vergangenheit umgegangen. Allzuoft genieren sich heute junge Sozialdemokraten, den Namen Eduard Bernstein zu nennen, obgleich sie wie Revisionisten die Verhärtungen in der eigenen Partei bekämpfen: das Gift der Diffamierung wirkt bis in unsere Tage.

Eduard Bernstein wurde 1850 als siebtes Kind eines Lokomotivführers in Berlin geboren. Als Zweiundzwanzigjähriger wurde er Mitglied der damals seit drei Jahren bestehenden Sozialdemokratischen Arbeiterpartei. Von Beruf war Bernstein Bankangestellter. Zur Zeit der Sozialistengesetze mußte er Deutschland verlassen. Sieben Jahre lang war er Redakteur der Zeitschrift »Socialdemokrat« in Zürich. Danach lebte er in London und hielt engsten Kontakt mit Friedrich Engels, dessen Nachlaßverwalter er ab 1895 wurde. Der lange England-Aufenthalt hat Bernsteins Verhältnis zur Demokratie und besonders zum Parlamentarismus geprägt und für die deutsche Sozialdemokratie wirksam gemacht. Seit dem Erfurter Parteitag begann er, die parteioffizielle Marx-Orthodoxie zu kritisieren und an der allseits praktizierten Reformpolitik zu messen. Sein Hauptwerk »Die Voraussetzungen des Sozialismus und die Aufgaben der Sozialdemokratie« ist die theoretische Zusammenfassung seiner Revision. Da er im Verlauf des Ersten Weltkrieges gegen die Bewilligung der Kriegs-

kredite stimmte, schloß er sich zeitweilig der USPD an. Heftig angegriffen und verleumdet, hat Eduard Bernstein bis zu seinem Tod,
1932, die Grundlagen für eine moderne und undogmatische Sozialdemokratie erarbeitet. Wenn heute zum ersten Mal sozialdemokratische Politik in der Bundesrepublik regierungsverantwortlich zeichnet,
dann kommt der Vorarbeit Eduard Bernsteins ein Großteil Verdienst
an diesem Erfolg zu.

Wer Erfurt 1970, die Begegnung zwischen dem Sozialdemokraten
Willy Brandt und dem Kommunisten Willi Stoph, voll begreifen
will, der wird Erfurt 1891, also das Erfurter Programm und dessen
Auswirkungen, zur Kenntnis nehmen müssen. Geschichtliche Ereig-
nisse sind nicht isoliert zu verstehen. Die Spaltung der deutschen
Arbeiterbewegung und die Spaltung der deutschen Nation sind
Wirklichkeiten von heute, deren Ursachen allzu lange verdrängt
worden sind.

Die Geschichte bietet uns keinen Trost. Harte Lektionen teilt sie
aus. Zumeist liest sie sich absurd. Zwar schreitet sie fort, aber Fortschritt ist nicht ihr Ergebnis. Die Geschichte schließt nicht ab: wir befinden uns in und nicht außerhalb der Geschichte. Ich sprach vom
jüngsten geschichtlichen Anlaß: Erfurt 1970. Kein besserer Tag als
der 1. Mai, uns alle daran zu erinnern, was Erfurt außerdem bedeutet.

[Rede am 1. Mai 1970 in Baden-Baden]

Prof. Dr. Dieter Fricke, Direktor der Sektion Philosophie
und Geschichte der Friedrich-Schiller-Universität Jena

Herr Grass, springende Schnecken und das west-
deutsche Hotelfrühstück

Der Westberliner Schriftsteller Günter Grass hat im Mai vor Ein-
wohnern der Stadt Baden-Baden eine Rede gehalten, für die er sich
bemüßigt fühlte, Geschichtliches aus der Arbeiterbewegung auszuwählen, »dessen Parallelen heute unübersehbar« wären. Grass, der für
die rechten Sozialdemokraten die Blechtrommel rührt, beschäftigte
sich vor allem mit dem Erfurter Parteitag der deutschen Sozialdemokratie von 1891, seiner Vorgeschichte und seinen Folgen. Daß
er dabei die Geschichte der deutschen Arbeiterbewegung verfälschte,
ist angesichts seiner marxismusfeindlichen, antikommunistischen
Grundhaltung nicht weiter verwunderlich und wird auch in einer
»Arbeiter«-Stadt wie Baden-Baden nicht weiter aufgefallen sein.

So lobte er z. B. den Erzvater des Revisionismus, Eduard Bernstein, über den grünen Klee und kam aus dem Staunen gar nicht
mehr heraus, welchen »Weitblick« dieser doch gehabt hätte und »wie
wissenschaftlich kühl« er seiner Zeit voraus gewesen wäre. Herr

Grass kann es überhaupt nicht verstehen, daß sich heute »allzuoft« junge Sozialdemokraten genieren würden, den Namen Bernsteins zu nennen. Geflissentlich übersieht er jedoch, daß sein angeblich so bedeutender und weitblickender Held Theorien verbreitet hat, die schon längst durch die Praxis des Klassenkampfes widerlegt worden und auf dem Müllhaufen der Geschichte gelandet sind. Es macht ihm jedoch nichts aus, hier etwas großzügiger mit den Lehren der Geschichte umzugehen.

Der von Herrn Grass so überschwenglich gelobte Revisionismus ist bekanntlich nicht zufällig um die Jahrhundertwende entstanden. Zwischen ihm und dem Imperialismus besteht ein gesetzmäßiger Zusammenhang. Revisionismus in der Arbeiterbewegung – das bedeutet, wie die Geschichte lehrt, Umwandlung der revolutionären deutschen Sozialdemokratie in eine reformistische Arbeiterpartei, den offenen Übergang ihrer opportunistischen Führer am 4. August 1914 in das imperialistische Burgfriedenslager, freie Hand für die extrem-reaktionären Kräfte, die infolge dieser verderblichen Politik des Revisionismus dem deutschen Volk unermeßlichen Schaden zufügen konnten.

In seiner Rede auf der XIII. Arbeiterkonferenz der Ostseeländer, Norwegens und Islands in Rostock hat Walter Ulbricht darauf hingewiesen, wie »äußerst schlecht« es für Westdeutschland ist, »daß die Führung der westdeutschen Sozialdemokratie sich bisher so hartnäckig geweigert hat, die notwendigen Lehren aus der Geschichte zu ziehen und es statt dessen ... vorzog, bürgerlich-parlamentarischen Illusionen nachzulaufen und die wirkliche Macht den militaristischen, imperialistischen und faschistischen Kräften zu überlassen«.

Herr Grass rechtfertigt eine solche verantwortungslose Haltung nicht nur durch seinen geschichtlichen Exkurs, sondern er stellt auch die Notwendigkeit, Lehren aus der Geschichte im Sinne einer grundlegenden Veränderung der gesellschaftlichen Verhältnisse in der westdeutschen Bundesrepublik zu ziehen, in Frage. Es ist ihm unverständlich, daß die demokratischen Kräfte den gegenwärtigen Kapitalismus als Spätkapitalismus einschätzen. Sie würden damit einem »überlieferten Wunschdenken« anhängen und »beweislos« suggerieren, »der Kapitalismus befinde sich in einer Spät-, also Endphase«. Die Geschichte dagegen lehre, »daß der Kapitalismus so alt oder so jung wie der Sozialismus ist«.

Verbal soll hier also das spätkapitalistische System einer Verjüngungskur unterzogen und das Rad der Geschichte zurückgedreht werden. Aber die gesellschaftliche Wirklichkeit ist stärker als jede Beredsamkeit des Herrn Grass. Auf Schritt und Tritt bestätigt sich in der westdeutschen Bundesrepublik, diesem imperialistischen Staat, daß der heutige Kapitalismus sterbender Kapitalismus ist und deshalb, wie Lenin genial nachgewiesen hat, unausbleiblich durch den Sozialismus abgelöst werden wird. Der Sozialismus wird auch um

Westdeutschland keinen Bogen machen, weil er sich gesetzmäßig aus den Erfordernissen der dortigen gesellschaftlichen Entwicklung ergibt.

Herr Grass ignoriert das einfach und will von der entscheidenden Erkenntnis ablenken, die Walter Ulbricht auf der 13. Tagung des Zentralkomitees der SED formuliert hat: »Zwischen dem westdeutschen Spätkapitalismus und dem Sozialismus liegen Welten, und es gibt keine Gemeinsamkeit. Wenn sozialdemokratische Funktionäre Demokratie und Sozialismus wollen, dann müßten sie in Westdeutschland die demokratische und danach auch die sozialistische Umwälzung durchführen. Wir haben nicht den Eindruck, daß das die Absicht der sozialdemokratischen Führung ist.«

Um diese in ihrer der Gesetzmäßigkeit der gesellschaftlichen Entwicklung hohnsprechenden Auffassung zu bestärken und die Mitglieder und Anhänger der SPD noch nachhaltiger auf Reformen im Interesse der Erhaltung der Herrschaft des staatsmonopolistischen Kapitalismus in Westdeutschland zu orientieren, hat Herr Grass noch einmal tief in die Geschichte hineingegriffen. Dabei fiel ihm bezeichnenderweise nichts Besseres — oder Dümmeres — ein, als das Erfurter Parteiprogramm der deutschen Sozialdemokratie von 1891 als Demonstrationsobjekt zu wählen. Dieses Programm manifestiert die Durchsetzung des Marxismus in der Sozialdemokratischen Partei Deutschlands. Für die damaligen Bedingungen des Klassenkampfes brachte es in vorbildlicher Weise den dialektischen Zusammenhang zwischen Reform und Revolution, zwischen Demokratie und Sozialismus zum Ausdruck.

Für Herrn Grass darf es so etwas jedoch nicht geben. Indem er beide Seiten des Erfurter Parteiprogramms isoliert betrachtet, kommt er zu der für seine Denkweise charakteristischen Schlußfolgerung: »Ein Parteiprogramm, dessen theoretischer Teil revolutionäre Sprungtechnik übt, während sein praktischer Teil die langsamen Pflichtübungen der Reform vorschreibt, wird allenfalls die Bewußtseinsspaltung fördern: Es gibt keine springenden Schnecken.«

Ohne im »Urania-Tierreich« nachschlagen zu müssen, werden wir der letzten Behauptung Glauben schenken können. Aber das ändert nichts daran, daß die Denkweise des Herrn Grass den von ihm apostrophierten springenden Schnecken ähnelt. Von Dialektik ist überhaupt nichts zu spüren, und das ist kurz vor dem 200. Geburtstag Hegels besonders peinlich. Jedoch mag das Herr Grass mit sich selbst abmachen, blamiert sich bekanntlich jeder, so gut er kann. Entscheidend für uns ist die falsche Zielrichtung, die er den demokratischen Kräften und der westdeutschen Bevölkerung weisen möchte.

Beachtliche Teile der Bevölkerung Westdeutschlands sind bereits von einem Klärungsprozeß erfaßt, wie Walter Ulbricht auf der 13. Tagung feststellte. Er befindet sich aber erst am Anfang und wird nur dann erfolgreich weitergehen und auch gesellschaftlich wirksam

werden, wenn er mit einer grundsätzlichen Auseinandersetzung mit den neofaschistischen und sonstigen reaktionären Kräften verbunden ist.

Diesen Klärungsprozeß möchte Herr Grass mit seinem kühnen Vergleich von den springenden Schnecken stören. Neu ist das nicht bei ihm, hat er doch schon in einer Wahlrede zu den Bundestagswahlen 1965 seinen Lieblingswunsch verraten: »Solide, etwas farblose Sozialdemokratie. Und kein Gedröhn mehr über Schicksalsgeraune... Ohne den alten Schuh Weltanschauung... Streitbar im Kampf um die Grünanlagen. Unerbittlich, wenn es um Spesenabrechnungen geht. Es ließen sich Revolutionen entfesseln, die dem heruntergekommenen deutschen Hotelfrühstück zu Leibe rücken.«

Am Schluß seiner Rede in Baden-Baden mußte Herr Grass feststellen, daß die Geschichte ihm und seinesgleichen keinen Trost bieten, harte Lektionen austeilen und sich zumeist absurd lesen würde. »Zwar schreitet sie fort, aber Fortschritt ist nicht ihr Ergebnis.« Wer sich absurd liest, die Geschichte oder die Elaborate des Herrn Grass, das ist noch eine große, aber doch ebenso leicht beantwortbare Frage wie die nach den springenden Schnecken.

»Volkswacht« (Ost-Berlin), Beilage vom 7. 8. 1970

Günter Grass: Kalte Heimat

Es-Pe-De-Wahlhelfer Günter Grass will deutscher Kultur und seinem Kanzler Willy Brandt einen Dienst erweisen: Statt die Ostpolitik der Bundesregierung zu bekämpfen, sollen sich die Vertriebenen in Zukunft um böhmischen Barock, Immanuel Kant und schlesische Mundart kümmern.

Der Plan des Dichters aus Danzig: eine Stiftung, die mit wissenschaftlichen Methoden für die »Bewahrung der kulturellen Substanz der verlorenen Gebiete im Osten« (Grass) sorgt. Die Millionen, die bisher aus Bund und Ländern für kulturelle Zwecke in die Kassen der Vertriebenenverbände fließen, sollen in die politisch neutrale Kulturstiftung umgeleitet werden.

Für sein Vorhaben, das er gemeinsam mit dem Hamburger SPD-Innensenator Heinz Ruhnau — ebenfalls Danziger — betreibt, darf Grass auf das Wohlwollen der sozialliberalen Kabinettsherren rechnen: »Ich weiß, daß das Interesse daran bei Willy Brandt sehr groß ist.« Bundesinnenminister Hans-Dietrich Genscher, in dessen Ressort das frühere Bundesvertriebenenministerium eingegliedert worden ist: »Ich bejahe die Ziele dieses Projekts.«

In Genschers Ministerium haben Grass und Ruhnau mit dem Leiter der Vertriebenenabteilung, Staatssekretär a. D. Peter Paul Nahm, bereits Anfang September erste Einzelheiten des Plans besprochen.

Die Stiftung soll als Dachorganisation vornehmlich die Vielzahl bereits bestehender »tendenzfreier« (Nahm) Vereine und Gesellschaften zur Pflege ostdeutscher Kultur in ihren wissenschaftlichen Arbeiten koordinieren und fördern. Die Bundesländer müssen wegen ihrer Kulturzuständigkeiten eingehend konsultiert werden. Schwierigkeiten sieht Nahm allenfalls »bei CDU-geführten Ländern« voraus.

Jährlich fünf bis sieben Millionen Mark, so schätzen die Initiatoren, müßte die Stiftung ausgeben können. Diese Summe soll aus den Zinsen des Stiftungskapitals von etwa 100 Millionen Mark bestritten werden, das wiederum, so Nahms Vorstellungen, innerhalb von einigen Jahren aus Etatmitteln aufzubringen wäre. Nahm: »In dieser Zeit müßten natürlich die entsprechenden anderen Verpflichtungen des Bundes abgebaut werden.«

Günter Grass, der inzwischen beim Entwurf einer Kabinettsvorlage für die Errichtung der Stiftung mithilft (Genscher: »Vielleicht genügt auch ein Stiftungserlaß«), setzt in das Projekt große Erwartungen. Zur Bewahrung der »kulturellen Substanz der verlorenen Provinzen« möchte er gerne, daß »zentral in der Bundesrepublik, vielleicht in Kassel, ein ostdeutsches Museum eingerichtet wird«. Dort könnten zum Beispiel Nachbildungen typischer Hausformen, Trachten und kunstgewerbliche Erzeugnisse aus der alten Heimat ausgestellt werden. Das Museum soll »vor allem auch den Kindern der Flüchtlinge« die Möglichkeit bieten, sich zu informieren. Entspannungsfreund Grass: »Vielleicht wird Polen beim Ausstatten des Museums helfen.«

Den organisierten Vertriebenen machen die beiden Kulturpfleger mit politischen Nebenabsichten den Vorwurf, sie hätten die öffentlichen Zuschüsse nicht richtig eingesetzt: Nach Paragraph 96 des Bundesvertriebenengesetzes dienen diese Mittel ausdrücklich der »Pflege des Kulturgutes der Vertriebenen und Flüchtlinge und Förderung der wissenschaftlichen Forschung«.

Grass moniert: »Das ist bisher viel zuwenig getan worden. Kulturpflege hat sich bei denen doch im wesentlichen auf Folklore beschränkt. Bei den Heimattreffen werden im übrigen manchmal Volkstänze aufgeführt, die es drüben nie gegeben hat.« Heinz Ruhnau hat »die Sorge, daß das kulturelle Erbe der Deutschen im Osten in den bestehenden Vertriebenenverbänden verspielt wird«

Auch die früheren Bundesregierungen haben sich laut Grass zu wenig um die Erhaltung ostdeutscher Kulturgüter gekümmert. Der international anerkannte Fabulierer verficht die These, die Flüchtlinge hätten in »geschlossenen, nicht isolierten« Wohngebieten angesiedelt werden müssen, um so das gemeinsame Geisteserbe besser pflegen zu können.

Grass: »Wir haben die drei ostdeutschen Provinzen zweimal verloren. Einmal durch den von uns begonnenen und verlorenen Krieg in geographischer Hinsicht und zum zweiten Mal durch den Verlust der Sprachsubstanz aufgrund von Versäumnissen in der Nachkriegszeit. Der schlesische, ostpreußische und pommersche Dialekt ist heute praktisch verloren. Für eine so weiche Sprache wie das Deutsche, die aus der Umgangssprache lebt, ist dies eine Verarmung ersten Ranges.«

Der Romancier hofft, daß »die Chance, die sich uns jetzt noch einmal bietet«, nicht vertan wird. Die Chance laut Grass: Nach dem Vertragsabschluß mit Polen »kommen von dort 150 000 bis 200 000 Menschen in die Bundesrepublik. Ich frage mich, ob wir darauf vorbereitet sind«.

Falls diese volksdeutschen Aussiedler kommen (Grass: »Die jungen Leute dürfen nicht einfach als billige Gastarbeiter auf dem Markt verschwinden, sondern müssen durch Beihilfen, höher als die Arbeitslosenunterstützung, ihre berufliche Fortbildung gesichert bekommen«), sollten sie nach Meinung des Danzigers in Wohnblöcken beieinander gehalten werden. Der Literat würde gern einen neuerbauten Stadtteil von Hamburg oder Frankfurt »Neu-Danzig« oder »Neu-Breslau« nennen.

Die Aktivität der Grass-Gruppe löste bei der rechtsradikalen »National-Zeitung« sofort Alarm aus: »Hinter diesem Plan steckt eine Intrige der SPD-Führung, die auf diese Weise den Bund der Vertriebenen, der ihr nicht in den Kram paßt, finanziell aushungern will.« In der Tat: Die engagierten Gegner der Brandtschen Ostpolitik in den Vertriebenenorganisationen könnten bankrott gehen, wenn ihnen die Kultur-Subventionen entzogen werden.

Auch Grass macht sich bereits Gedanken über die Zukunft der Berufsflüchtlinge: »Der einfache hauptamtliche Flüchtlingsfunktionär ist natürlich durch derartige wissenschaftliche Arbeit überfordert. Man wird nach Möglichkeiten suchen müssen, diesen Leuten zu helfen, daß sie dann nicht materiell vor dem Nichts stehen.«

Das Ungestüm des Pläneschmieds Grass läßt den im Umgang mit Vertriebenen versierten Beamten Nahm um den Erfolg der Stiftungs-Initiative fürchten: »Wir müssen behutsam vorgehen. Diese Idee hat eine um so bessere Verwirklichungschance, wenn sie ohne Ungeduld geboren wird.«

Grass jedoch hat mit den Vertriebenen-Profis keine Geduld mehr: »Die sollen doch endlich das Maul halten.«

»DER SPIEGEL« (Hamburg), 28. 9. 1970

Günter Grass

Verlorene Provinzen — gewonnene Einsicht

Wer in Abständen ein politisches Tagebuch schreibt, muß mit fetten und mageren Wochen rechnen; die letzten hatten es in sich: in

Warschau wurde der Deutsch-Polnische Vertrag paraphiert; in Stuttgart trafen sich deutsche Schriftsteller und hatten den Bundeskanzler zu Gast; in Bayern bewiesen die Wahlen, wie groß der Pansen der CSU ist: doch eine geschluckte NPD ist noch keine verdaute.

Ich will ein Stuttgarter Moment aufgreifen, dabei Bayern nicht aus dem Auge verlieren und als mein Thema den Deutsch-Polnischen Vertrag nennen. Als Willy Brandt in der Stuttgarter Liederhalle die Frage »Braucht die Politik den Schriftsteller?« zu beantworten versuchte, wies er auf die neue Ostpolitik hin und bat die Schriftsteller, ihm aufklärend zu helfen: »Ich scheue mich nicht, Sie um Hilfe zu bitten, damit nicht abermals die Vernunft an der Ignoranz scheitert.«

Mich trifft diese Bitte zweimal: als Schriftsteller und als jemand, der seine Heimatstadt verloren hat. Wieviel habe ich verloren? Warum habe ich verloren? Was ging nicht verloren? Und welche Einsicht ist durch Verlust zu gewinnen? Zu Beginn steht ein Verbrechen: der vom nationalsozialistischen Deutschland vorbereitete Überfall auf Polen. Der Hitler-Stalin-Pakt verdoppelte dieses Verbrechen. Die Bilanz ist bekannt: Am Ende des zweiten Weltkrieges war ein Fünftel der polnischen Bevölkerung ermordet, gingen die polnischen Ostprovinzen in sowjetrussischen Besitz über, wurden neun Millionen Deutsche aus ihrer Heimat vertrieben, hatte Unrecht Unrecht zur Folge, mußten die Deutschen für Hitler zahlen, auch wenn viele nicht begreifen wollten, wie teuer uns Hitler zu stehen gekommen ist.

Fünfundzwanzig Jahre lang waren Illusionen billig zu haben, fanden politische Hausierer Kundschaft, sobald sie ihr Sprüchlein von der friedlichen Rückgewinnung feilboten, und wurde, wider bessere Einsicht, den Heimatvertriebenen Hoffnung gemacht: die Heimkehr sei möglich, was verloren ist, sei nicht verloren. Dabei wußten Adenauer und Kiesinger, dabei wissen Barzel und Strauß, daß sich niemand aus der Geschichte und ihren Konsequenzen herausschwindeln kann. Dennoch setzten sie auf wahltaktischen Betrug: persönlicher Ehrgeiz und mangelnder politischer Mut hinderten Parteipolitiker, die Wahrheit zu sagen und nötigten ihnen ein Verhalten ab, das zur Verschleierung der Wirklichkeit, zur Verbitterung der Flüchtlinge und zum mordlustigen Rechtsradikalismus geführt hat.

Heute sind Strauß und Barzel Gefangene ihrer eigenen Demagogie. Politisch alternativlos, können sie nicht zulassen, daß endlich doch verspätete Einsicht den Ausschlag gibt; also beginnen sie, den Bundeskanzler und den Außenminister, die Sozialdemokraten und Freidemokraten zu verketzern. Fleißig werden Abbruchwerkzeuge benutzt, die schon beim Zerschlagen der Weimarer Republik ihre Dienste geleistet haben. Weil Argumente fehlen, werden die Worte »Verzicht« und »Verrat« als Brecheisen angesetzt: eine phonstarke Lumpenmoral. Ich nenne Strauß und Barzel verantwortungslos. Indem sie Hetze und Verleumdung von der Kette lassen und den politischen Gegner einen hassenswerten Feind nennen, rufen sie potentielle Mörder wach. Erbärmlich kurzschlüssige Rechnungen, mit denen man zwar Wahlen in Bayern gewinnen kann, aber die Demokratie folgenreich schädigt (»... bis alles in Scherben fällt ...«).

Ist sich die Öffentlichkeit des Risikos bewußt? Sind Ehrgeiz und Karriere einiger Politiker so schutzbedürftig, daß ihre gröbsten Anschläge erduldet werden müssen oder als »temperamentvolle Ausrutscher« im Fall Strauß, als »taktische Notwehr« im Fall Barzel mit Nachsicht rechnen dürfen? Bis heutzutage zahlen wir Schulden ab, die uns Hitler und der Nationalsozialismus hinterlassen haben. Die Deutschen wären Narren, wenn sie ein neues Schuldenkonto unter dem Firmenschild Strauß & Co. anhäufen wollten.

Das sage ich als jemand, der weiß, was er mit seiner Heimatstadt Danzig verloren hat. Das sage ich als jemand, der die Meinung vertritt, daß der Bundesrepublik nach der Unterzeichnung des Deutsch-Polnischen Vertrages die Verpflichtung zufällt, den geographischen Verlust durch kulturellen Gewinn wettzumachen. Schlesien, Ostpreußen und Pommern sind nicht nur geographische Begriffe. Es gilt, die kulturelle Substanz der verlorenen Provinzen zusammenzutragen, damit sie sich unter dem Dach einer bundesdeutschen Stiftung entwickeln und anreichern kann. Diese große Aufgabe darf nicht dem beflissenen Unvermögen einiger Flüchtlingsfunktionäre überlassen bleiben, vielmehr stellt sie sich deutschen und polnischen Wissenschaftlern.

Selten genug in Deutschland: Politiker hatten den Mut, eine Nebelwand zu teilen, Wirklichkeit zu benennen und dem notwendigen Ausgleich zwischen dem deutschen und dem polnischen Volk einen Anfang zu setzen. Spät beginnen wir zu erkennen: wir haben Provinzen verloren und Einsicht gewonnen. – Meine Einsicht setzt Trauer frei. Denn der Warschauer Vertrag erinnert an eine abstrakt hohe Zahl Ermordeter, Gefallener, Vertriebener, Vergessener. Das Geschrei von Verrat und Verzicht muß aufhören, damit wir – und jeder für sich – jene Stille gewinnen können, in der Trauer über Verlust angemessen ist.

»Süddeutsche Zeitung« (München)
und »Der Abend« (Berlin), 30. 11. 1970

Heinrich Lummer

Verzicht und Versöhnung

Das Thema ist ein deutsch-polnischer Vertrag. Wenn ich darüber schreibe, kann ich nicht aus dem Auge verlieren, was Günter Grass jüngst an gleicher Stelle schrieb. Schrieb? Leider hat er mehr Gift verspritzt, als ein gewichtiges Thema angemessen behandelt. Aber leider gehen die Dichter immer mehr in den Dienst einer bestimmten Politik und verlieren so, was sie auszeichnen sollte: Unabhängigkeit und den kritischen Blick nach allen Seiten. Grass ist mehr als einseitig, er ist parteiisch.

Wenn das Geschrei von Verrat und Verzicht aufhören soll, dann gilt es genauso, daß auch die Polit-Polemik à la Grass aufhören muß, die, wenn sie keine Gründe mehr findet, dem anderen Lumpenmoral, Mordlust und Verantwortungslosigkeit unterschiebt.

Aber nun zum Thema, das weit über Grass hinausgeht:

Ich behaupte, es gibt niemand, der nicht eine Versöhnung mit Polen will. Vor allem will es die Partei, die die Versöhnung mit Frankreich maßgeblich begründet und eingeleitet hat. Aber zur Versöhnung gehört auch, daß beide Seiten nach gewonnener Einsicht die Lösung bejahen.

Ein Verzicht ohne ausreichend begründete Einsicht gefährdet den inneren Frieden im eigenen Lande. Ein solcher Konflikt kann aber nicht Basis der Versöhnung sein.

Was tat die SPD und diese Regierung, um Einsichten in die Notwendigkeiten des Verzichts zu vermitteln? Nichts! Sie haben das Volk bis zu den Bundestagswahlen 1969 belogen und wieder belogen. Sie haben davon gesprochen, daß man um jeden Meter deutschen Bodens östlich der Oder-Neiße-Linie kämpfen werde; sie haben gesagt, ein geraubtes und mißhandeltes Recht anzuerkennen sei Täuschung; und sie haben gesagt, über die Grenze könne erst im Friedensvertrag geredet werden, wenn es um Deutschland als Ganzes gehe. Bis 1969 hörte man so.

Und nach den Wahlen begann die Wende. Nun verlangt man den uneingeschränkten endgültigen Verzicht. In der Tat: Der Nebel ist weg. Er zeigt eine Regierung, die nicht mehr Demokratie wagte, sondern mit viel Unredlichkeit begann. Und das ist schlimm.

Ich meine, wenn es um Grundfragen des Landes geht, die darüber hinaus noch schicksalhafte Bedeutung haben, dann muß das Bemühen walten, sie auf breiter Basis zu lösen. Das entspricht auch dem Geist des Grundgesetzes, das eine Zweidrittelmehrheit für derartige Entscheidungen vorsieht.

Eine Grundvoraussetzung für die Versöhnung besteht darin, daß ein Verzicht — wie groß immer er sein mag — von einer breiten Mehrheit innerlich gebilligt wird. Wenn die Regierung hier Demokratie wagen will, soll sie Wahlen wagen. Noch hat sie keine Legitimation für den Verzicht. Zwar hört Herr Grass diese Vokabel nicht gern, aber es gehört auch zur Redlichkeit, die Dinge beim Namen zu nennen: Der vorliegende deutsch-polnische Vertrag ist seinem Inhalt nach ein Grenzanerkennungsvertrag, der den deutschen Verzicht auf die Ostgebiete vorsieht.

Er korrigiert insofern den Potsdamer Vertrag, der diese Frage für
einen Friedensvertrag offen lassen wollte. Diese Position haben alle
deutschen Parteien vertreten — bis 1969. Jetzt gibt es bei der SPD
eine radikale Wende. Danach soll Verzicht Basis für die Versöhnung
werden.

Dieser Vertrag wird zu Recht vor allem auch im Hinblick auf das
Verhältnis zwischen dem deutschen und dem polnischen Volke gesehen. Es geht um Versöhnung. Zwar hat Versöhnung nur mittelbar
etwas mit territorialem Verzicht zu tun, aber diese Fragen gehören
dazu. Sie sind ein Teil des Ganzen. Aber Verzicht ist noch keine Versöhnung. Die fordert Kontakte, Begegnungen und offene Grenzen —
das Gespräch.

Der vorliegende Vertrag sieht weder diplomatische Beziehungen
vor noch die Anerkennung der Rechte deutscher Minderheiten. Von
Jugendaustausch, breiten wechselseitigen Besuchsmöglichkeiten und
Kulturaustausch ist nicht die Rede. Dieser Vertrag zementiert Grenzen, er öffnet sie nicht.

Zwischen uns liegen ideologische Barrieren, die nicht wir aufgebaut haben. Zwischen uns liegt auch der »zweite« deutsche Staat, die
»DDR«, die eine gemeinsame Grenze mit Polen verhindert. Und darüber liegt die starke Hand der Sowjetunion. Der vorliegende Vertrag
kennt nur den grenzanerkennenden Verzicht. Das ist wenig. Für eine
Versöhnung zu wenig. Die Versöhnung verlangt, daß wir aufeinander
zugehen können. Das aber bleibt jetzt ausgeschlossen.

Und noch etwas. Denjenigen, die jetzt zu diesem Vertrag nicht Ja
sagen, wird Revanchismus unterstellt, sie seien von gestern, und nationalistisch dazu. Wer sich zu einem Ja nicht entschließen kann, der
muß nicht für die Grenzen von 1937 sein. Wer sich zu einem Ja nicht
entschließen kann, der will auch keine Polen vertreiben. Das wollen
nicht einmal die so »beflissenen« Flüchtlingsfunktionäre.

Wer sich zu einem Ja nicht entschließen kann, der will vielleicht nur
— wie ich — die Durchlässigkeit aller Grenzen in einem vereinten
Europa, das Polen einschließt. Und wer sich zu einem Ja nicht entschließen kann, der meint vielleicht, daß die Logik verlangt, man kann
nicht für zwei deutsche Staaten sein, wie die Bundesregierung, und
gleichzeitig die Grenze zwischen Polen und einem deutschen Staat
anerkennen, der nicht Bundesrepublik heißt.

Wie sagte Fritz Erler: Die Polen können von uns nicht beides haben, die Anerkennung der Teilung und die Anerkennung der Oder-
Neiße-Linie.

Der Vertrag, der vorliegt, ist noch keine Entscheidung für die Versöhnung. Dennoch wird uns ein Ja oder Nein abverlangt. Ich habe
Respekt vor jeder Antwort, wenn sie ehrlich und redlich ist und mit
Gründen vorgetragen wird. Denen, die bei Abwägung aller Gründe
und Gefühle einem Nein zuneigen, wird unsere Schuld gegenüber Polen ein Nachdenken und Zögern abverlangen.

Auch die spontan Ja sagen, sollten wissen, um welch schicksalhafte und schmerzliche Entscheidung es geht, wenn so große Teile
Deutschlands amputiert werden, die Jahrhunderte unbestritten dazugehörten und es erst möglich machten, von »Deutschland« zu sprechen. Alles fing doch damit an: Dreigeteilt — niemals. Heißt es jetzt:
Dreigeteilt — für immer? Auch das Ja hat seine Bitterkeit.

Aber gänzlich unangemessen ist die Haltung dessen, der sagt, er
sei glücklich über den Vertrag oder auch nur zufrieden. Wer kann
schon glücklich sein, wenn er eine Kröte schluckt? Das gelingt offenbar nur unserem Außenminister mit dem allzeit sonnigen Gemüt.

Und ganz ohne Verantwortung ist der, der nur seine Galle gegen
Anti-Grassisten verspritzt, weil sie nicht Ja sagen wie er. Auch ein
Nein hat gute Gründe und kann redlich sein. Das Geschrei von der
Lumpenmoral muß aufhören, damit die unversöhnliche Auseinandersetzung nicht in unserem Innern Platz greift. Wenn es die Betreffenden nicht begreifen, dann muß man ihnen wünschen, daß sie — politisch versteht sich — ins Gras beißen.

»Der Abend« (Berlin), 7. 12. 1970

Günter Grass

Was nicht vom Himmel fällt

Kurz vor Jahresende sitze ich eingeschneit mit meiner Schreibmaschine in einem Dorf, das nicht genannt wird. Mein Zustand setzt
Spekulationen frei: Angenommen, es hört nicht auf; angenommen, es
bleibt so; angenommen, wir wissen nicht mehr...

Zumeist — so auch hier — ist es die Post, die einen Weg findet und
den aus widersprüchlichen Gründen herbeigewünschten Stillstand als
Zustand beendet. Verspätet, aber immer noch aktuell genug, berichten Zeitungen über die wiederhergestellte Ruhe in Polen. Ich lese,
Gomulka hat Fehler gemacht. (Preiserhöhungen zum falschen Zeitpunkt.) Der neue Gomulka heißt Gierek und gilt als tüchtig und pragmatisch. Weil aber das Jahr ausläuft und ich eingeschneit sitze und
weil mit dem Jahr 1970 das Lenin-Jahr und alle in Rot gehaltenen
Lenin-Feierlichkeiten ein Ende finden, will ich, bevor das Dürer-Jahr
beginnt, als Sozialdemokrat meinen revisionistischen Beitrag leisten.

Nicht Gomulka versagte. Der Versager hieß und heißt Lenin. Nicht
der starr linientreue, in so vielen Gefängnissen geschundene Gomulka hat das System erfunden, an dem er scheiterte, sondern der un-
sterbliche und unfehlbare Wladimir Iljitsch Lenin erfand als Teufels-
kerl die zentralistisch geführte, bürokratisch verwaltete Parteidikta-
tur. Ihn halte ich für den genialsten Fehlkonstrukteur der modernen
Geschichte. Jemand, an dessen Statue nicht gerüttelt wird, jemand,
vor dessen Unbedenklichkeit im Umgang mit Macht sich sogar Dikta-

toren mit faschistischer Praxis und Großkapitalisten mit Gefühl für Größe verneigen. Jemand, dessen Autorität auch von jenen nicht in Frage gestellt wird, die sich antiautoritär nennen.

Dabei ist bekannt, daß Lenin im Jahr 1902 durch Manipulationen und im Widerspruch zur marxistischen Theorie die russische Arbeiterbewegung in zwei Fraktionen, die später entstehenden Parteien der Bolschewiki und Menschewiki, gespalten hat. Und bekannt sollte sein, was die Geschichte belegt: Wie wenig die berühmte Oktoberrevolution im Jahr 1917 eine Revolution und wie eindeutig der Putsch der Minderheit (Bolschewiki) gegen die Revolutionsregierung Kerenski (Menschewiki) gewesen ist. Es läßt sich nicht wegschminken, daß Lenin die demokratische Verfassung und viele ihrer Verteidiger liquidiert, an ihre Stelle die Diktatur der Parteielite gesetzt, die Arbeiterräte entmachtet, Jahre später den Aufstand der Arbeiter und Matrosen (mit Trotzkis Hilfe) niedergeschlagen, den ökonomischen und ideologischen Zentralismus eingeführt und den wissenschaftlichen Marxismus zur Parteidoktrin verfälscht hat. Man lese, wie eindringlich die Sozialisten Rosa Luxemburg und Max Adler sogleich nach der Errichtung der bolschewistischen Diktatur gewarnt haben und wie man ihre Kritik als revisionistisches Geschwätz abgetan hat. »Freiheit nur für die Anhänger der Regierung, nur für Mitglieder einer Partei — mögen sie noch so zahlreich sein — ist keine Freiheit. Freiheit ist immer nur Freiheit des Andersdenkenden.« (Das sagte damals, ohne bis heute Gehör zu finden, Rosa Luxemburg.)

Denn alle anzuführenden Beweise reichen offenbar nicht aus, um die Klitterung Marxismus-Leninismus als folgenreichen Aberglauben erkennbar zu machen. Scholastische Spitzfindigkeit will immer noch wissen und weismachen, Lenin sei der Fels Petrus gewesen, auf den sich die kommunistische Kirche habe erbauen lassen. Doch Lenin und sein Produkt Stalin hatten mit Karl Marx und dessen sozialer Utopie etwa so viel gemein wie jener Kaiser Konstantin, der als erster im Zeichen des Kreuzes militärisch siegte — mit Jesus Christus und dessen Utopie Nächstenliebe gemein hatte. Ähnlich wie sich die katholische Kirche seit Konstantin als politisches Instrument der Unterdrückung betragen hat, unterdrücken heute die kommunistischen Parteien seit Lenin alle Völker, die ihrer Macht unterliegen. Zwang und Massenvernichtung in doppelter Bilanz. Unter Berufung auf Christus, unter Berufung auf Marx summierte sich millionenfacher Mord. Zwei mächtige Fehlkonstruktionen haben sich mörderisch ausgewirkt, so schön geschrieben sie »gute Absicht« im Firmenschild führten. Und dennoch sind die katholische Kirche und das kommunistische System gleichermaßen unfähig zur Reform, weil in beiden Fällen tiefgreifende Reformen Unfehlbarkeitsdoktrinen außer Kraft setzen, hierarchische Ordnungen aufgeben müssen. Die Unfehlbaren sind Gefangene ihres Anspruches.

Was also soll dieser Nachtrag zum Lenin-Jahr? Besteht Hoffnung, daß jemand, der dem marxistisch-leninistischen Kult der Heiligenverehrung anhängt, plötzlich Zweifel gewinnen könnte? Wohl kaum — und so unwahrscheinlich wie die Vorstellung, es könne der Papst plötzlich christlich zu handeln beginnen. Die zweifelsfreien Leninisten östlicher und westlicher Spielart sind gleich den bigotten Besitzern alleinseligmachender Wahrheit unbelehrbar und vom Glauben geschlagen. Sie haben ihr Soll erfüllt und Stalin als einzig Schuldigen benannt, als sei Stalin der unerklärbare Wille jener dunklen Mächte gewesen, die ziemlich gleichzeitig Hitler als Fatum über das deutsche Volk verhängt haben sollen.

Doch im Gegensatz zum Schnee fallen Diktatoren (und selbst Päpste) nicht vom Himmel. Geschichte, so absurd sie sich niederschlägt, wird von Menschen gemacht. Hegels Weltgeist reitet als Phantom nur noch durch unwissenschaftliche Seminare. Gomulka stürzte, weil er als Leninist an Lenins Doktrin scheitern mußte. Wird sein Nachfolger Gierck die gigantische Fehlkonstruktion erkennen und womöglich beheben wollen? Noch steht Lenin unbeschädigt und überlebensgroß auf seinem Podest. Vornübergebeugt weist ein Denkmal mit zu langem Arm in eine Richtung, die — nach frommer Legende — immer noch »vorwärts« genannt wird. (Eingeschneit lese ich neue verspätete Zeitungen: Todesurteile im spanischen Burgos, im sowjetischen Leningrad.)

»Süddeutsche Zeitung« (München)
und »Der Abend« (Berlin), 2. 1. 1971

Walter Barthel

Das höhere Blech des Blechtrommlers

Dem sozialdemokratischen »Blechtrommler« aus Danzig scheint die gelegentliche Wahlreisenhilfe für seinen Duz-Freund Willy Brandt nicht mehr zu genügen. Er erprobt sich neuerdings in regelmäßigen Polit-Kolumnen für zwei Boulevardblätter und wird auch von anderen Massenmedien gern als brillant formulierender Interpret sozialdemokratischer Weltbetrachtung bemüht.

Selbstredend, daß sich Günter Grass, der tiefsinnig politisierende Geist, nicht mit einer Variante der stillen Filzlatschendiplomatie Egon Bahrs begnügt. Der Dichter mag's auch in der Politik provokant laut, was die Präzision seiner theoretischen Einsichten dennoch nicht deutlicher hervortreten läßt. Ehrlich, wie ein Poet nun einmal zu sein hat, verriet er denn auch nach einer Weihnachtspause aus einem eingeschneiten Dorf: »Mein Zustand setzt Spekulationen frei.« Und worüber spekuliert er? Über Lenin.

Ihn, den Wladimir Iljitsch Lenin, hält der deutsche Dichter und Denker nicht allein für einen »Versager«: »Ihn halte ich für den genialsten Fehlkonstrukteur der modernen Geschichte.« Wer seinen honorigen Literatennimbus mit einem solchen Ausruf koppelt, darf eigentlich gar nicht Spekulationen in sich freisetzen, der weiß sicherlich eine ganze Menge über den Marxismus, über die Geschichte der Arbeiterbewegung und verfügt gewiß auch über profunde Kenntnisse der Philosophie. Günter Grass urteilt nämlich nicht nur über Lenin und die Oktoberrevolution, er kommt auch zu ganz gegenwärtigen politischen Schlußfolgerungen: Die DDR darf weder heute noch in Zukunft völkerrechtlich anerkannt werden, weil dort Hegelsche Staatsphilosophie, preußischer Puritanismus und Ulbrichtscher Separatismus — alles unter dem Dach der »Klitterung Marxismus-Leninismus als folgenreicher Aberglaube« — einen neuen deutschen Nationalismus erzeugen würde, der den Frieden inmitten Europas gefährden müßte.

Ein handfester Praktiker also, der Geschichtsphilosoph Günter Grass, der nie in einem philosophischen Seminar zu sitzen brauchte, um haarscharf zu wissen, daß — selbstverständlich auf die dogmatischen Marxisten-Leninisten gemünzt — »Hegels Weltgeist nur noch als Phantom durch unwissenschaftliche Seminare reitet«. Ob und wie sich Marx, die Marxisten mit Hegels Weltgeist als idealistischer Prämisse seiner Philosophie auseinandersetzen, ob — Günter Grass hat's vielleicht noch nie vernommen — Marx manches Schriftzeichen darauf verwandt hat, Hegels Dialektik »vom Kopf auf die Füße« zu stellen, das alles darf ein seine Spekulationen freisetzender (und dichtender) Kolumnenschreiber selbstverständlich vernachlässigen. Wichtig ist allein der »Nachweis«, warum Duzfreund Willy der alten Adenauer-Katze den Schwanz nicht auf einmal abschneiden will, sondern nur in feinen Scheiben. Dafür muß nun Ulbricht nachträglich für Hegel büßen, fürs Preußentum, für den Versager Lenin und — last not least — für den deutschen Separatismus (obwohl sich die SPD noch immer ängstigt, Ulbricht wolle ganz Deutschland unter seine rote Fahne zwingen).

Wie es einem Dichter ziemt, stellt er an die Leser seiner Boulevardblätter hohe Anforderungen, zumindest was den Versager Lenin angeht: »Dabei ist bekannt«, schöpft er aus seinem Fundus, »daß Lenin im Jahr 1902 durch Manipulationen und im Widerspruch zur marxistischen Theorie die russische Arbeiterbewegung in zwei Fraktionen, die später entstehenden Parteien der Bolschewiki und Menschewiki, gespalten hat. Und bekannt sollte sein, was die Geschichte belegt: Wie wenig die berühmte Oktoberrevolution im Jahr 1917 eine Revolution und wie eindeutig der Putsch der Minderheit (Bolschewiki) gegen die Revolutionsregierung Kerenski (Menschewiki) gewesen ist.«

So kommt man durch Günter Grass zu Aha-Erlebnissen wie die Jungfrau zum Kind: War es nicht 1903 (statt 1902) in Brüssel, als Lenin mit 24 der abstimmungsberechtigten Parteitagsdelegierten (Mehrheitler auf russisch Bolschewiki) gegen 20 Stimmenthaltungen (Minderheitler auf russisch Menschewiki) die Wahlen zum Herausgeberkreis der Parteizeitschrift »ISKRA« und des ZK der SDAPR gewann? Eine Manipulation also, weil diejenigen, die die revolutionäre Partei nur als sozialdemokratischen Quatschverein bewahrt sehen wollten (das Bekenntnis zu ihr genüge für eine Mitgliedschaft, während Lenin die aktive Mitarbeit zum Kriterium erhob), nicht mit abstimmten?

Und gehörten von den 650 Delegierten des II. Sowjetkongresses im Oktober 1917 nicht mehr als 400 zu den Bolschewiki und nur noch etwa 80 zu den Anhängern der Kerenski-Regierung? Daß der Menschewik Kerenski ein unfähiger Trottel war, das hatten bislang schon bürgerliche Historiker festgestellt, das Attribut eines »Revolutionärs« konnte ihm — posthum — erst Günter Grass verleihen.

Aber wie gesagt, des Dichters Ausflüge in die Wissenschaft und Politik sind kein Selbstzweck. Ihn treibt vor allem die Sorge in die Kolumnen, wie dem ersten Versuch auf deutschem Boden, einen realen Sozialismus zu schaffen und als historisch relevante Ausgangsposition für eine sozialistische deutsche Nation — mühsam genug — aufzubauen, ein »verfeinerter«, sich »ideologiefrei« gerierender, weltmännisch-kultiviert daherplappernder Antikommunismus entgegengehalten werden kann. Das Rezept für die große Zukunft zieht er dabei mit nobler Geste aus dem Etui: »Die Lösung der deutschen Frage — und mit ihr die Frage nach dem Vakuum Nation — kann nur zwischen den Extremen liegen.« Ei verflixt, daß wir nicht schon früher darauf gekommen sind!

Wie meinte doch Engels vor nunmehr 92 Jahren über den Spekulationen freisetzenden Zustand eines Zeitgenossen? »Freiheit der Wissenschaft heißt, daß man über alles schreibt, was man nicht gelernt hat, und dies für die einzige streng wissenschaftliche Methode ausgibt. Herr ... aber ist einer der bezeichnendsten Typen dieser vorlauten Pseudowissenschaft, die sich heutzutage in Deutschland überall in den Vordergrund drängt und alles übertönt mit ihrem dröhnenden — höheren Blech. Höheres Blech in der Poesie, in der Philosophie, in der Politik, in der Ökonomie, in der Geschichtsschreibung, höheres Blech auf Katheder und Tribüne, höheres Blech überall, höheres Blech mit dem Anspruch auf Überlegenheit und Gedankentiefe ... höheres Blech das charakteristischste und massenhafteste Produkt der deutschen intellektuellen Industrie ...«

»Berliner Extradienst«, 23. 1. 1971

Joachim Seyppel

Offener Brief an Günter Grass

Sehr geehrter Herr Grass,
in der Lietzensee-Schule in Berlin-Charlottenburg haben Sie die »jugendlichen Protestwähler« dieser Stadt aufgefordert, bei der Wahl zum Abgeordnetenhaus am 14. März ihre Stimme nicht der SEW zu geben. Es ist doch merkwürdig, daß Sie sich bemüßigt sehen, jemandem zu sagen, was er nicht wählen soll. Im allgemeinen sagen Wahlredner einem doch, was man wählen soll. Erst dann, wenn es Anzeichen dafür gibt, daß etwas überhand nimmt, kommen die Warner und sagen: Tut das nicht! Was also nimmt bei uns möglicherweise überhand? Worin sehen Sie eine Gefahr? Und: Wovor haben Sie Angst?

Offenbar hat es sich auch bis zu Ihnen im einst wohl kaum mehr als liberalen Friedenau herumgesprochen, daß die katastrophale Politik unserer Rathausparteien in weiten Kreisen auf Ablehnung stößt. Aber daß nun diese Ablehnung als solche gleichzeitig dazu führen soll, daß mehr Wähler als bei den letzten Wahlen für die SEW stimmen werden, genügt wohl nicht als Erklärung für jene »Gefahr«, die Sie erkannt zu haben glauben. Schließlich könnten die unzufriedenen Wähler auch CDU oder AUD oder gar keine Partei wählen, um ihrer Unzufriedenheit so oder so Ausdruck zu verleihen. Aber Sie, sehr geehrter Herr Grass, warnen nicht vor der CDU oder der AUD oder davor, die Wahl aus Protest zu boykottieren, Sie warnen vor der SEW, weil Sie offenbar ganz genau wissen, daß die »jugendlichen« Wähler (und nicht nur die) nicht nach rechts oder in die Indifferenz ausscheren, sondern nach links ins politische Engagement. Jawohl, davor warnen Sie.

Man muß es Ihnen lassen: Sie sehen die Zeichen der Zeit, wenn Sie sie auch falsch deuten. Sie engagieren sich für eine gewisse Politik, wenn auch die, über die langsam Gras zu wachsen beginnt. Sie haben sich zu denen geworfen, die etabliert sind. Und mit welchen vorgestrigen Mitteln warnen Sie! Ich finde es eigentlich unter Ihrem Niveau, wenn Sie mit alten Hüten ankommen, die wir aus der Zeit des kalten Krieges kennen und die andere schon längst abgelegt haben, und dann eine Majoritätspartei anpreisen, auf die wir »angewiesen« seien, als gäbe es nur sie. Welche Armut der Sicht. Welch Armutszeugnis. Welche Zwangsjacke der Gefühle. Welche Enge. Den armen Leuten immer wieder, seit Jahren, die alten Slogans eingepaukt. Und immer wieder versuchen, das Haus, in dem wir wohnen, oben umzubauen, während unten sein Fundament brüchig ist.

Was hätten Sie wohl zu bieten? Über Gemeinplätze wie »Integration der Gastarbeiter« und Beginn von Wohnungsbau- und Sozialpolitik kommen Sie nicht hinaus. Und die Schulpolitik? Und die Kulturpolitik? Sollen wir weiter zusehen, wie Theater (Schaubühne am Halle-schen Ufer), Vorlesungen (an der FU), Kunstausstellungen (die Jury-freie) schlechtweg verboten oder ihrer wirtschaftlichen Existenz-grundlage durch behördliche Maßnahmen beraubt werden? Und wie steht es mit unseren Beziehungen zur DDR? Sollen die nicht geregelt werden? Und die Entlassungen von Arbeitern in Fabriken, deren westdeutsche Monopolherren aus »Rentabilitätsgründen« die Produk-tion einschränken, sollen weitergehen?

Sie haben davon gehört, daß die Leute unzufrieden sind. Sie haben davon gehört, daß junge Arbeiter und Studenten, junge Angestellte, Lehrlinge und Praktikanten aus »Protest« die SEW wählen wollen. Und nun warnen Sie. Warnen. Das ist eigentlich, in solchem Zusam-menhang gebraucht, ein häßliches, ein böses, ein demagogisches Wort. Als Schriftsteller werden auch Sie und gerade Sie damit asso-ziieren Wörter wie Warnschuß, Warnanlage, Verwarnung. Es klingt entweder nach dem Warnschuß vor den Bug oder vor den Folgen, den eine solche »Protestwahl« haben könnte. Sie warnen implizite vor Gegenmaßnahmen oder vor unangenehmen Wirkungen. Eigentlich, finde ich, ist ihre »Wählerinitiative« schon ein wenig terroristisch. Sehr viel Emotionen und sehr wenig Ratio. Leidenschaft kontra Vernunft. Sie mißfällt mir. Sie ist auch, sehr geehrter Herr Grass, ein wenig ge-schmacklos, fade und perfid. Wer selber nichts zu bieten hat, verfällt auf »Warnungen«. Nun, Sie haben allerdings von beispielsweise ver-fehlter Schulpolitik unseres Senats nichts zu fürchten, Sie schicken Ihre Kinder auf Privatschulen, Sie haben Geld. Andere haben es nicht. Es scheint, die alte Kluft zwischen reich und arm bedeutet Ihnen nichts. Mir bedeutet sie sehr viel. Bei uns gibt es noch eine ganze Masse Klingelbeutel, wenn sie auch nur verschämt herumgereicht werden. Wir sollten nicht so tun, als hätten wir keine Geldsorgen. Aber die von den Rathausparteien ausgestreuten Almosen wie Kin-der- und Wohngeld sind und bleiben eben Almosen, so lange, wie das Volk selber nicht im Vollbesitz der von ihm erarbeiteten Werte ist.

Und weil es so ausschaut, als würde dies noch sehr lange sein, wenn wir immer wieder die alten Rathausparteien wählen, deswegen werden diesmal sehr viele Jugendliche für die Zukunft, ihre Zukunft stimmen, und nicht etwa nur aus »Protest«.

Mit freundlichem Gruß
Joachim Seyppel
»Die Wahrheit« (Berlin), 29. I. 1971

Ernst Luuk und Jürgen Brinckmeier im Gespräch mit Günter Grass:

Kein Punkt Null in der Geschichte

Der fundamentale Unterschied zwischen Sozialdemokratie und Kommunismus sollte Sozialdemokraten bewußt sein

BS: Herr Grass, Sie haben zu den Bundestagswahlen 1965 und 1969 sowie zu einigen Landtagswahlen Sozialdemokratische Wählerinitiativen ins Leben gerufen. Gemeinsam mit Professor Baring sind Sie jetzt in Berlin in gleicher Weise aktiv geworden. Welche Bevölkerungskreise wollen Sie im Wahlkampf besonders ansprechen?

GÜNTER GRASS: Zunächst einmal grundsätzlich: Wählerinitiative ist kein Schema. Das ist in jedem Bundesland anders, stößt auf andere Widerstände. Nehmen wir ein Land wie Bayern oder Rheinland-Pfalz. Dort, auf dem flachen Land, traut sich in einem stockschwarzen Milieu der einzelne Bürger, der seit Jahren SPD wählt, oftmals nicht, dies in der Öffentlichkeit zuzugeben, weil er dann Repressalien ausgesetzt ist.

Hier in Berlin kommen die Widerstände ganz woanders her, zum Beispiel aus der SPD. Man wünscht sich zwar die Hilfe, aber die Infragestellung, die kritische Infragestellung der Partei durch ihre Wähler und durch die Wählerinitiative wird von vielen, und zwar unabhängig davon, ob sie auf dem linken oder rechten Flügel der Partei stehen, als Zumutung empfunden. Das macht die Arbeit hier in Berlin schwierig. Das wird Ihnen besonders Günter Jauné als Verantwortlicher der SWI bestätigen können. Wir haben es trotzdem versucht, weil wir der Meinung sind, daß es zuerst einmal darauf ankommt, Willy Brandts Politik zu unterstützen, und zweitens, um hier einen Mann ins Gespräch zu bringen, den man leichtsinnigerweise in politischer Funktion aufgegeben hat, Carl-Heinz Evers, dessen Qualitäten man, wie das oft vorkommt, im eigenen Lande, in Berlin, nicht so recht erkennt. Ich weiß aber aus eigener Erfahrung, welches Gewicht Carl-Heinz Evers und die mit ihm verbundene Reformpolitik im Bundesgebiet hat.

BS: Ist es nicht so, daß auch in der Berliner SPD die Bedeutung dieses Mannes für die Bildungspolitik unbestritten ist, man aber einen Widerspruch sieht zwischen dem Bildungspolitiker und dem Parteipolitiker Evers?

GÜNTER GRASS: Das kommt darauf an, welche Maßstäbe man für Parteipolitiker aufstellt. Wenn man der Meinung ist, daß Neubauersche Ellenbogen dazugehören und ein etwas robustes Stehvermögen, dann entspricht natürlich ein Mann wie Evers diesen Maßstäben nicht. Da ich aber andere Maßstäbe an einen Politiker anlege und eher die Toleranz eines Willy Brandt als Maßstab anerkenne, sehe ich einen Mann wie Evers in dieser Verwandtschaft und Nachbarschaft.

BS: Aber auch Willy Brandt hat beim Durchsetzen seiner Person in Berlin innerparteilich sehr hart kämpfen müssen und hat sich gerade mit denen durchgesetzt, die von Ihnen als »Ellenbogenpolitiker« apostrophiert werden.

GÜNTER GRASS: Vielleicht haben diese es damals gelernt und hinterher nicht wieder ablegen können. Auf jeden Fall macht es heute viel Mühe — und wenn die Wählerinitiative dabei helfen kann, wird sie es sicher gerne tun —, den unbequemen Reformpolitiker Evers in Berlin durchzusetzen.

BS: Dies ist aber sicher nicht Ihr alleiniges Ziel?

GÜNTER GRASS: Hinzu kommen die politischen Aufgaben, die wir uns langfristig gestellt haben. Der Gesamtbereich Wählerinitiative, nicht nur zum Wahltermin, sondern während der laufenden Legislaturperiode; das, was Willy Brandt einmal das große Gespräch genannt hat, beim Wort nehmen und die Öffnung der Partei von außen her erreichen. Vielleicht werden sich daraus später einmal so etwas wie Primaries, wie Vorwahlen, ergeben. Notwendig wird es auf jeden Fall sein, in einer Vorphase die Partei mit dem Gedanken zu befreunden, daß die Aufstellung der Kandidaten nicht nur hinter verschlossenen Türen passiert, sondern daß der Wähler an diesem so wichtigen politischen Vorprozeß teilnimmt und die Partei auch Gelegenheit hat, ihre eventuellen Kandidaten im Umgang mit den Wählern, in der Befragung, zu erkennen, damit sie zu besserem und genauerem Urteil kommt.

Zielsetzung hier in Berlin ist auch noch das gesamte Problem der Gastarbeiter, weil wir der Meinung sind, Berlin hätte die Möglichkeit und eigentlich auch die Verpflichtung, als Großstadt voranzugehen und etwas zu probieren, das weit über die nur oberflächliche Betreuung der Gastarbeiter hinausgeht.

BS: Um auf die heiße Phase des Berliner Wahlkampfes zu sprechen zu kommen: Es hat den Anschein, daß es jetzt weniger um kommunale oder landespolitische Themen geht als vielmehr um die neue Ostpolitik der Bundesregierung. Meinen Sie, daß es hier zu einer ähnlichen Polarisierung kommen wird wie im Bundestag?

GÜNTER GRASS: Wir haben sie schon. Wir haben sie im Grunde schon seit dem 5. März 1969, als die CDU/CSU aus ihrer Sicht zum erstenmal eine Niederlage hinnehmen mußte mit der Wahl Gustav Heinemanns zum Bundespräsidenten, obgleich die CDU/CSU meinte, mit der NPD gemeinsame Sache machen zu können. Straußens Reaktion nach der Wahl mit seinen unverantwortlichen Interviews ist noch einigen bekannt.

Dieses Unvermögen, verlieren zu können, setzte sich dann fort nach der Bundestagswahl. Es ist die Naivität der Sozialdemokraten, anzunehmen, die CDU/CSU werde, nachdem die SPD mit den Liberalen eine Regierung gebildet hat, nun auf demokratische Art und Weise Opposition betreiben.

Wir erleben im Bundestag und auch hier im Wahlkampf Obstruktionspolitik. Konstruktive Opposition fiele der CDU/CSU auch schwer, denn sie ist außen- wie innenpolitisch ohne Alternative. So verläßt sie sich auf das, was ihr in den fünfziger Jahren beigebracht worden ist, aufs übliche Diffamieren. Und gelegentlich, das kann man wohl sagen, holt sie sich Verbündete her, wo sie zu finden sind, nicht nur im rechten Lager. Wir erleben heute, daß der stalinistische Flügel innerhalb der kommunistisch regierten Länder aus Angst vor dem »Sozialdemokratismus« ein ähnliches Interesse wie die CDU/CSU entwickelt, die Regierung Brandt zu stürzen oder dieser Politik zu einem Mißerfolg zu verhelfen. Jede Berlin-Schikane bedeutet so gesehen auf unserer Seite einen Triumph der CDU/CSU.

BS: Meinen Sie also, daß die häufigen Erklärungen von Barzel, man habe in der Berlin-Frage eine gemeinsame Basis, nur eine Alibifunktion erfüllen sollen?

GÜNTER GRASS: Nur, nichts anderes. Schon die Plakatierung hier in Berlin ist übelste Demagogie. Es ist Barzels Geschicklichkeit, die leicht zu durchschauen ist, ein tägliches Soll an Gemeinsamkeit verbal zu bieten und mit den nächsten zwei, drei Sätzen demagogisch zu argumentieren. Mittlerweile hat er seine »Barzelmänner« gefunden, die diesen miesen Stil mitmachen wie Herr Wörner, von dem ich das nicht erwartet hätte. Oder nehmen Sie nur die skandalöse Äußerung des Fraktionsvorsitzenden der Berliner CDU, Heinrich Lummer, über die Haltung Willy Brandts in Warschau. Im übrigen halte ich es für einen Fehler, wenn sich die SPD im Wahlkampf die zentralen Themen von der CDU vorschreiben ließe. Ich bin der Meinung, daß im Grunde innenpolitische Themen wichtiger sind als eine Diskussion über die Berlin-Verhandlungen, die noch einige Zeit beanspruchen und über die auch nicht im Wahlkampf entschieden wird.

BS: Im Wahlkampf spielt innerhalb und außerhalb der Partei die Frage der Abgrenzung der Sozialdemokratie vom Kommunismus wieder eine Rolle. Sie sprachen gerade von den Stalinisten und der CDU und haben in einem Gespräch mit Leo Bauer in der »Neuen Gesellschaft« ausgeführt, daß es da unheimliche Verbündete gibt im Kampf gegen die Regierung Brandt . . .

GÜNTER GRASS: Das ist nichts Neues. Wir haben diese Kampfstellung schon in der Zeit der Weimarer Republik gehabt. Denken Sie an die Gemeinsamkeit der Nationalsozialisten und Kommunisten während des BVG-Streiks im Jahre 1932. Das sind ja keine Zufälle gewesen.

BS: Jetzt aber zu den Konsequenzen daraus für die Partei. Sie kennen den Parteiratsbeschluß von München gegen die Zusammenarbeit mit Kommunisten. Sie wissen, daß hier in Berlin eine Reihe von Sozialdemokraten offen aufgerufen haben, SEW zu wählen, und daraufhin gegen diese Mitglieder Parteiordnungsverfahren mit dem Ziel des Ausschlusses eingeleitet worden sind. Halten Sie das für richtig?

GÜNTER GRASS: Ja, das halte ich für richtig, denn der Unterschied, der fundamentale Unterschied zwischen Sozialdemokraten und Kommunisten, sollte Sozialdemokraten bewußt sein. Und gerade der linke Flügel sollte um ihn noch am ehesten wissen. Die progressive Sozial- und Gesellschaftspolitik des linken Flügels allein auf dem Gebiet der Mitbestimmung, Mitbestimmung von unten nach oben, macht den fundamentalen Unterschied zum Kommunismus am deutlichsten. Wenn ein Sozialdemokrat rechterer Spielart — was ich nicht diffamierend meine — eine Reise in die Ostblockstaaten macht, wird er den Kommunisten dort weniger peinliche Fragen stellen als z. B. Jochen Steffen, der als linker Sozialdemokrat, so wie ich ihn kenne, auf seine ironische Weise nur einfach mal simpel fragen würde, wie steht's bei euch mit dem Kündigungsschutz . . .

BS: Glauben Sie, daß so nur ein »Linker« fragen würde?

GÜNTER GRASS: Ja, in erster Linie. Die Angst vor dem »Sozialdemokratismus« richtet sich ja gerade gegen die Intentionen des linken Flügels in der SPD, weil dieser, aus meiner Sicht, im guten Sinne des Wortes, ein revisionistischer Flügel ist, revisionistisch auch im Verhältnis zum Godesberger Programm, also dauernd dabei ist, Sozialdemokratie von der Basis her mehr und mehr auszubauen. Das genau läuft dem Kommunismus konträr. In einem leninistisch-stalinistischen System wird nur zentral gelenkt und gedacht, und wir sehen ja, was daraufhin in Abständen immer wieder passiert. Kürzlich erst wieder als Reflex, als später Reflex auf die Okkupation der Tschechoslowakei, in den polnischen Hafenstädten.

BS: Auf die Jungwähler bezogen sollten wir die Problematik der Abgrenzung noch vertiefen. Wenn man heute mit Jungwählern diskutiert, stößt man verschiedentlich auf eine Geschichtslosigkeit, die die politische Auseinandersetzung schwermacht. Die Frage, ob man SEW wählen oder auch nur punktuell mit dieser Partei zusammenarbeiten sollte, wird wie selbstverständlich mit einem »Warum nicht?« beantwortet.

GÜNTER GRASS: Ich gehe davon aus, daß das, was wir hier an ungeschichtlichem oder geschichtsfeindlichem Verhalten in der jungen Generation beobachten können, ein Reflex ist auf den ideologischen Antikommunismus der fünfziger und sechziger Jahre. Auf eine Zeit also, in der der Begriff Kommunismus derart tabuisiert war, daß davon der Schulunterricht nicht Kenntnis nahm. Es handelt sich hier um ein verspätetes Nachholbedürfnis mit den entsprechenden irrationalen Verhaltensweisen.

Noch einmal meine Meinung zur Zusammenarbeit mit Kommunisten: Ich würde jederzeit in der Öffentlichkeit, auf einer Veranstaltung oder im Rundfunk ein Streitgespräch mit einem Kommunisten führen. Mit Herrn Bachmann zum Beispiel würde ich mich ganz gern einmal in der Öffentlichkeit über seine Einschätzung des demokratischen Sozialismus und über die Okkupation der Tschechoslowakei auseinandersetzen. Ich würde aber mit Herrn Bachmann niemals eine gemeinsame Veranstaltung gegen die NPD unternehmen, denn ein Kommunist, der in bedingungsloser Linientreue die Okkupation der Tschechoslowakei hinnimmt und damit die Fortsetzung des Stalinismus gutheißt, ist zwar für mich immer noch als mein politischer Gegner ein Gesprächspartner, aber kein Partner für gemeinsame Aktionen. Wenn wir in der Bundesrepublik eine kommunistische Partei hätten, die etwa auf der Linie der Kommunistischen Partei Italiens läge, sähe das schon wieder anders aus.

Aber, ohne jetzt NPD und Kommunismus auf eine Stufe stellen zu wollen, mit der stalinistisch-kommunistischen Partei, selbst wenn es mir noch so an Verbündeten fehlen sollte, würde ich niemals gegen die NPD protestieren, genausowenig wie ich mir rechte Verbündete suche, um möglichst viele Leute zum Protest gegen die Okkupation der Tschechoslowakei auf die Beine zu bringen.

BS: Diese Problematik den Jungwählern klarzumachen, wird doch auch eine Aufgabe der Wählerinitiative sein?

GÜNTER GRASS: Ja, dies ist mit unsere Absicht, weil ich es für nicht gut hielte, wenn diese stalinistische Partei ins Abgeordnetenhaus käme. Ich meine aber, daß es in erster Linie Aufgabe der Sozialdemokraten wäre und nicht der Wählerinitiative, den Jungwähler darauf aufmerksam zu machen, daß der Kaderverein des Herrn Danelius aus kommunistischer Ecke die gleiche Obstruktionspolitik betreibt, wie sie sich z. Z. die CDU/CSU erlaubt, und daß diese beiden verfeindeten Gruppierungen, die eines gemeinsam haben, sie sind beide konservativ, sich nach altem Muster immer rasch einig werden, wenn es gegen Sozialdemokraten geht.

Das ist dann allerdings schon wieder historischer Anschauungsunterricht, und es ist schwierig, einer jungen Generation gegenüber mit Erfahrungen zu argumentieren, die andere gemacht haben, weil ein Teil dieser jungen Generation aus der Geschichte ausgestiegen ist und nach deutsch-idealistischem Muster immer bei Null anfangen will. Es gibt aber keinen Punkt Null in der Geschichte.

BS: Herr Grass, eine andere Frage: Haben linke Sozialdemokraten nach Ihrer Meinung eigentlich ein realistisches Verhältnis zur Macht? Willy Brandt hat in Saarbrücken den Satz geprägt: Mit einem schlechten Gewissen in Sachen Staat kann man keine gute Politik machen.

GÜNTER GRASS: Dieses schlechte Gewissen ist sicher verbreitet in der SPD und nicht nur beim linken Flügel. Diese Partei ist gewachsen in Verfolgungszeiten, in Oppositionszeiten. Und nun auf einmal Umgang mit der Macht, obgleich natürlich Opposition auch Macht bedeutet. Da scheuen manche zurück, reagieren jungfräulich oder wie immer auch. Es gibt eine heimliche Sehnsucht in der Partei bei einigen Leuten nach den schönen Oppositionszeiten, auch eine Sehnsucht, gepaart mit einer gewissen Wehleidigkeit, sich als verfolgt oder bedrängt zu begreifen. Durch diese Mauser muß die Partei hindurch.

BS: Wir haben eben vom Verhältnis der Partei und ihrer Flügel zur Macht gesprochen. Ist es nicht auch so, daß man sich in den Zielvorstellungen weitgehend einig ist und nur die Frage nach der Durchsetzung kontrovers diskutiert wird?

GÜNTER GRASS: Ja, sicher gibt es dort Unterschiede. Es gibt aber ein sozialdemokratisches Verhalten, welches unabhängig ist von links und rechts. Auf einen kurzen Nenner gebracht sind die Sozialdemokraten zumeist Leute, die wenig oder kaum an ihre eigenen Leistungen, aber stark an ihre weitergehenden Resolutionen glauben.

Diese Grundeinstellung hindert sie z. B., ihre vertretbaren Leistungen wie Leistungen zu vertreten, sie dem Wähler übersichtlich zu präsentieren. Der Wähler wird konfus, wenn ihm in einem Nebensatz gesagt wird, wir haben die Kriegsopferrente angehoben und dynamisiert, aber das war natürlich selbstverständlich. Wir haben jetzt ferner die Einführung der Hausfrauenrente und andere nützliche Dinge vor, die aber erst in fünf oder zehn Jahren voll und ganz realisiert sein werden. Damit aber ist die eigentliche Leistung, die ich für großartig halte, die Anhebung und Dynamisierung der Kriegsopferrente, als gering eingestuft worden, und zwar von den Leuten, die diese Leistungen vollbracht haben. Dieses Verhalten sehe ich bei linken wie bei rechten Sozialdemokraten. Das eint sie dann wieder, vom Negativen her.

BS: Die Regierung Brandt verkauft also ihre Leistungen schlecht?

GÜNTER GRASS: Diese Regierung hat in eineinhalb Jahren mehr geleistet als eine konservative Regierung während einer ganzen Legislaturperiode. Sie versteht es bloß nicht, diese Leistungen darzustellen, vorzustellen. Es kommt noch etwas hinzu: Man ist zwar immer fleißig in Bonn, aber jeder sitzt mit seiner Nase direkt vor der Reform, mit der er beschäftigt ist ...

BS: ... trotz Ehmke ...

GÜNTER GRASS: ... nimmt sich nicht die Zeit — trotz Ehmke — mal zurückzutreten, das Gesamtmosaik der Reformen zu überschauen, zu begreifen. Und wenn schon der Politiker die Zusammenhänge nicht begreift, wie stufenweise das eine das andere bedingt, wie soll dies dann der Wähler begreifen?

BS: Herr Grass, wir danken Ihnen für dieses Gespräch.

»Berliner Stimme«, 27. 2. 1971

Günter Grass

In der Mauser

Ist es Naturgesetz, Marotte oder komplexhaftes Verhalten, das nach der Couch des Psychiaters verlangt? Sind ideologisch verbrämter Ehrgeiz und private Lust am Intrigenspiel Motor und Motiv der anhaltenden Querelen? Kein Fehler, der durch Wiederholung nicht dümmer ins Kraut schösse. Kein Tick, der durch Hinweis auf tickhaftes Verhalten nicht neue Dimensionen gewönne.

Seit über hundert Jahren werden die Sozialdemokraten von Widersprüchen bewegt, die sich — zum Gaudi ihrer Gegner — an der Frage entzünden, ob der zweite Schritt vor dem ersten zu tun sei und ob wahrer Fortschritt nicht mit dem dritten Schritt vor dem zweiten, wie dieser vor dem ersten zu beginnen habe. (Man lese in den Annalen der Deutschen Arbeiterbewegung und erkenne im Revisionismusstreit das nahezu wagnerische Leitmotiv tippelnder Riesen, die springen möchten.)

Ein im Grunde harmloser Streit; denn in Tat und Praxis setzen die Sozialdemokraten seit über hundert Jahren Schritt nach Schritt, kreuzbrav und alles in allem erfolgreich. Nur wenn sie unter sich sind und von weitergehenden Resolutionen träumen, lebt der traditionelle Streit auf, und sie versuchen, sich selbst zu überhüpfen: zumindest verbal. Schon Eduard Bernstein und Georg von Vollmar spotteten über die revolutionäre Rhetorik und ihren Gegensatz zum alltäglichen Reformeifer.

Der Charakter der SPD hat sich aus diesen Widersprüchen gebildet; denn nur, weil sie immerfort ihren demokratisch-evolutionären Weg in Zweifel gesetzt haben, fanden sie auch die Kraft, reformhubernder Selbstgefälligkeit zu widerstehen: keine Uhr ohne Unruhe.

Zur Zeit ist dieser historische Streit wieder einmal akut. Verbittert wortreich geht es zu. Die tüchtigen Pragmatiker — ob sie Hans-Jochen Vogel, Georg Leber oder Helmut Schmidt heißen — sind nicht bereit, den zweiten oder gar dritten Schritt vor dem ersten zu tun. Andererseits wollen einige besonders traditionsbewußte Jungsozialisten sich selbst und der eigenen Partei voraus sein: was schert sie die Wirklichkeit, wenn nur die Richtung stimmt. Dem dümmlichen Ehrgeiz, linker als links zu stehen, entspricht der Kult der Pragmatiker mit tagespolitischen Erfordernissen. Einzig Politiker wie Brandt und Wehner sind offenbar in der Lage, im Streit um die Schrittfolge die verzweifelte Komik einer notwendigerweise vom Widerspruch lebenden Partei zu erkennen: Die Weite ihrer Toleranz und Intelligenz läßt Spannungen zu, denen die linken und rechten Ausschließlichkeitsfanatiker nicht gewachsen sind.

Reformpolitik setzt Geduld voraus. So heißt die Devise einiger sachkundiger Pragmatiker, die in ihrem Eifer vernünftig-pragmatisches Verhalten zur alleinseligmachenden Ideologie erhoben haben. Schwer, ihnen zu widersprechen. Ihre Devise wird im politischen Alltag nahezu mechanisch bestätigt. Dennoch kann ich die Ungeduld der Jungsozialisten — selbst dort, wo sie dem politischen Gegner billig Argumente liefern — begreifen: Die bundesdeutsche Gesellschaft ist nach zwanzigjähriger CDU-Herrschaft und -Wirtschaft so unsozial verkrustet und konservativ befestigt, daß der jungen Generation nicht nur altersmäßige, sondern auch an Mißständen gewachsene Ungeduld zugestanden werden muß. Millionen Rentner, die mit 300 Mark im Monat vegetieren müssen; Preistreiberei und Machtmißbrauch der Großindustrie; ungleiche Bildungschancen, die dem Grundgesetz widersprechen: das sind (nur einige) Mißstände, die der konservative Herr von Weizsäcker mit menschlicher Unzulänglichkeit entschuldigen mag: die Jungsozialisten jedoch lassen sich nicht beschwichtigen; zu Recht — denn sonst wären sie keine.

Einzig dort, wo nicht produktive Ungeduld, sondern borniere Ignoranz oder schlichte Dummheit die Grenzen der Toleranz überschreiten, endet mein Verständnis und beginne ich, zornig zu reden: Jungsozialisten, die mit stalinistischen Kommunisten gemeinsame Aktionen planen oder gar ausführen, sind keine Sozialdemokraten. Die soziale Demokratie schließt gemeinsames Handeln mit den Feinden des demokratischen Sozialismus aus. Wie ich nicht bereit gewesen wäre, mit Franz Josef Strauß und seinen Claqueuren gegen die Okkupation der Tschechoslowakei zu demonstrieren, so kann ich nicht bereit sein, mit der DKP des Herrn Bachmann gegen die rechtsradikale »Aktion Widerstand« Protest auszusprechen.

Richtig ist es, mit dem politischen Gegner offen und hart zu diskutieren. Falsch wäre es, den politischen Gegner mit blind machendem Haß als Feind zu behandeln. Niemals wieder sollte dogmatischer Antikommunismus (als Ersatzideologie) die Alternative zum dogmatischen Kommunismus sein. Ich bin für offenes Gespräch und strikt gegen sentimentale Verbrüderungsseligkeit. Einem Sozialdemokraten verbieten sich zweideutige Verbündete. Einem sozialdemokratischen Politiker sollten sich allerdings auch beleidigte Reaktionen verbieten, die den Barzelmännern zur Schadenfreude verhelfen und den ohnehin an Belastung nicht armen Willy Brandt zusätzlich mit Gewichten behängen.

Es ist das oft lästige Vorrecht der Jungsozialisten, unbesonnen zu sein; jedoch der erfahrene Politiker sollte selbst dort, wo sein Protest fundiert ist, nicht beleidigt reagieren und der Resignation Vorschub leisten. In der Mauser entfallen und wachsen dem Vogel die Federn. Wir mögen ihn nicht gerupft und bedauernswert. Kein linkes Anbiedern, kein rechtes Schutzsuchen können ihm den Ruhestand sichern. Wer — wie wir singen hörten — zu Willy Brandt steht, wird die Niederschrift seiner Memoiren auf später, viel später verschieben müssen: nicht nur München und Bayern, die Sozialdemokratie braucht Hans-Jochen Vogel.

»Süddeutsche Zeitung« (München), 27./28. 2. 1971

Günter Grass

Rede an die
Sozialdemokratische Bundestagsfraktion

Liebe, in den Bundestag gewählte Sozialdemokraten!

Meine Anrede soll Ihnen ins Gehör rufen, daß ich im Auftrag der Sozialdemokratischen Wählerinitiative und aus der Sicht des Wählers zu Ihnen spreche. Ich danke Herbert Wehner, daß er uns Gelegenheit gegeben hat, unsere Erfahrungen vor Ihnen in Kritik und Argumente umzumünzen. An sich sollte dieser Vorgang selbstverständlich sein; denn wenn es Wunsch von vierzehn Millionen sozialdemokratischen Wählern ist, bei nächstem Anlaß die Zahl der SPD-Abgeordneten zu vermehren, dann sollte Ihr Interesse nicht nachhinken: gewählt ist noch nicht wiedergewählt.

Um dieses vorauszuschicken: Niemand von uns zweifelt an Ihrem Leistungswillen, an Ihrem Leistungsvermögen. Wir ahnen Ihren Fleiß. Wir wissen, daß Reformarbeit erschöpfend sein kann. Wir kennen Ihre Leistungen, obgleich sich die SPD bemüht, die Leistungen der Sozialdemokraten im Bundestag wie in der Regierung verschämt zu verbergen und lieber von dem zu sprechen, was sich heute noch nicht, aber vielleicht in zehn Jahren realisieren läßt.

Diese zermürbende Erfahrung hat mich zu folgender Erkenntnis gebracht: Ein Sozialdemokrat ist jemand, der nicht an seine Leistungen, sondern an seine weitergehenden Resolutionen glaubt.

Seit eineinhalb Jahren trägt die SPD Regierungsverantwortung. Seitdem beginnen sich die politischen Kräfte in der Bundesrepublik neu zu orientieren, umzubetten, zu sammeln. Der zunehmende Prozeß der Polarisierung wird über kurz oder lang das Lager der Reformkräfte von den konservativen Kräften im Lager des Beharrungsvermögens trennen. An den Rändern beider Gruppierungen wird es extrem zugehen. Der uns bevorstehende politische Kampf jedoch wird mit Vorrang in der Mitte ausgetragen werden müssen.

Zum ersten Mal in der Geschichte Deutschlands bietet sich Gelegenheit, die soziale Demokratie zu verwirklichen und den Beweis anzutreten, daß zwischen den konservativen Blöcken — hier christdemokratische Bauweise, dort kommunistische Bauweise — einzig die Sozialdemokratie und ihr politischer Ausdruck, der demokratische Sozialismus, befähigt sind, die notwendigen Reformen einzuleiten und über mittlere und längere Zeiträume hinweg zu realisieren.

Diese große unwiederbringliche Gelegenheit ist — so scheint es uns — zwar von vielen Wählern, aber in letzter Konsequenz immer noch nicht von der Sozialdemokratischen Partei Deutschlands begriffen worden. Rechte und linke Gruppen innerhalb der Partei verhalten sich, als befinde man sich immer noch in finsterer Oppositionszeit, als gelte es, einen Grabenkrieg zu führen, als müsse man sich verschanzen, als sei Gegenwart etwas, das mit altväterlichem Streit verdeckt werden müsse.

Ich beginne mit der vielbesprochenen Abgrenzung der Partei nach links.

Wo steht geschrieben, daß sich Sozialdemokraten dem leninistisch-stalinistischen Kommunismus gegenüber defensiv verhalten müssen, besonders dann, wenn sie eine aktive Ostpolitik betreiben?

Haben wir nicht genug Selbstbewußtsein, um zu erkennen, daß der zentralistisch-dogmatische Kommunismus in Praxis und Theorie abgewirtschaftet hat und daß die Geschichte der Deutschen Arbeiterbewegung einzig noch bei den Sozialdemokraten und ihren Jungsozialisten lebendig geblieben ist?

Und ist nicht besonders der linke Flügel der SPD aufgerufen, den fundamentalen Unterschied zwischen Sozialdemokratie und doktrinärem Kommunismus deutlich zu machen?

Denn wenn der linke Flügel der SPD sich zu Recht als Schrittmacher der Sozialpolitik auf dem Weg zur Mitbestimmung versteht, dann ist es besonders und zu allererst die Mitbestimmung als sozialdemokratisches Grundrecht, die den zentralistisch-kommunistischen Parteien die Galle schwärzt und Furcht lehrt vor den Konsequenzen des demokratischen Sozialismus.

Wir aber lassen uns maulfaul und chronisch eingeschüchtert durch immer die gleichen Barzeleien ins Zwielicht rücken, als habe man nicht gewußt, welch unchristlicher Gaunereien die Konkursverwalter des hohen C fähig sind, sobald ihr einziger Glaubensartikel, die Macht, gefährdet ist.

So mußten die Wähler am Fernsehschirm miterleben, wie der Bundeskanzler nicht nur Anwürfen ausgesetzt war, sondern wie er, weil unzureichend von der Fraktion und seinen Ministern gedeckt, empfindlich zu reagieren begann.

Man mag sich billig damit trösten, daß Sympathie, durchwirkt vom Mitleid, zugunsten des Kanzlers tendiert. Doch solche Gefühle sind gleichfalls nur Reaktion. »Immer hübsch anständig bleiben und in regelmäßigen Abständen sein Bedauern ausdrücken.« Solche Wehleidigkeit schlägt leicht in Resignation um. Dabei käme es darauf an, mit harten und genauen Worten den politischen Gegner und sein Verhalten zu messen, also nicht permanent mit dem verwaschenen Eventualis zu operieren: »Ich würde meinen, verehrter Herr Kollege ...«

Ich bitte Sie, liebe Freunde, diesen schwammigen Sprachgebrauch ersatzlos zu streichen!

Wie konnte man nur — und auf welche Erfahrung gestützt? — erwarten, daß die Unionsparteien bereit sind, das demokratische Handwerk der Opposition sachlich und fair zu betreiben? Welch mangelhafte Einschätzung des politischen Gegners. Welch träumerische, weil immer Zukunft vorwegnehmende Einschätzung der politischen Gegenwart. Welch ein Ausmaß psychologischer Unbedarftheit.

War es notwendig, eine zwar in der Sache richtige, aber gewiß nicht auf den Nägeln brennende Reform wie die bedingte Freigabe pornographischer Schriften naiv vertrauend in die Öffentlichkeit zu stellen und also jedem Demagogen billigen Anlaß zu liefern?

Muß weiterhin taktisch richtiges, weil psychologisches Verhalten ausschließlich Rüstzeug des politischen Gegners sein, während die Sozialdemokraten nahezu bilderbuchhaft gutgläubig jedem in der Sonne glänzenden Stolperdraht die Reverenz erweisen?

Nein, nicht der Gegner ist schuld, wenn landauf, landab von Pornographie, Häuschen enteignen, Inflation und Rote Gefahr die Rede ist und nicht von den ansehnlichen Leistungen der SPD im Bundestag und auf der Regierungsbank.

Wo ist die große Übersicht, die dem Wähler das Mosaik sozialdemokratischer Reformpolitik faßbar, weil deutlich macht?

Wie soll der Wähler das Ganze begreifen können, wenn schon die Abgeordneten und Minister nur jeweils ihren Bereich und nur den Dunst ihrer eigenen Reformküche kennen?

Wie konnte es passieren, daß just in dem Augenblick, in dem Sozialdemokraten durch Wählerwillen die Regierungsverantwortung aufgetragen wurde, Kompetenzstreit zur Regel und vordergründiger Ministerehrgeiz zur modischen Attitüde wurden?

Da nennt einer den anderen »Diva«. Da müssen Ministerhosen als Negativwerbung herhalten. Da werden Mimosen als sozialdemokratische Lieblingsblumen gehandelt. Da mußte zu Recht das Wort vom unverläßlichen Schließmuskel fallen.

Ich lasse mir gern den einen oder anderen Kompetenzstreit mit dem Zauberwort Sachzwang erklären. Doch gibt es neuerdings auch Verhaltenszwänge, denen sich bekanntermaßen leistungsfähige und politisch erprobte Sozialdemokraten zum Schaden ihrer Partei unterwerfen. Wir Wähler mögen das nicht!

Und schon höre ich Abersätze und vertrauliche Beschwichtigungen. Ich kenne den Einwand: der Bundeskanzler führe das Kabinett zu nachsichtig-liberal. Ich teile diesen Einwand und gestehe meinen Ärger, wenn klärende und deutliche Worte ausbleiben. Aber Willy Brandt ist nun einmal ein Sozialdemokrat, dem Toleranz nicht nur ein Lippenbekenntnis ist. Und weil er so ist, ist er Parteivorsitzender, ist er Bundeskanzler geworden. Und weil er so ist, wurde und wird in ihn Vertrauen gesetzt. Und weil er so ist, dürfen wohl vierzehn Millionen sozialdemokratische Wähler erwarten, daß sozialdemokratische Minister und Abgeordnete in der Lage sind, die Toleranz als Autorität zu respektieren.

Ich nenne als Beispiel: Heckmeck um Steuererhöhungen. Es ist wohl politische Binsenweisheit, daß es sich gut macht, Steuersenkungen mehrmals anzukündigen und dann durchzuführen. Die Steuererhöhung jedoch bedarf einer genauen und differenzierten Begründung, ferner einer parlamentarischen Mehrheit, die sie beschließt, und nicht zuletzt einer vorausgegangenen Steuerreform, die die notwendige Steuererhöhung in sozial gerechter Stufung verbürgt.

Zwar sind wir der Meinung, daß die drei dringlichsten Reformen,
1. die große, zur integrierten Gesamtschule und Gesamthochschule führende Bildungsreform,
2. der wirksame, deshalb rigoros zu betreibende Umweltschutz,
3. die sozial gerechte Vermögensbildung als Teil der Mitbestimmung, nur dann realisiert werden können, wenn es nach einer Steuerreform zu progressiven Steuererhöhungen kommt; doch solche Erkenntnis setzt breit und tief wirkende Aufklärungsarbeit voraus.

Man unterschätze doch bitte nicht den Wähler. Wenn er weiß und zu begreifen imstande ist, worum es geht und wofür er den Preis zahlen soll, wenn deutlich zu Buche schlägt, daß es nicht wieder einmal nur den kleinen Mann, sondern sozial gerecht alle treffen wird, wenn auch dem letzten unübersehbar wird, daß es seine Umwelt ist, die verseucht ist und geschützt werden muß, dann wird er Einsehen haben.

Und wenn der Koalitionspartner FDP nicht bereit ist, die Konsequenzen seiner regierungsverantwortlichen Tätigkeit zu begreifen, dann wird auch dieses dem Wähler deutlich gemacht werden müssen. Der Genscherismus oder die Ideologie des »Nach-beiden-Seiten-offen-sein-Wollens« fördert nur Zugluft und bringt keine Erkenntnis.

Zu Recht wird in der Bundesrepublik das Eigentum geschützt. Doch der Grundgesetz-Artikel 14 Absatz 2 sagt gleichfalls: »Eigentum verpflichtet.« Und wenn wir bereit sind, Eigentum nicht nur als Einfamilienhaus, als gartengroßes Grundstück, als mühsam zusammengetragenes Sparkonto zu begreifen, wenn wir vielmehr zu erkennen gezwungen sind, daß frische und verpestete Luft, klares wie verdorbenes Wasser, wohltuende und zersiedelte Landschaft unser Eigentum sind, dann werden Luft, Wasser und Landschaft geschützt werden müssen, und zwar bevor wir an den Absonderungen der Wohlstandsgesellschaft ersticken, bevor wir Opfer des zum Fetisch erhobenen Leistungsprinzips werden.

Der Umweltschutz stellt uns alle in Frage. Keine herkömmliche Ideologie wird ihm gerecht. Es wird Ihre Aufgabe sein, die treffenden Worte zu suchen, die überzeugenden Argumente zu finden und dem Wähler die politische Entscheidung notwendig zu machen.

Kein Zufall, wenn es vor zwei Tagen einem linken Sozialdemokraten gelang, im, weiß Gott, sperrigen Bundesland Rheinland-Pfalz beträchtliche Gewinne zu buchen. Wilhelm Dröscher war erfolgreich, weil er selbst dort ehrlich blieb, wo seine Wahrheiten lästig fallen mußten. Es sind die linken Pragmatiker, die in Zukunft die Schrittweite und den Erfolg sozialdemokratischer Politik bestimmen werden.

Gestern sprach ich in Schleswig-Holstein auf zwei Veranstaltungen gemeinsam mit Jochen Steffen. Siegfried Lenz hat dort 20 Wählerinitiativen mit aufgebaut. Auch in Schleswig-Holstein zeichnet sich ab, daß eine linke Volkspartei gewinnen kann, wenn sie den Mut zu sich selbst hat.

Wenn sich uns nach hundertjähriger Geschichte zum ersten Mal reell Gelegenheit bietet, regierungsverantwortlich den Grundstein zur sozialen Demokratie zu legen, dann erwarten wir Wähler von Ihnen mehr als den bekannten Fleiß, das verschämte Sichkleinmachen und die traditionelle Mißachtung der eigenen Leistung.

Nichts außer Ihrem mangelnden Selbstvertrauen zwingt Sie, zaghaft und wie verhext aus der Defensive heraus zu argumentieren.

Gerade weil der westliche Kapitalismus und seine konservative Ideologie versagt haben, gerade weil der Kommunismus in seinem Dogmatismus an sich selbst gescheitert ist, wird in die Sozialdemokratie große, oft zu große und manchmal schier letzte Hoffnung gesetzt.

Auf Ihnen liegt mehr Verantwortung, als eine Legislaturperiode fassen kann. Denn wenn wir Sozialdemokraten hier heute versagen oder am kleingemünzten Streit scheitern, wird uns die Zukunft vernagelt werden.

Ihr Fleiß darf Sie nicht hindern, zu kämpfen. Ihr Detailwissen darf Sie nicht hindern, das Ganze zu sehen. Ihr Ehrgeiz darf Sie nicht hindern, solidarisch zu handeln.

Mit Sorge sehen sozialdemokratische Wähler, wie sich im Parlament Mal um Mal sozialdemokratische Abgeordnete durch immer die gleichen demagogischen Tricks in die Enge treiben lassen.

Mit Sorge beobachten sozialdemokratische Wähler auf den Fernsehschirmen, wie bangbüchsig sich einige anerkannt gute sozialdemokratische Debattierer aus der Debatte heraushalten.

Mit Sorge sehen sozialdemokratische Wähler, wie einzig und immer wieder dem schon notorischen Einzelkämpfer Herbert Wehner eine Last aufgebürdet wird, die die Fraktion und die Minister geschlossen tragen müßten.

Mit Sorge beobachten sozialdemokratische Wähler, wie ihre Abgeordneten und gleichfalls die von ihnen geachteten Minister nur noch im eigenen Ressort Sprache finden und ansonsten muff bleiben.

Und schließlich auch dieses: Mit Sorge registrieren sozialdemokratische Wähler kleinlichen Zwist und ehrgeizbedingte Allüren in einer

Partei, der einzig und alleine praktizierte Solidarität beim Überleben geholfen und in schweren wie guten Zeiten Pate gestanden hat.

Uns interessiert rechter und linker Hausstreit nur bedingt. Wir bemühen uns, die ganze Partei und die Summe ihrer Leistungen zu sehen.

Deshalb bitten und beschwören wir Sie, sich Ihrer Kraft und Verantwortung bewußt zu werden, damit unser Vertrauen wieder Fuß fassen kann.

Die Sozialdemokratische Wählerinitiative verlangt nichts Unmögliches: mögliche Leistungen und die Darstellung dieser Leistungen.

Konzentration auf die Prioritäten:

Betriebsverfassungsgesetz und Städtebauförderungsgesetz

Flexible Altersgrenze und Öffnung der Rentenversicherung für weitere Bevölkerungsgruppen

Gesetzliche Krankenversicherung für Landwirte

Reform und Ausbau des Bildungswesens.

Wenn das schon Geleistete und die soeben genannten Reformen sich summiert haben werden, dann wird man mit Recht stolz sein dürfen, dann wird man mit Recht ja sagen dürfen, dann werden viele sozialdemokratische Wähler auch bereit sein, mehr zu tun als nur die Stimme abzugeben.

Das setzt allerdings voraus, daß die sozialdemokratischen Bundestagsabgeordneten ihr Mandat weniger verwalten und viel mehr täglich neu erkämpfen. Was ist aus den jungen, ungeduldigen und ach, so linken Kandidaten geworden, die ich im Wahlkampf kennengelernt habe und die sich nun als Abgeordnete so vornehmer Zurückhaltung befleißigen? Wer steht hier wem im Wege? Die jungen Abgeordneten sich selbst oder die Hierarchie der Fraktion den noch schüchternen Neulingen?

Wann endlich wird die Sozialdemokratische Bundestagsfraktion in der Lage sein, während erbittert geführter Bundestagsdebatten jene Lücke zu schließen, die uns der große Parlamentarier Fritz Erler hinterließ? – Wo sind die Sperlinge? Wann endlich hören wir sie? –

Und weiter aus Wählers Sicht gefordert: Aufklärende, werbende Zusammenarbeit zwischen der SPD und ihren Wählern setzt voraus, daß alle sozialdemokratischen Bundestagsabgeordneten in ihren Wahlkreisen die Arbeit der Sozialdemokratischen Wählerinitiative unterstützen und sich immer wieder ihren Wählern in offener Diskussion stellen.

Oft angekündigt und bis zum Überdruß zerredet: Es ist Zeit, daß sich die SPD als Volkspartei formiert. Deshalb wiederhole ich, was ich auf dem Bundesparteitag in Saarbrücken gesagt habe: »Die Partei soll den Kandidaten veranlassen, sich vor der Wahl durch Delegierte auch den Wählern in öffentlichen Veranstaltungen zu stellen, damit Wähler und Partei rechtzeitig erkennen können, welche politischen

Qualitäten jeweils zur Wahl stehen. Wir schlagen Delegierten-Versammlungen vor, zu denen die Öffentlichkeit einzuladen ist.«

Mit anderen Worten: Nicht mehr ängstlich hinter verschlossenen Türen, sondern durch offene Diskussion mit den Wählern soll die Partei den demokratischen Vorgang der Kandidatenaufstellung deutlich machen. Wir jedenfalls werden nur dort hilfreich sein können und wollen, wo sich in diesem Sinne die Partei ihren Wählern öffnet und sozialdemokratische Bundestagsabgeordnete beim Aufbau von Wählerinitiativen behilflich sind. Kein Gespräch ohne Partner.

Zusätzlich schlagen wir vor, sich unsere Adresse zu merken:

Sozialdemokratische Wählerinitiative,

5300 Bonn, Adenauerallee 50

Kommen Sie zu uns und sprechen Sie mit uns.

Verbessern Sie rechtzeitig vor dem entscheidenden Wahlkampf 1973 die Verständigung zwischen Ihnen und uns.

Nutzen Sie die Möglichkeit der politischen Transmission, die Ihnen die Sozialdemokratische Wählerinitiative anbietet.

Zum Schluß ein Wort zu dem, was man »den Fall Vogel und die Jungsozialisten« nannte: die abermals grobe Verkürzung eines Problems, das so alt ist wie die Sozialdemokratische Partei. Meine Frage lautet: Schließt das Gespräch über das Mögliche die Forderung nach dem Notwendigen aus? Oder anders gefragt: Wollen oder können wir nicht begreifen, daß Theorie und Praxis einander bedingen?

Die Kluft zwischen den politischen Einsichten progressiver Sozialdemokraten und dem Bewußtseinsstand der Wähler ist das eigentliche Problem der SPD. Dieses Problem läßt sich nicht lösen, indem man richtige, wenn auch unbequeme Einsichten kappt oder wie Verbotenes unter Verschluß hält.

Richtig ist es, offen mit den Jungsozialisten Gegensätze zu diskutieren. Falsch und ohnmächtig wäre es, den Jungsozialisten ihren Kommunalpolitischen Kongreß oberlehrerhaft zu untersagen.

Die Sozialdemokratische Partei ist eine evolutionäre Partei, folglich darf sie sich nicht auf dogmatischen Standpunkten ausruhen. Die terminsetzenden Worte kurzfristig, mittelfristig, langfristig sollten klärend wirken und nicht ideologische Grenzen setzen. Hätten wir keine unbequemen Jungsozialisten, wir müßten sie schnurstracks erfinden!

Ich bin Ihnen lästig gefallen. Es ist unsere Absicht, Ihnen lästig zu fallen. Sie haben uns vor den Fernsehschirmen oft genug zornig gemacht. Vielleicht erwarten wir von Ihnen mehr, als Sie zu leisten vermögen. Das sollte Sie ehren. Jetzt erwarten wir Ihre Gegenrede. Das »Große Gespräch«, wie es Willy Brandt gefordert hat, soll keine Plauderstunde sein. Wir haben in vielen Wahlkämpfen zu helfen versucht, und manche sagen: wir hätten geholfen. Wir wollen weiterhin helfen, doch unsere Hilfe spricht sich kritisch aus.

[23. März 1971]

Günter Grass

Der Arbeiter und seine Umwelt

Meine Damen und Herren!

Ein Volkslied behauptet, der Mai sei imstande, alles neu zu machen. Als Neumacher ein Großsprecher? Man könnte meinen oder gar glauben, das »Prinzip Hoffnung« des Philosophen Ernst Bloch sei, solange der Mai anhält, in Kraft. Ein von Jahr zu Jahr vielversprechender Monat.

Und weil die Arbeiter in aller Welt — und Arbeiter sind solche, die recht und schlecht von Arbeit und im übrigen von Hoffnung leben — auf diesen Monat und seine Neumacherkraft gesetzt haben, feiern sie überall in der Welt Jahr für Jahr den 1. Mai.

Schon werde ich skeptisch. Was feiern wir am 1. Mai? Nur noch ein Datum, das zum gesetzlichen Feiertag wurde und also gefeiert werden muß? Feiern wir etwas, das vordringlich mit dem Rhythmus des Kalenderjahres zu tun hat: schlimm, wenn der 1. Mai auf einen Sonntag oder — wie in diesem Jahr — auf einen Sonnabend fällt?

Seit einigen Jahren spreche ich regelmäßig in westdeutschen Städten auf Einladung des Deutschen Gewerkschaftsbundes zum 1. Mai. Durch deutliche Aussprache versuche ich, schon chronisch anmutende Schwerhörigkeit auszugleichen. Dennoch habe ich erfahren müssen, daß pathetische Leerformeln schier unverrückbares Eigengewicht haben; womöglich der Resonanz wegen wird am 1. Mai gern aus dem hohlen Bauch heraus gesprochen.

Diesmal hat mich der DGB Hamburg eingeladen. Ich schlug vor, mein Kurzreferat zu diskutieren und im Verlauf der Diskussion eine Arbeitsgruppe zu bilden, die sich mit der Thematik und ihrer Diskussion zu befassen haben wird, damit am 1. Mai des nächsten Jahres Bericht vorliegt, damit wir nicht unverbindlich werden, damit der 1. Mai weniger feierlich und notwendigerweise wieder politisch wird.

Mein Thema heißt: »Der Arbeiter und seine Umwelt.« Heute, knapp zurück aus Schleswig-Holstein und an Umwelterfahrungen reicher, stellt sich mir die Aufgabe, die Bild-Zeitung und ähnliche Produkte als Umwelt der Arbeiter, und zwar als verseuchte, zu beschreiben.

Wenn in Itzehoe die Kamine der Zementwerke in ihrer Stummelgröße um gut zwanzig Meter zu knapp bemessen sind und je nach Windrichtung umweltgesetzwidrig mit Zementstaub pudern, wenn der Ratzeburger See — auf den ersten Blick immer noch lyrisch und lieblich — nach genauerer Prüfung so krank ist, daß das Lübecker Trinkwasser Geschmacksproben seiner Krankheit liefert, wenn schließlich die Bild-Zeitung in millionenstarker Auflage instinktsicher den dosierten Rufmord gerade an jenen Politikern begeht, die nur und ausschließlich für die Interessen der Arbeiter eintreten, dann habe ich mit den drei Stichworten — Luftverschmutzung, Wasserverseuchung, Springerpresse — die Umwelt des Arbeiters abgesteckt; denn nicht außerhalb, innerhalb dieser Dunstglocke befindet sich sein Arbeitsplatz.

Achtzig Prozent der westdeutschen Bevölkerung sind Arbeiter oder, wie man beschwichtigend irreführend sagt, Arbeitnehmer. Sie haben ihre Rechte, zum Beispiel auch dieses: den 1. Mai als ihren Tag zu feiern.

Gleichfalls sind viele Arbeiter als Arbeitnehmer gewerkschaftlich organisiert: Der Deutsche Gewerkschaftsbund ist stark, doch, gemessen an der Lautstärke und Bedenkenlosigkeit seiner Gegner, nahezu sprachlos und, weil voller Bedenken, permanent gehemmt.

Außerdem gibt es politische Parteien, die dem Arbeitnehmer als Arbeiter deutlich machen, welche Interessen sie zuallererst vertreten. Geschichte und Leistungen dieser Parteien lassen erkennen, daß bei den konservativen Christdemokraten der Bundesverband der Deutschen Industrie und eine Vielzahl von Unternehmerverbänden die Noten verteilen, nach denen CDU und CSU — inklusive Katzer-Flügel — ihre so gemütvolle wie anheimelnde Nachmittagsmusik zum Lobe der Freien Marktwirtschaft fiedeln.

Zwar sind die meisten Gewerkschaftler auch Sozialdemokraten, zwar werden Gewerkschaftler nicht müde, den Sozialdemokraten Noten vorzulegen, nach denen die Freie Marktwirtschaft als eine soziale laut wird, aber ein gewichtiger Teil der achtzig Prozent Arbeiter tanzt immer noch als Arbeitnehmer nach der Caféhausmusik des Großkapitals und will nicht erkennen, wie traurig sich Arbeiter zum Gespött hochdotierter Großwildjäger und Steuerhinterzieher machen. Der Fall Horten ist Plural.

Man mag fragen, wie soll denn der Arbeiter inmitten vernebelter Umwelt beim Wahlgang für seine Interessen stimmen, wenn erst, wie jüngst in Schleswig-Holstein, am Wahlsonntag deutlich wird, daß der rechtsradikale Professor und CSU-Freund Rubin die Wähler mit schlagzeilenstarker Hilfe der Springerpresse betrogen hat. Solchen Skandalen folgen, wie wir wissen, nachgelieferte Entrüstung, bigott-christliches Augenniederschlagen und süß-saures Bedauern à la Kiesinger. Morgen schon macht was anderes Schlagzeilen. Lügen leben von verstreichender Zeit. Das ist nun mal so: Wenn schon Wasser und Luft verschmutzt sind, warum soll dann nicht, mit Hilfe unschuldiger Druckerschwärze, das politische Klima vergiftet werden. Zynisch gesprochen: Wer für ausgleichende Gerechtigkeit ist, tritt sorgsam abwägend für eine gleichmäßige Umweltverschmutzung ein. Man muß nur die Wirklichkeit wegreden, dann schmerzt sie nicht so.

Doch die Lüge hat Ort und Datum. Der Deutsche Gewerkschaftsbund Hamburg hat mich eingeladen, zum 1. Mai zu sprechen. In Hamburg hat mit dem Haus Springer die Methode der Verleumdung

politischer Gegner und die Umgehung der Informationspflicht ihr
mächtiges Zentrum gefunden. Wenn vom Arbeiter und seiner Umwelt zu sprechen ist, dann gehört das Thema Pressekonzentration,
dann gehören die Tatsachen manipulierter Meinung und mit ihr eine
Unzahl falscher Informationen zum Thema Umwelt und Umweltschutz.

Wer achtzig Prozent der westdeutschen Bevölkerung, wer die Arbeiter oder Arbeitnehmer in ihrer Umwelt schützen will, der wird sie
auch vor Springer schützen müssen.

Nicht der liebe Gott hat den Ratzeburger See krank werden lassen.
Kein unabwendbares Schicksal hat in Itzehoe die Kamine der Zementwerke zu Stummeln verkürzt. Und auch die Verseuchung des politischen Klimas ist nicht gottgewollt. Dem Deutschen Gewerkschaftsbund stellt sich als Dauerauftrag die Aufgabe, Roß und Reiter zu
nennen, das heißt, den Arbeitern mit Wort, Bild und Statistik zu
beweisen, daß wir erstens: auf giftfreie Luft, unverseuchtes Wasser
und unverfälschte Informationen angewiesen sind, daß zweitens: die
Luft zunehmend gifthaltig ist, Seen und Flüsse verseucht sind und in
weiten Bereichen schön frisierte Lügen die Information verdrängt
haben.

Drittens wird anzuzeigen sein, wer womit die Luft vergiftet, das
Wasser verseucht, die Informationen verfälscht.

Und viertens sollte gesagt werden, welche Gesetze schon da sind,
um diese dem Grundgesetz widersprechenden Mißstände zu beheben,
und welche Gesetze verabschiedet werden müssen, damit die Umwelt
in ihrer ganzen Breite — und in ihr achtzig Prozent der Bevölkerung,
die Arbeiter als Arbeitnehmer — wirksam geschützt werden können.

Fünftens stellt sich die Frage, welche der Parteien hat bisher versucht, Umweltschutz zu ermöglichen; welche hat sich dem Umweltschutz verweigert und welche Partei spricht davon, tut aber nichts.
Unsere Gesellschaft leidet an schlechtem Gedächtnis. Doch schlechtes Gedächtnis hilft allzumal den Politikern, die auf das schlechte Gedächtnis der Gesellschaft und also der Wähler bauen.

Deshalb ist es notwendig, jüngste Vergangenheit zu beschwören.
Vor zehn Jahren war großes Gelächter billig, weil sich zwei Politiker
auf die Reise gemacht hatten, um — politischem Brauch entsprechend
— plakativ für »Blauen Himmel über Rhein und Ruhr« zu werben.
Christdemokratische Preisredner im Dienste des Bundesverbands der
Deutschen Industrie, desgleichen die Leitartikler aller konservativen
Zeitungen reagierten hochmütig oder feuilletonistisch witzig, insgesamt ablehnend. Man tat so, als wäre den Sozis wieder mal etwas eingefallen, was das christliche Abendland hätte gefährden können.

Der Weitblick der Politiker Brandt und Kühn zahlte sich bei Wahlgängen nicht aus, die Kurzsichtigkeit blieb regierungsverantwortlich
und mit ihr die Devise: Keine Experimente!

Das billige Gelächter von damals kommt uns heute teuer zu stehen.

Zehn Jahre später, und jedermann, die Unionsparteien eingeschlossen, tut so, als habe er die Umwelt entdeckt und ihren Schutz seit eh und je empfohlen. Strafwürdige Bescheidenheit hindert die Sozialdemokraten, den Sachverhalt aufzudecken: das Volk wüßte sonst, wem es verpestete Flüsse, absterbende Seen, zersiedelte Landschaft, wachsenden Müll, verfälschte Informationen und eine Luft zu verdanken hat, die in industriellen Ballungsgebieten als unerträglich definiert ist und dennoch ertragen werden muß.

Das alles ist bekannt. Es wäre sinnlos, hier jetzt Statistiken zu zitieren, solange der katastrophale Zustand zwar bekannt, aber nicht bewußt ist.

In Schwaben ahnt die reinliche Hausfrau, daß mit dem Bodensee nicht nur das Trinkwasser, sondern, weit schlimmer, die schwäbische Sauberkeit gefährdet ist. Wird sie Schlüsse daraus ziehen?

Fischsterben im Rhein, quecksilberverseuchte Ostseefische, die ölverschmutzte Nordsee, Lärmschäden bei Kindern, all das sind keine Sensationen mehr. Man gewöhnt sich und liest Betrachtungen über Umweltschutz so schicksalergeben, wie anno dazumal unsere gleichermaßen begriffsstutzigen und offenbar bewußtlosen Vorfahren Traktate über die Erbsünde gelesen haben mögen: Das ist nun mal so. Wo der Wohlstand blüht, fällt auch Dreck ab. Lieber im Wohlstand ersticken als in Armut gesund bleiben. Umweltschutz — gut und schön, aber wer soll ihn schließlich bezahlen?

Unser Grundgesetz Artikel 14 Absatz 2 sagt: »Eigentum verpflichtet. Sein Gebrauch soll dem Wohle der Allgemeinheit dienen.« Ein sozial verpflichtender Satz, an dem bislang weitgehend vorbeiregiert worden ist. Ein Satz, der das Eigentum nicht als Fetisch feiert, sondern dort, wo es sich zum Großeigentum ausgewachsen hat, als gemeinnützig wertet. So weit unsere Verfassung. Doch die Verfassungswirklichkeit sieht anders aus.

Es ist der enge Begriff von Eigentum, der den Bürger hindert, außer seinem mühsam ersparten Konto, seinem immer noch belasteten Häuschen plus Garten nun auch die Luft, die er atmet, die Landschaft, in der er lebt, das Wasser, dessen Nutzen und Wohlgeschmack er schätzt, als sein und der Gesellschaft Eigentum zu begreifen.

Denn kaum werden politische Forderungen laut, die, etwa mit Hilfe eines modernen Städtebauförderungsgesetzes, im Sinne der Grundgesetz-These »Eigentum verpflichtet«, Grund und Boden der Spekulation entziehen wollen, kaum wird versucht, der umweltverschmutzenden Industrie durch Gesetz umweltschützende Auflagen zu machen, kaum zeigen sich Ansätze, mit Gesetzeskraft der verfassungswidrigen Pressekonzentration und damit einer weiteren Umweltgefährdung zu begegnen, kaum also wird Umweltschutz versucht, beginnt sogleich das so dumme wie wirksame Geschrei aus bewährten Sprachrohren: Das ist sozialistische Gleichmacherei. So fängt die Enteignung an. Den braven Leuten das Häuschen wegnehmen wollen. Achtung, Steffen enteignet die Friseurläden! Vorsicht, die Jungsozialisten kommen!

Das Wahlergebnis der Landtagswahlen in Schleswig-Holstein ist zu frisch, als daß wir es außer acht lassen könnten. Werden die so laut und bedenkenlos berufenen Schreckgespenster — wie schon vor zehn Jahren — der konservativen Besitzideologie abermals als Nothelfer dienen?

Wird weiterhin die Einsicht versperrt bleiben, daß Luft und Wasser, Grund und Boden unser aller Eigentum, das heißt gemeinnütziges Eigentum sind? Wird uns manipulierte Information als geschickt aufgemachtes Lesefutter auch zukünftig hindern, den Zustand der Gesellschaft zu erkennen und Reformen als notwendig zu begreifen?

Fragen, die mitten im Frieden unsere Existenz betreffen. Fragen, die keine der herrschenden Ideologien beantworten kann. Denn wie der überlieferte Eigentumsbegriff aus sich heraus keine Lösung bietet, so wird auch dort, wo das Eigentum rigoros verstaatlicht worden ist, keine Zauberformel dem kommunistischen Dogma abzugewinnen sein; es sei denn, in Ost und West greift Einsicht um sich: privatkapitalistischer plus staatskapitalistischer Besitz und Gewinn lassen sich gutgelaunt zur Kasse bitten: »Wieviel darf's denn sein?«

Nein, Einsicht ist nicht zu erwarten. Und auch die Mehrheitsverhältnisse im Bundestag versprechen keine abhelfenden Gesetze. Zwar reden viele honorige Politiker gerne und viel vom Umweltschutz, aber sobald Herr Genscher als Innenminister befragt wird, stellt sich heraus, daß seine gleichförmig plätschernden Reden unverbindlich gemeint sind. Seine Forderungen nach wirksamem Umweltschutz laufen Arm in Arm mit der eingefleischt alt-liberalen Angst vor einer Steuerreform, die sozial gerecht ist.

Schon entsteht der Eindruck, Politik sei die Summe vieler vorsorglich geäußerter Bedenken. Ratlosigkeit gibt sich offenherzig: Wenn schon längst überfällige Reformen — die des Bildungswesens, die der Gesundheitspolitik — an der Armut der öffentlichen Hand zu scheitern drohen, wie soll dann, aus gleichbleibend kargen Mitteln, unsere Umwelt — so teuer sie uns ist — geschützt werden?

Vielleicht hilft die Wahrheit. Vielleicht dürfen Arbeiter und Arbeiterinnen, nämlich achtzig Prozent der bundesdeutschen Bevölkerung, vom Bundeskanzler erwarten, daß er Wahrheiten ungeschminkt ausspricht. Wenn Willy Brandt vor zehn Jahren mutig genug gewesen ist, die Gefährdung der Umwelt als erster beim Namen zu nennen, warum sollte er heute die Konsequenzen seiner Einsicht verschweigen. Denn mit der Umwelt ist der heiliggesprochene Wohlstand gefährdet.

Wem die Umwelt nicht teuer ist, dem mag auch der Wohlstand billig sein. Zwar sind wir frei genug, um uns an die Absonderungen des Wohlstandes zu gewöhnen — aber nicht frei genug, um ein Ende im Müll wehklagend zu überleben.

Schwarzmalerei? Althergebrachte Furcht vor Katastrophen? Kommt Zeit, kommt Rat?

Die Vereinigten Staaten von Amerika sind den europäischen Industrienationen im industriellen Fortschritt und den entsprechenden Auswirkungen seiner Explosionskraft immer um einige Jahre voraus gewesen. Gründlicher Augenschein auf der anderen Seite des Wassers kann uns lehren, wann die zur Zeit in den USA virulenten Mißstände bei uns katastrophales Ausmaß gewinnen werden.

Noch ist knapp Zeit, die Summe aller Notstände zu errechnen und die entsprechenden politischen Schlüsse zu ziehen. Ich wüßte keinen besseren Tag als den 1. Mai, um von der Gefährdung des Arbeiters in seiner gefährdeten Umwelt zu sprechen. Denn wie vor hundert Jahren der Zwölf-Stunden-Tag und die Kinderarbeit den Arbeitern Probleme und Konfliktstoff gewesen sind, so stellt sich uns heute die Gefährdung unserer Umwelt durch Verschmutzung und Vergiftung, durch Lärm und Manipulation als Problem und Konfliktstoff.

Doch ein noch so eifrig beklatschtes Referat verliert nach dem traditionellen Satz »Hiermit ist die 1.-Mai-Kundgebung geschlossen« seine Wirkung. Als habe man gegen den Wind gesprochen. Deshalb schlage ich vor, die hier benannten Probleme, den uns täglich bewegenden Konflikt, ein ganzes Jahr lang auf der Tagesordnung zu halten.

Der Deutsche Gewerkschaftsbund Hamburg möge einen Arbeitskreis beauftragen, aufklärendes und in die Öffentlichkeit wirkendes Material zu sammeln, damit es überall dort, wo es an Aufklärung fehlt und wo Springer vorherrscht, in Umlauf gebracht werden kann.

Ich schlage vor, daß am 1. Mai des nächsten Jahres Bericht gegeben wird über die geleistete Arbeit und ihre Ergebnisse.

Ich schlage vor, den 1. Mai wieder politisch zu begehen; denn nur feierlich war er allzu lange.

Es wird darauf ankommen, ein Stück gute, oft diskriminierte, schließlich unverbindlich gewordene Tradition aus den Anfängen der deutschen Arbeiterbewegung mit neuem, uns betreffenden Inhalt aufzuladen, damit sich die junge Generation — die ohnehin traditionsverdrossen ist — nicht abwendet, damit sie nicht maulfaul beiseite steht, sondern mitredet.

Diese Kundgebung ist noch lange nicht geschlossen!

[Rede am 1. Mai 1971 vor dem
Deutschen Gewerkschaftsbund, Hamburg]

Anhänge I-V

Anhang I
In Sachen Bremer Literaturpreis

Hans Schwab-Felisch

Ein Trauerspiel

Diesmal wollen wir nicht viel Federkauens machen; der Fall, von dem hier zu berichten und gegen den Protest zu erheben ist, liegt leider eindeutig klar. Es gibt für ihn keine Entschuldigung und keine mildernden Umstände. Der Senat der Freien Hansestadt Bremen hat mit einer nicht mehr diskutablen Entscheidung ein Präjudiz geschaffen, das der Freiheit der Literatur einen empfindlichen Schlag versetzen müßte, würde es jemals Schule machen. Doch schon der einmalige Fall ist nicht nur beschämend. Er ist deprimierend.

Die Freie Hansestadt Bremen vergibt, was löblich ist, in jedem Jahre einen Literaturpreis; unter den bisherigen Preisträgern befinden sich Ernst Jünger, Paul Celan, Ingeborg Bachmann, Ilse Aichinger und Rolf Schroers. Die Wahl des Preisträgers hat die Freie Stadt, wie allgemein üblich, einer von ihr eingesetzten Jury übertragen, zu der sich stets der preisgekrönte Autor des Vorjahres gesellt — ein Beispiel, das nachahmenswert ist. Dieses Gastmitglied der Jury war in diesem Jahre Rolf Schroers. Ihre anderen Mitglieder sind: Manfred Hausmann; Conrad Heinemann, Dramaturg in Bremen; Rudolf Hirsch vom S. Fischer Verlag, Frankfurt; Erhart Kästner, Direktor der Herzog-August-Bibliothek in Wolfenbüttel; Erich Traumann, Redakteur in Bremen; Professor Benno von Wiese und, als Vertreter des Senats von Bremen, der Regierungsdirektor Lutze. Diese Jury, der niemand wird anhängen können, sie sei jemals auf die avantgardistischen Barrikaden zu bringen, hat einstimmig, freilich in Abwesenheit von Manfred Hausmann, entschieden, den diesjährigen Literaturpreis der Freien Hansestadt Bremen dem Autor der »Blechtrommel«, Günter Grass, zu verleihen.

Es mußte daher die Angehörigen der Jury in basses Erstaunen versetzen, als sie am Heiligabend einen Brief vom Senator für das Bildungswesen von Bremen erhielten, in dem zu lesen stand, der Senat sei dem von Senator Dehnkamp gestellten Antrag, nach dem Vorschlag des Preisgerichts den Roman »Die Blechtrommel« auszuzeichnen, nicht gefolgt. Um den Hohn auf die von der Freien Stadt selbst bestellte Jury voll zu machen, war der Brief von eben jenem Regierungsdirektor Lutze unterschrieben, der bei der Abstimmung auch seine Stimme dem Grass gegeben hatte. In eine derart fatale Lage kann sich also ein Mann versetzt sehen, dem von Amts wegen nichts anderes übrigbleibt, als der Staatsräson zu folgen.

Doch nicht genug damit. Die Absage mußte ja auch begründet werden. Sie wurde es auch. Zunächst erkennt der Senat der Freien Stadt an, und zwar wie?, »im vollen Umfang«, daß »das Preisgericht in seinem nach ›rein künstlerischen Gesichtspunkten‹ getroffenen Vorschlag durchaus (sic!) nach dem vom Senat erlassenen Statut gearbeitet hat«. Dann aber folgt die Begründung. Sie ist kaum anders als jämmerlich zu nennen. In dem Brief steht: »Der nach eingehender Beratung getroffene negative Beschluß findet insbesondere darin seine Begründung, daß eine Auszeichnung durch die Landesregierung, wie sie der Literaturpreis der Freien Hansestadt Bremen darstellt, eine Diskussion in der Öffentlichkeit hervorrufen würde, welche nicht den unbestrittenen literarischen Rang des Buches, wohl aber weite Bereiche des Inhalts nach außerkünstlerischen Gesichtspunkten kritisieren würde.«

Diese Hypothese nimmt der hohe Senat der Freien Stadt nun gleich als »Tatsache«. Und in Erkenntnis dieser angeblichen Tatsache, deren hypothetische Folgen zu tragen der Senat der Freien Stadt also nicht die Courage hat, schlägt er den Jurymitgliedern vor, sie sollten noch einmal beraten, oder sie sollten das (ebenfalls preiswürdige) Buch von Uwe Johnson »Mutmaßungen über Jakob«, das auch zur Debatte stand, auszeichnen, oder sie sollten den Preis in diesem Jahre überhaupt nicht vergeben.

Dahin dürfte es wohl auch kommen. Aber nicht, weil der Senat der Freien Stadt dies vorgeschlagen hat, sondern weil er mit seinem Beschluß und mit seinem Brief Porzellan zerschlagen hat, das nicht mehr zu kitten ist. Dr. Hirsch hat bereits seinen sofortigen und nicht mehr widerrufbaren Austritt aus der Jury für alle Zeiten erklärt. Ihm sind Erhart Kästner und Benno von Wiese gefolgt. Sie haben ihr Amt niedergelegt. Schroers, als vorjährigem Preisträger und als nur einmal amtierendem Mitglied der Jury, sind die Hände gebunden. Der Verleger von Johnson hat erklärt, er würde ihm unter diesen Umständen nicht geraten haben, an Stelle von Grass den Preis anzunehmen. Das sind die herben Folgen, denen sich der Bremer Senat nun gegenübersieht.

Aus seinem Ultimatum — und es ist eines — folgt, denkt man die Angelegenheit zu Ende durch, daß jemand, der preiswürdig sein soll, zunächst »richtig« zu schreiben habe, »richtig« natürlich im Sinne jeder gerade die Macht ausübenden Partei oder sonstigen politischen Konstellation. Das Alibi in Sachen Kunst ist, auch das folgt daraus, von dieser Behörde seiner moralischen Grundlage enthoben worden. Da ist am Ende die »Staatskunst« nicht mehr weit.

Wir wissen, daß Preisverteilungen in den deutschen Landen allerlei Konzessionen und taktischen Überlegungen ausgesetzt sind. Dagegen kann niemand etwas tun, es ist natürlich. Doch gibt es Grenzen, die nicht überschritten werden dürfen. Als Albert Vigoleis Thelen für sein Buch »Die Insel des zweiten Gesichts« der Fontanepreis der Stadt Berlin von einer ebenfalls von der Stadt berufenen Jury zuerkannt wurde, da zögerte Senator Tiburtius nicht, dem Vorschlag seines Preisgerichts zu folgen, obschon ihm das Buch erklärtermaßen sehr, aber auch schon sehr gegen den persönlichen literarischen Strich ging.

Die Übung, sich loyal gegenüber der eigenen Jury zu verhalten, ist, jedenfalls was Literaturpreise angeht, bisher stets geübt worden. Auch vom Senat der Freien Stadt Bremen, der wahrscheinlich mit manchen Entscheidungen aus den Vorjahren ebenfalls nicht ganz einverstanden war.

Das Buch von Grass ist in dieser Zeitung sehr herbe und negativ besprochen worden. Der Angriff gegen das Buch und seinen Autor wurde von einer vornehmlich moralischen Plattform vorgetragen. Es gibt, wie nicht nur das Beispiel Bremen zeigt, auch andere Meinungen zu dem Buch von Grass. Hier geht es indessen gar nicht mehr um »Die Blechtrommel«, es geht um das Prinzip und um eine Begründung, die trostlos bleibt. Jedem anderen Buch, dem das gleiche geschehen wäre wie dem Roman von Grass, wäre an dieser Stelle gleichermaßen die Stange gehalten worden.

Offen bleibt die Frage, wie der Senat von Bremen sich in Zukunft verhalten wird, einer anderen, wiederum von ihm berufenen Jury gegenüber. Man kann nur hoffen, daß er sich selbst eine Liberalität zurückgewinnt, mit der er in späteren Jahren das Beschämende dieses Vorganges vergessen macht. Und daß niemand seinem Beispiel folgt. Vestigia terrent!

»FAZ« (Frankfurt), 29. 12. 1959

Die Bremer Literaturpreis-Jury ist zerfallen

Der Schlag auf die »Blechtrommel«

Einige Bremer Zeitungen haben hin und wieder Grund gehabt, über mangelhafte oder verspätete amtliche Informationen zu klagen. Über das Bremer Kulturleben erfährt man nämlich seit Jahren manches zuerst aus »anderen Quellen«, ja — und das ist besonders verdrießlich — aus auswärtigen Zeitungen.

Man hält in unseren Kunstkommissionen und Kulturausschüssen mehr als anderswo gern geheim und dicht, beinahe bis zum letzten Augenblick öffentlich-feierlicher Verkündigung. Manches mag dafür sprechen, anderes aber bestimmt dagegen. Vornehmlich spricht dagegen, daß noch keine »Dichtung« erfunden ist (es sei denn, man sehe in persönlichem Anstand eine solche), welche verhindern kann, daß die Sickerwässer der Gerüchte und der berühmten vertraulichen Mitteilungen »unter vier Augen« die Dinge rascher im Lande herumbringen, als den offiziellen Stellen erwünscht sein mag.

Für unsere Zeitung dürfen wir sagen — und wir meinen, daß man es uns an offizieller Stelle bestätigen kann —, daß wir zuweilen geradezu wider jegliches journalistisches Gewissen loyale Zurückhaltung bis zum äußersten geübt haben. Aus Anstand, nicht etwa aus »Behördenhörigkeit«, haben wir Kenntnisse, die uns »zugeflattert« waren,

bei uns behalten. Dafür waren wir dann ab und zu die »Angeschmier-
ten«. Gerade eben waren wir's wieder.

»Ein Trauerspiel«

Diesmal »informierte« uns die »Frankfurter Allgemeine Zeitung«
vom 29. Dezember. Sie unterrichtete, eine Riesenspalte lang, die Öffentlichkeit ohne »viel Federkauen« über gewisse Vorgänge hinter den
Kulissen der Bremer Literaturpreis-Jury. Den äußerst scharfen Angriff,
der gegen den Senat der Freien Hansestadt Bremen gerichtet ist, hat
Hans Schwab-Felisch, einer der Leiter des Feuilletons der »Frankfurter Allgemeinen Zeitung«, geschrieben.

Unter der Glossenüberschrift »Ein Trauerspiel« tadelt er, daß der
Senat einem einstimmigen — allerdings in Abwesenheit eines der
Preisrichter (Manfred Hausmann) gefaßten — Beschluß der Jury nicht
gefolgt ist. Diese hatte vorgeschlagen, den Rudolf-Alexander-Schröder-
Preis 1960 an den 32jährigen Günter Grass für seinen Roman »Die
Blechtrommel« zu vergeben. Am Heiligabend wurde den Jurymit-
gliedern in einem Brief des Kultursenators Willy Dehnkamp die ab-
lehnende Haltung des Senats mitgeteilt.

»Um den Hohn auf die von der Freien Stadt selbst bestellte Jury
vollzumachen«, »der niemand wird anhängen können, sie sei jemals
auf die avantgardistischen Barrikaden zu bringen« — so heißt es in
dem Frankfurter Blatt —, »war der Brief von eben jenem Regierungsdirektor Lutze unterschrieben, der (in seiner Eigenschaft als Preisrichter — Anm. d. Red.) bei der Abstimmung auch seine Stimme dem
Grass gegeben hatte. In eine derart fatale Lage kann sich also ein
Mann versetzt sehen, dem von Amts wegen nichts anderes übrigbleibt, als der Staatsräson zu folgen.«

Noch bevor Schwab-Felisch auf die »jämmerlich zu nennende« Begründung des Senats eingeht, meint er: »Der Senat der Freien Hansestadt Bremen hat mit einer nicht mehr diskutablen Entscheidung ein
Präjudiz geschaffen, das der Freiheit der Literatur einen empfindlichen
Schlag versetzen müßte, würde es jemals Schule machen. Doch schon
der einmalige Fall ist nicht nur beschämend. Er ist deprimierend.«

Die in der Glosse zitierte Begründung des Senats hat folgenden
Wortlaut: »Der nach eingehender Beratung getroffene negative Beschluß findet insbesondere darin seine Begründung, daß eine Auszeichnung durch die Landesregierung, wie sie der Literaturpreis der
Freien Hansestadt Bremen darstellt, eine Diskussion in der Öffentlichkeit hervorrufen würde, welche nicht den unbestrittenen literarischen Rang des Buches, wohl aber weite Bereiche des Inhalts nach
außerkünstlerischen Gesichtspunkten kritisieren würde.«

Der Frankfurter Kommentar dazu: »Diese Hypothese nimmt der
hohe Senat der Freien Stadt nun gleich als ›Tatsache‹. Und in Erkenntnis dieser angeblichen Tatsache, deren hypothetische Folgen zu
tragen der Senat der Freien Stadt also nicht die Courage hat, schlägt

er den Jurymitgliedern vor, sie sollten noch einmal beraten, oder sie sollten das (ebenfalls preiswürdige) Buch von Uwe Johnson ›Mutmaßungen über Jakob‹, das auch zur Debatte stand, auszeichnen, oder sie sollten den Preis in diesem Jahre überhaupt nicht vergeben.«

Schwab-Felisch sieht voraus, daß dies tatsächlich nicht geschehen wird. »Aber nicht, weil der Senat der Freien Stadt dies vorgeschlagen hat, sondern weil er mit seinem Beschluß und mit seinem Brief Porzellan zerschlagen hat, das nicht mehr zu kitten ist.« Der Kritiker weist darauf hin, daß drei Mitglieder des Preisgerichts bereits unwiderruflich ihr Amt niedergelegt haben: Dr. Rudolf Hirsch vom Frankfurter Verlag S. Fischer, der Schriftsteller Erhart Kästner und der Bonner Germanist Benno von Wiese. Auch der Vorschlag des Senats, die Jury möge als Ersatz Johnsons Buch auszeichnen, dürfte nicht zu verwirklichen sein, meint das Frankfurter Blatt: »Der Verleger von Johnson hat erklärt, er würde ihm unter diesen Umständen nicht geraten haben, an Stelle von Grass den Preis anzunehmen.«

Hans Schwab-Felisch ficht mit seiner heftigen Kritik nicht für den Schriftsteller, sondern für die Liberalität: »Das Buch von Grass ist in dieser Zeitung sehr herbe und negativ besprochen worden. Der Angriff gegen das Buch und seinen Autor wurde von einer vornehmlich moralischen Plattform vorgetragen. Es gibt, wie nicht nur das Beispiel Bremen zeigt, auch andere Meinungen zu dem Buch von Grass. Hier geht es indessen gar nicht mehr um die ›Blechtrommel‹, es geht um das Prinzip und um eine Begründung, die trostlos bleibt. Jedem anderen Buch, dem das gleiche geschehen wäre wie dem Roman von Grass, wäre an dieser Stelle gleichermaßen die Stange gehalten worden.«

Nur ein einziger Senator für Grass

Der Senat will sich in seiner nächsten Zusammenkunft am 5. Januar mit der ernsten Lage befassen, die bei den Beratungen über die Vergabe des Literaturpreises für 1960 entstanden ist. Dabei sollen nach unseren Informationen auch die möglichen Folgen der jüngsten Entwicklung geprüft werden. In unterrichteten Kreisen wird es für unwahrscheinlich gehalten, daß der Senat überhaupt am 26. Januar 1960 den mit 8000 Mark dotierten Preis verleiht.

Wie inzwischen bekannt wurde, hat der Senator für das Bildungswesen, Willy Dehnkamp, den Vorschlag des Preisgerichtes, den Bremer Literaturpreis 1960 an Günter Grass zu vergeben, in der ersten Sitzung des neugewählten Senats am 22. Dezember unterbreitet und zur Annahme empfohlen. Der Leiter der Behörde für Kunst und Wissenschaft, Leitender Regierungsdirektor Dr. Eberhard Lutze, übrigens selbst Mitglied der Jury, erläuterte in dieser Sitzung die Entscheidung des Preisgerichtes. Er hatte bereits am 8. Dezember allen Mitgliedern des Senates eine zweiseitige, ausführliche Begründung zugeleitet, die eine literarische Wertung des vorgeschlagenen Romans einschloß.

Von den neun anwesenden Senatoren sprach sich nach ausführlicher Diskussion nur Senator Dehnkamp dafür aus, Grass den Preis zu verleihen. Von den übrigen acht Kabinettsmitgliedern sollen vier gegen die Auszeichnung dieses Autors gestimmt haben. Weitere vier sollen sich der Stimme enthalten haben, da sie den Roman nicht selbst gelesen hatten.

Zur Begründung ihrer ablehnenden Haltung sollen mehrere Senatoren die Ansicht geäußert haben, der Roman könne moralisch-sittlich nicht voll vertreten werden. Jugendsenatorin Mevissen habe unter anderem darauf hingewiesen, daß nach ihrer Meinung zumindest einige Kapitel des Werkes in den Index jugendgefährdender Schriften aufgenommen werden müßten. So könne sie sich eines Tages in dem Dilemma befinden, als Jugendsenatorin ein Werk verbieten zu müssen, dessen Auszeichnung mit dem Bremer Literaturpreis sie vorher gebilligt habe.

In Kreisen des Senats wird nachdrücklich hervorgehoben, man habe mit der Ablehnung dieses Werkes keinesfalls eine künstlerisch-literarische Wertung vornehmen wollen. Die Gründe lägen ausschließlich auf außerkünstlerischem Gebiet. Dabei gehe es in jedem Einzelfall um die subjektive Auffassung eines Senatsmitgliedes. Auch enthalte die Urkunde über die Stiftung des Literaturpreises für den Senat keine zwingende Verpflichtung, dem Vorschlag des Preisgerichts zu folgen. Der Senat sei letztlich für die Verleihung des Preises verantwortlich.

Die Aussichten, bis zum 26. Januar einen neuen Autor zu finden, der mit dem Literaturpreis der Freien Hansestadt Bremen ausgezeichnet werden könnte, werden als gering bezeichnet. Nach nahezu einmütiger Auffassung unterrichteter Kreise dürfte es unmöglich sein, das Preisgericht in so kurzer Frist zu ergänzen. Darüber hinaus mehren sich die Zweifel, ob sich nach dem jetzigen Ausgang der Beratungen überhaupt noch prominente Kenner der deutschen Literatur bereit finden werden, in diesem Preisgericht mitzuarbeiten. In diesem Zusammenhang klingt die Befürchtung an, Bremen werde künftig kaum noch in der Lage sein, den Bremer Literaturpreis zu verleihen.

Die Statuten sind unklar

Bei so bestellter Sache erhebt sich die Frage, ob der Senat überhaupt berechtigt war, gegen das Buch, das die Jury als preiswürdig erkannt hatte, ihr Veto einzulegen. Die Urkunde über die Stiftung des Bremer Literaturpreises ist in diesem Punkt nicht eindeutig. Im Paragraph 2 heißt es dort lediglich: »Der Preis ... wird alljährlich, möglichst ungeteilt, auf Vorschlag des Preisgerichtes am 26. Januar vom Senat verliehen.«

Man könnte auf Grund dieser Formulierung zu der Ansicht kommen, es sei allein Sache der Jury, den jeweiligen Preisträger auszuwählen. Der Senat nehme dann lediglich die Verleihung vor; er habe also im wesentlichen eine ausführende und repräsentative Funktion. Der betreffende Passus erlaubt aber auch den Schluß, dem Preisgericht stehe eben nur ein Vorschlagsrecht zu, die endgültige Entscheidung liege beim Senat. Welche der beiden Auslegungen die richtige ist, müssen die zuständigen Instanzen entscheiden. Es scheint allerdings festzustehen, daß auch die Juroren dem Senat das Einspruchsrecht grundsätzlich nicht bestritten haben.

Geht man von dieser Voraussetzung aus, dann gibt es zwei Arten von Gründen, welche die Senatoren zum Eingreifen veranlassen könnten: künstlerische und außerkünstlerische Gesichtspunkte. Ein Veto aus künstlerischen Gründen hätte wohl in jedem Falle den Rücktritt der Preisrichter zur Folge haben müssen, da es einem Mißtrauensvotum gleichkäme. Bleibt also ein Einspruch auf Grund außerkünstlerischer Überlegungen. Mit dieser Variante hat man es im vorliegenden Fall zu tun — und die Jury ist ebenfalls zurückgetreten. Offenbar waren die Mitglieder des schlichten Glaubens, eine etwa abweichende Meinung des Senats werde wohl niemals offiziell wirksam werden. Ein Irrtum, wie sich gezeigt hat. Was nun geschehen soll, darüber sagen die Statuten des Preises nichts.

Übrigens war innerhalb der Jury das Urteil über das Buch von Grass nicht einmütig. Die folgende Äußerung von Manfred Hausmann, einem Mitglied des Preisgerichts, der bei der Beschlußfassung der Jury nicht zugegen war, zeigt in ihrem Schlußsatze, daß seine subjektive Auffassung mit der Entscheidung des Senats nichts zu schaffen hat. Auch die »Frankfurter Allgemeine Zeitung« hat ja das Buch »herb und negativ« beurteilt — was übrigens aus der Luchterhand-Verlagsanzeige im »Börsenblatt für den Deutschen Buchhandel« nicht erkennbar ist —, trotzdem jedoch den Grundsatz der »Liberalität« betont. Hier die Äußerungen Manfred Hausmanns im Wortlaut:

Ein Jurymitglied nimmt Stellung

»An der entscheidenden Sitzung des Preisgerichts habe ich nicht teilgenommen, weil ich krank war. Da bei der Abstimmung satzungsgemäß nur die Stimmen der Anwesenden zählen, könnte ich meine Hände in Unschuld waschen. Ich mache aber kein Hehl daraus, daß ich das Preisgericht habe wissen lassen, ich sei ganz entschieden dagegen, dem Roman von Günter Grass den Bremer Literaturpreis zu verleihen. Dabei habe ich auch an den Mann gedacht, mit dessen verehrungswürdigem Namen der Preis aufs engste verbunden war und ist, an den bremischen Ehrenbürger Rudolf Alexander Schröder.

Kunstwerke, und besonders literarische Kunstwerke, stehen nicht beziehungslos im leeren Raum, den es übrigens gar nicht gibt, sie sind vielmehr für den Menschen da. Weshalb würden sie sonst mit allen Mitteln unter die Menschen gebracht?

Der Roman ›Die Blechtrommel‹, der von einem zweifellos hochbegabten Autor stammt, gehört meiner Meinung nach zu den Werken, die nicht der Aufrüttelung und Aufschreckung, sondern der Gefährdung, wenn nicht Zerstörung der menschlichen Seele und des menschlichen Geistes dienen. Von solchen Werken sind nachgerade mehr als genug im Umlauf.

Nicht, als hielte ich dafür, der Künstler dürfe sich nicht mit den dunklen und grauenvollen Mächten befassen, die in der Welt herrschen. Er darf es nicht nur, er soll und muß es sogar. Denn ein Werk, in dem nicht wenigstens mittelbar etwas von der nichtenden Gewalt dieser diabolischen Mächte zu spüren ist, kann nicht beanspruchen, ein wirkliches Kunstwerk zu sein.

Es kommt vielmehr auf die Absicht an, die hinter dem Werk steht. Und hinter jedem Kunstwerk steht eine Absicht. Das Märchen von der notwendigen Absichtslosigkeit des Kunstwerkes ist eben ein Märchen. Die Absicht aber, die in der ›Blechtrommel‹ deutlich wird, widerspricht — vorausgesetzt, daß ich sie richtig erkannt habe — meinen Vorstellungen von einem Kunstwerk durchaus.

Deshalb habe ich mich gegen die ›Blechtrommel‹ entschieden. Welche (mir vorläufig noch unbekannten) Gründe auch den Senat bewogen haben mögen, den Vorschlag des Preisgerichts abzulehnen: im Ergebnis sind wir uns einig. Vielleicht, wahrscheinlich nur im Ergebnis.«

Kästner: Mangel an Mut

Der aus der Jury ausgetretene Direktor der Herzog-August-Bibliothek in Wolfenbüttel, Dr. Erhart Kästner, erklärte gestern abend, der Bremer Senat habe zugegeben, daß in dem Roman »Die Blechtrommel« eine preiswürdige künstlerische Leistung vorliege. Er lasse damit also das Urteil der Jury, die er selbst ernannt habe, ausdrücklich gelten.

Dennoch weigere er sich jetzt, das Gerede »Herrn Jedermanns« abzufangen. Er fürchte die Kritik nach »außerkünstlerischen Gesichtspunkten« in der breiten Öffentlichkeit. Das anders als einen kläglichen Mangel an Mut zu nennen, werde schwerhalten. Wenn man schon eine Kulturpolitik überhaupt wolle, meinte Erhart Kästner, so sei diese eine im »finstersten Sinne reaktionäre«. Die Arbeit einer Jury werde damit natürlich zu einer Farce.

Was der Autor sagt

Wir haben über die Vorgänge sofort ein Telefongespräch mit Günter Grass geführt, der zur Zeit seinen Weihnachtsurlaub in der Schweiz verbringt. Der Autor zeigte sich über die Entscheidung des Senates genauso überrascht wie ein Sprecher des Luchterhand-Verlages. Beide hatten zwar »vertraulich« gehört, daß die Jury »Die Blechtrommel« mit dem Bremer Literaturpreis bedenken wolle. Das »Verdammungsurteil« in letzter Minute erfuhren sie jedoch erst durch unseren Anruf.

Günter Grass vermochte daher keine grundsätzliche Stellungnahme zu formulieren. In dem — wegen der großen Entfernung häufig gestörten — Gespräch äußerte er aber etwa folgende Gedanken: Ich bin mit Paul Celan befreundet, der vor zwei Jahren den Bremer Preis erhalten hat. Als ich erfuhr, daß 1960 mein Roman ausgezeichnet werden sollte, habe ich mich sehr gefreut. Ich sah ein Zeichen von Mut darin, daß die Jury in der Hansestadt eigenwillige junge Autoren zu stützen entschlossen ist. Nun bin ich natürlich enttäuscht, daß in Bremen — wie in den meisten anderen Städten — die Entscheidung offenbar »wohldosiert« und unter dem Motto »Nur nicht anecken!« getroffen wird.

Ein unbekümmerter Roman

Wer ist der Mann, der diesen Sturm entfacht hat? Günter Grass wurde 1927 als Kind deutsch-polnischer Eltern in Danzig geboren. Nach dem Krieg arbeitete er als Bergmann, Landarbeiter und Steinmetz. Von 1948 bis 1953 besuchte er die Düsseldorfer Kunstakademie. Seit 1956 lebt der Künstler, der mit einer Tänzerin verheiratet und Vater von Zwillingen ist, in Paris.

Er begann als bildender Künstler. Seine seltsam-bizarren Plastiken aus Bronze und Stein wurden in Berlin, Stuttgart und anderen Orten ausgestellt. Einige seiner gezeichneten Grotesken: langgezogene, dürre Ballett-Vögel, dicke, polnische Markt-Vögel und ebensolche Köche, waren im Januar im Bremer Graphischen Kabinett zu sehen.

Im Februar las er im Konsul-Hackfeld-Haus kühne, moderne Gedichte und Stellen aus dem umstrittenen Roman »Die Blechtrommel«. Dieser wurde von der literarischen »Gruppe 47«, der Grass angehört, noch während der Entstehungszeit, mit dem begehrten Literaturpreis 1958 dieser Vereinigung eigenwilliger Autoren ausgezeichnet. Er ist das Ergebnis fünfjähriger Schreibtischarbeit.

Das unbekümmerte, originelle Werk gibt sich als Autobiographie des buckligen Oskar Matzerath aus, der schon im Kinderbett die Gespräche der Erwachsenen versteht. Am dritten Geburtstag bekommt der Wunderknabe »Die Blechtrommel« geschenkt, mit der er seinen Zeitgenossen alleweil in die Ohren trommelt, was die Stunde geschlagen hat. Bei 94 Zentimeter Größe bleibt Oskar stehen bis zum 30. Geburtstag, an dem die Aufzeichnungen schließen.

Grass erzählt breit und witzig. Seine Phantasie treibt höchst kuriose Blüten. Und mitunter läßt er sich aufreizend ironisch über religiöse und sexuelle Dinge aus. Diese frivolen Stellen des eigenwüchsigen Romans waren es in erster Linie, die den Bremer Senat befremdet und zu seiner strikten Aberkennung der Preiswürdigkeit veranlaßt haben.

Es geht um die Freiheit der Kunst

Wir haben hier so ausgiebig die (»Blech«-)-Trommel gerührt, weil der Preis ja im Namen der Hansestadt verliehen wird, der »Fall« also die Gemüter der Bremer Literaturfreunde heftig bewegen sollte. Niemand wird erwarten, daß Politiker, zu denen die Senatsvertreter doch gehören, Fachleute auf dem Gebiet der schönen Künste sind. Darum hat eben dieser Senat eine Jury eingesetzt. Er hat die einzelnen Mitglieder selbst ausgewählt; sie müssen demnach seine »Vertrauensleute« gewesen sein.

Das Preisrichterkollegium von Schriftstellern, Professoren und anderen Literatursachverständigen achtet selbstverständlich in erster Linie auf die künstlerischen Qualitäten der kandidierenden Werke, also auf formale Schönheit und Ausgewogenheit. Bei der Beurteilung künstlerischer Qualitäten läßt sich aber der Inhalt nicht ausklammern. Weist der Senat die Entscheidung »seiner« Jury zurück, so bezeichnet er diese damit in jedem Falle als Fehlurteil. So haben gewiß die drei »Abtrünnigen« Hirsch, Kästner und Benno von Wiese den weihnachtlichen Bremer Brief gedeutet.

Mit moralischen Maßstäben kann man der Kunst nie gerecht werden. Soll die Jury etwa darauf achten, ob ein Autor »einwandfrei« und »nicht jugendgefährdend« schreibt? Dann müßte sie Goethes »Faust« vielleicht zurückstellen. Aber unserer Meinung nach geht es bei dem heutigen langen und lauten Rühren der »Blechtrommel« gar nicht um (moralische oder künstlerische) Wertungen. Es geht einfach um die Freiheit der Kunst überhaupt.

Auch dem Senat wird niemand das demokratische Recht zur Kritik absprechen wollen. Aber durch diese unglücklich formulierte Ablehnung setzt er die Jury — und sich selbst — in ein schiefes Licht. Wer wird in Bremen in Zukunft das Amt eines Preisrichters übernehmen wollen, wenn am Schluß eine bloß vermutete »öffentliche Meinung« über das fachmännische Urteil gesetzt wird? Die künstlerisch aufgeschlossenen Kreise in der ganzen Bundesrepublik bekunden bereits laut ihren Unwillen. Über den »Fall Grass« wird — zum Schaden der Hansestadt — so schnell kein Gras wachsen. WK

»Weser-Kurier« (Bremen), 30. 12. 1959

Joachim Kaiser

Bremer Blechtrommel-Skandal

> Drum bitt' ich, laßt den Groll jetzt ruh'n;
> ihr habt's mit Ehrenmännern zu tun;
> die irren sich und sind bequem,
> daß man auf ihre Weise sie nähm'.
> Wer Preise erkennt und Preise stellt,
> der will am End' auch, daß man ihm gefällt.

Mit diesen einleuchtenden Worten beschwichtigt Hans Sachs den jungen Walter von Stolzing, der die Nürnberger Meistersingergepflogenheiten etwas blödsinnig findet. Sehr viel herbere Feststellungen wären am Platze, um den Schriftsteller Günter Grass zu beruhigen, dem jüngst durch den Bremer Senat folgendes widerfuhr:

Die Freie Hansestadt Bremen vergibt jährlich einen Literaturpreis. Ilse Aichinger, Ingeborg Bachmann, Paul Celan, Ernst Jünger und andere haben ihn bisher bekommen. Im Paragraph 2 der Satzung heißt es: »Der Preis beträgt 8000 Mark. Er wird alljährlich — möglichst ungeteilt — auf Vorschlag des Preisgerichtes am 26. Januar vom Senat verliehen.«

Nun läßt die Auszeichnung so avancierter Schriftsteller wie Paul Celan oder Ingeborg Bachmann darauf schließen, daß die Jury Wagnisse keineswegs scheute und gewiß nicht immer darum bemüht war, den literarischen Geschmack Bremer Senatoren zu treffen. Um so aufsehenerregender scheint uns nun das folgende: Die Jury, in der sich ein Mitglied des Bremer Senates, der jeweils letztjährige Preisträger (diesmal der Schriftsteller Rolf Schroers) sowie bekannte Autoren und Verlagsfachleute befinden, erkannte Günter Grass für seinen Roman »Die Blechtrommel« den Preis zu. Obwohl in der Satzung offenbar gar nicht damit gerechnet wird, daß der Senat sich überhaupt von dem Vorschlag der Preisrichter distanzieren könne, schrieb nun der Bremer Senator für das Bildungswesen den Angehörigen der Jury einen Weihnachtsbrief des Inhaltes, man wolle dem Vorschlag des Preisgerichts nicht folgen. Und dann wurde die Ablehnung begründet. Der Senat der Freien Hansestadt Bremen räumt durchaus ein, daß das Preisgericht nach »rein künstlerischen Gesichtspunkten« im Recht ist. Aber: »Der nach eingehender Beratung getroffene negative Beschluß findet insbesondere darin seine Begründung, daß eine Auszeichnung durch die Landesregierung, wie sie der Literaturpreis der Freien Hansestadt Bremen darstellt, eine Diskussion in der Öffentlichkeit hervorrufen würde, welche nicht den unbestrittenen literarischen Rang des Buches, wohl aber weite Bereiche des Inhalts nach außerkünstlerischen Gesichtspunkten kritisieren würde.«

Mit anderen Worten: Künstlerisch hat man nichts gegen Günter Grass, aber sonst (politisch, weltanschaulich?) ist er ein bißchen ärgerlich, ist er untragbar. Es könnte zu Diskussionen kommen. Und wegen dieser offenbar schon besorgniserregenden Möglichkeit soll er den Preis lieber erst gar nicht haben.

Nun ist Günter Grass' »Blechtrommel«-Roman in der Tat ein ebenso glänzendes wie aufregendes, schockierendes, empörendes Buch (vergleiche unsere Besprechung vom 31. Oktober). Es ist u. a. das Buch eines physiologischen Protestes gegen die Umwelt. Oskar, der zwergenhafte Held, bleibt klein, weil er nicht mitmachen, nicht eingesetzt werden, kein gut funktionierendes Rädchen in einem sonst verbrecherisch gut funktionierenden gesellschaftlichen Mechanismus sein will.

Und diesem Buch versagt man nun in Bremen den Preis, der ihm nach sorgfältigen Vorüberlegungen zuerkannt werden sollte. Dr. Rudolf Hirsch (Verlagsdirektor bei S. Fischer) ist sofort aus der Jury ausgetreten, Professor Benno von Wiese und der Schriftsteller und Bibliotheksdirektor Erhart Kästner, gleichfalls Jurymitglieder, sind seinem Protestschritt gefolgt. Denn der Beschluß der Jury war einstimmig gewesen. Für Grass hatte übrigens auch jener bremische Regierungsdirektor Lutze gestimmt, der groteskerweise später den Ablehnungsbrief des Bremer Senates unterzeichnete. Wir haben zwei der bisher mit dem Literaturpreis der Hansestadt ausgezeichneten Autoren gefragt, wie sie sich zu dem Vorgang stellen. Der eine von ihnen, Rolf Schroers, erklärte sich mit dem Protest der austretenden Jurymitglieder solidarisch. Der andere, Paul Celan, sagte, er sei »fassungslos«. Manfred Hausmann aber, der aus Krankheitsgründen nicht an den Jury-Beratungen teilnahm (obwohl er zur Jury gehört), teilt die Ansicht des Bremer Senats. Er stellte sich auf den Standpunkt, das Preisgericht habe gegenüber dem Senat nur ein Vorschlagsrecht. An der Einstimmigkeit des von der Jury gefaßten Beschlusses freilich, der Preis möge an Grass fallen, kann Manfred Hausmanns Protest nichts ändern.

»Süddeutsche Zeitung« (München), 31. 12. 1959

Der schöne Schein

Die Sozialdemokraten, die sich in der Opposition gern in der Rolle der Verteidiger der Freiheit der Künste sehen und laut gegen klerikales Muckertum und gegen den harten Knöchel des Zensors protestieren, können auch anders, wenn sie selbst an staatlicher Herrschaft beteiligt sind: Der bremische Senat lehnte es vor Wochen ab, der einstimmigen Empfehlung der Jury zu folgen und den Bremer Literaturpreis Günter Grass für den Roman »Die Blechtrommel« zuzuwenden. Seine Entscheidung erregte Kritik; auch die Deutsche Zeitung hat sich daran beteiligt. Nun hat der SPD-Pressedienst in Bonn es übernommen, die bremischen Gesinnungsfreunde, sozusagen von Bundesebene aus, in Schutz zu nehmen: »Die These, daß der Staat in die Kunst nichts hineinzureden habe, ist in dem Augenblick unsinnig, wo durch die Verleihung eines Literaturpreises entschieden werden soll, welche Art künstlerischer Aussage vom Staate ausgezeichnet und damit gefördert werden soll.« Das ist ein Satz, der in das Bild von der kulturpolitischen Liberalität der Sozialdemokratie schlecht paßt und von sozialdemokratischer Kulturpflege kaum Gutes erhoffen läßt. Der Pressedienst nennt auch gleich die Maßstäbe, die nach sozialdemokratischer Auffassung bei öffentlicher Förderung der Künste anzulegen sind: Nicht »nur nach ästhetischen Kategorien« darf im Kunstwerk gesucht werden, auch der »Maßstab politischer Kategorien« muß angelegt werden. Denn »schließlich ist das Bleibende in der Kunst immer noch das Allgemeine der künstlerischen Aussage gewesen«. Also kein Geld für das Nicht-Allgemeine, das Esoterische, alles, was maniriert ist und dem Volke fremd. Gesellschaftskritik, Kritik auch vom Staat ist zwar gestattet, doch förderungswürdig ist sie nur dann, wenn »unendliche Liebe zum Menschen« dahintersteht. Darüber befindet dann die Staatsregierung und die Partei. Nach Meinung der SPD liebte Kafka den Menschen, Grass aber nicht. »Die politische Entscheidung ist umfassender als die ästhetische Entscheidung«, und so soll in Zukunft ein Literaturpreis nur verliehen werden, »der sowohl dem Reiche des schönen Scheins als auch der politischen Wirklichkeit gerecht wird«. Ja, die politische Wirklichkeit, zu der die SPD in Bremen gehört, ist anders als der schöne Schein der Prinzipien, in denen man sich einst gefiel. gr.

»Deutsche Zeitung« (Köln), 6./7. 2. 1960

Sollte dieser Preis zurückgewiesen werden?

Eine Herausforderung von Günter Grass
und eine Antwort von Siegfried Lenz

Berlin, am 7. Februar 1962

Lieber Preisträger Siegfried Lenz,

recht handelten Sie, als Sie den Bremer Literaturpreis annahmen: ergab sich doch so Gelegenheit, den Leuten dort etwas über »Sprache und Macht« zu erzählen. Und wenn Sie nicht recht handelten, so handelten Sie versöhnlich, zumal das »Brüskieren« nicht Ihre Sache ist oder sein konnte oder sein durfte. Warum schreib' ich erst jetzt, da der Preis schon am 26. Januar verliehen, Ihre schöne Rede am 27. Januar in der Tageszeitung »Die Welt« veröffentlicht wurde?
    Es war mir unmöglich, vor der Großen Planetenkonjunktion des 4. und 5. Februar den Blick vom unheilschwangeren Sternenzelt weg-

zuziehen und banal Irdisches, wie Bremen und seinen Preis, zu beachten; nun aber, da die Welt nicht untergegangen ist — nur bei Ilse-Bergbau ergaben sich Schwierigkeiten, und der ehemalige Reichspostminister Ohnesorge verstarb kurz vor den kritischen Tagen —, nun, da die Erde mich wieder hat, werden mir die Stadt Bremen, ihr Literaturpreis und dessen jüngster Preisträger einen Brief lang wichtig.

Wie mutig und geschickt zugleich Sie es verstanden haben, meinen unbescholtenen Namen in Ihre Preisrede zu flechten. »Wer die Äußerungen eines Schriftstellers als Kommentar zur Welt ansieht, wird in jedem Kunstwerk irgendein Engagement entdecken können, bei Aristophanes, bei Cervantes, bei Jean Paul ebenso wie bei Günter Grass.« Wie vorurteilslos Sie alles sehen, lieber Preisträger! Und besonders dankbar bin ich Ihnen, weil Sie meinen Vornamen — für den ich nichts kann — richtig und nicht, wie es allzu oft vorkommt, mit »th« geschrieben haben. Aber Sie handelten nicht nur korrekt; Sie gaben sich auch bescheiden, indem Sie in Bremen, der freien Stadt, um Erlaubnis baten: » ... erlauben Sie mir noch zu sagen, daß ich diese Ehre, die eine freie Stadt einem freien Schriftsteller zuteil werden läßt, als eine Auszeichnung des freien Schriftstellers schlechthin ansehe.«

Und dann waren Sie so frei und nahmen einen Preis an, der mir, just vor zwei Jahren, von ehrenwerter Jury zugesprochen und aus hanseatischen Gründen verweigert wurde. Denn es kann nicht sein, daß Bremens Senatoren moralischer Bedenken wegen diesen unhanseatischen Schritt in die Öffentlichkeit getan haben; vielmehr war es alter hanseatischer Streit zwischen der Hansestadt Bremen und der Hansestadt Danzig — dort stand meine Wiege —, der mich um den Preis und achttausend hanseatische DM brachte. Zur Information: Weil Johann Ferber, Ratsherr und Bürgermeister zu Danzig — das Wappen der Familie Ferber, drei Schweineköpfe, ist heute noch auf den Steinfliesen der Marienkirche zu erkennen —, seinen ältesten Sohn Eberhard Ferber, der später Ratsschöffe und Bürgermeister wurde, im Jahre 1481 nicht ins bürgerliche Bremen schickte, sondern den hochbegabten Sohn, der einst die Flotte Danzigs ergebnislos gegen Dänemark führen sollte, am Hof der Herzöge von Mecklenburg höfisch erziehen ließ, bekam ich, als Danziger und Hanseat, nicht den Literaturpreis der im Jahre 1960 immer noch verschnupften Stadt. Nun muß ich einräumen, gäbe es heute noch eine Freie Hansestadt Danzig, niemals bekäme ein Schriftsteller von Bremer Herkommen einen Danziger Literaturpreis. Die Sache steht also fifty-fifty, die Hansen haben sich gleichviel vorzuwerfen; aber Sie, als unbelasteter Ostpreuße, taten gut, sich über hanseatische, aus dem fünfzehnten Jahrhundert konservierte Quisquilien hinwegzusetzen.

Auch taktisch handelten Sie richtig: Denn hätten Sie den Preis, aus Gründen der Solidarität, abgelehnt, ojemine!, wie hätten die Herren Sieburg, Siedler, Süskind — man verzeihe mir die drei großen S —

spaltenlang frohlockt: »Da seht Ihr's! Die Vetternwirtschaft der Linksintellektuellen. Beide in der ›Gruppe 47‹. Beide heimatlos, verheiratet und aus dem Osten.«

So aber wurde, indem Sie den Preis annahmen, einer von rechts geführten Polemik die Spitze abgebrochen. Für alle Zeiten steht nun fest, daß die gefürchtete Solidarität oder Vetternwirtschaft der Linksintellektuellen ein Buschgespenst, ein tibetanischer Schneemensch, eine Ente ist, wie die Große Sternenkonjunktion vom 4. Februar im Zeichen Wassermann.

Darf ich Sie deshalb einen Winkelried der deutschen Nachkriegsliteratur nennen. Ihr Sempach hieß Bremen. Ihr Nonkonformismus wird hoffentlich Schule machen. Zwar werden auf den beliebten öffentlichen Diskussionen junge, unwissende Menschen für und wider den Preisträger Siegfried Lenz sprechen; aber was bedeuten öffentliche Diskussionen in Wirklichkeit für die Öffentlichkeit!

Um zur Sache zu kommen: Natürlich habe ich Ihren freundlich-listigen Trick, der dem Köpfchen eines Odysseus hätte entspringen können, sofort durchschaut; für mich nahmen Sie den Bremer Literaturpreis an; stellvertretend lasen Sie Ihre Rede vom Blatt; an meiner Stelle waren Sie mutig, korrekt, bescheiden und preiswürdig. Ich bitte Sie deshalb, der Einfachheit halber — ich komme selten nach Hamburg — die 8000 (achttausend) hanscatischen DM auf mein Konto überweisen zu lassen: Berliner Bank, Kontonummer 999/63.

Ihr Günter Grass

Hamburg, am 11. Februar 1962

Lieber Herr Dr. Leonhardt,

ich habe den Brief von Herrn Grass, der an Ihre Redaktion adressiert war, erhalten und entspreche hiermit Ihrer Bitte, darauf zu antworten. Mir war bekannt, daß eine Jury im Jahre 1960 den Bremer Preis Herrn Grass zuerkannt, daß der Bremer Senat jedoch der Verleihung nicht zugestimmt hatte. Um ein Veto des Senats gegen die Wahl einer Jury künftighin auszuschließen, wurde im Jahre 1961 eine vollkommen neue, unabhängige Stiftung für den Bremer Literatur-Preis gegründet. Diese neue Stiftung berief eine neue Jury ein, in der der Senat keinen Sitz hat und keine Stimme. Welche Entscheidung die neue Jury auch trifft: sie braucht weder die Billigung des Senats einzuholen, noch hat sie seinen eventuellen Protest zu kalkulieren. Die unabhängige Jury einer unabhängigen, im Jahre 1961 gegründeten Stiftung erkannte mir ihren Literatur-Preis zu; ich nahm diesen Preis an, nachdem ich die Bedingungen der Annehmbarkeit, die durch das Verhalten des Senats nach der Wahl von Herrn Grass schwierig geworden waren, geprüft hatte. — Dies ist meine Antwort.

Mit herzlichen Grüßen Ihr Siegfried Lenz

»DIE ZEIT« (Hamburg), 16. 2. 1962

Martin Walser

Soll man diese Nieren essen?

Noch ein offener Brief

Lieber Siegfried Lenz!

Wie konnten Sie bloß! Ich meine es so besserwisserisch, wie es klingt, wenn ich Ihnen vorhalte: Mir wäre das nicht passiert. Da wollte mich doch neulich ein Freund überreden, mit ihm in ein Lokal zu gehen, um dort Nieren zu essen. Schweinsnieren natürlich. Ich aber sagte: »Da geh' ich nicht hin, Grass hat gesagt, die Nieren in diesem Lokal seien miserabel, Nieren dürfte man dort einfach nicht essen.« Mein Freund, der weiß, was er sagt, wenn er was sagt, sagte: »Der Koch hat gewechselt.« Er nannte mir sofort den Namen des alten, miserable Nieren bereitenden Kochs und den Namen des neuen Kochs, der, sagte er, für gute Nieren bekannt sei. Ich widerstand. Ich dachte an Grass. Ich dachte: Das kannst du nicht machen. Sicher hat irgendein großes S davon erfahren, daß Grass dieses Lokal seiner Nieren wegen mit dem Bann des Kenners belegt hat. Geh' ich aber 'rein und S. erfährt's, dann freut er sich, daß zwischen den Jungen hinsichtlich der Nieren offenbar Differenzen bestehen. Also verzichtete ich um der Solidarität willen auf die von meinem Freund gepriesenen Nieren.

Ich weiß, daß Grass, immer auf dem Posten, was S., Solidarität und Nieren betrifft, durch mein unsolidarisches Verhalten sicher zu mehreren offenen Briefen gezwungen worden wäre. Was hätte es genützt, lieber Siegfried Lenz, wenn ich, noch den Nachgeschmack der unvergleichlichen Nieren auf der Zunge, behauptet hätte: Der Koch hat gewechselt? Nichts hätte es genützt, die Solidarität wäre beim Teufel gewesen, S. hätte sich gefreut, und Grass hätte seine Zeit schon mit offenen Briefen vergeudet gehabt.

Der Vorwurf, ihn zu einem offenen Brief veranlaßt zu haben, kann Ihnen, lieber Lenz, nicht erspart bleiben. (Entschuldigen Sie bitte, wenn ich mitunter schon mal Ihren Vornamen unterschlage, Sie haben ja schon in der Anrede gesehen, daß ich ihn richtig zu schreiben weiß. Ich empfände es als eine liebenswürdige Geste, wenn Sie mir gelegentlich dafür dankten. Es kann ruhig in einem offenen Brief geschehen.)

Ich hoffe, Sie sehen endlich ein, daß man zur Zeit immer an alles denken muß. Grass, der von Preisen und Nieren wirklich etwas versteht, mag das gar nicht, wenn jeder tut, was er will. Im letzten Jahr die Panne mit den Ostschriftstellern, die einfach taten, was sie für richtig hielten, obwohl ihnen deutlich genug (im offenen Brief) gesagt worden war, was man von ihnen erwartete. Achten Sie bitte darauf, daß wenigstens bei uns im Westen die von Grass erwünschte Solidarität eingehalten wird. Falls Sie es noch nicht wissen, nur Kartelle sind bei uns verboten, nicht aber Kollektive. Und denken Sie doch bitte bei allem, was Sie tun, immer daran, wie es auf S. wirken muß. Grass denkt auch immer daran.

Aber nun genug des besserwisserischen Tadels. Ein Gutes hat die Maßregelung, die Ihnen durch Grass zuteil wurde, doch gehabt: Wir haben von ihm erfahren, er liebäugle auf astrologische Art mit den Sternen. Und einmal im Zuge, plauderte er gleich noch aus, daß seine Wiege in Danzig stand. Zwei Informationen, für die wir nicht nur ihm, sondern eigentlich auch Ihnen, dem unglücklich-unfreiwilligen Anlaß, dankbar sein müssen. Trotzdem, so neu und wichtig für uns alle diese Mitteilungen sind, lieber Siegfried Lenz, seien Sie in Zukunft ein bißchen vorsichtiger.

Und um des lieben Friedens willen: Zahlen Sie die 8000 Mark, die Grass von Ihnen fordert. Nehmen Sie die Mitteilung seiner Kontonummer bitte nicht als symbolische Floskel. Es ist eine Ihnen auferlegte Buße. Zahlen Sie, und Sie stehen wieder sauber und solidarisch da.

In Erwartung Ihres im voraus geschätzten offenen Briefes
Ihr
Martin Walser

»DIE ZEIT« (Hamburg), 2. 3. 1962

Anhang II
In Sachen Büchner-Preis

Protest gegen Grass

Junge Union: Kein Büchner-Preis!

In seiner letzten Sitzung beschloß der Kreisvorstand der Jungen Union Darmstadt-Stadt (CDU) einstimmig, der Öffentlichkeit den Protest der Jungen Union gegen die Verleihung des Georg-Büchner-Preises an den Schriftsteller Günter Grass mitzuteilen. In dem Beschluß heißt es:

»Die Entscheidung der Deutschen Akademie für Sprache und Dichtung, den diesjährigen Büchner-Preis an den Schriftsteller Günter Grass zu verleihen, wird von der Jungen Union in Darmstadt nachdrücklich verurteilt. Die Aufmerksamkeit, die Grass in der deutschen Öffentlichkeit erregt hat, ist vorwiegend auf seine blasphemischen und pornographischen Entgleisungen zurückzuführen.

Grass hat den Beweis dafür noch zu erbringen, daß seine Erzeugnisse wirklich künstlerischen Wert besitzen und er nicht darauf angewiesen ist, durch Appelle an niedrige Instinkte Beifall zu haschen.

Unter diesen Umständen entsteht der Eindruck, daß ihm der Büchner-Preis nicht für hervorragende künstlerische Leistungen, sondern für seine Weltanschauung verliehen werden soll.

Das darf nicht der Sinn des Büchner-Preises sein. Die Junge Union ruft die Bürger Darmstadts auf, dem Beispiel der Bürgerschaft von Bremen zu folgen und gegen die Verleihung des Büchner-Preises an Grass zu protestieren.«

»Darmstädter Tagblatt«, 24. 9. 1965

Georg Hensel

Blechgetrommel um Günter Grass

Zu versteckten und einem offenen Angriff gegen den Georg-Büchner-Preisträger 1965

Wie ist die Lage?

Der Träger des Georg-Büchner-Preises 1965 ist Günter Grass. Er ist es bereits; er wird es nicht erst durch die Übergabe des Preises am 9. Oktober in der Darmstädter Orangerie.

Grass ist weder der Preisträger des Landes Hessen noch der Stadt Darmstadt, die von ihrem Recht, eine Empfehlung auszusprechen, in diesem Jahr keinen Gebrauch gemacht hat, sondern der Deutschen Akademie für Sprache und Dichtung: Sie hat ihn, wie dies die Satzung bestimmt, in eigener Verantwortung gewählt.

Selbst dann, wenn uns Günter Grass als Büchner-Preisträger so wenig geeignet erschiene wie beispielsweise Hans Magnus Enzensberger oder Ingeborg Bachmann, die Preisträger der Jahre 1963 und 1964, hielten wir dieses Verfahren für richtig: daß eine ausschließlich aus Schriftstellern zusammengesetzte Jury über die Preiswürdigkeit von Schriftstellern befindet, dies ist eine der Ursachen, die dem Georg-Büchner-Preis sein hohes Ansehen — man darf sogar sagen: das höchste Ansehen — verliehen haben.

Manchem wird diese Entscheidung für Grass nicht gefallen; das ist bei einem so lebhaft umstrittenen Autor nur natürlich. Doch werden gegen den preisgekrönten Dichter auch politische Argumente ins Feld geführt, und darüber ein bißchen nachzudenken, könnte sich lohnen.

Durch die Akademie ausgezeichnet wird der Schriftsteller Grass, der Autor der Romane »Die Blechtrommel« (1959), »Hundejahre« (1963) und anderer Werke, nicht der Propagandist einer Partei, die er die »Es-Pe-De« nennt. Daß dies erst 1965 geschieht, hängt nicht mit dem Wahljahr zusammen, sondern damit, daß sich vorher in der Jury, in der Grass seit Jahren debattiert wird, keine Mehrheit für ihn gefunden hat. Zu unterstellen, die Jury habe mit ihrer Wahl die Wahl zum Bundestag beeinflussen wollen, ist absurd.

Ob Grass selber durch seinen Ein-Mann-Feldzug der »Es-Pe-De« Stimmen gebracht oder vergrault hat, wer könnte dies mit Gewißheit entscheiden?

Möglicherweise ist Grass kein guter Verlierer. Er hat sich schrecklich erregt über die Tiernamen, mit denen der Bundeskanzler einige seiner Gegner unter den Schriftstellern bedacht hat. Diese zoologischen Ausflüge waren sicherlich unklug, doch wurde Erhard von seinen Gegnern in ihren scharfen Polemiken auch nichts geschenkt, und daß ihm schließlich der umfangreiche Kragen in dieser Weise geplatzt ist, war gewiß nicht schön, aber fast begreiflich. Wer zimperlich ist, sollte sich in den Wahlkampf nicht mischen, und Zimperlichkeit gehörte doch sonst nicht zu den hervorstechendsten Eigenschaften des Autors der »Blechtrommel«.

Im übrigen hat ein Verleger und haben einige Buchhändler aus den »Pinscher«-Büchern einen werbekräftigen Slogan gemacht.

Daß Günter Grass die unbekannten Brandstifter, die versucht haben, seine Berliner Wohnung anzuzünden, aufs höchste erregen, ist selbstverständlich. Daß er nach der Wahl Bundeskanzler Erhard und seine »unverantwortlichen Diffamierungen« deutscher Schriftsteller für diesen Terror-Akt mittelbar verantwortlich machen wollte und dabei die Vokabel »Reichstagsbrand« nicht unterdrücken konnte, ist eine aufgeregte Dummheit, mindestens. Doch das Recht, politische Dummheiten zu sagen, steht nicht nur den Berufspolitikern zu — es ist ein unveräußerliches Menschenrecht, auf das wir alle Anspruch haben.

Wer wollte es den Schriftsteller Günter Grass entgelten lassen, daß er als Staatsbürger von seinen politischen Rechten Gebrauch gemacht hat, und sei er dabei auch, durch Brandstiftung gereizt, übers Ziel hinausgeschossen? Wer möchte den Wahlkampf nun noch fortsetzen, nachdem die vernünftigen politischen Gegner ein Bier miteinander getrunken und sich ihre Temperamentsausbrüche vor der Wahl längst vergeben haben?

Was man auch immer von seinen Romanen, Gedichten und Theaterstücken halten mag — Günter Grass gehört längst zu den international renommierten Repräsentanten der deutschen Literatur. Und wenn der Jury überhaupt ein Vorwurf zu machen wäre, so höchstens der, daß sie ihn ein bißchen spät gewählt hat — inzwischen ist er Ehrendoktor der Kenyon-Universität in Ohio geworden, und Columbia hat ihn gebeten, im Februar 1966 für ein Vierteljahr nach New York zu kommen und als »Writer-in-residence« mit den Studenten zu diskutieren, eine Ehre, die bisher keinem anderen deutschen Schriftsteller widerfahren ist.

Nun hat, wie im Lokalteil dieser Zeitung zu lesen ist, der Kreisvorstand der Jungen Union Darmstadt-Stadt einstimmig beschlossen, der Öffentlichkeit den Protest der Jungen Union gegen die Verleihung des Georg-Büchner-Preises an Günter Grass mitzuteilen. In dem Beschluß heißt es: »Die Aufmerksamkeit, die Grass in der deutschen Öffentlichkeit erregt hat, ist vorwiegend auf seine blasphemischen und pornographischen Entgleisungen zurückzuführen. Grass hat den Beweis dafür noch zu erbringen, daß seine Erzeugnisse wirklich künstlerischen Wert besitzen und er nicht darauf angewiesen ist, durch Appelle an niedrige Instinkte Beifall zu haschen. Unter diesen Umständen entsteht der Eindruck, daß ihm der Büchner-Preis nicht für hervorragende künstlerische Leistungen, sondern für seine Weltanschauung verliehen werden soll.«

Dieser Protest unterstellt also der Deutschen Akademie für Sprache und Dichtung, daß sie nicht eine literarische Leistung ausgezeichnet habe, sondern eine durch Blasphemie, Pornographie und Appelle an niedrige Instinkte gekennzeichnete »Weltanschauung«. Der Jungen Union auf dem Niveau dieses Protestes zu erwidern, dürfte sogar den sprachgewandten Mitgliedern der Deutschen Akademie für Sprache und Dichtung schwerfallen.

Aus der Tatsache, daß unser Ehrenbürger Kasimir Edschmid in Darmstadt die Laudatio auf Grass halten wird, dürfen wir schließen, daß er sich für diese Wahl energisch eingesetzt hat. Dies spricht wieder einmal für die literarische Kennerschaft und die Noblesse Edschmids, der schon immer für seine jüngeren Kollegen eingetreten ist, und der so etwas wie Konkurrenzneid, eine auch bei Schriftstellern und auch in Darmstadt nicht ganz seltene Eigenschaft, nie gekannt hat. Mir Kasimir Edschmid als Lobredner von Pornographie und Blasphemie vorzustellen, ist mir schlechterdings unmöglich – dies schafft offenbar nur die Phantasie der Darmstädter Jungen Union.

Zweifellos gibt es in den Romanen von Grass Partien, die zur Erziehung der unreiferen Jugend nicht gerade geeignet sind, zumal sie von kriegerischen Zeitläuften handeln, die zur Schaffung von Erziehungsvorbildern überhaupt nicht sonderlich geeignet sind. Dies haben seine Bücher mit vielen Werken der Weltliteratur vom (unzensurierten) Homer über den (vollständig übersetzten) Shakespeare, den (vollständig herausgegebenen) Goethe bis zum (lange verbotenen) James Joyce gemeinsam.

Hätte der Familienvater Günter Grass, der seine drei Söhne und seine Tochter katholisch taufen ließ, sonst nichts mit dem atheistischen jungen Büchner gemeinsam – der falsche Vorwurf der Obszönität und der Blasphemie träfe sie beide.

Es lohnte sich also nicht, über den unqualifizierten Protestaufruf der Jungen Union überhaupt zu diskutieren, setzte er nicht einige Werte aufs Spiel, die dem Darmstädter teuer sind. Noch besitzt unsere Stadt den in einer langen, glanzvollen Tradition erworbenen Ruf, eine liberale Kunststadt zu sein! Noch hat sich unsere Stadt nicht wie Bremen – wo das Staatsparlament den an Günter Grass verliehenen Preis zurückgezogen hat – vor der gesamten literarischen Welt blamiert! Und diese Welt ist gar nicht so klein – Günter Grass ist in rund ein Dutzend Sprachen übersetzt. Noch hat sich in Darmstadt kein mündiger Mensch von literarisch Unmündigen terrorisieren lassen!

Darmstadt ist als Sitz der Deutschen Akademie für Sprache und Dichtung, als Sitz des Deutschen PEN-Zentrums und mit den Darmstädter Gesprächen eine der literarischen Hauptstädte der Bundesrepublik: ein hoch angesehener Hort des freien Wortes. Dies gehört zum Lebensmark unserer Stadt, und dabei muß es bleiben!

Nun, wir sind davon überzeugt, daß sich die Akademie nicht unter Druck setzen und sich die Darmstädter Bürgerschaft nicht aufwiegeln läßt gegen einen Schriftsteller, der seine künstlerischen Werte nicht erst noch zu beweisen braucht und der gerade hier eine außergewöhnlich große Anhängerschaft hat.

Ein Schriftsteller mit politischem Temperament, der sich an die Kunst des Möglichen hält, an die von der Realität gebotenen Möglichkeiten, nicht an utopische Vorstellungen und nicht an anarchistische Ideale – das gibt es in Deutschland gar nicht so oft.

Das politische Temperament des Günter Grass äußert sich nicht nur beim Wahlkampf in der Bundesrepublik. Beim »gesamtdeutschen« Schriftstellertreffen in Weimar nahm er im vorigen Jahr kein Blatt der leisetretenden Vorsicht vor den Mund, als er gegen die politische Lenkung der Literatur polemisierte. Beim V. Deutschen Schriftstellerkongreß in Ost-Berlin sagte er vom Rednerpult den sowjetzonalen Partei- und Literaturfunktionären in die verblüfften und erbosten Gesichter, die künstlerische Freiheit des Schriftstellers sei in den westlichen Demokratien zwar manchmal gefährdet, im Osten aber erst gar nicht vorhanden.

Solche wahren, stolzen und mutigen Worte auch in Zukunft zu sprechen, macht ihm die Darmstädter Junge Union wahrhaftig nicht leicht.

»Darmstädter Echo«, 24. 9. 1965

Klaus Schmidt

CDU-Spitze gegen die Aktion der Jungen Union

Büchner-Preis für Günter Grass — Dazu Dr. Arndt, Frau Dr. Vöge, H. Lauterbach und die Akademie

Die Darmstädter Junge Union hat — siehe DE von gestern — die Verleihung des Georg-Büchner-Preises an Günter Grass verurteilt, den Erfolg seiner Werke »vorwiegend auf blasphemische und pornographische Entgleisungen« zurückgeführt und vermutet, daß ihm der Preis für seine Weltanschauung verliehen worden ist. — Die Tatsache, daß sich auch die Darmstädter CDU am Montag in ihrer Fraktionssitzung mit dieser Frage befaßt hat, und Gerüchte, nach denen der Beschluß gefaßt worden sei, der Verleihungsfeier fernzubleiben, haben uns veranlaßt, drei führende Darmstädter CDU-Mitglieder und Kommunalpolitiker zu befragen.

Der CDU-Kreisvorsitzende Dr. Horst Arndt bedauert ganz offensichtlich das Vorgehen der Jungen Union und ist mit ihrer Argumentation keineswegs einverstanden. »Ich kann mir nicht vorstellen, daß die Akademie weltanschauliche Gesichtspunkte bei der Verleihung berücksichtigt haben könnte.« Dr. Arndt hält es für viel wahrscheinlicher, daß vermutete Zusammenhänge dieser Art der Akademie bei der Entscheidung für Grass gar nicht bekannt waren. Das, was Dr. Arndt von Günter Grass gelesen hat, läßt ihn vermuten, daß er ein Dichter ist. Er wird jetzt im Urlaub noch Unbekanntes nachlesen. Zur grundsätzlichen Einstellung der Darmstädter CDU: Der stellvertretende Kreisvorsitzende Stadtrat Georg Merlau wird — auch für den abwesenden Dr. Arndt — bei der Preisverleihung dabeisein. Diese Haltung decke sich — so Dr. Arndt — mit der von Bürgermeister Dr. Ernst Holtzmann und der des CDU-Fraktionsvorsitzenden Hans-Alfred Rosenstock, die beide im Urlaub sind.

Mit Sicherheit wird auch die Vorsitzende des Kulturausschusses der Darmstädter Stadtverordneten, die CDU-Stadtverordnete Frau Dr. Gerda Vöge, zur Verleihung kommen. Sie reagierte betroffen, fast bestürzt, auf die Aktion der Jungen Union. — Gab es einen Fernbleibebeschluß in der CDU-Fraktion? Nein. Aber es gab natürlich verschiedenartige Meinungen. Was halten Sie von der Wahl der Akademie? »Ich hätte es begrüßt, wenn Günter Grass zwei Jahre früher oder ein Jahr später gewählt worden wäre, statt in diesem Bundeswahljahr.« Das gelte auch, wenn Grass Wahlreden für die CDU gehalten hätte.

Frau Dr. Vöge ist keineswegs der Ansicht, daß Dichter sich nicht politisch betätigen sollten, sie denkt eher das Gegenteil. Und sie unterstellt, daß die Akademie sich über das intensive politische Engagement von Günter Grass gar nicht klar war. Glauben Sie, daß die Akademie recht hat, und daß Günter Grass für den Preis qualifiziert ist? Frau Dr. Vöge ist, seit sie ihn gelesen hat, vom Werk des Günter Grass angetan — »trotz geschmacklicher Ausrutscher. Ich halte ihn für einen Dichter.«

Wenn noch eine Unklarheit über die Haltung der Darmstädter CDU in dieser Frage bestünde, so wird sie vom Pressereferenten der CDU in Darmstadt, dem Stadtverordneten Studienrat Heinz Lauterbach beseitigt:

»Der Bericht der Jungen Union ist ohne Verständigung mit dem CDU-Kreisverband und dem Pressereferenten der Öffentlichkeit übergeben worden. Schon dies Verfahren in einer so wichtigen und brisanten Frage ist befremdlich.

Einer politischen Partei steht grundsätzlich kein Richteramt auf dem Gebiet ästhetischer Urteile zu. Damit beträte sie einen Weg, der einmal bei Goebbels geendet hat. Der Aufruf der Jungen Union läßt den primitivsten Ansatz vermissen, ein literarisches Werk auf dem alleine zulässigen und angemessenen Weg, nämlich dem literaturwissenschaftlicher Kritik, zu beurteilen.

Die Beurteilung eines Kunstwerks von seinem sogenannten Inhalt abhängig zu machen, offenbart ein derartiges Unverständnis für Kunst und eine derart mangelhafte Bekanntschaft mit den Fragen literaturwissenschaftlicher Kritik, daß man nur den Mut der Verfasser bewundern kann, eine so umfassende Ignoranz in das volle Licht der Öffentlichkeit zu bringen.

Bedauerlicherweise haben die Verfasser ihre persönliche Meinung nicht als solche vertreten, sondern ihre dilletantischen Äußerungen mußten den Eindruck erwecken, als heiße sie die CDU gut. Der Brief der Jungen Union ist geeignet, dem Ansehen der CDU in der Öffentlichkeit schweren Schaden zuzufügen, da er dem Eindruck Vorschub leistet, als ob sich die CDU den Besitz eines absoluten Maßstabes der Kritik in Kunstfragen anmaße.

Ich distanziere mich deshalb von dem Aufruf der Jungen Union in aller Schärfe und mit allem Nachdruck. Weder die politischen Ansichten, noch die gelegentlich exzentrischen privaten Auffassungen eines Künstlers dürfen maßgebend sein für die Beurteilung seines Werkes.« Soweit Heinz Lauterbach.

Der Generalsekretär der Deutschen Akademie für Sprache und Dichtung in Darmstadt, Dr. Ernst Johann, erklärte gestern auf Befragen zu den Protesten der Jungen Union: »Die Akademie lehnt es ab, auf Angriffe dieses Niveaus zu antworten.«

»Darmstädter Echo«, 25. 9. 1965

Prof. Dr. Hans Meyers

Offener Brief

Professor Dr. Hans Meyers
Darmstadt-Eberstadt
Heidelberger Landstraße 22   Darmstadt, 30. 9. 1965

> An den Herrn Hessischen Kultusminister
> Wiesbaden
> An den Herrn Oberbürgermeister der Stadt
> Darmstadt
> An den Herrn Präsidenten der Deutschen Akademie für
> Sprache und Dichtung
> Darmstadt
> An die Deutsche-Presse-Agentur
> Frankfurt/M.

Betr.: Verleihung des Büchner-Preises 1965

Für den Bereich der zeitgenössischen Kunst werden die Maßstäbe der Beurteilung selbst in Fachkreisen immer erheblich differieren. Wenn es sich über eine solche Urteilsbildung hinaus um die Vergebung öffentlicher Gelder an einen weithin bekannten, jedoch umstrittenen zeitgenössischen Schriftsteller handelt, wird man eine unterschiedliche Resonanz in der Öffentlichkeit zu respektieren haben.

Folgende Gründe veranlassen mich, als hessischer Staatsbürger und als Bürger der Stadt Darmstadt gegen eine von Staat und Stadt dotierte Verleihung des Büchner-Preises an Herrn Günter Grass zu protestieren.

Es handelt sich nach meiner Meinung bei der Entscheidung der Deutschen Akademie für Sprache und Dichtung um eine eindeutige künstlerische Fehlentscheidung. Die Grenzen der Literatur werden in der schriftstellerischen Produktion von Grass auf widerkünstlerisch tendenziöse Weise in exzessiver Richtung überschritten.

Das hat dazu beigetragen, daß der Name Grass bis in die Schulstuben hinein als problematischer Begriff und als Hinweis auf einen normenfeindlichen literarischen Exhibitionismus bekannt wurde.

Eine Form des Schreibens, die für sich den Anspruch auf schrankenlose Darstellung in aller Öffentlichkeit erhebt, setzt sich der öffentlichen Kritik in erhöhtem Maße aus. Im Bundesgebiet wurde daher allenthalben der Protest derjenigen laut, die die Meinung vertreten, daß hier ein Schriftsteller seine Publikationen zum Werkzeug abartiger Neigungen macht. Strafanzeige gegen Grass wegen unsittlicher Schriften laufen z. Z. in Österreich. Es geht nicht an, daß Staat und Stadt die ihnen von ihren Bürgern anvertrauten Geldmittel dazu benutzen, eine derart umstrittene Persönlichkeit durch Auszeichnung für kulturelle Leistungen zu beehren.

Ich bitte um erneute Prüfung des Sachverhalts im Interesse des öffentlichen Vertrauens.

Hochachtungsvoll
gez. Meyers

Leserbrief an das »Darmstädter Tagblatt« (7. 10. 1965)

Unzüchtigkeit als kulturelles Gedankenspiel

Es ist schon von makabrer Fragwürdigkeit, als Kulturgemeinde einer Stadt durch die Presse über die vom Kultur- und Schuldezernenten dieses Gemeinwesens geteilte großzügige Auffassung verstorbener Juristen »beispielsweise Casanovas Memoiren« gegenüber belehrt zu werden. Seine verspielten Untersuchungen stellt Stadtrat Sabais als Material dem »Darmstädter Tagblatt« zur Verfügung, und am 30. 9. erscheinen diese unter dem Titel »Was ist nun eigentlich ›unzüchtig‹«, von einem Redaktionsmitglied rezensiert. Von Sabais bisher nicht widersprochen, stellen die unter seinem Amtstitel referierten Äußerungen gewissermaßen einen Beitrag von quasi amtlicher Seite zur Frage der Volkssittlichkeit dar. Sie können wegen ihrer unglaublichen Simplifizierung des hier vorliegenden Problems nicht unwidersprochen hingenommen werden.

Wer soll hier eigentlich angesprochen werden, wenn zitiert wird, daß nichts abschreckender sei als »die Prüderie, die alles Nackte als unzüchtig betrachtet«? Wer will eigentlich die Bedeutung des Geschlechtslebens für die Geschichte der Völker und die Entwicklung des einzelnen ignorieren? Welche Rückständigkeit und welcher Leserunverstand wird hier eigentlich gemeint? Etwas ganz anderes ist es allerdings, ob sich jemand an den kunstlosen Schmutzfinkereien einer »Lady Chatterley« oder den infantilen Schweinereien in »Katz und Maus« im Namen der Kunst und »modern denkend« delektieren will. Im Interesse »eines lüsternen Gedichts . . . das durch die Weichheit der Sprache an sinnentfaltender Kraft bedeutend gewinnen« kann, die »höchst interessanten Stellungnahmen der Juristen« aus dem Jahre 1882 zu studieren, mag manchem genüßlich erscheinen. Das Dezernat Schule ist von uns nicht damit beauftragt.

Derartige private Verspieltheiten erscheinen aber als Presseäußerungen unter dem Amtstitel aus folgenden schwerwiegenden Gründen als besonders deplaciert:

Das Problem der Unzüchtigkeit ist heute im Vergleich mit anderen Zeiten ein weltbewegendes und grassierendes Problem ersten Ranges. Dies bekommt jeder auch nicht gerade wissenschaftlich damit befaßte Beobachter, der nur die Augen geöffnet hält, deutlich zu spüren. Wen dies aber nicht bewegt, oder wer aus Stumpfheit noch nicht bemerkt hat, was beim Lesen, Hören und Sehen heutzutage dem Menschen aus Filmen, Illustrierten, Büchern und fast allen sonstigen Publikationsmitteln in zunehmendem Maße entgegentritt, mit dem ist jedes Wort eines verantwortungsbewußten Gesprächs sinnlos.

Die anderen aber wissen. Sie wissen, daß die Wörter »Sex« oder »Striptease« vor zehn Jahren noch nicht zum Vokalschatz eines Schulkindes gehörten. Sie wissen, daß mit der Verführbarkeit der Menschen ungeheure Geschäfte gemacht werden. Sie wissen, daß jede Kritik solchen gesinnungslosen Tuns das empfindlichste Interesse, nämlich das Geschäftsinteresse derjenigen trifft, deren Geschrei alsdann mit Sicherheit die demokratischen Freiheiten und Grundrechte von Spießern und Moralisten bedroht sieht. Freiheit für das obszöne Schaugewerbe wird im Namen der Demokratie gefordert. (Was müssen die Schweizer für schlechte Demokraten sein, da bei ihnen ein generelles Striptease-Verbot besteht!).

Im Namen der Demokratie wird schrankenlose Straffreiheit für alle Arten von Homosexualität gefordert, einschließlich des Rechts auf Vereinsbildung. Unter den leitenden Juristen des Bundesgebiets, Inhabern hoher Ämter der Rechtspflege, wird z. Z. unter Nutzung ihrer hohen Stellungen versucht, zu einer neuen Auslegung der einschränkenden Gesetze im Sinne einer »unmißverständlichen Abkehr von der bisherigen Rechtspflege« zu gelangen, um eine sogenannte »normative Kraft des Faktischen« vorzutäuschen, durch die sittlich Abnormes in sittlich Gutes umgemünzt werden soll. Dabei versteht man unter dem Faktischen eine sogenannte »neue Sittlichkeit« (sprich Sittenlosigkeit) und unter der »normativen Kraft« die Normenlosigkeit einer sogenannten pluralistischen Gesellschaft.

Durch hohe von Staat und Stadt dotierte Kunstpreise werden Schriftsteller für kulturelle Leistungen geehrt, deren preisgekrönte Bücher sich in seitenlangen Ungeheuerlichkeiten, Schilderungen von Perversitäten und Orgien ergehen. In einem leidenschaftlichen Plädoyer forderte und erreichte der Hamburger Generalstaatsanwalt Buchholz die Freigabe eines Buches des perversen, siebzehnmal zu Gefängnis verurteilten Kriminellen Genet, das von unbeschreiblichen Pornographien strotzt, im Namen der Kunst. Das Buch ist heute für jeden Jugendlichen in jedem Buchladen zu haben.

Währenddessen können die Eltern in Koblenz ihre Kinder bereits nicht mehr durch bestimmte Anlagen schicken, in denen früher jedes Mädchen bis in die Nacht hinein unbehelligt spazierengehen konnte. Währenddessen ist die Zahl der Mütter im Alter unter 15 Jahren in der Bundesrepublik in nur zwei Jahren (1960 bis 1962), die bisher statistisch erfaßt und bekanntgegeben wurden, um das Vierfache gestiegen. Währenddessen ist die Zahl der sogenannten illegalen Abtreibungen pro Tag in der Bundesrepublik auf die amtlicherseits geschätzte Zahl von 3000 Fällen gestiegen.

Früher einmal gut renommierte Verlage, Buchgemeinschaften und Lesergilden haben sich heute »aus Verlagsinteresse« dazu entschlossen, in ihre Buch-Angebotslisten auch Bestseller aufzunehmen, in denen Abartigkeiten, Verfrühungen der Gefühle bei Jugendlichen, die Theorie und Praxis des Ehebruchs und eine neue Art von Prostitution durch schweifenden Geschlechtsverkehr in Lehrbuchform empfohlen werden.

Heute sind exzessive Bücher kein Schrei unterdrückter Freiheit mehr, der sich gegen die rückständige Prüderie einer moralisierenden Bourgeoisie erheben müßte, sie sind vielmehr gefragte Artikel wie warme Semmeln und ein sicheres Geschäft. Bei der sich selbst so nennenden Avantgarde gibt es daher auch keinen wahren Avantgardismus mehr. Was sich hinter diesem Begriff verbirgt, ist lediglich ein geschäftstüchtiger Konformismus. Und das beste Geschäft wird dort gemacht, wo der Mensch in seiner Triebhaftigkeit angesprochen und geweckt wird.

Die reine Süße wahrer Liebesgemeinschaft wirft nicht denselben Profit ab wie die Erniedrigung des Stillsten und Tiefsten. Darum soll nichts mehr heilig sein, nichts mehr ungesagt, ungehört und unbegafft sein. Nachdem die Illustrierten-Selbstkontrolle im vorigen Jahr zusammengebrochen ist, wird systematisch getestet, wie weit man nun gehen kann. Wöchentlich geht es nun weiter mit der Zerstörung des noch Unzerstörten. Sie steht bereits schamlos offen auf dem Programm. Was noch nicht auf den Markt der Menschenerniedrigung gezerrt worden ist, wird sich dem System nicht mehr entziehen können.

Das sind die wahren und schweren Sachfragen im Problemkreis der »Unzüchtigkeit« in dieser Zeit, und diese Fragen gehen die Schule und die Kulturträger an in einem bisher nie dagewesenen Maß.

Es mag von spektakulärem Interesse sein, die Argumente der Gegenseite in Podiumsgesprächen der Volkshochschule zu untersuchen oder die Überläufer-Motivationen einer »seriösen« Presse zu analysieren, z. B. die der mehr und mehr um zeitgemäßes Engagement bemühten kirchlichen Zeitschriften. Das muß ich mir aber versagen. Versagen aber kann ich mir nicht die Ablehnung einer Bagatellisierung des schrecklichen Ernstes der Zeit durch Herausgabe mißverständlichen Materials für Zeitungsartikel aus den Reihen der mit verantwortungsvoller Kulturpolitik von uns Beauftragten.

Prof. Dr. Hans Meyers
Darmstadt-Eberstadt
Heidelberger Landstraße 22

»Gegen die Anmaßung des Bürgers Grass«

Eine Erklärung des CDU-Kreisverbandes zur Büchner-Preis-Rede vom Samstag

(DE). Der CDU-Kreisverband Darmstadt hat in einer Stellungnahme zur Rede von Günter Grass anläßlich der Verleihung des Büchner-Preises an ihn in Darmstadt gestern folgendes erklärt:

»Erst kürzlich haben sich Mitglieder des Kreisvorstandes der Darmstädter CDU gerade auch im Hinblick auf den Dichter Günter Grass nachdrücklich und vorbehaltlos für die Freiheit der Kunst ausgesprochen. In gleicher Deutlichkeit ist gesagt worden, daß es gegen das politische Engagement eines Künstlers nichts einzuwenden gibt. Wie jeder andere Bürger kann sich auch der Bürger Günter Grass politisch betätigen; es interessiert in diesem Zusammenhang nicht im mindesten, ob er Ingenieur, Geschäftsmann oder Schriftsteller ist. Aber offensichtlich ist der Bürger Günter Grass der Auffassung, daß ihm im Vergleich zu anderen Bürgern Sonderrechte gebühren, dergestalt, daß der politische Gegenangriff auf seine politischen Attacken nicht statthaft sein soll und nach Meinung von Grass als Anschlag auf die Freiheit des Geistes bekämpft werden muß. Anders sind seine haltlosen politischen Ausfälligkeiten vom 9. Oktober in der Darmstädter Orangerie wohl kaum zu verstehen.

Gegen diese Anmaßung des Bürgers Grass gilt es in aller Deutlichkeit Stellung zu nehmen. Wenn Herr Grass meint, die Öffentlichkeit über seine mangelhaften politischen Sachkenntnisse anläßlich einer literarischen Preisverleihung informieren zu müssen, so mag das noch eine Frage des Geschmacks sein. Wenn er aber glaubt, eine große demokratische Partei und ihre Repräsentanten als Inkarnation des Niederträchtigen und Gemeinen dämonisieren zu dürfen, so muß man entschlossen gegen solche Infamien aufstehen und auf Wahrung der elementarsten demokratischen Sitten dringen. Es kann einem Mann im Lebensalter und von dem intellektuellen Format eines Herrn Grass nicht entgangen sein, daß Weisheit und Redlichkeit sowie Dummheit und Borniertheit auf dieser Welt nicht säuberlich nach politischen Parteien getrennt vorkommen. Wenn er gleichwohl so argumentiert, als ob es sich so verhielte, rückt er sich selbst in die geistige Nachbarschaft jener Leute, bei denen sich dieser totalitäre Stil der politischen Argumentation besonderer Pflege erfreut.

Aber Herr Grass beschimpft nach bewährten Vorbildern nicht nur eine große demokratische Partei, sondern auch die Mehrheit unseres Volkes, die deren Kandidaten gewählt hat. Wir fordern Herrn Grass auf, die geistige Freiheit, die er selbst in Anspruch nimmt, auch Andersdenkenden zuzubilligen, und wir verbitten uns im Namen unserer Mitbürger die rüden Flegeleien eines Herrn Grass, mit denen er allen

Andersdenkenden innere Verlogenheit, Dummheit und Bosheit unterstellt.

Herr Grass hat als Gast der Deutschen Akademie für Sprache und Dichtung und der Stadt Darmstadt das Gastrecht auf das gröblichste mißbraucht. Glaubte er, es den demokratischen Repräsentanten der gesamten Bürgerschaft zumuten zu dürfen, als ihr Gast einen großen Teil der Bürgerschaft hemmungslos zu beschimpfen? Noch peinlicher ist die Lage, in die Grass die Deutsche Akademie gebracht hat. Die mutigen und integren Männer der Akademie haben ungeachtet aller Widerstände und Bedenken das literarische Werk eines Schriftstellers auszeichnen wollen. Sie haben sich dabei auch nicht durch den Verdacht beirren lassen, hier solle nicht das literarische Schaffen eines Mannes als vielmehr seine politische Tätigkeit belohnt werden.

In dieser Situation kein Wort des Dankes zu finden und sich mit einer politischen Hetzrede übelster Art zu revanchieren, stellt eine außerordentliche Geschmacklosigkeit und Ungezogenheit dar, für die es in der jüngeren Geschichte Darmstadts kein Beispiel gibt.«

»Darmstädter Echo«, 11. 10. 1965

Klaus Eitel

Wir brauchen härtere Provokateure

Kommentar zur Büchner-Preis-Rede

Günter Grass macht es seinen Freunden schwer. Sie haben ihn, ehe er nach Darmstadt kam, den Büchner-Preis entgegenzunehmen, wider Ignoranten und Brandstifter verteidigt, gegen Banausen und Bücherverbrenner. Ein wohlwollendes Publikum füllte die Orangerie bis auf den letzten Platz. In der Verleihungsfeier wandte sich ein Minister gegen »Häppchenzitierer und Häppchendenker«, und ein Dichter wertete das Œuvre des Günter Grass als zur Weltliteratur gehörend.

Dann kommt Günter Grass und hält unter dem Vorwand, »mit Georg Büchner die deutsche Emigration zu ehren«, eine Rede auf Willy Brandt und die SPD. Er reduziert die Gründe für die SPD-Wahlniederlage auf die angebliche Diffamierung Willy Brandts als Emigrant und äußert die Meinung, »zwanzig Jahre nach Ende der letzten Epidemie ist das Volk bis in die Schulklassen wieder verseucht«. Er stellt damit einen Zusammenhang her zwischen der Hitler-Zeit und unseren Tagen.

Günter Grass nennt das Wahlergebnis vom 19. September eine »Katastrophe« und eine »gesamtdeutsche Misere«. Er stellt fest, Ludwig Erhard habe im Wahlkampf »schlimme Worte aus Goebbels' Schatzkästlein zu neuem Glanz gebracht«, Erhard, ein »Spießer, ver-

verkleidet als Bundeskanzler«. Er protestiert gegen Erhard, »damit die Haßtiraden nach Goebbels und Streicher nicht zu neuem Leben erwachen«. Er bezeichnet ein siebzigprozentiges CDU-Wahlergebnis als »siebzigprozentige Ignoranz im Wahlkreis Bocholt«. Er erahnt die »Exposition einer sich anbahnenden neuen nationalen Tragödie«, weil sich die meisten Wähler als »Mitläufer, Mittäter, Mitwirker, Mitschuldige gegen einen Emigranten« entschieden hätten. Er urteilt: »Dem Verbrechen von Auschwitz wurden Amt und Würden zuteil«, weil das »angebliche politische Genie Adenauer« dem deutschen Volk »Globke zugemutet« hat.

Das sind zwar nur Häppchen aus der Grass-Rede, aber es sind die Häppchen, die uns den Appetit verdorben haben, den Appetit an einer der Form und dem Grundinhalt nach vorzüglichen Rede, in der ein Meister des Worts von der Freiheit Gebrauch machte, einer Wohlstandsgesellschaft »die Schlagsahne zu vermiesen«.

Hier wandte sich, und das hätte gut sein können, ein Engagierter gegen Ignoranz und Kirchturmdenken, gegen Diffamierung und Intoleranz, gegen Lauheit und Heuchelei.

Jedoch: Günter Grass minderte das Gewicht seiner Worte durch Haß, Vorurteil und ein erschreckendes Maß an Naivität. Blutend aus den Wunden der Wahlnacht stand er da, einer, der nicht vergessen will, fixiert auf den Irrtum, die SPD habe die Wahl verloren, weil Willy Brandt Emigrant gewesen sei, den Blick eingeengt durch die Scheuklappen der unkritischen Vergötzung einer Partei.

»Georg Büchner gab mir den Freipaß: Sag es, sei ein schlechter Verlierer!« Georg Büchner unterlag einem Polizeistaat, in dem das Unrecht System war und in dem widerborstige Literaten zu Tode gemartert wurden. Günter Grass unterlag in einer demokratischen Wahl, in einem Staat, in dem widerborstige Literaten die angesehensten Preise bekommen. Die Zeit hat sich geändert. Bei uns ist ein schlechter Verlierer kein guter Mann. Auch die Staatsform hat sich geändert. Der »dumme« Wähler, das Opportunitätsdenken, muß in der Demokratie recht behalten können. Wenn dieser Fall eintritt, muß man versuchen, das Wahlvolk von der »Dummheit« zu kurieren. Niemand kann jedoch so vermessen sein, die Entscheidung für eine ihm nicht genehme, demokratische Partei als nationale Katastrophe zu bezeichnen.

Wenn, wie Grass sagt, der Dichter aus seinem Elfenbeinturm herauskommt, »in die stinkende Gegenwart«, muß er damit rechnen, daß es in dieser oder jener Ecke nicht gut riecht. Wer antritt, eine eingefrorene Gesellschaft zu sprengen, muß darauf gefaßt sein, daß ihm Splitter um die Ohren fliegen. Das Wort vom Pinscher, das Grass offensichtlich dem Kanzler so übelnimmt, ist gefallen, leider. Aber welche Worte sind denn in den zweiundfünfzig Wahlreden des Günter Grass und in den Reden seiner Parteifreunde gefallen? Lieber Himmel! Wir brauchen härtere Provokateure!

Grass ist groggy wie ein Boxer nach dem ersten Treffer. Er hat die zweite Luft nicht. Ein Idealist, herabgestiegen in die Niederungen des Alltags, lamentiert nach einer knappen Niederlage: Das deutsche Volk hat Brandt, hat die Es-Pe-De, hat Grass verraten.

Es ist anders. Das deutsche Volk war sich im unklaren über das Können und Wollen der SPD. Diese Partei propagierte gute Einsichten miserabel. Die Mehrheit schoß nicht auf den Weihnachtsmann, weil »Sicher ist Sicher« und »Ja« ihm dafür nichts Grunds genug waren. Wer trotzdem Gründe sah, wählte SPD. Das waren, Günter Grass, mehr als zwölf Millionen. (Der »Emigrant« Brandt, nebenbei, hat seine Partei in zwei Wahlgängen um fast zehn Prozent nach vorn gebracht, was man von der Union, die von Nicht-Emigranten geführt wird, nicht sagen kann.)

Grass hat die Tagespolitik entdeckt. Ihm, dem Amateur, fehlen die schlechten, aber auch die guten Eigenschaften des Profis: Stehvermögen, Beharrlichkeit, Geduld, Übersicht. Grass hat sich, erfreulicherweise, in den kalten Wind begeben. Warum versteht er nicht, daß der Dichter, wenn er sein Œuvre verläßt und in die Politik steigt, sich wie ein Politiker behandeln lassen muß?

Wenn die Büchner-Preis-Rede des Günter Grass ein Aufruf gewesen wäre, alle guten, großen, geistigen Kräfte zu aktivieren für die mühsame, unerfreuliche, harte politische Tagesarbeit — wie hätte man ihn dafür loben müssen! Wie muß man ihm trotz allem dankbar sein für die von Beleidigtsein unverzerrten Wahrheiten, die seine Rede auch enthielten! Aber kein aktiver Demokrat kann einem folgen, für den schwarz schwarz ist und rot weiß. Einem, der nicht die Spur von Objektivität im Politischen wahrt, obwohl die Objektivität im Literarischen seine Stärke ist.

Wozu haben Brandt und die Es-Pe-De den hervorragenden Literaten Günter Grass gemacht? Zu einem mäßigen Parteiredner, der statt sein Publikum zu fesseln und zu provozieren, seine Zuhörer zwingt, sich von der wohlwollenden Identifizierung mit dem Geehrten zu lösen und ihn als wunderliche Erscheinung zu betrachten. Wollte Grass doch statt dessen mit seinen Pfunden wuchern!

Wenn aber, und das ist die Kehrseite, Grass sich in seiner Exaltation stellenweise ins Unrecht setzt, so bedeutet das noch lange nicht, daß alle seine Gegner recht haben: Die mit einem Pappschild unterstellen, Grass erhalte zehntausend Mark Steuergeld für Pornographie; die behaupten, sein Welterfolg beruhe auf Obszönität und Blasphemie; die wie die Barbaren unter frömmlerischen Vorwänden die Lunte an seine Bücher halten; die der Deutschen Akademie für Sprache und Dichtung vorwerfen, sie habe sich im Wahljahr parteipolitisch entschieden. Sie alle sind im Unrecht, nach wie vor.

Und genau das ist der Grund, warum wir uns gewünscht hätten, Grass hätte eine aufrüttelnde und provozierende, eine harte und eisenbewehrte Büchner-Rede gehalten gegen die Anpasser und Gleichgültigen, gegen die Heuchler und die Lauen. Und hier liegt der Grund, warum wir von dem stellenweise ungerechten und maßlosen Lamento in der Orangerie so enttäuscht sind.

Das ändert jedoch nicht das mindeste an unserer Überzeugung: Der Dichter Günter Grass hat den Georg-Büchner-Preis zu Recht erhalten.

»Darmstädter Echo«, 11. 10. 1965

Mit Recht und Freiheit richtig umgehen

Seit dem 27. September haben wir zu dem Fall Büchner-Preis geschwiegen. Seitdem haben wir viele Vorwürfe gegen uns und unseren Protest zur Kenntnis nehmen müssen. Immerhin haben wir neben Widerspruch aber auch Zustimmung vernommen. Für die Zustimmung bedanken wir uns. Zu den ablehnenden Stellungnahmen möchten wir noch etwas sagen.

Man entrüstet sich immer noch darüber, daß die Junge Union der Akademie unterstelle, sie habe Grass für seine Wahlreden ehren wollen. Man unterstellt uns nach wie vor die Behauptung, die Akademie habe Grass für Blasphemie und Pornographie auszeichnen wollen. Müssen wir zum drittenmal erklären, daß wir beides nicht erklärt haben?

Einige haben uns das Grundgesetz Artikel 5 Absatz 3 vorgehalten. »Kunst und Wissenschaft, Forschung und Lehre sind frei«, heißt es dort. Es heißt nicht: »Die Kunst ist sakrosankt und unantastbar.« Frei ist sie — frei, zu bilden und auszudrücken, was sie aussagen will — und frei dem Urteil und der Kritik aller um Verständnis Bemühten ausgesetzt. Wir haben Grass ausdrücklich das Recht bestätigt, zu schreiben, was und wie er für gut hält. Aber uns haben einige Kritiker das Recht bestritten, gegen Grassens Ehrung zu protestieren, manchmal ganz rund und einfach und überhaupt, manchmal weil politisch und manchmal weil angeblich literaturfremd, rechtsunkundig, unreif, pubertätschristlich und so fort.

Uns ist nicht ganz erklärlich, wie man zum Absatz 3 des Artikels 5 GG gelangt, ohne den Absatz 1 zu lesen, dessen erster Satz lautet: »Jeder hat das Recht, seine Meinung in Wort, Schrift und Bild frei zu äußern und zu verbreiten.« Der Absatz 2 desselben Artikels nennt die Einschränkungsmöglichkeiten dieser Rechte:

»Diese Rechte finden ihre Schranken in den Vorschriften der allgemeinen Gesetze, den gesetzlichen Bestimmungen zum Schutz der Jugend und in dem Recht der persönlichen Ehre.« Es steht nichts davon geschrieben, daß eine Entscheidung der Akademie für Sprache und Dichtung das Recht der freien Meinungsäußerung einschränkt. Und einer, der Rosa Luxemburgs Ausspruch, daß Freiheit wesentlich die Freiheit der anderen ist, anführte, merkte nicht, daß wir jene anderen sind.

Weil wir eine politische Gruppe sind, sollen wir nicht das Recht haben, zu Fragen der Literatur Stellung zu nehmen? Ist eine politische Gruppe eine Gruppe minderen Rechts? Wenn sie zum Straßenverkehr und Gesundheitswesen Stellung nehmen darf, weshalb nicht zur Literatur? Wann wird man uns eine Meinungsäußerung über H. W. Sabais verbieten, wenn man sie uns jetzt über Günter Grass verbieten will? Hätten wir staatliche Machtmittel gegen Grass gefordert, dann hätten unsere Kritiker recht. So aber sollen sie Wortlaut und Inhalt unserer Erklärung endlich einmal zur Kenntnis nehmen.

Und schließlich haben uns einige Kritikusse attestiert, daß wir vom Gegenstand unseres Zornes keine Ahnung hätten. Woher wissen sie, das, da sie uns doch gar nicht kennen? Sollten sie das schlicht aus der Tatsache geschlossen haben, daß wir Protest erhoben? Es wird wohl ihr Geheimnis bleiben. Gleichviel, an diesbezüglichen Auslassungen haben sie nicht gespart, wie überhaupt die Auseinandersetzung mit unserem Protest teilweise auf imponierendem Niveau stattfand. Von prüfenden Typen war die Rede und von Tabus unter der Gürtellinie, von Niveaulosigkeit und Ignoranz, von Agitprop-Köpfchen und einer furchteinflößenden psychoanalytischen Ferndiagnose, vom unerträglichen Übermut der jungen Sieger und gar vom Ungeist, der Jugendliche zum Bücherverbrennen verführt. Ob der Schreiber, der uns des Ungeistes zieh, sich über eine mögliche juristische Betrachtungsweise im klaren war, als er uns mit nazistischen Bücherverbrennern auf eine Stufe stellte?

Der Schul- und Kulturdezernent hat es für richtig gehalten, in amtlicher Eigenschaft ein juristisches Gutachten über unzüchtige Schriften ins Spiel zu bringen, was unserem Protest eine Auslegung gab, die einfach nicht darin steckt. Oder wann hätten wir eine Schrift von Grass als insgesamt unzüchtig bezeichnet? Als ein angesehener Bürger dieser Stadt, der die Bürgerschaft der »geistigen Hauptstadt Hessens« als »Kulturgemeinde« lobend apostrophiert, gegen diese Verfälschung unseres Anliegens durch eine quasi amtliche Stellungnahme zum Meinungsstreit um Grass protestiert, da antwortete der Herr Kulturdezernent mit kleinkarierter Polemik.

Und als mutige nichtorganisierte Staatsbürger vor der Orangerie gegen die Grass-Ehrung protestierten, da demonstrierten die Jungsozialisten ihre Auffassung von Demokratie und Meinungsfreiheit durch ihren Auszug aus der gemeinsamen RPJ-Veranstaltung. Ihre ehrkränkenden Behauptungen über Hetzkampagne, Zensurbestrebungen, Phalanx von Geistfeindlichkeit und Muckertum richten sich selbst. Wenn das alles Proben eines hohen Niveaus sein sollten, dann bleiben wir lieber bescheiden bei dem unsrigen.

Aber noch ein Wort zu Grass. Wie wunderlich, daß alle, die vorher den Windmühlenkampf für Grassens Meinungsfreiheit fochten, nun betroffen sind, daß er davon Gebrauch machte. Weshalb waren sie schockiert? Sie merkten, daß Grass keine Grenzen kennt und kein

Maß, daß er sich selbst für das Maß aller Dinge hält. Sie merkten es
an einer politischen Rede des Günter Grass. Wir hatten es schon an
seinen Büchern gemerkt. Als ein Publizist in der Rede des Büchner-
Preisträgers seine Zeitung angegriffen sah, protestierte er dagegen
durch seinen Auszug und durch eine scharfe Entgegnung, und niemand schalt ihn dafür. Als Christen sich in den Werken des Schriftstellers angegriffen und verhöhnt sahen, protestierten sie gegen eine
Ehrung dieser Werke — und viele fielen über sie her. Wie verschieden
es sich doch ansieht, wenn zwei dasselbe tun.

In einer Entgegnung auf die Kritik des Landtagsabgeordneten Hak-
kenberg wurde Büchner zitiert: »... Wenn man mir übrigens noch
sagen wollte, der Dichter müsse die Welt nicht zeigen, wie sie ist,
sondern wie sie sein sollte, so antworte ich, daß ich es nicht besser
machen will als der liebe Gott, der die Welt gewiß gemacht hat, wie
sie sein soll.« Gerade dieses Wort kann Grass nicht für sich in Anspruch nehmen. Er zeigt die Welt nicht, wie sie ist, sondern wie er sie
sieht — schief, verbogen, verzerrt. Wir glauben nicht, daß der liebe
Gott sie so haben wollte.

Junge Union
Kreisverband Darmstadt
Röder, Pressereferent
»Darmstädter Tagblatt«, 19. 10. 1965

H. W. Sabais

»Ich werde keine Antwort schuldig bleiben«

Sehr geehrte Junge Union! Ihre etwas großkarierte Erklärung vom
19. 10. in dieser Zeitung legt mir nahe, einiges aus Ihrer allzu persönlichen Sicht ins klarere zu rücken.

1. Ich werde Ihnen nicht streitig machen, H. W. Sabais angreifen
zu dürfen, wo immer Sie es vermögen. Ich werde Ihnen allerdings
auch keine Antwort schuldig bleiben.

2. Ich habe Ihnen nie bestritten, Günter Grass kritisieren zu dürfen. Im Gegenteil! Ich habe dieses öffentliche Recht öffentlich verteidigt. Siehe »Frankfurter Rundschau« vom 12. 10.

3. Der »angesehene Bürger«, dessen Partei Sie nehmen, weil er von
mir mit »kleinkarierter Polemik« angegriffen worden sei, hat vorher
bekanntlich versucht, mir den Mund verbieten zu lassen. Dieser Versuch verlangte eine deutliche Antwort.

Im übrigen gestehe ich Ihnen gern zu, genau zu wissen, was klein-
kariert sei. Sie scheinen da die größere Erfahrung zu besitzen.

4. Das Gutachten der juristischen Fakultät der Universität Leipzig
von 1882, welches der bei Ihnen »angesehene Bürger« als »verspielte

Untersuchungen« und »mißverständliches Material« abzutun versucht hat, ist nicht für Sie speziell gedacht gewesen — obwohl Sie auch daraus hätten lernen können —, sondern für einige nicht unterrichtete Teilnehmer der Debatte, aber auch für einige aufgeregte Hexenverfolger. Von den letzteren schrieb mir einer in bezug auf die schändliche Bücherverbrennung in Düsseldorf: »Ich glaube, zu anderen Zeiten hätte man den Schreiber gleich mit auf den Scheiterhaufen geworfen. Doch wir haben eine Demokratie, in der jeder schreiben und reden darf, was ihm beliebt.« Dem Manne muß geholfen werden.

Im übrigen haben Sie selbst in Ihrem Protest vom 29. 9. 1965 sehr wohl behauptet: »Grass hat den Beweis dafür noch zu erbringen, daß seine Erzeugnisse wirklich künstlerischen Wert besitzen und er nicht darauf angewiesen ist, durch Appelle an niedrige Instinkte Beifall zu haschen.« Das ist eine Verurteilung insgesamt, die Sie jetzt gern leugnen möchten. Wenn Sie mit dieser Meinung wirklich recht hätten, würde der Staatsanwalt schon längst gegen die Verbreitung der Bücher von Grass eingeschritten sein. Sie haben aber nicht recht. Und ich kann Ihnen an Hand Ihrer zitierten Erklärung nicht glauben, daß Sie falsch verstanden worden sind.

5. Es ist ein starkes Stück, daß auch Sie, genau wie Herr Dr. Meyers, dem Kulturdezernenten die Verbreitung eines juristischen Gutachtens, also eines amtlichen Schriftstücks, zu dem er sich jeder persönlichen Stellungnahme enthielt, quasi als Amtsmißbrauch ankreiden wollen. Es ist nicht nur ein starkes Stück, es deckt auch keineswegs reinliche Motive auf. Lassen Sie sich in dieser Beziehung von erfahrenen und in der Toleranz gefestigten Mitgliedern der CDU, die meine ganze Achtung haben, eines Besseren belehren, bevor Sie sich völlig verrennen.

Sie scheinen mit beneidenswertem Selbstbewußtsein genau zu wissen, »wie die Welt ist«. Grass, so meinen Sie, zeigt sie »schief, verbogen, verzerrt«. Da sind Sie freilich im Besitz einer großen Weisheit, die viele weise Männer der Geistesgeschichte vergebens gesucht haben. Ich beglückwünsche Sie dazu und schreibe Ihnen folgenden Bibelspruch ins Stammbuch: »Sei weise, mein Sohn, so freut sich mein Herz, so will ich antworten dem, der mich schmäht.« Sprüche 27.11.

H. W. Sabais
Stadtrat

»Darmstädter Tagblatt«, 23. 10. 1965

Anhang III
In Sachen Ziesel

Katz und Maus mit »Katz und Maus«

Koblenzer Oberstaatsanwalt erklärt eine Pornographie für Kunst —
Beschwerde beim Generalstaatsanwalt

Koblenz. (DT) Der nachfolgende Schriftwechsel wird erneut um ein
Thema geführt, das längst zu den größten Ärgernissen in unserem
Lande gehört. Mit der großen Diskrepanz, die zwischen Geist und
Buchstaben von Grundgesetz und Strafgesetzbuch und ihrer Anwendung durch manche Gerichte und Justizbehörden besteht, können sich
die Christen im Lande nicht abfinden. Es ist daher verständlich, daß
sie immer wieder unverständliche Urteile und behördliche Maßnahmen kritisieren, zumal auf der anderen Seite ihre Forderungen nach
mehr Freiheit vor den Schranken der Gerichte nur selten Gehör finden. Die nachstehend abgedruckten Dokumente sprechen für sich:

Der Oberstaatsanwalt
— 13 Js 142/62 —
Herrn Kurt Ziesel
Breitbrunn/Chiemsee

Betr.: Ihre Anzeige vom 23. Juni 1962 gegen den Schriftsteller Günter Grass wegen Verbreitung unzüchtiger Schriften.

Ich habe das Verfahren eingestellt.

Die im September 1961 erschienene Novelle »Katz und Maus« enthält mehrere kurze Schilderungen sexualbezogener Vorgänge, die für
sich allein betrachtet nicht nur als offensichtlich schwer jugendgefährdend, sondern auch als ungeeignet angesehen werden können, das
Scham- und Sittlichkeitsgefühl normal empfindender Menschen in ge-
schlechtlicher Hinsicht zu verletzen.

Das Landgericht Hamburg hat in einer jüngst ergangenen Entscheidung den Standpunkt vertreten, daß der Durchschnittsleser der modernen Literatur fremd gegenüberstehe. Es dürfte deshalb bei der Beurteilung dieser Gattung im Hinblick auf § 184 I Z. 1 StGB nicht auf
die von der bisherigen Rechtsprechung für maßgeblich erachtete An-
schauung des »Normalmenschen« abgestellt werden. Als allein zuver-
lässiger Maßstab komme vielmehr nur die Auffassung des um Verständnis für die moderne Literatur bemühten Kunstinteressenten in
Betracht. Legt man diesen Gedankengang zugrunde, so ist das Buch
»Katz und Maus« zweifelsohne nicht als unzüchtig anzusehen.

Aber auch ohne diese Auslegung des Begriffes »unzüchtig« kann
das Buch nicht auf Grund des § 184 StGB beanstandet werden. Die
Stellen des Buches, an denen Sie Anstoß nehmen, dürfen nicht für
sich betrachtet werden. Entscheidend ist, daß diese Stellen sich bei un-
befangener Betrachtung zwanglos in den Rahmen des Gesamtgesche-
hens einpassen und dank der künstlerischen Gestaltungskraft des
Autors in den Hintergrund treten.

Die erwähnten Passagen sind offensichtlich nicht um ihrer selbst
willen geschrieben. Sie ordnen sich in den Rahmen des Gesamtwerkes
ein, das von der Literaturkritik durchweg positiv beurteilt und als dem
Bereich der Kunst zugehörig angesehen wird.

Soweit der Jugendschutz in Betracht kommt, steht der Kunstvorbe-
halt des § 1 Abs. 2 Nr. 2 Gjs entgegen.

Im Auftrag gez. Kobabe, Staatsanwalt
Beglaubigt: Just. Hauptsekretär

An den Herrn
Generalstaatsanwalt
Koblenz

Betrifft: Aktenzeichen — 13 Js 142/62 — des Oberstaatsanwaltes
Koblenz.

In obiger Sache hat der Herr Oberstaatsanwalt in Koblenz meine
und die Anzeige einer Reihe anderer Staatsbürger gegen den Schriftsteller Günter Grass wegen § 184 StGB (Verbreitung unzüchtiger
Schriften) eingestellt. Die Begründung für diese Einstellung — 1½ Seiten —, für welche Herr Staatsanwalt Kobabe neun Monate benötigt
hat, kann ich nur als einen Schlag ins Gesicht eines christlichen Staates und gegen jegliches Sitten- und Schamgefühl empfinden. Obwohl
der Herr Staatsanwalt zugibt, daß das pornographische Machwerk dieses Schriftstellers »offensichtlich schwer jugendgefährdend ist und geeignet ist, das Scham- und Sittlichkeitsgefühl zu verletzen«, glaubt er
unter Bezugnahme auf ein höchst umstrittenes Urteil des LG Hamburg
den § 184 des StGB außer Kraft setzen zu können und gibt ihm eine
Auslegung, die nach der gefestigten Rechtsprechung zahlreicher höchst-
richterlicher Entscheidungen weder im Gesetzestext noch in der Absicht und im Willen des Gesetzgebers liegt. Bei dem zitierten Urteil
des LG Hamburg, das bei der sittlich noch nicht von dem Diktat ver-
kommener Literaten zerstörten Öffentlichkeit auf schärfsten Widerspruch gestoßen ist, handelt es sich um eine Kapitulation vor der ab-
seitigen Verteidigungsrede des Hamburger Generalstaatsanwaltes, der
gegen seinen eigenen angeklagten Staatsanwalt in öffentlicher Verhandlung auftrat. Angesichts der vor allem in Hamburg die Öffentlichkeit terrorisierenden Presseorgane, welche seit Jahren bemüht sind,
Pornographie dem deutschen Volk als Kunst aufzureden, wagte es
offenbar das LG Hamburg nicht, gegen den Antrag des Generalstaatsanwaltes zu entscheiden. Das Urteil hat auch innerhalb der Hamburger Justiz heftigsten Widerspruch erfahren. Einzelheiten über diesen
Skandal können Sie meinem Buch »Die Literaturfabrik« (Wancura-
Verlag, Köln-Wien) entnehmen.

Ich weise vor allem die absurde Unterstellung des Koblenzer Staatsanwaltes zurück, daß die »normalen Menschen« nicht mehr imstande
seien festzustellen, was übelste pornographische Ferkelei und was
Kunst ist. Der Staatsanwalt weist darauf hin, daß als zulässiger Maß-

stab, nur die Auffassung des um Verständnis für moderne Literatur bemühten Kunstinteressenten in Betracht kommt. Diese Auffassung findet weder im Gesetz noch in den höchstrichterlichen Entscheidungen einen Rückhalt, an welche der Staatsanwalt gemäß einer jüngsten Entscheidung des BGH gebunden ist, falls er sich nicht einer groben Amtspflichtverletzung schuldig machen will.

Außerdem handelt es sich bei mir als Anzeigenerstatter um einen Literaturkenner, der selbst als Schriftsteller nicht nur zahlreiche Romane und literaturkritische Bücher geschrieben hat, die in fast 1 Million Auflage im In- und Ausland verbreitet sind, sondern auch um einen Publizisten, der seit 30 Jahren als Literaturkritiker tätig ist. Ich kann Ihnen auf Wunsch zahlreiche Schriftsteller und Kritiker von Rang nennen, welche dieses Machwerk ebenfalls als einen groben Verstoß gegen § 184 ansehen. Es handelt sich also keineswegs darum, daß lediglich empfindsame »Normalmenschen« an diesen Ferkeleien Anstoß nehmen.

Wenn weiterhin der Herr Staatsanwalt sich selbst zum Literaturkenner erhebt und erklärt, daß sich diese Schweinereien, die ein normaler Mensch nicht einmal in Abortwände einzuritzen wagt, »zwanglos in das Gesamtgeschehen einpassen und dank der künstlerischen Gestaltungskraft des Autors in den Hintergrund treten«, so ist dies offensichtlich unwahr. Das Buch hätte auch ohne diese offenen Schweinereien geschrieben werden können, sie sind sogar, wie der Autor öffentlich in Gesprächen mit Journalisten zynisch erklärte, nur deswegen aufgenommen worden, »weil sonst mein Buch niemand kauft«.

Die Behauptungen des Herrn Staatsanwaltes, daß dieses von Pornographie und Gotteslästerung strotzende Machwerk von der Literaturkritik durchweg positiv beurteilt worden sei, ist unwahr. Zahlreiche Zeitungen und Zeitschriften und Schriftsteller von Rang haben dieses Machwerk als indiskutable Ferkelei öffentlich angeprangert und festgestellt, daß die wahre Kunst eine derartige Gossendiktion nicht notwendig hat.

Selbstverständlich fällt dieses Machwerk auch unter den Jugendschutz, da das künstlerische Moment in einem so krassen Fall zurücktritt.

Es ist zwar begreiflich, daß im Hinblick auf den nihilistischen Terror, welchen eine gewisse Presse auf die Justiz ausübt, um sie, sei es Landesverrat oder Pornographie, aus der pflichtgemäßen Verfolgung der Justiz auszunehmen, der Herr Staatsanwalt in diesem Fall den Weg des geringeren Widerstandes geht. Damit verletzt er jedoch in diesem krassen Fall seine Amtspflicht. Sowohl ich wie die anderen Anzeigenerstatter sind Väter zahlreicher Kinder. Wir haben durch unsere Volksvertreter Gesetze gegen derartige Sexualexzesse geschaffen, um unsere Kinder vor diesem Schmutz zu schützen. Ich fordere Sie daher auf, Ihrer Amtspflicht gemäß, die Koblenzer Staatsanwaltschaft aufzufordern, gegen diese Ferkeleien einzuschreiten. Ich habe eine

Abschrift dieses Briefes an den Herrn Ministerpräsidenten von Rheinland-Pfalz gesandt und ihn gebeten, als Chef einer christlichen Landesregierung, den Herrn Justizminister zum Einschreiten zu bewegen, und ich werde gegebenenfalls christliche Abgeordnete des Landtages veranlassen, die sich noch nicht dem Terror einer auf Pornographie versessenen gewissen Presse beugen, die Staatsanwaltschaft öffentlich darauf hinzuweisen, daß sie dem Strafgesetzbuch gemäß verpflichtet sind, unser Volk vor der Massenverbreitung solchen Schmutzes zu bewahren. Der Herr Staatsanwalt scheint zu vergessen, daß in der Präambel des Grundgesetzes die Verpflichtung zu einer christlichen Grundhaltung unseres Staates statuiert ist.

Mit vorzüglicher Hochachtung
gez. Kurt Ziesel

Herrn Ministerpräsident
Dr. Altmaier
Mainz

Sehr geehrter Herr Ministerpräsident, bei der zuständigen Staatsanwaltschaft in Koblenz haben ich und eine Reihe anderer christlicher Publizisten Strafanzeige gegen Verbreitung unzüchtiger Schriften wegen des jüngsten pornographischen Machwerkes des von einer gewissen linksradikalen Presse gefeierten Schriftstellers Günter Grass erstattet. Bei den inkriminierten Stellen handelt es sich um die übelsten gotteslästerlichen und pornographischen Lästereien, deren schmutzige Gesinnung außer jedem Zweifel steht. Es wird in dieser Szene in allen Einzelheiten eine onanistische Massenorgie Jugendlicher geschildert und dies mit zynischen Bemerkungen über den Marienkult der katholischen Kirche verknüpft.

Aus offensichtlicher Angst vor dem Terror einer gewissen Presse hat der Oberstaatsanwalt in Koblenz nach neun Monaten das Verfahren mit einer Begründung eingestellt, die einen Hohn auf unseren christlichen Rechtsstaat und auf den Schutz unserer Jugend vor solchen Ferkeleien darstellt. Ich habe, wie Sie aus anliegender Abschrift ersehen, gegen die Einstellung des Verfahrens beim Generalstaatsanwalt Beschwerde eingelegt und bitte Sie, als Chef der christlichen Landesregierung auf den Herrn Justizminister Ihres Landes einzuwirken, gegen diesen Skandal einzuschreiten. Gegebenenfalls werde ich mir befreundete Landtagsabgeordnete bitten, durch eine Anfrage an den Justizminister ebenfalls diesem Skandal entgegenzutreten.

Es muß sich endlich in diesem Land ein führender Politiker unserer christlichen Parteien finden, der den Mut hat, dieser Zerstörung von Sitte und Moral unter dem Vorwand pseudokünstlerischer Interessen ein Ende zu setzen.

Mit vorzüglicher Hochachtung
gez. Kurt Ziesel

(DT) Soweit die Korrespondenz Ziesels. Wir können ihm in der Beurteilung des inkriminierten Werkes nur zustimmen und sind nun, wie sicherlich auch viele Leser, sehr gespannt, welchen Erfolg Beschwerde und Appell an Ministerpräsident Altmaier haben werden. Selbstverständlich werden wir die Angelegenheit, die eine Reihe grundsätzlicher Aspekte hat, weiterverfolgen.

»Deutsche Tagespost« (Würzburg), 20. 3. 1963

Kurt Ziesel

Botschafter Grass

Als vor einigen Jahren als erster Botschafter der Bundesrepublik der schwerkriegsbeschädigte ehemalige Offizier der Wehrmacht, Dr. Pauls, nach Israel entsandt wurde, zeterten die Linksintellektuellen von Hamburg bis New York und empörten sich über diesen »Mißgriff«. Ihr Vorschlag war, man hätte einen »wirklichen Demokraten« nach Israel schicken sollen, nämlich Günter Grass. Da damals noch nicht Willy Brandt in Bonn regierte, sondern Ludwig Erhard, blieb es der Bundesrepublik erspart, den Pornographen Günter Grass als Botschafter in Israel zu sehen.

Nun hat Günter Grass in der ihm eigenen Art, Skandale zur Förderung seines Buchabsatzes und der Publizität für seine Person zu inszenieren, der Öffentlichkeit demonstriert, wie er sich die Rolle des Botschafters in Israel vorstellt.

Die Haupttätigkeit von Günter Grass in Israel bestand darin, daß er sich selbstgerecht in der Rolle des Sittenrichters gegen sein eigenes Land aufspielte und einige Tage lang alles tat, um das Ansehen der Bundesrepublik in Israel zu untergraben und die Versöhnung der beiden Länder zu stören. Grass konnte nicht umhin, in Israel massive Angriffe gegen Konrad Adenauer zu starten, der wie kein anderer deutscher Staatsmann sich seit zwei Jahrzehnten um die Versöhnung mit Israel und die Wiedergutmachung der nazistischen Verbrechen bemüht hat. In diesem Zusammenhang wagte es Günter Grass sogar, die Verleihung des Konrad-Adenauer-Preises an den Dichter Bernt von Heiseler als eine »Verhöhnung der lebenden und toten Juden« zu bezeichnen. Diese beispiellose Verleumdung fand statt zu einem Zeitpunkt, an dem Bernt von Heiseler auf Einladung der Gesellschaft für christlich-jüdische Zusammenarbeit in Nürnberg einen Festvortrag auf der Woche der Brüderlichkeit hielt.

Bernt von Heiseler hat gegen Günter Grass Strafanzeige wegen Verleumdung bei der Staatsanwaltschaft in Berlin erstattet. Was aber gedenkt die Bundesregierung zu tun, und wie lange wird der deutsche Außenminister die Hetze von Günter Grass im Ausland gegen die Bundesrepublik billigen? Ist es mit der Würde unseres Staates noch vereinbar, daß ein solcher Mann von unseren Botschaftern offiziell empfangen und damit als Repräsentant unseres Staates aufgewertet wird? Und wie lange wird noch die SPD als Volkspartei sich diesen Günter Grass als Wahlkämpfer gefallen lassen und sich damit der Gefahr aussetzen, mit Extremisten seiner Art, die unsere Demokratie vor der Weltöffentlichkeit in Mißkredit bringen, identifiziert zu werden?

»Deutsche Tagespost« (Würzburg)

Kleine und große Meinungsfreiheit

Art. 5 GG und die Traunsteiner Zivilkammer

Die Zivilkammer des Landgerichtes Traunstein scheint den Ehrgeiz zu haben, mit einer klassischen Konfrontation zwischen Verfassungsrecht und Verfassungswirklichkeit der Bundesrepublik in die Geschichte einzugehen. Es handelt sich wieder einmal um einen Prozeß unter dem Kennwort Blechtrommel. Günter Grass, der deutsche Klassiker der Dutschke-&-Teufel-Zeit, hat im Zuge der Hetze, die von der Gruppe 47 und anderen Linksradikalen gegen die Deutschland-Stiftung und die Träger der Konrad-Adenauer-Preise entfesselt wurde, den Schriftsteller Bernt von Heiseler in der rüdesten Weise angegriffen. Obwohl Heiseler nie in seinem Leben eine judenfeindliche Äußerung getan hat, behauptete Grass in einer Pressekonferenz in Israel, daß die Verleihung des Preises an Heiseler eine Beleidigung aller lebenden und toten Juden sei.

Heiselers Versuch, Schutz bei der deutschen Justiz zu finden, blieb ohne Erfolg. Zwar könne, wurde ihm geantwortet, Grass für die Äußerung keine Beweise beibringen, aber es handle sich um eine persönliche Meinung, zu der er aufgrund des Art. 5 GG berechtigt sei.

Kurt Ziesel, der Generalsekretär der Deutschland-Stiftung, fühlte sich durch die Äußerung des Blechtrommlers mitbetroffen und nahm für sich das Recht der »Wahrnehmung berechtigter Interessen« in Anspruch, das einem Beleidigten grundsätzlich erlaubt, mit der gleichen Waffe zurückzuschlagen. Nur begnügte sich Ziesel in seinen polemischen Antworten in der »Deutschen Tagespost« und im Regensburger »Tagesanzeiger« nicht mit unbewiesenen Behauptungen, wie es Grass getan, sondern er berief sich auf die »Ferkeleien« in den verschiedenen Romanen von Grass, nannte diesen einen Pornographen und beschuldigte ihn der groben Verunglimpfung der katholischen Kirche und z. T. namentlich beleidigter katholischer Bischöfe.

Obwohl Ziesel in seinen Büchern den Grass auch schon früher als Pornographen bezeichnet hat und Grass dagegen nie etwas unternommen hat, sondern diese Bezeichnung anscheinend als eine durchaus sachliche literarische Qualifikation hingenommen hatte, beantragte er jetzt plötzlich, und zwar ausgerechnet beim Landgericht Traunsein, bei dem er — wie sich zeigte, mit Recht — Verständnis für aparte Rechtsanschauungen voraussetzte, eine Einstweilige Verfügung, in der Ziesel verboten werden soll, ihn einen Pornographen zu nennen und ihn grober Verunglimpfungen der katholischen Kirche zu bezichtigen.

Ziesel erhob gegen die Einstweilige Verfügung Einspruch und zwang Grass zu einer Tatsachenklage. In der Verhandlung vor der erwähnten Zivilkammer, die vor einigen Tagen stattfand, legte Ziesel mehr als 50 Stellen aus dem Œuvre des Blechtrommlers vor, die sowohl den Ausdruck Pornograph als auch vor allem die Tatsachenbehauptung, daß der Hauspoet unseres Vizekanzlers die katholische Kirche in gröbster Weise verunglimpft, für jeden normal empfindlichen Menschen überzeugend erhärteten (u. a. etwa den Satz »Gott hat Zucker im Urin«, Katholiken könnten jederzeit den Beischlaf mit Maria vollziehen, persönliche Verhöhnung von Kardinal Frings, dann Szenen aus dem Roman »Hundejahre« wie den im Beichtstuhl vollzogenen Beischlaf eines Paares).

Nach mehrstündiger Verhandlung, in der Ziesel in einer etwa zweistündigen Rede seinen Standpunkt verteidigte und auch auf die gegen die demokratische Ordnung der Bundesrepublik gerichtete hetzerische Tätigkeit des Grass hinwies, die es jedem Deutschen zur Pflicht machen müßte, sich gegen ihn zu wehren (wenn er — um nur ein Beispiel zu nennen — den Wahlsieg der CDU/CSU als die »Verlängerung von Auschwitz« bezeichnete), fällte die besagte Zivilkammer ein wahrhaft salomonisches Urteil, das in seiner herausfordernden Unlogik wirklich einzigartig ist.

Das Landgericht Traunstein verbietet Ziesel nicht etwa, solche Behauptungen, wie sie Grass beanstandet, überhaupt aufzustellen; es scheint durchaus der Ansicht zu sein, daß sie zu Recht ausgesprochen wurden. Aber es verbietet Ziesel, sie »in Zeitungen und Zeitschriften« auszusprechen. Mit anderen Worten: Er darf all das in Büchern behaupten, im Rundfunk, im Fernsehen, in Reden und Gesprächen, nur nicht in der Presse!

Nun müßte sich jeder Mensch, der auch nur die primitivste Vorstellung von Recht und Wahrheit hat, doch sagen, daß Ziesel entweder Recht hat — und dann dürfte ihm nicht verboten werden, zu sagen, was er gesagt hat —, oder daß er Unrecht hat —, dann müßte ihm generell verboten werden, diese Behauptungen aufzustellen. Die Verfassung und die Gesetze kennen keine eingeschränkte, sich nur auf bestimmte Medien beziehende Meinungsfreiheit. Was die Zivilkammer von Traunstein hier versucht, ist eine willkürliche Einschränkung der laut Art. 5 GG jedem Staatsbürger zustehenden Rechte der freien Meinungsäußerung!

Man sollte meinen, daß sofort ein Aufschrei durch die gesamte deutsche Presse gegangen wäre. Aber Schweigen im Blätterwald. Es geht zwar um Sonderrecht, es geht um einen groben Eingriff in die Pressefreiheit, aber es geht auch um den Schutz des Blechtrommlers, der nachgerade eine sakrosankte Institution der Bundesrepublik geworden ist. Man muß nun, um ganz auf den Geschmack dieses Urteils zu kommen, noch folgendes bedenken: In Zeitungen und Zeitschriften darf Ziesel in puncto Blechtrommler seine wohlbegründete Meinung nicht äußern; in Büchern dürfte er es, seine Bücher aber werden von der Monopolpresse totgeschwiegen und von weiten Kreisen des deutschen Buchhandels boykottiert; im Rundfunk und im Fernsehen dürfte er ebenfalls seine Meinung sagen — wenn er es eben dürfte. Dafür, daß er es dort nicht kann, sorgen die diktatorisch schaltenden monopolistischen Machthaber dieser Massenmedien. So ergibt sich ein lückenloses Bild der Unterbindung freier Meinungsäußerung.

Es handelt sich hier keineswegs nur um einen privaten Streit zwischen Kurt Ziesel und Günter Grass, auch nicht um eine Angelegenheit der Deutschland-Stiftung, sondern um die Freiheit der Presse und vor allem — da die linkskonformistische Presse natürlich mit Grass solidarisch ist — der katholischen Presse. Eine Zeitung wie etwa die »Deutsche Tagespost« dürfte, wenn das skurrile Urteil von Traunstein wirklich rechtskräftig würde, auf die tollsten antikatholischen Flegeleien des Blechtrommlers nicht mehr damit antworten, sie »Verunglimpfungen der katholischen Kirche« zu nennen. Es wird also nötig sein, sich beizeiten zu rühren! Was der bayerische Justizminister zu seinen Richtern und ihrer Interpretation des Art. 5 GG sagt, sollte eigentlich ein Abgeordneter der CSU durch eine Anfrage im Landtag erkunden. Im übrigen geht die Causa jetzt an das Oberlandesgericht.

Fr.

»Volksbote« (München), 14. 10. 1967

Mit Kurt Ziesel gegen Grass solidarisch

Erklärung von 15 Bundestagsabgeordneten

»Wir haben der Presse entnommen, daß Ihnen durch das Landgericht Traunstein verboten worden ist, Günter Grass als ›Pornographen‹ und als ›Verfasser unbeschreiblicher pornographischer Ferkeleien und Verunglimpfungen der katholischen Kirche‹ zu bezeichnen.

Im Hinblick auf Ihre Berufung beim Oberlandesgericht München möchten wir Ihnen erklären, daß auch wir in Kenntnis der Schriften des Günter Grass ihn als Verfasser unbeschreiblicher pornographischer Ferkeleien und Verunglimpfungen der katholischen Kirche und damit nach § 184 StGB als Pornographen ansehen, da im Strafgesetzbuch solche unzüchtigen Schriften als Pornographie bezeichnet werden. Es würde das Ende der Meinungsfreiheit und des Kampfes gegen die sittliche Demoralisierung unseres Volkes bedeuten, wenn man die Wahrheit über Günter Grass nicht sagen dürfte.«

Die Erklärung ist von folgenden Bundestagsabgeordneten unterzeichnet:

Prof. Dr. Adalbert Hudak (Erlangen), Dr. Walter Becher (Pullach), Karl-Heinz Gierenstein (Ingolstadt), Alois Rainer (Straubing), Anton Ott (Augsburg), Karl-Heinz Vogt (Aschaffenburg), Karl-Heinz Lemmrich (Dillingen), Alex Hösl (Northeim), Erich Ziegler (Würzburg), Josef Bauer (Wasserburg), Georg Stiller (Nürnberg), Paul Röhner (Bamberg), Franz Xaver Unertl (Birnbach), Edelhart Rock (Wolfenbüttel), Dr. Franz Gleißner (München).

Hans Bertram Bock

Stützen der Gesellschaft

Der Büchner-Preisträger und Brandt-Intimus Günter Grass ist für 31 bayerische Landtagsabgeordnete immer noch der Prototyp des politischen und pornographischen Buhmanns.

In einer gemeinsamen Erklärung äußerten diese ausschließlich christsozialen Politmänner jetzt ihren Abscheu vor der weltweit geschätzten Prosa des renommierten Blechtrommlers. Im Sinne einer deutsch-tümelnden Stiftung donnerten die Volksvertreter bigott: »Verfasser unbeschreiblicher pornographischer Ferkeleien und Verunglimpfer der katholischen Kirche«. Da greift man mit Pathos auf das Strafgesetzbuch zurück, um der Öffentlichkeit das eigene moralische, makellose Image zu präsentieren.

Jede Art von Weltliteratur scheint bei diesen Tugendwächtern und Moralhütern nur Ekel und Borniertheit erregt zu haben. Weder Grimmelshausen, James Joyce noch Henry Miller dürften vor ihrem strengen Urteil bestehen. Peter Roseggers Waldbauernbub und der geistig nahestehende Poet Bernt von Heiseler können allein neben den Standard-Autoren der bayerischen Lesebücher auf Achtung dieser politischen Gottesmänner rechnen.

Auf der jüngsten Verschwörer-Liste sind als Repräsentanten der neuen Bewegung für ein sauberes Deutschland besonders zu loben: Friedrich August von der Heydte, Dr. Hans Raps, Johann Wimmer, Valentin Dasch, Dr. Hans Merkt, Ludwig Rupp und Bernhard Deininger. Sie alle und ihre Brüder im Geiste befinden sich in höchster und bester Gesellschaft, wenn man einem Bonner Gerücht trauen darf: Sprachkünstler Heinrich Lübke soll den Außenminister Brandt in Berlin während einer Gesellschaft gefragt haben, was er nach der Party mache. Brandt: »Ich gehe zu Günter Grass.« Lübke angewidert:

»Pfui. Der soll ja Dinge schreiben, über die ich nicht einmal mit meiner Frau spreche!«

Günter Grass meint gelassen zu der reaktionären Aktion der christsozialen Gesellschafts-Stützer: »Ich habe meinen Anwalt informiert und vertraue auf die Rechtsprechung.« Vertrauen ist gut, Angriff wäre besser!

»Abendzeitung/8-Uhr-Blatt« (Nürnberg/München), 22. 2. 1968

Günter Grass

Nicht nur in eigener Sache

Günter Grass und Kurt Ziesel trafen gestern vor dem Oberlandesgericht zusammen. Grass-Verteidiger Gritschneder: »So nahe waren sie sich noch nie!« Der Grund: eine Berufungsverhandlung, mit der Grass erreichen will, daß Ziesel beleidigende Äußerungen wie »Verfasser übelster pornographischer Ferkeleien« generell verboten werden, und zwar nicht nur, wie nach einem Urteil im Landgericht Traunstein, in Zeitungspublikationen. Die Entscheidung soll am 18. Dezember fallen.

Grass: »Ziesel hat den Bereich des Literarischen seit längerem verlassen — er schürt Emotionen und versucht Politiker für Denunzierungen zu gewinnen in einem Land, in dem es schon einmal Bücherverbrennungen gab.« Ziesel: »Man wird doch wohl noch schreiben dürfen, wenn das Schamgefühl verletzt worden ist. Man hätte das doch anständiger formulieren können. Außerdem: Im Gesetz steht die Definition für das, was Pornographie ist.« Senatspräsident Dr. Waltenberger: »Leider nicht, das ist es ja!« Grass gab folgende Stellungnahme ab.

Es ist für einen Autor nicht einfach, in eigener Sache, das heißt für seine Bücher sprechen zu müssen, wenn isolierte Textstellen, zum Zweck der bloßen Diffamierung des Autors in der Öffentlichkeit, mißbraucht werden.

In meinen drei Prosawerken — »Die Blechtrommel«, »Katz und Maus« und »Hundejahre« — war ich bemüht, die Wirklichkeit einer ganzen Epoche, mit ihren Widersprüchen und Absurditäten in ihrer kleinbürgerlichen Enge und mit ihrem überdimensionalen Verbrechen, in literarischer Form darzustellen. Die Realität, als das Rohmaterial des Schriftstellers, läßt sich nicht teilen; nur wer sie ganz einfängt und ihre Schattenseiten nicht ausspart, verdient es, Schriftsteller genannt zu werden.

So selbstverständlich es ist, es sei dennoch wiederholt: Auch der sexuelle Bereich mit seinen Höhepunkten und Tiefgängen, desgleichen in seiner abgenutzten Alltäglichkeit, ist Teil dieser Realität. Desgleichen gehört das Verhältnis der Zeitgenossen in einer Epoche zu den Religionen und zu den herrschenden wie unterdrückten Ideologien zur darzustellenden Wirklichkeit.

In dem von mir skizzierten, breiten epischen Muster und verständlich aus der Rolle und Rollenprosa — entweder erzählenden fiktiven Figuren oder mithandelnden, gleichfalls fiktiven Figuren — erklären sich das sexuelle Verhalten sowie die Haßliebe des Oskar Matzerath zur katholischen Kirche.

Es bleibt erstaunlich, daß immer wieder darauf hingewiesen werden muß, inwieweit die Position des Lästerers im Alten wie Neuen Testament verankert ist. Ich erinnere an den einen Schächer am Kreuz; durch seine Gegenposition erst wird die Position des anderen Schächers deutlich.

Zudem wird ein erzählender Schriftsteller, der seine erzählte Welt örtlich genau bestimmt (alle drei Bücher handeln in Danzig und beziehen das westpreußische, teils deutsche, teils polnische, teils kaschubische Hinterland mit ein) den örtlichen Gegebenheiten Rechnung tragen.

Es ist allgemein bekannt, daß sich der Katholizismus in Polen, ähnlich wie in anderen vorwiegend katholischen Ländern, Reste heidnischer Ursprünglichkeit bewahrt hat, daß zum Beispiel der Marienkult das Verhältnis zu Jesus Christus und zur Bergpredigt weit überragt. Dem Autor kam es darauf an, diese spielfreudige, farbenprächtige, halb heidnische, halb christliche Welt darzustellen und in Beziehung zu setzen zur Epoche des Nationalsozialismus.

An anderer Stelle, in dem »Blechtrommel«-Kapitel »Glaube, Hoffnung, Liebe«, trifft die vorherrschende Ideologie, nämlich der Nationalsozialismus, in seiner aggressivsten Form auf die jüdische Minderheit und ihre Religion. Die Barbarei der SA während der Kristallnacht findet in der Aggressionslust der jugendlichen Stäuberbande später ihre Entsprechung. Nur so, im Verhältnis zur freigesetzten Gewalt, läßt sich die Demontage des Marienaltars in der Herz-Jesu-Kirche verstehen.

Bewußt hat der Autor bei allen drei vorliegenden Büchern Erzählperspektiven gewählt, die es dem Leser der Bücher jeweils erlauben, ironische Distanz zum Erzählten zu nehmen. Es gilt als nachgewiesen, daß die von den erzählenden Personen und vom Leser gewählte ironische Distanz jeden vordergründigen sexuellen Effekt ausschließt; und auch die große Lästerrede steht nicht isoliert, sondern versteht sich erst durch ihre ironischen Bezüge zur Umwelt.

Wollten wir die Weltliteratur mit literaturfremden Kategorien messen, dann müßten wir auf Jean Pauls »Siebenkäs« verzichten, weil in diesem großen deutschen Roman die »Rede des toten Christus vom Weltgebäude herab, daß kein Gott sei«, im Urteil der Beckmesser als Blasphemie zu gelten hätte.

Der große chinesische gesellschaftskritische Roman der Minh-Zeit »King Ping Meh«, »Das Decameron« des Boccaccio, Rabelais' »Gargantua und Pantagruel«, ja, selbst die lateinischen Anfänge des europäischen Romans »Die große Satyre des Petronius«, müßten wir streichen, wenn wir die Diffamierung der Schriftsteller, wie im hier verhandelten Fall, zuließen.

Erlauben Sie mir zu sagen, daß ich mir als Schriftsteller durchaus der europäischen Literaturtradition bewußt bin; und wenn ich mich gegen Verleumdungen wehre, dann tu ich es nicht nur in eigener Sache, sondern im Sinne großer Erzählertraditionen, denen ich viel verdanke.

»Münchner Merkur«, 24. 10. 1968

Walter Firgau

Prozeß um Ziesels Grass-Beschimpfung

Die beiden Kontrahenten trafen sich gestern vor dem Oberlandesgericht in München

Vor den Schranken des Oberlandesgerichts München sahen sich gestern die beiden schreibenden Intimfeinde Günter Grass und Kurt Ziesel zum erstenmal persönlich. Bei dem Zivilprozeß, der bereits in der zweiten Instanz läuft, geht es Grass darum, daß dem Publizisten Ziesel, der sich »als Notwehrbeauftragter des ganzen Abendlandes fühlt«, wie Grass-Rechtsanwalt Dr. Otto Gritschneder während der Verhandlung meinte, verboten wird, ihn weiterhin als »Pornographen«, »Oberpornographen«, »Verfasser übelster pornographischer Ferkelei« und dergleichen zu diffamieren.

Bereits am 28. September 1967 hatte das Landgericht Traunstein Kurt Ziesel untersagt, seine Behauptungen weiter in Zeitungsartikeln zu verbreiten. Beide Parteien waren mit dem Urteil nicht zufrieden und gingen in die Revision. Einem Vergleichsvorschlag des Senatspräsidenten Dr. Michael Waltenberger, man könne doch seine Meinung auch äußern, ohne direkt zu sagen, »das ist ein Pornograph«, verweigerten Ziesel und sein Rechtsanwalt Dr. Ossmann die Zustimmung. Ziesel: »Ich vertrete diese Auffassung über Herrn Grass.«

Nur wer die Realität einfängt ...

In eigener Sache warf Günter Grass Ziesel vor, »isolierte Textstellen zum Zweck der bloßen Diffamierung des Autors in der Öffentlichkeit« zu mißbrauchen. In seinen drei Prosawerken »Die Blechtrommel«, »Katz und Maus« und »Hundejahre« sei er bemüht gewesen,

»die Wirklichkeit einer ganzen Epoche mit ihren Widersprüchen und Absurditäten in ihrer kleinbürgerlichen Enge und mit ihrem überdimensionalen Verbrechen in literarischer Form darzustellen«. Die Realität, als das Rohmaterial des Schriftstellers, lasse sich nicht teilen; »nur wer sie ganz einfängt und ihre Schattenseiten nicht ausspart, verdient es, Schriftsteller genannt zu werden ... Auch der sexuelle Bereich mit seinen Höhepunkten und Tiefgängen, desgleichen in seiner abgenutzten Alltäglichkeit, ist Teil dieser Realität. Desgleichen gehört das Verhältnis der Zeitgenossen in einer Epoche zu den Religionen und zu den herrschenden wie unterdrückten Ideologien zur darstellenden Wirklichkeit.« Wollte man die Weltliteratur mit literaturfremden Maßstäben messen, meinte Grass, so müßte man auf Werke wie Jean Pauls »Siebenkäs« mit der »Rede des toten Christus vom Weltgebäude herab, daß kein Gott sei« ebenso verzichten wie auf Boccaccio, Rabelais und selbst auf die lateinischen Anfänge des europäischen Romans bei Petronius.

Ziesel, der dem Gericht eine Sammlung von Zitaten konservativer Kritiker über Grass überreichen ließ, berief sich auf »Millionen Menschen, die noch eine Spur von Schamgefühl haben« und erklärte die von ihm inkriminierten Szenen der Grass-Werke schlicht für »überflüssig« und meinte, »er hätte es auch etwas anständiger sagen können«. Im Gegenzug bezichtigte er Grass der »Diffamierung der Springer-Redakteure, des Adenauer-Preisträgers Bernt von Heiseler und anderer. Außerdem wolle er Grass als Schriftsteller nicht diffamieren, sondern er wehre sich nur dagegen, daß »alles in den Schmutz gezogen wird«.

Dr. Otto Gritschneder stellte die Frage, ob denn auch die Bibel, die ja immerhin die Geschichte von Onan und andere eindeutige Szenen enthalte, ein pornographisches Werk sei. Auch bei Shakespeare seien entsprechende Stellen zu finden. Die Grenzen der Meinungsfreiheit seien erreicht, wenn Ziesel Grass als Pornographen abstemple und auch noch versuche, etwa Abgeordnete, Bischöfe (den Bischof von Regensburg) und andere in dieser Richtung zu beeinflussen, indem er ihnen Textauszüge der fraglichen Romanstellen zuschicke. Ziesel habe auch dagegen agitiert, daß Grass in das Olympische Komitee für die Spiele 1972 in München gewählt wird. Letzteres wurde von Ziesel bestritten.

Die Entscheidung in diesem Verfahren kündigte Senatspräsident Waltenberger für den 19. Dezember dieses Jahres an. Bis dahin muß das Gericht die Stellungnahmen und Gegenerklärungen der Kontrahenten, die gestern abgegeben wurden, würdigen.

»Süddeutsche Zeitung« (München), 24. 10. 1968

Rolf Dörrlamm

Wer hat Angst vor Günter Grass?

Über einen seltsamen Prozeß und einige seltsame Meinungen

Es ist schon ein Kreuz mit den Intellektuellen: Der Enzensberger macht in Revolution, der Böll schenkt der Beate Klarsfeld Rosen — und der Günter Grass ist ganz einfach ein Pornograph, ein »Verfasser übelster pornographischer Ferkeleien« und zusätzlich noch ein »Verunglimpfer der katholischen Kirche«. So der Publizist Kurt Ziesel, der des Klagens nicht müde wird und der sich mehr und mehr für andere schlägt: mal für die Literatur, mal für die Kirche — im Falle Grass für beide gleichzeitig. Nun kann man ihn nicht unbedingt als Literaten bezeichnen, auch nicht als prominenten Vertreter der katholischen Kirche; es wäre auch witzlos, allein von ihm zu handeln, wenn nicht der Fall auf so beklagenswerte Weise symptomatisch wäre.

Es scheint mir also angebracht, aus diesem Anlaß einige Gedanken zur Diskussion anzubieten, die zumal das Verhältnis zwischen Kirche und Intellektuellen, besonders Literaten, betreffen. Der Fall Ziesel tritt dabei in den Hintergrund, weil die Person Ziesel in diesem Zusammenhang relativ uninteressant ist, auch dann, wenn ich gestehen muß, daß ich selten tiefer betroffen war als nach der Lektüre einer Rezension, die Ziesel im Jahre 1934 verfaßte, in der er — der damals junge Mann — sich als »alten Nationalsozialisten« bezeichnete und in dieser Eigenschaft den »pornographischen« Schriftsteller Manfred Hausmann verriß. Das hat nicht anekdotischen Wert, es ist ganz einfach beschämend; aber lassen wir das. Es ist nur insofern interessant, als es uns zeigt, daß es Leute gibt, die ebenso ihre Überzeugung wechseln wie auch mit jedwedem Mächtigen paktieren können.

Unser Thema ist allgemeiner. Zu den bemerkenswertesten Phänomenen im Verhältnis zwischen Katholizismus und Intellektuellen gehört jenes, daß es eine beträchtliche Anzahl von Schriftstellern und Publizisten gibt, die in der Geborgenheit eines katholischen Elternhauses aufwuchsen, streng, gläubig und (nicht selten) dörflich erzogen, die dann aber nach Abitur oder Studium den Sprung in die Großstadt wagten, was für sie eine Befreiung aus der anerzogenen Engherzigkeit und scheinbar selbstverständlichen Intoleranz nach außen bedeutete. All diese — und es sind nicht wenige — kehrten in diesem Prozeß der Kirche den Rücken, wiewohl sie nicht von ihr loskommen konnten. Sie lasteten der Institution die Erziehung an, die sie genossen hatten, indem sie über ihre Erzieher hinauswuchsen.

Derartige Entscheidungen wurden in der Regel von 20- bis 30jährigen gefällt. Und hier zeigt sich ein zweites Phänomen: Das literarische Potential des Katholizismus rekrutiert sich nicht aus fromm Erzogenen, sondern zumal aus denjenigen, die — ebenfalls als 20- bis

30jährige, manche später — konvertierten, das heißt: als reife Männer zur Kirche fanden — von Hilaire Belloc bis Edzard Schaper, von T. S. Eliot bis Graham Greene, von Gertrud von Le Fort bis Georges Bernanos, von Chesterton bis Bergengruen. Diejenigen aber, denen das zuteil geworden war, was man gutkatholische Erziehung nennt, gingen nicht selten den Weg, daß sie sich der Kirche entfremdeten, wiewohl sie als deren Kritiker ihr in dem Maße verbunden blieben, in dem sie diese als zu beschreibendes Objekt wählten, zwar nicht ausschließlich, aber immerhin. Zu ihnen gehören neben Heinrich Böll auch Martin Walser und Günter Grass.

Freilich ist die Welt, die der Literat reflektiert, eine andere als die, die der gläubige Bürger sieht oder sehen möchte. Ein Konflikt, wenn beide aufeinandertreffen, ist demnach recht unausweichlich, zumal die Kirche selbst keine Hilfestellung gibt, die manchem wünschenswert wäre. Ein Index bringt nicht weiter, das weiß man inzwischen, wie ja überhaupt ein Verbot von Literatur noch nicht einer Definition dessen, was Literatur ist oder sein sollte, gleichkommt. Andererseits: Wie intensiv hat man sich mit Sartre beschäftigt, derweil er auf dem Index stand!

Hilflosigkeit und Wunschdenken, orientiert an der Idylle nicht vergangener Zeit, sondern vergangenen Wunschdenkens, setzte Maßstäbe, die genauso relativ und unrealistisch sind wie etwa das »Dekret über die sozialen Kommunikationsmittel«.

Wie relativ sind doch unsere Argumente geworden! Wie relativ sind doch die Orientierungshilfen! Reden wir einmal offen über die Art und Weise, in der im Prozeß Grass gegen Ziesel verfahren wurde: Bedenkt man, was da stattfand, daß Prozeßtermine verschoben wurden, daß das Urteil mit vier Wochen Verspätung gesprochen wurde, daß die Urteilsbegründung bis heute nicht einzusehen ist, daß Ziesel, soweit er als Publizist arbeitet, den Grass genauso wie einst den Hausmann einen Pornographen schimpfen darf, dann stimmt ganz einfach etwas nicht in diesem Staate, der den Paragraphen höher schätzt als die Reflexion, jenen Paragraphen, der Herrn Rehse freispricht — und nicht nur den. Wie sollten denn die Literaten, wenn sie solche wären, noch reagieren? Wie sollte Grass sprechen, den man in Bonn nur mehr als »taktische Größe« bezeichnet, mit der man rechnen müsse? »Rechnen« muß man mit allem und jedem! Wer dies nicht weiß, dem fehlt nicht Einsicht in Notwendigkeiten, sondern Einsicht in Gegebenheiten.

Die Frage, wo das Positive bleibe, ist hier gewiß deplaziert. Die Frage des relativen Urteils allerdings ist interessant, besonders dann, wenn von Pornographie die Rede ist, von der — außer Richtern in München — niemand so recht weiß, was sie denn sei.

Die Zeiten, da man über »Fanny Hill« stritt, sind ja wohl vorbei, nachdem man Nymphchen auf jedem Illustriertentitel sehen kann —

und auch sieht. Die zweite Aufklärung hat begonnen, wiewohl es seltsam berührt, wenn es eines Oswalt Kolle bedarf, um »Casti Connubii«
zum allein historischen Dokument umzufunktionieren. Das heißt:
Auf der Kitsch-Ebene ist uns so ungefähr alles recht; kommt dasselbe
uns als Literatur entgegen, so sind wir empört. Wieso eigentlich?

Was also ist obszön? Was pornographisch? Es geht ja immer nur um
Kurz-Zitate, die einer gefunden hat, um sich zu entrüsten. Gewisse
Dinge oder Äußerungen nicht zur Kenntnis zu nehmen, das ist gewiß
eine Möglichkeit. Sie aber gar nicht erst — vorbeugend — zu kennen
und trotzdem darüber zu reden, das ist sträflich. Und dies gilt für
Günter Grass. »Wir wollen weniger erhoben und dafür mehr gelesen
sein«, sagte schon der alte Lessing.

Spätestens hier wird der Fall für mich interessant; denn ich möchte
den Unterschied wissen zwischen Kolles Aufruf zum Orgasmus, den
wir ja alle gelesen haben, sonst wäre die Auflage der entsprechenden
Zeitung niedriger, und jedwelcher Grass-Formulierung. Den wird mir
niemand nennen können, diesen Unterschied. Aber gar mancher wird
auf bessere Zeiten hoffen, da man über derartige Themen überhaupt
nicht mehr schreiben darf. Was heißt »darf«? Geschrieben wird immer,
gedacht auch manchmal. Nach-Denken, späteres Überdenken, das wäre vielleicht die Forderung der Stunde.

Denn es ist doch sicherlich ein bißchen blödsinnig, wenn man als
Kritiker immer erst von Boccaccio handeln muß, ehe man von Grass
sprechen darf und von anderen. Oder nicht? Wir geben uns prüde,
ohne es sein zu müssen — und Herr Ziesel gibt sich kirchlich, ohne
darauf ein Monopol zu haben. Das Verhältnis zwischen Kirche und
Literatur sollte von anderen und Kompetenteren untersucht werden.
Urteilen kann jeder, informiert sind nur wenige. Nur eine Minderheit
besitzt oder liest überhaupt Bücher. Wer wirft den ersten Stein, da er
Anstoß genommen hat, ohne sicher zu sein, daß auch er ein Stein des
Anstoßes sein könnte? Die gesicherte Ruhe ist dahin, das wissen wir.
Aber was sich anschließen könnte, davon haben wir keine Vorstel-
lung.

Günter Grass wird dafür zahlen, daß er ein »Verfasser übelster pornographischer Ferkeleien« sowie ein »Verunglimpfer der katholischen
Kirche« ist. Es gab in den letzten vierzehn Monaten zwei Wörter, die
mich störten. Da war einmal die Rede vom »Verletzer« (der Ordnung)
bei der Buchmesse. Und dann dieses »Verunglimpfer«. Das sind beides Wörter, die am Schreibtisch ersonnen werden — und über diesen
kaum hinauskommen.

Den Unterschied zwischen Kolle und Grass machen die Leute nicht
— und doch definiert sich gerade in ihm die Grenze zwischen Literatur und Kolportage. Es wäre an der Zeit, das eine vom anderen zu
trennen, weil eben die Funktionen unterschiedlich sind. Akzeptieren
wir das eine, sollten wir vor dem anderen keine Angst haben. Ob all

dies hilft, einen Zugang zur Literatur zu finden, sei dahingestellt. Aber es sollte festgestellt werden, daß diese unabhängig vom nicht lesenden Bürger besteht und unabhängig vom Zensor, der meint, Literatur sei ohne ihn gar nicht erst möglich.

Die Literaten wissen — in der Mehrzahl — schon, was sie tun. Aber sie lassen sich nicht trennen in saubere und dreckige. So einfach ist das ja auch wieder nicht.

PS: Das gilt auch für den »Pornographen« Hausmann, den man bisher las, ohne daß seine »Pornographie« zu Protesten Anlaß gab oder zur Verderbnis der Gesellschaft beigetragen hätte.

»PUBLIK« (Frankfurt), 17. 1. 1969

Adelbert Reif

Rechts-Sprechung

Prozeß Günter Grass gegen Kurt Ziesel

Was kein Experte in Sachen Literaturprozeß je für möglich gehalten hätte — in der »Weltstadt mit Herz« wurde es unwiderrufliche Tatsache: Der 12. Senat des Oberlandesgerichts München gab dem berüchtigten Rechts-Pamphletisten Kurt Ziesel freie Bahn, Deutschlands prominentesten Nachkriegsschriftsteller Günter Grass, Autor der Werke »Die Blechtrommel«, »Hundejahre« und »Katz und Maus«, weiterhin als »Verfasser übelster pornographischer Ferkelei« und »Verunglimpfer der katholischen Kirche« zu diffamieren.

Günter Grass, der sich gegen eben diese Anwürfe des notorischen Nationalisten Ziesel zur Wehr setzte, wird nach dem Tenor des Urteils lediglich davon verschont bleiben, »außerhalb literaturkritischer Zusammenhänge« von Kurt Ziesel als »Pornograph« bezeichnet zu werden. Um das Maß voll zu machen: Günter Grass ist es unmöglich, gegen diesen Spruch Revision einzulegen, da keine vermögensrechtliche Streitfrage Prozeßgegenstand war. Nach einer neueren Auffassung des Bundesgerichtshofes ist nämlich eine Revision nur dann zulässig, wenn materielle Interessen im Vordergrund stehen.

Was bedeutet dieses Urteil? Zunächst einmal einen Freibrief für Kurt Ziesel, seine gefährlichen pseudodemokratischen Thesen von der »Zügellosigkeit und anarchistischen Freiheit« in der Bundesrepublik, in der das »vernünftige Denken isoliert sei«, gerichtlich erlaubt weiter zu verbreiten. Es besteht kein Zweifel, daß Kurt Ziesel davon ausgiebigen Gebrauch machen wird, obwohl ihm die Plattform einer breiten publizistischen Wirksamkeit in der demokratischen Presse — noch — fehlt.

Seine Kampagnen in braunen und pechschwarzen Gazetten sind für das persönliche Ansehen und die literarische Bedeutung des Schriftstellers Günter Grass in der Öffentlichkeit ohne Belang. Daß sie aber in dieser Form juristisch unangefochten bleiben, ja sogar durch das Münchner Urteil noch honoriert werden und den »Verteidiger des christlichen Abendlandes« Kurt Ziesel auch noch zu weiteren Kapriolen ermuntern, wirft ein merkwürdiges Zwielicht auf die Bereitwilligkeit jener drei Herren in schwarzen Roben, weltanschaulich vorurteilslos über die ethische, moralische und künstlerische Einschätzung des Werkes von Günter Grass zu befinden.

Während der Hauptverhandlung Ende Oktober des vergangenen Jahres erklärte Günter Grass vor den Münchner Richtern: »Wollten wir die Weltliteratur mit literaturfremden Kategorien messen, dann müßten wir auf Jean Pauls ›Siebenkäs‹ verzichten, weil in diesem großen deutschen Roman die ›Rede des toten Christus vom Weltgebäude herab, daß kein Gott sei‹ im Urteil der Beckmesser als Blasphemie zu gelten hätte. Der große chinesische gesellschaftskritische Roman der Minh-Zeit, ›King Ping Meh‹, ›Das Decameron‹ des Boccaccio, Rabelais' ›Gargantua und Pantagruel‹, ja selbst die lateinischen Anfänge des europäischen Romans ›Die große Satyre des Petronius‹ müßten wir streichen, wenn wir die Diffamierung der Schriftsteller wie im hier verhandelten Fall zuließen.«

Münchens oberste Richter haben ihr Urteil nach literaturfremden Kategorien gefällt. Sicher ist ihnen auch nicht recht wohl in ihrer Haut. Manche Umstände deuten doch sehr auf Strategie und Taktik als Ersatz für eine moderne, weltoffene Rechtsprechung hin. Ursprünglich sollte das Urteil bereits am 18. Dezember 1968 verkündet werden — es wurde kurzfristig auf den 8. Januar 1969 verschoben. Die sicherlich interessante Bekanntgabe der Urteilsbegründung soll zu einem späteren Zeitpunkt erfolgen.

Bleibt zu wünschen, daß der Luchterhand-Verlag als Herausgeber der Werke von Günter Grass möglichst bald eine umfassende Dokumentation der Vorgänge und Hintergründe in dieser Prozeßsache publiziert, um das Gebäude von Lüge, Heuchelei und tückischer Diffamierung, das jetzt sozusagen unter dem Schutz der bayerischen Justiz zu stehen scheint, einstürzen zu lassen.

»Welt der Arbeit« (Köln-Deutz), 17. 1. 1969

Marcel Hepp

Unangenehm für Grass

Die Prozeßauseinandersetzung zwischen Günter Grass und Kurt Ziesel hat zu jenem in der Öffentlichkeit stark beachteten Urteil des Münchner Oberlandesgerichts geführt, das nicht nur für die Definition der Pressefreiheit, sondern auch für die Freiheit der Kunst beachtliche grundsätzliche Ausführungen bringt. Inzwischen liegen die schriftlichen Urteilsgründe vor, in denen ausführlich dargelegt wird, warum man den Literaten Grass in einem literaturkritischen Zusammenhang als »Pornographen« bezeichnen darf. Auch weiterhin darf man den SPD-Trommler als »Verfasser übelster pornographischer Ferkeleien und Verunglimpfungen der katholischen Kirche« titulieren. Kläger war diesmal Grass, Beklagter war Ziesel.

Das Oberlandesgericht schreibt: »Wie der Senat bereits ... auszusprechen Anlaß hatte, bewegt sich der Kläger mit seinen Publikationen wenigstens teilweise an der Grenze des sittlich (und religiös) Tragbaren und Zulässigen.« Grass suchte sich offenbar in dem Prozeß hinter der Bibel zu verschanzen und trug vor, aus dem Alten und dem Neuen Testament könne ein Katalog aufgestellt werden, der »von Sex und Verunglimpfung nur so strotzt«. Trotzdem sei es noch keinem Menschen eingefallen, dieses Buch als »pornographisches Werk« zu bezeichnen. Hierzu führt das OLG aus: »Diese Behauptungen sind völlig abwegig. Die Lektüre gerade der ... Bibel macht deutlich, daß dort die — spärlichen — geschlechtlichen (und gotteslästerlichen) Vorgänge grundsätzlich mit nur wenigen nüchternen Worten, bestenfalls Sätzen, mehr angedeutet als geschildert werden. Hingegen verbreitet sich der Kläger — recht häufig — darüber in oft über Seiten reichenden, langatmigen, schwülstigen Auslassungen (»Wortkaskaden«) sowie in immer neuen einschlägigen gedanklichen Wiederholungen.« Die Angriffe Ziesels auf Grass stellen nach Meinung des Gerichts »eine zumindest vertretbare Reaktion der Abwehr dar«. Der Kläger sei ... »stolz darauf, in seinen Büchern so gut wie sämtliche Tabus gebrochen zu haben. Er muß dann auch hinnehmen, daß er selbst scharf angegriffen wird, und zwar seitens einzelner besonders nachdrücklicher Gegner mit besonders drastischen Formulierungen, die aber seiner eigenen Wortwahl nicht oder kaum nachstehen.« Der Senat gelangt daher zu dem Ergebnis, »daß der Kläger dulden muß, von dem Beklagten im geistigen Meinungskampf öffentlich als ›Verfasser übelster pornographischer Ferkeleien‹ deklariert zu werden. Dabei kann es nach Lage der Dinge keinen Unterschied machen, ob dies auf der politischen Bühne oder im Rahmen einer allgemeineren kulturkritischen Äußerung geschieht, zumal auch der Kläger auf beiden Ebenen zu kämpfen gewohnt ist.« Demnächst holt sich Kläger Grass wieder eine weitere Auszeichnung seines Werkes ab, den Theodor-Heuss-Preis. Er hat es auf seine Weise zu einem der Hohenpriester des bundesrepublikanischen Establishments gebracht. Da begann er, sich um seinen guten Ruf zu sorgen. Leider zu spät.

»Bayern-Kurier« (München), 25. 1. 1969

Ziesels Dank an CSU-Abgeordnete

Neuer Streit im Prozeß Ziesel — Grass

Der Prozeß des Publizisten Kurt Ziesel gegen den Schriftsteller Günter Grass, bei dem Ziesel vor dem Oberlandesgericht München im Januar dieses Jahres in wesentlichen Teilen recht bekommen hatte, bleibt nicht ohne Nachspiel.

Nachdem die Sozialdemokratische Presse-Korrespondenz (SPK) Auszüge aus einem Brief Ziesels an den CSU-Landtagsabgeordneten Professor Friedrich August Freiherr von der Heydte veröffentlicht hatte, legte Ziesel bei der Staatsanwaltschaft München Strafanzeige gegen die SPD und unbekannte SPD-Abgeordnete wegen Diebstahls und Bruchs des Briefgeheimnisses ein. Die Staatsanwaltschaft bestätigte in München den Eingang der Anzeige, wies jedoch darauf hin, daß von einem Vergehen gegen das Briefgeheimnis kaum die Rede sein könne, da wahrscheinlich kein geschlossenes Schreiben von den Herausgebern der SPK geöffnet worden sei.

In dem Schreiben hatte sich Ziesel nach Berichten der SPK für eine kritische Erklärung von 30 CSU-Abgeordneten gegen Günter Grass bedankt und geschrieben: »Die Erklärung war gewiß nicht ohne Einfluß auf die Entscheidung des Oberlandesgerichts.« Ferner habe Ziesel darin eine schriftliche Anfrage an die bayerische Staatsregierung formuliert, die sich mit der Mitgliedschaft von Günter Grass im Olympischen Komitee beschäftigt. Diese Anfrage sei von Ziesel als »eine ganz schöne Bombe gegen den SPD-Agitator und Intimfreund Brandts« bezeichnet worden.

Auf Anfrage erklärte ein Sprecher der SPD, von einem Diebstahl des Schreibens könne keine Rede sein. Es habe davon Kopien an alle 30 CSU-Abgeordneten gegeben, die damals die Erklärung unterzeichnet hätten.

In dem Prozeß Ziesel — Grass hatte das Gericht dem Publizisten Kurt Ziesel zugestanden, er könne den Berliner Schriftsteller Günter Grass weiterhin »Verfasser übelster pornographischer Ferkeleien« und »Verunglimpfer der katholischen Kirche« nennen. Verboten wurde ihm lediglich, Grass »außerhalb literaturkritischer Zusammenhänge als Pornographen zu bezeichnen«.

dpa-Meldung vom 9. 5. 1969

Gert Heidenreich

Parteipropaganda als Dokumentation
Wie ein Schriftsteller zum Ferkel erklärt wird

Nach der Entscheidung des 12. Zivilsenats am Oberlandesgericht München, die endgültig Günter Grass als »Verfasser übelster pornographischer Ferkeleien und Verunglimpfungen der katholischen Kirche« zu bezeichnen erlaubt, kam nun, was zu erwarten war: der Triumphschrei deutscher Saubermänner. Was im Fußball als Foul geahndet wird — das Nachtreten auf einen Gegner — ist der rechtsgerichteten Literaturkritik als Mittel des Gesinnungskampfes willkommen: Der Lehmanns Verlag wertet aus, was nach Maßgabe eines deutschen Gerichts Recht ist und Recht bleiben muß —

»Kunst und Pornographie« — der Prozeß Grass gegen Ziesel, eine Dokumentation; J. F. Lehmanns Verlag, München; 88 S., 7,— DM.

Bereits der Titel greift jene unglückliche Alternative auf, die inzwischen zum ebenso klassischen wie ärgerlichen Mißverständnis geworden ist. Untertitel der Veröffentlichung: »Eine Dokumentation«. Durch stillschweigende Gleichsetzung der Begriffe »Dokumentation« und »Propaganda« beginnt bereits hier die Irreführung: die Materialien des Prozesses werden in tendenziöser Anordnung präsentiert, schlau durchsetzt mit Kommentaren, Interpretationen und weiterer Polemik gegen Grass.

Ein Herausgeber der Broschüre wird nicht genannt; sie bleibt anonym, will man nicht den Lehmanns Verlag insgesamt als verantwortlich gelten lassen, was angesichts der in diesem Verlag vereinigten Autoren allerdings einleuchtend wäre.*

Der Rechtsstreit eines Schriftstellers mit seinem Kritiker wird hier als exemplarisch für die gesellschaftlichen Bedingungen der Bundesrepublik herausgestellt. Und vielleicht ist er das auch: exemplarisch für die Ratlosigkeit einer Justiz, die mit ihren Mitteln der Qualifikation von Kunstwerken beikommen soll; exemplarisch dafür, daß ein Schriftsteller schlecht beraten ist, wenn er seine Verteidigung nicht durch eigene Wörter betreibt, sondern seinen Kritiker vor Gericht zieht — selbst wenn in diesem Fall der Kritiker der prozeßfreudigere ist; exemplarisch vor allem aber für das Vokabular einer rechtskonservativen Gesinnung, die bereits wieder eine Literatur, die sich nicht an tradierte Wertvorstellungen bürgerlicher Moral hält, als »nihilistisch« abqualifiziert und damit den Begriff mittels gründlichen Mißverständ-

---

* Die Dokumentation wurde von Ziesel selbst zusammengestellt; in einem Brief vom 7. 5. 1971 an H. L. Arnold anläßlich der hier vorliegenden Dokumentation heißt es: »Zu Ihrem Rundschreiben kann ich Ihnen lediglich mein Buch über den Prozeß mit Grass übersenden«.

nisses zum Schimpfwort macht, was ebenso unsinnig wie hierzulande
üblich ist. Denn der Mißbrauch politischer und philosophischer Ter-
mini als Beschimpfungen ist eine deutsche Tradition, die mindestens
bis in den Wilhelminismus zurückreicht. Hermann Glaser hat bereits
Anfang der sechziger Jahre in seinem Buch »Spießer-Ideologie« auf die
konkreten Zusammenhänge von Sprache und Faschismus in Deutschland hingewiesen. Vergleicht man nun etwa die Verkennung der einst
modernen Kunst durch Wilhelm II. in dessen Vokabel »Rinnstein-
kunst« mit der Formulierung »übelste pornographische Ferkeleien«, so
scheint es, als seien siebzig Jahre ohne die Spur einer geistigen Entwicklung vorübergegangen.

Nach Maßgabe der »Dokumentation« heißen die gültigen Kriterien
für sittliches Verhalten »Scham und Anstandsgefühl des Durchschnitts-
menschen«. Neben der Leugnung sittengeschichtlicher Prozesse einer
Gesellschaft kommt hier in dem Operieren mit Durchschnittsbegrif-
fen eine Haltung zum Ausdruck, die das »gesunde Volksempfinden« im
vollen Bewußtsein seiner Manipulierbarkeit zum Maßstab des Gedankens erheben will. Die bourgeoise Kunst, die aus solcher Haltung entsteht, hat noch vor wenigen Jahrzehnten ihren »gesunden« Unwert
bewiesen.

Mit der im Prozeß vielzitierten Meinungsfreiheit in der Demokratie hatten beide Seiten nur noch in Form von Ansprüchen zu tun. Daß
vor allem der Lehmanns Verlag aktives und passives Informationsrecht
als eine Art persönliches Faustrecht begreift, wird deutlich, wo in der
Broschüre ein Umstand begrüßt wird, der eigentlich auf Bevormundung hinausläuft: daß nämlich einige öffentliche Bibliotheken in Bayern die Werke des Günter Grass unter Verschluß halten und sie als
»ausgesonderte« Werke oder als »zur Giftküche gehörig« führen. Da
die deutsche Justiz nach Meinung des anonymen Dokumentators nicht
entschieden genug gegen Grass und andere Giftküchen-Schriftsteller
vorgehe, sei nun der Bürger aufgerufen, »im Rahmen der Selbsthilfe«
gegen die »nihilistische« Literatur vorzugehen.

Deutlicher können Methoden, die unter dem Vorwand von Demokratie Anti-Toleranz predigen, nicht umschrieben werden; sprachliche
Lynchjustiz hat mit Literaturkritik nichts mehr gemein. In einem Be-
gleitschreiben für Rezensenten empfiehlt der Verlag seine Broschüre
zur »heilsamen Zerstörung eines falschen Idols«: Diese Formulierung
— eine exemplarische Verdeutschung des Wortes »Euthanasie« — erinnert an den Sprachgebrauch des deutschen Faschismus; ebenso wie
die Bezeichnung »ausgesonderte Werke«, die unter der Vorläufigkeit
einer Aussonderung durchaus die Folgen als Absonderung und Liquidierung einschließt. Selbst wenn Ziesel sich von Aussagen distanziert
hat, die sein früheres Einverständnis mit dem Dritten Reich bekun-
deten, scheint sich sein Vokabular kaum geändert zu haben. Warnungen vor »sittlicher Anarchie« und »monopolistischer Diktatur einer
Pseudokunst« deuten an, daß sich für ihn auch heute noch gesell-

schaftliche Ideale emotional mit einem sittlichen Saubermachtrieb verbinden. Aus dieser Verbindung entsteht eine Argumentation, die unter dem Anschein von Intellektualität einem unkontrollierten Mythos »wahrer Kunst« das Wort redet.

Solcher Argumentation öffnen nicht zuletzt die Verlegenheitslösungen juristischer Instanzen die Tür. Die scheinbar deutliche Eingrenzung des Anwendungsbereichs von »pornographisch« auf den »Rahmen literaturkritischer Zusammenhänge« lautet an anderer Stelle des Münchner Urteils: »im geistigen Meinungskampf« — worunter ja viel verstanden wird. Wo die erlaubte Zone von außen abgegrenzt werden soll, heißt es unter »Entscheidungsgründe 4«: »Im Rahmen der politischen oder kulturkritischen Meinungsbildung — mit Ausnahme des Teilbereichs der Literaturkritik — stellt jedoch die Verwendung des Wortes Pornographie (...) ein Werturteil dar, das den Tatbestand der Formalbeleidigung erfüllt.«

Hier wird der juristische Bestimmungsversuch zur Schildbürgerei. Denn unter anderem erweist sich in der Praxis die Fiktion, man könne sich kulturkritisch exakt nur in Teilbereichen äußern, geradezu als Definition eines falschen Verständnisses von Kulturkritik. Gemäß der Wirkungslosigkeit solcher Abgrenzungen wird Günter Grass in »Kunst der Pornographie« auch in nicht eindeutig literaturkritischen Zusammenhängen mit dem bekannten Steckbrief versehen. Spätestens beim Abdruck der Ergebenheitsadresse von fünfzehn CSU-Bundestags- und dreißig bayerischen Landtagsabgeordneten an Ziesel wird deutlich, daß mit dem Schriftsteller Grass der SPD-Wahlpropagandist getroffen werden soll. Vor dem deutlich politischen Hintergrund wird die Urteilsbestimmung von den ausschließlich »literaturkritischen Zusammenhängen« vollends fragwürdig. Über die Verleihung des Theodor-Heuss-Preises an Grass in München heißt es in der Broschüre: »Die bayerische Staatsregierung entsandte demonstrativ keinen Vertreter. Hingegen nahm der SPD-Oberbürgermeister der Stadt München, Dr. Vogel, in voller Kenntnis der pornographischen Ferkeleien des neuen Heuss-Preisträgers, an dieser Ehrung teil. Damit haben sich an diesem Fall auch politisch die Geister geschieden. Die Bevölkerung weiß nun, welche Parteien sittliche Anarchie auch politisch vertreten und welche nicht.«

So also sehen die angeblich literaturkritischen Zusammenhänge aus, in denen von »pornographischen Ferkeleien« geschrieben werden darf. Parteipropaganda tarnt sich als Dokumentation. An die Stelle von Diskussion und Kritik treten Diffamierungen und Mystizismen. Oder, wie Hermann Glaser formulierte: »Die Barbarei ist in die Kunstsinnigkeit eingesprenkelt; Kultur ist Farce — die ›Dichter und Denker‹ werden wichtiges propagandistisches Material in der Hand der ›Richter und Henker‹; der Kleinbürger merkt die Absicht und — ›macht mit‹; sieht er doch nur das eigene Kulturbewußtsein von seinesgleichen propagiert.«　　　　　　　　　　　»DIE ZEIT« (Hamburg), 13. 6. 1969

Anhang IV
In Sachen Springer-Presse

Günter Grass

Erklärung in der Sendung »Panorama«

Am 9. September dieses Jahres stellte die »Berliner Morgenpost« unter einer knalligen Schlagzeile Behauptungen auf, die ich ihrer Infamie wegen nicht wiederholen will. Es wurden dem bald 8ojährigen, in Ost und West geehrten Schriftsteller Arnold Zweig Äußerungen in den Mund gelegt, die Arnold Zweig als »faustdicke Lügen« der »Berliner Morgenpost«, des Düsseldorfer »Mittags« und des »Hamburger Abendblatts« bezeichnete; denn dreistimmig tönte die Diffamierung, nachdem die Berliner »Nachtdepesche« mit einer falschen Meldung den Ton angegeben hatte.

Der Zweck aller Lügen war es, einen Konflikt zwischen Arnold Zweig und der Deutschen Demokratischen Republik, in der er nach freier Wahl lebt, zu erfinden. Die Tatsache, daß sich die DDR, während und nach der Nahost-Krise, dem Staat Israel gegenüber unvernünftig ·und ausschließlich machtpolitisch verhalten hat, sollte den Zwecklügen den Anschein von Wahrheit geben. Ein Journalist, Heimann aus Haifa, und der Israelische Schriftstellerverband wurden, um die Falschmeldung seriös zu kleiden, als Zeugen und Quellen der Information genannt.

Als nach Arnold Zweigs Dementi auch Heimann und der Israelische Schriftstellerverband dementierten, brachen die Lügen zusammen: Übrig blieb und bleibt die Beleidigung eines großen deutschen Schriftstellers; übrig bleibt die abermals bestätigte Erkenntnis, daß es den Zeitungen des Springer-Konzerns in der Bundesrepublik und in West-Berlin immer noch möglich ist, mit wahrhaft faschistischen Methoden Zweckmeldungen zu verbreiten, die zwar den politischen Vorstellungen des Herrn Springer und seiner dienstwilligen Journalisten entsprechen, den Betroffenen jedoch — diesmal Arnold Zweig — gefährlich schädigen könnten, gäbe es keine Gegenstimmen.

Die empörten Reaktionen vieler westdeutscher Tages- und Wochenzeitungen, der spontane Wille der Rundfunk- und Fernsehanstalten, die Wahrheit wiederherzustellen, lassen immerhin hoffen, daß die lange Zeit, in der die Springer-Presse wie ein verfassungswidriger Staat die demokratische Ordnung der Bundesrepublik verletzen konnte, demnächst vorbei sein wird.

Es wird Aufgabe des Deutschen Presserates, des Bundestags und des Bundesverfassungsgerichts sein, gegen die zunehmende Schädigung der parlamentarischen Demokratie durch die Zeitungen des Springer-Konzerns einzuschreiten. Aber auch dem einzelnen Bürger in unserem Land fällt die Verantwortung zu, seinen Protest gegen die zweckdienliche Verleumdung des Schriftstellers Arnold Zweig anzumelden und — da ihm diese Entscheidung offensteht — seine Lesegewohnheiten als Zeitungsleser zu überprüfen. Wir haben die Zeitungen, die wir verdienen.

Als Rest bleibt wieder einmal die bittere Erkenntnis, daß die Teilung unseres Landes jeden Versuch erschwert, Arnold Zweig direkt unsere Verbundenheit mit seiner Person und seiner Arbeit mitzuteilen. Keine der genannten Springer-Zeitungen hat sich bisher bei Arnold Zweig entschuldigt.

Da dieser um sich greifende Meinungsterror nicht durch die Bürger unseres Staates und also auch nicht durch mich verhindert wird, entschuldige ich mich — wie ich weiß, stellvertretend für viele —, indem ich Arnold Zweig bitte, trotz allem die Bundesrepublik und West-Berlin nicht mit den Springer-Zeitungen zu verwechseln.

Günter Grass in der Sendung »Panorama« (NDR)
am 25. 9. 1967

Martin Saller

Ein Hetz-Pamphlet

Die Hamburger »Panorama«-Redaktion des Ersten Fernsehprogramms hat abermals das Maß des Erlaubten, ja diesmal des Justitiablen überschritten. Hämisch gezielt hat sie ein Hetzpamphlet ausgestrahlt, das Günter Grass für eine Ostsendung des Zweiten Programms auf Band gesprochen hatte, das aber von der Intendanz in Mainz ihres inkriminierenden Charakters wegen blockiert worden war, da es »gegen den Staatsvertrag und die Programmrichtlinien« verstößt. Über das alles berieselnde und nach Statut der Objektivität verpflichtete größte Kommunikationsmittel der Bundesrepublik konnte Grass ungehemmt eine kaum noch verbrämte Boykottaufforderung gegen die Organe des Verlagshauses Springer hinausposaunen, ganz im Sinne der Primitiv-Reaktionen anpeilenden Hauswand-Schmierparolen »Enteignet Springer« und wohlverpackt in schlechthin unanständige Verleumdungen.

Das ist ein offener Verstoß gegen die rechtlich garantierte Freizügigkeit und Wettbewerbsfreiheit in unserem demokratischen Staat. Es ist schlechthin inkriminierend, das Springer-Haus der »faschistischen Methoden«, der »Verletzung der demokratischen Ordnung der Bundesrepublik« und der »Schädigung der parlamentarischen Demokratie« zu beschuldigen. Es ist skandalös, wenn die »Panorama«-Redaktion solcherlei Pamphlete aus der Giftkiste des anderwärts als unqualifizierbar beiseite gelegten Materials holt und ausstrahlt, um anschließend mit ein paar süßlichen Floskeln ein klein wenig davon abzurücken.

Den billigen Aufhänger dieser wohlberechneten Hetzaktion bot die Affäre Arnold Zweig. In unserer Ausgabe vom 22. September haben wir in aller Freimütigkeit und in Darstellung der Zusammenhänge mitgeteilt, daß wir uns irrten; daß der angebliche Klagebrief des 80jährigen Schriftstellers über die Verhältnisse drüben nicht beigebracht werden kann, also wohl nicht existiert. Es war das gute Recht der »Panorama«-Redaktion, den Fall darzustellen und Kritik zu üben. Wir nehmen es auch als zwar beklagenswert, aber leider als gegeben hin, daß die »Panorama«-Darstellung in krasser Einseitigkeit nur Abträgliches aneinanderreihte und alles beiseite ließ, was unseren guten Glauben in der Sache hätte erklären können: kein Wort darüber, daß sich die Zweig-Information einzuordnen schien in eine lange Meldungsreihe über Protestaktionen von Schriftstellern und Künstlern anderer Ostblockländer; kein Wort über unser bereits am 11. September veröffentlichtes Ostberliner Dementi; kein Wort über die am gleichen Tag verbreitete Meldung des Israel-Korrespondenten der Deutschen Presseagentur Küstermeier, über ein Gespräch mit dem Journalisten Heimann, die unsere Information im Nachtrag zu bestätigen schien, und kein Wort auch über unseren Informanten, den Düsseldorfer Redakteur Will, der die Schlüsselfigur der ganzen Angelegenheit ist. Aber diese Art einseitiger, systematisch verhetzender Darstellung ist leider mancherorts vielgeübte Praxis geworden. Sie mag daher auch in diesem Zusammenhang beiseite bleiben.

Was nicht mehr toleriert werden kann, sind die inkriminierenden Anschuldigungen und die kaum verhüllte Boykott-Hetze eines Günter Grass — des gleichen Günter Grass, der zu eben der Zeit, als wir im guten Glauben einem bedauernswerten Irrtum erlagen, einem in der Hamburger »Zeit« veröffentlichten angeblichen »Manifest« von 329 tschechoslowakischen Schriftstellern, Wissenschaftlern und Publizisten aufsaß, das in der bekanntgemachten Form einen einzigen Ruf nach solidarischem Beistand gegen den Terror des kommunistischen Staates darstellte und das sich als grobe Fälschung zu erweisen scheint.

In eilfertiger Reaktion auf dieses »Manifest« hat Günter Grass sogar an den tschechoslowakischen Staatspräsidenten Novotny einen »offenen Brief« geschrieben, dessen schulmeisterlicher Appell an kommunistische »Humanität« mit beflissener, reichlich hemmungsloser Kritik an unserem demokratischen Staat durchsetzt ist, mit abträglicher Qualifizierung unseres Parlamentarismus, der von Interessenklüngeln korrumpiert sei. Der tschechoslowakische kommunistische Schriftsteller Kohout hat daraufhin Grass in einer souveränen Antwort bescheinigt, daß die Terminologie des angeblichen Manifests »aus der Mottenkiste anti-kommunistischer Propaganda« stamme, daß es lüge, und er hat dabei dem rosaroten deutschen »Moralisten« eine elegante, Respekt abnötigende Lektion in nationalem Anstand erteilt.

Dieser gleiche Günter Grass zieht nun in der Pose des humanitären Tugendwächters mit inkriminierenden Anschuldigungen gegen unseren Irrtum zu Felde. Wir kreiden es ihm nicht an, daß er selbst einem Machwerk antikommunistischer Hetze aufsaß. Aber wer selbst im Glashaus sitzt, sollte zumindest den Anstand besitzen, nicht mit Steinen auf andere zu werfen.

Der rosarote Erfolgsschriftsteller, der von unendlicher Toleranz gegenüber östlicher Kollektivierung ist und der im Ausland keine Gelegenheit ausläßt zu deklamatorischen Tiefschlägen gegen unseren gewiß reformbedürftigen Staat und gegen die Führung dieses Staates, ist nicht befugt, als Wächter des humanitären Gewissens der Nation aufzutreten.

Der Auftritt des bürgerlichen, wohlbestallten »Nonkonformisten aus Beruf« war die alarmierende Demonstration eines Superdemokraten, der keine andere Meinung gelten läßt, der über jeden hämisch zu Gericht sitzt, der seinen doktrinären Thesen nicht folgt, und den man in seinem erschreckenden Mangel an Maß und Toleranz einen »verhinderten Totalitären« nennen könnte. Ihm und einem vielerorts nistenden rosaroten und daher pseudo-linken »Establishment« soll es nicht gelingen, mit nur negierender, alles zersetzender Kritik und mit offener Hetze die Grundlagen unseres demokratischen Staates abermals auszuhöhlen, der die Mitarbeit aller sowie mehr Toleranz und Maß als ideologische Unbedingtheit braucht.

»Hamburger Abendblatt«, 26. 9. 1967

Der Dichter mit der Dreckschleuder

»Panorama«, Monatsmagazin des Deutschen Fernsehens (ARD), hat der Demokratie wieder einmal einen schlechten Dienst erwiesen.

Es ließ ein Haßpamphlet des rot angehauchten Modeschriftstellers Günter Grass gegen das Springerhaus über den Bildschirm flimmern. Der Beitrag war ursprünglich für das Zweite Deutsche Fernsehen gedacht. Das aber lehnte ab, die Ungeheuerlichkeit des Herrn Grass zu senden.

Worum ging es?

Drei Zeitungen des Springer-Verlages waren einer Falschmeldung über den in der Zone lebenden Schriftsteller Arnold Zweig aufgesessen. Das ist bedauerlich. Aber so etwas passiert auch anderen. Sogar Grass selbst.

Grass aber fälschte einen journalistischen Fehler in eine politische Absicht um. Obwohl er es besser wußte, sprach er fast nur von den Springer-Zeitungen.

Und das ist einfach gelogen. BILD und andere Zeitungen des Springer-Verlages haben die Falschmeldung nicht gebracht.

Aber Grass genügt diese Lüge nicht. Nach der Methode »Etwas wird schon hängenbleiben« greift er zur Dreckschleuder. Er verleumdet und beleidigt die im Hause Springer tätigen Journalisten. Hunderte verschiedener Menschen mit unterschiedlichen Auffassungen werden von Grass über einen Kamm geschoren.

Statt sachlicher Kritik also eine Verleumdungskampagne. Und als Zugabe noch eine Art Sippenhaftung nach Nazi-Rezept.

Grass erfindet gewissermaßen die Springer-Sippe und den Springer-Juden. Und das öffentlich-rechtliche Fernsehen, das keinen privaten Konkurrenten an die Fernsehkanäle heranläßt, sendet diesen Unsinn. Hauptsache, es geht gegen Springer. Und daß nicht stimmt, was der Grass sagt, gibt man dann hinterher zu. Doch das genügt nicht:

Wir erwarten, daß die Verantwortlichen des Norddeutschen Rundfunks sich dafür entschuldigen, eine verlogene Hetzrede gesendet zu haben.

»BILD« (Berlin), 27. 9. 1969

Strafanzeige gegen Günter Grass

Hamburg, 27. September

Mehrere Redakteure von BILD und BILD am SONNTAG haben Strafanzeige gegen den Schriftsteller Günter Grass erstattet, weil er in einer Fernsehsendung u. a. behauptete: Die im Springer-Verlag tätigen Journalisten verwenden faschistische Methoden bei der Berichterstattung; sie haben die demokratische Ordnung und die parlamentarische Demokratie geschädigt.

»BILD« (Berlin), 28. 9. 1969

Günter Grass

Erklärung

Berlin, 29. 9. 1967

Heute früh erreichte mich ein Telegramm des Vorstandes des Deutschen Journalistenverbandes, das Helmut A. Crous aufgegeben hat.

»Sehr geehrter Herr Grass, unter Bezugnahme auf Ihre Ausführungen in der ›Panorama‹-Sendung am Montag darf ich Ihnen folgendes mitteilen: 1. Die Tatsache, daß drei große Zeitungen im Zusammenhang mit dem angeblichen Zweig-Brief offensichtlich falsch berichtet haben, ist höchst bedauerlich; daß Sie daran Kritik geübt haben, ist Ihr gutes Recht. 2. Daß alle drei Blätter dem gleichen Konzern angehören, ist ein Indiz mehr für die Problematik, die in der Zusammenballung großer publizistischer Macht in einer Hand liegt. 3. Wenn Sie darüber hinaus u. a. auch von ›wahrhaft faschistischen Methoden‹, ›Meinungsterror‹ und ›dienstwilligen Journalisten‹ sprechen, geht dies über das Maß einer fairen Kritik hinaus und ist eine Diffamierung zahlreicher Journalisten, die ich namens des Vorstandes des Deutschen Journalistenverbandes nachdrücklich zurückweise. — Helmut A. Crous.«

Da sich die Absender unter Punkt 1 und 2 mit der Meinung meines Kommentars einig sehen, antworte ich ausführlich auf Punkt 3.

1. Ich sagte in meinem Kommentar: »Übrig bleibt die abermals bestätigte Erkenntnis, daß es den Zeitungen des Springer-Konzerns in der Bundesrepublik und in West-Berlin immer noch möglich ist, mit wahrhaft faschistischen Methoden Zweckmeldungen zu verbreiten, die zwar den politischen Vorstellungen des Herrn Springer und seiner dienstwilligen Journalisten entsprechen, den Betroffenen jedoch — diesmal Arnold Zweig — gefährlich schädigen können, gäbe es keine Gegenstimmen.«

Meine Formulierung »faschistische Methoden« soll und kann nicht den Wert eines unverbindlichen Schimpfwortes haben, vielmehr kommt es mir darauf an, einen Sachverhalt genau und historisch richtig zu bezeichnen. Wenn drei weitverbreitete Tageszeitungen wie die »Berliner Morgenpost«, der Düsseldorfer »Mittag« und das »Hamburger Abendblatt« mit einem dubiosen Unternehmen wie »Tarantel-Press« zusammenarbeiten, also die Dienstleistungen eines Unternehmens beanspruchen, das bewußt jede journalistische Sorgfaltspflicht vermeidet und zum Zwecke bloßer Propaganda schon immer Türken gebaut hat, dann arbeiten die drei genannten Zeitungen mit faschistischen Methoden. Diese Methoden wurden im Reichspropaganda-Ministerium unter dem Propagandaminister Dr. Joseph Goebbels ausgearbeitet und perfektioniert. Später versuchte »Tarantel-Press« diese Methoden zu kopieren; so unbegabt Goebbels-Epigonen sind, sie fanden dennoch Kundschaft, nämlich die »Berliner Morgenpost«, den Düsseldorfer »Mittag«, das »Hamburger Abendblatt«. Da ich mich in der Lage sehe, für meine Formulierung den Wahrheitsbeweis anzutreten, und sich in der Tat das Adjektiv »faschistisch« nicht durch beliebige Adjektive wie demokratisch, christlich, liberal ersetzen läßt, bestehe ich auf dem Wortsinn und wiederhole ihn mit Nachdruck.

2. Auch die von mir bewußt gewählte Formulierung »Meinungsterror« erhalte ich aufrecht, denn wer mit faschistischen Methoden arbeitet, übt Meinungsterror aus.

3. Bewußt habe ich im Zusammenhang mit der Nennung Axel Cäsar Springers von »dienstwilligen Journalisten« gesprochen, da ich genau weiß, daß für die Zeitungen des Springer-Konzerns auch weniger dienstwillige und nicht dienstwillige Journalisten gearbeitet haben und arbeiten. Viele dieser Journalisten, ich nenne Paul Sethe und Sebastian Haffner, waren so dienstunwillig, daß sie es ablehnen mußten, weiter für die Zeitungen des Springer-Konzerns zu schreiben.

Ich kann nicht verstehen, wie sich die Journalisten des Deutschen Journalistenverbandes so pauschal getroffen fühlen können, zumal ich ausdrücklich von »dienstwilligen Journalisten« gesprochen habe. Im Gegenteil, ich hoffte und hoffe, im Sinne vieler deutscher Journalisten gesprochen zu haben, als ich die faschistischen Methoden der genannten Tageszeitungen scharf kritisierte; denn es kann und darf nicht sein, daß die Glaubwürdigkeit der deutschen Presse in der Bundesrepublik durch die Praktiken der Springer-Presse geschmälert wird.

Kurt Wessel

Der faschistische Qualm

Von einem malenden Schauspieler sagen die Maler, er solle Schauspieler bleiben, und die Schauspieler meinen, er solle lieber malen. Wie wäre die Malice auf den Schriftsteller Günter Grass anzuwenden? Er gilt als Dichter und agiert wie agitiert im politischen Bereich. Immerhin gehen seine Bücher gut, während seine Gesänge auf die »Es-Pe-De« der SPD nicht gerade nützlich waren.

Grass hat Redakteuren des Verlagshauses Springer »wahrhaft faschistische Methoden« und »Meinungsterror« vorgeworfen und sie, mit unverkennbarem Unterton, »dienstwillige Journalisten« genannt. Tatsächlich sind drei Zeitungen des Hauses Springer einer Falschmeldung über einen Protest des in der Zone lebenden greisen Schriftstellers Arnold Zweig gegen das Regime aufgesessen. Die Meldung mag ihnen gepaßt haben, einfach, weil sie der gegen Ost-Berlin höchst mißtrauischen Haltung der Blätter lag; eine Haltung, die bekannt, aber wohl gestattet ist. Bei Grass heißt das jedoch »mit wahrhaft faschistischen Methoden Zweckmeldungen verbreiten«.

Keine Redaktion ist gegen Falschmeldungen absolut gefeit. So hat der Erste Vorsitzende des Deutschen Journalistenverbandes, Helmut A. Crous, ein ruhig abwägender, ehrenwerter Mann, völlig zu Recht gegen die Diffamierung der Journalisten durch Grass protestiert. Kritik an der Veröffentlichung der falschen Meldung: Gewiß! Aber Diffamierung: Nein, und Grass hat diffamiert.

Grass verzeichnet Zustimmung zu seinen Äußerungen. Er bekommt sie natürlich von seinen Gesinnungsgenossen; von Leuten, die politisch im Souterrain behaust sind. Was ihnen wie ihrem Mentor Grass nicht paßt, wird als »faschistisch«, nun ja: »diffamiert«. Geben wir ihnen etwas Nachhilfeunterricht, ihre Unwissenheit ist fast mitleiderregend.

Mit oder nach den Theoretikern Pareto und Sorel hat der Faschismus direkte Aktion und Gewalttat einer zur Herrschaft berufenen Elite auf seine Fahnen geschrieben. Hegel, dem preußischen Staatsphilosophen aus Schwaben, folgend, vergötzen sie den Staat; wohlgemerkt ihren Staat, den Staat der gewalttätigen Eliten. So war es im faschistischen Italien, das paßt auf den Nationalsozialismus und, es kennzeichnet, beispielsweise, haargenau das SED-Regime. Zum Faschismus Mussolinis, zu seiner braunen Form im Dritten Reich, ist der rote Faschismus zu gesellen. Doch wo bleibt dessen Brandmarkung durch Grass und Genossen?

Wenn in Griechenland Künstler und geistig Schaffende vom Athener Militärregime verfolgt und ausgebürgert werden, so ist das zu verurteilen, und es wird auch verurteilt. Da ist andererseits der Aufschrei des russischen Dichters Wosnessenskij: »Rings herum die Lüge, die Lüge, die Schamlosigkeit und die Lüge.« Der Moskauer Schriftstellerverband knechtet Wosnessenskij, soeben geht man in Prag gegen Schriftsteller vor, und in anderen Staaten des Ostblocks gibt es genügend Parallelen gleich beschämender Art. Wo aber ist der geharnischte Protest dagegen? Bedauerndes Säuseln genügt nicht. Auch hier handelt es sich um Terror und Gewalttaten einer Gruppe, die sich als Elite fühlt. Ist Gewalt dieser Art von links im Gegensatz zu der genauso zu verabscheuenden von rechts nicht auch einer scharfen Verurteilung wert? Schweigen statt dessen im »freiheitlichen« Federwald.

Was dem Grass nicht paßt, ist schlichtweg faschistisch. Diese ungeheuerliche Simplifizierung kennzeichnet seinen und der Seinen geistigen Zustand. Ihr unduldsamer Ungeist ließe sich sehr wohl faschistisch nennen. Der Kampf gegen jeglichen Terrorismus ist jedoch allseitig zu führen, aber da sind die sonst so schrill zwitschernden sinistren Vögel plötzlich stockheiser.

Das Verlagshaus Springer ist nicht über jede Kritik erhaben, bietet durchaus Angriffsflächen. Aber Diffamierung statt Kritik, einseitig bis zum Schwachsinn? Das ist schlechtester Stil, und der Stil ist ja der Mensch: Le style, c'est l'homme. Die Redakteure der betreffenden Zeitungen des Hauses Springer haben Strafantrag gegen Grass gestellt. Nun ja! Niedriger hängen, das wäre besser.

»Münchner Merkur«, 30. 9. 1967

Kai Uwe von Hassel

Günter Grass begreift es nicht

[Bundesvertriebenenminister von Hassel sagte am Wochenende auf der Tagung der Sowjetzonenflüchtlinge in Kassel:]

Viele von Ihnen werden Günter Grass im letzten Panorama mit seinem Angriff auf Springer gehört und gesehen haben. Nun, die Bildzeitung ist mit mir als Verteidigungsminister nicht gerade zimperlich und zartfühlend umgegangen. Aber persönliche Eindrücke müssen zurückstehen, wenn es um die Sache geht.

Und die Sache ist diese:

Millionen von Bewohnern der Zone haben erlebt, daß im West-Fernsehen verkündet wird: In der Bundesrepublik werden mit wahrhaft faschistischen Methoden Zweckmeldungen verbreitet.

»Faschistische Methoden« — das ist doch genau einer der Begriffe, mit denen uns das Ulbricht-Regime zu verleumden versucht. Begreift

Herr Grass denn nicht, in welche Unsicherheit und Verzweiflung er die Menschen in der Sowjetzone stürzt, wenn sie in unserem Fernsehen die gleichen Verleumdungen wiederholt hören?

Er begreift es nicht, und ich kann nur den Kollegen Mommer zitieren, der das treffende Wort von den »trojanischen Eseln« geprägt hat.

Im übrigen ist es bedauerlich, daß die Verantwortlichen für Rundfunk und Fernsehen kein Verständnis dafür haben, was mit derartigen Sendungen und Kommentaren angerichtet wird ... So etwas wird uns in vergleichbaren demokratischen Staaten nicht geboten.

Aber hinter den Angriffen gegen Springer steckt ja vor allem der Angriff gegen unsere Deutschland-Politik. Springer hält diese Politik für richtig. Er verteidigt sie. Er erläutert sie und überzeugt dadurch viele Deutsche, und genau das paßt den Herren von der extremen Linken nicht. Es glaubt doch wohl keiner, daß diese seine Enteignung fordern würden, wenn er für die Anerkennung der Oder-Neiße-Linie wäre.

Die Tatsache, daß Springer in der Zeit der größten Krise um Berlin dorthin ging, dort ganz neu aufbaute, unmittelbar an der Mauer, das rechne ich ihm hoch an. Er hat durch sein Beispiel sehr viel für unsere alte Hauptstadt getan. Das aber paßt den Kommunisten offenbar nicht. Deshalb ihr Angriff gegen Springer.

»Die Welt« (Berlin), 2. 10. 1967

Antikommunismus und Strafanträge

Springers Ablenkungsmanöver

Es gibt keinen Fall Grass — es gibt nur einen Fall Springer

Drei Springer-Blätter standen öffentlich am Pranger. Sie waren überführt worden, eine Lügenmeldung über den greisen DDR-Schriftsteller Arnold Zweig verbreitet zu haben, die aus einer trüben Quelle des professionellen Antikommunismus stammte. Die Empörung über diesen Skandal richtete sich nicht gegen den Einzelfall allein. In zahlreichen Zeitungen, in Rundfunk- und Fernsehsendungen wurden aus dem »Fall Zweig« allgemeine Schlußfolgerungen für die Praxis der Springer-Presse gezogen, es war der I-Punkt auf die jahrelange hetzerische antikommunistische Pressepolitik des Hugenbergs der Bundesrepublik.

Eine scharfe Springer-Kritik des Schriftstellers Günter Grass im Fernsehen dient seit Tagen einigen Springer-Blättern als Vorwand für ein groß angelegtes Ablenkungsmanöver. Einige Springer-Redakteure stellten gegen Grass Strafanträge wegen »Beleidigung« und »Verleumdung«, und in Springer-Zeitungen wird Grass verteufelt. Der Sinn dieser Aktion ist eindeutig: Wer über Grass diskutiert, diskutiert nicht mehr über den Springer-Konzern.

Weil Grass in seiner Stellungnahme zu den Zweig-Lügen davon gesprochen hatte, »mit wahrhaft faschistischen Methoden« würden Zweckmeldungen verbreitet, und weil er einen »um sich greifenden Meinungsterror« registriert hatte, wurde in Springer-Blättern von »Diffamierungen« und »Verleumdungen« geschrieben. »Bild« meinte sogar, durch die Grass-Stellungnahme habe »Panorama« »der Demokratie wieder einmal einen schlechten Dienst erwiesen«. Grass hat inzwischen seine Äußerungen nicht nur wiederholt, sondern noch erhärtet und u. a. erklärt, er sehe sich in der Lage, für seine Formulierung den Wahrheitsbeweis anzutreten, und da sich das Adjektiv »faschistisch« nicht durch beliebige Adjektive, wie demokratisch, christlich, liberal ersetzen lasse, bestehe er auf dem Wortsinn und wiederhole ihn mit Nachdruck.

Die Attacken der Springer-Blätter gegen Grass klangen dann auch mehr wie der Aufschrei von Ertappten.

Für Springer-Redakteure war der »Zweig-Brief« willkommene Munition in ihrem ständigen antikommunistischen Hetzfeldzug. Die Entlarvung des »Zweig-Briefes« als Lüge bedrohte den gesamten publizistischen kalten Krieg der Springer-Presse. Denn wer einmal lügt, dem glaubt man nicht ... Der angebliche »Zweig-Brief« hat für viele die Springersche Politik schlagartig durchschaubar gemacht.

Da traf es sich gut mit der Stellungnahme von Günter Grass. Er gilt als einer der Repräsentanten der verteufelten »Linksintellektuellen«, und außerdem hat er es noch im Fernsehen (!) gesagt. Grass und Fernsehen, wenn das nicht zieht, wenn das keinen Diskussionsstoff gibt! Die Ablenkung ist gefunden, und außerdem eignet sie sich großartig zur Anheizung des Antikommunismus in den Springer-Blättern.

Gleich fanden sich auch zwei prominente Vertreter der Politik des kalten Krieges, Lemmer und Gradl, die den Springer-Leuten unter die Arme griffen. Lemmer war »fassungslos über Grass«, und Gradl nahm die Fälscher in Schutz: Solange im kommunistisch beherrschten Teil Deutschlands Nachrichten, Meinungen und Meinungsäußerungen totalitär reguliert würden, hätten es Fälscher nicht schwer.

Damit war eine Art Linie für die Springer-Kampagne gegeben. »Bild« geiferte über den »Dichter mit der Dreckschleuder«: Panorama »ließ ein Haßpamphlet des rot angeleuchteten Modeschriftstellers Günter Grass gegen das Springer-Haus über den Bildschirm flimmern«. Und in der »Welt« schrieb Hertz-Eichenrode: »Aber das Fernsehen hat eine monopolartige Stellung über die Elbe hinweg. Die Infamie liegt darin, daß ›Panorama‹ wider besseres Wissen den Landsleuten drüben das Haus

Springer als ein Ungeheuer des Meinungsterrors dargestellt hat. Genau das gleiche hämmert ihnen die SED ein.«

Hier wurden die Register der Springer-Agitation gezogen, vom Fernsehmonopol bis zur Gleichsetzung der Springer-Kritiker mit der SED-Propaganda.

Hertz-Eichenrode gab auch offen zu, worum man fürchtete, als der Zweig-Schwindel geplatzt war. In seiner Sprache las sich das so: »Die ›Panorama‹-Sendung ist Bestandteil einer breit angelegten Kampagne gegen das Haus Springer. Dieser Feldzug soll die Stimmen tonlos machen, die nicht müde werden, die Wahrheit zu sagen: daß Kommunismus heute wie vor 50 Jahren Diktatur bedeutet.«

Mit anderen Worten: Der antikommunistische kalte Krieg wurde besonders in diesem 50. Jahr der sozialistischen Oktoberrevolution massiv verstärkt. Der gefälschte »Zweig-Brief« war ebenso Bestandteil dieser Hetzkampagne wie das gefälschte »Prager Schriftstellermanifest«. Da die Fälschungen entlarvt wurden, sahen die publizistischen kalten Krieger ihre Felle davonschwimmen. Denn die Kehrseite ihrer antikommunistischen Medaille lautet ja: Gegen den »Terror im Osten« müßt ihr protestieren, ihr Arbeiter, ihr Intellektuellen, ihr Studenten, nicht gegen die Notstandsgesetze, nicht gegen den amerikanischen Krieg in Vietnam, nicht gegen den Rassenterror in USA, nicht gegen den Faschismus in Griechenland.

Das ist der Sinn der Kampagne gegen Grass und das Fernsehen. Man sagt Grass und meint die Springer-Kritiker, die Notstandsgegner und die Gegner des Vietnamkrieges. Es gibt keinen Fall Grass, wohl aber nach wie vor einen Fall Springer. Das Ablenkungsmanöver darf nicht gelingen, die wirklichen Feinde der Demokratie im eigenen Land dürfen nicht aus dem Auge verloren werden. Bm.

»Die Andere Zeitung« (Hamburg), 5. 10. 1967

Wilfried Scharnagl

Der letzte Kredit steht auf dem Spiel

Die Hetzreden des Günter Grass von Panorama bedenkenlos verbreitet/Ausgleich für literarische Unfruchtbarkeit

Da staunte sogar Panorama-Chef Merseburger: »Das ist ziemlich starker Tobak.« Hektisch eifernd war Schnauzbart Günter Grass eben zu Ende gekommen. Der seit Jahren mit spärlichstem Erfolg in öffentlichen Geschäften dilettierende Poet hatte einen neuen Kulminationspunkt dessen erreicht, was Grass und Companie unter Politik verstehen. Mit einer vermeintlich dramatischen Fermate ließ SPD-Werbetrommler Grass seinen unverhüllten Haßgesang ausklingen: Sich wieder einmal ungefragt und ohne Auftrag zum Sprecher »vieler« machend

— wie es gern geübte linke Art hierzulande ist —, schritt Grass zur Entschuldigung: Er tat Abbitte bei Arnold Zweig, Renommierdichter in Walter Ulbrichts Gewaltstaat, der — vom Regime hochgeehrt — das Lob von Pankow in höchsten Tönen zu singen weiß.

Damit war der Schlußpunkt einer Anti-Springer-Kampagne gesetzt, bei der zu fehlen sich Grass bei seiner bekannten politischen Mentalität nicht leisten wollte. Der Ausgangspunkt der Geschichte, von der Linken gewaltsam zur Affäre hochgespielt, waren Meldungen in drei Springer-Blättern (»Hamburger Abendblatt«, »Berliner Morgenpost«, »Mittag«), die von einer Absetzbewegung des Dichters Arnold Zweig vom Zonenregime zu berichten wußten. Zweig sei, so hieß es, über die antisemitische und antiisraelische Haltung Pankows während des Nahost-Konfliktes erbittert. Die in den drei Zeitungen veröffentlichten Nachrichten stammten von einer Berliner Agentur, die sich auf Briefe Zweigs an Schriftstellerkollegen in Israel berief. Indessen — die Redaktionen der drei Springer-Zeitungen hatten eine Falschmeldung verbreitet, sie waren unrichtigen Informationen aufgesessen. Prompt zogen die drei Blätter die Konsequenzen und teilten ihren Lesern den Irrtum mit.

Doch was jeder Zeitung zwangsläufig zugestanden werden muß, das Recht, sich auch einmal zu irren, konnte bei dem Popanz, zu dem sich die Linke Axel Springer aufgebaut hat, nicht ungestraft bleiben. Ein Aufheulen begann, als ob zum erstenmal seit Erfindung von Papier und Druckerpresse eine Falschmeldung verbreitet worden sei. Gierig stürzte sich die außerparlamentarische Opposition, deren Feld die Straße und deren Instrument der Terror ist, auf das gefundene Fressen. In feiner Scheinheiligkeit entrüsteten sich die Helfershelfer dieser radikalen Gruppierungen wieder einmal über die bedenkliche Gefährlichkeit des Springer-Konzerns.

Und in dieser — durchaus differenzierten — Meute wollte Amateur-Politiker Grass seinen führenden Platz nicht preisgeben. Worauf es ihn, den Bürgerschreck, via Bildschirm in die bürgerlichen Wohnzimmer drängte. Zunächst beim Zweiten Deutschen Fernsehen, Redaktion und Intendanz aber waren in Mainz wachsam. Ein Begutachten der Grass'schen Auslassungen führte zur Nichtsendung: Intendant Holzamer verweist zu Recht auf Staatsvertrag und Programmrichtlinien, auf denen seine Anstalt basiert. Journalistisch weit großzügiger erwies sich der Norddeutsche Rundfunk, der sich das Grass-Spektakel für sein Panorama nicht entgehen lassen wollte.

Womit die Schmährede beginnen konnte: »Übrig bleibt die Erkenntnis, daß es den Zeitungen des Springer-Konzerns in der Bundesrepublik und in West-Berlin immer noch möglich ist, mit wahrhaft faschistischen Methoden Zweckmeldungen zu verbreiten, die zwar den politischen Vorstellungen des Herrn Springer und seiner dienstwilligen Journalisten entsprechen ...« Und Grass geifert weiter: »Die empörten Reaktionen vieler westdeutscher Tages- und Wochenzeitungen, der spontane Wille der Rundfunk- und Fernsehanstalten, die Wahrheit wiederherzustellen, läßt immerhin hoffen, daß die lange Zeit, in der die Springer-Presse wie ein verfassungswidriger Staat die demokratische Ordnung der Bundesrepublik verletzen konnte, demnächst vorbei sein wird. Es wird Aufgabe des Deutschen Presserates, des Bundestages und des Bundesverfassungsgerichtes sein, gegen die zunehmende Schädigung der parlamentarischen Demokratie durch die Zeitungen des Springer-Konzerns einzuschreiten. Aber auch dem einzelnen Bürger in unserem Land fällt die Verantwortung zu, ... seine Lesegewohnheiten als Zeitungsleser zu überprüfen.«

Blechtrommler Grass hat damit wohl auch dem letzten im Lande klargemacht, wes politischen Ungeistes Kind er ist. Die Verleumdung mittels des Attributes »faschistisch« weist den Freund Willy Brandts als äußert geübt im kommunistischen Sprachgebrauch aus. Er, der sich — wie seine Gesinnungsgenossen — als Wächter demokratischer Sitten geriert, hat mit seinem Bildschirmauftritt ein Paradebeispiel für eine Verhaltensweise gegeben, die zum Ende eben der Demokratie führen muß, wenn sich diese Methode ungehindert ausbreiten kann. Das Einfallen in die Treibjagd auf Axel Springer und die bei seinen Zeitungen tätigen Journalisten hat sich bei Günter Grass offensichtlich zu einem Ausgleich für seit Jahren anhaltende literarische Unfruchtbarkeit gemausert. Eine Empfehlung: Die sicher den Lesern noch bevorstehende Biographie von Grass könnte vielleicht den Titel »Die Narrenkappe« tragen.

Doch erschöpft sich der Skandal nicht in den infamen Anwürfen gegen den politisch Andersdenkenden. Weit schlimmer ist, daß es sich eine Anstalt des Öffentlichen Rechts in der Bundesrepublik ungestraft leisten kann, Verleumdungen und Verhetzungen bereitwillig Raum zu geben. Was sich der Norddeutsche Rundfunk mit keiner Waschmittelfirma und mit keinem Automobilkonzern auch nur im Traum erlauben würde, wird mit dem Springer-Konzern bedenkenlos praktiziert. Panorama — erinnert man sich an die unrühmlichen Vorfälle in der Geschichte dieser Sendereihe, kann man ihr Aufspielen zum Richter über Organe der Publizistik nur als Hohn verstehen — würde es sicherlich nie wagen, zum Boykott des Waschmittels X oder zum Nichtkaufen des Fahrzeuges Y aufrufen zu lassen. Bei den Zeitungen des Springerkonzerns ist dies ohne weiteres möglich. Ohne auch nur den Funken eines Beweises liefern zu können, läßt das Deutsche Fernsehen Millionen Zuschauer mit dem bösen Vorwurf der Verfassungswidrigkeit und der Zerstörung der Demokratie überschütten. Und der verantwortliche Redakteur Merseburger begnügt sich mit einem gemütlichen: »Das ist starker Tobak.«

Der Vorfall aber ist weit mehr. Er ist Symptom dafür, wie manche Fernsehanstalten in gefährlicher und bedenkenloser Weise ihr Sendemonopol ausnützen, wie sie unbekümmert um Maßstäbe journalistischer Verantwortung ihre Geschäfte besorgen, wie sie Verleumdung und Hetze als akzeptable Möglichkeiten der Programmgestaltung ansehen. Bleibt der Panorama-Auftritt von Grass ohne Folgen, tut sich das Deutsche Fernsehen den geringsten Gefallen. Sein letzter Kredit steht auf dem Spiel.

»Bayern-Kurier« (München), 7. 10. 1967

Grass: Not des Bürgers

Der Dichter gebrauchte starke Worte: »Mit wahrhaft faschistischen Methoden«, so Günter Grass, 39, am Montagabend letzter Woche im Fernseh-»Panorama«, verbreiteten die Zeitungen des Springer-Konzerns »Zwecklügen«, übten »Meinungsterror« und verletzten »wie ein verfassungswidriger Staat im Staat die demokratische Ordnung der Bundesrepublik«.

Der Aufschrei der Angegriffenen, am nächsten und übernächsten Tag, klang noch schriller: »Der Dichter mit der Dreckschleuder« (»Bild«); »Ein Hetz-Pamphlet« (»Hamburger Abendblatt«); »Ulbrichts Propaganda-Chinesisch« (»Die Welt«).

Den Vorwurf, Lügen verbreitet zu haben, konnten Springer-Blätter freilich nicht entkräften, und sie hatten es auch schon eingestanden: »Wir haben uns geirrt« (»Abendblatt«-Chefredakteur Martin Saller).

Drei Zeitungen des Konzerns — »Hamburger Abendblatt«, »Berliner Morgenpost« und »Mittag« — hatten Mitte September die Meldung veröffentlicht, der in Ost-Berlin lebende jüdische Schriftsteller Arnold Zweig, 79, habe in einem Brief an israelische Adressaten das Leben in der DDR als »Hölle« bezeichnet und sich nach Haifa zurückgewünscht.

Zweig dementierte (»Faustdicke Lügen«), und bald stellte sich heraus, daß die in den Springer-Blättern gedruckte Falschmeldung von der obskur-antikommunistischen West-Berliner Agentur »tarantelpress« lanciert worden war.

Grass sah den DDR-Kollegen Zweig durch die Falschmeldung »gefährlich geschädigt«: »Keine der genannten Springer-Zeitungen hat sich bisher bei Arnold Zweig entschuldigt. Da dieser um sich greifende Meinungsterror nicht durch die Bürger unseres Staates und also auch nicht durch mich verhindert wird, entschuldige ich mich, wie ich weiß, stellvertretend für viele, indem ich Arnold Zweig bitte, trotz allem die Bundesrepublik und West-Berlin nicht mit den Springer-Zeitungen zu verwechseln.«

Gern sagte Günter Grass daher zu, als ihn der Berliner Redakteur des Zweiten Deutschen Fernsehens, Hanns W. Schwarze, zu einem Zweig-Kommentar für die ZDF-Sendung »Drüben« einlud. Der Beitrag wurde am 20. September aufgezeichnet. Am 21. informierte Schwarze den Schriftsteller, ZDF-Intendant Holzamer wolle die Anti-Springer-Attacke nicht senden lassen, sie widerspreche den ZDF-Richtlinien und dem ZDF-Staatsvertrag.

Grass studierte schnell den Staatsvertrag und versuchte, Holzamer telefonisch umzustimmen. Holzamer blieb hart. Er wolle, so erklärte er, auch den Eindruck vermeiden, sich etwa mit Grassens Hilfe für Springers Spähtrupp-Unternehmen gegen das ZDF zu revanchieren.

»In der Not des Bürgers« (Grass) suchte der Schriftsteller nun in seiner Programmzeitschrift nach einem anderen Fernsehforum — das nächste an der Reihe war »Panorama« vom NDR. Grass telefonierte mit »Panorama«-Moderator Peter Merseburger, und vier Tage später lief seine Springer-Polemik über die Bildschirme.

Für Grass ordnete sich der Lapsus dreier Springer-Blätter — »Bild« war nicht dabei — nur zu gut in eine von »dienstwilligen Redakteuren« befolgte Springersche Generallinie ein: »Der Zweck aller Lügen war es, einen Konflikt zwischen Arnold Zweig und der DDR, in der er nach freier Wahl lebt, zu erfinden.« Grass erkannte auf »zunehmende Schädigung der parlamentarischen Demokratie durch die Zeitungen des Springer-Konzerns«.

Die Zeitungen des Konzerns reagierten generallinientreu: Das »Hamburger Abendblatt« sah Grass gleich dreimal »rosarot«; »Welt«-Redakteur Hertz-Eichenrode stellte ihn an die Seite der SED.

Dieses Detail fand der Schriftsteller eher komisch. Denn es erinnerte ihn daran, wie er wegen seines Eintretens für die CSSR-Intellektuellen im SED-Blatt »Neues Deutschland« geschmäht worden war. Mit seinem Brief an Novotny, so schrieb dort ein Klaus Höpcke, habe sich Grass »dem kriminellen Spitzelsystem der Springer-Presse« verschrieben. Grass: »Hertz-Eichenrode und Höpcke könnten zweistimmig singen.«

Mit dem harten Schlagwortwechsel ist das Duell jedoch nicht beendet. Ein »Welt«-Korrespondent entlockte den in Husum tagenden Länder-Kultusministern »weitere Kritik an Grass«. Und weil sie sich durch die pauschalen Grass-Formulierungen »in ihrer Berufsehre verletzt und in ihrer demokratischen Grundhaltung angegriffen« fühlen, haben »Welt«-Chefredakteur Starke und seine Stellvertreter zusammen mit »Bild« und »Bild-am-Sonntag«-Kollegen Grass verklagt.

Der zeigt sich gefaßt. »Faschistische Methoden«, sagt Günter Grass, »das ist kein Schimpfwort, sondern eine sachgemäße Bezeichnung. Wenn es zum Prozeß kommt, werde ich den Wahrheitsbeweis erbringen.«

Otto Köhler

Porträt eines Dichters

Der Schriftsteller Günter Grass, der in einer »Panorama«-Sendung des Deutschen Fernsehens dem Springer-Konzern in einem 84-Zeilen-

Kommentar vorgeworfen hatte, er verbreite »mit wahrhaft faschisti-
schen Methoden Zweckmeldungen«, wurde von den Zeitungen des
Konzerns mit umfangreichen Berichten und Kommentaren gewürdigt:
»Welt«: 732 Zeilen, »Hamburger Abendblatt«: 282 Zeilen, »Berliner
Morgenpost«: 161 Zeilen, »Bild«: 284 Zeilen. Aus ihnen ergibt sich
folgendes Porträt eines deutschen Dichters:

Angaben zur Person

»Dichter mit der Dreckschleuder« (»Bild«),
»Amateurpolitiker« (»Welt«),
»rosaroter Erfolgsschriftsteller« (»Abendblatt«),
»rot angehauchter Modeschriftsteller« (»Bild«).

Eigenschaften des Dichters oder seiner Äußerungen

»unappetitlich« (»Morgenpost«),
»skandalös« (»Abendblatt«),
»ungehemmt« (»Abendblatt«),
»unverantwortlich« (»Morgenpost«),
»infam« (»Welt«).

Tätigkeiten des Dichters

»verleumdet« (»Bild«),
»verleumdete« (»Welt«),
»beleidigt« (»Bild«),
»beleidigte« (»Welt«),
»fälschte um« (»Bild«),
»belog« (»Welt«),
»verketzerte« (»Welt«),
»hetzte« (»Welt«),
»verstieg sich« (»Welt«),
»erfindet gewissermaßen die Springer-Sippe und den Springer-Juden«
(»Bild«),
»redet Ulbrichts Propaganda-Chinesisch« (»Welt«).

Das Werk des Dichters

»Haßpamphlet« (»Bild«),
»Hetz-Pamphlet« (»Abendblatt«),
»Grass-Haß« (»Morgenpost«),
»Hetze« (»Abendblatt«),
»Haß, der blind, ungeheuerlich und neurotisch ist« (»Morgenpost«),
»verlogene Hetzrede« (»Bild«),
»wohlberechnete Hetzaktion« (»Abendblatt«),
»Lüge« (»Bild«),

»Pamphlete aus der Giftküche« (»Abendblatt«),
»Brunnenvergiftung« (»Welt«),
»Unsinn« (»Bild«),
»Verleumdungskampagne« (»Bild«),
»Ungeheuerlichkeit« (»Bild«),
»Schmährede« (»Welt«),
»unanständige Verleumdungen« (»Abendblatt«),
»Art von Terror« (»Welt«),
»nur negierende, alles zersetzende Kritik« (»Abendblatt«).

»DER SPIEGEL« (Hamburg, 9. 10. 1967

Gerhard Zwerenz

Hetze statt Information

Aus gegebenem Anlaß warf Günter Grass den Springer-Zeitungen vor, »mit wahrhaft faschistischen Methoden Zweckmeldungen zu verbreiten«, woraufhin einige Springer-Redakteure zum Kadi liefen. Nun könnte man subtile Erörterungen darüber anstellen, ob Grass mit seiner Definition der »faschistischen Methoden« gut beraten war, denn, obgleich bei Springer vormalige Antisemiten wie der Freiherr H. G. von Studnitz und unbezweifelbare Nazis in verschiedenen Abstufungen Karriere machten, kamen auch Nicht-Nazis dazu, und ihr Wirken könnte man im Einzelfall und der Genauigkeit halber auch anders nennen, zum Beispiel: autoritär, totalitär, rechtsextrem, gewerkschaftsfeindlich, reaktionär, antikommunistisch, antidemokratisch, nationalistisch, revisionistisch, revanchistisch, in verfassungsrechtlicher Hinsicht bedenklich, strafrechtlich fragwürdig ...

Daß manche dieser Attribute auch von kommunistischer Seite gegen die Springer-Presse gebraucht werden, mindert die Vorwürfe, deren einziges Kriterium ihre inhaltliche Bestimmtheit bleiben muß, nicht. Die inhaltliche Richtigkeit der Vorwürfe aber ist jederzeit nachweisbar in Äußerungen wie dieser:

Am 25. Juni 1966 forderte Wilfried Hertz-Eichenrode in seinem »Welt«-Leitartikel glattweg den »Kampf ... an der Front der Machtpolitik«.

Das ist nicht unbedingt Faschismus. Aber es ist eine verantwortungslose, hetzerische Aufforderung an die bundesdeutschen Politiker, den Krieg als ultima ratio einzukalkulieren. Es handelt sich mithin möglicherweise um einen Verstoß gegen die Verfassung (Artikel 9 Abs. 2; Artikel 26 Abs. 1).

Am 19. März 1967 schrieb Herr von Studnitz in der »Welt am Sonntag« über den FDP-Parteitag von Hannover, der FDP habe dort die »Stunde der Dummheit« geschlagen.

347

So was von einer ganzen Partei zu behaupten, muß nicht unbedingt Faschismus sein. Aber es ist der Gipfel der Ungehörigkeit, des schlechten Geschmacks, der Demagogie.

Am 26. Februar 1966 schrieb »Welt«-Mitarbeiter Armin Mohler: »Die großen Aufgaben ... können nicht angepackt werden, solange in einem Teil der bundesdeutschen Publizistik jener Geisteszustand vorherrscht, den der Schweizer Politiker Peter Dürrenmatt ... recht genau als einen ›Konformismus der Negation‹ definiert hat.«

Dies ist ein Programm, das auf die Ausschaltung der publizistischen Linksopposition abzielt. Es ist ein undemokratisches, autoritäres, diktatorisches und auch faschistisches Programm.

Am 5. März 1966 hieß eine Überschrift in der »Welt«: »Die Kampfmaschinen des Ho Chi Minh«. Gemeint waren Menschen. Gemeint war der Vietkong.

Die Verunglimpfung eines Gegners, die ihm alle menschlichen Eigenschaften abspricht und ihn zum Tier oder zur seelenlosen Maschine macht, das ist Faschismus.

Am 18. Juni 1967 schrieb Herr von Studnitz im Leitartikel der »Welt am Sonntag«, beziehungsreich den Aufstand vom 17. Juni 1953 mit dem letzten Israel-Krieg verknüpfend: »... ein unmenschliches, auf Anerkennung pochendes Regime läßt sich durch einen gepflegten Appell an die Menschlichkeit nicht aus dem Sattel heben ... Den Isrealis ist die Freiheit nicht geschenkt worden. Und auch den Deutschen wird sie nicht geschenkt werden.«

Diese indirekte Aufforderung zum Präventivschlag ist Kriegshetze und methodischer Faschismus.

In der gleichen Ausgabe kommentierte William S. Schlamm, was Herr von Studnitz meinte, mit den Worten: »Niemand hat von Israels Haltung mehr zu lernen als Deutschland.«

Was ist das anderes als provokative Kriegshetze?

Nun finden sich bei Springer auch hochanständige Mitarbeiter. Bedauerlicherweise geben sie nicht den Ton an. Maßgebend sind Leute, die den politischen Gegner unverzüglich einen Kommunisten heißen, aber laut aufschreien, macht der Gegner auf arg braune Vergangenheiten in ihren eigenen Redaktionen aufmerksam. Die Verwilderung des politischen Stils, die Verhunzung der journalistischen Sprache, die Reduktion der Information auf die Hetze, das sind die Folgen Springers. Bei »Bild« wurden diese Methoden entwickelt, bei »Welt« und »Welt am Sonntag« setzen sie sich immer mehr durch. Die Springer-Presse ist außenpolitisch eine ständige Provokation und innenpolitisch eine staatsgefährdende Zumutung, weil ein Volk, das sie erträgt, als über die Grenzen des Erträglichen hinaus manipuliert gelten muß. Die Noblesse, die eine Zeitung wie die »Welt« durchaus einmal auszeichnete, wurde in wenige kleine Artikel am Rande verbannt, kaum noch zu erkennen in den Schmutzfluten nationalistischer Trivialpolemik. Welch eine Zumutung für anständige Journalisten, in diesem Haus der engen Stirnen und weiten Gewissen noch arbeiten zu müssen. Was sagen eigentlich die für Springer schreibenden PEN-Mitglieder zu den wider PEN-Charta und gute Sitten verstoßenden Hervorbringungen der Herren von Studnitz, Schlamm, Hertz-Eichenrode?

»Metall« (Frankfurt), 16. 10. 1967

Der lautlose Rückzug der 13 Springer-Redakteure

Keine gerichtliche Prüfung der von Günter Grass erhobenen Manipulationsvorwürfe

Eine Affäre soll begraben werden. Möglichst lautlos und ohne Publikum. Am letzten Freitag gab die Deutsche Presseagentur (dpa) die knappe Fünf-Zeilen-»Todesanzeige« auf den Ticker: Die einstige Chefredaktion der »Welt« und zehn »Bild«-Redakteure hätten ihre Strafanträge gegen Günter Grass wegen Beleidigung, übler Nachrede und Verleumdung zurückgezogen. Begründung: »wegen großen zeitlichen Abstandes«. Was dahintersteckt, blieb dem Leser verborgen.

Dabei war die geheimnisvolle »Leiche« bereits knapp vier Monate unter der Erde. Schon im September 1969 — genau zwei Jahre nach der Anzeigeerstattung — hatte der letzte von Springers Anti-Grass-Stoßtrupp das Justizunternehmen aufgesteckt und der Hamburger Staatsanwaltschaft die Rücknahme des Strafantrages präsentiert. Sehr zum Verdruß des Dichters und SPD-Wahlkämpfers Günter Grass, der im Gerichtssaal mit den 13 Springer-Redakteuren die Waffen kreuzen wollte. Die Grass-Behauptung, daß es in den Zeitungen des Springer-Konzerns »immer noch möglich ist, mit wahrhaft faschistischen Methoden Zweckmeldungen zu verbreiten«, bleibt ohne juristisches Nachspiel.

Anlaß zu dieser Feststellung waren Berichte in den Springer-Blättern »Berliner Morgenpost«, »Hamburger Abendblatt« und dem (inzwischen eingegangenen) Düsseldorfer »Mittag« über einen angeblichen Brief des Dichters Arnold Zweig an israelische Freunde. Der damals 80jährige und in der DDR lebende Arnold Zweig — er verstarb im November 1968 in Ost-Berlin — sollte in dem Schreiben erklärt haben: »Das Leben in der Deutschen Demokratischen Republik ist die Hölle. Sie ist nicht deutsch noch demokratisch, sondern ein russischer Satrap, der nach Moskaus Pfeife tanzt.« Die Zeitungen berichteten, der Ulbricht-Ankläger Zweig sei in der DDR in Ungnade gefallen, sein Lehrstuhl an der Ostberliner Humboldt-Universität sei ihm aberkannt und die Pension gestrichen worden. Beide Behauptungen waren falsch (Zweig hatte nie einen Lehrstuhl gehabt); auch das Anklageschreiben erwies sich als plumpe Fälschung.

Obwohl der wahre Sachverhalt schnell aufgeklärt war, mochten sich die Blätter zu einem Dementi doch nicht entschließen. In dem inzwischen entstandenen Wirbel um den Fall eskalierte die »Berliner Morgenpost« mit der Behauptung, Arnold Zweig habe zwei Briefe nach Israel gesandt, an der Echtheit gebe es keinerlei Zweifel. Ganze zwei Wochen vergingen, bis sich das Springer-Blatt endlich zur Wahrheit bekannte.

»Der Zweck aller Lügen war es, einen Konflikt zwischen Arnold Zweig und der Deutschen Demokratischen Republik, in der er nach freier Wahl lebt, zu erfinden«, warf — empört über das beschämende Presse-Schauspiel — Günter Grass im Fernsehen den drei Springer-Blättern vor. »Übrig blieb und bleibt die Beleidigung eines großen deutschen Schriftstellers; übrig bleibt die abermals bestätigte Erkenntnis, daß es den Zeitungen des Springer-Konzerns in der Bundesrepublik und in West-Berlin immer noch möglich ist, mit wahrhaft faschistischen Methoden Zweckmeldungen zu verbreiten, die zwar den politischen Vorstellungen des Herrn Springer und seiner dienstwilligen Journalisten entsprechen, den Betroffenen jedoch — diesmal Arnold Zweig — gefährlich schädigen könnten, gäbe es keine Gegenstimmen.«

Grass schloß seine Fernseh-Erklärung: »Da dieser um sich greifende Meinungsterror nicht durch die Bürger unseres Staates und also auch nicht durch mich verhindert wird, entschuldige ich mich — wie ich weiß, stellvertretend für viele —, indem ich Arnold Zweig bitte, trotz allem die Bundesrepublik und West-Berlin nicht mit den Springer-Zeitungen zu verwechseln.«

Durch die Global-Attacke des »Blechtrommlers« Grass gegen den damals unter konzentrischem Studentenfeuer liegenden Springer-Konzern fühlten sich drei »Welt«- und zehn »Bild«-Redakteure zur Gegenwehr herausgefordert. Als erste stellten der damalige »Welt«-Chefredakteur H. F. G. Starke sowie dessen Stellvertreter Meidinger und Pentzlin über den Bonner Staranwalt Prof. Dahs Strafanträge gegen Grass. Wenige Tage später war die Akte mit dem Zeichen AZ Abt. 14a 141 JS 687/67 bei der Hamburger Staatsanwaltschaft um zehn weitere Anzeigen von »Bild«-Redakteuren angeschwollen. Unter anderen fühlte sich der stellvertretende »Bild«-Chefredakteur Wilhelm Pannier von Grass in seiner Ehre verletzt. »Bild«-Chef Boenisch fühlte sich nicht beleidigt. Er stellte keinen Strafantrag.

Diesem spektakulären Schritt — verbunden mit schriller »Bild«-Begleitmusik gegen Grass — folgten später Annäherungsversuche an den verketzerten Dichter. Grass und sein damaliger Anwalt Posser, heute Minister in Nordrhein-Westfalen, winkten ab. Grass während des Wahlkampfes zur Frankfurter Rundschau: »Auf so etwas lasse ich mich nicht ein. Ich gehe in den Prozeß, diese Herren will ich stellen!«

Peter Johannes Heinemann, Sohn des Bundespräsidenten und jetzt der Anwalt von Günter Grass, war überrascht, als die Staatsanwaltschaft Hamburg ihm kürzlich mitteilte, die 13 Springer-Redakteure hätten ihre Strafanträge zurückgenommen. Das geschah in Etappen. Die ersten Rücknahmen kamen im April 1969, die letzte im September. Die Begründungen — soweit überhaupt angegeben — waren etwa gleichlautend: Wegen des langen Zeitraumes fehle ein aktuelles Interesse an einer Strafverfolgung. Rechtsanwalt Heinemann aus Essen findet das überraschend. »Jeder Journalist weiß doch, daß solche Verfahren Jahre dauern können«, sagt er.

Die Verfahrenskosten müssen jetzt die Antragsteller zahlen, die der Mut verließ. Oder übernimmt das die Springer AG? Hat sie vielleicht den etappenweisen Rückzug aus der Affäre betrieben? Niemand weiß es. Die Staatsanwaltschaft in Hamburg ist froh, diese Geschichte vom Hals zu haben. »Wir sind recht glücklich, weil der Rechtsfrieden eingekehrt ist zwischen den beiden.« Manche aber in Bonn sehen in dem heimlichen Begräbnis des Falles ein praktisches Geständnis der Grass-Anklage.

»Frankfurter Rundschau«, 29. 1. 1970

Anhang V
In Sachen Kipphardt

Günter Grass

Abschußlisten

Nur Theater? Oder vorerst noch Theater? Auch in gescheiten Köpfen, desgleichen in solchen, in denen es kunstsinnig und ästhetisch verfeinert zugeht, kann der Irrsinn Volten schlagen, kann Dummheit Quartier beziehen. Hier muß die Rede sein von einem Programmheft, in dem zwei leere Seiten eine Abschußliste aussparen.

Vor wenigen Tagen noch bemühten sich viele in Schleswig-Holstein darum, der christdemokratischen Rufmordkampagne gegen Jochen Steffen die Wirkung zu nehmen. Siegfried Lenz und ich zogen von Wahlkreis zu Wahlkreis. Überall fanden sich Bürger, die gegen Springers Haßtiraden kühl Argumente setzten, und in Neumünster stieß ich auf Münchens Oberbürgermeister Hans Jochen Vogel. Gemeinsam versuchten wir, die Auswüchse der Demagogie zu beschneiden. Für Vogel war es selbstverständlich, sich neben den verketzerten Jochen Steffen zu stellen, also für einen Mann zu sprechen, der auf Springers Abschußliste stand und steht.

Zurück aus Schleswig-Holstein, finde ich beschämendes Material: Mein Schriftstellerkollege Heinar Kipphardt, zur Zeit Dramaturg an den Kammerspielen München, ist unter die Hexenjäger gegangen. Auch wenn er sich maßgeschneidert links gibt, scheint er bei der »Aktion Widerstand« Beispielhaftes gefunden zu haben: Er arbeitet mit Abschußlisten, er reiht in Paßfotoformat Bildchen neben Bildchen und sagt — das sind sie. Die üble Mordparole der Rechtsradikalen »Scheel und Brandt an die Wand!« findet in Leuten Epigonen, denen üblicherweise Moral die Stimme salbt. (Soll man es linke Dummheit oder dumme Linkheit nennen? Nein: nur dumm und gemeingefährlich.)

Kipphardt benutzt Wolf Biermann und dessen Theaterparabel »Der Dra-Dra«. Biermann, in Ost-Berlin isoliert, als Sänger mit Auftrittsverbot belegt, wird sich gegen den Mißbrauch seines Stückes kaum wehren können. Biermann hat das alte Drachen- und Drachentötermotiv aus der Märchenkiste geholt, hat seinen Drachentöter auf eine drachenähnliche Institution, die stalinistische Bürokratie, gesetzt. Geschickten westlichen Regisseuren mag es möglich sein, den Drachen Stalinismus gegen den Drachen Kapitalismus auszutauschen. Es soll hier nicht untersucht werden, inwieweit die gewiß bühnenwirksame Simplizität des märchenhaften Parabelstückes geeignet ist, verwundbare Stellen komplizierter Machtgefüge bloßzulegen; doch gewiß hat der Ostberliner Autor als jemand, der seit Jahren auf der Abschußliste seiner heimischen Alt- und Neustalinisten steht, nicht vorgehabt, mit seinem Stück im Westen Abschußlisten zu inspirieren. — Kipphardt war so frei.

Im Programmheft sollte aufgereiht werden, wer in der Bundesrepublik Rang und Namen hat. Wirtschaftsbosse und Politiker, Zeitungsmacher und hochkarätige Steuerhinterzieher, der Bankier neben dem Kirchenfürsten. Viele der Angeführten sind meine politischen Gegner. Und einige dieser politischen Gegner, wie Axel Cäsar Springer, behandeln Gegner wie Feinde. Solcher Methode bedient sich nun, als dürfe solche Methode von rechts nach links übertragen werden, der Schriftsteller und Theaterdramaturg Kipphardt. Er beweist, daß sich linksradikale Attitüden zu extrem rechtem Verhalten spiegelverkehrt verstehen. (Unerheblich, ob in diesem Fall, ob in anderen Fällen Nationalsozialismus oder Stalinismus das Unterbewußtsein der Hexenjäger füttert.)

Jetzt erst, nachdem mich Kipphardt gezwungen hat, meine politischen, auf seiner Abschußliste geführten Gegner — ob sie Strauß, Springer oder Löwenthal heißen — gegen erbärmliche Niedertracht in Schutz zu nehmen, muß gesagt werden, daß außer Kardinal Döpfner und der Verlegerin Anneliese Friedmann, außer Karl Schiller auch Münchens Oberbürgermeister Hans-Jochen Vogel bei Kipphardt angezeigt ist. Denunzianten kennen keine Bedenken. Oder setzt das Vergnügen, gleich Jung-Siegfried die Drachenjagd zu betreiben, infantile Wünsche frei?

Wenn Kipphardt meint, das Programmheft der Münchner Kammerspiele sei eine Spielwiese, auf der nach beliebig benannten Pappkameraden das Liquidieren geübt werden könne, wenn Kipphardt vermutet, der unerschrockene Wolf Biermann gäbe ihm mit seinem Stück »Der Dra-Dra« den Freipaß, Lynchjustiz nach historischem Muster zu entfesseln, wenn Kipphardt ferner glaubt, die Freiheit der Kunst lasse sich je nach Bedarf als Alibi strapazieren, dann sei gesagt, daß er als Dramaturg ein Stückeverfälscher und als Schriftsteller ein Nachbar Ziesels geworden ist. Wer hier noch nach intellektuellen Qualitäten sucht, gerät in den schmalen Bereich, der zwischen Joseph Goebbels und Eduard von Schnitzler offengeblieben ist.

Genug der Ehre. Denn manch einer mag fragen: warum der Aufwand? Nur ein Programmheft. Es blieb beim Andruck. Der Intendant hat das Schlimmste verhindert. Was soll's? Ich bleibe beharrlich und fürchte auch keinen falschen Beifall. Es gilt, das politische Klima dieser Tage zu benennen und gleichzeitig zu begreifen, daß sich Ungeheuerlichkeiten durch Zellenteilung vermehren. Seit Monaten haben CDU-Politiker, mit Hilfe rechtsradikaler Zeitungen und der Springer-Presse, den Bereich »Umwelt und Umweltschutz« bis ins Gemeingefährliche erweitert. Es wurde verfälscht und verteufelt. Es wurde dick gelogen und dünnflüssig dementiert. Mühsam erworbenes demokratisches Verhalten blieb außer acht. Bis zum Wahlsonntag stand das Kesseltreiben gegen Jochen Steffen auf dem Programm. Und als Springer seinen Rubin gefunden hatte, gab die »Welt am Sonntag« den Trauzeugen ab.

Heinar Kipphardt muß wissen, in welche Gesellschaft er gerät, sobald ihm das Aufsetzen von Abschußlisten keine Bedenken bereitet. Die in Biermanns Parabelstück verankerte Aufforderung, den Drachen, wie immer er sich verkleiden mag, zu töten, ist Bühnenwirklichkeit. Das namentliche und bildkräftige Aufführen von Personen als abschußreife Drachen jedoch setzt schlimmste deutsche Tradition fort: Hetze, die zum Mord führen kann. Zu Recht hat sich der Intendant der Kammerspiele geweigert, die schon angedruckte Liste ins Programmheft aufzunehmen. Zwei leere Seiten sprachen für sich. Kipphardts Hexenjagd wurde abgeblasen — Springers Kesseltreiben geht weiter.

»Süddeutsche Zeitung« (München) und
»Der Abend« (Berlin), 30. 4./1./2. 5. 1971

Heinar Kipphardt

Grass als Kämpfer gegen linken Terror

Eine Erwiderung

Im letzten seiner beliebten Beiträge zur politischen Theorie (Politisches Tagebuch) beweist Günter Grass in seiner eigenwilligen Art:
— daß ich unter die Hexenjäger gegangen sei,
— daß ich mit Abschußlisten arbeite,
— daß ich ein Epigone der mit üblen Mordparolen arbeitenden Rechtsradikalen sei,
— daß ich dumm und gemeingefährlich sei,
— daß mein Unterbewußtsein als Hexenjäger vom Stalinismus gefüttert sei,
— daß er Strauß, Springer und Löwenthal gegen meine erbärmliche Niedertracht in Schutz zu nehmen gezwungen sei,
— daß ich als Denunziant keine Bedenken kenne,
— daß ich als Dramaturg ein Stückeverfälscher und als Schriftsteller ein Nachbar Ziesels geworden sei,
— daß meine intellektuellen Qualitäten im schmalen Bereich zwischen Joseph Goebbels und Eduard von Schnitzler zu suchen seien,
— daß ich Lynchjustiz nach historischem Muster entfessele und damit die schlimmste deutsche Tradition fortsetze: Hetze, die zum Mord führen kann.
Das sind Zitate von Günter Grass, nicht eben pingelig gewählte Behauptungen. Wie steht es mit dem Beweis?
Den sieht Grass in einem nicht von mir stammenden, nicht von mir angeregten und nicht veröffentlichten Beitrag, der für das Programmheft zur Uraufführung von Biermanns »Dra-Dra« von der Redaktion vorgeschlagen und hausintern diskutiert worden ist. Dem

357

Programmheft hätte Grass entnehmen können, daß es redaktionell von Dr. Michael Hatry, Dramaturg, und Ulrich Greiff, einem Regie-Mitarbeiter, gemacht wurde, wiewohl ich jedes Heft, so auch dieses, presserechtlich verantworte. In den Kammerspielen werden die Programmhefte in der Regel von den Produzenten der Aufführung gemacht. Was die Produzenten zur Aufführung und über sie hinaus mitteilen wollen, das soll möglichst auch gedruckt werden. Presserechtlich verantwortlich, bin ich nicht gehalten, dem Intendanten das Material zur Entscheidung vorzulegen. Im Falle dieses Beitrags, der einigen Ärger voraussehen ließ, denn da war ja viel Macht attackiert, schlug ich den Redakteuren vor, Everding über deren Veröffentlichung entscheiden zu lassen. Nach Beratung mit dem Verwaltungsdirektor Lehrl entschied sich Everding dafür, den Beitrag nicht zu veröffentlichen, weil er rechtliche Komplikationen besorgte, und einigte sich mit Dr. Hatry auf eine entsprechende Formulierung im Programmheft. Ich beschreibe das, um Grassens Umgang mit Tatsachen zu belegen, nicht um mich von dem Beitrag zu distanzieren. Worum handelte es sich dabei?

Es handelte sich um zwei Fotoseiten mit 24 Köpfen aus Wirtschaft, Politik und Meinungsbildung, die der Redaktion und der am Stück arbeitenden Gruppe eine signifikante Auswahl für Kapitalherrschaft und deren Interessenvertretung in der Bundesrepublik schienen. (Drachen und Drachenbrut im Sinne der Parabel des Stückes.) Diese beiden Seiten standen im Zusammenhang mit einem kommentierenden Aufsatz von Dr. Hatry, und zu den Fotos sollte der folgende Text stehen: »Die auf dieser und noch einer Seite abgebildeten Personen sind eine denkbare Auswahl von Drachen im Sinne des Stückes. Sie sind austauschbar. Nicht die Personen, ihre Funktionen sind wichtig.«

Das ist die Hexenjagd, die Lynchjustiz nach historischem Muster, die Hetze, die zum Mord führen kann, die Grass, aus Springers Schleswig-Holstein zurückgekehrt, dringlich niederzukämpfen hatte. Jemand könnte fragen: Wenn nun diese gemeingefährliche Bekanntgabe von Kapitalmacht und deren Interessenvertretung glücklicherweise gar nicht veröffentlicht wurde, warum veröffentlicht das dann Günter Grass, und wieso hat er gekannt, was nicht erschienen ist? Auch wenn Günter Grass als ein großer Liebhaber des Theaters bekannt ist (das beweisen seine politischen Dramen, das beweist sein glänzendes Rettungswerk der Frankfurter Bühnen, als linke Unbill in Gestalt von Stein und Konsorten drohte), kann seine Leidenschaft so weit gehen, daß er in seiner Freizeit Programmhefte von Aufführungen liest, die er nicht sieht? Grass hat die Aufführung leider nicht gesehen, deretwegen er mich einen Stückeverfälscher nennt. Aber er hat auch das Programmheft nicht gelesen, denn sonst hätte er gesehen, daß die Interpretation des Stückes mit den Ansichten Biermanns übereinstimmt. Sie ist von Heyme mit Biermann entwickelt worden, und Biermann hat sich dazu in einem SPIEGEL-Interview geäußert, das Grass wohl auch nicht gelesen hat. Bedauerlicherweise scheint er auch das Stück nicht gelesen zu haben, sonst wäre er auf der ersten Seite auf diese Anmerkung gestoßen:

»Diese Drachentöterschau braucht Regisseure und Schauspieler, die nicht schon selber zur Drachenbrut gehören. Revolutionäre Künstler werden sich nicht damit bescheiden, dieses Stück gegen alle möglichen Drachen der Welt zu spielen, sondern werden es gegen ihren eigenen Drachen in Szene setzen.«

Wie kommt es nun aber, daß Günter Grass von allen zugänglichen Materialien nur die nicht zugänglichen Fotoseiten gelesen hat? Kommt er ganz allein auf so abseitige Lektüre? Oder gibt es da vielleicht Interessenten, die ihn inspiriert haben, die nicht so sehr an fremden wie an eigenen Abschußlisten interessiert sind, um in Grassens Jargon zu reden, und die nicht noch Jahre warten wollen, bis die ersehnte und schon erwählte Ruhe in die Kammerspiele zurückkehrt? Grass erklärt seine Abstinenz gegenüber zugänglichen Informationen lakonisch: »Zurück aus Schleswig-Holstein, finde ich beschämendes Material«. Wieso findet er? Von wem? Hat er seine Informanten laufen? In den Kammerspielen? Ist er das Verfassungsschutzamt? Und wenn, warum sind seine Informanten so schlecht? Die soll er wechseln.

Grass beschreibt, wie er »in Neumünster auf Münchens Oberbürgermeister Hans-Jochen Vogel stieß« und »mit ihm gemeinsam versuchte, die Auswüchse der Demagogie zu beschneiden«. »Für Vogel war es selbstverständlich, sich neben den verketzerten Jochen Steffen zu stellen.« Das ist schön von Dr. Vogel, der ja mehr als einen Wahlbeitrag zu Berlin und Schleswig-Holstein geliefert hat. Neben dem Sozialisten Jochen Steffen steht es sich schön, wenn man vorher die Jagd auf Sozialisten und Kommunisten in der SPD eröffnet hat. Die Karikaturen in Springers Gazetten (und nicht nur in seinen) zeigen die Jusos als Ungeziefer im Pelz und Unterwanderungsratten in Brandts Taschen. Wenn Günter Grass das Programmheft gelesen hätte, dann wäre er auf einen Aufsatz von Jochen Steffen gestoßen über die Frage, wie moderner Faschismus eigentlich aussieht.

Grass kämpft immerzu gegen Springer. Aber kann man das gut, wenn man in dessen Kategorien denkt? Grass sieht wie Springer die Rechts- und die Linksradikalen spiegelverkehrt. Marxisten sind für ihn wie für Springer mit Diktatur und Stalinismus abqualifiziert. Da gibt es für ihn wie für Springer Rechts- und Linksfaschismus. Und wie Springer ist er gegen jede Gewalt, besonders gegen jede revolutionäre. Die konterrevolutionäre Gewalt bemerkt er wie Springer nicht. Wie will er bei diesen Übereinstimmungen gegen Springer kämpfen? Da muß er doch mal ein paar Büchlein lesen.

In Biermanns Stück heißt die letzte Szene »Die Hochzeit im Drachenarsch«. Als der revolutionäre Tier-Guerilla erscheint, wollen ihm viele entfliehen. Die Revolutionäre nähen ihn deshalb zu.

Sie singen:

> Damit all die Lakain
> Die krochen da hinein
> Für ewig drinnen bleiben!

> Die Spitzel und die Henker,
> Die Dichter auch und Denker,
> Die mit dem Heilgenschein
> Gekrochen tief hinein
> Ins ungeheure Arschloch!

»Süddeutsche Zeitung« (München), 10. 5. 1971

Dietmar N. Schmidt

Tauziehen um Kipphardt

Entlassung des Chefdramaturgen stürzt Kammerspiele in Krise

Es kracht im Gebälk. Die Krise ist nah in den Münchner Kammerspielen. Und sie hat sich, bei ihrer jüngsten Eruption, gar nicht einmal unmittelbar an ihrem letzten Ausbruch entzündet: keineswegs also am Unmut über das Verfahren der Intendantenwahl und die bevorstehende Berufung Hans-Reinhard Müllers zum Nachfolger August Everdings, was (wie mehrfach gemeldet) im Ensemble viel rasche Kündigungslust bewirkte. All der Ärger und Protest aber mutet heute schon vergleichsweise harmlos an — mißt man ihn am Fall des Chefdramaturgen Heinar Kipphardt (siehe die WELT vom 14. 5. 1971). Der Skandal zieht inzwischen Kreise, die eines der führenden europäischen Theater mit dem Torschluß bedrohen.

Autor Heinar Kipphardt, seit Anfang 1970 Chefdramaturg des Stadttheaters München, mit einem Vertrag, der sich jährlich automatisch verlängern sollte und an die Intendanz Everdings gebunden ist — Kipphardt wollte sich nur einen mißverständlichen Passus dieses Vertrags korrigieren lassen. Er wollte sich urheberrechtlich (nicht in finanziellem Sinne) bei eigenen Texten und Textfassungen absichern. Unter dieser Bedingung erklärte er fristgerecht Ende Januar dieses Jahres seine Bereitschaft zur Vertragsverlängerung. Everding gab sein Plazet, der Wunsch schien beiläufig erfüllbar und war es für die Stadtväter doch nicht mehr.

Grass spitzte die Feder

Die kommunale CSU wie SPD hatten längst Front gegen den linksliberalen Chefdramaturgen bezogen. Neuen Zorn entfachte er mit dem

Programmheft zu Biermanns Drachentöterschau »Der Dra-Dra«. Günter Grass spitzte seinerseits, vielleicht auch nicht ganz aus nur eigenen Stücken, gegen ihn die Feder. Und dem Münchner Kulturausschuß schien endlich die Gelegenheit günstig, den Mann loszuwerden. Herb wurde die Vertragskorrektur verweigert, ohne Kipphardt dazu zu hören und gegen den Widerstand des Intendanten.

Kipphardt indes blieb kühl und klug. Er gab nach und wollte auch unter den alten Bedingungen bleiben. Doch jetzt verweigerte der kaufmännische Direktor, nebenbei Stadtrat, seine Unterschrift sozusagen unter die Annahme der Zurücknahme des Wunsches von Kipphardt. Rudolf Lehrl, dessen Person und Funktion nicht zum erstenmal dem Theater Schwierigkeiten bereiteten, brachte den Fall vor den Kulturausschuß, und der entschied sich gegen August Everding für eine Nichtverlängerung des Vertrages. Fadenscheinig deklarierten Oberbürgermeister Vogel und sein Kulturreferent Hohenemser, politische Motive seien da keineswegs im Spiel — bloß innerbetriebliche.

Proben unterbrochen

Damit freilich wollte sich das künstlerische Personal nicht abspeisen lassen. Es unterbrach die Proben und beschloß in seltener Solidarität, dem Intendanten und dem Kulturausschuß ein Ultimatum zu stellen. Everding, der bekanntlich ab 1973/74 erst an die Hamburgische Staatsoper wechselt, solle sich weiterhin zu Kipphardt bekennen und notfalls vorzeitig selbst kündigen. Überdies sind ohne Kipphardt die eben abgeschlossenen Pläne für die nächste Saison kaum zu verwirklichen; und ohne ihn wollen auch die Regisseure von Heyme bis Schweikart nicht arbeiten. Das Ensemble hat für den kommenden Montag den Streik angesagt, will sich aber vorher noch juristisch beraten lassen.

Letzter Stand: Während der Vollversammlung des künstlerischen Personals gab Kulturreferent Hohenemser endlich doch zu verstehen, daß die Motivation politisch war. Ein winziges Zugeständnis, das ein wenig Aufschub bewirken dürfte: Vertreter des Ensembles und der Stadtrat werden sich am Montag doch noch einmal an einen Tisch setzen. Everding erklärte sich weiterhin für Kipphardt und das Ensemble, ohne allerdings damit die Konsequenz der Kündigung zu verbinden. Währenddessen treffen zahlreiche Telegramme von Regisseuren und Theatern ein — von Bremen bis Berlin und von Wuppertal bis Stuttgart —, Stimmen, die gegen die kommunale Machtausübung und die Einschränkung künstlerischer Meinungsfreiheit in München protestieren.

»Die Welt« (Hamburg), 15. 5. 1971

Joachim Kaiser

Politik, Theater-Politik, kein Theater

Die Münchner Kammerspiele werden im Augenblick von der schwersten Krise geschüttelt, die dieses Theater je durchzustehen hatte. Wenn weiterhin eine ungeschickte Maßnahme der anderen folgt, dann ist nicht auszuschließen, daß der Betrieb ganz zum Erliegen kommt. Was ist der Kern dieses Konfliktes? Und: Werden solche Konflikte sich wiederholen, wenn unsere Theater nicht nur Operetten oder Ehebruchskomödien oder mythologische Tragödien indifferent aufführen, sondern sich als radikal-politischer Teil einer politisch wirksamen Kunstarbeit mit Aufklärungsfolgen begreifen?

Zunächst: Warum soll die Öffentlichkeit, zumal die sich in den Parteien und einem städtischen Kulturausschuß zuspitzende politische Öffentlichkeit, eigentlich nicht das Recht haben, ihrerseits massiv politisch und trickreich-juristisch zu reagieren, wenn sie sich einem Theatermann gegenüber glaubt, der seine (ungewählte) Politik nicht nur »spielen«, sondern effektiver durchsetzen will?

Eine seit langen Jahren existierende, aber darum noch längst nicht gute oder gar produktive Verfassung gibt dem Münchner Stadtrat halt das Recht, bei Jahresverträgen seine Zustimmung entweder zu bekunden oder zu verweigern. Die Kipphardt-Krise begann schon vor dem »Dra-Dra«-Spiel, als Chefdramaturg Kipphardt aus diskutablen finanziellen Motiven seinen Vertrag unvorsichtig, sagen wir einmal: in Bewegung setzte, und dann so taktierte, daß das Vertragsverhältnis (juristisch) als aufgehoben betrachtet werden konnte . . .

Das führt aber zu der Frage, wie es denn um die künstlerische Alleinverantwortung eines Intendanten bestellt ist, wenn ihm von außen in seine Personalpolitik hineingeredet werden kann. Muß nicht der Stadtrat die künstlerischen Vorschläge — was die leitenden Mitarbeiter und die Stückwahl betrifft — des Intendanten so lange schlechthin hinnehmen, wie er den betreffenden Intendanten selber hinzunehmen gewillt ist: Everding hätte also entweder entschieden auf Kipphardt beharren oder aber selber den Kipphardt feuern müssen. Es wäre eine katastrophale, für das deutsche Theater schlimm-folgenreiche Entwicklung, wenn Stadtratsvoten neuerdings künstlerische und personelle Entscheidungen direkt beeinflussen könnten.

In der Praxis ist das freilich alles etwas trüber. Für Everding ist der Fall nur noch ein Übergangsproblem. Denn er selber hat ja München auch deshalb verlassen, weil er mit einem Kontrollbeamten namens Lehrl nicht fertig werden konnte, der in seinem Haus als kaufmännischer Direktor sitzt und viel verhindern kann, wenn Geld mitspielt (wann, bitte, spielt es eigentlich nicht mit?). Unter dem kameralistischen Vorwand der Ausgabenkontrolle vereinigte also der kaufmännische Direktor sehr viel, zuviel Macht auf sich — und er tut das noch: als praktisch unkündbarer Mann, der genau weiß, wie weit er gehen kann. Freilich, wenn Everding jetzt, da die Kipphardt-Kündigung zu einem von Kipphardt gewiß nicht gehemmten, die gegenwärtige Existenz des Theaters bedrohenden Loyalitäts-Boykott aller beteiligten Schauspieler und Regisseure führt, wenn also Everding jetzt Grund hat, an der Loyalität seines Chefdramaturgen zu zweifeln, dann dürften diese Zweifel »die Stadt« in ihrer ablehnenden Haltung nur bekräftigen. Die Situation ist völlig verfahren. In seiner SZ-Kolumne über ein von Kipphardt nie geschriebenes und veröffentlichtes, aber presserechtlich zu verantwortendes Programmheft hat Günter Grass erhitzt und erhitzend ausgeplaudert, was niemand hätte zu wissen brauchen. (So geht es manchmal mit der Freiheit der Presse.) Nämlich: wer mit Kipphardts Billigung als »Drache« zu gelten habe. Kipphardt hat dagegen das naive Argument angeführt, nicht die abgebildeten Personen, sondern ihre Funktionen seien gemeint gewesen. Entweder ist er also gegen die Einrichtungen der hierzulande (und nicht nur hierzulande) existenten Verfassung wie OB, Herausgeber etc., was schlicht anarchisch wäre, oder er ist halt doch entschieden gegen böse Oberbürgermeister und schlechte Herausgeber, was in dem Zusammenhang eine unfromme Drohung bedeutet hätte. Vogel, wegen der Jusos nervös, hat es so verstanden.

Aber dieses Programmheft darf nun nicht mehr mitspielen! Um des Münchner Theaterfriedens willen — vor allem Everding und Hohenemser sollten sich dafür einsetzen — muß die Institution Lehrl verändert (notfalls ausgezahlt und beendet) werden, muß man Kipphardt einen vernünftigen Übergangsvertrag anbieten. Denn: Fast alle wichtigen, im Augenblick protestierenden Mitarbeiter und Regisseure der Kammerspiele können es sich leisten, auf die Mitarbeit zu verzichten. Sie sind auf Bundesebene begehrt, sonst würden auch die Kammerspiele sie nicht wollen. Viele von ihnen haben bei dem absurden, von Hohenemser initiierten Wahlverfahren mitgemacht und da in der Überzahl nicht für Kipphardt votiert. Zunächst hielt man das Verfahren für demokratisch, als es dann nicht die gewünschten Ergebnisse zeitigte, sprach man abfälliger davon. Jetzt können sie alle ihrem Ärger und ihrer Beschämung nur allzu leicht Ausdruck verleihen, indem sie die politisch-juristische, legale Einmischung des Stadtrats als Bevormundung verstehen und einen überflüssigen Eklat herbeiführen, der die Frucht von Dummheiten, (un)politischen Mißverständnissen und schlechten Institutionen wäre.

»Süddeutsche Zeitung« (München), 19./20. 5. 1971

Martin Walser

Deutsche Schußrichtung

Gründe und Konsequenzen der Entlassung des Dramaturgen Heinar Kipphardt

Jewgenij Schwarz schrieb 1943 eine Satire gegen den Stalinismus und nannte sie »Der Drache«. Dieses Stück war lange in einer wundervollen Inszenierung Benno Bessons in Ost-Berlin zu sehen. Jetzt hat Wolf Biermann eine »große Drachentöterschau« geschrieben: »Der Dra-Dra«. Er verlangt ausdrücklich, daß man sein Stück nicht gegen »alle möglichen Drachen der Welt« spiele; »revolutionäre Künstler« sollen es »gegen ihre eigenen Drachen in Szene setzen«. Das ist, wenn man diesen Text liest, viel verlangt.

Der Biermann-Text versucht erst gar nicht, einen gegenwärtigen gesellschaftlichen Prozeß mit Hilfe eines Theaterstücks zu untersuchen, Biermann beutet einfach das Schwarz-Stück aus und versucht, die alte Drachenparabel zu aktualisieren. Er illustriert sein Stück mit weiteren Tieren, sieht sich gezwungen, die Tiermetaphorik zu erläutern (»Das Schwein ist radikaler als der Hund ... Die Katze ... bevorzugt sektiererisch antiautoritäre Haltungen«), das heißt, er vertraut nicht darauf, daß die Metaphern für Regisseure, Schauspieler und Zuschauer ohne weiteres verständlich wären.

In München wollte Kipphardt der Biermann-Anweisung nachkommen. Die Leute sollten wenigstens im Programmheft erfahren, wer gemeint ist. Deshalb sollte eine hübsche Establishmentgalerie im Paßfotoformat abgebildet werden: von Amerongen bis Franz Josef Strauß. Und im Text sollte es heißen: »Der eigentliche Drache ist das Kapital.« Aber »Drachen(brut) sind alle ›Vorgesetzten‹: Unternehmer, Präsidenten, Direktoren, Bischöfe, Verleger, Grund- und Hausbesitzer, Professoren, Intendanten, Rektoren, Bürgermeister, Pfarrer, Lehrer, Familienväter (Eltern).«

Warum fehlen eigentlich Dramaturgen, Schriftsteller, Modeschöpfer, Regisseure, Rechtsanwälte, Zahnärzte und so weiter? Das ist gewiß eine etwas komische Liste, die da in München erdacht wurde. Welche Methode muß man benutzt haben, daß Unternehmer, Präsidenten, Lehrer und Familienväter zur Drachenbrut zusammengeschmolzen werden konnten?

Vollkommen lächerlich wird diese Mischung, wenn die Münchner Drachenjäger Persilscheine paratstellen: Wir alle (Unternehmer, Bischöfe, Familienväter ...) sind keine Drachenbrut, wenn wir uns unserer »besonderen Stellung in dieser Gesellschaft bewußt sind«, wenn wir uns »selber in Frage stellen und selbst mit versuchen, Abhilfe zu schaffen«. Damit dürfte kein einziger Drache übrigbleiben.

So ist das eben mit Metaphern. Nun ist aber in der Zwischenzeit bewiesen worden, daß meine Einstellung zu dieser Metaphernwirtschaft falsch ist. Ich habe einsehen müssen, daß ein Text überhaupt nicht unzutreffend genug sein kann, wenn er nur irgendeine kritische Einstellung gegenüber den Herrschenden enthält. Keine Metapher, die irgendwie unsere führenden Schichten meinen könnte, kann so verblasen, so unaufklärerisch, so blind und nichtsnennend sein, daß unsere Führenden nicht doch noch eilfertig herbeistürzten, sich die schlappen Metaphern umhängten, um dann empört zu schreien: Das geht zu weit!

Der erste, der merkte, daß dieses schlichte Programmheft-Vorhaben zu weit gehen könnte, war Kipphardt selbst. Seine Mitarbeiter hatten diese Metaphernübersetzungen erdacht. Er ging damit zu Everding. Dem ging das auch zu weit. Everding verbot den Druck. Schön. Das Publikum konnte sich also zwei leere Seiten anschauen und mußte dann selber Hunde, Schweine, Katzen übersetzen in Einzelhändler, Generaldirektoren, Kindergärtnerinnen. Schade um diese Programmheft-Idee war's nicht.

Aber dann las man plötzlich in der »Süddeutschen Zeitung«, verfaßt von Günter Grass: »Zurück aus Schleswig-Holstein, finde ich beschämendes Material.« Mit Recht fragte man: Wo hat er das gefunden? Er wird's doch nicht vom OB Vogel haben, der auch als Drachenbrut abgebildet werden sollte und mit dem Grass gerade in Schleswig-Holstein zusammengearbeitet hatte? (»Gemeinsam versuchten wir, die Auswüchse der Demagogie zu beschneiden.«) Und schon mußte er in München wieder weiterbeschneiden: Kipphardt nannte er gleich mal »dumm und gemeingefährlich«, einen Nachbarn Ziesels, er sieht ihn »im schmalen Bereich, der zwischen Joseph Goebbels und Eduard von Schnitzler offengeblieben ist«. Wie das eben so geht, wenn man gerade vom Auswüchsebeschneiden kommt. Grass war offenbar sehr erregt von dieser nicht realisierten Programmheft-Idee. Daß Everding die SPD-Kollegen rechtzeitig und erfolgreich geschützt hatte, genügte ihm nicht. Daß die Idee überhaupt eine schlechte Idee war, sah er nicht. Die Erregung diktierte ihm: »Ich bleibe beharrlich und fürchte auch keinen falschen Beifall.« Die Überschrift dieses Artikels: »Abschußlisten«. Kipphardt sei unter die »Hexenjäger« gegangen, solche Methoden seien bisher nur »rechts« üblich, nicht aber links. Nun will es nicht die Ironie der Geschichte, sondern der von Grass selbst beschworene Geist der Verhältnisse: Kipphardt wurde abgeschossen. Und zwar von rechts. Ein linksliberaler Chefdramaturg wird abgeschossen, weil er ... ja, warum eigentlich?

Weil er zum Intendanten gegangen war und dem eine mäßige Programmheft-Idee gerade zum Verbieten vorgelegt hatte? Schließlich kannte Kipphardt seinen Intendanten, und die Verhältnisse waren ihm auch nicht unbekannt, also konnte er sich denken, was mit der Drachenliste geschehen würde. Er hat also seine Pflicht getan. Passiert war auch nichts. Kein Wort, kein Bild hatte das Programmheft erreicht.

»Hetze, die zum Mord führen kann«, donnerte trotzdem Grass. Aber selbst in dem Text der Kipphardt-Mitarbeiter kann man lesen, daß nicht die Personen gemeint waren, sondern die Funktionen. Und mit diesem Satz kriegt das ganze Unterfangen wieder einigen Sinn. Damit ist es dann doch noch ein Aufruf zur Veränderung der Verhältnisse, die durch Amerongen, Abs, Schiller, Vogel und Strauß lediglich bezeichnet werden! Wo ist denn da Mordhetze?

In der Sitzung des Kulturausschusses des Münchner Stadtrats, in der Kipphardt abgeschossen wurde, diskutierte man säuberlich separat über Kipphardt und über das Dra-Dra-Stück. Das Stück kam gut davon. Kulturreferent Dr. Hohenemser konnte den Ausschuß und den OB davon überzeugen, daß der »Kampf gegen den Stalinismus« das Thema dieses Stücks sei und bleibe! Auch Intendant Everding rettete sich mit ortsüblichem Gerät, als er sagte, er habe mit diesem Stück etwas angenommen, was in der DDR verboten sei und was in Rußland keine Chance habe. So ist das eben mit den Metaphern: Kipphardt und seine Mitarbeiter und ebenso linksliberale Kritiker jubeln, weil sie eine Antikapitalismus-Parabel haben. Die, die das Sagen haben, wissen, es ist was Antistalinistisches. Wenn da nicht die nichts als komische Programmheft-Panne passierte, dann erführen diese beiden Seiten wahrscheinlich überhaupt nicht, daß sie das Stück so herzlich verschieden verstehen. Dafür sind Programmhefte gut. Also, das Stück wurde gerettet. Kipphardt nicht. OB Vogel schloß sich ziemlich erregt dem Grass-Artikel an: »Ich lehne Gewalt von jeder Seite und gegen jedermann ab.«

Zur Gewalt wird aber nicht im Programmheft, sondern nur im Stück aufgerufen. Aber das ist ja innerhalb der Parabel. Daß man Parabeltiere schlachtet, heißt nicht, daß man die damit bezeichneten Menschen auch schlachten will. Die würde man ja gern nur in den Ruhestand schicken. OB Vogel meinte in der Ausschußsitzung, den Schluß, die fotografierten Prominenten nicht zu morden, könnten wohl nur Leute ziehen, die ein »literarisches Studium von vielen Semestern und eine politische Bildung von vielen Jahren« hinter sich hätten. Für »schlichte Gemüter« ergebe sich aus dem Programmheft »in hohem Maße« der Anreiz, diese Prominenten auch wirklich umzubringen. Deshalb mußte Kipphardt abgeschossen werden. Obwohl er nichts, nichts, nichts getan hat.

Wenn man die anschwellende Hetze gegen links ansieht, dann weiß man auch, daß es nicht der Jargon linksintellektueller Programmhefte ist, der schließlich Schüsse auslöst. Das wissen Sie doch, Herr Oberbürgermeister, von wo nach wo die Schüsse fallen. Doch nicht von links nach rechts. Die deutsche Schußrichtung geht immer noch von rechts nach links. Sogar Günter Grass, der gerade noch Kipphardt unter die Abschießer einreihen wollte, ist (metaphorisch gesprochen) wider Willen selber ein Abschuß gelungen. Eine groteske Situation. Wenn OB Vogel schon so nervös ist, daß er in Kipphardt einen Anstifter zum Mord sieht, warum geht er dann nicht zum Staatsanwalt? Eine andere Beschuldigung als dieser völlig unhaltbare Unsinn wurde nicht formuliert. Und alle diese Formulierungen vibrieren geradezu vor demokratischer Tadellosigkeit. Aber das Ergebnis: Einer ist gefeuert für nichts und wieder nichts. Das Äußerste, was Kipphardt vorzuwerfen wäre, ist eine Meinung.

Karasek hat recht, der einzige Weg, diesen Skandal zu beenden, ist der Weg zurück. Aber wie geht das? Ganz sicher nicht ohne die Solidarität aller, die in der Kulturindustrie arbeiten.

Deshalb schlage ich vor:

1. Die Schauspieler der Kammerspiele, die in diesem Skandal einen Skandal erkennen, machen von jetzt bis zum Widerruf der Entlassung »Dienst nach Vorschrift«, das heißt, sie engagieren sich nicht mehr, sie liefern Text ab, auf den Proben und abends. Und sie erklären den Zuschauern abends, warum sie das tun, und fordern auch das Publikum zur Solidarisierung auf.

2. Autoren, Bühnenbildner und Komponisten erklären, daß sie die Kammerspiele bestreiken werden, bis die Entlassung widerrufen wird. (Eine Liste derer, die sich diesem Streik anschließen, wird im Büro des »Arbeitskreises Kulturindustrie« aufgelegt. Adresse: Eckart Spoo, 8 München 25, Kidlerstraße 12.)

3. Schauspieler und Regisseure erklären, daß sie an keiner Inszenierung in den Kammerspielen mitarbeiten, bevor die Entlassung nicht widerrufen wird. (Eine Liste wird im Büro des »Arbeitskreises Kulturindustrie« aufgelegt.)

4. Die Kritiker erklären, daß sie keine Premiere der Kammerspiele mehr besprechen werden, wenn die Entlassung nicht widerrufen wird. (Eine Liste wird im Büro des »Arbeitskreises Kulturindustrie« aufgelegt.)

5. Intendant Everding tritt von seinen Geschäften zurück, bis die Entlassung widerrufen wird. Oder er erklärt uns, aus welchen Gründen Kipphardt nicht mehr Kammerspieldramaturg sein kann.

6. Günter Grass prüft, ob OB Vogel und der Kulturausschuß mit der Entlassung Kipphardts die richtige Konsequenz aus seinem Artikel »Abschußlisten« gezogen haben oder nicht.

»DIE ZEIT« (Hamburg), 28. 5. 1971

Günter Grass

Beim Kappenzählen

Und sei es als Fußnote zum Dürer-Jahr, ich muß darauf zurückkommen: Das mittelalterliche »Narrenschiff« des Sebastian Brant, dem Albrecht Dürer während seiner Jahre in Basel gute siebzig Holzschnitte beigesteuert hatte, ist immer noch flott und segelt auch durch unsere an Untiefen und Heulbojen reichen Verhältnisse. Sooft die Mannschaft abmustert, es finden sich neue Narren: beschränkte und gelehrte, fortschrittliche, die den Moden nachhüpfen, reaktionäre, denen kein Unsinn altbacken genug sein kann, spiegelverkehrte und naive, die dem trickreichen Geschrei »Haltet den Dieb!« hörig sind, und solche, denen die »Lust am Untergang« Kitzel und Zeitvertreib ist.

Da wir an rechten Narren Überfluß haben und uns deren barzelsinnige Tollheit kaum noch lustig machen kann, sollen hier mit Bedacht linke Narren gemeint sein, denen das Wort radikal, sobald Denken beschwerlich wird, Ersatzdienste leisten muß. Zumeist beschränkt sich ihr Witz darauf, Steuerbord und Backbord zu verwechseln, sich auf linkem Kurs zu wähnen, obgleich sie nach rechts abtreiben. Doch selbst wenn sie stranden, werden sie ihren Schiffbruch als einen »linken« feiern: Närrischsein verpflichtet!

Als ich vor vier Wochen einigen zünftig linksgewickelten Narren, denen die Bühne der Münchner Kammerspiele offenbar zu wenig Auslauf geboten hatte, in einem Artikel an dieser Stelle nachweisen mußte, daß ihr Versuch, mit Abschußlisten eine Drachenjagd zu entfesseln, uralt rechtes Brauchtum ist, bekam das Narrenschiff des Sebastian Brant (vielleicht, weil jedermann seinen Beitrag zum Dürer-Jahr leisten möchte) enormen Zulauf. Wer sich zur linken Schickeria zählt, musterte an. Wer bisher gehofft hatte, es gäbe nur Rechtsopportunisten, der konnte mitzählen: Namenslisten und forsche Solidaritätserklärungen sollten linkes Mitläufertum zur geballten Kraft bündeln. Man muß nur ungebrochen daran glauben, daß rechte Mittelchen linke Zwecke heiligen können, schon stimmt der Kurs: ideologische Quacksalber werden auf Narrenschiffen Kapitän.

Um wieder aufs Trockene zu kommen: Ein Oberbürgermeister (Vogel) sollte als Drachen zwischen anderen Drachen auf einer Abschußliste in ein Programmheft der Münchner Kammerspiele gesetzt werden; die große »Drachentöterschau« des Autors (Biermann) sollte auch in rauher Wirklichkeit und nicht bloß auf der Bühne stattfinden. (Es muß ja nicht gleich Blut fließen. Ein bisserl diffamieren tut's auch schon. Hernach kann man sagen, alles sei nur symbolisch gemeint gewesen.)

Ein verantwortlicher Chefdramaturg (Kipphardt) ließ, als die Drachenjagd als Hexenjagd nicht stattfinden durfte, zwei leere Seiten ins Programmheft rücken, die nur beinahe leer waren, denn zu lesen stand: »Aus rechtlichen Gründen konnten die für diese Seiten vorgesehenen Bilder von Drachen aus Politik und Wirtschaft leider nicht abgedruckt werden.«

Der Oberbürgermeister wollte nicht als Drachen zwischen Drachen auf einer Abschußliste stehen. Überhaupt war er gegen gedruckte und gleichfalls gegen nur angedruckte Abschußlisten. Und auch ich war und bin der Meinung, daß zwei beinahe leere Seiten, auf denen zu lesen steht, daß sie »leider« leer bleiben müssen, immer noch Abschußlisten beinhalten. Die infame Absicht, altrechte Methoden als neulinke fortzusetzen, wurde nicht widerrufen. Zwei traditionsbewußte Abbruchunternehmer beim Händeschütteln. Wer nicht auf den Ohren sitzt, hört es: zweistimmig wird der Rufmord eingeübt.

Als Franz Josef Strauß vor zwei Jahren mit dem Bamberger Tiervergleich seine Mentalität unter Beweis stellte, sprach ich dagegen an; Kipphardts Drachensammlung, frei nach Biermann, macht mich heute nicht stumm. Nun schreien sie: Der Ankläger warf den ersten Stein! Das Opfer (der Oberbürgermeister) ist schuld. Warum tut er nur so empfindlich? Man wird doch wohl noch eine kleine »Drachentöterschau« veranstalten dürfen. Schließlich leben wir in einer Demokratie (die, vorerst verbal, zerschlagen werden soll).

Ein Chefdramaturg wollte von jenem Oberbürgermeister, der soeben noch als menschlicher Drachen (Straußscher Tiervergleich) zum Abschuß freigegeben werden sollte, seinen Vertrag als Chefdramaturg verlängert bekommen. Der Oberbürgermeister jedoch war kein Narr. Man stelle sich vor: Jochen Vogel hat den selten gewordenen Mut, nicht umzufallen. Auch läßt er sich als Freiwild für Drachentöter keine Schonzeit einräumen. Er nimmt den Schreibtischtätern das Alibi, bevor Direkttäter als gläubige Narren straffällig werden können. Ein Politiker, der sich als verantwortlich begreift; ein rares Exemplar – mit der Lupe zu suchen. In eigener Sache: Heinar Kipphardt hat in seiner Antwort an mich seine Verantwortung als Chefdramaturg zu verkleinern versucht. Im übrigen bekennt er sich zur Praxis der Drachenauslese. Kein Wort der Entschuldigung: Die ungedruckten Drachen bleiben für Kipphardt Drachen. Der mit Metaphern verkleisterte Aufruf zum Töten der Drachen wird nicht zurückgenommen.

Nun möge jeder – Narr oder Nichtnarr – in sich gehen und prüfen, ob er die Kappe ablegen oder aufsetzen will. Es geht nicht um die Münchner Kammerspiele. Oft erholen sich Theater schneller als sie abschlaffen. Es geht auch nicht um den Chefdramaturgen und den Oberbürgermeister. Beide lassen sich mehr oder weniger leicht ersetzen. Es geht um das Recht eines jeden, sein Haus von jener Mentalität freizuhalten, die keine Bedenken kennt und mittels Kimme und Korn im politischen Gegner ein Tier sieht.

Ich dramatisiere nicht. Ich sehe, wie Aufrufe zur Gewalttätigkeit und die Gewalttätigkeit gesellschaftsfähig zu werden beginnen. Auch warne ich nicht mehr: die Narren könnten überhand nehmen; viel-

mehr stelle ich fest: die Narren nehmen überhand. Neuerdings linksradikale Narren, die den rechtsradikalen Narren die Schelle gestohlen
haben. Feige Narren. Einäugige Narren. Nicht mehr lustige, gefährliche Narren. Wer hilft mir, ihre Kappen zählen?

»Süddeutsche Zeitung« (München)
und »Der Abend« (Berlin), 29./30./31. 5. 1971

Jürgen Engert

Gespaltene Toleranz

Ein Beben ist in der bundesdeutschen Kulturlandschaft zu registrieren. Anlaß: Die Entlassung des Chefdramaturgen der Münchner Kammerspiele, Heinar Kipphardt, durch den Stadtrat an der Isar. Kipphardt
ist verantwortlich für das Programmheft, das für die Aufführung des
Theaterstücks »Der Dra-Dra« des Ostberliner Autors Wolf Biermann
verfaßt wurde.

Es enthält zwei leere Seiten, auf denen ursprünglich 24 Fotos mit
Köpfen aus »Wirtschaft, Politik und Meinungsbildung« erscheinen
sollten. Neben Franz Josef Strauß, Kardinal Döpfner, Wirtschaftsminister Schiller, Münchens Oberbürgermeister Vogel, die Herausgeberin
der Münchner Abendzeitung, Anneliese Friedmann – um nur ein
paar zu nennen.

In München war eine »Drachentöterschau« in Szene gesetzt worden,
und Paßfotos sollten nach Kipphardt auf »Drachen und Drachenbrut«
im Sinne der Parabel des Stückes hinweisen.

Wegen der möglichen rechtlichen Konsequenzen wurde von Kipphardt der Intendant der Kammerspiele, Everding, eingeschaltet, der
das Anprangern untersagte.

Der Vorgang provozierte den Schriftsteller Günter Grass, und er
zog gegen die Methode, »Abschußlisten« zu verfassen, ins Feld. Er
schrieb in seiner Kolumne, die regelmäßig in der Süddeutschen Zeitung und im ABEND erscheint: »Heinar Kipphardt muß wissen, in
welche Gesellschaft er gerät, sobald ihm das Aufsetzen von Abschußlisten keine Bedenken bereitet. Die in Biermanns Parabelstück verankerte Aufforderung, den Drachen, wie immer er sich verkleiden mag,
zu töten, ist Bühnenwirklichkeit. Das namentliche und bildkräftige
Aufführen von Personen als abschußreife Drachen jedoch setzt
schlimmste deutsche Tradition fort: Hetze, die zum Mord führen
kann.«

Und Oberbürgermeister Vogel, der den Vertrag von Kipphardt über
den Sommer hinaus nicht verlängern will, kommentierte: »Es ist der
Stadt nicht zuzumuten, einen Mann zu beschäftigen, der zur Ermor-
dung des Oberbürgermeisters auffordert.«

Heinar Kipphardt bekannte sich zu der geplanten, aber nicht realisierten Fotomontage. Und was er von Münchens Oberbürgermeister hält, das tat er in einer Erwiderung auf Grass in der Süddeutschen Zeitung kund. Grass hatte die gemeinsamen Auftritte von Vogel und dem schleswig-holsteinischen Spitzenkandidaten der SPD, Jochen Steffen, beim Landtagswahlkampf im nördlichsten Bundesland als Beispiel dafür zitiert, wie man sich trotz aller Meinungsdifferenzen gegen eine Verketzerung wenden kann, die Steffen zugedacht war.

Dazu Kipphardt: »Das ist schön von Dr. Vogel, der ja mehr als einen Wahlbeitrag zu Berlin und Schleswig-Holstein geliefert hat. Neben dem Sozialisten Jochen Steffen steht es sich schön, wenn man vorher die Jagd auf Sozialisten und Kommunisten in der SPD eröffnet hat.« Wessen hatte sich Vogel schuldig gemacht? Er hatte Tendenzen in der Münchner SPD auf die Hörner genommen, die »auf eine dogmatische Ideologisierung« hinauslaufen.

Für Kipphardt sind viele Theater, Schauspieler, Regisseure und Kritiker auf die Barrikaden gegangen. Sie solidarisieren sich mit dem Chefdramaturgen, und das ist ihr gutes Recht. Nur scheinen sie dies Andersdenkenden nicht zuzubilligen. Sonst wäre der Sturm, der gegen Günter Grass jetzt entfesselt wird, nicht zu erklären. Jüngstes Beispiel dafür: Als der Schriftsteller die Peer-Gynt-Aufführung in der Schaubühne am Halleschen Tor besuchte, wurde er dort in einer Verlautbarung des Ensembles von der Bühne herab als »Mietling der SPD« diffamiert. Aus dem Publikum erschallte der Ruf: »Grass raus.«

Toleranz ist für leider allzu viele eine Sache, die nach Sympathie und Antipathie bemessen wird. Schizophrenie kann die Folge davon sein. Realitäten werden nicht mehr erkannt. Sonst könnte ein Schriftsteller wie Martin Walser in der Hamburger »Zeit« nicht behaupten, Schüsse von Deutschland gingen immer noch von rechts nach links. Die Erfahrung lehrt inzwischen, daß leider auch Linke ganz gut zielen können — und nicht nur auf Pappkameraden.

Noch eine Bemerkung in eigener Sache: Der »Extradienst« richtete einen Angriff gegen den ABEND, weil er die Erwiderung von Kipphardt auf die Grass-Kolumne nicht abdruckte. Diese Polemik hat eine Vorgeschichte: »Extradienst«-Redakteur Stefan Reisner meldete sich telefonisch, und ihm wurde mitgeteilt, daß Kipphardt seine Antwort nur an die Süddeutsche Zeitung, nicht aber an den ABEND richtete. Reisner behauptete, der Chefdramaturg habe aber über den Theaterkritiker des ABEND, Heinz Ritter, eine solche Bitte angemeldet. Weder von Kipphardt noch von einer anderen Seite ist eine solche Forderung an Ritter — der im übrigen nicht mehr in der Redaktion residiert, wie man dem Impressum leicht entnehmen kann — angemeldet worden. Journalistische Sorgfaltspflicht ist aber offenbar von jenen nicht zu erwarten, die sich als politische Kämpfer stets im Dienst fühlen.

»Der Abend« (Berlin), 1. 6. 1971

Günter Grass

Zum Zwischenfall in der »Schaubühne«

Am Freitag, den 28. Mai 1971, gingen meine Frau und ich in die Schaubühne am Halleschen Ufer. Wir wollten uns Peter Steins Inszenierung »Peer Gynt« 2. Teil ansehen.

Kurz nach Beginn des Theaters wurde die Vorstellung unterbrochen: das Kollektiv der Schaubühne, angeführt von Peter Stein, versammelte sich auf der Spielfläche, der Schauspieler Dieter Laser begann, einen Text vorzulesen. Nachdem sich das Kollektiv laut Text mit dem Chefdramaturgen der Münchner Kammerspiele, Heinar Kipphardt, solidarisiert hatte, wurde das Publikum darauf aufmerksam gemacht, daß ich mich im Theaterraum befinde, dann bezeugte das Kollektiv »seine Verachtung gegenüber dem hier anwesenden Günter Grass, der in der Manier eines bezahlten Mietlings der Münchner SPD-Spitze einen Schriftsteller-Kollegen in übelster Weise verleumdet und dadurch den Münchner Skandal mit hervorgerufen hat«.

Diese Resolution löste frenetischen Beifall aus; einzelne Rufe wie »Raus!« und »Grass raus!« bezeugten, daß die Methode der Schaubühne am Halleschen Ufer eine wirkungsvolle war.

Bevor das Kollektiv die Spielfläche verlassen konnte, stand ich auf und versuchte ich, Antwort zu geben. Ich sagte, daß die hier im Theater geübte Methode in Deutschland bekannt sei und Geschichte habe. Ich wehrte mich gegen die totalitäre Aburteilung in der Öffentlichkeit. Ich verwies darauf, daß der Abgeurteilte keine Möglichkeit habe, sich und seinen Standpunkt zu vertreten. Danach erklärte ich, daß meine Frau und ich weiterhin vorhätten, uns »Peer Gynt« 2. Teil anzusehen und daß wir uns nicht aus dem Theater verdrängen lassen wollten. Solche Methode, sagte ich zum Schluß, werde auf die zurückfallen, die sie anwenden. — Der Beifall einer starken Minderheit zeigte an, daß ein Teil des Publikums erst jetzt begriffen hatte, mit welch nazistischer wie stalinistischer Methode es manipuliert worden war. Meine Frau und ich blieben bis zum Schluß der Vorstellung, obgleich es uns nicht leichtfiel, gelassen zu bleiben.

Günter Grass entgegnet der Schaubühne

Günter Grass warf in einem Gespräch mit dpa der Berliner Schaubühne am Halleschen Ufer Intoleranz vor bei der »Aburteilung eines Menschen in der Öffentlichkeit, dem keine Chance gegeben wird, sich und seinen Standpunkt zu verteidigen«. Der Schriftsteller gab gleichzeitig eine ergänzende Darstellung der Vorgänge am vergangenen Wochenende im Theater der Schaubühne. Grass war mit seiner Frau als

Theaterbesucher in einer Vorstellung des zweiten Teiles von Ibsens »Peer Gynt« erschienen, nachdem er am Tage zuvor den ersten Teil gesehen hatte.

Nach dem »Rückblick« auf den ersten Teil versammelte sich vor Beginn der eigentlichen Vorstellung das Kollektiv auf der Szene, um eine »vorbereitete« Solidarisierungserklärung mit dem Münchner Chefdramaturgen Heinar Kipphardt zu verlesen und Grass, der Kipphardt in einer Anfang Mai publizierten Kolumne angegriffen hatte, öffentlich die »Verachtung« der Mitglieder der Schaubühne zu bezeugen. Nach »frenetischem Beifall« für diese Resolution und den Rufen »Grass raus« sei auch ihm von einer »starken Minderheit« Beifall gezollt worden, als er »diese Methode« der Verurteilung ohne Anhörung, die in Deutschland bekannt sei und Geschichte habe, anprangerte. Aus dem Publikum seien jüngere und ältere Besucher in der Pause zu ihm gekommen, um sich wegen des Tumults bei ihm »zu entschuldigen«.

dpa, laut »Die Welt« (Hamburg), 4. 6. 1971

Stefan Reisner

Der ungedruckte Grass

Günter Grass, Hauptmann der bundesrepublikanischen Demokratie, der durch die Lande reist, um »Auswüchse der Demagogie« zu beschneiden, nahm, wie bekannt, Anstoß an einer ungedruckten Seite des Programmheftes der Münchner Kammerspiele zu Wolf Biermanns »Dra-Dra«. Grass hat zwar den ungedruckten Entwurf gelesen, der ihm, so weiß man im Münchner Rathaus, von Bürgermeister Vogel zugespielt wurde, nicht aber — wie Biermann-Verleger Klaus Wagenbach zuerst und Biermann selbst dann nachwiesen — das Theaterstück, auf das der Entwurf sich bezog. Verantwortlich für das Programm-Heft ist der Chefdramaturg der Münchner Kammerspiele, Heinar Kipphardt. Er hatte den Entwurf dem Intendanten Everding vorgelegt, und man war zu der Erkenntnis gelangt, daß es nicht vertretbar sei, den Programmheft-Beitrag zu drucken.

Grass, den das alles nicht scherte, da er schon mal beim Beschneiden war, sah in dem ungedruckten Beitrag die Aufforderung zum Mord: Auf der Seite, die schließlich ungedruckt blieb, sollte als Drachen neben Kardinal Döpfner, Anneliese Friedmann, Karl Schiller auch Münchens OB Vogel abgebildet werden.

Der Grass-Beitrag, gedruckt in der Süddeutschen Zeitung und nachgedruckt im West-Berliner »Abend«, führte dazu, daß die Gegner Kipphardts eine Verlängerung seines Vertrages als Chefdramaturg der Kammerspiele verhindern konnten.

Das ist der Münchner Fall: eine Rathaus-Intrige, die von Vogel ausgeht, der es für besser hält, daß der CSU-nahe Müller und nicht der liberale Ivan Nagel Intendant in München wird.

Ein Fall aber auch des Westberliner Grass. Ein tragischer Fall gewiß, ist es doch bestürzend, zu sehen, wie ein Mann, dem man Fähigkeit nicht absprechen wird, durch Eitelkeit und Mangel an Selbsterkenntnis zum »bezahlten Mietling« (Ensemble der Schaubühne) wird, der »einen Schriftsteller-Kollegen in übelster Weise verleumdet«.

Bemerkenswert doch wohl auch, was der Demokrat Grass alles in seinen Kolumnen nicht schreibt: Er nimmt Anstoß jedoch an nichtgedruckten Seiten (Grass: »Auch ich war und bin der Meinung, daß zwei beinahe leere Seiten, auf denen zu lesen steht, daß sie ›leider‹ leer bleiben müssen, immer noch Abschußlisten beinhalten«.) Was beinhalten eigentlich die nicht geschriebenen Kolumnen von Günter Grass? Hat er jemals Kenntnis genommen von dem, was seinen Wohnort tatsächlich bedroht? Für den, der so auf der Hut ist, wie Grass, die sozialdemokratische Demokratie zu retten, die ihm die Taufpaten stellt, wäre es doch wohl ein leichtes, eine Kolumne zu schnitzen über die Skandale, die vor seiner Tür passieren. Wann hat Grass geschrieben über den Mahler-Prozeß, über die einjährige Untersuchungshaft für Fischer und Sami, deren Prozeß mangels Beweisen eingestellt wurde, über den Tegeler Küchen-Prozeß (das müßte den Amateurkoch Grass doch auch interessieren), oder wann hat er auch nur ein Porträt seines Parteifreundes Neubauer geschrieben, der einen V-Mann beschäftigt, über den man sagt, er hätte die Bombe im jüdischen Gemeindehaus besorgt, und über den man gewiß weiß, daß er den Sarg zimmerte, den Kommunarden in die Paul-Löbe-Beisetzung trugen. Wann hat Grass denn einmal geschrieben über Berlin-Spekulationen? Hat Grass, der immer weiß, wo rechts und links ist, geschrieben über die Rassistenkundgebung in Neukölln? Nein, Grass macht große Politik, wenn er mit dem Kanzler Tee trinkt, und mit Horst Ehmke telefoniert. Und was Grass nicht wissen will, das macht ihn auch nicht heiß. Da schreibt es sich leichter über Ungedrucktes. Kollegen Schriftsteller, habt acht!

Daß in der Westberliner Presse — vor allem im »Abend«, der Grass und den CDU-Fraktionsvorsitzenden Lummer zu seinen Kolumnisten zählt — der Fall Kipphardt ein bescheidenes Echo gefunden hat, das ist zu erwarten gewesen. »Der Abend« sah sich erst genötigt, Heinar Kipphardts Antwort an Grass zusammenfassend zu erwähnen, nachdem ED-Redakteur Reisner bei dem stellvertretenden Chefredakteur Engert nachgefragt hatte, warum Kipphardts Entgegnung auf die Grass-Diffamierung nicht fairerweise auch im »Abend« gedruckt werde. Engert sah bis zu diesem Zeitpunkt keinen Anlaß. Jürgen Engert kommentierte sodann am Dienstagmorgen das Versagen der »Abend«-Redaktion: »Die Erfahrung lehrt inzwischen, daß leider auch Linke ganz gut zielen können — und nicht nur auf Pappkameraden.«

Engert sah sich »in eigener Sache« einer Polemik ausgesetzt, die er für ungerechtfertigt hält. Im ED 42/V hatte er gelesen: »Der ›Abend‹ veröffentlicht die Stellungnahme von Kipphardt jedoch nicht. Begründung des stellvertretenden Chefredakteurs: Die Entgegnung ist uns nicht zugeschickt worden. Engert bestätigte jedoch, daß er die Kipphardt-Replik in der SZ gelesen habe. Ihm war nicht bekannt, daß Feuilleton-Redakteur Ritter aufgefordert worden war, diese Stellungnahme aus Gründen der Fairneß ebenfalls im ›Abend‹ zu veröffentlichen.« Engert dazu im »Abend«: »Reisner behauptete, der Chefdramaturg habe aber über den Theaterkritiker des ›Abend‹, Heinz Ritter, eine solche Bitte angemeldet«. Weder von Kipphardt noch von einer anderen Seite, stellte Engert fest, sei eine solche Forderung an Ritter oder den »Abend« herangetragen worden. Reisner hat nun nicht behauptet, Kipphardt selbst habe den »Abend« zum Nachdruck aufgefordert. Richtig ist, daß Reisner Engert gefragt hat, ob ihm bekannt sei, daß von der dritten Seite an den »Abend« — über Heinz Ritter, wie Heinar Kipphardt dem ED sagte — ein solcher Wunsch herangetragen worden sei. Ihm war es nicht bekannt, und auch Heinz Ritter war dieser Wunsch nicht bekannt. Es ist nicht unser Problem, wie im Hause des »Abend« die Post entgegengenommen wird.

Nicht korrekt war an unserer Meldung, daß Heinz Ritter als Feuilleton-Redakteur bezeichnet wurde. Heinz Ritter legt Wert auf die Feststellung, daß er seit längerem freiberuflich für den »Abend« als Theaterkritiker tätig ist.

»Berliner Extra-Dienst«, 5. 6. 1971

Matthias Walden

Günter Grass und die »linksgewickelten Narren«

Ausnahmsweise sei es erlaubt, einige Zitate aus dem Zusammenhang zu reißen, der danach allerdings wiederhergestellt werden soll. In einer einzigen Zeitungskolumne fanden sich die folgenden Wendungen:

»Linksgewickelte Narren«, » . . . neue Narren: Beschränkte und Gelehrte, Fortschrittliche, die den Moden nachhüpfen, Reaktionäre, denen kein Unsinn altbacken genug sein kann«, »linke Schickeria«, »linkes Mitläufertum«, »ideologische Quacksalber«, »Aufrufe zur Gewalttätigkeit beginnen gesellschaftsfähig zu werden«, »die Narren nehmen überhand, neuerdings linksradikale Narren, die den rechtsradikalen Narren die Schelle gestohlen haben.«

Alles das floß, so schwer es auch zu glauben fällt, aus der Feder des Günter Grass. Und nun der Zusammenhang: Heinar Kipphardt, bis zu seiner Entlassung Chefdramaturg der Münchner Kammerspiele,

hatte im Programmheft zu Biermanns »Drachentöterschau« Bilder von
Persönlichkeiten des öffentlichen Lebens (unter ihnen Jochen Vogel
und Axel Springer) auf einer »Abschußliste« veröffentlichen, als »Drachen« denunzieren und der »Tötung« empfehlen wollen. Grass war
dagegen scharf zu Felde gezogen und hatte die Wut der Kipphardt-
schen Gesinnungskomplicen erregt. Darauf antwortete er so, wie ein-
gangs zitiert. Ein neuer Grass zeigt sich dem Publikum.

In Berlin wurde er dafür öffentlich gedemütigt. Das Ensemble der
»Schaubühne am Halleschen Ufer« sprach ihm, dem in der Vorstellung Anwesenden, von der Bühne herab seine »Verachtung« aus und
nannte ihn einen »bezahlten Mietling der Münchner SPD-Spitze«.
Dagegen muß er in Schutz genommen werden, denn sein Lanzenritt
gegen die »Drachentöter« war ehrbar, und die Kränkung des Thea-
tergastes am Pranger im Parkett muß seinen Beleidigern um die gegen
jeden Anstand ertaubten Ohren geschlagen werden.

Aber da bleibt ein Problem. Günter Grass wird Schützenhilfe dieser
Art für das halten, was er vorbeugend »Beifall von der falschen Seite«
nannte. Das macht nichts. Er wird sich damit abfinden, zu bekommen, was er nicht erbeten hat. Problematisch ist der Beifall selbst,
der sich nicht aufs Händeklatschen und Dakapo-Rufen beschränken
kann. Denn der (nicht von »wem?«, sondern »wofür?«) engagierte
Schriftsteller schickt sich an, Geister zu bannen, die er selbst gerufen
hatte.

Am Start seines Weges in die politische Publizität sah man ihn
bekanntlich ohne Sträuben auf den Schultern jener »linken Schickeria«, die ihn jetzt unter ihre Füße nimmt und deren »radikale Gewalttätigkeit« er erst erkannte, nachdem auf der einst gemeinsamen
Wegstrecke erheblicher Schaden angerichtet worden war.

Wir werden ihn nicht als Überläufer mißzuverstehen haben, und
unser Respekt gegenüber Einsicht und Umkehr gebührt ihm spätestens dann, wenn er den alten Irrtum freimütig eingestanden haben
sollte, woran es vorläufig noch fehlt. Auch ist zu hoffen, daß er gewisse Orientierungsschwierigkeiten überwinden wird, die seine Einsichten in linksextreme Gefährlichkeit heute noch behindern, zum
Beispiel seine Verwechslung der demokratischen Mitte mit der »Rechten«.

Und wenn Grass heute fragt, als sei er noch allein mit seiner Erkenntnis von der Gefährlichkeit »linker Narren«: »Wer hilft mir,
ihre Kappen zählen?«, ist es wichtig, festzustellen, daß andere diese
Kappen lange schon vor Günter Grass gezählt haben, als er noch
hinter und auf den Barrikaden tätig war, vor denen er nun aktiv
geworden ist. Das festzustellen ist ganz einfach wichtig für das näch-
stemal, wenn es um die Fortsetzung der rufmörderischen Mißverständnisse gehen wird, um die politisch lebensnotwendige Abwehr
der Denunziation, die Gegner der extremen Linken seien extreme
Rechte.

Wir wollen uns nichts vormachen: Was »der neue Grass« sagt, wenn er zum Zählen der Kappen »linksgewickelter Narren« auffordert, ist keine Neuigkeit, sondern eine Verspätung. Niemand sollte ihm verwehren, jetzt mit einzustimmen. Aber es kann ihm nicht erspart werden, seinen Wandel durch die Einsicht in die Urheberschaft dieser Erkenntnisse zu ergänzen.

»Welt am Sonntag« (Hamburg), 6. 6. 1971

Hans Höppner

Die Rotmacher

Günter Grass, Bürgerschreck den einen, den anderen ein liberaler Scheißer, hat in unbequemer Lage zwischen allen Stühlen der Gesellschaft nicht die eigene Unbequemlichkeit verloren. In der »Süddeutschen« und im Berliner »Abend« hat er der radikalen Linken in der Bundesrepublik die Schelle umgehängt. Wird es in den Ohren gellen?

Es wird Zeit. Es wird Zeit auf die Gefahr hin, daß die sich rehabilitiert fühlen, die den Angriff auf die parlamentarische Demokratie (lies: »Systemüberwindung«) provoziert haben, weil sie zu lange die Taschen zuhielten, in die sie sich die politische und wirtschaftliche Macht gestopft hatten in zwei Jahrzehnten Regierungsverantwortung. Die im Namen des hohen C das Ahlener Programm ans Kreuz statt an die Tür des Palais Schaumburg schlugen, denen Reform noch heute ein Schimpfwort ist und eine Finanzmisere gerade recht kommt, um den Wandel verhindern zu helfen.

Das erklärt nicht alles, aber es erklärt manches an dem politischen Sturm und Drang, der einen Teil der Jugend und manchen nicht mehr ganz jungen auf die Straße trieb. Ende der sechziger Jahre, als mit der Großen Koalition auch noch die SPD (wenn auch fälschlich) in Verdacht geriet, die Regierungsgewalt mehr alternierend als alternativ ausüben zu wollen.

In der Welle des Aufbegehrens gegen eine Gesellschaft, in der die Verteidigung der persönlichen Freiheit immer ungenierter als Etikett für die Anhäufung von Kapital und Einfluß mißbraucht wurde, schwappte ein Stück Hoffnung mit über das Land. Und wer wollte im Rückblick bestreiten, daß, zumal an den Universitäten, mancher Damm, festgefügt aus hierarchischen Strukturen, zum Nutzen reformerischer Ansätze unterspült wurde.

Aber längst wird man solcher Ansätze kaum noch froh. Denn wo die Weis(s)macher einer konsumorientierten Besitzideologie mühselig herausgespült wurden, schlichen sich dafür lediglich die Rotmacher der marxistischen Heilslehre ein. Statt des Regens wird die Traufe

377

feilgeboten. Und wehe, man dankt für Fallobst vom Baume höchst fragwürdiger Erkenntnis!

Wer sich kein rotes X für ein schwarzes U machen lassen möchte, hat sich vor klassenbewußter Pseudo-Intelligenz in acht zu nehmen. Günter Grass zitiert das Beispiel des Münchner Kammertheaters. Dort sollten als »signifikante Auswahl für Kapitalherrschaft« 24 Köpfe aus Wirtschaft, Politik und Meinungsbildung im Programmheft abgebildet werden, von Kardinal Döpfner bis Jochen Vogel — eine Liste der »Volksfeinde« von morgen, beliebig zu ergänzen. »Drachen und Drachenbrut« im Sinne der Parabel des Biermannschen »Dra-Dra«-Opus. (Man stelle sich vor, Boleslav Barlog hätte Rudi Dutschke als »signifikantes Beispiel« für Franz Moor ins Programmheft gerückt!)

Nackte Hetze ist längst an die Stelle der Argumentation getreten. Die Linke weiß wohl, wie es die Rechte gemacht hat, damals. »Panorama« und der »Stern« bedienen sich klassischer faschistischer Methoden, wenn es gilt, einen unliebsamen Innensenator »fertigzumachen«, der kraft Amt eine zentrale Rolle in der Abwehr des Radikalismus spielt. Nach der Methode »es wird schon etwas hängenbleiben« wird geklittert, was Mattscheibe und Rotation aushalten. Nicht wahr: »Bild« macht es ja auch nicht besser! Welcher Trost!

Und ist es nicht chic, links zu sein? Schon dieses himmlische Vokabular: »Freiraum« und »Transparenz« und »Bewußtwerdung«, da muß die »Systemüberwindung« ein schieres intellektuelles Vergnügen werden. Günter Grass sieht sie das »Narrenschiff« entern:

»Sooft die Mannschaft abmustert, es finden sich neue Narren: beschränkte und gelehrte, fortschrittliche, die den Moden nachhüpfen, reaktionäre, denen kein Unsinn altbacken genug sein kann, spiegelverkehrte und naive, die dem trickreichen Geschrei ›Haltet den Dieb!‹ hörig sind, und solche, denen die ›Lust am Untergang‹ Kitzel und Zeitvertreib ist.«

Man hat gehofft, ich auch, das würde allmählich aus der Mode kommen, anöden. Aber die elitäre Arroganz hat Appetit auf mehr gemacht. Die ideologischen Gebetsmühlen der »Neuen Linken« klappern unverdrossen, an den Universitäten wie im Schoße der Parteien, die immer noch auf die Integration naßforscher Judos und Jusos hoffen, um bittere Konfrontation vermeiden zu können.

Grass: »Ich dramatisiere nicht. Ich sehe, wie Aufrufe zur Gewalttätigkeit und die Gewalttätigkeit gesellschaftsfähig zu werden beginnen. Auch warne ich nicht mehr: die Narren könnten überhand nehmen; vielmehr stelle ich fest: die Narren nehmen überhand. Neuerdings linksradikale Narren, die den rechtsradikalen Narren die Schelle gestohlen haben. Feige Narren. Einäugige Narren. Nicht mehr lustige, gefährliche Narren. Wer hilft mir, ihre Kappen zählen?«

Grass fragt uns alle.

»Spandauer Volksblatt « (Berlin), 6. 6. 1971

Hellmuth Karasek

Günter Grass und die Narren

Daß in der letzten Kolumne von Günter Grass in der »Süddeutschen Zeitung« die Metaphern jeglichen Denkvorgang restlos ersetzt haben, könnte man auf sich beruhen lassen. Grass hatte es zunächst für richtig befunden, einen Kollegen, Heinar Kipphardt, als Anstifter zur Gewalt zu denunzieren. Er hatte, mehr durch das Gewicht seiner Person als durch das Gewicht seiner Argumente, erreicht, daß Kipphardt entlassen wurde. Wir müssen, da Grass alle Leute, die sich seither mit Kipphardt solidarisiert haben, als »linksradikale Narren«, »feige Narren«, »einäugige Narren«, »nicht mehr lustige, gefährliche Narren« abtut, die Argumente wiederholen:

1. Kipphardt wird ein Artikel zur Last gelegt, der gar nicht publik geworden wäre, hätte Grass ihn nicht zugespielt bekommen und publik gemacht.

2. Der Artikel, mit der Galerie westdeutscher »Drachen«, mag unsinnig, mag geschmacklos gewesen sein — ein Nachdenken darüber, ob unsere personifizierten Institutionen bewahrenswert oder abbaubedürftig sind, sollte einem Theater, sollte einer Dramaturgie nicht verwehrt sein.

3. Grass irrt, wenn er meint, daß ein Oberbürgermeister Chefdramaturgen zu entlassen habe. Wir »Narren« wollen nicht mehr, als dem Theater seine Autonomie bewahren, die darin besteht, daß der OB sich an den Intendanten als den Verantwortlichen eines Theaters zu halten hat, dem er die Mitarbeiter nicht unter der Hand weg nach politischem Verhalten maßregeln und abschießen kann.

4. Grass meint: »Es geht nicht um die Münchner Kammerspiele. Oft erholen sich Theater schneller, als sie abschlaffen.« Er muß es wissen. Denn er war ja schon einmal, im Falle Frankfurt, am Abschlaffen eines Theaters beteiligt. Damals verhinderte er, daß ein ähnlich zusammengesetztes Kollektiv wie das der jetzigen Berliner Schaubühne die brüchige Erfurth-Intendanz ergänzte, indem er seinen Namen als Mitarbeiter gegen die kollektive Lösung aufbot. Wir wissen, was danach aus dem Frankfurter Schauspiel geworden ist. Abschlaffen ist da noch geschmeichelt. Aber Grass könnte auch nach Zürich blicken, wo man sich so erfolgreich von einem linken Theater reinigte, daß man jetzt endlich vor der Frage steht, ob man den Laden nicht überhaupt dichtmachen soll.

So weit braucht es in München nicht zu kommen. Denn da gibt es keine Volksabstimmungen über Finanzen. Und Grass wird seine Stücke für die Kammerspiele nicht sperren. Er ist ja kein Narr.

Nur muß sich Grass, nur muß sich München darüber klar sein, was mit der Entlassung Kipphardts, was mit der wild-wuchernden

»Narren«-Metaphorik in Gang gesetzt wurde. Die SPD ist dabei, einen Keil zwischen sich und die »Linksintellektuellen« zu treiben, ähnlich wie es die CDU als Regierungspartei jahrelang tat. Damals, wir erinnern uns, waren Grass und Hochhuth die »Pinscher«, die »Zersetzer von Ruhe und Ordnung«, die »unappetitlichen Entartungserscheinungen«.

Wer heute nicht denkt, wie Grass und Vogel denken, ist ein »gefährlicher Narr«. Keiner soll sich beleidigt und mißverstanden vorkommen: Wer heute als verantwortlicher Politiker politische Diskussionen mit Entlassungspapieren führt, wer erstaunt aufschreit, das sei doch nicht mehr demokratisch, wenn andere meinen, die Debatte dürfe auch darüber geführt werden, ob uns Reformen oder Revolutionen not tun, der darf sich nicht wundern, wenn man sein Verhalten mit dem »Wie-gehabt«-Verhalten Erhards, Kiesingers und Straußens vergleicht.

Ich kann mir weiter nicht helfen: Ein Schriftsteller, der sich stolz darüber in die Brust wirft, daß es ihm gelungen ist mitzuhelfen, einem Kollegen den Stuhl vor die Tür zu setzen, von dem er doch ganz genau weiß, daß nur plumpe Unterstellung aus ihm einen Anstifter zu Gewalttaten machen kann, hat schlicht vergessen und verdrängt, was ihm einst wegen seiner »Blechtrommel« plump unterstellt worden ist.

Ob es da auf die Dauer hilft, alle, die da meinen, daß sich im Fall Kipphardt ein gefährlicher Riß anzeigt, als »einäugige Narren« abzutun?

»DIE ZEIT« (Hamburg), 11. 6. 1971

Dieter Lattmann

Aug um Auge, Wahn um Wahn

Es ist geschehen, wie zu erwarten war: Matthias Walden hat Günter Grass gelobt. Er will ihn heimholen ins Reich der Rechtwissenden, die immer schon die Gefahren von links lodern sahen, aber niemals von rechts.

Den Beifall von der falschen Seite abzuschütteln, wird Grass gelingen. Schwieriger ist es für ihn, sich mit den Protesten auseinanderzusetzen, die seine beiden Kipphardt-Kolumnen (SZ vom 30. 4./1. und 2. 5. 1971 und 29./31. 5. 1971) hervorgerufen haben. Die Affäre Kipphardt hat einen Sturm entfacht, Grass gilt vielen als Windmacher — bis zu entfernten Ufern schlagen die Wogen.

Ein Literatenstreit? Da steckt viel mehr dahinter, zumal beide Autoren einander kaum kennen und nichts Subjektives miteinander auszufechten haben. Wer die Personen und die Hintergründe, die Behauptungen und Fakten vorurteilsfrei zu sehen versucht, dem muß die Schwarzweißmalerei exemplarisch erscheinen, die in der Reaktion auf den Fall alle Nuancen übertüncht. Wo Polarisierung epidemisch auftritt, hat Vernunft einen schweren Stand. Da wird mehr geglaubt als gewußt, mehr gefühlt als gedacht, mehr Hektik als Nüchternheit aufgeboten.

Hier geht es nicht um den Versuch einer Ehrenrettung (Grass hat sie nicht nötig, für Kipphardt treten viele ein). Es meldet sich auch nicht im Bemühen um Ausgleich der unvermeidliche Liberale zum Wort. Um Differenzierung geht es, sonst nichts, denn die Sache ist ernst geworden. Wir sind in Gefahr, ins Klima der Menschenjagd überzuwechseln, wo ein Wahn den anderen regiert.

So wird Grass unterstellt, er sei der Knüppel-aus-dem-Sack, der auf Kommando des Münchner Rathauses losfuhr, um den Beschluß des Kulturausschusses einzuleiten, Kipphardts Vertrag bei den Kammerspielen nicht zu verlängern. Diese Rechnung geht zu einfach auf, sie paßt nicht einmal in die Klippschule. Mag mancher allerlei gegen den politischen Stil des Autors der »Blechtrommel« einzuwenden haben, aber daß er von weit her einem kommunalen Gremium den Takt schlüge, wie's dem gefällt, ist eine unsinnige Annahme. Man lese, um wieder auf andere Maßstäbe zu kommen, Grass' kritische Thesen, die er im März der SPD Bundestagsfraktion entgegenhielt.

Doch offenbar ist Kritik nicht gleich Kritik. Gerade Leute, die ihrerseits andere mit uneingeschränkter Schärfe beurteilen, reagieren nicht selten wie Mimosen, sobald sie ihr Denken und Handeln kritischen Meinungen ausgesetzt finden. Man glaubt, sich alles leisten zu können, doch möchte selber für gar nichts einstehen müssen, sich vielmehr zurückziehen auf schicke Unverbindlichkeit. Der Heftigkeit der Wirkung nach zu schließen, hat Grass ein Tabu verletzt.

Das tut hierzulande niemand ungestraft. »Alle für Kipphardt« stand denn auch bald darauf in einer anspruchsvollen Zeitung zu lesen, geschrieben von einem, der sonst nicht zur einseitigen Beurteilung komplizierter Situationen neigt. »Überlebensgroß Herr Grass« überschrieb ein anderer den konservativen Einwand, ein Autor auf deutschem Boden solle sich tunlichst (wie eh und je) zwischen Literatur und Politik entscheiden: beides sei unvereinbar miteinander. Bei einem Besuch der Berliner Schaubühne am Halleschen Tor sahen sich Anna und Günter Grass mit Haß konfrontiert. Die Aufführung wurde aufgehalten, »Grass-raus«-Rufe bewiesen: Plötzlich stand man auf dem Boden der Diffamierung, mangels Beweisen nicht frei, sondern schuldig gesprochen, ohne Recht auf Verteidigung. Wenn es soweit gekommen ist, sind die Personen austauschbar, die Methode ist erprobt, sie hält historischen Vergleichen stand.

In die Ablehnung, die Grass gegenwärtig erfährt, ist viel mehr verpackt als nur der Unmut über seine Kritik an Kipphardt. Auf einmal scheint es nur noch eine Einheitsmeinung zu geben, und die ist gegen ihn. Das ist aufs erste sogar plausibel, denn Grass hat die Gebote der Taktik außer acht gelassen. Im übrigen wird auch er, wie viele seiner Altersgenossen, zunehmend eckiger und bietet Angriffsflächen. Doch die Mechanik eines scheinbar derart einhelligen Widerspruchs macht ein eingespieltes Verfahren deutlich.

Daß der Kulturausschuß eines Stadtparlaments nicht die Befugnis haben soll, die künstlerische Autonomie eines Theaters durch Personalentscheidungen dirigistisch aufzuheben, müßte eine demokratische Selbstverständlichkeit sein. Soweit sind diejenigen, die sich mit Kipphardt solidarisch erklären, glaubhaft und werden breite Unterstützung in der Öffentlichkeit finden. Aber sind sie wirklich auch gleichzeitig alle bereit, mit ihrer Solidarisierung einen Blankoscheck auszustellen zur Abdeckung aller Vorgänge rings um das strittige Programmheft und die Inszenierung der Biermannschen »Drachentöterschau«?

Was gegenwärtig geschieht, läuft auf die emotionale Inthronisierung eines Märtyrers hinaus. Kipphardt ohne Fehl und Tadel? Als wenn man unter Verantwortlichen nicht nach den Absichten fragen dürfte. Gewalt als Metapher ist niemals nur symbolisch gemeint. Auch verbale Gewalt ist Ausdruck des Totalitären.

Wurde der erste Stein etwa nicht in den Kammerspielen geworfen? Der innere Zustand dort ist hochgradig überreizt durch alles Tauziehen um die Intendantenwahl. Obendrein ist die Auseinandersetzung scheinbar zum Links-Rechts-Problem geworden. Wo aber Einteilungen nach Richtungsanweisern üblich sind, neigt man zum Fanatismus.

Weil die Linken (die es als uniforme Gruppe in Wahrheit nicht gibt) für Kipphardt sind, wären Kipphardt-Kritiker rechts einzuordnen? So einfach ist das! Wäre es wirklich so, bedeutete es nichts Geringeres, als daß es keine freie Entscheidung mehr gäbe. Jeder müßte sich von vornherein festlegen oder würde auf militante Weise festgelegt. — Tatsächlich geben zur Zeit ganze Ensembles »einstimmige« Solidaritätsadressen ab. Da nimmt es nicht wunder, wenn Resolutionsopportunismus ausbricht. Für nicht wenige geht es in dem Treiben ohnehin nur um Selbstdarstellung und um die Konsequenzen ideologischen Wohlverhaltens für die eigene Tasche. Aber es steht viel mehr auf dem Spiel. Die pauschale Etikettierung liefert die Munition für verbale Hinrichtungen. Sage niemand, Worte vermöchten nicht zu töten. Ein Wort genügte lange Zeit: Hexe. Wir haben sowohl noch das Mittelalter als auch Vietnam in uns.

In einem solchen System verbiesterter Unvereinbarkeit der Standpunkte neigt eine Gruppe dazu, die anderen zu manipulieren. Das ist weder ein rechtes noch ein linkes Privileg. Politik, man weiß es, ist unter anderem ein Kreisverkehr: Man kann in ihr so weit nach links gehen, daß man rechts wieder herauskommt.

Wann endlich gesteht einmal einer der Beteiligten ein, daß er seiner Sache nicht so sicher ist? Das wäre der Anfang zur Beendigung einer verfahrenen Situation, die nur durch Umkehr und Zugeständnisse auf mehreren Seiten zu reparieren ist. Was dazu gebraucht wird, ist schwer zu leisten: praktizierte Furchtlosigkeit möglichst vieler einzelner gegenüber Hysterie und psychischem Terror.

»Süddeutsche Zeitung« (München), 12./13. 6. 1971

Urs Jenny

Rettet nun Grass die Kammerspiele?

Heinar Kipphardt wird beschimpft und verurteilt für »etwas, das er nicht getan, sondern verhindert hat«: So klar beschreibt, nach etlichen Zeitungen, nun auch das offizielle Organ des Deutschen Bühnenvereins, die Zeitschrift »Die deutsche Bühne«, den skandalösen Kern der Dra-Dra-Affäre. Nur einer, und das ist erschreckend, scheint davon noch immer nichts zu wissen oder es einfach nicht wahrhaben zu wollen: Hans-Jochen Vogel. Er begründet, im »Münchner Stadtanzeiger« vom 8. Juni, warum Kipphardt nicht Chefdramaturg der Kammerspiele bleiben darf, indem er ihn als Initiator oder Urheber jener nie erschienenen Bildseiten im »Dra-Dra«-Programmheft bezeichnet — obwohl doch die widersprüchlichen Darstellungen der Beteiligten immerhin deutlich machen, daß eben Kipphardt sich als erster gegen diesen Plan seiner Mitarbeiter gewendet hat. Denn hätte er diese Seiten gebilligt, so hätte er als presserechtlich verantwortlicher Herausgeber sie ja auch drucken lassen können.

Kipphardt ist Unrecht geschehen; man setzt ihn hinaus — und ich hatte erwartet, auch Dieter Lattmann, der Vorsitzende des Verbands deutscher Schriftsteller, würde sich darüber empören. Aber nein, er geht nur mit einem Satz auf die Sache ein: »Daß der Kulturausschuß eines Stadtparlaments nicht die Befugnis haben soll, die künstlerische Autonomie eines Theaters durch Personalentscheidungen dirigistisch aufzuheben, müßte eine demokratische Selbstverständlichkeit sein.« Was, beim Himmel, bedeutet denn dieses untertänigst pflaumenweiche »soll« und »müßte«? Genau darum geht es doch: Der Kulturausschuß eines Stadtparlaments hat, frei von demokratischer Selbstverständlichkeit, über den Kopf des verantwortlichen Intendanten hinweg in ein Theater eingegriffen, sehr drastisch — und nur ein einziger Künstler, wahrlich allein auf weiter Flur, hat dieser Säuberungsmaßnahme laut Beifall gespendet: Günter Grass, in der SZ zu Pfingsten.

Aber als wäre all das noch nicht schlimm genug, kommt nun Dieter Lattmann, versichert, Grass habe keine Ehrenrettung nötig (etwa, weil Matthias Walden die schon besorgt hat?), und liefert doch nichts als ein dürftig bemänteltes Plädoyer für Grass. Kipphardt, der sich nicht ohne Protest treten läßt, reagiere wie eine Mimose, findet Lattmann; und all jene, die gegen das Vorgehen des Stadtrats protestieren, macht er mit Wörtern wie »Resolutionsopportunismus« und »Blankoscheck« mies, ja er schämt sich nicht zu unterstellen, nicht wenigen der Protestierer gehe es »ohnehin nur um Selbstdarstellung und um die Konsequenzen ideologischen Wohlverhaltens für die eigene Tasche«. Man traut seinen Augen nicht, wenn man so Infames bei Lattmann, dem Mahner zu Nüchternheit und Vernunft, liest.

Und nun Grass? Grass, der Kipphardt als »Schreibtischtäter« bezeichnet und zum Spießgesellen von Ziesel, Goebbels und Schnitzler ernannt hat, habe »die Gebote der Taktik außer acht gelassen«, kritisiert Lattmann (das nenne ich eine wohlabgewogene Formulierung!); aber man müsse das auch verstehen, denn der einsame, wakkere, aufrechte Kämpe Grass werde eben »zunehmend eckiger« und biete »Angriffsflächen«. Wahrlich noch eine wohlabgewogene Formulierung. Und um seine »emotionale Inthronisierung eines Märtyrers« zu vollenden, teilt uns Lattmann gerührt mit, die arme Frau Anna Grass habe erleben müssen, wie ihr Mann in der Berliner Schaubühne recht unfein beschimpft wurde. Ja was sind denn das für Argumente? Hat etwa Grass an Frau Kipphardt Blumen geschickt, nachdem er ihren Mann recht unfein beschimpft hatte?

An der Rechtschaffenheit von Grass, an der Redlichkeit seines Eifers, auch wenn er Unrecht tut, zweifle ich keinen Augenblick; aber müssen wir ihm deshalb mit Dieter Lattmann seine »Angriffsfläche« — das riesige Brett, das er vor dem Kopf hat — auch noch vergolden? Nein, wenn heute jemand Mitleid verdient, dann nicht Grass, der Siegreiche, sondern der tatsächliche Verlierer: August Everding. Er hat, gebunden durch seinen Vertrag, offenbar ohnmächtig mitansehen müssen, wie ihm der Stadtrat seinen wichtigsten Mitarbeiter abserviert; er hat offenbar wehrlos geschehen lassen müssen, daß ihm der Stadtrat mit einem Schlag das Theater kaputtmacht, für dessen Gedeihen er doch diesem Stadtrat verantwortlich ist; und nun steht er da, ein gespenstisches Stehaufmännchen zwischen den Trümmern, und gelobt, gebunden durch seinen Vertrag, die Kammerspiele »weiterzuführen mit einem vollen Einsatz für die Freiheit der Kunst«.

Wer wird ihn bei diesem edlen Vorhaben unterstützen? Wer wird sich dazu hergeben, als Nachfolger Kipphardts mit stadträtlichem Segen den Hampelmann der Kunst-Freiheit zu mimen? Ich schlage vor: Vogel und Lehrl wallfahren gemeinsam zu Günter Grass und bieten ihm den Posten des Kammerspiel-Chefdramaturgen an; Grass meine ich, der schon einmal in Frankfurt am »Abschlaffen« eines Theaters erfolgreich beteiligt war, dürfte die Rolle des Retters in München nicht ausschlagen.

»Süddeutsche Zeitung« (München), 14. 6. 1971

Martin Gregor-Dellin

Kein Ende des Spiels

Die Kammerspiel-(Kipphardt-Grass-Vogel-Walser-)Affäre wird immer gewundener und kurioser. Jetzt hat sich auch Dieter Lattmann zu Wort gemeldet, Vorsitzender des VS, zwar nicht in dieser Eigenschaft, aber gern hört man ihm zu, geht es ihm doch angeblich um »Differenzierung, sonst nichts, denn die Sache ist ernst geworden«. Das kann man wohl sagen. Wo also beginnt er zu differenzieren? Sagt er einmal offen, daß alle Seiten zu weit gegangen sind? Will er die Beteiligten an einen Tisch bringen, den Drachentöter, den OB, den Verwaltungsdirektor, den Kappenzähler? Es hätte einem, der so um Differenzierung bemüht ist, gut angestanden, aus dem Kreisverkehr des Wahns auszubrechen und niemanden zu verschonen – auch nicht Grass, der nun wahrhaftig, man mag zu Kipphardt stehen, wie man will, nicht die rühmlichste Rolle in diesem Narrenspiel übernommen hat. Es wäre, wie gesagt, an der Zeit gewesen. Nur hätte es dazu keines verschleierten Plädoyers für eine Seite bedurft, das sich gegen die »emotionale Inthronisierung eines Märtyrers« wendet (gemeint ist Kipphardt, nicht etwa Grass), sondern einer eindeutigen Distanzierung von all jenen Praktiken, die die Kammerspiel-Affäre zu einem bundesweiten Literatenskandal auszuweiten drohen.

Aber, geklagt sei's, Lattmann hat es nicht getan, obwohl man es von ihm hätte erwarten dürfen. Wenn heute ein Keil zwischen die SPD und die linken Intellektuellen getrieben wird, so sollte ihn das mehr beunruhigen als die Angriffe, die sich Grass durch das Repertoire seiner Beschimpfungen zugezogen hat. Wen kann es wundernehmen, daß die »linken Narren«, die »linke Schickeria«, das »linke Mitläufertum«, die »feigen Narren«, die »einäugigen Narren« und die »gefährlichen Narren« sich nun ihrer Haut wehren, wie sie sich einst gegen Erhards vergleichsweise bürgerlich-biedere Pinscher-Metapher gewehrt haben? Hält Lattmann diese Pauschalierungen für zulässig, wenn er andere mit Recht verurteilt? Hat Grass – sehen wir einmal von seiner öffentlichen Denunzierung Kipphardts ab – nicht den rüden Ton in die Auseinandersetzung hineingetragen, als er Kipphardt »dumm und gemeingefährlich« nannte, einen Nachbarn Ziesels, »im schmalen Bereich, der zwischen Joseph Goebbels und Eduard von Schnitzler offengeblieben ist«? Hat sich die deutsche Linke nicht jahrzehntelang gegen diesen Ton verwahrt? Gilt hier nicht Lattmanns weise Bemerkung: »Wo aber Einteilungen nach Richtungsweisern üblich sind, neigt man zum Fanatismus?« Sie gilt offenbar nur für diejenigen, die sich in der Kipphardt-Affäre anders verhalten haben als Günter Grass, denn auch Lattmann ist, wie er, mit der abwertenden Formel »Resolutionsopportunismus« schnell bei der Hand, wenn

Künstler, Schauspieler, Schriftsteller Einigkeit der Einzelgänger praktizieren und Solidarität mit einem geschaßten Kollegen üben, ohne
unbedingt dessen politische Überzeugung zu teilen.

Sie haben kaum gemeint, Kipphardt sei ohne Fehl und Tadel. Sie
haben, wie Lattmann, dem Kulturausschuß die Befugnis abgesprochen,
die »künstlerische Autonomie eines Theaters durch Personalentscheidungen aufzuheben« — man muß nur hinzufügen: aus politischen
Gründen —, und ich möchte den sehen, dem es dabei um »Selbstdarstellung und um die Konsequenzen ideologischen Wohlverhaltens für
die eigene Tasche« (was ist das?) gegangen wäre. An wen denkt Lattmann dabei? Soll er es sagen. Resolutionen sind keine verbalen Hinrichtungen, die sehen anders aus. Wenn man ihrer Herr werden will,
und auch ich meine, daß die Luft unerträglich verpestet ist, dann muß
gehandelt und nicht nur differenziert werden, vor allem wenn sich
solche Differenzierungsversuche am Ende doch nur als Balanceakte
erweisen.

Lattmann hätte der von ihm beschworenen Vernunft einen größeren Dienst getan, wenn er sich von den (öffentlichen) Unbedacht-
heiten eines Grass ebenso distanziert hätte wie von den (nichtöffent-
lichen) eines Kipphardt, und wenn er daraus das Recht abgeleitet
hätte, zu Umkehr und Zugeständnissen aufzurufen, damit repariert
werden kann, was noch zu reparieren ist. Die Chance ist versäumt.
Auch das ist, um mit Lattmann zu sprechen, »schicke Unverbindlichkeit«.

»Süddeutsche Zeitung« (München), 16./17. 6. 1971

Ulrich Frank-Planitz

Schwarzer Mann Grass

Es gehört in Deutschlands intellektueller Gesellschaft derzeit zum
guten Ton, gegen Günter Grass lautstark zu opponieren. Seit er den
Plan des Chefdramaturgen Heinar Kipphardt publik gemacht hat, im
Programmheft der Münchner Kammerspiele eine Abschußliste des
Establishment von Franz Josef Strauß bis Hans-Jochen Vogel zu veröffentlichen, ist Willy Brandts Wahlhelfer zum schwarzen Mann deutscher Schauermärchen avanciert.

Auf den ersten Blick sieht es tatsächlich so aus, als habe Grass den
Chefdramaturgen denunziert. Denn erstens ist man an den Kammerspielen von Kipphardts Idee, die »große Drachentöterschau« des Ost-
berliners Wolf Biermann im Programmheft zu konkretisieren, beizeiten wieder abgekommen. Zweitens hätte Münchens städtischer
Kulturausschuß ohne die Grass-Kolumne vielleicht von dem famosen

Vorhaben gar nichts erfahren und anstandslos auch des Chefdramaturgen Vertrag verlängert.

Aber der so protestwürdige Vorgang bietet auch Anlaß für andere Überlegungen. Erschien das Programmheft etwa wirklich ohne provokatorische Absicht mit zwei leeren Seiten? Oder sollte damit nicht doch demonstriert werden, daß die »westdeutsche Drachenbrut« mittels »repressiver Toleranz« die »formale Meinungsfreiheit« der Bundesrepublik unterdrückt?

Und geht es bei den Angriffen auf Grass, die in der Berliner Schaubühne leicht in Tätlichkeiten hätten ausarten können, nicht so ganz nebenbei auch um eine Diffamierungskampagne gegen einen Schriftsteller, der für Reformen eintritt, statt für die Revolution zu agitieren? Wer opportunistisch Blanko-Resolutionen unterschreibt, sollte jedenfalls bedenken, daß hier das »gesunde Intellektuellenempfinden« mobilisiert wurde.

»Deutsche Zeitung/Christ und Welt« (Stuttgart), 18. 6. 1971

Arnulf Baring

Kipphardt, Grass und die SPD

Nehmen wir an, es gäbe Günter Grass gar nicht. Gehen wir einen Augenblick davon aus, er hätte jene Glosse gar nicht geschrieben. Wie stünde es dann um Herrn Kipphardt? Schlecht — jedenfalls schlechter, als es jetzt steht. Denn Kipphardt — nicht die Stadt München — hatte schon Ende Januar seinen Vertrag zum Ende dieser Spielzeit gekündigt, allerdings nicht, um das Theater zu verlassen, sondern um bessere finanzielle Bedingungen für sich auszuhandeln. Das war sein gutes Recht. Aber mit diesem Versuch ist immer das Risiko verbunden, sich selbst vor die Tür zu setzen, wenn die andere Seite die Mehrforderung ablehnt. Arbeitsrechtlich ist das ein klarer Fall. Kipphardt mag daher diesen Brief seither oft verwünscht haben. Denn er wußte, wie wenig das Münchner Rathaus seinen Spielplan schätzte, mußte später wissen, welche Empörung, zu Recht, seine Prominentendrachen im Programmheft dort auslösen würden. Die einzige Chance Heinar Kipphardts, wenn überhaupt, bestand darin, sein Selbsttor in einen politischen Skandal zu verwandeln. Die Situation war an sich günstig, es fehlte nur der Auslöser.

Grass lieferte ihn, und damit Kipphardts Freunden die Gelegenheit, für die sie Grass dankbar sein sollten, die ganze Sache der Öffentlichkeit neu zu unterbreiten. Hatte Grass, muß man sich fragen, den Zeitpunkt seiner Attacke klug gewählt? Er hätte vielleicht warten sollen, bis der Münchner Stadtrat, dessen Entscheidung, soweit ich sehe, längst feststand, Kipphardts Angebot dankend abgelehnt hatte. Hätte

387

er wirklich warten sollen? Wäre eine Attacke nach Kipphardts Abgang nicht als Schmähung eines Stellungsuchenden übelgenommen worden? Auf sich beruhen lassen durfte man Kipphardts Abschußliste jedenfalls nicht. Irgend jemand mußte sich mit den politischen Methoden Kipphardts und seiner Kollegen auseinandersetzen, ehe sie weiter Schule machen, mußte klar die Grenze ziehen zwischen Meinungsfreiheit und Gewaltkult. Grass mögen dabei einige seiner Formulierungen zu scharf geraten sein. Aber sein Artikel ist, im ganzen genommen, ruhig im Ton und richtig in den Proportionen: Es gibt nicht nur Hetze und Haß auf der politischen Rechten, sondern neuerdings leider Gottes auch auf der Linken. Rechts wie links werden Gegner zu Feinden verteufelt, wird Mord — verbal, verklausuliert — als Ausweg, als Rettung plausibel gemacht. Die Polemik von Grass gegen Kipphardt war auch nicht etwa durch die Entfernung der Abschußliste aus dem Programmheft überflüssig geworden. Denn schließlich hatte Kipphardt auf den leeren Seiten wissen lassen — wie jeder dort nachlesen kann —, leider, lediglich aus rechtlichen Gründen, müsse ihr Abdruck unterbleiben.

Warum aber, muß man sich verwundert fragen, wendet sich seitdem weite Empörung gegen Grass? Er hat mit seiner Attacke nicht nur Kipphardt, er hat eine weit verbreitete Neigung der neuen Linken getroffen: eine modische Verherrlichung der Gewalt. Der leichtfertige Gebrauch der Sprache des Unmenschen ist dabei ebenso charakteristisch wie die gespielte Naivität, sobald jemand die blutrünstigen Formeln ernst nimmt und kritisiert: Es sei doch offenkundig, daß das nicht wörtlich gemeint sei. Man mißt mit zweierlei Maß; je nach Bedarf wird die Wirkung des Wortes gebrandmarkt oder geleugnet. Es gab einen Zusammenhang zwischen der Springer-Presse und dem Mordanschlag auf Dutschke, aber auch nach Baaders gewaltsamer Befreiung sieht man keinen Anlaß, die eigenen Parolen in Frage zu stellen. Genauso hier: Kipphardt — schreibt Martin Walser — »hat nichts, nichts, nichts getan«, Grass dagegen hat durch plumpe Unterstellung Kipphardt denunziert und damit seine Entlassung erreicht, können wir bei Hellmuth Karasek lesen. Tatsachen, die dieser Version widersprechen, werden einfach weggelassen. Ebenso spart man sich die Mühe, die Argumente von Grass zu widerlegen (womit man sie unfreiwillig anerkennt); es genügt, um zu diffamieren, zu disqualifizieren. Jedes Mittel ist recht. Da darf die Schaubühne am Halleschen Ufer ihre Vorstellung unterbrechen, um von der Bühne herab dem als Besucher anwesenden, also wehrlosen Grass ihre »Verachtung« zu bezeugen, weil er »in der Manier eines bezahlten Mietlings der Münchner SPD-Spitze einen Schriftstellerkollegen in übelster Weise verleumdet« habe, ohne daß alle Grass-Gegner sich einmütig solche Schützenhilfe verbitten, solche Praktiken verurteilen. Wie stünde es eigentlich um die Verantwortung der Schauspieler, wenn einige aus dem Publikum daraufhin Grass vor die Tür gesetzt hät-

ten? Wie, wenn eine aufgebrachte Menschenmenge den Ausgeson-
derten zusammengeschlagen hätte?

Wer diese Fragen bagatellisiert, hat insgeheim Gewaltanwendung
gebilligt. Niemand kann halblaut Terror als unvermeidlich verherr-
lichen (in der Hoffnung, daß andere ihm das schmutzige Handwerk
abnehmen), ohne für die Konsequenzen einzustehen, wenn tatsächlich seine Worte Gehör und Gefolgschaft gefunden haben. Aber nicht
nur bei den Methoden, auch für die Ziele des politischen Kampfes gibt
es in unserer Demokratie klare Grenzen. Wer mit Hellmuth Karasek
darüber nachdenkt, »ob unsere personifizierten Institutionen (?) bewahrenswert oder abbauungsbedürftig sind«, »ob uns Reformen oder (!)
Revolutionen not tun«, weiß selbst ganz genau, daß er sich jenseits
der Linie anzusiedeln beginnt. Das mag er tun. Aber er sollte dafür
nicht das Lob der Demokraten in unserem Lande erwarten. Er darf
sich nicht wundern, wenn wir uns zur Wehr setzen. Viele dieser
neuen Linken wollen das bestehende Gesellschafts- und Regierungs-
system mit amtlicher Billigung und öffentlicher Besoldung bekämpfen
und vernichten. Das kommt mir schon lange kindlich vor.

Sind das nicht viel zu große Worte? Wird hier nicht gewaltig über-
trieben? Geht es bei dem Streit um Kipphardt, um Grass nicht um
eine der vielen Literatenfehden, die lediglich zur Folge haben, daß
sich einige Leute verfeinden und jahrelang aus dem Wege gehen,
aber für eine größere Öffentlichkeit völlig ohne Bedeutung sind? War
der Streit um Grass nicht für kleinliche Geister und zu kurz gekom-
mene Schriftsteller wie Günter Herburger eine blind ergriffene Gelegenheit, den erfolgreichen, weltberühmten Kollegen am Bart zu zau-
sen, den eigenen Neid peinlich offen zur Schau zu stellen? Gewiß,
das war es auch. Aber wichtiger scheint mir, daß die neuerdings weitverbreitete Abneigung gegen Grass unter Schriftstellern, unter Linksintellektuellen mir symptomatisch scheint für einen politischen Klima-
wechsel in der Bundesrepublik.

Günter Grass ist lange — was heute häufig vergessen wird — ein
unpolitischer Schriftsteller gewesen. Noch wenn man den Rowohlt-
Band durchblättert, mit dem Schriftsteller der Gruppe 47 1961 für die
FDP warben, wird man vergeblich nach seinem Namen suchen. Aber
anders als diese Kollegen, die immer nur ab und an, durch gelegentliche Artikel und Manifeste der damaligen Opposition zu Hilfe gekommen waren, hat sich Grass im Laufe der sechziger Jahre mit einer
bisher in Deutschland beispiellosen Intensität direkt und dauerhaft
für die SPD engagiert. Zunächst allein, auf eigene Faust, mit dem
»Loblied auf Willy« im Wahlkampf 1965, später gemeinsam mit anderen, mit Schriftstellern, Professoren, Schauspielern, Journalisten, mit
Ärzten, Lehrern, Architekten, seit 1967/68 im Rahmen der von ihm
gegründeten und dominierten »Sozialdemokratischen Wählerinitiative«, hat er aus freien Stücken — schließlich könnte Grass an der
Riviera in Ruhe seine Tantiemen verzehren — den Deutschen ver-

antwortlichen demokratischen Bürgersinn vorgelebt. Er hat dadurch vielerorts Wähler ermutigt, sich zusammenzuschließen und Einfluß auszuüben, hat — mit einem Wort — ein Beispiel gegeben, das weiterwirkte. Zwar haben nur ganz wenige Schriftsteller, etwa Siegfried Lenz, aktiv immer wieder an diesem Unternehmen mitgearbeitet. Aber man war doch bisher weithin bereit — wenn auch nicht ohne Schwankungen, von Anfang an nie ohne Ausnahmen — die Grasssche Initiative gutzuheißen. Es wäre bisher undenkbar gewesen, Grass massiv öffentlich aus den eigenen Reihen anzugreifen. Unter deutschen Linksintellektuellen, Linksliberalen — sagen wir: unter den Lesern der »ZEIT« — neigte man in den letzten Jahren dazu, für die SPD, für die Wählerinitiative zu sein. Man war bereit, mehr oder weniger laut für sie zu werben. Das wird jetzt anders. In einem Augenblick, in dem sich diese Initiativgruppen zu verfestigen schienen, Wurzeln zu schlagen begannen, kommt es in den meinungsbildenden Gruppen des Landes aus der Mode, für die SPD zu sein. Das ist mit der Kipphardt—Grass-Kontroverse plötzlich offenkundig geworden, und hierin sehe ich ihre eigentliche, ihre politisch symptomatische Bedeutung.

Es gibt unter den Schriftstellern wieder einen untergründigen Trend zur Innerlichkeit, zum Konservativen, zur reinen Literatur. Ein Schriftsteller, hört man wieder, dürfe sich mit der Politik nicht einlassen — als ob das Engagement eines Schriftstellers etwas anderes sei als das eines Kaufmanns, Rechtsanwalts oder Lehrers, als ob seine innere Unabhängigkeit durch die Politik stärker gefährdet würde als die anderer Berufe.

Dieses hochmütige und zugleich unverbindliche Verständnis der eigenen Rolle ist häufig von Verantwortungslosigkeit kaum zu unterscheiden. Hier berühren sich Rechts und Links: Die neue, sehr alte Auffassung des eigenen Standorts außerhalb, oberhalb der Gesellschaft hindert zum Beispiel nicht, für reine Utopien, für radikale Lösungen, für totale Neuordnungen einzutreten — natürlich nur abstrakt, nur von ferne, am Schreibtisch, unbesorgt um die praktischen Folgen allen Redens und Schreibens. Man kann heute von einem Bündnis der neu konservativ gewordenen Linksintellektuellen mit dem radikalen Flügel der Jusos sprechen. Der Kampf gegen Grass, der eigentlich der SPD gilt, ist eine späte Antwort auf Vogels Herausforderung der Linken im letzten Frühjahr.

Nicht die SPD ist dabei, wie man lesen konnte, einen Keil zwischen sich und die Linksintellektuellen zu treiben. Wieder einmal wird die SPD von links grundsätzlich und zugleich unernst in Frage gestellt. Rasch kann sich ein Klima ausbreiten, in dem der SPD wieder einmal zu wenig Raum bleibt zwischen Konservativen und Linksutopisten.

»DIE ZEIT« (Hamburg), 25. 6. 1971

Hellmuth Karasek

Ballade vom armen G. G.

Verzweifelt fragt man sich, wie lange man noch wird wiederholen müssen, daß es keineswegs Kipphardt war, der die Drachen-Galerie im Münchner Programmheft unterbringen wollte. Das offizielle Organ des Deutschen Bühnenvereins, »Die deutsche Bühne«, sicherlich als Blatt der Intendanten nicht im Verdacht, links zu sein, hat geschrieben, Kipphardt würde verurteilt »für etwas, was er nicht getan, sondern verhindert hat«. Muß man also auch Arnulf Baring entgegenhalten, daß Kipphardts »Eigentor« darin bestand, daß er etwas, was er als Programmheftverantwortlicher hätte drucken können, ohne Everding zu fragen, dem Intendanten zum Verbot vorlegte? Man muß es offenkundig wieder und wieder. Denn die Situation an den Münchner Kammerspielen war doch die: Das Theater hatte ein Stück ausgesucht, das — laut Text — alle aufforderte, die Drachen, das heißt ihre Unterdrücker in der eigenen Umgebung zu suchen.

Verantwortlich für den Spielplan ist August Everding — niemand anders. Baring irrt, wenn er meint, Kipphardt hätte einen Spielplan gegenüber der Stadt zu verantworten. Er hat Everding Vorschläge zu machen, weiter nichts. Er kann gehen, wenn Everding seine Vorschläge nicht akzeptiert. Und Everding kann die Stadt ersuchen, Kipphardts Vertrag nicht zu verlängern, falls er findet, daß Kipphardts Vorschläge immer unsinnig sind. Akzeptiert er aber ein Stück — und offenkundig hat er den »Dra-Dra« akzeptiert —, dann muß er das Stück mit allen Konsequenzen auch vertreten.

Diese Sachlage ist wichtig. Sie besagt, daß Kipphardt nicht, wie Baring meint, Grass für die Politisierung dankbar sein müßte, weil er wegen des Spielplans der Stadt schon lang ein Dorn im Auge war, sondern daß die Stadt, wie sie auf Münchner Pressekonferenzen zugegeben hat, den Vorwand brauchte, den Grass dann lieferte, um »politische Gründe« für die Nichtverlängerung zu haben.

Denn Everding, der das Stück doch gebilligt und der den Programmheft-Artikel doch verhindert hat (obwohl ihn Kipphardt dazu gar nicht hätte zu Rate ziehen müssen), mag zwar inzwischen wie ein Ping-Pong-Ball versuchen, zwischen den Fronten hin und her zu springen: Er hat auch jenes »leider« im Programmheft zu verantworten, das da über den leeren Seiten stand — denn eine falsche Anwendung auf das von Everding akzeptierte Stück war die vorhergesehene Drachen-Galerie nicht.

Wenn Everding jetzt von »Gesinnungs-Terror« spricht und die Kammerspielmitglieder meint, die ihm mit ihrer Kündigung das Rückgrat stärken wollen, über das er so offenkundig gar nicht verfügt, so ist das seine Sache. Fest steht, daß nur Grass den denunziatorischen Vorwand lieferte, mit dem Kipphardt von der Stadt geschaßt werden konnte, ohne daß die Stadt Everding selbst entlassen mußte. Leider hat sich Everding, weil er es mit niemandem verderben wollte, auf dieses perfide Spiel eingelassen, indem er, wie er meint, für die »Freiheit der Kunst« sorgen will, die doch im Eimer ist, wenn der Verantwortliche für sie nicht einmal mehr den Kopf hinhält, sondern über windige Grass- und Programmheftumwege einen Mitarbeiter opfert.

Das Schönste an Barings Argumentation finde ich dem Passus, in dem er schreibt, daß Grass »ruhig im Ton« und »richtig in den Proportionen« geurteilt habe.

Gegen eine derartige Schönfärberei helfen nur Zitate, wobei ich von dem selbstgefälligen Grass-Ton absehe, der da seine Invektiven mit der Feststellung beginnt, er habe gerade in Schleswig-Holstein Auswüchse bekämpft: Kaum ist Papi fort, bei der Arbeit, schon machen die Kinder Dummheiten. Da auch Baring Grass' Aktivitäten immer wieder unter der Melodie »Hoch klingt das Lied vom braven Mann« anstimmt, muß man doch fragen, warum Solidaritätsadressen anderer Schriftsteller immer etwas Opportunistisches sind (Walsers Vietnam-Kontor etwa) und nur der Wahlkampf des Günter Grass politische Arbeit darstellen soll. Wo steht geschrieben, daß Grass die alleinseligmachenden politischen Konsequenzen zieht? Und wehe, wer ihn dabei auch nur durch nicht erschienene Programmheftseiten stört. Der ist:

unter die Hexenjäger gegangen;

ein Epigone der mit üblen Mordparolen arbeitenden Radikalen;

einer, gegen dessen erbärmliche Niedertracht Strauß, Löwenthal und Springer in Schutz genommen werden müssen;

als Dramaturg ein Stückeverfälscher und Nachfälscher und Nachbar Ziesels;

ein Entfessler von Lynchjustiz;

und Fortsetzer der schlimmsten deutschen Tradition, bei der Hetze zum Mord führen kann.

Wahrlich wohlabgewogene Worte. Nun mag man meinen, daß Grass vielleicht in erster Rage zu weit gegangen sei, nachdem er der Ansicht war, Kipphardt habe das Drachenheft nicht verhindert, sondern veranlaßt. Aber alle Leute, die daraufhin sich zu Kipphardt gesellten, die versuchten, Grass klarzumachen, was wirklich vorgefallen ist, wurden in jenem Narrenartikel als »gefährliche Narren« und sonstiges Pack geschmäht, vor dem es, laut Grass, nicht einmal mehr zu warnen gelte.

Alles sehr wohl abgewogen, beileibe keine Hetze, auch der Schlußsatz nicht, in dem Grass meinte, es sollten ihm die anderen nur noch helfen, Narrenkappen zu zählen. Aber wehe, ein Kollektivensemble verliest als Antwort auf solche Tiraden eine Resolution (der Schaubühne steht keine Zeitung zur Verfügung wie dem abgewogenen

Kolumnisten Grass), — dann ist Grass gleich der »wehrlose Grass«. Mir kommen die Tränen. Und ich kann nur Urs Jenny zitieren, der in der »Süddeutschen Zeitung« auf eine ähnliche Argumentation Dieter Lattmanns erwiderte: »Und um seine ›emotionale Inthronisation eines Märtyrers‹ zu vollenden, teilt uns Lattmann gerührt mit, die arme Frau Anna Grass habe erleben müssen, wie ihr Mann in der Berliner Schaubühne recht unfein beschimpft wurde. Ja was sind denn das für Argumente? Hat etwa Grass an Frau Kipphardt Blumen geschickt, nachdem er ihren Mann unfein beschimpft hatte?«

Auch Baring ist von solcher Argumentation nicht frei. Schreibt Herburger etwas gegen Grass (was übrigens ohne Zusammenhang mit der Münchner Kammerspielaffäre geschehen ist), dann ist er gleich ein »zu kurz gekommener Schriftsteller«. Es muß süß und würdig sein, für Grass zu sterben.

Was schließlich die SPD und den scheinbaren linken Gesinnungs-Terror anlangt, so möchte ich nur zitieren, was der bayerische SPD-Landtagsabgeordnete Joachim Schmolcke laut »Münchner Abendzeitung« zu dem Fall sagte: »Die SPD ist in Sachen Kunstpolitik theoretisch unterernährt, sie hat einen Nachholbedarf, und sie wird um eine gründliche Beschäftigung mit dieser Materie nicht herumkommen, wenn sie den kulturpolitischen Anspruch nicht verlieren will. Sonst besteht die Gefahr, daß die SPD in kleinbürgerlicher Kunst- und Kulturpolitik hängenbleibt.«

»DIE ZEIT« (Hamburg), 25. 6. 1971

Jochen Steffen

Gewalt ist Schießgewehr

In der Bundesrepublik ist Gewalt tabu. In der Praxis läßt sie sich dann leichter anwenden. Über Gewalt debattiert man bei uns an Orten, an denen die gesellschaftlich relevanten Gruppen, wie wir so präzise sagen, symbolisch agieren. Andernorts wird nicht debattiert, sondern Gewalt praktiziert.

Im Theater ist Gewalt sogar schick, sie vermittelt den möglicherweise von revolutionärer Gewalt (und die ist besonders »in«) Betroffenen ein angenehmes Prickeln und läßt sie besonders heftig reagieren auf die Anwendung von Gewalt in der Wirklichkeit, weil wir alle gegen Gewalt sind.

In Theater und Literatur werden gesellschaftliche Einstellungen vorgeprägt. Auch gegenüber der Gewalt. Den Streit darum verfolgen wir teils interessiert, teils amüsiert, und sprechen von einem Theaterskandal. Es ist aber nur ein Spiel, und konsequenterweise wird der Meinungsstreit denn auch personalisiert. Es traten gegeneinander auf: Günter Grass und Heinar Kipphardt.

Anlaß war die Frage, ob Wolf Biermanns »Große Drachentöterschau« auf Münchens Brettern im Programmheft mit einer bundesrepublikanischen Drachenschau fortgesetzt werden dürfe oder nicht.
Als Drachen eigener Art sollten unter anderem (mit Foto) vorgestellt
werden: Münchens OB Jochen Vogel, Kardinal Döpfner, Minister
Schiller, Axel Cäsar Springer. (Grass: »Wirtschaftsbosse und Politiker, Zeitungsmacher und hochkarätige Steuerhinterzieher, der Bankier neben dem Kirchenfürsten.«) Grass sah darin »Hetze, die zum
Mord führen kann«. Kipphardt bescheinigte dem Kollegen Grass, er
sei, wie Springer, gegen jede Gewalt, besonders gegen jede revolutionäre. Die konterrevolutionäre Gewalt dagegen bemerkte er wie
Springer nicht. Vorläufiges Ende des Spiels von der Gewalt: Grass
wird als Besucher der Berliner Schaubühne durch eine öffentlich ver-
lesene Resolution des Theaterkollektivs als »bezahlter Mietling der
Münchner SPD-Spitze«, der »einen Schriftstellerkollegen in übelster
Weise verleumdet und dadurch den Münchner Skandal mit hervorgerufen hat«, verbal hingerichtet. Zweifellos eine terroristische, also
gewaltsame Methode.

Für die Gewalt gilt die einprägsame Volksweisheit: Spiele nicht
mit Schießgewehr, denn es könnt geladen sein. Grass hält viel von
ihr; aber hat Kipphardt nicht recht, daß die Gewalt unter dem Deckmantel offizieller Ablehnung ständig angewendet wird?

Natürlich hat er recht; und hat Grass nicht recht, daß (»Drachen«-)
Hetze zum Mord führen kann? Natürlich hat er recht.

Gewalt und Gewaltanwendung sind im gesellschaftspolitischen
Sprachgebrauch tabu. Eine geleugnete Wahrheit ist aber ihres Ernstes
entkleidet. Sie fordert das Spiel mit ihr heraus.

Künstler, die teilweise hochbezahlten Hofnarren unserer Gesellschaft, sind durch die Bedingungen ihrer Existenz noch mehr als wir
anderen davon überzeugt, daß am Vollzug des Geschehenden ohnehin nichts zu ändern sei. Da muß das gedankliche Spiel mit den
Mitteln der Veränderung an Konsequenz gewinnen. Zumal, wenn sie
das Getriebe zu durchschauen meinen und die Tabuisierung verach-
ten. Um so leichter sind sie zum Spielen geneigt.

Es ist leicht, mit Worten »mal so« hinzurichten; es bereitet Genuß,
der Gesellschaft ins Gesicht zu spucken und die Applaudierenden dafür zahlen zu lassen. Das Erschrecken des Bürgers durch das Spiel mit
der Gewalt ist ein begehrter Lustgewinn. Dabei ist auch das Erschrek-
ken der Bedrohten nicht frei von Lust: ungefährdete Blicke in den
Abgrund. Wer diese komplizierten Kreise stört, wird verfolgt. Wahrheit und Spiel gleiten hier vielfältig durcheinander.

Was ist Gewalt? Alle Mittel und Methoden, ließe sich antworten,
die für Wünsche oder Befehle Gehorsam erzwingen sollen. Innerhalb
der Gesellschaft ist sie deshalb den Herrschaftspositionen vorbehalten. Vor allem dann, wenn diese Gesellschaft in Klassen gespalten,
in Gruppen geteilt ist, an eine Zuchtwahl der Leistungsfähigen im

Konkurrenzkampf glaubt und einander überschneidende horizontale und vertikale Machtstrukturen zeigt. Da scheint es weise, den staatlichen Herrschaftspositionen das Monopol der Gewaltanwendung zu sichern. (Deshalb hat noch kein Abgeordneter der CDU/CSU einen Antrag auf Privatisierung der Bundeswehr und Polizei gestellt.) Aber der allgemeine Konkurrenzkampf um Macht und Herrschaft in allen Bereichen der Gesellschaft wird ständig mit Gewalt und Gewaltandrohung geführt. Wir wollen es nur nicht wahrhaben.

Die »rohe Gewalt« ist nur eine Anfangsstufe, der »Dienst nach Vorschrift« eine verfeinerte Fortsetzung. Der gewaltlose Widerstand leugnet Vater und Mutter. Was wir lächelnd »Druck und Gegendruck« nennen, sind sublimierte Formen der Gewaltanwendung. Sie sind humaner. Sicherlich. Auch sie sollen aber Gehorsam erzwingen. Druck und Gegendruck können weder ihren Ursprung verleugnen, noch sind sie gefeit, zu ihm zurückzukehren. Je spielerischer wir mit ihnen umgehen, desto eher werden sie dies tun.

In der Analyse wie im Spiel darf man ungestraft den Charakter der Gewalt enthüllen. Druck und Gegendruck auf ihren Ursprung zurückführen. Dort teilt man sie gern in Gut und Böse. Die »gute« Gewalt wird durchweg für die eigenen Wertvorstellungen und Interessen eingesetzt.

Wir braven Bundesbürger sind allesamt gegen Gewalt. Konzentrationslager lehnen wir ebenso kompromißlos ab, wie unsere Vorfahren sie nicht zur Kenntnis nahmen. Etliche sind sogar heute gegen Bücherverbrennungen; aber Bismarck war ein großer Mann. Er sagte, die großen Entscheidungen der Geschichte würden durch Blut und Eisen herbeigeführt. Und viele Pazifisten verehren Marx, für den die Gewalt der Geburtshelfer einer neuen Gesellschaft war.

In Wahlkämpfen wird — zumindest der öffentlichen Vorstellung nach — ein Kampf um die Machtverteilung ausgetragen. In ihnen wird die Schale der Humanisierung um das Maß der Gewalt dünner. Platzt sie, sprechen wir von bedauerlichen Entgleisungen. Man distanziert sich von den Übeltätern oder bringt ihnen Verständnis entgegen.

Das gilt besonders für die sogenannte »Kampfpresse«. Springer kämpft immer. Denn wer eine Verschwörung von »Teilen der SPD-Führung« mit dem Kreml zur Beseitigung »unserer Ordnung« konstruiert und alle Recht- bis Rechtsgesinnten zum Widerstand aufruft, tut nichts anderes. Aber er distanziert sich von dem Gärtner, der dem Bundespräsidenten ans Leben wollte. Der Machtkampf pellt die Schalen vom Kern der Gewalt. Spielerisch, natürlich. Die stellvertretenden Kämpfer in den Zeitungen spitzen die Konflikte zu. Sie drehen an den Rädern mit. Aber verantworten können, sollen und wollen sie nichts.

Sie erzeugen jedoch Demonstrationen und Gegendemonstrationen. Nach Gesetz und Ordnung sind jene zu schützen, die Scheel und Brandt »an die Wand« fordern. Und sie werden geschützt, bis sie es getan haben. Das gilt auch für Menschen, die andere Menschen zu »Drachen« ernennen. Wenn der Zahn und das Blut den Zahn und das Blut gefordert haben, kann die Schraube sich weiterdrehen: Berge von Zähnen, Meere von Blut.

Das wäre Schwarzseherei? Saalschlachten und Kriege der Parteiarmeen liegen nicht so weit zurück wie Schillers »Räuber«. Wer die Kampfpresse jener Tage mit der Kampfpresse von heute vergleicht, kann die ähnliche Webart kaum übersehen.

Was heute fehlt, sind Not, Angst und Verzweiflung breiter Massen, die damals spielerisch oder konsequent gehäuftes Dynamit zur geballten Ladung werden ließen. Bei ihrer Explosion flog eine Ordnung in die Luft, die bei allen Mängeln unvergleichbar hoch über jener stand, die an die Stelle der Humanität die Philosophie des Tierzüchters setzte. Legal bis zur letzten Leitersprosse wollten sie sein und versprachen: »Aber gehenkt wird doch«. Sie haben gehenkt.

Heute finden wie damals die Vorspiele nicht nur auf dem Theater statt. Im spielerischen Umgang mit der Gewalt offenbart sich, daß eine vom Konsens aller getragene Grenze zur Inhumanität nicht gezogen worden ist. Das verleiht den Vorspielen den beunruhigenden Charakter.

Die Gewalt wird verurteilt, sie wird verabscheut und doch in ihrer vielfältigen Verpackung ständig angewendet. Wir verhalten uns wie Pharisäer und wollen es nicht wahrhaben. Im Spiel mit der Gewalt sind wir ehrlich. Die Lüge beginnt mit ihrer praktischen Handhabung.

Es fällt auch nicht schwer, dabei zu lügen. Nicht nur, weil jedermann gegen offene Gewaltanwendung ist. Es kommt hinzu, daß ihr Ergebnis scheußlich anzusehen ist. Es beleidigt unsere Vorstellungen von Menschlichkeit.

Diese Reaktion spricht für die Humanität im Menschen. Sie spricht zugleich gegen die Gewaltanwendung. Das Schlimme an allem spielerischen Umgang mit der Gewalt ist die Verantwortungslosigkeit der Spieler.

Himmler, ein Vertreter der kältesten Gewaltanwendung, wußte das. Er kannte die Kluft zwischen gedanklichem Spiel und der Tat. Vor SS-Führern in Posen hob er den Unterschied hervor, der zwischen der Feststellung »das jüdische Volk wird ausgerottet« und ihrer Verwirklichung besteht, dem »Wissen, was es heißt, wenn 100 Leichen beisammen liegen, wenn 500 oder wenn 1000 daliegen«; das müsse erst einmal »durchgehalten« werden. In der Tat: Mit dem Durchhalten beginnt das Verantworten. Der spielerische Umgang mit solchen »Feststellungen«, wie Himmler sie erwähnte, weiß vom »Durchhalten« nichts. Häufig genug werden die Spieler sich weigern, in den Leichen die Früchte ihres Zorns zu sehen.

Spielerisch wird mit der Gewalt umgegangen, wenn der Kern von »Druck und Gegendruck« geleugnet und idyllische Oasen der »Partnerschaft« vorgespiegelt werden. Alle wissen, daß diese Landschaft sich in ein Schlachtfeld wandeln kann, sofern nur einer sich nicht an die »Spielregeln« hält.

Bei Streik und Aussperrung ist der Kern der Gewalt noch leidlich deutlich zu erkennen; bei der salbungsvollen Erklärung von Interessenten, die Arbeitsplätze gerieten in Gefahr, wenn man die Steuern für die Unternehmer erhöhe, ist die Erkenntnis schon erschwert; wenn ein Minister versichert, man habe die Rezession gewollt, ist die Ehrlichkeit so verblüffend, daß man die Gewaltanwendung nicht mehr sieht.

Die Tabuisierung der Gewalt hindert uns daran, ihren Charakter und ihre Rolle in der Gesellschaft zu erkennen. Sie fördert ebenso den spielerischen Umgang mit ihr wie den plötzlichen Umschlag in die rohe Anwendung. Bei dem Minister liegt die Verantwortungslosigkeit darin, daß er bei seinem gesellschaftspolitischen Tennis einen Dynamitklumpen für den Ball hielt.

Wenn die Explosion erfolgt, hat jeder die moralische Entrüstung griffbereit. Es wäre besser, wir würden die Wirklichkeit erkennen und uns zu ihr bekennen, auch zur Wirklichkeit der Gewalt; besser, wir definierten ihren Inhalt, ihre Grenzen. Denn das ist die Chance der humaneren »Konfliktaustragung in einer pluralistischen Gesellschaft«. Es sei denn, wir einigten uns alle darauf weiterzuspielen. Aber dann auch ohne moralische Entrüstung bei Explosionen. Die Lust am Untergang gibt es nur im Vorfeld. Der Untergang selbst ist schrecklich.

Spätestens seit Freud den Todestrieb analysierte, wissen wir um die magische Anziehungskraft der Gewalt. Sie kann zur ziellosen Destruktion führen, die nichts will als zerstören und in der Zerstörung sich selbst genießen.

Sie kann — vor allem den Intellektuellen, die zweifelnd, ironisch, zynisch zwischen den konkurrierenden Klassen und Gruppen wandeln — lustvolle Freude sein am Zerstören, aus dem Neues gestaltet wird. Sie tötet den nagenden Zweifel und die Frage nach der Verantwortung im Rausch des bedenkenlosen Handelns. Aufgelöst wird das Ich im triebhaften Zwingenwollen. Die Gewalt wird dann zum Genuß; eine Droge, um das Erlebnis der eigenen Ohnmacht zu löschen. Sie täuscht dem Süchtigen den Prometheus vor, der nach seinem Bilde Menschen formt.

Nur die Entschleierung der Gewalt, ihre rationale Darstellung in Wesen und Funktion kann sie von ihrer »Dämonie« befreien. Sie ist ein Bestandteil unserer Wirklichkeit. Sie muß von den Menschen verantwortet werden.

Bis dahin spielen wir weiter mit der Gewalt und benutzen Druck und Gegendruck wie Tennisbälle; freuen uns über Fluglotsen, die jetzt wieder lebensgefährdend »gegen die Vorschrift« zu arbeiten bereit sind, und registrieren nicht, wer gegen die eigene Währung spekuliert. Auch sehen wir daran vorbei, daß die Spielerei mit der Gewalt Ideen, Vorbilder oder Vorstellungen in die Welt setzt, das heißt: Wirkungen hat. Wenn einzelne von ihnen ergriffen werden, wie beispielsweise diejenigen, die Rathenau ermordet haben (sie sangen: »Knallt ihn ab, den Rathenau, die gottverdammte Judensau«) oder den Konsumterror durch Kaufhausverbrennungen bekämpfen, sprechen wir von bedauerlichen Einzelfällen. Keiner hat damit zu tun. Keiner hat die Ideen, Vorbilder oder Vorstellungen, die da zum Vorschein kamen, in die Welt gesetzt. Psychologen, Soziologen oder Politologen analysieren den Einzelfall. Das Spiel geht unterdessen weiter. Haltungen und Einstellungen werden auch weiterhin, scheinbar unverbindlich, vorgeprägt.

Wenn Ideen die Massen ergreifen, werden sie zur materiellen Gewalt. Das stammt von Karl Marx. Es ist trotzdem richtig. Deshalb kann man sagen: Seid vorbereitet auf die Konsequenzen dessen, was jetzt spielerisch fabriziert wird.

Soll das nicht erlitten werden, dürfen Grass und Kipphardt nicht nur beide recht haben. Das beschreibt lediglich das Dilemma der tabuisierten Gewalt.

Deshalb ist es die erste Aufgabe, den gewaltsamen Kern von Law and Order zu enthüllen. Zu setzen ist dafür die anerkannte Notwendigkeit von Spielregeln. Sie könnten die höchste Weihe empfangen durch die Einsicht in ihre humane Notwendigkeit, da das atomare Patt auf Kämpfe in der Gesellschaft keinen Friedenszwang ausübt. Deshalb muß hier die Einsicht die Drohung der Bombe ersetzen. Darin läge bereits die Rechtfertigung der Anwendung aller Mittel gegen angedrohte Inhumanität. Da könnten Grass und Kipphardt sich einigen, denke ich. Und nicht nur sie, so hoffe ich.

Wer verändern will, muß das durch neue Gesetze nach Zielen einer neuen Ordnung tun. Solange er dazu nicht die Macht erhalten hat, muß er durch die Methoden der humanisierten Gewalt und Gewaltandrohung reale Interessen gegen reale Interessen setzen.

Keiner kann auf diese Form der Gewaltanwendung oder Androhung verzichten in einer Gesellschaft, die nach Wertvorstellungen und Interessen »pluralistisch« ist. Am wenigsten der, der verändern will. Er muß jedoch wissen, daß seine Gewalt gegenüber der anderen objektiv keine höheren Weihen hat.

Wir leben in einer hochdifferenzierten Gesellschaft. In ihr gibt es keine entscheidenden Probleme, die durch rohe Gewalt zu lösen wären. Das heißt aber nicht, daß unterm Wechsel-Schach der gesellschaftlichen Kräfte auf Lösungen verzichtet werden könnte. Vielmehr fänden Veränderungen auch jetzt statt, aber aus nicht beherrschten »Sachzwängen«. Das ist das Risiko der Freiheit.

Wollen wir den Rückfall in die Barbarei vermeiden, muß die Gesellschaft sich unter diesem Risiko weiterentwickeln bei bewußter Beherrschung und Humanisierung der vielfältigen Formen der Gewalt. Auch dann kann sie stets schießgeweiht sein. Gegen den Todestrieb gibt es kein Mittel. »DER SPIEGEL« (Hamburg), 28. 6. 1971

Dieter Hildebrandt

Abendliches Gespräch mit einem von der Schaubühne verachteten Menschen

Günter Grass in der Diskussion zwischen links und rechts: »Ich will Ideen bekämpfen, bevor sie gewalttätig werden«.

Es ist laut geworden um Günter Grass. Das Ressentiment gegen ihn hat sich seit längerem auf einer Seite zusammengebraut, wo er es früher nicht zu finden gewohnt war: links. Seit er aber im Konflikt zwischen dem Münchner Chefdramaturgen Heinar Kipphardt und der Stadt München im genauen Wortsinn die Partei des Münchner Oberbürgermeisters Vogel ergriffen hat, ist Grass Objekt einer konzentrischen Polemik, an der sich Kollegen wie Günter Herburger und Martin Walser, Kritiker und Dramaturgen wie Karasek und Urs Jenny nach Kräften beteiligt haben. Gipfel des öffentlichen Angriffs war ein Abend in der Berliner Schaubühne, wo sich vor einem »Peer-Gynt«-Abend das Ensemble auf der Spielfläche versammelte und der Schauspieler Dieter Laser eine Resolution verlas, in der sich das Kollektiv mit Kipphardt solidarisch erklärte. Günter Grass aber, »der in der Manier eines bezahlten Mietlings der Münchner SPD-Spitze« gegen Kipphardt aufgetreten sei, werde hiermit »unsere Verachtung« ausgesprochen. Beifall und Rufe: »Grass raus!« Die Resolution übergab die Schaubühne der Presse; man erfuhr nicht, was noch passiert war: daß Grass aufstand und etwas von Methoden sagte, die man aus nicht sehr ferner Vergangenheit kenne, Methoden öffentlicher Anprangerung, und von der Konsequenz jener Drachentöterspiele, die von der Bühne weg in die Wirklichkeit projiziert würden. Ein paar klatschten auch für ihn.

Es ist so laut geworden um Günter Grass, daß ein Gespräch besser schien als ein weiterer Kommentar. Aber sollte man, bei der Häufigkeit und Ubiquität, mit der Grass seine Meinung sagt, erwarten können, Neues von ihm zu hören? Es waren nicht eigentlich Fragen (etwa: Ist die Niedstraße 13 zum Schmollwinkel geworden, wo bleibt der Sinn für intellektuelle Kollegialität, verführt die Kolumne in der »Süddeutschen« nicht dazu, in allzu viele Dinge hineinzureden, nimmt die Faszination fürs Konservative nicht überhand?), die auf den Besuch in Friedenau hinausliefen, als vielmehr der Wunsch, den Widerspruch zu klären zwischen der früheren Haltung des Schriftstellers, der immer einzelne, sei es Willy Brandt, sei es Arnold Zweig, sei es Jochen Steffen, in Schutz genommen hat gegen öffentliche oder obskure Diffamierungen, und dem Verhalten jetzt, da er der Münchner Kulturbürokratie nicht nur recht gibt gegen Kipphardt, sondern dem Dramatiker-Dramaturgen sogar »Mordhetze« unterstellt.

Grass zitiert einen seiner beiden ältesten Zwillingssöhne: »Du, wenn du das mit dem Kipphardt nicht geschrieben hättest, hättest du dir aber eine Menge Ärger erspart.« Er sagt es wie einer, der es nie darauf anlegen wird, sich Ärger zu ersparen, aber doch zunehmend kennenlernt, was Ärger heißt. Von rechts, da sei er die Vorwürfe gewohnt, die Argumente von Walden und Schlamm machten ihm nichts aus; aber dieselben Methoden nun von links — da seien sie schmerzhaft. Das zu verwinden koste viel mehr Kraft. Bitterkeit? Ja, auch. »Die Bitterkeit halte ich nach dem, was ich erlebt habe, für gerechtfertigt.« Den Fall Kipphardt sieht er ganz anders als seine Kritiker: Jahrelang hätten die Feuilleton- und Nachtprogramm-Intellektuellen das politische Engagement des Schriftstellers gefordert; jetzt nehme er eine entschieden politische Position ein in diesem Streit, und prompt fielen sie über ihn her. Er mache die linke Solidarisierung, er mache diese ganze »Solidaritätsmeierei« nicht mit. »Wissen Sie, wenn Sie mich genau fragen, wenn ich die Wahl habe zwischen der Aufrechterhaltung demokratischer Umgangsformen im politischen Kampf und der Existenz der Kammerspiele, wähle ich das erstere.«

Stehen denn aber solche Alternativen überhaupt zur Debatte? Ist es nicht eher eine, zu der er sich hat hinreißen lassen? Das Münchner Programmheft zu Wolf Biermanns Dra-Dra hat doch eben keine Foto-Seite »von Drachen aus Politik und Wirtschaft« enthalten. Ja, aber ob man denn nicht den Trotz erkenne, der in der Formulierung stecke, diese Fotos könnten »aus rechtlichen Gründen« »leider nicht abgedruckt werden«? Und zum Drachentöten aufrufen, das sei doch zumindest Aufforderung zur Gewalttätigkeit. Den Einwand, das Drachentöten sei doch eine aus Jahrhunderten Literatur geläufige Metapher, will er nicht gelten lassen: daß die Juden unser Unglück wären, habe man auch einmal für eine Metapher gehalten. Und mit einem Blick auf den Interviewer beklagt er die geschmäcklerische Haltung der Leute aus dem liberalen Bereich. »Ich bin dafür«, sagt Grass, »Ideen zu bekämpfen, bevor sie gewalttätig werden.«

Der Schnurrbart rahmt neuerdings Trauer ein, dieser Bart, der tausendfachen Nachwuchs erlebt hat bei jungen Leuten. Fing, für Deutschland, die Bart-Generation nicht mit Günter Grass an? War er nicht der Protagonist des politischen, des linken Engagements? War er nicht der Oppositions-Intellektuelle schlechthin, früher als Wagenbach, entschiedener als Walser, besonnener als Hochhuth? Er, schließlich, sprach schon auf Märkten und in Dorfsälen, er stürzte sich schon in den Wahlkampf, als seine Autoren-Kollegen im Berliner Wahlkontor 1965 noch Stilübungen für die SPD veranstalteten. Jetzt siedeln die meisten weit links von ihm, Freundschaften sind auf der Strecke geblieben. Wer kommt mit wem nicht mehr mit? »Auch für mich war es überraschend, daß die so lange oppositionelle SPD auf einmal Macht ausübte. Viele haben diesen Rollenwechsel nicht akzeptieren wollen.«

Hat er sich, in den Jahren seiner politischen Arbeit, kaputtgemacht, ist aus dem gestandenen ein gesetzter Mann geworden? Diese politische Arbeit sei manchmal ermüdend, »und manchmal bin ich müde«. Was ihn besonders kränke, sei die Aggressivität, mit der sich Aufklärung in Deutschland zu Wort melde. Vernunft sei hier, besonders wenn das Land sich im Zustand der Polarisierung befunden habe, immer etwas Anstößiges gewesen. »Aber ein Linker, der das Argument verläßt und auf rechte Methoden zurückgreift, ist für mich kein Linker.«

»Ja, daß ich Schriftsteller bin, können Sie ruhig schreiben.«

Er kommt auf den Abend in der Schaubühne zu sprechen, mit einem Unterton von Schärfe, Gereiztheit, etwas Stolz auf die eigene Kraft ist auch dabei. »Noch bin ich ja in der Lage, was zu sagen, noch kann ich das ja, noch darf ich das ja. Aber wer das nicht kann in solchen Momenten, dem bleibt nur noch, unter den Stuhl zu kriechen und 'rauszurobben.« Er blieb im Theater, zusammen mit seiner Frau, die Pause sei eine Art Spießrutenlauf gewesen; dergleichen erlebe er auch manchmal schon, wenn er wo eingeladen sei: daß dann Leute auf ihn zuträten und sagten: Was wollen Sie denn noch hier? Irgendwann in diesem Zusammenhang spricht er verächtlich von der »Riege der Wadenpisser«; auf einmal merkt man, daß da der Autor der Blechtrommel, der Hundejahre, von Katz und Maus vor einem sitzt, der Rabelais aus der Kaschubei, der Autor, von dem die meisten erst gelernt haben, wie wenig weit her es mit dieser unserer Gesellschaft ist. Der aber dasitzt und mit einer fast offiziellen Entschiedenheit sagt, daß die Bundesrepublik ein entwicklungsfähiges Gebilde ist; der den Mut hatte, vom Kontra zum Pro überzugehen.

»Ja, daß ich Schriftsteller bin, können Sie ruhig schreiben.« Das war, im Laufe des Gesprächs, der sarkastischste Satz. Grass fühlt sich nicht nur der radikalen Linken konfrontiert, er sieht sich auch mißverstanden oder vorsätzlich verkannt von der deutschen Literaturkritik. Das werde ihn nicht am Schreiben hindern, aber lustig sei das nicht. »Wenn ich zum Beispiel was über ›Örtlich Betäubt‹ erfahren will, muß ich die ausländischen Rezensionen lesen.« Er denke aber nicht daran, der geradezu chorisch auftretenden deutschen Kritik zum Maule zu schreiben und etwa als sein eigener Epigone aufzutreten. Zur Zeit arbeite er an einem neuen Buch, an einer Art Tagebuch über Erfahrungen der letzten Jahre, aber Danziger Geschichten aus der Nazi-Zeit gebe es auch darin. Gegen Ende des Jahres werde er fertig sein damit.

Wann immer das Wort »Metapher« auftaucht im Gespräch, reagiert Günter Grass empfindlich; in der Sache Kipphardt hat er sich versteift, vielleicht sogar deshalb, weil er spürt, daß sein Verdikt in diesem Fall nicht zutrifft. (Eine Vermutung des Interviewers, die auf mimische Nuancen, nicht auf Mitteilungen zurückgeht.) Hat er sich, auch vor sich selbst, zu sehr in die Rolle des Schiedsrichters, eines Ombudsmannes hineinvertieft? Kann er sich nicht mehr irren? »Wenn das so weitergeht mit den Angriffen von links und rechts, komme ich an eine Grenze. Das ist aber, bitte, keine Resignation. Ich werde weitermachen. Und ich lasse mich von dem Hinweis auf Metaphern nicht beschwichtigen.«

»PUBLIK« (Frankfurt), 2. 7. 1971

Adolf Muschg

Plädoyer für den falschen Drachen

Vielleicht muß man Ausländer sein — und mit einigen Skrupeln beschwert, ob die Einmischung in einen so deutschen Hausstreit einem zusteht —, um die öffentliche Hinrichtung, die Günter Grass in der deutschen Presse von Links bis Liberal bereitet wird, etwas beängstigend zu finden.

Dabei will ich nicht an Tatsachen rütteln, die ich nur aus der Polemik, also verfinstert, kenne. Es soll eine redliche Verfinsterung sein; es soll als bewiesen gelten, daß Grass es im Fall Kipphardt zu grob gemacht hat, ja, daß er zu seiner früheren Position als Anwalt der Pinscher gegen beißende Herren in einen peinlichen Widerspruch geraten ist. Grass als Entlassungshelfer — das ist keine schöne Entdeckung.

Aber wenn die Entdecker so tun, als wäre er nie etwas anderes gewesen, und ihn frohlockend abschreiben, dann ist das grober Unfug; dann wird sein Fall zu ihrem Fall. Denn eine Enttäuschung, die aus der Kollegialität käme — jener Kollegialität, deren Verletzung man Grass ankreidet —, spräche eine Spur weniger fix; sie möchte Grass lieber nicht so fertig haben, wie sie ihn heute macht.

Man spricht Grass in dieser besonderen Sache nicht frei, wenn man dazu feststellt, daß es heute in Deutschland auch eine linke »Unfähigkeit zu trauern« gibt; man darf immerhin daran erinnern, daß es gerade diese drohende Unfähigkeit, dieser selbstmörderische Zwang zur linken Rechthaberei ist, dem Grass sonst mit allen vernünftigen Gegengründen — und jetzt auch einmal mit einem untauglichen Mittel — beizukommen suchte. Den meisten seiner Kritiker hat Grass immer noch die Verzweiflung über diesen Sachverhalt — oder sagen wir weniger pathetisch: einen totalen Mangel an Schadenfreude — voraus. Ich mag den Mut nicht loben, der heute dazu gehört, das Kind mit dem Bad auszuschütten: das überall delikate republikanische Bewußtsein mit dem Fehler eines Autors, der es sonst so viel mehr recht als schlecht repräsentierte.

Daß er es bis zu einem solchen Grad repräsentieren konnte und dabei »überlebensgroß« erschien, dürfte man nicht ihm, man müßte es sich selber zuschreiben. Daß man es heimlich tut, verrät man durch die Art, wie jetzt gegen ihn polemisiert wird: Alles, was Nietzsche deutsche Selbstantipathie nannte und was in die produktive Giftküche postfaschistischer Schriftstellerei gehört, hat in Grass ein besonders lohnendes, weil selbstquälerisches Ziel gefunden. Man kann sich selber so viel zeigen, wenn man's ihm zeigt.

Onkelmord in Ehren. Aber lohnt es sich, über so viel Demonstrationswut zu vergessen, was dieser Onkel für die deutsche Literatur (ich höre, mit Betonung: gewesen) ist, nämlich eine international akzeptierte Alternative zur braunen Gemütlichkeit. Kann man sich leisten zu vergessen, was er für die deutsche Politik noch sein kann? Ein Gewicht, das die Linke nur über Bord werfen kann, wenn sie in Deutschland niemals landen will; noch ist, fürchte ich, das feine explosive Gemisch, das sie in ihren Ballonen führt, etwas leichter als die deutsche Luft. Da ich an die Zukunft der deutschen Linken glauben möchte, möchte ich nicht glauben, daß sie sich selbst — gegen Grass — so grausam übel will.

»In jedem Bevollmächtigten und Repräsentanten sogleich den Herren zu spüren, dazu gehört eigentlich eine unfreie Hundsnatur«, schrieb Gottfried Keller 1852 und zielte damit als Republikaner auf eine unnötige Unfreiheit seiner eigenen Gesinnungsgenossen. Kannibalismus, auch literaturpolitischer, ist keine Alternative zum Götzendienst, sondern seine Fortsetzung mit anderen Mitteln und verewigt die Abhängigkeit: zuviel Ehre für Grass. Die hat er nicht verdient. Ich schreibe aus der Schweiz, einem Land, in dem das »Selbstverständliche« des Günter Grass noch alles andere als selbstverständlich ist: daß ein Autor die kleine und häßliche politische Arbeit so ernst nimmt wie die vergleichsweise schöne des Schreibens. Ich bin der letzte, meinen Schweizer Kollegen und mir selber diese Verspätung nachzusehen und schmeichelhafte Ursachen für sie zu suchen. Ich erwähne sie nur darum, weil sie mich wohl vom Verdacht freispricht, hier als Praeceptor Germaniae aufzutreten. Wer in der Schweiz Radikaldemokrat ist, hat mit einer Art Neid zugesehen — einem Neid, der jedenfalls mit literarischer Konkurrenz nichts zu tun hatte —, wie sich in Deutschland Autoren wie Grass oder Herburger dafür eingesetzt haben, daß endlich und wenigstens Sozialdemokraten an die Regierung kamen. Wir bangten mit ihnen um jede Wählerstimme, die dort so viel teurer zu erkaufen war und an der soviel mehr geschichtliche Hypothek — und geschichtliche Hoffnung — hing als anderswo. Wir verstanden, daß diese Stimmen das persönliche und öffentliche Opfer eines Günter Grass wert waren; wenn dabei ein bißchen überschüssiger Lorbeer abfiel, so hatte er sich redlich dafür braten lassen. Grass kannte besser als wir das Gewicht dieser Stimmen, denn die Stunde, da sie zum Sieg der Vernunft gefehlt hatten, läutete ihm noch in den Ohren. Er wußte — und hatte es in seinen Romanen beschrieben —, wohin eine Welt ohne diese kleine Reserve republikanischer Unverrücktheit baden geht und wie bald sie verspielt ist.

Von daher müßte jetzt doch seine Ungeduld gegenüber allem Verspielten so gut nachzufühlen sein wie seine hartnäckige Geduld mit den Unschlüssigen und Halbgebackenen. Exklusivität von links und das große Ressentiment von rechts hatten schon einmal eine deutsche Republik beerdigt, und die Sozialdemokratie, die den Schaden davon hatte, hatte am Ende auch die Verantwortung dafür. Soll sie jetzt schon wieder den Spott haben?

Wenn es für Grass Gründe gibt, einen OB Vogel als Garanten gegen eine Wiederholung des bösen Spiels zu betrachten, so mögen das nicht jedermanns Gründe sein — aber man dürfte ihm immerhin den guten Glauben nicht so schneidend absprechen, auch dann nicht, wenn er diesem Glauben jetzt das falsche Opfer — dasjenige Kipphardts — gebracht hat. Das falsche Opfer bei einer, wie ich übereinstimmend lese, unnötigen Gelegenheit — da sollte wenigstens ein Zweifel an der Richtigkeit des Sündenbocks aufkommen.

Freilich: Man kann sich den Luxus gestatten, einem Autor, dessen politische Reichweite zu einem nicht geringen Teil auf dem Vertrauen und der Anerkennung seiner Kollegen beruht, dieses Mandat möglichst vernehmbar zu entziehen. Man kann ihm sogar, wie Herburger, aus seiner Doppelbeschäftigung einen feinen Strick drehen — obwohl der Rat, ein Autor möge doch bei seinem Leisten bleiben, von links geäußert, auf mich einigermaßen zynisch wirkt. Aber dann muß man auch wissen wollen, was man tut; und man soll's dann am Ende auch gewesen sein. Jenes dicke Ende pflegt dann von rechts zu kommen und mit den Nuancen linken Selbstverständnisses kurzen Prozeß zu machen. Vielleicht will man diesen Prozeß. Aber das geht, um Vergebung, dann auch die Nachbarn etwas an, denen die dünne Haut der deutschen Sozialdemokratie bei allem Zweifel teuer ist und nicht teuer genug verkauft werden kann.

Etwas Humorlosigkeit ist da vielleicht am Platz. Grass hat sie bewiesen, als er den Mordsjux im Dra-Dra-Programmheft ernst nahm — ernster, als er es nach der Ansicht von Walser oder Karasek verdiente. Das wunderte mich; denn beide haben sonst, mit Gründen, gegen die Unverbindlichkeit von Metaphern wenig Duldsamkeit gezeigt. Es sind, wenn ich recht gelesen habe, politische so gut wie ästhetische Gründe gewesen. Aber dann hätte ich mir denken können, daß sie Grass, bei aller Empörung, die seinen zugute halten.

Grass könnte der Republik eines Tages mit seiner partiellen Humorlosigkeit immer noch besser dienen als die linke Unerbittlichkeit mit der ihren. Sie mag Grass einige gescheite Analysen voraushaben, aber ganz gewiß hat sie die Breite des mittleren unglücklichen Bewußtseins noch eine lange, gefährlich lange Zeit nicht hinter sich. Grass kann mit diesem Bewußtsein reden, weil er Sympathie (und, mag sein: Affinität) zu ihm empfindet. Man sollte ihm beides nicht so grausam übelnehmen und der Aufklärung auch breite Wege zugestehen, die darum, daß sie nicht geradezu in die Utopie führen, um nichts bequemer sind. Man sollte Grass dafür nicht voreilig dem Beifall der Springer-Blätter ausliefern.

Wo der Haupt-Drache eines Landes — und welches Landes nicht? — immer noch politische Gedankenlosigkeit heißt, da ist es mit ein paar schlanken Ausfällen von links nicht getan; damit reizt man ihn nur nach rechts und macht sich zum Erfüllungsgehilfen der eigenen finstern Prophetie. Grass mag einen Schritt zuviel mit dem Drachen getan haben, um seiner Drachen-Natur zu steuern; wer ihn dafür selbst zum Drachen aufmöbeln möchte, tut genau das, was er ihm — wie Herburger in seinem Artikel — vorwirft: Er läßt schöne Literatur in ein öffentliches Problem einfließen.

Das ist noch keine Politik, nur weil es keine Kunst ist. Grass gehört zu den Schriftstellern, die einen spürbaren Unkostenbeitrag an die Geschichte seines Landes leisten. Wer das Anpassung und Ausverkauf nennen will, den beneide ich nicht mehr um seine Analyse, und ich fürchte mich vor seiner Utopie.

»DIE ZEIT« (Hamburg), 2. 7. 1971

Gertrude Kaufmann/Franz Josef Görtz

Bibliographie

1. Buchveröffentlichungen

»Die Vorzüge der Windhühner«. Gedichte und Graphiken. Berlin 1956.

»Die Blechtrommel«. Roman, Neuwied/Berlin 1959.

»Gleisdreieck«. Gedichte, mit Zeichnungen des Verfassers. Berlin 1960.

»Katz und Maus«. Eine Novelle. Neuwied/Berlin 1961.

»Hundejahre«. Roman. Neuwied/Berlin 1963.

»Onkel, Onkel«. Ein Spiel in vier Akten. Berlin 1965.

»Fünf Wahlreden« (Was ist des Deutschen Vaterland? Loblied auf Willy. Es steht zur Wahl. Ich klage an. Des Kaisers neue Kleider). Neuwied/Berlin 1965.

»Die Plebejer proben den Aufstand«. Ein deutsches Trauerspiel. Neuwied/Berlin 1966.

»Ausgefragt«. Gedichte und Zeichnungen. Neuwied/Berlin 1967.

»Über meinen Lehrer Döblin und andere Vorträge«. Berlin 1968 (LCB-Editionen).

»Über das Selbstverständliche«. Reden, Aufsätze, Offene Briefe, Kommentare. Neuwied/Berlin 1968.

»Briefe über die Grenze. Versuch eines Ost-West-Dialogs«. (Mit Pavel Kohout). Hamburg 1968.

»Örtlich betäubt«. Roman. Neuwied/Berlin 1969.

»Theaterspiele« (Hochwasser — Onkel, Onkel — Noch zehn Minuten bis Buffalo — Die bösen Köche — Die Plebejer proben den Aufstand — Davor). Neuwied/Berlin 1970.

»Gesammelte Gedichte«. Mit einem Vorwort von Heinrich Vormweg. Neuwied/Berlin 1971.

2. Publikationen in Zeitungen und Zeitschriften

»Lilien aus Schlaf«. Gedicht. In: »Akzente« 1955, S. 259 f. (Lyrikpreis des Süddeutschen Rundfunks).

»Kürzestgeschichten aus Berlin«. In: »Akzente« 1955, S. 517 ff.

»Meine grüne Wiese«. Erzählung. In: »Akzente« 1955, S. 528 ff.

»Die Ballerina«. Essay (geschrieben für Walter Höllerer). In: »Akzente« 1956, S. 528 ff.

»Der Inhalt als Widerstand«. Essay. In: »Akzente« 1957, S. 229 ff.

»Beritten hin und zurück«. Ein Vorspiel auf dem Theater. In: »Akzente« 1958, S. 399 ff. UA: 1959, Frankfurter Studentenbühne und Hamburger Theater 53.

»Die Linkshänder«. Erzählung. In: »Neue deutsche Hefte«, 1958/59, H. 1, S. 38 ff.

»Noch zehn Minuten bis Buffalo«. Stück. In: »Akzente« 1959, S. 5 ff.

»Im Tunnel«. Erzählung. In: »National-Zeitung«, Basel, 9. 1. 1960.

»Die Erstgeburt«. Gedicht. In: »Akzente« 1960, S. 435.

»Hochwasser«. Ein Stück in zwei Akten. In: »Akzente« 1960, S. 498 ff. (1. Fassung). Auch: Frankfurt 1963 (Edition Suhrkamp, 2. Fassung).

»Stier oder Liebe«. Erzählung. In: »Deutsche Zeitung«, Köln, 9. 10. 1960

»Das Gelegenheitsgedicht oder — es ist immer noch, frei nach Picasso, verboten, mit dem Piloten zu sprechen«. Essay. In: »Akzente« 1961, S. 8ff.

»Fotogen«. Gedicht. In: »Akzente« 1961, S. 450.

»Lyrik heute«. Gedichte, Referate und Diskussionsbeiträge anläßlich des »Internationalen Kongresses der Schriftsteller deutscher Sprache« in Berlin (u. a. von W. Höllerer, G. Grass, R. Hartung, H. Heißenbüttel, P. Rühmkorf). In: »Akzente« 1961, S. 2 ff.

»Und was können Schriftsteller tun?« (Offener Brief an Anna Seghers). In: »Die Zeit«, Hamburg, 18. 8. 1961.

»Offener Brief an den Deutschen Schriftstellerverband« (zusammen mit Wolfdietrich Schnurre). In: »Die Zeit«, Hamburg, 18. 8. 1961.

»Sollte dieser Preis zurückgewiesen werden?« (Offener Brief an Siegfried Lenz). In: »Die Zeit«, Hamburg, 16. 2. 1962.

»Ohrenbeichte: Brief an ein unbeschriebenes Blatt«. In: »Sprache im technischen Zeitalter«, Februar 1962, S. 170 f.

»Eingemauert«. Erzählung. In: »Westdeutsches Tageblatt«, 24. 2. 1962.

»In memoriam Walter Henn. Mein Freund Walter Henn ist tot«. In: »Der grüne Wagen«, München/Erlangen, 1963/64.

»Vor- und Nachgeschichte der Tragödie des Coriolanus von Livius und Plutarch über Shakespeare bis zu Brecht und mir«. Rede zum Shakespeare-Jahr. In: »Spandauer Volksblatt«, Berlin, 26. 4. 1964. (Auch in: »Akzente« 1964, S. 194 ff)

»Kleine Rede für Arno Schmidt«. Laudatio anläßlich der Verleihung des Fontane-Preises. In: »Frankfurter Allgemeine Zeitung«, 19. 3. 1964.

»Offener Brief an Ludwig Erhard«. In: »Spandauer Volksblatt«, Berlin, 14. 2. 1965.

»POUM oder Die Vergengenheit fliegt mit«. Ein Spiel in einem Akt. In: »Der Monat«, Juni 1965. (Auch in: »Plädoyer für eine neue Regierung oder keine Alternative«. Hrsg. v. Hans Werner Richter. Reinbek 1965, S. 96 ff).

»Lieber armer Freund Schlieker«. Glosse. In: »Sprache im technischen Zeitalter«, September 1965.

»Writers in Berlin«. A Three-way Discussion (mit W. Höllerer und W. Hasenclever). In: »Atlantic«, Dezember 1965, S. 110 ff.

»Der Mann mit der Fahne spricht einen atemlosen Bericht«. Gedicht. In:»Akzente« 1965, S. 122 f.

»Adornos Zunge«. Gedicht. In: »Akzente« 1965, S. 289.

»Grass speaks«. In: »Atlas«, April 1966, S. 250.

»Vom mangelnden Selbstvertrauen der schreibenden Hofnarren unter Berücksichtigung nicht vorhandener Höfe«. (Princeton-Rede). In: »Akzente« 1966, S. 194 ff.

»Freundliche Bitte um bessere Feinde«. (Offener Brief an Peter Handke). In: »Sprache im technischen Zeitalter«, 1966, S. 318 ff.

Gedichte. In: »Kursbuch« 7, Hrsg. v. Hans Magnus Enzensberger, Frankfurt 1966, S. 9 ff.

»Willy Brandt und die Friedensenzyklika«. In: »Süddeutsche Zeitung«, München, 11. 11. 1966.

»Von draußen nach drinnen«. Günter Grass über Willy Brandts Buch »Draußen — Schriften während der Emigration«. In: »Der Spiegel«, Hamburg, Nr. 47, 14. 11. 1966, S. 170 ff.

»An einen jungen Wähler, der sich versucht fühlt, NPD zu wählen«. Rede aus dem bayerischen Wahlkampf. In: »Berliner Stimme«, 26. 11. 1966.

»Offener Brief an Kurt-Georg Kiesinger«. In: »Frankfurter Allgemeine Zeitung«, 1. 12. 1966.

»Offener Briefwechsel mit Willy Brandt«. In: »Die Zeit«, Hamburg, 2. 12. 1966 und 9. 12. 1966.

»Das Gewissen der SPD«. In: »Die Zeit«, Hamburg, 9. 12. 1966.

»Diese neue Regierung. Aber es ist nicht die Zeit für Resignation und Sentimentalität«. Mit zwei Briefen an Willy Brandt und Kurt-Georg Kiesinger. In: »Die Zeit«, Hamburg, 9. 12. 1966.

»Über meinen Lehrer Döblin«. In: »Akzente« 1967, S. 290 ff.

»Die melancholische Koalition«. In: »Der Monat«, Januar 1967.

»Über die erste Bürgerpflicht«. In: »Die Zeit«, Hamburg, 13. 1. 1967. (Rede, gehalten am 5. 1. 1967 in Gelsenkirchen).

»Rede von der Gewöhnung«. (Gehalten in Tel Aviv und Jerusalem). In: »Frankfurter Allgemeine Zeitung«, 20. 3. 1967.

»Nachruf auf einen Gegner«. In: »Stern«, Hamburg, 8. 5. 1967.

»Die kommunizierende Mehrzahl. Sollen die Deutschen eine Nation bilden?« Günter Grass bedenkt die Möglichkeit und Unmöglichkeit unserer Einheit. (Unwesentlich gekürzte Rede vor dem Bonner Presseclub). In: »Süddeutsche Zeitung«, München, 29. 5. 1967.

»Genau hinsehen. Zum Tod des Bildhauers Karl Hartung«. In: »Die Zeit«, Hamburg, 4. 8. 1967.

»Offener Brief an Antonin Novotny«. In: »Die Zeit«, Hamburg, 8. 9. 1967.

»Briefe. An Pavel Kohout«. In: »Die Zeit«, Hamburg, 22. 9. 1967, 17. 11. 1967 und 19. 1. 1968.

»Tränentüchlein«. Gedicht. In: »Der Telegraf«, Berlin, 14. 1. 1968.

»Eine Mahnung«. In: »Der Abend«, Berlin, 8. 2. 1968.

»Briefwechsel mit Klaus Schütz«. In: »Telegraf«, Berlin, 9. 3. 1968.

»Eine Stimme von außen her«. In: »Vorwärts«, Bonn, 28. 3. 1968.

»Der Biedersinn gibt wieder den Ton an«. In: »Blickpunkt«, Berlin, 30. 4. 1968.

»Gewalttätigkeit ist wieder gesellschaftsfähig«. In: »Der Spiegel«, Hamburg, 6. 5. 1968. (Rede zum 1. Mai 1968).

»Ich bin dabeigewesen«. In: »Frankfurter Rundschau«, 10. 5. 1968 (Stellungnahme gegen den Berliner Propst Grüber).

»Wir haben nicht die demokratische Reife«. In: »Frankfurter Rundschau«, 14. 5. 1968.

»Mit vierzig Mark begannen wir ein neues Leben«. Vor 20 Jahren wurde in Deutschland die Währung reformiert. In: »Der Spiegel«, Hamburg, Nr. 25, 1968, S. 60 ff.

»Die Große Koalition ist zum Handeln aufgerufen«. In: »Frankfurter Rundschau«, 20. 6. 1968.

»Auschwitz und Treblinka in Afrika«. In: »Aufwärts«, Köln, Nr. 10, 1968. (Brief an Léopold Senghor).

»Völkermord vor aller Augen. Ein Appell an die Bundesregierung«. In: »Die Zeit«, Hamburg, Nr. 41, 1968, S. 5.

»Friedenspolitik in Spannungsfeldern«. In: »Die Zeit«, Hamburg, 22. 11. 1968. (Rezension zu Büchern von E. Eppler und W. Brandt).

»Ich bin gegen Radikalkuren«. Essay. In: »twen«, Dezember 1968.

»Über Ja und Nein«. In: »Die Zeit«, Hamburg, 20. 12. 1968. (Zur Verleihung der Carl-von-Ossietzky-Medaille am 9. 12. 1968).

»Was unterm Strich steht«. In: »Stuttgarter Zeitung«, 31. 12. 1968.

»Konflikte«. In: »Frankfurter Rundschau«, 3. 2. 1969 (+ »Süddeutsche Zeitung«, München, 3. 2. 1969).

»Dank studentischer Lethargie«. In: »Kölner Stadtanzeiger«, 4. 3. 1969.

»Ein Sieg der Demokratie«. In: »Die Neue Gesellschaft«, März/April 1969.

»Davor«. Drama. In: »Theater heute«, Nr. 4, April 1969, S. 41 ff.

»Was Erfurt außerdem bedeutet«. In: »Vorwärts«, Bonn, 11. 5. 1970.

»Günter Grass und die Gewerkschaften. Eine kritische Mairede« (bek. als »Rede wider die Kurfürsten«). In: »Welt der Arbeit«, Köln, 16. 5. 1969.

»Was lesen die Soldaten?« In: »Weser-Kurier«, Bremen, 17. 5. 1969.

»Warnung vor Demagogen von rechts und links«. In: »Neue Ruhr-Zeitung«, Essen, 18. 5. 1969.

»Schwierigkeiten eines Vaters, seinen Kindern Auschwitz zu erklären«. In: »Der Tagesspiegel«, Berlin, 27. 5. 1970.

»Über das scheintote Theater«. Eine Rede bei der Arbeitstagung der Akademie der darstellenden Künste in Frankfurt. In: »Süddeutsche Zeitung«, München, 13./14. 6. 1970.

»Unser Grundübel ist der Idealismus«. Günter Grass über sein politisches Engagement. In: »Der Spiegel«, Hamburg, Nr. 33, 11. 8. 1969.

»Zwischen den Terminen«. In: »Süddeutsche Zeitung«, München, 3. 10. 1970.

»Die eigenen vier Wände«. In: »Süddeutsche Zeitung«, München, 17. 10. 1970.

»Blindlings«. In: »Süddeutsche Zeitung«, München, 31. 10. 1970.

»Wie frei wird in Bayern gewählt?« In: »Süddeutsche Zeitung«, München, 14./15. 11. 1970.

»Bequem auf dem Ast«. In: »top«, Düsseldorf, Nr. 12/1970.

»Betroffen sein«. In: »Der Abend«, Berlin, 14. 12. 1970.

»Was nicht vom Himmel fällt«. In: »Süddeutsche Zeitung«, München, 2. 1. 1971.

»In Ermangelung«. In: »Süddeutsche Zeitung«, München, 16. 1. 1971.

»In Kreuzberg fehlt ein Minarett«. In: »Süddeutsche Zeitung«, München, 30. 1. 1971.

»Damals im Mai«. In: »Süddeutsche Zeitung«, München, 13. 2. 1971.

»In der Mauser«. In: »Süddeutsche Zeitung«, München, 27./28. 2. 1971.

»Uhuru heißt Freiheit ...« In: »Süddeutsche Zeitung«, München, 20./21. 3. 1971.

»Jochen Steffen – meerumschlungen«. In: »Der Abend«, Berlin, 5. 4. 1971.

»Teure Umwelt«. In: »Süddeutsche Zeitung«, München, 19. 4. 1971.

»Abschußlisten«. In: »Süddeutsche Zeitung«, München, 30. 4. 1971.

»Ein glücklicher Mensch«. In: »Süddeutsche Zeitung«, München, 15./16. 5. 1971.

»Beim Kappenzählen«. In: »Süddeutsche Zeitung«, München, 29./30./31. 5. 1971.

3. Hörspiele, Ballette

»Stoffreste«. Ballett. UA: 1957, Stadttheater Essen. Choreographie: M. Luipart.

»Zweiunddreißig Zähne«. Hörspiel. US: 1959, Süddeutscher Rundfunk.

»Fünf Köche«. Ballett. UA: 1959, Aix-les-Bains und Bonn. Choreographie: M. Luipart.

»Eine öffentliche Diskussion«. Hörspiel. US: 1963, Hessischer Rundfunk. R.: H. Lauterbach.

»Die Vogelscheuchen«. Ballett (geschrieben 1957). UA: 1970, Deutsche Oper Berlin. Choreographie: M. Luipart.

4. Vorworte, Beiträge etc.

»Über das Schreiben von Gedichten«. In: Horst Wolff (Hrsg.): »Lyrik unserer Zeit«. Gedichte und Texte, Daten und Hinweise. Dortmund 1958.

»O Susanna. Ein Jazzbilderbuch. Blues, Balladen, Spirituals, Jazz.« Bilder: Horst Geldmacher. Deutsche Texte: Günter Grass. Musikarbeit: Hermann Wilson. Mit einem Nachwort von Joachim Ernst Behrendt. Köln/Berlin 1959.

»Die bösen Köche«. Stück. In: »Modernes deutsches Theater«. Herausgegeben und mit einem Nachwort versehen von Paul Pörtner. Bd. 1. Neuwied/Berlin 1961, S. 7 ff. UA: 1961, Werkstatt des Berliner Schillertheaters. R: W. Henn.

»Wer wird dieses Bändchen kaufen?« In: Martin Walser (Hrsg.): »Die Alternative oder Brauchen wir eine neue Regierung?« Reinbek 1961, S. 76 ff.

»Harras macht Geschichte«. In: Klaus Wagenbach (Hrsg.): »Das Atelier«. Frankfurt/Hamburg 1962, S. 41 ff.

»Gesamtdeutscher März«. Gedicht. In: »Plädoyer für eine neue Regierung oder keine Alternative«. Hrsg. v. Hans Werner Richter. Reinbek 1965, S. 18 f.

»Die angelesene Revolution«. Vorwort zu: Jens Litten: »Eine verpaßte Revolution? Nachruf auf den SDS«. Hamburg 1969.

»Rede von den begrenzten Möglichkeiten«. In: Gerhard Szczesny (Hrsg.): »Club Voltaire. Jahrbuch für kritische Aufklärung. IV.« Reinbek 1970, S. 145 ff.

Vorwort zu: Eberhard Jäckel (Hrsg.): »Deutsche Parlamentsdebatten«. Bd. III. Frankfurt/M. 1971.

»Schriftsteller und Gewerkschaft«. Rede. In: Dieter Lattmann (Hrsg.): »Einigkeit der Einzelgänger. Dokumentation des ersten Schriftstellerkongresses des Verbandes deutscher Schriftsteller (VS)«. München 1971.

5. Interviews

Richard Kirn: »Sein Zwerg haut auf die Trommel«. In: »Frankfurter Neue Presse«, 14. 11. 1959.

Hans Dieter Baroth: »Das Ärgernis Grass«. In: »Westfälische Rundschau«, Dortmund, 1. 9. 1963.

Jürgen Serke: »pornographie und blasphemie sind keine literarischen begriffe. ein gespräch mit Günter Grass — andrej wadja verfilmt die novelle ›Katz und Maus‹«. In : »upi«, kultur, 14. 10. 1963.

Anon.: »Bild eines Bestsellerautors«. In: »Bonner Generalanzeiger«, 18. 10. 1963.

Anon.: »Conversation with Simonow, with Günter Grass and Uwe Johnson«. In: »Encounter«, Jan. 1965.

Anon.: »Ich will auch der SPD einiges zumuten«. Spiegel-Interview mit Günter Grass. In: »Der Spiegel«, Hamburg 1965.

Günter Gaus: »Manche Freundschaft zerbrach am Ruhm«. In: G. Gaus: »Zur Person. Portraits in Frage und Antwort«. München 1966.

Anon.: »Günter Grass-Interview«. In: »Retorte«, Schülerzeitung Ludwigshafen, Dezember 1966.

Erwin Leiser: »Gespräch über Deutschland«. In: »Die Weltwoche«, Zürich, 23. 12. 1966.

vis: »Das Silvester WAZ-Gespräch«. In: »Westdeutsche Allgemeine«, Gelsenkirchen, 31. 12. 1966.

Manfred und Barbara Grunert: »Wie stehen Sie dazu? Jugend fragt Prominente«. München und Berlin 1967.

Geno Hartlaub: »Wir, die wir übriggeblieben sind«. In: »Hamburger Sonntagsblatt«, 1. 1. 1967.

Anon.: »Galerie der Buhmänner. Gespräch mit Günter Grass«. In: »Kontraste«, Freiburg, Jan./Febr. 1967.

Hellmuth Kotschenreuther: »Politik nicht vom Olymp herab. Der Autor berichtet von seinen Eindrücken in Israel«. In: »NRZ«, Essen, 8. 4. 1967.

Heinz Drenhaus: »Sind die Deutschen keine Nation? Ein Dialog mit Günter Grass«. In: »Vorwärts«, Bad Godesberg, 6. 7. 1967.

Dieter E. Zimmer: »Politik interessiert zur Zeit sehr. Ein Interview mit Günter Grass über eine aktuelle Fragensammlung«. In: »Die Zeit«, Hamburg, 27. 10. 1967.

Renate Marbach: »Keine Scheu vor Meinungsstreit. Die NS-Spielart des Faschismus hat ja nicht mit Auschwitz angefangen«. In: »Stuttgarter Nachrichten«, 31. 10. 1967.

Anon.: »Grass-Interview«. In: »Die Glocke«, Schülerzeitung der Schillerschule Hannover, 11. Jg., Nr. 49, Dez. 1967.

Hans F. Nöhbauer: »Wie ein Roman entsteht«. In: Bayerischer Rundfunk, München, 22. 2. 1968.

Horst Rieck: »Protest ohne Instinkte. AZ-Interview mit Günter Grass zur politischen Situation«. In: »Abendzeitung/8-Uhr-Blatt«, München, 20. 6. 1968.

Werner Höfer: »Nicht hinter Utopien herjagen«. In: »Die Zeit«, Hamburg, 28. 6. 1968.

Anon.: »Grass empfiehlt Prager Modell. Auszüge aus dem Interview, das Günter Grass am 27. Juni 1968 dem Jugendfunk von ›Radio Prag‹ gegeben hat«. In: »Süddeutsche Zeitung«, München, 29. 6. 1968.

Anon.: »Der Geist Stalins über Prag«. In: »Abendzeitung/8-Uhr-Blatt«, München, 22. 8. 1968.

Heinrich Giegold: »Der unbequeme, offene Günter Grass. Frankenpost-Interview mit einem Schriftsteller, der Demokratie ernst nimmt«. In: »Frankenpost«, Hof, 24. 12. 1968.

C. v. B.: »Das Establishment braucht Provokation. AZ-Gespräch mit Günter Grass«. In: »Abendzeitung/8-Uhr-Blatt«, München, 4. 2. 1969.

u.: »Ich kenne das Rezept auch nicht. Gespräch mit Günter Grass«. In: »Wiesbadener Kurier«, 4. 2. 1969.

Günter Schäble: »Die Ideologien haben versagt. Interview der Stuttgarter Zeitung mit Günter Grass«. In: »Stuttgarter Zeitung«, 18. 2. 1969.

Klaus Stiller: »Man kann nicht bei der Nein-Position stehenbleiben. Interview mit dem Schriftsteller Günter Grass«. In: »Frankfurter Rundschau«, 10. 3. 1969.

Anon.: »Günter Grass zu seinem Mißerfolg«. In: »Stuttgarter Nachrichten«, 10. 3. 1969.

Helmuth Bauer: »Ein Goethe für unsere Tage. Interview mit Günter Grass«. In: »Donau-Kurier«, 15. 3. 1969.

Olaf Ihlau: »Grass: Die Studenten vor dem Verschleiß durch den SDS retten«. In: »NRZ«, Essen, 29. 3. 1969.

Rudolf Lorenzen: »Manipulation verboten«. In: »Berliner Leben«, Nr. 3/1969.

Henning Rischbieter: »Gespräch mit Günter Grass«. In: »Theater heute«, 4/1969.

Erika Krauß: »Kiesinger und Beate — ein schönes Paar«. In: »Hamburger Morgenpost«, 25. 4. 1969.

Häsler: »Gespräch mit Günter Grass«. In: »ex libris«, Zürich, 5/1969, S. 11-25.

Jürgen Offenbach: »Ich bin doch kein Bürgerschreck. Der Schriftsteller glaubt: Nur die SPD garantiert Reformen«. In: »Stuttgarter Nachrichten«, 24. 5. 1969.

Manfred Röllinghoff: »Die NPD ist nur die Spitze eines Eisbergs«. In: »Main-Echo«, Aschaffenburg, 29. 5. 1969.

Hans Reiser: »Was ich wirklich gesagt habe. Der Schriftsteller nimmt Stellung zu den Vorwürfen der CSU, er habe im amerikanischen Fernsehen Bundeskanzler Kiesinger beschimpft«. In: »Süddeutsche Zeitung«, München, 11. 6. 1969.

Anon.: »Grass: Wähler braucht nicht unbedingt ein Parteibuch«. In: »Hannoversche Presse«, 24. 7. 1969.

Werner Weitz: »Nie gegen das christliche Ethos. Fragen an den Autor Günter Grass«. In: »Würzburger Katholisches Sonntagsblatt«, 27. 7. 1969.

Anon.: »Der Wähler soll mitbestimmen. Interview mit dem Schriftsteller Günter Grass«. In: »Hamburger Morgenpost«, 30. 8. 1969.

Anon.: »Ich bleibe bei Hosen«. In: »Epoca«, München, 10/69.

Anon.: »Grass: Wenn es nicht klappt — dann Opposition. Wer regiert mit wem?« In: »Abendzeitung/8-Uhr-Blatt«, München, 1. 10. 1969.

H. Klunker: »Ich und meine Rollen. Wirklichkeit und Roman, Literatur und Politik, ein Gespräch«. In: »Deutsches Allgemeines Sonntagsblatt«, 12. 10. 1969.

Irmelin Lebeer: »Günter Grass: Pour l'écrivain, s' engager signifie travailler«. In: »La quinzaine litteraire«, Paris, 15. 10. 1969.

Rainer Linke: »Wer kennt schon Günter Grass«. In: »realist«, Schülerzeitung, Augsburg, 11/1969.

Hans Bayer: »Vielleicht ein politisches Tagebuch. Der Autor der ›Blechtrommel‹ äußert sich über seinen Standort nach dem Wahlkampf«. In: »Stuttgarter Nachrichten«, 21. 11. 1969.

Karl-Hermann Flach: »Das ist nicht nur eine griechische Affäre. Die Militärdiktatur in Athen geht alle Europäer an«. In: »Frankfurter Rundschau«, 10. 12. 1969.

Peter Roos: »Günter-Grass-Interview«. In: »blechmusik«, Schülerzeitung des Mozartgymnasiums Würzburg, 12/1969.

Hans Toeppen: »Hundejahre für die Berliner Schule? Ein Interview mit Günter Grass zum Rücktritt von Senator Evers«. In: »Der Tagesspiegel«, Berlin, 6. 3. 1970.

Jack Zipes: »An Interview with Günter Grass«. In: »University Review«, New York, 5/1969.

Hans Riehl: »Ein langer Marsch«. In: »tz«, München, 14. 5. 1970.

Jürgen Engert: »Ich bin zu realistisch«. In: »Christ und Welt«, Stuttgart, 3. 7. 1970.

Leo Loy: »Nicht besonders gelungen. SPD-Wahlkämpfer in Nürnberg«. In: »Abendzeitung/8-Uhr-Blatt«, München, 2. 11. 1970.

Anon.: »Können Schriftsteller streiken? Spiegel-Gespräch mit Dieter Lattmann und Günter Grass über den Autoren-Verband«. In: »Der Spiegel«, Hamburg, 47/1970.

Fritz Fliscar: »Input-Interview«. In: »input«, 12/1970.

Ernst Luuk, Jürgen Brinckmeyer: »Der fundamentale Unterschied zwischen Sozialdemokratie und Kommunismus sollte Sozialdemokraten bewußt sein. Kein Punkt Null in der Geschichte«. In: »Berliner Stimme«, 27, 2. 1971.

Leo Bauer: »Ich bin Sozialdemokrat, weil ich ohne Furcht leben will. Gespräch mit Günter Grass«. In: »Die Neue Gesellschaft«, Bad Godesberg, 2/1971.

Heinz Ludwig Arnold: »Gespräch mit Günter Grass«. In: »TEXT + KRITIK« Nr. 1/1a, 4. Auflage 1971, S. 1-27.

Günter Grass

Theaterspiele
412 Seiten, kartoniert DM 19,80; Leinen DM 28,–.

Örtlich betäubt
Roman. 358 Seiten, Leinen DM 19,50.

Die Blechtrommel
Roman. 714 Seiten, Leinen DM 24,80.
Sonderausgabe mit 64 Illustrationen von Heinrich Richter.
560 Seiten Text und 70 Abbildungen, Ganzleinen DM 98,–.

Hundejahre
Roman. 862 Seiten, Leinen DM 24,50.

Katz und Maus
Eine Novelle. 178 Seiten, Leinen DM 12,50.

Die Vorzüge der Windhühner
Gedichte, Prosa und Zeichnungen. 64 Seiten, kartoniert DM 4,80.

Gleisdreieck
Gedichte und Graphiken. 112 Seiten, kartoniert DM 18,50.

Ausgefragt
Gedichte. Mit 10 Graphiken des Autors.
108 Seiten, broschiert DM 8,50.

Theodor Wieser: Günter Grass
180 Seiten, 26 Abbildungen, broschiert DM 9,80.

Luchterhand